来新夏先生

临渊羡鱼

不如退而结网

寄语博览群书读者

新夏学书

岁在己丑行年八十七岁

来新夏先生题字

1994 年春在南开大学地方文献研究室查阅古籍文献

2010 年 5 月在常熟参观晚清四大藏书楼之一铁琴铜剑楼后题词

2012 年 4 月在书斋"邃谷"接受媒体采访留影

2012 年九十初度暨从教六十五周年学术研讨会上致辞

2002 年八十初度与早期弟子(左起)莫建来、焦静宜、刘小军、徐建华合影

2009 年教师节在家中接受信息资源管理系硕、博研究生献花(左四为系主任柯平)

南开百年史学名家文库

南开大学历史学科学术委员会　主编

来 新 夏 文 集

焦静宜　等编

南开大学出版社

天　津

图书在版编目(CIP)数据

来新夏文集 / 焦静宜等编. —天津：南开大学出
版社，2019.9
（南开百年史学名家文库）
ISBN 978-7-310-05837-2

Ⅰ. ①来… Ⅱ. ①焦… Ⅲ. ①史学－文集②目录学－
文集③方志学－文集 Ⅳ. ①K0－53②G257－53③K290－53

中国版本图书馆 CIP 数据核字(2019)第 157675 号

南开大学出版社出版发行
出版人：刘运峰
地址：天津市南开区卫津路 94 号　　邮政编码：300071
营销部电话：(022)23508339　23500755
营销部传真：(022)23508542　　邮购部电话：(022)23502200
＊
河北鹏润印刷有限公司印刷
全国各地新华书店经销
＊
2019 年 9 月第 1 版　　2019 年 9 月第 1 次印刷
240×170 毫米　16 开本　45.25 印张　6 插页　787 千字
定价：180.00 元

如遇图书印装质量问题，请与本社营销部联系调换，电话：(022)23507125

"南开百年史学名家文库" 编委会名单

总　序

为庆祝南开大学建校一百周年，南开大学统筹策划一系列庆典活动和工作。其中，借机整理人文社会科学学科百年历程，特别将各学科著名学者文集的编辑和出版列为代表性成果之一予以确定。2017年底，时任南开大学副校长朱光磊教授主持部署此项工作，将历史学科相关著名学者的选择及成果汇集工作交予了历史学院。

2018年11月，历史学科学术委员会集体商定入选原则后，确定1923年建系以来已去世的、具有代表性的十位著名学者入选"南开百年史学名家文库"，他们是：1923年历史系创系主任蒋廷黻，20世纪20年代在文学院任教的范文澜，明清史专家郑天挺，世界上古史专家雷海宗，先秦史专家王玉哲，亚洲史暨日本史专家吴廷璆，唐元史专家杨志玖，美国史专家杨生茂，史学史与史学理论专家杨翼骧，北洋史、方志学家暨图书文献学专家来新夏。

随即，历史学科学术委员会委托江沛教授主持此事，并邀请退休和在岗的十位学者（依主持各卷顺序为：邓丽兰、王凛然、孙卫国、江沛、朱彦民、杨栋梁与郑昭辉、王晓欣、杨令侠、乔治忠、焦静宜）参与此项工作，分别主持一卷。此后，各位编辑者按照统一要求展开编辑工作，克服重重困难，并于2019年1月提交了各卷全部稿件。南开大学出版社莫建来等编辑，精心编校，使"文库"得以在百年校庆前印刷问世，这是对南开史学九十六年风雨历程的一个小结，是对南开史学学科建设的一个有益贡献，更是对南开大学百年校庆奉上的厚重贺礼。

十位入选学人，均为中国史、世界史学科的著名学者，创系系主任蒋廷黻，是中国近代外交史领域和世界史学科的开拓者之一；范文澜是中国较早的马克思主义史学家；郑天挺、雷海宗先生是南开史学公认的奠基人，是学界公认的史学大家，其影响力无远弗届；王玉哲（先秦史）、吴廷璆（亚洲史暨日本史）、杨志玖（唐元史）、杨生茂（美国史）、杨翼骧（史学史）、来新夏（北洋史、方志学、图书文献学）在各自学术领域辛勤耕耘、学识深厚、育人精良，誉满海内外。他们几十年前的论著，至今读来仍不过时，仍具有启示意义；他们所开创的领域仍是南开史学最为重要的学术方向，他们的学术成就及言传身教，引领了南开史学的持续辉煌，他们是南开史学的标志性人物。

学术传承，一要承继，二要创新。九十六年来，在这些史学大家引导下，逐渐凝聚出南开史学的重要特征：惟真惟新、求通致用。近四十年，已发展出"中国社会史""王权主义学派"等具有重要引导作用的学术方向。在当今历史学国际化、跨学科、复合型的发展潮流中，南开史学更是迎难而上，把发展方向定位在服务国家战略及社会需求上，定位在文理交叉、多方融合上，承旧纳新，必将带来南开史学新的辉煌。

值此"南开百年史学名家文库"即将付梓之际，特做此文，以为说明。

魏晋嵇康有诗曰："人生寿促，天地长久。百年之期，孰云其寿？"衷心祝福母校在第二个百年发展顺利、迈进世界一流大学的行列，恭迎南开史学百年盛典！

南开大学历史学科学术委员会主任：江沛

2019 年 8 月 26 日

难得人生老更忙

（代序）

人活过了九十，无论怎样，都应定为老年。我七十岁离休，本该休闲一些，但事与愿违，反而显得比在职时更忙乱。原先在职时借口公务繁杂而推脱的事要还账。有些单位因为我已离岗，自有空闲，邀约诸事，纷至沓来。亲友酬酢，共话家常，难以回避，加以生活方式的转换，就显得有些"老更忙"，而且这对轮子一直停不下来。

一晃八十岁了，亲友学生为我八十生辰庆寿，年逾九十的业师启功先生，已经因目疾手颤不能用毛笔书写，还以硬笔惠赐祝寿诗一首，诗云：

> 难得人生老更忙，新翁八十不寻常。
>
> 鸿文浙水千秋盛，大著匏园世代长。
>
> 往事崎岖成一笑，今朝典籍满堆床。
>
> 拙诗再作期颐颂，里句高吟当举觞。

全诗概述了我的家世和遭遇，匏园是先祖别号，"大著匏园"指先祖遗著《匏园诗集》正续编，素为启先生所推崇。首句则以"难得"诠释"老更忙"，足见启功先生对"老更忙"的真正体验。在老师人生感悟的启迪下，我自八十以后，胸襟开阔多了。为友人题签写序，亦多乐从。对布道传业，亦视为理所当然。笔耕不辍，非谋稻粱，我手我口，愉悦世人，不亦快哉！

就这样忙忙乎乎地过了八十八岁的"米寿"，到了"行百里路半九十"的年纪。"行百里路半九十"是对人生的一种警悟，千万不要以为九十就快到终点，其实只不过走了一半。后一半怎么走？是对人生的考验。环顾左右，平生知己半为鬼，谈得来说得拢的知己大都走了，谈天说地的对象日见其少。再则体力衰退，乃自然规律，只能顺从，无法抗争。自己只剩下一张嘴和一双手，尚能有所作为，于是做了两方面的运作，一是生理，二是心理。生理调整比较容易，自己知道自己身体状况，安排些力所能及自己会做的事，努力做好应该做的事，那就是写作和讲说，我曾当众盟誓说："有生之年，誓不挂笔。"从 2011 年至 2014 年初的三四年间，大计写了三十来篇大小文章，对公众和后辈作了讲演和引导，心里感到"心无愧怍"。心理调整则比较难，要回顾一生大略，要自省反思。想了很久，总括不出来。前几年，内蒙古书协主席王小雷兄为我写了佛语"境由心造"四个大字，我仿佛醍醐灌顶，领悟到一切起于"心"，那么怎么"正心"，思之既久，得"放下"二字，一切事都能心无挂碍。遂向亲友们宣扬"放下"的好处，最近台湾的星云大师也谈"放下"，可见这是高年共悟之道，纵有不同诠释，终归走向明光正途。我在一篇短文中曾阐述自己对"放下"的诠释：

> 视坎坷为人生必经之途，视一时辉煌为过眼烟云，视未被启用为淡泊明志，视生老病死为人人难逃之自然规律，视欢乐为一时之兴至，视离合为宴席之聚散，视家无馀财为君子固穷，视家人父子为友朋相交，视挨整受压为心无愧怍……

这对"放下"的诠释，不一定准确恰当，但确是我自己领悟到的"中道"，是走完人生另一半的指针。让自己的晚年，生活在"难得"的"更忙"氛围中，更充实，更有兴致，快快乐乐地过好另一半"更忙"的日子，无怨无悔，不伎不求地完成人生的使命。

"难得人生老更忙"是老师的教诲，是个人的领悟，也是现实的存在，无论从事哪行哪业，人终归要老，老就要有老的活法，我只能说这是些肤浅的领悟，愿供老人们参酌。

来新夏

2014 年 2 月 20 日于邃谷

原载于 2014 年 3 月 6 日《海南日报》"文化周刊·读书"

目 录

一 历史学

汉唐改元释例 ……………………………………………… 3

儒家思想与《史记》 ……………………………………… 29

关于编纂新《清史》的体裁体例问题 …………………… 38

从《阅世编》看明清之际的物价

　　——读清人笔记札记 ……………………………… 47

清代前期的商业、商人和社会风尚 ……………………… 56

王鸣盛学术述评 …………………………………………… 88

关于中国近代史的划阶段问题 …………………………… 104

要多研究转型期的历史

　　——专论中国近代历史转型期的某些变化 ……… 121

关于中国近代秘密社会史的研究 ………………………… 134

鸦片战争前清政府的"禁烟问题" ……………………… 139

第一次鸦片战争对中国社会的影响 ……………………… 160

论林则徐的历史价值 ……………………………………… 184

太平天国底商业政策 ……………………………………… 191

《甲午战前钓鱼列屿归属考——兼质日本奥原敏雄诸教授》日译本序 …… 202

试论清光绪末年的广西人民大起义 ……………………… 207

二十世纪之交的中国政治风云 …………………………… 230

论近代军阀的定义 ………………………………………… 237

北洋军阀集团的特点 ……………………………………… 247

二 方志学

中国方志学理论的发展与现状 …………………………………… 261

1949 年以来中国地方志的编写与研究 ………………………… 274

《中国方志学概论》讲授提纲 …………………………………… 288

地方文献学学科建设与人才培养 ……………………………… 303

关于比较方志学建设的思考 …………………………………… 308

论清代修志事业之成就 ………………………………………… 315

旧志整理工作的回顾与展望 …………………………………… 321

旧地方志资料在经济建设中的作用 …………………………… 331

论新编方志的人文价值 ………………………………………… 342

关于地方志编写工作中的几个问题 …………………………… 351

我对第二轮修志的一些看法 …………………………………… 358

重印《畿辅通志》前言 ………………………………………… 361

《萧山县志》序 ………………………………………………… 367

《蓟县志》序 …………………………………………………… 370

《中日地方史志比较研究》序 ………………………………… 373

三 图书文献学

中国图书文化的历史价值 ……………………………………… 379

试论《中国古代图书事业史》的研究对象与划阶段问题 ……… 390

《中国近代图书事业史》绪论 ………………………………… 399

中国藏书文化漫论 ……………………………………………… 407

论经史子集 ……………………………………………………… 420

中国古典目录学简说 …………………………………………… 454

谈谈古典目录学研究中的几个问题 …………………………… 481

论《四库全书总目》 …………………………………………… 492

清代考据学述论 ………………………………………………… 501

试论传注 ………………………………………………………… 514

清人年谱的初步研究 …………………………………………… 524

年谱编纂法的探讨 ……………………………………………… 542

清代笔记与《清人笔记随录》 ………………………………… 549

关于《溃痈流毒》的几点考证 ·············· 555

一部域外珍善汉籍的流传图史

    ——题《美国图书馆藏宋元版汉籍图录》 ·········· 561

四 其他

为"智者不为"的智者

    ——为陈垣师写真 ··················· 567

鹤发童颜亮尘师

    ——记张星烺老师 ··················· 571

追忆"读已见书斋主人"

    ——记余嘉锡老师 ··················· 574

范老的"二冷"精神

    ——记范文澜老师 ··················· 578

忆念青峰师

    ——纪念柴青峰先生百年 ··············· 581

七十年师生琐碎情

    ——纪念启功老师百年冥诞 ············· 583

我的学术自述 ······················ 587

我的书斋——邃谷楼 ··················· 594

蹭戏

    ——劝业场怀旧 ···················· 597

闲话读书 ························· 599

"文人相轻"与"文人相亲" ··············· 606

润笔与稿费 ······················ 611

说"三正" ······················· 613

民国趣联 ························· 617

我也谈谈随笔

    ——《2000年中国最佳随笔》序 ·········· 619

读《关于罗丹——熊秉明日记择抄》的札记 ········ 626

兴建天津邮政博物馆刍议 ················ 633

天津科学技术馆落成碑记 ················ 635

天津大悲禅院沿革记 ··················· 637

附　录

著名历史学家、方志学家、图书文献学家——来新夏……………………641

来新夏先生著述提要………………………………………………………643

编后记………………………………………………………………………711

一　历史学

汉唐改元释例

目　录

序
凡例
绪论
第一章　得国改元例
　　　　易朝改元例
　　　　继位改元例
　　　　传位改元例
　　　　僭位改元例
　　　　反正改元例
第二章　废立改元例
　　　　废立君主改元例
　　　　废立储君改元例
第三章　吉礼改元例
　　　　封禅改元例
　　　　享明堂改元例
　　　　大赦改元例
　　　　改革制度改元例
　　　　有事郊庙改元例
第四章　嘉礼改元例
　　　　太孙弥月改元例
　　　　崇奉徽号改元例

第五章 祥瑞改元例

    祥异改元例

    符瑞改元例

第六章 去不祥改元例

    划平内乱改元例

    勘定外患改元例

    天灾平改元例

    疾病改元例

    罪己改元例

第七章 播迁改元例

    出幸改元例

    还都改元例

    迁都改元例

第八章 杂例

    拟议不用例

    废除年号例

    同年二号三号例

    多字年号例

    史书异辞例

    依旧君年号例

    年号相同例

    年号与干支皆同例

    一君不二纪年例

    一君多次改元例

序

    往哲造书，各具厥例，后之读者，不达于此，每致扞格。惟例之所在，作者或不自言，一经指出，循是以求，未有不豁然冰释者也。此释例之书，后贤之所由作也。

    年号一事，惟吾国所独创，其事肇自汉孝武。孝武前仅纪年而无号，孝文亦惟分前后而无年号。施及清季，历代上自朝廷，下至里社，书契记载，无不以之纪年，于是人皆便之而史家苦矣。

年号虽云始自汉孝武，而改之频数者无过于唐，揆其所以改元命名之故，隐隐中其来盖亦有自。余故检汉唐二代之年号，以正史为依归，参以旁籍，追本求原，得例凡三十四，分章为八，成《汉唐改元释例》。顾以读书不多，见闻未广，错综杂出，固比比皆是，而例之不当者，亦在所难免，惟于翻检年号者，或不无小补云尔。

凡 例

一、本篇之例以年号始于汉而改之数数无过于唐，故例均取汉唐二代，其例之不足者，方以别代实之。

二、引用史料以正史或完备正确之史料为正，其他说为副。

三、新旧唐书兼收并取，惟以简备者为正。

四、其因循例改年号者不为例，如岁首受贺之改元是也。

五、本篇例名多取成名，其无成名者，始辞由己出。

六、本篇凡副出之文，不书双行，仅低一格录之。

七、本篇所取史料，往往用于两例。

绪 论

《汉书律历志》曰："元，典历始曰元。传曰：'元，善之长也。'共养三德为善。又曰：'元，体之长也。'合三体而为之原，故曰元。"其初惟以元建年纪始而已，其后颇重其事。赵翼《陔余丛考》卷二五曰："后世始以孔子书元年为春秋大法，遂以改元为重事。……董仲舒亦曰：春秋谓一元之意，万物所从始也。元者，辞之谓大也，谓一为元者，视大始而欲正本也，是建元为重事，由来久矣。"（《改元》）逮汉之文景，始有前后之称，施及孝武，肇制建元之号，此盖从有司言，元宜以祥瑞，不宜以一二数之议也。于是"上自朝廷，下至里社，书契记载，无不例之，诚千古不易之良法也"（《年号重袭》）。惟自此而后，则稍异于前，《册府元龟》卷一五曰："适后，或章述德美，昭著祥异；或弭灾厌胜，计功称伐；或一号而不易；或一岁而屡改。其有矫时遵古，但纪岁历者，亦不远而复，斯乃前王因时立制，后代沿袭而不可易者也。"然自唐宋以还，名号繁滥，不易省纪。明太祖乃去易号之弊，仅用一号矣。

顾年号之所以命名，亦有其立意，总说大要，不外章德著异；察其细目，则各有不同。于是翻阅载籍，撷拾改元之由，惟汉唐二代为繁，因绅绎排比，以正史为主，参以群籍，条分类次，并其同者，区其异者，得例数十条，此亦可见年号改易原因之一斑也。

第一章　得国改元例

易朝改元例

国家升平既久，君民多耽淫乐，不思振作，穷极奢华，于是国匮民乏，乃伏乱基，加以政网脱结，治术不良，在位者未能经纬世务，惟事因循，而四民疲敝，百业凋落，散走四方，不堪其苦，遂各据形胜，相与聚集，转战海内，强弱兼并，当是时也，国家既镇抚无方，人民复饥寒交迫，因时逢会，草莽蜂起，于是凌弱暴寡，相互吞噬，终成独强，乃进而有问鼎之心。既得天下，乃改年号，示鼎命已移，咸与维新之意，固未有易代而不改元者也。其例曰：

建武　《后汉书》卷一上光武纪云："建武元年……六月己未，即皇帝位。燔燎告天，禋于六宗，望于群神。其祝文曰：'皇天上帝，后土神祇，眷顾降命，属秀黎元；为人父母，秀不敢当。群下百辟，不谋同辞，咸曰：王莽篡位，秀发愤兴兵，破王寻、王邑于昆阳，诛王郎、铜马于河北，平定天下，海内蒙恩，上当天地之心，下为元元所归。谶记曰：刘秀发兵捕不道，卯金修德为天子。秀犹固辞，至于再，至于三。群下佥曰：皇天大命，不可稽留，敢不敬承。'于是建元为建武，大赦天下。"

按：惠栋曰：济阳宫碑作乙未。

武德　《旧唐书》卷一高祖纪云："（隋）义宁二年……五月……戊午……遣使持节、兼太保、刑部尚书、光禄大夫、梁郡公萧造，兼太尉、司农少卿裴之隐奉皇帝玺绶于高祖。高祖辞让，百僚上表劝进，至于再三，乃从之。隋帝逊于旧邸。改大兴殿为太极殿。甲子，高祖即皇帝位于太极殿，命刑部尚书萧造兼太尉，告于南郊，大赦天下，改隋义宁二年为唐武德元年。"

天授　《旧唐书》卷六则天皇后纪云："载初元年……九月九日壬午，

革唐命，改国号为周。改元为天授。"

又中宗纪云："（神龙元年），二月甲寅，复国号，依旧为唐。"

继位改元例

旧君崩，嗣君继，多翌年改元，当年仍依旧君年号，盖以改元者，吉礼也，居丧何得便行吉礼，是以辽主隆绪因居母丧而拒群臣改元之请。故多逾年而改也。其例曰：

建宁 《后汉书》卷八灵帝纪云："建宁元年，春正月……庚子，即皇帝位，年十二。改元建宁。"

嗣圣 《旧唐书》卷七中宗纪云："弘道元年十二月，高宗崩，遗诏皇太子枢前即帝位。皇太后临朝称制，改元嗣圣。"

传位改元例

太抵君主之传位者，其原因不外乎四端：或居位年久，倦于宵旰；或年臻耄耋，精力不济；或迫于形势，不得不禅；或疾病扰身，不能理事，乃传重器于储君。此改元者所以庆国家权柄授受之大典也，其例曰：

至德 《新唐书》卷六肃宗纪云："（天宝）十五载……七月……甲子，即皇帝位于灵武，尊皇帝曰上皇天帝，大赦，改元至德。"

永贞 《新唐书》卷七顺宗纪云："永贞元年八月庚子，立皇太子为皇帝，自称曰太上皇，辛丑，改元。"

僭位改元例

君位世及，斯为常制，即或君统中绝，亦当择宗室之近支继位，庶可免争立之弊；然或缘政事变幻，或以权臣擅柄，群拥不当立者继之，此所谓僭立也。为示区分，亦改元号，其例曰：

唐隆 《旧唐书》卷七中宗纪云："（景龙）四年……六月壬午，帝遇毒，崩于神龙殿，年五十五，秘不发丧，皇后新总庶政。……立温王重茂为皇太子。甲申，发丧于太极殿，宣遗制，皇太后临朝，大赦天下，改元为唐隆。"

反正改元例

承业为主，长于深宫之中，养于妇人之手，不达政情，惟务淫乐，遂委魁柄于阉寺，已则荒怠于嬉戏，小人得志，淆乱黑白，终日哓哓于内寝，施其伎俩，君主昏昏，为所蒙蔽，曲顺其意，久之成习，以为分所应当，一旦违其意，贪壑难填，遂生怒愤之心，寝至乱阶，于是干戈起于宫掖，叛端生于后庭，幽庸主于别所，聚宵小而乱政。至是京师紊乱，四民骚然，幸有股肱元臣，相与协谋，遂平乱事于宫墙，出幽主于深院，乃改元以庆其拨乱反正也，其例曰：

天复 《旧唐书》卷二十上昭宗纪云："天复元年，春正月，甲申朔，昭宗反正，登长乐门楼，受朝贺。……（四月）甲戌，天子有事于宗庙。是日，御长乐门，大赦天下，改元天复。"

第二章　废立改元例

废立君主改元例

君者，国之元首也，理万机，统百事，至尊至贵，何得而为人废立耶？此盖由君之庸弱昏昧，不谙治体之故。太甲不德，伊尹放之于桐，冀其悔过，此废君主之滥觞也。霍光受遗诏辅幼主，后以昌邑王贺淫乱，遂与丞相杨敞奉书太后而废之，此又太后废君之始也。其后权臣擅柄，多行此故智，然其事大都非起意于太后。迄夫有唐，武后以绝世英资，播九五于掌上，又复侈文，妄改元号，衰乱之世，固可慨也，其例曰：

文明 《旧唐书》卷六则天皇后纪云："嗣圣元年，春正月，甲申朔，改元。二月，戊午，废皇帝为庐陵王，幽于别所，仍改赐名哲。己未，立豫王轮为皇帝，令居于别殿，大赦天下，改元文明。"

废立储君改元例

太子者，国之储贰也，责在监抚，其任颇巨，关乎宗庙国家兴衰治乱之大故，不择其明察睿智、雄才大略者，诚无足以膺此任也，故册立为国之大典，乃改元以昭慎重。然亦有册立之后，或失爱君主，或才具低劣，或为谗间所构，遂遭废斥，亦有改元以示变易者，其例曰：

永宁 《后汉书》卷五安帝纪云："永宁元年……夏四月丙寅，立皇子保为皇太子，改元永宁。"

永隆 《旧唐书》卷五高宗纪下云："（调露二年八月）甲子，废皇太子贤为庶人，幽于别所。乙丑，立英王哲为皇太子，改调露二年为永隆元年。"

按：后汉顺帝之改元建康，唐高宗之改元显庆，睿宗之改元景云均属此例。

第三章　吉礼改元例

封禅改元例

封禅之说始见于《管子·封禅篇》，其名可谓尚矣。然封禅究何以而名也？《汉书·郊祀志》曰："齐人丁公，年九十余，曰：封禅者，古不死之名也。"唐王泾《大唐郊祀录》卷二曰："封者增高封厚之义，禅者明以成功相续，故以禅代为称。"是封禅之名，乃祈福告功之名也。其封禅之时多在四海升平，大功告成之后。《汉书·郊祀志》曰："元封元年冬，上议曰：古者先振兵释旅，然后封禅。"《白虎通》曰："王者，易姓而起，故受命之日，改制应天，功成封禅，告太平也。"至于何地封禅，则恒取山岳高地也，郑玄《毛诗时迈笺》曰："巡守告祭者，天子巡行邦国，至于方岳之下而封禅也。"唐王泾《大唐郊祀录》卷二曰："故增封泰山之高以告天，祔社首之基以报地也。"是即丁公所云上封之意也。汉之封禅肇于武帝元封之登封泰山，其例曰：

元封 《前汉书》卷六汉武纪云："（元封元年）夏四月癸卯，上还，登封泰山，降坐明堂。诏曰：朕以眇身承至尊，兢兢焉惟德菲薄，不明于礼乐，故用事八神。遭天地况施，著见景象，屑然如有闻。震于怪物，欲止不敢，遂登封泰山，至于梁父，然后升坛肃然。自新，嘉与士大夫更始，其以十月为元封元年。"

万岁登封 《旧唐书》卷六则天皇后纪云："万岁登封元年腊月甲申，上登封于嵩岳，大赦天下，改元。"

按：唐高宗之乾封亦以封禅改。

享明堂改元例

明堂者，明政教之堂也。应劭曰："明堂者，所以正四时，出教化"，又可以祀上帝、祭祖先，故郑玄谓："祭五帝五神于明堂也。"亦以朝诸侯而别尊卑，故《汉书·申公传》云："（赵）绾、（王）臧请立明堂以朝诸侯。"《礼记》云："明堂者，明诸侯之尊卑也。"至其制度则王泾《大唐郊祀志》已明言之曰："明堂制度，历代不同。……夏后氏曰世室……周人曰明堂……蔡邕以为明堂与太庙为一。又马宫以议行时令。卢植兼之望云气。……皇唐典制依周礼，以五室为准。"其典制可谓重矣。国之大事，恒行于此，故改元以昭郑重也。其例曰：

永和 《后汉书》卷六顺冲质帝纪云："（顺帝）永和元年春正月……己巳，宗祀明堂，登灵台，改元永和。"

按：顺帝汉安亦以享明堂改。

永昌 《旧唐书》卷六则天皇后纪云："永昌元年春正月，神皇亲享明堂，大赦天下，改元。"

按：则天皇后万岁通天及圣历二号亦皆以享明堂改。

大赦改元例

国家有旷典大庆，辄予大赦，式敷在宥之泽，乃改元号以示恩施也。其例曰：

元兴 《后汉书》卷四和殇帝纪云："（和帝）元兴元年……夏四月，庚午，大赦天下，改元元兴。"

按：后汉顺帝阳嘉，桓帝和平、元嘉、永兴、永寿、延熹、永康，灵帝熹平、光和、中平，献帝永汉、兴平皆以大赦改元。

调露 《旧唐书》卷五高宗纪下云："（仪凤四年）六月辛亥，制大赦天下，改仪凤四年为调露元年。"

按：唐则天皇后长寿，中宗神龙，睿宗太极，玄宗天宝，代宗永泰、大历，文宗太和均以大赦改元。

又《旧唐书》卷十七上文宗纪作改元太和，而《新唐书》《通鉴》及《玉海》

均作大和。

改革制度改元例

语云："先王之法不可以治今"，故虽前代尽美尽善之成法，然卒以自然之趋势、行政之需要、民俗之转变而不得不有所改易，为引人注意，遂改元以新耳目。其例曰：

太初 《汉书·郊祀志下》云："夏，汉改历，以正月为岁首，而色上黄，官更印章以五字，因为太初元年。"

按：《律历志》具载改元诏书。

载初 《旧唐书》卷六则天皇后纪云："载初元年，春正月，神皇亲享明堂，大赦天下，依周制建子月为正月，改永昌元年十一月为载初元年正月，十二月为腊月，改旧正月为一月。"

有事郊庙改元例

郊者，天子亲祀上帝于郊，郑玄云："郊谓祭上帝于南郊。"历代君主，皆甚重之，视为大典。《汉书·郊祀志》曰："成帝初即位，丞相衡、御史大夫谭奏言：帝王之事，莫大乎承天之序，承天之序莫重于郊祀，故圣王尽心极虑以建其制。"王泾《大唐郊祀录》卷四则曰："夫郊天之礼，有国之大事，圣人之教，垂训莫不务焉"。盖以其为万人求福报功之道也。至郊祀之处所，《汉书·郊祀志》已明言之云："郊处各在圣王所都之南北……故圣王制祭天地之礼，必于国郊。"又曰："祭天于南郊，就阳之义也；瘗地于北郊，即阴之象也。"是祀天地之所，又有别焉。庙者，宗庙之意也。《礼记·祭法》曰："王立七庙，曰考庙、曰王考庙、曰皇考庙、曰显考庙、曰祖考庙，皆月祭之远庙，为祧有二，祧享尝乃止。"故凡有国者皆立宗庙，除月祭之外，有四时之祭，而巡狩天下及告成功者必多有事于宗庙，即《尚书》所谓归格于艺祖，用特之处也。由是言之，郊庙之有事，其典不可谓不盛矣，是又乌得不改元哉？其例曰：

建安 《后汉书》卷九献帝纪云："建安元年，春正月，癸酉，郊祀上帝于安邑，大赦天下，改元建安。"

延和 《旧唐书》卷七睿宗纪云："（景云三年）五月，戊寅，亲祀北郊；辛未，大赦天下，改元为延和。"

按：唐穆宗长庆、敬宗宝历、武宗会昌、宣宗大中、懿宗咸通及僖宗乾符诸年号均以有事郊庙而改。

第四章　嘉礼改元例

太孙弥月改元例

太孙之于皇统，固不若太子之重要。然民间育孙犹相庆贺，况帝王之家乎？盖一则绵延宗族，二则可免将来发生君位继承问题，乃致兄弟阋于内墙，于戈操于同室，而动摇立国之基。职是之故，太孙之诞育亦当称国家之吉庆，及其弥月，爰改年号，此犹民间弥月之相庆也。其例曰：

永淳　《旧唐书》卷五高宗纪下云："永淳元年……二月，癸未，以太子诞皇孙满月，大赦，改开耀二年为永淳元年。"

崇奉徽号改元例

为君主表功纪德多加尊号以显丰功。崇奉徽号之情形大抵可分三种：一为追尊已亡诸皇作为，述祖德也；一为进奉于太上皇以示尊崇而娱亲心也；一为加之于本身以矜夸功德也。此种徽号或由帝王自奉，或由群臣进奉，当此大典，自应改元，其例曰：

上元　《旧唐书》卷五高宗纪下云："（咸亨五年）秋八月，壬辰，追尊宣简公为宣皇帝，懿王为光皇帝，太祖武皇帝为高祖神尧皇帝，太宗文皇帝为文武圣皇帝，太穆皇后为太祖神皇后，文德皇后为文德圣皇后。皇帝称天皇，皇后称天后，改咸亨五年为上元元年。"

按：有唐诸帝多有尊号，则天皇后之称越古金轮圣神皇帝，中宗之称应天神龙，韦后之称顺天翊圣，玄宗之称开元神武皇帝、太上至道圣皇大帝，代宗之称宝应元圣文武皇帝，顺宗之称应乾圣寿太上皇，昭宗之称圣文睿德光武弘孝皇帝，而延载、证圣、天册万岁、景龙、乾元、广德、元和、大顺诸元号皆以上尊号而改。

第五章　祥瑞改元例

祥异改元例

祥异之生，盖由自然之变化，绝不关乎吉凶否泰。惟古昔之时，民智闭塞，未烛物理，稍遇祥异，视为骇然，丞相至以奏闻，万民因之疑惧，而君主为逞一己之私权，假神道以设教，故作说辞以欺庶黎，因改元以重其事，其例曰：

　　元光　《前汉书》卷六武帝纪师古注云："臣瓒曰：以三星见，故为元光。"

　　咸亨　《旧唐书》卷五高宗纪下云："（总章三年春二月）癸丑，日色出如赭。三月，甲戌朔，大赦，改元为咸亨元年。"

　　光宅　《旧唐书》卷六则天皇后纪云："（嗣圣元年七月）彗星见西北方，长二丈余，经三十三日乃灭。九月，大赦天下，改元为光宅。"

日食之异，尤为时君所注意。朱文鑫《历代日食考》绪论云："我国日食，始载书诗。春秋以后，史不绝书，历法疏密，验在交食，足证古人之重视日食，较彗星流陨为尤甚。"明徐光启言："日食自汉至隋凡二百九十三，唐代凡一百一十，其数可谓多矣。"亦有因是而改元者，其例曰：

　　延康　《后汉书》卷九献帝纪云："（建安二十五年）二月丁未，朔，日有食之。三月，改元延康。"

　　开耀　《旧唐书》卷五高宗纪下云："（永隆二年）冬十月丙寅，朔，日有食之。乙丑，改永隆二年为开耀元年。"

按：唐之如意、久视、开成诸号皆以日食改元。

天时变异之外，动物亦显灵异，为纪其事，爰及改元，其例曰：

　　元狩　《前汉书》卷六武帝纪云："元狩元年，冬十月，行幸雍，祠五畤，获白麟，作白麟之歌。"师古注云："应劭曰：获白麟，因改元曰元狩也。"

按：此议似出自终军。《终军传》云："元狩元年，上幸雍，祠五畤，获白麟奇木，博谋群臣。终军对曰：宜因昭时令日，改定吉元，茝白茅于江淮，发嘉号于营邱，以应缉熙，使著事者有纪焉。"

又按：汉昭之元凤，汉宣之五凤、黄龙皆以此改元。

龙朔 《旧唐书》卷四高宗纪上云："（显庆六年）二月乙未，以益、绵等州皆言龙见，改元。曲赦洛州。龙朔元年，三月丙申，朔，改元。"

按：唐高宗之麟德、仪凤皆以此改元。

符瑞改元例

汉承秦后，盛倡五德阴阳之说，雅好符录谶纬之学。光武假赤伏符而中兴，于是衰乱之世，便佞之侣，希颜阿谀，不能明治体之大要，惟以符谶惑上，君固庸昧，偏听独任，遂有更新受命，改元易号之事。其例曰：

太初元将 《前汉书》卷十一哀帝纪云："（建平二年六月）待诏夏贺良等言赤精子之谶，汉家历运中衰，当再受命，宜改元易号。诏曰：汉兴二百载，历数开元。皇天降非才之祐，汉国再获受命之符，朕之不德，曷敢不通！夫基事之元命，必与天下自新，其大赦天下，以建平二年为太初元将元年。"

又或天降瑞物，即以为皇天储祉，于邦国诚莫大之吉庆也。乃尚瑞物之象而改其元。宋蔡絛《铁围山丛谈》云："虞夏而降，制器尚象，后世由汉武帝汾阴得宝鼎，因更其年元。"是自汉武始方以瑞物降而易元也。其例曰：

元鼎 《前汉书》卷六武帝纪云："（元鼎四年）六月，得宝鼎后土祠旁。"师古于元鼎元年下注云："应劭曰：得宝鼎故，因是改元。"

按：元鼎年号为武帝后来追加，得鼎实在元鼎四年。

宝应 《新唐书》卷六代宗纪云："元年，建巳月，肃宗寝疾，乃诏皇太子监国。而楚州献定国宝十有三，因曰：'楚者，太子之所封，今天降宝于楚，宜以建元'。乃以元年为宝应元年。"

按：肃宗曾废除年号，以上元三年为元年，后不果行。

第六章　去不祥改元例

划平内乱改元例

内乱之起，不外二端，其一权力相争，有取而代之之意；其二则因君暗臣庸，不明治术，以致民不聊生，草莽蜂起，当此之时，国基不稳，根本动摇，社稷危殆，朝不保夕矣。幸获敉平乱事，奠定国基，故改元以资庆祝，其例曰：

垂拱　《旧唐书》卷六则天后纪云：“垂拱元年春正月，以敬业平，大赦天下，改元。”

按：《新唐书》记改元在正月丁未。

神龙　《新唐书》卷四中宗纪云：“神龙元年正月，张柬之等以羽林兵讨乱。甲辰，皇太子监国，大赦，改元。”

广明　《旧唐书》卷十九下僖宗纪云：“广明元年，春正月乙卯，朔，上御宣政殿，制曰：朕祗膺宝祚，嗣守宗祧，夙夜一心，勤劳八载，实欲驱黎元于仁寿，致华夏之昇平。而国步犹艰，群生寡遂，灾迍荐起，寇孽仍臻。窃弄干戈，连攻郡邑，虽输降款，未息狂谋。江右海南，疮痍既甚，湘湖荆汉，耕织屡空。言念彼赢，良深轸恻，我心未济，天道如何！赖近者严敕师徒，稍闻胜捷，皆明圣之潜祐，宁菲德以言功。属节变三阳，日当首岁，乃御正殿，爰命改元，况及发生，是宜在宥。自古继业守文之主，握图御宇之君，必自正月吉辰，发号施令，所以垂千年之懿范，固万代之弘基，莫不由斯道也。可改乾符七年为广明元年。”

戡定外患改元例

国政不修，敌邻生觊觎之心；边防废弛，外寇兴深入之举。措手不及，每致播越，生民涂炭，流离失所，斯可谓悲矣！惨矣！乃倾国力，发人夫以摧敌锋，终或勘平外患，四裔永宁，于是民生安堵，国力充沛，逢遇盛世，何得不改元易号，其例曰：

征和　《前汉书》卷六汉武纪师古注云：“应劭曰：言征伐四夷而天下和平。”

竟宁　《前汉书》卷九元帝纪云："竟宁元年春正月，匈奴呼韩邪单于来朝。诏曰：'匈奴郅支单于背叛礼义，既伏其辜，呼韩邪单于不忘恩德，乡慕礼义，复修朝贺之礼，愿保塞传之无穷，边垂长无兵革之事，其改元为竟宁。'"

神功　《旧唐书》卷六则天皇后纪云："（万岁通天二年）九月，以契丹李尽灭等平，大赦天下，改元为神功。"

天灾平改元例

天灾之降，固非人力之所能止。城郭人民，伤毁死亡，殆无法以遏之也。幸而灾平，自当改元以志庆；设尚未戢，亦多改元以禳祓之。其例曰：

地节　《前汉书》卷八宣帝纪地节元年下师古注云："应劭曰：以先者地震、山崩水出，于是改年曰地节，欲令地得其节。"

河平　《前汉书》卷十成帝纪云："河平元年春三月，诏曰：河决东郡，流漂二州，校尉王延世隄塞辄平，其改元为河平。"

疾病改元例

君主握图御宇，抚临四民，统理万机，裁夺国是，其责綦重。或夙兴夜寐，劳疲心神而缠二竖；或长日淫乐，形神交煎而致恶疾。臣下为祛不祥而冀其康复，乃肇改元以祷于天。其例曰：

弘道　《旧唐书》卷五高宗纪下云："（永淳二年十一月）丁未，自奉天宫还东都，上疾甚，宰臣以下并不得谒见。十二月己酉，诏改永淳二年为弘道元年。"

久视　《旧唐书》卷六则天皇后纪云："（圣历三年）五月癸丑，上以所疾康复，大赦天下，改元为久视。"

罪己改元例

国家遭患乱灾迍，人主固不得辞其咎，乃多下诏罪己以维系涣散之人心，求得齐心同气，万民协力以绥邦国。其所以改元者，一则与民更始，一则本蘧氏四九之义，不咎既往。自今维新，特立新号以求区别。其例曰：

元和　《后汉书》卷三章帝纪云："（元和元年八月）癸酉，诏曰：'朕道化不德，吏政失和，元元未谕，抵罪于下。寇贼争心不息，边野邑屋不修，永维庶事，思稽厥衷，与凡百君子，共弘斯道。中心悠悠，将何以寄？其改建初九年为元和元年。'"

兴元　《旧唐书》卷十二德宗纪上云："兴元元年，春正月癸酉，朔，上在奉天行宫受朝贺。诏曰：'立政兴化，必在推诚；忘己济人，不吝改过。朕嗣服丕构，君临万邦，失守宗祧，越在草莽。不念率德，诚莫追于既往，永言思咎，期有复于将来。明征其义，以示天下。小子惧德不嗣，罔敢怠荒。然以长于深宫之中，暗于经国之务，积习易溺，居安思危，不知稼穑之艰难，不恤征戍之劳苦，致泽靡下究，情不上通。事既壅隔，人怀疑阻。犹昧省己，遂用兴戎，征师四方，转饷千里。赋车籍马，远近骚然；行赍居送，众庶劳止。力役不息，田莱多芜。暴令峻于诛求，疲民空于杼轴。转死沟壑，离去乡里，邑里丘墟，人烟断绝。天谴于上而朕不寤，人怨于下而朕不知，驯至乱阶，变起都邑，贼臣乘衅，肆逆滔天，曾莫愧畏，敢行凌逼。万品失序，九庙震惊，上累于祖宗，下负于蒸庶。痛心靦面，罪实在予，永言愧悼，若坠泉谷。赖天地降祐，人祇协谋；将相竭诚，爪牙宣力；群盗斯屏，皇维载张；将弘远图，必布新令。朕晨兴夕惕，惟省前非。乃者公卿百寮，用加虚美，以圣神文武之号，被蒙暗寡昧之躬，固辞不获，俯遂群议。昨因内省，良所瞿然。自今以后，中外书奏不得言圣神文武之号。今上元统历，献岁发祥，宜革纪午之号，式敷在宥之泽，可大赦天下，改建中五年为兴元元年。'"

按：《陆宣公集》卷一具载此诏，则此诏当出陆贽之手。

第七章　播迁改元例

出幸改元例

变起仓卒，关防弛禁，乱者所至，向风披靡，遂得直抵国门。破竹之势，不可遏止。防者既无所依恃，节节败退。君主既屏障皆失，干城俱亡，京师岌岌可危，惟别宗庙，离畿辅，择良地而适以避锋刃之方锐。及驻跸某地，部署粗定，乃改元与民更新而祈邦宁。其例曰：

中和　《旧唐书》卷十九下僖宗纪云："（中和元年）七月丁未，朔。

乙卯，车驾至西蜀。丁巳，御成都府廨，改广明二年为中和元年。"

还都改元例

国君既遭忧患，致罹播越，离别京师，经年数载，终蒙天禧弘福，腹心协谋，发天下之师旅，振国家之疲卒，一举破贼，六合底定，君主乃得安然返銮，重履京师，告功宗庙，乃改元以志庆也。其例曰：

昭宁 《后汉书》卷八灵帝纪云："（光熹元年）八月戊辰，中常侍张让、段珪等杀大将军何进，于是虎贲中郎将袁术烧东西宫，攻诸宦者。庚午，张让、段珪等劫少帝及陈留王幸北宫德阳殿。何进部曲将吴匡与车骑将军何苗战于朱雀阙下，苗败斩之。辛未，司隶校尉袁绍勒兵收伪司隶校尉樊陵、河南尹许相及诸阉人，无少长皆斩之。让、珪等复劫少帝、陈留王走小平津。尚书卢植追让、珪等，斩数人，其余投河而死。帝与陈留王协夜步逐萤光行数里，得民间露车，共乘之。辛未，还宫。大赦天下，改元昭宁。"

光启 《旧唐书》卷十九下僖宗纪云："光启元年春正月丁巳，朔，车驾在成都府。己卯，僖宗自蜀还京。二月丁亥，朔。丙申，车驾次凤翔。三月丙辰，朔。丁卯，车驾至京师。己巳，御宣政殿，大赦，改元光启。"

按：唐僖宗之文德、唐昭宗之光化皆以回京师而改元。

迁都改元例

唐历二十主，惟高祖、太宗手自创业，边防安谧，市廛不惊。自是而后，或肇乱于妇人，或被扰于忧患。加之宫庭之中，阴人弄柄；方面之间，武人扬威。国步维艰，四海不靖。迄夫昭哀，藩镇之势滋盛，朝廷之权浸衰。朱晃出身亡命，因时逢会，跻膺重任，绾握虎符，积功以至使相，遂奠篡窃之基，惟恐长安立都既久，难行不法，乃命爪牙进迁都之议，以遂奸谋。既迁之后，乃兴改元以掩路人之议。其例曰：

天祐 《新唐书》卷十昭宗纪云："（天祐元年闰四月）甲辰，至自西都，享于太庙，大风，雨土。乙巳，大赦，改元。"

按：《旧唐书》昭宗纪具载改元诏文。

第八章 杂例

拟议不用例

年号者，所以纪功德、志吉庆，以祈福于邦国者，然既改之后，反累出不祥，或年号之辞，未见尽美，不若不改，故又废之不用。其例曰：

通乾 《旧唐书》卷五高宗纪下云："（仪凤）三年四月丁亥，朔，以旱避正殿，亲录囚徒，悉原之。戊申，大赦，改来年正月一日为通乾。"

又云："（仪凤三年九月）癸亥，侍中张文瓘卒。丙寅，洮河道行军大总管中书令李敬玄、左卫大将军刘审礼等与吐蕃战于青海之上。王师败绩，审礼被俘。……十月丙午，徐州刺史密王元晓薨。闰十月戊寅，荧惑犯钩钤。十一月乙未，昏雾四塞，连夜不解。丙申，雨木冰。壬子，黄门侍郎、同中书门下三品来恒卒。十二月，诏停明年通乾之号，以反语不善故也。"

《通鉴》唐高宗纪云："仪凤三年四月戊申，赦天下，改来年元月通乾。十二月，诏停来年通乾之号，以反语不善故也。"

按：胡注曰："通乾反语为天穷。"

元庆 宋王应麟《玉海》："德宗拟改元元庆，复改贞元，盖合贞观、开元之名，从李泌言也。"

废除年号例

年号之始，本为便于纪岁，其后稍识祥异，号遂冗繁而不可纪。唐肃宗丁乱离之残，恶繁文不可以行久，矫枉过正，乃议废年号，惟以元二称之，惜乎其数不可以经久，其事终未能底成。其例曰：

上元 《旧唐书》卷十肃宗纪云："（上元二年九月）壬寅，制：朕获守丕业，敢忘谦冲？欲垂范而自我，亦去华而就实。其乾元大圣光天文武孝感等尊崇之称，何德烈当之。钦若昊天，定时成岁，春秋五始，义在体元，惟以纪年，更元润色，至于汉武，饰以浮华，非前王之茂典，岂永代而作则。自今以后，朕号惟称皇帝，其年号但称元年，去上元之号。"

又有迭易数号，复废而用旧号者。其例曰：

中平 《后汉书》卷九献帝纪云:"(中平六年,十二月戊戌)诏除光熹、昭宁、永汉三号,还复中平六年。"

同年二号三号例

年号之繁,无过汉唐,而以武后为尤甚,同年之中,多次改元,虽云有所立意,然政令棼紊,固非明君所应为也。其例曰:

汉:

武帝　元鼎七年辛未,四月丙辰,诏改十月为元封元年。

昭帝　始元七年辛丑,八月改元元凤。

光武帝　建武三十二年丙辰,四月癸酉改元建武中元。

章帝　建初九年甲申,八月癸酉改元元和。

　　　元和四年丁亥,七月壬戌改元章和。

和帝　永元十七年乙巳,四月庚午改元元兴。

安帝　元初七年庚申,四月丙寅改元永宁。

　　　永宁二年辛酉,七月己卯改元建光。

　　　建光二年壬戌,三月丙午改元廷光。

顺帝　永建七年壬申,三月庚寅改元阳嘉。

　　　汉安三年甲申,四月辛巳改元建康。

桓帝　元嘉三年癸巳,五月丙申改元永兴。

　　　永寿四年戊戌,六月戊寅改元延熹。

　　　延熹十年丁未,六月庚申改元永康。

灵帝　建宁五年壬子,五月己巳改元熹平。

　　　熹平七年戊午,三月辛丑改元光和。

　　　光和七年甲子,十二月己巳改元中平。

　　中平六年己巳,四月戊午,少帝改元光熹。八月辛未,又改元昭宁。九月甲戌,献帝改元永汉。十二月戊戌,诏除光熹、昭宁、永汉三号,复称中平六年。

唐:

高宗　显庆六年辛酉,二月乙未改元龙朔。

　　　(此据《新唐书》,《旧唐书》作三月丙申改元)

　　　乾封三年戊辰,三月庚寅改元总章。

总章三年庚午，三月甲戌改元咸亨。

咸亨五年甲戌，八月壬辰改元上元。

上元三年丙子，十一月壬申改元仪凤。

仪凤四年己卯，六月辛亥改元调露。

调露二年庚辰，八月乙丑改元永隆。

永隆二年辛巳，十月乙丑改元开耀。

（此据《旧唐书》，《新唐书》作九月乙丑改元）

开耀二年壬午，二月癸未改元永淳。

永淳二年癸未，十二月丁巳改元弘道。

中宗　嗣圣元年甲申，二月壬子，豫王改元文明。

九月甲寅，武后改元光宅。

武后　永昌元年己丑，十一月庚辰朔，日南至，改为载初元年正月，以十二月为腊月。夏正月为一月。

载初元年庚寅，九月壬午改元天授。

天授三年壬辰，四月丙申改元如意。九月庚子改元长寿。

长寿三年甲午，五月甲午改元延载。

证圣元年乙未，九月甲寅改元天册万岁。

天册万岁二年丙申，腊月甲戌改元万岁登封。三月丁巳改元万岁通天。

万岁通天二年丁酉，九月壬辰改元神功。

圣历三年庚子，五月癸丑改元久视。

久视二年辛丑，正月丁丑改元大足。十月壬寅改元长安。

中宗　神龙三年丁未，九月庚子改元景龙。

景龙四年庚戌，六月甲申温王改元唐隆。

睿宗　景云三年壬子，正月己丑改元太极。五月辛巳改元延和。八月甲辰玄宗改元先天。

玄宗　先天二年癸丑，十二月庚寅改元开元。

天宝十五载丙申，七月甲子肃宗改元至德。

肃宗　至德三载戊戌，二月丁未改元乾元。

乾元三年庚子，闰四月己卯改元上元。

上元三年壬寅，建巳月甲子改元宝应。

代宗　永泰二年丙午，十一月甲子改元大历。

敬宗　宝历三年丁未，二月乙巳改元太和。

僖宗　广明二年辛丑，七月丁巳改元中和。

　　　中和五年乙巳，三月己巳改元光启。

　　　光启四年戊申，二月庚寅改元文德。

昭宗　乾宁五年戊午，八月甲子改元光化。

　　　光化四年辛酉，四月丁丑改元天复。

　　　天复四年甲子，闰四月乙巳改元天祐。

多字年号例

年号字数自以便于记用为贵，故其始也咸以二字为号，迨后滥施文字，遂有三字、四字以至六字之号，其章述德美，昭著祥异之意一也。徒为辞费，可称标奇立异，特录汉唐二代三字四字之纪元者。其例曰：

始建国　王莽元年，己巳。

征和后元　汉武帝五十二年，癸巳。

太初元将　汉哀帝二年，丙辰。

建武中元　后汉光武帝三十二年，丙辰。

天册万岁　唐武则天十二年，乙未。

万岁登封　唐武则天十二年，乙未。

万岁通天　唐武则天十三年，丙申。

中元克复　唐谯王李重福，庚戌。

至于六字纪元，汉唐二代无之，乃撷取二代以外者。其例曰：

南诏宣武帝隆舜

贞明承智大同　戊戌，公元 878 年。

嵯耶承智大同

夏景宗李元昊

天授礼法延祚　戊寅，公元 1038 年。

史书异辞例

史书年号，每有异辞，其明显者尚可一目了然，若年号偏僻，不晓其所以异辞之故，辄易混而不辨，以致考证纰缪，贻笑大方。其异辞之故，不外二端。

其一为避讳而异辞，所取多为音义相近者，其例曰：

贞观　正观　　唐太宗

明黄瑜《双槐岁钞》卷四秦新名讳节云："宋仁宗名祯，讳贞为正，如贞观则曰正观，贞元则曰正元。"

按：由此可知贞观之异书正观，当自宋而后也。宋前文字书正观则非是。

显庆　明庆　光庆　永隆　永崇　　唐高宗

清顾炎武《日知录》卷二十三《以讳改年号》节云："唐中宗讳显，元宗讳隆基。唐人凡追称高宗显庆年号多云明庆；永隆年号多云永崇。"

按：清钱大昕《廿二史考异》卷五十八有所考定。

其二为秉笔者省文以致混淆，前贤已有所考证，其例曰：

后元　征和后元　　汉武帝

清顾炎武《日知录》卷二十《后元年》节云："汉文帝后元年，景帝中元年后元年，当时只是改为元年，后人追纪之为中为后耳。若武帝之后元年则自名之为后。光武之中元元年，梁武帝之中大通元年、中大同元年，则自名之为中，不可一例论也。"

按：王先谦《前汉书补注》有考。

中元　建武中元　　后汉光武帝

清王鸣盛《十七史商榷》三十《中元元年》节云："中元元年夏四月己卯，改元为中元。按祭祀志四月己卯，大赦天下，以建武三十二年为建武中元元年。此用四字纪元亦见东夷倭国传。传写误脱建武二字。钟渊映《历代建元考》采通鉴考异及胡三省注引洪适《隶释》，辨之甚详。"

按：《通鉴》卷四十四光武中元元年条胡注及王先谦《后汉书集解》均有考。

依旧君年号例

依旧君年号而不改者，其故有二：一因故君方崩，幼君嗣立，不逾年则多依旧号。明薛应旂《宋元通鉴》宋纪十六仁宗一云："初隆绪遭母丧，哀毁骨立，群臣请改元。隆绪曰：改元，吉礼也。居丧行吉礼，乃不孝子也。"母丧尚且如此，矧当谅闇之际乎？故不便改也。此例比比皆是，不胜枚举。其二则前后并无长幼世及之关系，仅以缅怀故君，当其自雄一方，多以故君年号为己年号，以示不奉新朝正朔，且假托故君威信以收纳人心，其依旧君年号者每达十数年之久，此非别有用心者，固莫肯为也。其例曰：

唐昭宗天复止四年，而前蜀王建称至七年十二月。

唐昭宣帝天祐止四年，而后唐庄宗称至二十年四月。秦李茂贞称至二十一年四月。吴杨渥、杨隆演称至十六年四月。

晋愍帝建兴止五年，而前凉张氏沿用至四十八年。

年号相同例

年号既繁，叠复自易。蜀宋之间数十年而已，乃重乾德之号。自来年号相复者多矣，清叶维庚《历代建元考》卷九具载其事，兹仅举例以明之。其例曰：

二同

元嘉　汉桓帝　宋文帝

永泰　唐代宗　齐明帝

三同

永元　汉和帝　前凉张茂　齐东昏侯

上元　唐高宗　唐肃宗　南诏异牟寻

四同

建初　汉章帝　成（汉）李特　后秦姚苌　西凉李暠

五同

甘露　汉宣帝　魏高贵乡公　吴归命侯　前秦苻坚　辽义宗

六同

永平　汉明帝　晋惠帝　北魏宣武帝　隋李密　高昌鞠玄喜　前蜀王建

七同

永兴　汉桓帝　晋惠帝　后赵冉闵　前秦苻坚　北魏明元帝　北魏孝武帝　明张惟元

八同

建平　汉哀帝　后赵石勒　后燕慕容盛　西燕慕容瑶　南燕慕容德　宋刘义宣　北魏白亚栗斯　北魏元愉

上述异代雷同者，固不足奇，此或大臣不学而误蹈，或企前代盛世而故意重复者。然同一朝代犹有叠复者，此诚不可解也。虽云歆祖德而绍述，终违为政便民之至意。所幸如斯者犹鲜，尚可免史家之混淆也。其例曰：

上元　　唐高宗　唐肃宗

按：清赵翼《廿二史札记》卷十九《唐有两上元年号》条于此深致非是称："至唐则高宗有上元年号，而肃宗亦以上元纪年。高之于肃，相去不过六七十年，耳目相接，朝臣岂无记忆，乃以子孙复其祖宗之号，此何谓耶？元顺帝慕元世祖创业致治而用其至元纪年。故当时有重纪至元之称，衰乱之朝，不知典信，固无论矣！"

又按：吾师朱师辙先生云："一朝年号之重复，实始于晋惠帝改元建武，已袭用汉光武年号。不久，元帝复用建元，相去不过十四年耳，尤为可噱，何瓯北独讥唐乎？"

又按：晋惠帝改元建武在甲子七月庚申（公元 304），元帝改元建武则在丁丑三月辛卯（公元 317 年），前后相距十四年，而唐高宗改上元元年在甲戌八月壬辰（公元 674 年），肃宗改元上元则在庚子闰四月己卯（公元 760 年），相距有八十七年，较之建武，相隔犹远。

年号与干支俱同例

历代年号相同者众矣，已见上例。而改元在同一干支者亦众矣，可检纪元篇籍。惟年号既同，又在同一干支改元者鲜矣。有之则惟建平之号。其例曰：

建平　　汉哀帝　改元在乙卯（公元前 6 年）
　　　　　　白亚栗斯　改元在乙卯（公元 415 年）

按：白亚栗斯，胡人，北魏明元帝神瑞二年（公元 415 年）三月被河西饥胡推为单于，改元建平。四月为部下所废。

一君不二纪元例

夫君临天下当以便民为先，年号之立亦为便于书契记载。好事君主，罔识治体，动辄易元，甚至年易数元，朝令夕改，庶民无所依从。但亦有以一元终其世者则诏书律令既可不繁，而后之览者亦称便焉。其例曰：

汉明帝

永平 十八年

唐太宗

贞观 二十三年

唐宪宗

元和 十五年

唐宣宗

大中 十三年

唐懿宗

咸通 十四年

按：清吴肃公《改元考同》张潮跋称："通考历代之君止纪一元者，在汉则明帝……在唐则太宗、宪宗、宣宗、懿宗。"

一君多次改元例

年号所为纪年代、志吉庆，长垂久远以示功德者也。故凡遇足资纪念之事端，无不改元易号，此固情理之所允可也。然汉唐君主，多好事功，稍遭变易，即下有司议号矣。推考二代改元多次者可四五帝，汉有武帝，唐有高宗、武后及昭宗。兹谨依此数君易元多寡为序，录备参考。其例曰：

唐武后　　二十二年凡十八改元

光宅 甲申九月改　684 年

垂拱 乙酉改　685 年

永昌 己丑改　689 年

载初 己丑十一月改，以十一月为正月，689 年

天授 庚寅九月改　690 年

如意 壬辰四月改　692 年

长寿 壬辰九月改　692 年

延载 甲午五月改　694 年

证圣 乙未正月改　695 年

天册万岁 乙未九月改　695 年

万岁登封 乙未十二月改　695 年

万岁通天 丙申三月改　696 年

神功　丁酉九月改　697 年

圣历　戊戌改　698 年

久视　庚子五月改　700 年

大足　辛丑正月改　701 年

长安　辛丑十月改　701 年

神龙　乙巳改　705 年

按：《通鉴》二〇七卷唐中宗纪神龙元年注云："考异曰：新纪长安五年正月，太子监国改元。按则天实录：神龙元年正月，壬午朔，大赦改元。旧纪、唐历、统纪会要皆同。《纪元通谱》亦以神龙为武后年号，中宗因之，新纪误也。"

唐昭宗　　十六年凡七改元

龙纪　己酉改　889 年

大顺　庚戌改　890 年

景福　壬子改　892 年

乾宁　甲寅改　894 年

光化　戊午八月改　898 年

天复　辛酉四月改　901 年

天祐　甲子闰四月改　904 年

唐高宗　　三十四年凡十五改元

永徽　庚戌改　650 年

显庆　丙辰改　656 年

龙朔　辛酉三月改　661 年

麟德　甲子改　664 年

乾封　丙寅改　666 年

总章　戊辰三月改　668 年

咸亨　庚午三月改　670 年

上元　甲戌八月改　674 年

仪凤　丙子十一月改　676 年

调露　己卯六月改　679 年

永隆　庚辰八月改　680 年

开耀　辛巳九月改　681 年

永淳　壬午二月改 682 年

弘道 癸未十二月改 683 年

通乾 仪凤三年戊寅（679 年）四月，诏改明年为通乾元年，十二月罢通乾号

汉武帝 五十四年凡十一改元

建元 辛丑改 前 140 年

元光 丁未改 前 134 年

元朔 癸丑改 前 128 年

元狩 己未改 前 122 年

元鼎 乙丑改 前 116 年

元封 辛未改 前 110 年

太初 丁丑改 前 104 年

天汉 辛巳改 前 100 年

太始 乙酉改 前 96 年

征和 己丑改 前 92 年

征和后元 （后元） 癸巳改 前 88 年

【说明】

《汉唐改元释例》一文撰成于 1946 年，是我的大学毕业论文。这是我在研读援庵师释例诸作后所选的课题。因汉唐改元之举颇具典型，乃以汉唐二代为主，仿释例之体，撰成此篇。其间援庵师多有指导。毕业前夕，援庵师以指导教师身份口试时曾以"颇有作意"相勖。距今四十五年，犹恍如昨日。六十年代后期，历年积稿虽经劫难，而此文草稿幸存，现缮录清本，内容一仍其旧。谨以习作，呈献于援庵师一百一十周年诞辰。缅怀师恩，略表寸忱，固不计其幼稚粗陋矣。

一九九一年二月识于邃谷

原载于《陈垣教授诞生百一十周年纪念文集》，暨南大学编，暨南大学出版社 1994 年版

儒家思想与《史记》

　　《史记》是历经二千余年为人所公认的中国史学巨著，也是中国传统文化宝库中闪烁光辉的瑰宝。儒家思想对这个巨著具有不可低估的影响与作用；同时，这部巨著也反映儒家思想在传统文化中的地位和作用。

　　从《史记》本身看，司马迁基本上以儒家思想（准确点说是汉初之儒）为编史的指导思想；但他又有所选择，并输入时代精神。从这一实例可以侧视到如何正确对待传统文化。本文即以此为出发点作如次的初步探讨。

一

　　《太史公自序》既是读《史记》的锁钥，也明确地表述了司马迁修史的指导思想。他在《自序》中把儒家学派的祖师孔子和儒家经典，特别是孔子的亲撰著述《春秋》推崇到极高的地位。他视《春秋》为《史记》的先驱著作，以《史记》来接续《春秋》的传统①。《自序》中曾借答壶遂的问题来阐述《春秋》的意义②。

　　司马迁在《自序》中不仅用尽美好的词句来赞誉和肯定《春秋》本身，而且还特别强调《春秋》是有国者、为人臣者、为人君父者、为人臣子者所必读的"礼义之大宗"。《自序》中还写了一段司马迁不以壶遂拟《史记》于《春秋》为然的话，这固然有司马迁担心涉"显非当世"之嫌的顾虑。但衷心窃喜居然有人理解《史记》是继《春秋》之后的一大著作。

---

　　① 宋郑樵正式提出："自《春秋》之后，惟《史记》擅制作之规模。"（《通志·总序》）清钱大昕更明确指出："太史公修《史记》以继《春秋》。"（《史记志疑》序）但邵晋涵则认为："迁自言继春秋而论次其文，后之学者，疑辨相属。以今考之，其叙事多本左氏春秋所语古文也。秦汉以来故事，次第增叙焉。"（《南江文钞》卷三《史记提要》）

　　②"上明三王之道，下辨人事之纪，别嫌疑，明是非，定犹豫，善善恶恶，贤贤贱不肖。存亡国，继绝世，补敝起废，王道之大者也。""拨乱世反之正，莫近于春秋。春秋文成数万，其指数千，万物之散聚皆在《春秋》。"

司马迁在《十二诸侯年表》序中更详尽地阐述了《春秋》的纂述缘起和意义[①]。同时，又具体论列了《春秋》的余响及传统，如书则有《左氏春秋》《铎氏微》《虞氏春秋》以至《吕氏春秋》；人则有荀卿、孟子、公孙固、韩非以至张苍、董仲舒等都是《春秋》的绪余和受教者，至于司马迁本人在另一处也明确说："余读《春秋》古文，乃知中国之虞与荆蛮、句吴兄弟也。"[②]

《史记》尊重儒家学派与孔子可以说是在同时代著作中的突出代表。清人王应奎曾揭其事，认为《史记》列孔子为世家，"所以存不朽之统也"；即其"著书本旨，无处不以孔子为归"；所以他认为"汉四百年间，尊孔子者无如子长……子长之功岂在董子下哉！"[③]实际上把司马迁推到可与董仲舒并列为尊儒术的功臣地位。

从《史记》全书观之，的确如此。它所确定的"究天人之际，通古今之变"的编纂原则应认作是从儒家经典中"长于变"的《易》和"长于治人"的《春秋》中得到启示而来的。《史记》的史源是多方面的，资料搜集相当丰富，但其去取标准，就是"夫学者载籍既博，犹考信于六艺"[④]，意即以儒家经典为依归。

《史记》的体例安排是实现"寓论断于叙事"的一种手段。世家一体本用以记封国诸侯，而孔子以无封邑、无卿士、无甲兵、无号令的一介之儒而居然跻身于世家之列者，乃是"以孔子布衣十余世，学者宗之。自天子王侯，中国言六艺者宗于夫子，可谓至圣，故为世家"[⑤]。这是将孔子置于学术王国的"素王"地位。

在篇目结构上，世家以吴为首，列传以伯夷为首，都是以孔子之是为是的，《吴世家》的论赞中说吴太伯是被孔子称为"至德"的人，而《伯夷列传》中则在传首即标举出"孔子序列古之仁圣贤人，如吴太伯、伯夷之伦详矣"。这就是篇目次序安排的主要依据。

在人物立传上，对儒家派也着墨较多，除《孔子世家》作为主篇论列宗师行事外，《儒林列传》《仲尼弟子列传》是儒家学派的群体传记，《孟荀列传》则是儒家学派嫡系传人的合传。

---

① "孔子明王道，干七十余君，莫能用，故西观周室，论史记旧闻，兴于鲁而次《春秋》，上记隐，下至哀之获麟，约其辞文，去其烦重，以制义法，王道备，人事浃。"

② 《吴太伯世家》论赞。按：司马迁曾从孔安国"问故"，受其一定影响，所以"迁书载《尧典》《禹贡》《洪范》《微子》《金縢》诸篇，多古文说"（《汉书·儒林传》）。

③ 《柳南诗文钞》卷四《司马迁论》。

④ 《伯夷列传》。

⑤ 《孔子世家》。

　　《史记》中对孔子的推崇可谓已达顶峰。《孔子世家》通篇文字着力勾划了孔子尽美尽善的形象，无论道德、学问，还是政事、人伦都已臻无与伦比的高度，在篇末表述史家论断时，不仅对这位"至圣"是"高山仰止，景行行止"，而且还倾吐了"虽不能至，然心向往之"的仰慕之情。在《儒林列传》中不仅描写孔子是"论次诗书，修起礼乐"和"因史记作春秋，以当王法"的学术至圣，而且还在身后有重要的政治影响与社会影响，以孔子为首的儒家学派几乎成为当时及稍后的强力集团了。

　　《史记》不仅在《孔子世家》全面地论列孔子生平，而且还在若干本纪、世家中记述孔子的生平行踪，以表示孔子的地位与作用，这在《史记》中是一特例，兹表列如次：

孔子生平与行踪	出处
（周敬王四十一年）"孔子卒。"	《周本纪》
（秦惠公元年）"孔子行鲁相事"。	《秦本纪》
"孔子以（秦）悼公十二年卒"。	
"十五年，孔子相鲁"。	《吴世家》
（襄公）"二十二年，孔丘生"。	《鲁世家》
（定公）"十年，孔子行相事"。	
（哀公十二年）"孔子自卫归鲁"。	
"十六年，孔子卒。"	
（献公）"十四年，孔子卒"。	《燕世家》
（蔡昭侯）"十六年，孔子如楚"。	《管蔡世家》
（陈）"湣公六年，孔子适陈"。	《陈杞世家》
（十三年）"楚昭王卒于城父，时孔子在陈"。	
（二十四年）"孔子卒"。	
"卫灵公三十八年，孔子来，禄之如鲁。后有隙，孔子去。后复来"。	《卫世家》
（出公八年）"孔子自陈入卫"。	
"九年，孔文子问兵于仲尼，仲尼不对，其后鲁迎仲尼，仲尼反鲁"。	
"（卫庄公）二年，鲁孔丘卒"。	
"景公二十五年，孔子过宋，宋司马桓魋恶之，欲杀孔子，孔子微服去。"	《宋世家》
"（晋定公）十二年，孔子相鲁"。	《晋世家》
"三十三年，孔子卒"。	
（昭王）"十六年，孔子相鲁"。	《楚世家》
（声公）"二十二年，楚惠王灭陈，孔子卒"。	《郑世家》
"其后（晋顷公十二年）十四岁而孔子相鲁"。	《魏世家》

　　《史记》对人物的评论也多以孔子的评论为依据。它在《仲尼弟子列传》中对颜回等二十八位弟子都逐一引述孔子的评语为评语。除此传集中论述外，其他一些世家、传记中也有类似的论述方式。兹表列如次：

出处	孔子的评论
《吴世家》评太伯	"孔子言太伯可谓至德矣，三以天下让，民无得而称焉。"
《陈杞世家》评楚庄王	"孔子读史记至楚复陈曰：贤哉楚庄王，轻千乘之国而重一言。"
《宋世家》评微子等三人	"孔子称微子去之，箕子为之奴，比干谏而死，殷有三仁焉"。
《晋世家》评董狐、赵宣子	"孔子读史记至（晋）文公，曰：'诸侯无召王'，'王狩河阳'者，《春秋》讳之也。""孔子闻之，曰：'董狐，古之良史也，书法不隐。宣子（赵盾），良大夫也，为法受恶。惜也，出疆乃免。'"
《楚世家》评楚昭王	"孔子在陈闻是言曰：楚昭王通大道矣。其不失国，宜哉！"
《郑世家》评子产	"孔子尝过郑，与子产如兄弟云。及闻子产死，孔子为泣曰：古之遗爱也。"
《老子韩非列传》评老子	"（孔子）谓弟子曰：……吾今日见老子，其犹龙邪？"

　　司马迁不仅对汉以前王侯评论以孔子评论为标准，其对汉朝诸帝的评论也以是否尊儒为依归。汉高祖是汉朝开国之君，司马迁对其功业有所歌颂，立陈涉为世家也是体现高祖意旨，惟独对高祖鄙视儒者颇致微词，《张丞相列传》及《郦生陆贾传》中都着意刻划高祖倨傲卑儒的劣行。武帝与司马迁存在严重矛盾，但却肯定了武帝的尊儒。[①]

　　司马迁自承接受了儒家传统，曾自述儒家的道统是"周公卒五百岁而有孔子"，而孔子卒后至于今五百岁，"有能绍明世，正易传，继《春秋》，本诗书礼乐之际"的人，虽然没有明指，但"小子何敢让焉"一语已俨然以道统所在自任。事实上，司马迁也确是精研儒学的大家，他十岁就诵古文尚书，成年以后又亲赴齐鲁"观孔子遗风，乡射邹峄"以感受儒家学风。易学是儒家学派中"长于变"而难于掌握的学问，而司马迁却是师承有自。其父司马谈是直接受《易》于杨何的[②]。杨何传《易》于司马谈，司马迁禀承家学，一脉相传，渊源有自。

　　所有这些例证可证司马迁确是继承了儒家思想中的可选择部分。

---

　　① 《儒林列传》。
　　② 《儒林列传》。

二

　　班固批评《史记》最根本的一点是"先黄老而后六经"，历代学者对此多有论辩。从《史记》本身考察，有大量例证证明《史记》是以儒家思想为主要依据的，班固的批评似不准确。但是，班固的说法也透露一种消息，至少在班固眼中，司马迁从传统文化中吸取的已不止是单一的儒家思想，而且某些儒家思想已非原型。的确，《史记》在很多地方采用了涂有时代色彩的汉初之儒的思想资料。

　　汉初之儒的主要改造者是董仲舒。他从先秦儒家学派的思想资料库中经过精心挑选，并杂糅进一些阴阳学派的思想资料而加工改造成的汉初儒学。董仲舒属于儒家中的公羊学派，司马迁对此是有明确认识的，所以在《儒林列传》中正面提出："董仲舒名为明于《春秋》，其传公羊氏也。"公羊儒家的思想被司马迁所选择①，所以董仲舒从公羊学出发所提出的"天人感应论""历史循环论"和"大一统思想"等等思想观点在《史记》中都有所表达。

　　《史记》对若干政治问题的解释大抵归之于天命。司马迁认为天上有灾异变化，人间必有相应的大事。秦汉之际的混乱，早在"秦始皇之时，十五年彗星四见，久者八十日，长或竟天"②中，已有所昭示。他总结秦之能"卒并天下"，既非德义，也非兵力，而是"盖若天所助焉"③，是"天方令秦平海内"④。也就是说形势发展到这一步。至于汉朝"王迹之兴"，当然更是"受命而帝"，所以发出了"岂非天哉！岂非天哉！"⑤的感慨。司马迁既论述了可以影响和解释人间大事的自然现象的"天"，又提出了一个主宰和支配人间大事颇为神秘的"天"，这两种天人关系看来似乎不一致，实际上这就是司马迁所"究"的"天人之际"的两个方面。这正是董仲舒"天人感应论"的实际应用与发展。

　　司马迁认为历史发展是"三王之道若循环，终而复始"，他并以公羊学的三世、三统说来论证汉得天下的合理性。《高祖本记》的论赞中有一段论述夏商周三代政权特征的话说：

---

　　① 清邵晋涵论《史记》说："其义则取诸公羊春秋，辨文家质家之同异；论定人物，多寓文与而实不与之意，皆公羊氏之法也。迁尝问春秋于董仲舒，仲舒故善公羊之学者，迁能伸明其义例，虽未必尽得圣经之传，要可见汉人经学各有师承矣。"（《南江文钞》卷三，《史记提要》）

　　②《天官书》。

　　③《六国表序》。

　　④《魏世家》。

　　⑤《秦楚之际月表》。

> 夏之政忠。忠之敝，小人以野，故殷人承之以敬；敬之敝，小人以鬼，
> 故周人承之以文；文之敝，小人以僿，故救僿莫若以忠。三王之道若循环，
> 终而复始。周秦之间，可谓文敝矣。秦政不改，反酷刑法，岂不谬乎？故
> 汉兴，承敝易变，使人不倦，得天统矣。

夏商周的盛世是古代政治家和政论家所向往和标榜的理想治世。忠、敬、文是三代各自的特征，即所谓"德"。这三种政权特征（德）相承递变，构成一个环形，沿着"终而复始"的轨迹前进。因此在周的"文德"衰敝之后，应该有一个具有"忠德"的新朝兴起。秦未能表现这种"忠德"，不能承正统，只能成"闰统"，而汉却是能"承敝易变"，于是又出现了"忠德"。这就是说，汉是夏德的第二轮，是的确得到了"天统"的。

司马迁在《史记》中还充分发挥和宣传了浓厚的大一统思想。司马迁不满于秦的暴政，但对秦的统一集权则加肯定。在齐、鲁、燕、宋、晋、管蔡、陈杞等世家中，他都不惮其繁地记录了"秦始列为诸侯"，为表示秦的普遍意义与重要地位。在《田敬仲完世家》中更大书一笔："天下壹并于秦，秦王政立号为皇帝"，表示对这个实现中央集权统一局面的秦以极大的重视。《史记》把秦先世与始皇帝分立二纪也是以始皇之能实现统一为立论点。司马迁希望汉朝是一个统一富庶的帝国，《货殖列传》就是详尽地搜集了统一帝国的风俗、人情、地理、物产、人物各方面资料，精心绘制了一幅绚丽多姿有立体感的图画。

司马迁对历史发展的观点和大一统思想都围绕着"通古今之变"来进行的。这与董仲舒所宣扬的"历史循环论"和大一统思想虽有很多共同之处，但亦有小异、有发展。

司马迁虽从董仲舒那里承受了不少思想资料，但并不照搬因袭，而是继承董仲舒汉初之儒中的儒学部分，批判接受了其中阴阳家部分的思想资料，即在一定程度上扬弃了阴阳家的"使人拘而多所畏"的神秘主义部分，却吸取了阴阳家的"序四时之大顺"的合乎自然实际的部分。所以尽管他受"天人感应论"学说的影响，但在《伯夷列传》中却对"天道"提出了"是邪？非邪？"的怀疑，对社会生活中的不平现象表示了不满，比董仲舒前进了一步。尤其值得注意的是司马迁在接受董仲舒汉初之儒的同时还从道家中吸取一定的成分。司马迁所吸取的其父《论六家要指》中的道家，也就是汉初的黄老之学。他将儒道学说置于兼收并蓄，接近等同的地位，如《酷吏列传》的开首即并列孔老之说云：

孔子曰："导之以政，齐之以刑，民免而无耻。导之以德，齐之以礼，有耻且格。"老氏称："上德不德，是以有德；下德不失德，是以无德。法令滋章，盗贼多有。"

接着总括说："太史公曰：信哉是言也！"对孔老二家均持肯定态度。不过，司马迁从道家学说中有所选择时也和对待儒家学说一样。他所选择的是汉初脱胎于道家的黄老之学。黄老之学是汉初适应中小地主阶级要求发展土地私有制的统治术。它的"无为而治"不是"小国寡民，老死不相往来"的不干涉的消极态度，而是以"无为"为手段，以"而治"为目的，借以保护中小地主阶级发展的积极政策。曹参是汉初执行黄老治术的积极人物，《史记》不仅尊之于世家之列，并在论赞中说："参为汉相国，清静极言合道，然百姓离秦之酷后，参与休息无为，故天下俱称其美矣。"①给曹参以全面的肯定。在《乐毅列传》末更详述了曹参黄老之学的师承源流。

《货殖列传》中更有多处表露了道家"因循为用"的思想，"人各任其能，竭其力，以得所欲。……各劝其业，乐其事，若水之趋下，日夜无休时；不召而自来，不求而民出之，岂非道之所符，而自然之验邪？"如果在上位者不"因循为用"而与民相争，那在司马迁看来就是"最下者"。

司马迁不赞成旧道家的"绝圣弃智"，而欣赏黄老学说中的智者行为。《史记》中很推崇"权略机变"的"智者"，欣赏这些"智者"能在一点半拨之间完成事业：《越世家》中用了大量笔墨渲染范蠡，写范蠡如何处理吴越关系，如何劝告文种功成身退，如何安排自己的出路，如何几次经营致富以及如何派中子去救少子出狱的故事等等。无一不在著意刻划范蠡的"智"。《吴世家》中写季札对晏子、子产、蘧瑗、叔向的出谋划策和挂剑徐君之墓故事等等，也无一不是在极意描绘季札的"智"。《留侯世家》中所记张良在鸿门宴上的应变，反对立六国后，定都关中，封雍齿和安惠帝诸问题上所表现的"智者"才能曾激发司马迁的崇敬感情。这种能运用智慧，弹指间解决重大政治问题的行动，又正和道家"智者逸而成，愚者劳而败"的思想如响斯应地吻合。

司马迁吸取黄老之学的基本动机在于维护汉朝的统治，他在《儒林列传》中曾写下这样一个故事：景帝时，代表儒家的辕固生和代表道家的黄生曾经发生过一次关于汤、武伐桀、纣性质问题的公开争论。辕固生认为这是"受命"，

---

① 《曹相国世家》。

目的在说明汉得天下也如汤武那样是"受命";黄生则认为"非受命,乃弑也",目的在说明当前汉已得天下不需要再谈受命与否,应该尽力消弭各种有害汉政权巩固稳定的任何言论,所以即使如汤武那样推翻桀纣现政权,也只是一种"弑"的行为。二者的根本立场都是为了维护汉政权。但仲裁者景帝却下了结论说:"言学者无言汤武受命,不为愚。"意思是说现代学者不谈受命问题不能算错,实际上肯定了道家黄生的意见。司马迁编纂《史记》选择史料是有所权衡的,他写入儒道争议的目的,一则说明他本人同意了黄生与景帝的意见而设法保留于史册,二则也反映司马迁对传统文化的选择主要立足于是否有利于巩固和稳定汉政权。

不仅如此,《史记》中还不吝笔墨写儒道之间的斗争,如"魏其、武安、赵绾、王臧等推隆儒术,贬道家言"而触怒尊奉道家的窦太后,展开了激烈斗争,终于罢逐赵绾、王臧,魏其、武安也被剥夺权力而以侯家居,使窦太后获胜。景帝时的这场斗争与上述黄生、辕固生间的所谓学术争论正结合成一幅儒道斗争的复杂画面。司马迁对于缘饰儒术的行为更持深恶痛绝的态度。他对面谀逢迎的鄙儒叔孙通不仅写其若干劣行,而且在传末更评论说:"叔孙通希世度务,制礼进退,与时变化,卒为汉家儒宗。'大直若诎,道固委蛇',盖谓是乎?"

这些记述与评论足以显现司马迁无所偏倚的史家胸襟。

三

从上两节的论述中,可以得到如下几点初步认识:

(1)儒家思想虽是传统文化的重要组成部分,但它不是以凝固的原型进行历史地传递,而是随着时代的发展,经过筛选、淘汰、保存、继承和发扬而不断创造符合时代需求的新模式。《史记》选择的儒家学说主要是经过董仲舒改造过的汉初之儒,但决不只是董仲舒儒学的翻版。司马迁一方面继承了董仲舒思想中的新儒家部分,并因董仲舒的汉家之儒是应"独尊儒术"的要求而产生的一种居于主导地位的统治思想,司马迁无法逃避地以此为基调;另一方面司马迁却批判地接受董学中阴阳家部分中合乎自然实际的思想资料。

(2)儒家思想是否传统文化核心的问题曾引动过许多学者的思考与议论。有些学者,特别是港台学者多主张以儒家思想为传统文化的核心和主流;西方汉学家也多以儒家概括中国的传统文化。这种说法既失之于泛,又失之于褊。因为儒家并不是单一体,没有"纯"儒可言。在儒家文化出现之前,中国有境内各民族的文化融合;在儒家定于一尊之后,既有董仲舒以儒家公羊学为主、杂糅阴阳家学说而形成的汉初之儒，又有儒家与释道糅合所产生的魏晋玄学与宋明理学等等。儒家事实上已杂糅进多种文化来源，所以早在荀子的《法行篇》中就曾记述过一位学者的质询说："夫子之门，何其杂也？"所以以儒家来概括中国传统文化似不准确。在世界三大文化传统中，中国的传统文化既不像希腊文化那样注重人与自然的关系，也不像印度文化那样注重人与神的关系，而是如目前一些学者所推崇和主张的乃是以人文主义，更准确点说是以人伦思想为核心的。中国传统文化非常注重人际间的现实关系，儒家的注重仁人爱物、人伦纲常和道家的"上知天时、下知地利、中知人事"以及"节民力"等等论题都表现了中国传统文化的核心所在。《史记》所标举的"究天人之际，通古今之变"正是抓到了传统文化的核心。

（3）儒家思想对于未来社会具有一定作用，也应占有重要地位，但原型的沿袭和复原都不符合未来社会的实际需要。近年来，曾出现了一种儒学复兴的主张，而且在海外更为流行。这一主张把儒家作为高度物质文明中医治精神弊病的"良药"，当然其中也包含一部分异国游子寻根意识的蟊蟊。这种主张可以被认作是认识传统的一种思潮，但由于它把儒家文化视作单一和凝固，把儒家文化部分代替了中国传统文化全体，忽视了儒家文化在中国文化传统中所产生的消极作用而片面地强调了儒家思想的特殊价值，因而，这种主张不仅不能正确地选择传统文化，对建设新文化也似乎无补实际，甚至阻止或削弱对传统文化中已失去生命力的不合理部分的冲击力。

（4）《史记》之所以能有历两千余年而不衰的旺盛生命力，其中主要的一点是能正确地对待传统文化，能审慎地从传统文化中优选。司马迁既自承接续儒家传统而不抱残守缺于凝固的、单一的原型，他似乎意识到文化都是特定历史与社会的产物，存在于一定时空条件之下，因而，必须根据所处时代与社会背景和土壤，选择董仲舒的汉初之儒，却又批判其中神秘内容，更从儒家学说传统中突破出去，选择从道家中蜕化出来的黄老之学，形成了一种新的文化结合体，注入到《史记》中，使《史记》在量的描述和质的评价上都达到所处时代与社会的高峰，为我国传统文化增添熠熠发光的色彩，为儒家思想与《史记》漫长的历史留下了足以睥睨世界的重要学术遗产，为中国文化甚至世界文化树立了丰碑，所有这些都不能不引起我们应当如何正确对待祖国传统文化的深思。

原载于《儒家思想与未来社会》，复旦大学历史系、复旦大学国际交流办公室合编，上海人民出版社 1991 年版

关于编纂新《清史》的体裁体例问题

清朝是我国历史上最末一个封建王朝，同时它既是中华民族的融合者，也是中华传统文化的总括者。过去由于辛亥革命时期反满宣传过度的影响，清朝历史没有得到应有的准确认识和表述。上世纪二十年代编纂的《清史稿》又未尽如人意。因此，为世界瞩目的中国正史，一直没有一部足以为二十五史殿后的高水平清史出现，这实在是中国这样一个历来非常重视历史的国度的缺憾。新朝为旧朝编史是中国历史编纂事业中的重要传统。新中国建立后，即肩负着编纂清史与民国史的重任，而二百余年之清史的编纂，尤为当务之急。但数十年来由于种种人所周知的原因，未能早日启动，久已成为广大史学工作者魂牵梦萦的心事。近年，虽曰蹒跚，终有足音。2003 年初，纂修《清史》作为新世纪一项标志性文化工程，全面启动，正式面世。主事诸公深明发凡起例为著述首要，乃于二三月间，于南北分别召开有关体裁体例座谈会，多方听取意见。我有幸应邀与会，敬聆说言善论，略陈一得之愚，或可备纂修诸公采择。

一、新《清史》的定位

欲论新《清史》之体裁、体例，必先明新《清史》之地位，即所谓定位问题。

新《清史》所写对象为中国封建社会最后一个王朝的历史，是写以清王朝为标志的清代历史，是历代封建王朝"正史"的组成部分。这一位置是客观存在，要保持整套正史类型的大体一致。

"正史"之名，始见南梁阮孝绪《正史削繁》卷九六，《隋志》著录此书。但其特定地位则为清乾隆帝之"宸断"，《四库全书·史部·正史类》小序中有明确的规定说："正史体尊，义与经配，非悬诸令典，莫敢私增。"从乾隆四十年（1775）之后，至明而止的二十四部史书正式合成为一整体，得"正史"之名。民初徐世昌以民国大总统之名义明令将《新元史》入"正史"之列，称二十五史。正史历来地位尊贵，作用亦大。今国家清史编纂委员会主任戴逸先生所作《构建新世纪标志性文化工程》一文中，曾高度评价正史说：

> 在我国的众多史籍中，有"正史"之名的纪传体史书共二十五部，系统详细而不间断地记录了自五帝以来数千年的中国史。这是中华民族的重要的文化载体，是人们了解研究我们国家和民族形成发展的百科全书，是建设中国特色社会主义的智慧宝库。

这是对正史的正确评估，虽然过去对正史有过这样和那样的批评，论其不足，但从总体看，更多值得注意的是历代修史积累的经验。这些经验证明，正史之体是一种容量大、易于操作的体裁，对新编《清史》具有足资参考的价值。

因此，我认为新编《清史》应定位于：采用"正史"所使用的纪传体来撰写以清王朝为标志的清代历史。不过，随着时代发展，无论体例和内容都曾有所改易。清代社会尤有巨变，当然在继承旧形式情况下，更要面对实际，各种体例，必当有所变化，也就是说，应该以"移步而不变形"的原则制定编撰体裁与体例。

二、关于体裁问题

新编《清史》既已作如上定位，则体裁自应采用纪传体。纪传体是正史主要采用的编撰方法，它有纪、传、志、表各种形式，便于表达内容。它记载范围较广，涉及政治、经济、社会、文化、军事等各个方面，搜集资料也比较丰富，是极便于保存和参考的资料宝库。这次讨论会上，也有主张采用章节体的说法。章节体在近代以来曾有人用之撰写史书。它虽体系贯穿、眉目清楚，但一般内涵容量较小，易见专题，不易见综括，物多而人少，用于大型史书，恐难负荷。其多数人意见，基本上偏重于纪传体。但时代不同，无法避免新事务的出现，所以不能墨守成规，只知继承，不知创新。因此我赞同《清史编纂体裁体例调研大纲》中关于体裁的第三条建议，即："大体以传统的纪传体为主要框架，再加以现代的改造、补充和发展。"

三、关于体例问题

既已采用正史纪传体，但其体例则应给予充分考虑。即以《史记》为例，有十二本纪写帝王事迹，起大事记的作用；十表排列错综复杂的史事；八书记典章制度；三十世家讲诸侯封国；七十列传即人物传记。史记130篇，司马迁即用此五体纵横交错地反映了自黄帝至汉武的这一大段历史，包含了整个国事社情诸方面，为后世纪传体史书创立了典型。但后来各朝史书亦有所变更，如书改成志，表不仅用于记事。也有未全采五体者，如《三国志》《梁书》《陈书》《后周书》《北齐书》《南史》和《北史》等七部书都无志。《后汉书》本无表，后以宋熊方《补后汉书年表》十卷补入。从《三国志》到《旧唐书》和《旧五代史》均无表。梁、陈、齐、周四书，虽无志，但因各史同修于唐初，其典制均分见《隋书》各志。可见五体传统已在随时变化。因此，新编《清史》完全可以有所改进和发展。根据清代历史现实可采纪、表、志、图、列传五体，并加附录。兹分述如次：

（一）纪

此纪非原正史中之本纪。本纪是二十五史中为显示各朝帝王至尊地位而设置。实则帝王亦系一历史人物，可与其他历史人物共入人物传，叙其行事，明其业绩，足矣。不必单立本纪，故可废本纪一体，但需另立一"总纪"。

"总纪"或有称"总论""综述""概述"等者，后三者早为新编方志所创意而已通用，不宜使用。似以总纪之名为善。总纪功能是：

（1）"总纪"为全书总要，当囊括有清一代所有问题，概而论之，置于全书卷首，有开宗明义之效。

（2）"总纪"叙事方法可有多样，其写法约有三端：一是全史浓缩法，总纂通览全史，以高屋建瓴之势，浓缩提炼，一气呵成，成全史纂要之篇，置于卷首。二是特点勾勒法，将有清一代的特点，要言不繁，写意勾勒，不过十数万字，即提纲挈领，得其大要。三是分段提要法，将清史分为政事、经济、军事、文化、宗教、民族等几大方面，分别撰写提要性论述，字数容量可较多。三者是非优劣，尚待讨论；但必须是能概一代之要和一书之要，而最要者是达到既俯瞰全局，又"引而不发"的境界，问题说到宏观，但不进而微观。读"总纪"将使读者有了解清代历史究竟，了解全书撰述如何等要求，斯为上乘！

（3）"总纪"无论采用何种写法，都应融合编年与纪事本末二体，使时间脉络清楚，起到大事记作用。"总纪"与本文不得有矛盾处。

（4）别纪：戴公在《关于清史编纂体例的几点补充意见》中建议"为南明、太平天国、准噶尔作《载记》"。这几个政权与清朝政权确曾呈敌对状态，但未臣属于清朝，自成体系，具有比较完整的政权形式，应单独立纪，但不宜立《载记》。《载记》是《晋书》创体，是用于当时十六国政权的，是以正统观念视各政权为僭窃，含有贬义。新编《清史》应为各对立政权立《别纪》。《别纪》者，表示不为《总纪》所涵盖，而是另一政权之纪事。可立南明、准噶尔、太平天国等《别纪》。又郑成功亦未臣属于清，收复台湾后，曾建立政权，传世三代，颇有建树，是否也应立一《别纪》。至于吴三桂早已降清，并接受爵禄，三藩事起，虽相持八年，但应属叛乱分裂活动，不能为之立《别纪》，但可将吴三桂及耿精忠、尚可喜等三人入列传，归于一卷。

（二）表

表为《史记》五体之一，司马迁用之解决繁杂的人物活动。如《汉兴以来诸侯王年表》《惠景间侯者年表》和《汉兴以来将相名臣年表》等，即将汉初那些传不胜传而事又难没的历史人物，以表存其事，既省文字，又与世家列传相补充。《汉书》的《古今人表》含有评论历史人物之意义。后世学者更有用表体来整理正史史料，采撷史事以便省览者，如清万斯同的《历代史表》，广加征引，表列数千年史事而眉目清楚，是以朱彝尊誉之为"揽万里于尺寸之内，罗百世于方册之间"。表之为用，由此可见。新《清史》万不可废此体。表不厌其多，表多则志可简而传可省。惟时代不同，表当有所增删。如《汉书》古今人表之评论人物，未免过于简单化，不宜沿袭。有些事务则可增设表，如《自然灾害表》《康熙诸子表》《会计表》《湘军将领表》《新建陆军将领表》等等。

表除单成一体外，还可在志中附表，如《人口志》中可附《历年丁口表》，《财政志》可附《度支表》，《物产志》可附《土特产表》或《植物表》《矿物表》，至于何者单立，何者附入，当进一步探讨。

（三）志

史经志纬，足见志在史书中的地位。史书有志，方能使历史立体化。马书班志久有垂范，一朝典制无志则无所容纳，而后世亦将无所借鉴。新《清史》既保存志体，但亦当有所变易。志书增废定名，约有几种不同情况。

史书基干为天地人三者，上为自然天象所覆，下为地形、地貌、疆域、区划所载，人居其中，生养繁息，迁徙流动，形成各种社会活动，故天文、地理、人口三志不可废。或曰天文为自然现象非关社会历史，须知"正史"为时代之全史，并非社会活动之专著。理应包括自然与人文两端，且自然现象与人文社会现象何能隔离，如自然灾害为自然现象，但其于人文社会历史影响至巨。或曰前史有天文源于"天人感应"之说，具有迷信色彩。"天人感应"之说，是否纯为迷信，尚待研究。天象人事互为影响，在科学昌明之今日，多可从中得一定科学解释，河海潮汐与月之圆缺有关，水土流失与沙尘扬暴有关。且中国有数千年天文记录，历代相沿成志，不能中断。地方志中有关灾异祥瑞之记载，多有与天文有关之资料，如河北、河南、山西地方志中，曾记同治间天象怪异，经科学解释，实为极光现象。再者，清初中外天文学家对天象观测的争议，以及乾隆以后许多天算家（包括若干女性）对天象观测和实验，均有发现与发明，可充实《天文志》内容。此志近于专门，可由国家天文专门机构研究撰写。至于地理、人口二志之必设，其义自明，不待赘言。

有些志已不宜沿用，如《五行志》等，即使清代曾有类似内容，亦应取有科学解释者，写入其他部分。

有些志应保留，如以原志内容过多，则可分解立志，如《艺文志》必须有，但清代著述作品，数量过大，据现有一种统计，将近十万种，实难全部入志。其解决办法是：一将原《艺文志》分立为《学术志》与《文学志》，分别著录学术著作和诗文小说等创作。二是组织专人根据现有文献筛选初步目录，广泛送请有关人士斟酌。

有些志可改名而当扩大内涵，如《兵志》可改称《军事志》，不仅记述八旗、绿营、湘淮及新建陆军等军制，亦可记入各种军事活动。《河渠志》可改称《水利志》，不仅记述河渠，更着重于如何利用水资源以及防范措施等。

有些新事物则应增设新志，如《邮电志》记驿递、邮政、电信等，《交通志》记铁路、公路、内河航运、海运、交通工具（原《舆服志》舆的部分内容可入此）等，《外交志》记述对外政策、建交遣使、交涉谈判以及各种外事活动等，《实业志》记述新型企业开厂办矿等。

各志应设、应删、应改易、应分立，难以尽述。近二十年，全国新编志书在专志设置上，多有创意，可引作他山之助。至于志书篇目之设，当另作讨论。

（四）图

左图右史是中国悠久的传统文化，历代史书目录及出土文物，时有图的著录和发现。古地方志即称"图经"，示有图有文。宋郑樵《通志》有《图谱略》，视图谱为撰史要务。新编《清史》似应增此一体。图在史书中可有三类：一地图，自晋裴秀绘制地图，历来多有绘制，清代尤盛，地学已成专学。地图包括疆域图、区划图、地貌图、山川图、地质图等。二是器物图，包括古物图录、版刻图录、珍善藏品图录等。三是艺术图，凡书画、篆刻、工艺、特技的作品图录等皆属之。尤其是现代印刷技术的高科技发展程度，已为设图一体提供极大便利，也显示当代人修史之特色。

（五）列传

人物为史书之灵魂，若无人物则历史舞台如何有声有色？中华历史则显然苍白，了无生气，是以史志典籍皆以人物为重点。历代正史人物列传，多谱可歌可泣之事，存当代之精英，惠后世以激励。原《清史稿》收人物 8000 余人，所收是多是少？所收是否恰当？俱在可议之列。

列传首要问题是收录标准问题，《清代人物传稿》曾订收录范围若干条，基本可采，但有一点似应补充。列传人物当然以收正面人物为主，但大奸巨慝亦应考虑，因历史总有正反两面，事物绝无纯之又纯，无奸不能显忠，无恶何以见善？人物标准主要视其推动历史发展抑阻碍历史发展，褒前者所为流芳百世，贬后者所为遗臭万年，二者同尽历史教化作用，但必须注意二者比重。

入传人物时限如何定？我认为既是清史，必以清人为准，其收录之时限标准是：

（1）以卒年为基本标准，凡生于明而卒于清者，作为清人入传，生于清而卒于清者当然入传，生于清而卒于民国者为民国人，无论在清代有何事功，皆不入传，这一标准只视时间不论事功，必须严格遵守，如有个案处理，则争论纷扰，将无宁日。

（2）所谓清人，必须是在清政权统治之下生活者，其人虽卒于清政权建立之后，但未生活于清政权之下者，如刘宗周、张煌言等。或流亡海外生活者，如朱舜水、释隆琦等，均不得入传。其人事迹可叙于《南明别纪》中。

（3）凡生于清而卒于民国者，如在清无事功自然不入传，如其在清时事功足够入传者如孙中山、袁世凯、徐世昌、唐绍仪及北洋著名人物等，亦概不入传。因这些人在民国历史舞台上将是非常重要人物，两者衡量，其在民国时事功较在清时尤胜，自当入民国史传，而不得入清史传，至于其在清事功，可用"以事系人"史笔处理，如孙中山可在《总纪》中涉及辛亥革命前活动时记及，袁、徐可在新建陆军中记及。其为民国出力但卒于清者如邹容、陈天华、秋瑾等烈士，则应入清史传。其传中尚可涉及在清建有事功而卒于民国者之事迹。

（4）入传人数不宜过多，绝不可越万，甚至可删《清史稿》之人物数。其难以入传而事功尚有足述者，可制表以容纳之。可将《清史稿》《清代人物传稿》

等有关清代人物著作中之人物目录，印发专家圈选增删，然后集中核定草目，再讨论审定施行。

列传内容应包括姓名、字号、生卒、籍贯、学历（科第）、仕历、主要事功及主要著作。其子孙有事功但不足以立传者，可附于传尾，字数不得超过传主。

列传有类而不立类名，事迹相同或相近者可在一卷中，如吴历、恽南田可入一卷；邹容、陈天华、秋瑾等可成一卷。排序以传主生年为序，而不以卒年为序，以免祖孙、父子倒次。

清代诸帝不立本纪，均应入列传，并居于卷首，以示为有清历史。入关前二帝应入传，可立《关外二帝传》或《努尔哈赤皇太极传》，置于最前。因素来有清十三朝之说，设太祖、太宗传，则使清史完整。前代正史本纪中也有追述前代者。后妃应择其有特殊功业者如孝庄后立传，一般后妃可列表，诸皇子也作如此处理。

列传后必须有类似论赞体之评论，可由初稿撰稿人写出史家评论，文字不宜过长，经专家反复讨论，以客观、科学为准绳，取得共识，并经总纂裁定，作为结论，如有不同意见，可另撰文争议。因史有褒贬，不能仅存史实而无史家见解。

（六）附录

纪传体除历来通用体例之外，尚有个别史书独有体例，应加参酌，或沿用，或增入，约有三项：

（1）国语解：《辽史》最后有《国语解》，其小序有云："史之所载，官制、宫卫、部族、地理，率以（辽）国语为之称号。不有注释以辨之，则世何从而知，后何从而考哉！今即本史参互研究，撰次《辽国语解》以附其后，庶几读者无龃龉之患云。"并按帝纪、志、表、列传等分别类次条目，加以注释。又《金史》最后有《金国语解》，其小序有云："《金史》所载本国之语，得诸重译，而可解者何可阙焉？"所以有《金国语解》之作，"存诸篇终，以备考索"，并按官称、人事、物象、物类、姓氏等类而列目解释。清为后金，其清语汉译之入史者，必不可免。新编《清史》应仿辽、金史前例，增《清国语解》一篇，对本史所涉及之清语给以解释。

（2）附录：正史中多有于书后附录有关本史纂修经过及凡例者，如《晋书》附《修晋书诏》，《宋史》附《进宋史表》及凡例，《元史》附《进元史表》及凡例。《辽史》附《修三史诏》及《三史凡例》。《金史》附录中有《金史公文》。

新编《清史》应在附录中列入《纂修清史文献》《纂修始末》及《凡例》等。

（3）编制索引：索引旧称通检或备检，也有称引得者。这是专为检索著述内容来源的工具，当前已为中外重要著述不可或缺之部分。新编《清史》，卷帙浩繁，初步约定在二三千万字之间，而该书又非逐字逐句诵读之书，内容包罗甚广，必当有综合索引，方能便于检索。编纂者于全书告成之日，应编制人物、地名、官职、典实、词语、事件等综合索引，准确注明页数，可大增清史之使用率。

这些体例之设想，只是启动时的断想。若启动时体例既定，也不可视为一成不变的定型。因为如此漫长的十年工程，不能奢望一锤定音。在启动后的实践中，必定会逐步纠谬、完善、创新，而总结出一种既继承又创新的新体例。

四、其他

略言与编纂体例有关数事，以供参考。

（一）文体

使用浅近古文，固然能典雅简练，但当前撰者与读者均难完全接受和实行。所以可采用通行语体文，但文字必须避免拖沓，文风当求朴实，叙事逻辑严密，尽力做到要言不烦，不用和少用无谓的形容词和语气词如"的了吗啊"等词。

（二）字数

正史（二十四史）总卷数是 3266 卷，总字数是 2700 余万字。新编《清史》，无论如何，不能超过二十四史的总和。近定二三千万字，已属过大。姑定 2000 万字，如此巨大工程，至少需三稿定案，则总工作量为 6000 万字。以十年计，每年应完成经三审定稿之字数为 600 万字，每月应完成 50 万字，这是机械计算。而文字工作往往难以如此计算，旷日持久，是否能始终如一，至堪忧虑。

（三）出注

正史成书无注，司马迁《史记》所引用资料，据《司马迁所见书考》一书可证，甚为丰富，而成书中却无一注，但不能排斥初稿即无注。新《清史》文献成果数量极大，纂修时势必征引，应如何处理方妥？我认为纂修工作必须有两类稿：一类为送审稿，一律加注，越详越好，以备查证审读。各级送审稿，必须存档，以明责任。另一类是定稿，即付印稿，应将注全部取消，以保持全书整洁并减少大量文字数。有人提及今人著述版权问题，因纂修《清史》非私人著述，而是国家文化工程，可以文件形式制定具体办法。凡已超版权时限，则成果为社会公有，无权利问题；如在时限内，则视引用程度商定付酬；如采用未发表著述，应按规定付稿酬。如其人著述基本符合清史需要，而原作者尚在世，不妨请原作者按《清史》纂修要求，撰写成稿，其报酬按撰稿人对待。

上述浅见，只就思考所及，甚不完备，尚请贤达指正！

附 件

清史类次简目

总目录

总纪

别纪

表

志

图

列传

附录

　清国语解

　纂修清史文献汇存

　纂修始末

　凡例

综合索引

原载于《清史编纂体裁体例讨论集》，国家清史编纂委员会体裁体例工作小组编，中国人民大学出版社 2004 年版

从《阅世编》看明清之际的物价

——读清人笔记札记

物价史料，在正史中记载不多，即有也往往只作些"物价腾涌"之类的不够具体的记录，使人无从捉摸。但是，在笔记杂著中却时有所记，而且还比较生动具体。这些记载对于研究社会经济和人民生活的状况是足资参考的。《阅世编》就是记载物价史料比较丰富的一部著名笔记。

《阅世编》的作者叶梦珠，字滨江，号梅亭。上海人而著籍娄县学。他生于明季，大致卒于清康熙中叶。叶梦珠虽然主要生活在清代，但由于清初对东南地区汉族地主阶级所采取的政策，触及了他的利益，所以他要把"阅世"六十余年所见闻的世务，写成《阅世编》，以发泄自己内心的愤懑。

《阅世编》十卷，所记内容"大而郡国政要，世风升降；小而门祚兴替，里巷琐闻；旁及水旱天灾，物价低昂"①。看来，记录物价还是该书的主要内容之一。这部笔记主要记载松江地区（包括上海、华亭、南汇诸县）情况。其卷一《田产》门记田价；卷七《食货》门记米、豆、麦、棉、布、柴、盐、茶、糖、肉、纸张、药材、干鲜果品、眼镜、顾绣等生活必需品和手工艺品的价格，都比较具体详备。作者还比较了各年的价格升降，以反映清初顺治、康熙时期土地和民生的状况。这一点是同时代它书所不及的。

叶梦珠不仅记录了多种物价的具体数字，而且还对价格贵贱的变化作了些初步分析。他的总看法是把物价变化和社会"治""乱"联系起来考虑的。他说：

> 大约四方无事，则生聚广而贸迁易，贵亦贱之征也；疆围多故，则土产荒而道涂梗，贱亦贵之机也。

他还把物价的低昂看作是"誌风俗之变迁，验民生之休戚"的标尺。

在叶梦珠看来，物价的贵和贱是形势不靖，变乱动荡所造成。因为变乱时

---

① 《上海掌故丛书》本跋。

期，即使"糟糠秕秆，价亦骤贵"。如明清之交木棉跌价的主要原因是"甲申以后，因南北间隔，布商不行，棉花百觔一担，不过值钱二千文，准银五、六钱而已。"这种价格只是崇祯初年每担四、五两银子的十分之一；但是，很快在顺治六年间由于社会大致稳定，花价又回升到每担三两四、五钱。又如康熙十三年，福建的竹纸，由于"闽中兵变，价复骤长"，每刀纸（75 或 70 张）由康熙六年的一分八厘长了八倍而至每刀一钱四、五分，甚至还用浙中所制次品充卖。这里所说的"闽中兵变"，指"三藩之乱"中耿精忠在福建起兵响应吴三桂。但到康熙十五年"耿藩归正"后，竹纸便又恢复到每刀三分五厘，而到康熙二十六年，因经过一段相对安定便回落到每刀二分。从这两种物价的分析看：变乱不靖造成商品流通不畅，由于商品短缺不能满足需求而在市场上出现商品涨价，正如书中所说："商旅不行，物价腾涌"。与此同时，动乱使商品制造衰落，原料就因供过于求而贱价，因此，从原料的贱可以看到商品贵的先机；相反地，如果四方无事，商品流畅，制造繁兴，原料因需求量大而涨，商品则因来源广而贱，因此，原料的贵又是商品贱的征兆。这正是作者认识到的原料与商品在价格上的辩证关系。

叶梦珠还认为生产资料的价格往往随产品价格的低昂而有所变动，如米价与地价的关系。他有如下的一段记事：

> 康熙十九年，庚申春，因米价腾贵，田价骤长，如吾邑七斗起租之田，价至二两一亩，甚至有田地方，各就近争买者，价至二两五钱以至三钱。华娄石四五斗起租之田，价至七、八两一亩。昔年贱价之田，加价回赎者蠭起。至次年辛酉，米价顿减，其风始息。

叶梦珠记录物价还好用比较法，如记崇祯十四年米豆关系是"粜米一石可粜豆二石"，顺治六年冬则"米价石银不过一两，而豆则石价两八钱，犹是米二石准豆一石也"。用以说明两种物品间的关系。

《阅世编》中的物价史料涉及品种较广，并能注意到升降变化，是值得注意的资料。为了便于参考，特根据所记资料制表附后。

附：明清之际物价表

（一）米

时间	品名	单位	价格	备注
明崇祯五年夏	白米	斗	一百二十文	值银一钱
崇祯五年秋	早米	石	六百五十至六百六十文	
崇祯十一至十二年	米	斗	三百文	值银一钱八、九分
崇祯十五年春	米	石	五两	钱十二千（每千值银四钱几分）
清顺治三年	米	石	一千文	准银五、六钱
顺治四年	米	石	纹银四两	
顺治六年	糯米	石	一两二钱	
	川珠米	石	九钱	
顺治七年二月	白米	石	一两	
顺治七年九月	新米	石	二两	
	糯米	石	一两八钱	
	白米	石	二两五钱	
顺治八年二月	白米	石	三两	
顺治八年三月	白米	石	三两五钱	
顺治八年四月	白米	石	四两	
顺治八年六月	白米	石	四两八、九钱至五两	
顺治八年七月	新谷	石	二两	
顺治九年夏	白米	石	四两	
顺治九年秋	米	石	二两五至六钱	
顺治十四年十一月	米	石	八钱、六至七钱	
顺治十六年闰三月	米	石	二两	
顺治十八年十月	白米	石	一两五钱	
	新米	石	一两三钱	
顺治十八年十一月	白米	石	二两	
	新米	石	一两八钱	
康熙元年正月	白米	石	二两一钱	
	糙米	石	一两九钱	
康熙元年七月	早米	石	一两二钱	
	糯米	石	一两三至四钱	
康熙八年	新米	石	六至五钱	
康熙八年四至六月	米	石	三钱一至二分	这是预借米钱秋后还米的折价

续表

时间	品名	单位	价格	备注
康熙九年六月	白米	石	一两三钱	
康熙九年八月	新米	石	九钱	
康熙九年九月中	新米	石	八钱	
	糯米	石	七钱	
康熙九年十月	米	石	九钱	
	糯米	石	八钱余	
康熙九年十月底	米	石	一两三钱	
康熙十年	早米	石	一千三百文	折银一两一钱
康熙十二年	新米	石	七百文	计银六钱三分
康熙十七年	早新米	石	七钱三分	
康熙十八年春	早新米	石	一两四至五钱	
康熙十八年八月	早新米	石	一两七钱	
	米	石	二两	
康熙十九年夏	白米	石	二两	
康熙二十一年五月	白米	石	八钱五分	
康熙二十一年冬	新糙米	石	五钱六至七分	
	新糙米	石	五钱一至二分	此为苏州价格
	白米	石	九钱上下	
康熙二十二年秋	糙米	石	八至九钱	

（二）豆

时间	品名	单位	价格	备注
清顺治六年八月	早豆	石	三两五钱	
顺治六年冬	早豆	石	一两八钱	米二石准豆一石
顺治七年二月	豆	石	二两	当时米每石一两
顺治七年九月	豆	石	一两五钱	新米二两
顺治八年三月	豆	石	一两五钱	白米石价三两四钱
顺治八年四月	豆	石	一两二钱	白米四两
顺治八年六月	豆	石	一两六钱	白米五两
顺治八年七月	豆	石	三两二钱	与新米价等
顺治十四年十一月	豆	石	八钱	米亦如之
顺治十六年闰三月	豆	石	二两	与白米等
顺治十八年	豆	石	八钱	新米价一两三钱
顺治十八年冬	豆	石	一两二至三钱	白米价二两

时间	品名	单位	价格	备注
康熙二年十月	豆	石	五钱	米价九钱
	荡豆	石	四钱，后涨到六至八钱	
康熙十八年三月	豆	石	一两二、三钱	
康熙十八年四月	豆	石	一两四钱五分	未几减至一两一、二钱
康熙十八年秋	新豆	石	七钱有奇	
康熙十八年十一月	新豆	石	一两二钱	
康熙十九年春	新豆	石	一两三钱五分	后减至一两
康熙二十一年春	新豆	石	七钱	
康熙二十一年五月	新豆	石	六钱	
康熙二十三年冬	新豆	石	一两内外	

（三）麦

时间	品名	单位	价格	备注
明崇祯十五年	园麦	石	六千文	计银二两五、六钱
	小麦	石	六千文	
	大麦	石	三千至四千文	
清顺治五年二月	园麦	石	二两一钱	
顺治八年	园麦	石	二两二钱	
	大麦	石	一两五钱	
顺治八年四月	新小麦	石	一两五钱	
	园麦	石	一两三钱	
顺治八年六月	园麦	石	二两	
顺治十六年闰三月	麦	石	一两	
顺治十八年冬	麦	石	一两三钱	
康熙元年六月	麦	石	五钱	
康熙九年	园麦	石	六钱	
	小麦	石	七钱	
康熙十七年	小麦	石	一两二至三钱	价出白米之上
康熙十九年	园麦	石	一两五钱	小麦将熟时涨至二两外
	新麦	石	八至九钱	
康熙二十一年夏	园麦	石	三百五十文	准银三钱一分五厘
	小麦	石	五百三十文	
	大麦	石	二百五十文	

（四）木棉

时间	品名	单位	价格	备注
明崇祯初年	木棉	担	四至五两	百觔为一担
清顺治初年	木棉	担	二千文	准银五至六钱
顺治六年	木棉	担	三两四、五钱	
顺治七年九月	木棉	担	五两	
顺治八年三月	木棉	担	九两	
顺治十四年	木棉	担	二两五钱	
顺治十六年闰三月	木棉	担	四两五钱	
顺治十八年冬	木棉	担	二两	
康熙元年正月	木棉	担	三两	
康熙元年七月以后	木棉	担	二两	
康熙九年秋	木棉	担	一两七至八钱涨至二两五钱	
康熙九年十月	木棉	担	三两有奇	
康熙九年十月底	木棉	担	四两	
康熙十年十一月	木棉	担	三千三百文	准银不下三两
康熙十三年	木棉	担	一两九钱	上上花之价
康熙十六年	木棉	担	二两六至七钱	上者直至三两
康熙十八年秋	木棉	担	一两五至六钱	
康熙十九年夏	木棉	担	三两	
康熙二十年夏	木棉	担	三两五至六钱	
康熙二十一年五月	木棉	担	四两一钱	上白花价
康熙二十三年秋	木棉	担	一两三至四钱	上白好花

（五）棉布

时间	品名	单位	价格	备注
明末	标布	匹	一钱五至六分 一钱七至八分到二钱（最精）	上阔尖细者曰标布
	小布		六至七分	阔不过尺余，长不过十六尺曰小布
明清之际	标布	匹	二百至三百文	准银不及一钱
清顺治八年	标布	匹	三钱三分	
顺治九至十年	小布	匹	二钱	
顺治十一年十二月	标布	匹	四至五钱	
康熙元年至三年	小布	匹	八至九分到一钱	
康熙二十一年	中机布	匹	三钱上下	较标布稍狭而长者曰中机

时间	品名	单位	价格	备注
康熙二十三年	标布	匹	二钱上下（上上者） 一钱三至五分（粗者）	

（六）盐

时间	品名	单位	价格	备注
明崇祯初年	盐	百觔	一钱五至六分	平秤约一百二十觔
崇祯十六年夏	盐	觔	五分	
清顺治八年春	盐	觔	一钱	
顺治八年四月后	盐	觔	六至七分	
康熙二十二年三月	盐	觔	三分二厘	
康熙二十七年	盐	觔	六至七厘	

（七）猪肉

时间	品名	单位	价格	备注
明崇祯初	猪肉	觔	二分上下	
清顺治二年冬	猪肉	觔	一千文	准银一钱二分
顺治六至八年	猪肉	觔	七分	
康熙十二年	猪肉	觔	二分五厘	
康熙十九年	猪肉	觔	五分	

（八）茶

时间	品名	单位	价格	备注
清顺治初	松萝	觔	一两后减至八至五钱	此为徽茶佳品
顺治四至五年	岕片	觔	二两	
康熙九至十年	岕片	觔	一两二钱	
康熙十七年	岕片	觔	二钱	此在江阴
康熙中	松萝	觔	二至三钱	此为上好者

（九）纸

时间	品名	单位	价格	备注
明末	竹纸	刀（75张）	二分	荆川太史连、古筐将乐纸
明清之交	竹纸	刀（70张）	一钱五分	政权更迭
清康熙六年	竹纸	刀	一分八厘	
康熙十三年	竹纸	刀	一钱四至五分	"三藩之乱"
康熙十五年九月	竹纸	刀	三分五厘	
康熙二十年	竹纸	刀	二分	

（十）心红标朱

时间	品名	单位	价格	备注
明末	心红标朱	匣	四至五钱	每匣十四两
清顺治四至五年	心红标朱	匣	八至九两	
顺治八至十年	心红标朱	匣	二至三两	
康熙初年	心红标朱	匣	二钱五分	此为上好朱价
康熙十三至十四年	心红标朱	匣	三钱	
康熙十九至二十年	心红标朱	匣	六钱至一两一钱、二钱	
康熙二十三年	心红标朱	匣	一两六、七钱	
康熙二十六年	心红标朱	匣	四钱	

（十一）白糖

时间	品名	单位	价格	备注
明末	上白糖	觔	八至四分	
清顺治初	白糖	觔	四钱	
康熙二十年冬	白糖	觔	三至二分	
	黄黑糖	觔	一分上下	

（十二）檀香

时间	品名	单位	价格	备注
明末	檀香	觔	四至五钱	
清顺治初	檀香	觔	二至三两	
康熙十八年冬	檀香	觔	二钱	

（十三）附子（药材）

时间	品名	单位	价格	备注
明末	附子	只	一至二钱	每只重一两
清顺治初	附子	只	数十两	急需者不惜百金
康熙中	附子	只	一钱	

（十四）法制藕粉

时间	品名	单位	价格	备注
清顺治初	藕粉	觔	一两五至六钱	后减至一两二钱
顺治九年	藕粉	觔	八钱	
顺治十二至十三年	藕粉	觔	六至七分	半和伪物

各表资料来源：《阅世编》卷七《食货》。

【附注】表中价格凡写两、钱、分、厘者指纹银，凡写文者指铜钱。银钱比价，随着社会上的不同原因在不同时间不同地方而有高低的变化。为了有助于了解当时的价格，现据《阅世编》卷七《钱法》摘录有关银钱比价的资料如下：

（1）明崇祯初在京师钱千文价银一两二钱，外省钱千文兑银九钱。

（2）明崇祯十三年夏钱千文价银六钱。这一年百货腾贵。

（3）明崇祯十三年至十四年之间，钱千文减至银四、五钱。

（4）明崇祯十六年以后，钱千文兑银不过三钱有奇。

（5）清顺治二年，明朝之钱，废而不用，每千文值银不过一钱二分，还不及铜价本身。

（6）清初颁行顺治通宝，官定每钱千文准银一两，但奉行甚难。

（7）清顺治八年，每钱千文止值钱四钱八分，其后渐增，亦不能至五、六钱。

（8）清康熙初铸钱，价定每钱千文值银一两，规定民间完纳钱粮，十分之七是银，十分之三是钱，钱价顿长，市面上每钱千文可兑银九钱有奇。民间日用一文钱合银一厘（即钱一千文可兑银一两），称为"厘钱"。

（9）清康熙十二年四月，三藩事件发生，三吴钱价顿长，开始时尚能钱千文值银五、六钱，后递减至三钱。

（10）清康熙十五年以后，社会逐渐安定，钱价又渐长。

（11）清康熙十七八年之间，每钱千文兑银至八钱七、八分及九钱二、三分，几乎已达到"厘钱"的水准了（即每千文可兑银一两）。

（12）清康熙二十年以后，私铸钱每千文值银八钱余。官局"厘钱"每千文价银几及一两，甚有一两另四分者。

（13）清康熙二十三年，严禁私铸，私钱顿贱，官钱每千文值纹银一两二钱。

（14）清康熙二十六年后，私钱复渐流行，官钱价遂递减。

（15）清康熙二十八九年间，每钱千文不值银一两。

（16）清康熙二十九年二月，严禁私钱，制钱每千文价至纹银一两二、三分。

原载于《价格理论与实践》1981 年第 5 期

清代前期的商业、商人和社会风尚

一、引言

二、商业的繁荣

  1. 商业中心的兴起和盛状

  2. 商业资本的活跃

  3. 集市的遍及全国

三、商人及其地位

  1. 商人的四种类型

  2. 商人社会地位的提高

四、社会风尚的相应变化

五、结语

一、引言

清代前期是指清朝于 1644 年建立全国性政权起至 1840 年鸦片战争前的近二百年这一历史时期。它是中国封建社会的晚期，资本主义经济的萌芽已经比较明显地在各个经济领域中出现和滋长。商业在农业和手工工业发展的带动下，出现了繁荣的局面；商人的地位显然有所提高；社会风尚也随之有相应的变化。这是值得引起人们加以研讨的一个课题。因为它既可对中国二千年来封建社会将出现一大缺口的问题有所启示，也对中国近代社会经济的发展有所影响。

但是，中国由于长期封建社会在儒家的"子罕言利"思想影响下，一直采取"重农抑商"和"重本抑末"的政策。因此，商业状况与商人活动就缺乏足够的记述，即使有也多是"逐什一之利"，"持筹握算"和"商人重利轻别离"等等含有贬意的概括性词语，而很少具体细致的描述。社会历史状况不能只作空洞抽象的剖析和根据臆测来推论，而应该以事实来再现其基本面貌，而这一课题确有资料不足不详的实际情况。因此，要进行这项研究的首要工作乃是开发新史源，挖掘新史料以填补"文献不足征也"的缺憾。

史源学是我的恩师，已故著名史学家、文献学家陈垣教授所开创。我禀承师教，曾耗多年之功，寝馈于久被人视为小道的私人笔记之中。我曾翻读过近四百种清人笔记，发现其中对了解社会风情和低层人物活动确蕴藏着极丰富的资源，对某些语焉不详的社会历史现象可以大略勾划出轮廓。我根据从笔记中搜求到的资料，加以研究，写成若干篇论文。其中《清人笔记的史料价值》[①]一文是我研究清人笔记的总报告。它揭示出清人笔记的利用价值，并推荐这一重要史源。本文则是我运用已获得的笔记资料论述具体问题的诸论文之一[②]。

二、商业的繁荣

1. 商业中心的兴起和盛状

清代前期有分布在东、南、西、北的四个主要商业城市，称为"四聚"。刘献廷的《广阳杂记》卷四曾记称：

> 天下有四聚：北则京师、南则佛山、东则苏州、西则汉口。然东海之滨，苏州而外，更有芜湖、扬州、江宁、杭州以分其势。西则唯汉口耳！

"四聚"中的京师是一个街市繁华、人烟阜盛的政治、经济和文化的中心。它从明以来就是"八方兼四海，无处不来行"的商业名城。自康熙以来，为适应商业活动需要的著名戏馆酒园就有太平园、四宜园、查家楼、月明楼、方壶斋、蓬莱轩、升平轩等多处[③]。道光时人杨静亭所编的《都门纪略》是从社会各方面来描绘京师繁荣景象的。作者在自序中申明著书目的是"统为客商所便"。它虽然成书稍晚，但社会上既然出现了专门导游的著述直接为各地到京师的客商服务，则京师长期以来的繁盛情状自可想见。书中对康乾时期京师戏剧行业

---

①《九州学刊》第四卷第一期，（台北）1991 年 4 月。此文是我待出版专著《清人笔记随录》一书的代序。

② 本文外尚有《清代前期地主阶级结构的变化问题》、《清代前期江浙地区的饮食行业》、《从〈阅世编〉看明清之际的物价》等多篇，曾在国内发表，并曾收入《结网录》（南开大学出版社 1984 年版）中。1991 年秋，应邀任教于日本独协大学经济学部，我曾综合《清代前期的商业》（《社会科学战线》1983 年第 4 期）和《清代前期的商人和社会风尚》（《中国文化研究辑刊》第一辑，丁守和主编，复旦大学出版社 1984 年版）两篇旧作（见《结网录》第 20~60 页），粗加改订，列入经济学部综合讲座计划，学部长齐藤博教授邀约在该校《独协经济》上发表，借以引起日本学者对中国私人笔记这一重要史源的注意。我借发表此文之际，呼吁中日学者通力合作，共同开发笔记这一丰富史源，为昌明学术而努力。

③ 戴璐：《藤荫杂记》卷五、卷九，清嘉庆初刻本。

的兴旺曾作了明确的追记说：

> 我朝开国伊始，都人尽尚高腔，延及乾隆年，六大名班，九门轮转，称极盛焉。其各班各种脚色亦复会萃一时。

商人会馆，乾隆时也"各省争建"，甚至"大县亦建一馆"，以致前三门会馆麋集之区的地价，一时腾涌①。这些不正反映了商业城市的一种繁荣景象吗？

苏州是东南地区"商贾云集""五方杂处"的胜地②。它"人烟稠密，贸易之盛，甲于天下"③。苏州城里是"洋货、皮货、绸缎、衣饰、金玉、珠宝、参药诸铺，戏园、游船、酒肆、茶店，如山如林，不知几千万人"④。葑门、盘门地区在乾隆末年已成"人居稠密""地值寸金"⑤的繁华闹市。五十年前"减价求售"的华屋，这时也成了"求之不得"的争逐物了⑥。有些地方在明代还是荒圹之地，而到了清代前期就兴旺发达成为人阜物丰之地，所住居民多为殷实富户了。如：

> 苏州府城阊门外，南濠之黄家巷——古名雁宕里。……明时尚系近城圹地，烟户甚稀。至国朝生齿日繁，人物殷富，间阎且千，鳞比栉次矣。⑦

苏州这座城市在乾嘉时已有"最繁华，除是京师吴下有"的盛誉。它实际上已是一座"濠通南北之船，山列东西之篓；百货之所杂陈，万商之所必走"，而仅次于北京的第二大城市了⑧。有的杂记中甚至认为苏州繁盛胜于京师，极口赞誉苏州"阊门内外，居货山积，行人流水，列肆招牌，灿若云锦。语其繁华，都门不逮"⑨。这也并非溢美之词。

南方的佛山是由一个村镇发展起来的新兴城市。它的繁盛据说已超过了省会广州而成为南方的一聚。曾经亲历其地的吴震方在其所著的《岭南杂记》中记称：

① 汪启淑：《水曹清暇录》卷十，清同治元年刊本。
② 钱泳：《履园丛话》卷一《安顿穷人》，《笔记小说大观》第三辑本。
③ 顾禄：《清嘉录》卷五《关帝生日》，上海古籍出版社标点本。
④ 顾公燮：《消夏闲记摘抄》(上)页二七，《涵芬楼秘笈》第二辑本。
⑤ 顾公燮：《消夏闲记摘抄》(中)页十三，《涵芬楼秘笈》第二辑本。
⑥ 叶梦珠：《阅世编》卷四《宦迹》，上海古籍出版社标点本。
⑦ 徐锡麟：《熙朝新语》卷十六，《笔记小说大观》第五辑本。
⑧ 佚名：《韵鹤轩杂著》，清刊本。
⑨ 孙嘉淦：《南游记》卷一，《小方壶斋舆地丛钞》第五辑本。

> 佛山镇离广州四十里，天下商贾皆聚焉。烟火万家，百货骈集，会城百不及一也。①

正是这个新兴的商业中心吸引着更多的人口涌进来，使它成为拥有几十万人口的城镇。李调元的《南越笔记》卷五中说：

> 佛山有真武庙，岁三月上巳，举镇数十万人，竞为醮会。

这个数字虽不一定确切，但佛山镇的人烟密集则是无可置疑的。

西聚的汉口处于"湖北冲要之地"，已是一处"商贾毕集、帆樯满江"的大都会②，被称为"船码头"。它"不特为楚省咽喉，而云贵、四川、湖南、广西、陕西、河南、江西之货，皆于此焉转输。虽欲不雄天下，不可得也"③。所以范锴在《汉口丛谈》卷三中描写说：

> 汉镇人烟数十里，贾户数千家，鹾商典库咸数十处，千樯万舶之所归，货宝珍奇之所聚。

"四聚"之外，全国各地还有一些够得上称为商业中心的城市。如：

北方的天津不仅百货齐备，还是水产品的聚散地。当时目睹其盛的人就说它是："镇城百货交集，鱼虾蟹鱔并贱。"④

江南则有更多商业城市，呈现繁荣的景象，如：

南京彩霞街与评事街交会的果子行口，是"肉腻鱼腥，米盐糅杂，市廛所集，万口一嚣"的市场；珠宝廊一带，自"嘉道以还，物力全盛，明珰翠珥，炫耀市廛"⑤。秦淮河上的利涉、武定两桥之间，"茶寮酒肆，东西林立"⑥。

杭州是"百货所聚"的浙江省会，它向各地客商供应为四方所珍的土特产：

> 如杭之茶、藕粉、纺绸、纸扇、剪刀；湖之笔、绉纱；嘉之铜炉；金之火腿；台之金桔、鲞鱼：亦皆擅土宜之胜，而为四方之所珍者。⑦

---

① 吴震方：《岭南杂记》上卷。
② 钱泳：《履园丛话》卷十四《汉口镇火》，《笔记小说大观》第三辑本。
③ 刘献廷：《广阳杂记》卷四，中华书局标点本。
④ 谈迁：《北游录·纪程》，中华书局标点本。
⑤ 陈作霖：《运渎桥道小志》，《金陵琐志五种》本。
⑥ 余怀：《板桥杂记》上卷，《说铃后集》本。
⑦ 陆以湉：《冷庐杂识》卷八《土物》，《笔记小说大观》第三辑本。

扬州由于是盐业、漕运的要地而推动了商业的发展兴盛。如"多子街即缎子街，两畔皆缎铺"。每年四月二十日就在此批发绸缎，每货至缎子街，"先归绸庄缎行，然后发铺，谓之抄号"，当时被称为"镇江会"[1]。海味也以此为聚散地，有咸货行、腌切行、八鲜行、鱼行等批发行业。北门桥、虹桥附近还集中了为商业服务的茶楼酒馆。扬州的商业兴盛面貌在李斗的《扬州画舫录》中曾得到较充分的反映。

中原地区的亳州（今安徽亳县）也成为富商巨贾的居留地。他们征歌逐舞，豪奢一时。钮琇的《觚賸》中记其景象说：

> 亳之地为扬、豫水陆之冲。豪商富贾，比屋而居；高舸大艑，连樯而集。[2]

商州（今陕西商县）也成为商业要地，严如熤的《三省山内风土杂识》有如下的记载：

> 商州城外，地势平敞，宜麦、粟各种，间亦有稻田。东为豫省丁字关，扼秦、豫之冲。东南为龙驹寨，小河一道，可通舟楫，直达襄阳之老河口。西南之贸易东南者，多于此买舟雇骡，人烟稠密，亦小都会焉。

南方的名城广州，繁盛不亚于江南，有"金山珠海，天子南库"之称[3]。城南濠水对岸的濠畔街，"有百货之肆，五都之市，天下商贾聚焉"之誉。"当盛平时，香珠犀象如山，花鸟如海，番夷辐辏，日费数千万金。饮食之盛，歌舞之多，过于秦淮数倍。"[4]

西南边陲地区，如昆明南关外的金马碧鸡坊，就是一个"百货汇聚，人烟辏集之所也，富庶有江浙风"的闹市中心。昆明全城则是"烟火万家，楼阁参差"的繁华城市。而贵阳一城，如果置身于城西二里的栖霞山上"遥瞻"城区，也是"烟火万家，历历在目"[5]。东北的宁古塔虽是"遣戍之所"，但却是特产聚散中心，"凡崔峰、乌苏里、三姓、红旗街、黑龙江、新城各处所产之人参、东珠、貂皮、元狐，一切箭杆弓料之物，每岁秋冬皆货于此。江南各省之人亦

---

① 李斗：《扬州画舫录》卷九，清嘉庆刊本。
② 钮琇：《觚賸》卷五《牡丹述》。
③ 屈大均：《广东新语》卷十五《货语·黩货》，清康熙刊本。
④ 屈大均：《广东新语》卷十七《富语·濠畔朱楼》，清康熙刊本。
⑤ 陈鼎：《滇黔纪游》，《说铃前集》本。

万里而来，乃一小都会也"①。

各地还有一些小城镇也成为人口密集、商业繁兴的中心，如江苏吴江西南的盛泽镇，"居民以锦绫为业，今商贾自远辐辏，气象蕃阜，户口万馀。诸镇推为第一"②。山西介休县的张兰镇成为"城堞完整，商贾丛集，山右第一富庶之区"。山西猗氏县（今临猗县）的油村镇也是"油聚之所，繁荣不减北方"③。云南大理城外的白崖、迷都也都是"烟火万家""百货俱集"的商聚了④。

商业中心与城镇的兴起和繁盛都反映了商品经济的发展。

2. 商业资本的活跃

清代前期的商业资本比较活跃。当时除了盐商、铜商、米商、布商，一般商户和小商贩等的正常商业活动外，更值得探讨的是商业资本已伸展它的经济活力到农业的经济作物和手工业成品上去了。

商业资本在占有经济作物的活动中，基本上采取"买青"和转输以求利的方式。福建的荔枝和龙眼是当地的物产，就被吴越的商贾所觊觎。他们在春天果木未熟时就入贳估园。这种情况当时已经普遍存在，所以福建方言中专称这一活动为"樸"。清初学者、曾在福建任布政使、按察使多年的周亮工在所著《闽小纪》中曾记称：

> 闽种荔枝、龙眼家，多不自采。吴越贾人，春时即入贳，估计其园。吴越人曰断，闽人曰樸。有荔莊者，樸孕者，樸青者。树主与樸者，倩惯估乡老为互人。互人环树指示曰：某树得干几许，某少差，某较胜。虽以见时之多寡言，而后日之风雨、之肥瘠，互人皆意而得之。他日摘焙，与所估不甚远。估时两家赂互人，树家属多，樸家属少。⑤

商业资本这种活动的结果之一是产生了一种类似公证人的行业，即所谓"互人"。这些"互人"既是行家，又是从双方获利的经纪人。

吴振臣的《闽游偶记》就引录了《闽小纪》中这段记载的全文，一直到道光时施鸿保所撰的《闽杂记》中仍记载这种活动，并说另有"判卖"的专称。

---

① 冯一鹏：《塞外杂识》，《丛书集成初编》本。
② 张大纯：《姑苏采风类记》，《小方壶斋舆地丛钞》第六帙本。
③ 祁韵士：《万里行程记》，《山右丛书丛编》本。
④ 陈鼎：《滇黔纪游》，《说铃前集》本。
⑤ 卷上《樸荔》，福建人民出版社标点本。

可见这种活动贯穿于清代前期近二百年之中。

这种先付钱、后取货的买青活动，实际上是对农产品的包买，已包含着某种程度的资本主义经营方式。

在转输经济作物方面，贩进贩出，懋迁有无，如"广州以荔枝、龙眼为果岁。夏至日，贾人以板箱载荔枝、龙眼而北曰果箱"①。而广州的牡丹花，则是"每岁河南花估持根而至"，时谚说："花估持来远，兼金买几枝"，正指这一活动②。

这种转输活动把全国各地联结成为一个统一市场。如"（福建）泉漳人满，每告籴于粤，航海而至"③。福建生产的牵牛花子、使君子、钗石斛和泽泻等药材也都"贩江浙间，获利颇夥"④。乾隆时著名学者纪昀的家乡河北河间产枣，乡人以南北贩运为恒业，他在《阅微草堂笔记》卷十三《槐西杂志》三中说：

> 余乡产枣，北以车运供京师，南随漕舶以贩鬻于诸省，土人多以为恒业。

至于内地和边陲也都采运频繁。王士禛的《陇蜀余闻》中记载了内地茶商到西南少数民族地区的采购情况说：

> 打箭炉在建昌西南，地与番蛮喇嘛相接，与雅州、荣经、名山亦近。江南、江西、湖广等茶商、利彝货，多往焉。

商业资本在手工业生产方面的活动，主要在三个方面，即：（一）运销手工业产品，即从事商品买卖；（二）开始转向手工业生产；（三）支配家庭手工业的小生产。

首先，商业资本通过甲地采购、乙地销售的贩运手段来增殖利润。棉布是运销品中的大宗，如"闽不畜蚕，不植木棉，布帛皆自吴越至"⑤。广东则是"冬布多至自吴、楚。松江之梭布、咸宁之大布，估人络绎而来，与棉花皆为正货"⑥。黑龙江的布疋也多来自北京和江南，因为"棉花非土产，布来自奉天，

① 屈大均：《广东新语》卷二五《木语·果日》，清康熙刊本。
② 屈大均：《广东新语》卷二五《木语·牡丹》，清康熙刊本。
③ 王澐：《漫游纪略》卷一《闽游·广漆》，《笔记小说大观》第二辑本。
④ 施鸿保：《闽杂记》，福建人民出版社标点本。
⑤ 王澐：《漫游纪略》卷一《闽游》，《笔记小说大观》第二辑本。
⑥ 屈大均：《广东新语》卷十五《货语·葛布》，清康熙刊本。

皆南货。亦有贩京货者，毛蓝、足青等布是已，然皆呼为京靛，而江南来者号抽机布。"①

有的名产也通过商业资本的活动而遍及全国，南京贡缎就是如此，它行销的市场是：

> 北趋京师，东并辽沈，西北走晋绛，逾大河，上秦雍甘凉，西抵巴蜀，西南之滇黔，南越五岭、湖湘、豫章、两浙、七闽、沂淮泗，道汝洛：冠服靴履，非贡缎，人或目笑之。②

这段文字描述不啻是南京贡缎、东南西北中的全国销行图记。

若从徽州木商聚居于"金陵上河"③的情况推测，也可见当时南京地区木商转贩之盛。

不仅如此，连小手工业制品也被卷进到商业资本的罗网之中，如：

> 齐齐哈尔卖香囊者，河南人，夏来秋去。卖通草花者，宝坻人，冬来春去。所卖皆闺阁物，得利最厚。④

其次，商业资本转向手工业生产，其最典型例子莫过于三省老林内的各种手工工场。清代"边防"专家严如熤的著作中言之綦详，如在川陕鄂三省边界的大圆木厂的情况是：

> 开厂出资本商人住西安、盩厔（今陕西周至县）、汉中城，其总理、总管之人曰掌柜，曰当家；挂记账目、经营包揽承赁字据曰书办；水次揽运头人曰领岸；水陆领夫之人曰包头。⑤

其他各厂的情况是：

> 铁厂、板厂、纸厂、耳菌厂皆厚赀商人出本，交给厂头雇募匠作，厂民自食其力。⑥

严氏的另一著述《三省山内风土杂识》中也同样地记述了商业资本对各厂

---

① 西清：《黑龙江外纪》卷五，《小方壶斋舆地丛钞》第一帙本。
② 陈作霖：《凤麓小志》卷三《志事·记机立第七》，《金陵琐志五种》本。
③ 采蘅子：《虫鸣漫录》卷一，《笔记小说大观》第二辑本。
④ 西清：《黑龙江外纪》卷五，《小方壶斋舆地丛钞》第一帙本。
⑤ 严如熤：《三省边防备览》卷九《山货》，清道光刊本。
⑥ 严如熤：《三省边防备览》卷十四《艺文》下《老林说》，清道光刊本。

的直接控制。

南京的丝织业机户也为商业资本所操纵。乾隆时的程先甲曾写过一篇《金陵赋》，其中有几句描写了商业资本与织缎业的关系说：

> 机声轧轧，比户喧阗，万家篝火，世业相传，商贾云集，于此懋迁。

程氏并自注说：

> 金陵贡缎、宁绸之名甲于天下。开机者谓之账房，亦曰缎号，代客买卖者曰缎行，机匠领织曰代料。

支配家庭手工业的小生产是商业资本在手工业生产中活动的第三个方面。它通过单纯收购、原料抵换和委托加工等等具有支配力量的手段来起作用。如无锡家庭手工业者生产三种布：三丈成疋的称"长头"，二丈成疋的称"短头"，用来换回棉花从事再生产；二丈四尺成疋的称"放长"，用来易米及钱。这些产品，统由"坐贾收之，捆载而贸于淮阳高宝等处，一岁所交易，不下数十百万"①。其繁盛程度致使无锡成为当时有名的"布马头"。前二种布是以花换布的原料抵换，后一种布则是单纯收购。为了更便于收购，收购商出庄到郊外。当时人张春华曾写过一首衢歌描述这种情景说：

> 耐晓寒侵健踏霜，隔宵结伴趁星光，竭来指认西风里，远郭红灯早出庄。

作者自注说：

> 贫家往往待织妇举火，布成漏或四下矣。其夫若子负之出，虽霜雪不敢惮也。村行苦寂，必有伴侣。布市列城市售取，每不便。于郭外静所觅屋半间，天未明，遣人于此收售为出庄。②

商业资本如水银落地，无孔不入，它张开罗网等待着家庭小生产的手工业产品的投入。不仅如此，它还通过转贩，把原料、商品、手工业生产都连结在一起以牟利。如上海：

> 闽粤人于二、三月载糖霜来卖，秋则不买布而只买花衣以归，楼船千

---

① 黄卬：《锡金识小录》卷一《备考上·风俗变迁》，清光绪木活字本。
② 张春华：《沪城岁时衢歌》，《上海掌故丛书》第一集。

百，皆装布囊累累，盖彼中自能纺织也。每晨至午，小东门外为市，乡农负担求售者肩相摩，袂相接焉。①

有的则是以原料抵换成品，钱泳记其族人的经营状况说：

> 余族人有名焜者，住居无锡城北门外，以数百金开棉花庄换布以为生理。②

小生产者的力量微弱，只能忍受商业资本的蚕食。商业资本在这种活动中最易致富，所以当时无锡有人已经看到这一现象而记称："无锡坐贾之开花布行者，不数年即可致富。"③

商业资本往往乘农田少人过问的机会，利用余资，夺取土地。这和传统的重本轻末思想有关，时谚"庄户钱万万年，开店钱六十年"正反映了这种思想。乾隆时的钱泳曾主张："凡置产业自当以田地为上，市廛次之，典当铺又次之"④。康熙时的叶梦珠曾论及当时田产之一变说：

> 谷贱伤农，流离初复，无暇向产；于是有心计之家，乘机广收，遂有一户之田连数万亩，次则三四五万至一二万者，亦田产之一变也。⑤

所谓"有心计之家"至少包含有一部分持筹握算的商家。而从这段资料也看到了商业资本向土地活动的一些踪影。

又上海赵某在运营贸易致富后，"临终嘱其二子收业，尽以置产，产亦百亩"⑥。这是更直接的例证。

商业资本的另一转向是高利贷资本，如新安程、汪二姓，"以贾起家，积财巨万"后，就"以重利权子母，持筹握算，锱铢必较"⑦。这是转化为高利贷资本的典型例证。一般商家也多放债，债期、债利都较苛刻。西清的《黑龙江外纪》卷五记称：

> 商家放债，取利三分，至轻也。春秋二仲，算还子母，至缓也。然三

① 褚华：《木棉谱》，《上海掌故丛书》第一集。
② 钱泳：《履园丛话》卷二三《杂记上·换棉花》，《笔记小说大观》第三辑本。
③ 黄印：《锡金识小录》卷一《备考上·风俗变迁》，清光绪木活字本。
④ 钱泳：《履园丛话》卷七《臆论·产业》，《笔记小说大观》第三辑本。
⑤ 叶梦珠：《阅世编》卷一，上海古籍出版社标点本。
⑥ 许仲元：《三异笔谈》卷三《布利》，《笔记小说大观》第三辑本。
⑦ 董含：《三冈识略》卷八《积财贻害》，《申报馆小丛书》本。

月借者，秋取六个月利；七月借者，秋亦取六个月利。春季仿此，则似轻实重，似缓实急。

更有甚者是放实物取利，刘玉书的《常谈》卷四记粮商放粮取利的实例说：

> 今镇市乡井有粮商计农夫亩之多寡，春夏贷之籽种食用，秋成加息取偿，即青苗之遗义……惟取息过重（原注：其法以春夏之交，粮贵出贷，如斗直一千为本，至秋粮贱，斗直五百，则以二斗作为一千归本，以外加息），农夫救一时之急，致终岁勤动，不足补偿者有之，诚堪怜悯。①

从上述资料考察，清代前期商业资本的活动范围相当广，而能量也是比较大的。它虽然在商业资本转化为农业资本与高利贷资本方面，依然起着维持封建经济的作用，但更值得注意的却是对日趋后期的封建社会曾产生了破坏自然经济的积极作用；而对农业与手工业的发展也有过某些助力作用。这些方面都应给以应有的估价。

3. 集市的遍及全国

中国的集市起源甚早，《诗经》中的"抱布贸丝"，《管子·小匡》中的"处商必就市井"，都说明有集市贸易，历代相沿不废。清初的集市遍及全国，按其性质，大体可分二种：

一种是专业性的集市。花市是比较普遍的一种。如在扬州：

> 天福居在牌楼口，有花市。……近年梅花岭、傍花村、堡城、小茅山、雷塘皆有花院。每旦入城聚卖于市。每花朝于对门张秀才家作百花会，四乡名花聚焉。②

> 画舫有市有会：春为梅花、桃花二市；夏为牡丹、芍药、荷花三市；秋为桂花、芙蓉二市。③

广州则有专供过年摆设需要的花市：

> 每届岁暮，广州城内双门底卖吊钟花与水仙花成市，如云如霞，大家

---

① 刘玉书：《常谈》卷四，清刊本。
② 李斗：《扬州画舫录》卷四，清嘉庆刊本。
③ 李斗：《扬州画舫录》卷十一，清嘉庆刊本。

小户，售供座几，以娱岁华。①

有的地方则按行业不同而同时分地设集市，如南京有柴市和鱼市，设于城之西南：

> 金陵人家素无三日之储，故每晨必有市，而西南隅得其二：一曰柴市（文中柴草名略），或担以人，或驮以驴，率于小西门鸣阳街仓门口卖之，亦不过上浮桥而北也。……一曰鱼市，自镇淮桥口至沙湾饮马巷口，半里而近，夹道皆鱼盆也（鱼名略）。每当南门乍启，市声沸腾，荆棘钩衣，路如膏滑，非举足便捷者不敢行。逮至日逾亭午，始能雅步从容，不与人畜争路。盖交易者于以退焉。忽聚忽散，如雷电之过。②

广东则有固定的专业性集市四处，即：

> 一曰药市，在罗浮冲虚观左，亦曰洞天药市。……一曰香市，在东莞之寮步，凡莞香生熟诸品皆聚焉。一曰花市，在广州七门，所卖止素馨，无别花，亦犹雒阳但称牡丹曰花也。一曰珠市，在廉州城西卖鱼桥畔，盛平时，蚌壳堆积有如玉阜，土人多以珠肉饷客，杂薑齑食之，味甚甘美。其细珠若粱粟者亦多实于腹中矣。③

另一种是遍及南北城乡各地的定期性综合集市。它们的名称各异，以称墟、集、场者为多，在多种笔记中都有这类记载，如：

> 市井之地，其名各省不同，南方谓之牙行……牙音似衙；……北方谓之集……声转亦谓之积；西蜀谓之疾；……岭南谓之虚；……又有谓之亥者；……南中诸夷谓之场。④
> 蜀人谓之场，滇人谓之街，岭南谓之务，河北谓之集。⑤
> 两粤市谓之墟……北人谓之亼，亼字见说文，音集。⑥
> 市肆，岭南谓之墟，齐赵谓之集，蜀谓之亥，滇谓之街子，以其日支

---

① 张心泰：《粤游小志》，《小方壶斋舆地丛钞》第九帙。
② 陈作霖：《凤麓小志》卷三《志事·记诸市第八》，《金陵琐志五种》本。
③ 屈大均：《广东新语》卷二《地语·四市》，清康熙刊本。
④ 褚人获：《坚瓠四集》卷三《市名》，《清代笔记丛刊》本。
⑤ 施鸿保：《闽杂记》卷三《虚场》，福建人民出版社标点本。
⑥ 张心泰：《粤游小志》。

名之。①

从这些记载看到集市的名称有牙（衙）、集（积）、疾、虚（墟）、亥、场、街、务等。

参加这种集市交易的活动，各地也有不同的称呼。

> 交易于市者，南方谓之趁墟，北方谓之赶集，又谓之赶会，京师则谓之赶庙。②
>
> （北方）谓之赶集，两粤则谓之赶墟。③
>
> 苗人……呼上市为赶场。④
>
> 城乡皆间数日为市，北人谓赶集，滇人谓赶街子，有虎街、猪街等名；即其日支名之，即趁墟也。⑤

这些不同名称的定期集市，集期不一，有按年、有按节令、有按日、有按时者。兹表列集市情况如次：

地区	集市地点	集期	集名	集市内容	出处
北京	大明门两旁	不论日	朝前市		谈迁：《北游录》《纪闻下·定水带》
	东华门外（顺治十一年移至正阳门外）	元节前后十日	灯市		
	东华门内	每月三日	内市		
	正阳门桥上	每日晡刻	穷汉市	"褒人子以琐杂坐售"。	谈迁：《北游录》《纪游上·都市》
	刑部街西都城隍庙（后移外城报国寺）	每月朔、望及念五日			
	灵佑宫（顺治十一年增）	每月八日			

---

① 曹树翘：《滇南杂志》。

② 佚名：《燕京杂记》。

③ 张心泰：《粤游小志》。

④ 许缵曾：《滇行纪程》。

⑤ 齐学裘：《见闻续录》卷一《摆夷》。

续表

地区	集市地点	集期	集名	集市内容	出处
北京	南城土地庙	每月逢三		"凡人家器用等物，靡不毕具，而最多者为鸡毛帚子，短者尺余，高者丈余，望之如长林茂竹。"	佚名：《燕京杂记》
	西四牌楼护国寺	月之逢七、八日		"珠玉云屯，锦绣山积，花衣丽服，修短随人合度，珍奇玩器，至有人所未覩者"。	
	东四牌楼隆福寺	月之逢九、十日		"俱卖衣服、椅桌、玩器等物，而东市皮服尤多，平壤数十里，一望如百兽交卧。……	
	外城东		东小市		
	外城西		西小市（黑市）	西小市不燃灯烛，暗中摸索，随意酬值。……此皆穿窬夜盗夜售。"	
	西小市之西	五更垂尽时往此鬻之，天乍曙即散去矣。	穷汉市	"穷困小民，日在道上所拾烂皮湿纸。"	
	东小市之西		穷汉市	"破衣烂帽"	
	慈仁寺（宣武门外下斜街）	每月初一、十五、二十五日		"每月朔望及下浣五日，百货集慈仁寺，书摊只五六，往时间有秘本，二十年来绝无之"。	王士禛：《香祖笔记》、戴璐：《藤荫杂记》
	厂甸	元旦至十六日		"（窑厂）门外隙地，博戏聚焉，每于新正元旦至十六日，百货云集，灯屏琉璃，万盏棚；玉轴牙签千门联络，图书充栋，宝玩填街。更有秦楼馆遍，宝马香车游士女。"	潘荣陛：《帝京岁时纪胜》
直隶	鄚州城外药王庙	每年四月		"河淮以北，秦晋以东，各方商贾，辇运珍异、菽粟之属，入城为市，妙妓杂乐，无不毕陈，云贺药王生日，幕帘遍野，声乐震天，每日搭盖棚厂，尺寸地非数千钱不能得，贸易游览，阅两旬方散。"	高士奇：《扈从西巡日录》

地区	集市地点	集期	集名	集市内容	出处
江苏	扬州平山堂	"日晨为市，日夕而归"。		"以布帐竹棚为市庐。""所鬻皆小儿嬉戏之物。"	李斗：《扬州画舫录》卷十六
	扬州天宁门至北门	南巡需要	买卖街	"沿江北岸建河房，仿京师长连、短连、廊下房及前门荷包棚、帽子棚做法……令各方商贾辇运珍异，随营为市。"	李斗：《扬州画舫录》卷四
	朱桥镇	五鼓毕集黎明而散	布市		吴芗厈：《客窗闲话》初集卷三《谈鬼》
福建	上诸府乡镇间	或二七日，或三八日，或四九日		"百货皆聚"	施鸿保：《闽杂记》
广西	灵川	三日一墟		"至则蚁屯，去则鸟散，其地荒僻，米薪诸物，全赖墟期徧买之，以储三日粮。"	张心泰：《粤游小志》
云南	腾越村城	每五日一街，村城不同日，土司地方皆同	地方		曹树翘：《滇南杂志》
	剑川：沙溪甸尾	每日	夜市	"悄悄长昼，烟冷街衢，日落黄昏，百货乃集，村人蚁附，手然松节曰明子，高低远近，如莹如磷，负女携男，趋市买卖……届二鼓，始扶醉渐散者半"。	张泓：《滇南新语》
	大理西门外教场	每年三月十四至十六日	大街子	"百货俱集，结节如阛阓"	陈鼎：《滇游记》
		逢二五八	小街子	"聚于各市，午过则散"	
宁夏	西宁之西五十里曰多坝		大市	"细而东珠玛瑙，粗而氆氇藏香，中外商贾咸集"。	冯一鹏：《塞外杂识》

这些遍及若干省区（特别是边远省份）城乡的集市贸易，从其性质上看，仍然是作为封建经济的一种补充渠道；但它在活跃城乡经济，调节人民供求关系等方面还是有一定作用的。

三、商人及其地位

1. 商人的四种类型

清代前期的商人根据其经营情况，可大致区分为四种不同类型，就是垄断性商人、大商人、一般铺户商人和小商小贩。

垄断性商人凭借国家赋予的特权，垄断了某些行业，成为一种有特殊身份的商人。他们之中有盐商、铜商和行商等，一般都有政治凭借和经济实力（盐引、铜本），如明珠的家奴安三就倚明珠的特权，使其子孙充当盐商而成巨富，引人注目被人形之于笔墨云：

> 明太傅擅权时，其巨仆名安图，最为豪横……其子孙居津门，世为鹾商，家乃巨富。[①]

袁枚的《续子不语》卷六《张赵斗富》条中所记向河道总督赵世显夸奇斗胜的盐商安麓村可能就是安三的后人。

当时与安氏并称的山西盐商亢氏，在本乡山西平阳建亢家园，亲见其规模的人说：

> 园大十里，树石池台，幽深如画，间有婢媵出窥，皆吴中装束也。……康熙中长生殿传奇新出，命家伶演之，一切器用费镪四十余万，他举称是。雍正末，所居火，凡十七昼夜，珍宝一空。[②]

亢氏还在扬州的小秦淮构造亢园，其规模是"长里许，自头敌台起至四敌台止，临河造屋一百间，土人呼为百间房"[③]。

铜商也是拥有特殊权益的垄断商，佚名著的《东倭考》中就指明它是三大垄断商之一，所谓"铜商之豪富，甲于南中，与粤之洋商、淮之盐商相埒"。

垄断对外贸易的洋商，有官商之称，是包揽贸易的组织。它既销进口洋货，也购土货出口。康熙二十三年广东诗人屈大均曾为此写过一首竹枝词说：

---

① 昭梿：《啸亭杂录》卷三《安三》，中华书局标点本。
② 梁恭辰：《池上草堂笔记·劝戒近录》卷三《季亢二家》，清道光刊本。
③ 李斗：《扬州画舫录》卷九，清嘉庆刊本。

> 洋船争出是官商，十字门开向二洋，五丝八丝广缎好，银钱堆满十三行。①

王澐到福建游历时就见到这种互市货物。他写道：

> 商贾贸丝者，大都为海航互市；其肆中所列，若哆啰呢、哔叽、琐袱之类，皆自海舶至者也。②

第二种类型是大商人，是一些拥有较充裕资金和商业活动范围较广的行商坐贾，如米商、布商、典商、批发商和长途贩运商等。

米商如京师祝氏，"自明代起家，富逾王侯，其家屋宇至千余间，园亭瑰丽，人游十日，未尽其居"③。

布商的主要经营方式是坐庄收购和代客运营。《木棉谱》作者褚华的先人就是以此方式获利而致巨富的。褚华在其著述中记称：

> 明季，从六世祖赠长史公精于陶猗之术。秦晋布商皆主于家，门下客常数十人，为之设肆收买，俟其将戒行李时，始估银与布捆载而去，其利甚厚，以故富甲一邑，至国初犹然。

这条资料说明褚氏已是具备收购、代理、仓储等功能的大布商。从明末至清初，他在上海经营的业务一直不衰。这些坐庄户所收布匹除直接来自织户外，另一来源是有些资金微薄的小户用原料换回成品，集中成批再交售给坐庄收购的大户，钱泳曾记其族人经营这种行业说：

> 余族人有名焜者，位居无锡城北门外，以数百金开棉花庄，换布以为生理。④

有的坐庄户不是代客收购，而是自行贩运。这比代客经营更能获取多利，所以很快就能致富。黄印在无锡亲见其事而记称：

> 布有三等：……坐贾收之，捆载而贸于淮、扬、高、宝等处。一岁所交易，不下数十百万。尝有徽人言……无锡为布马头。言虽鄙俗，当不妄

---

① 屈大均：《广东新语》卷十五《货语·纱缎》，清康熙刊本。
② 王澐：《漫游纪略》卷一《闽游》，《笔记小说大观》第二辑本。
③ 昭梿：《啸亭续录》卷二《本朝富民之多》，清宣统排印本。
④ 《履园丛话》卷二三《杂记上·换棉花》，清康熙刊本。

也。坐贾之开花布行者，不数年即可致富。①

上海张氏也是以此致富累巨万的。张氏每天"五更篝灯，收布千匹，运售阊门，每匹可赢五十文，计一晨得五十金"②。

有的坐商为了取信客商，开展业务，不惜主动承担客户的意外损失，如：

> 吴门陆采侯者，忧爽人也。顺治年间，有某商主其家，置绸缎货已毕，欲束装行。采侯止之曰：诘朝重阳佳节，客不囊黄山上，而反载月船头，不诚太煞风景耶？商颔之，乃移货贮他寓为便利计。明日携斗酒，登治平寺。相与尽一日欢。晚归，他寓火，千金物付之一炬。采侯叹惋，且伤客之荡尽也。语商云：是非客之过，我贻之咎，若货未登舟，货犹我货也。且我若不强留，又安及火，竟偿其值，商感谢而去。③

典商是对货币贪欲强烈、善于聚敛财货者，已具有高利贷资本性质的一类大商人。它的资本来源有原为富商而转营典业的，如扬州有吴老典者：

> 吴老典初为富室，居旧城，以质库名其家，家有小典。江北之富，未有出其右者，故谓之为老典。④

有的官僚资本也投向典业，如和珅有当铺七十五座，本银达三千万两；其家人刘、马二姓有当铺四座，本银有一百二十万两⑤。

典商中以徽人为多，极有财势，如有资料中记称：

> 近来业典当者最多徽人，其掌柜者则谓之朝奉。若辈最为势利，观其形容，不啻以官长自居。言之令人痛恨。⑥

贩运商的足迹遍天下，贩运货物不像布商、米商那样单一经营，而是品种繁多。屈大均曾记述广东的某些贩运活动说：

> 广州望县人多务贾，与时逐，以香、糖、果箱、铁器、藤、蜡、番椒、苏木、蒲葵诸货，北走豫章、吴浙，西北走长沙、汉口。其黠者南走澳门，

① 黄印：《锡金识小录》卷一《备参上·力作之利》，清光绪木活字本。
② 沈仲元：《三异笔谈》卷三《布利》，《笔记小说大观》第一辑本。
③ 曾衍东：《小豆棚》卷三《墙折弄》，《申报馆小丛书》本。
④ 李斗：《扬州画舫录》卷十三，清嘉庆刊本。
⑤ 薛福成：《庸盦笔记》卷三《查抄和珅住宅花园清单》，《笔记小说大观》第一辑本。
⑥ 程麟：《此中人语》卷三《张先生》，《笔记小说大观》第一辑本。

至于红毛、日本、琉球、暹罗、斛、吕宋。帆踔二洋，倏忽数千万里，以中国珍丽之物相贸易，获大赢利。①

顺德多龙眼。南海、东莞多荔枝，多水枝；增城多山枝。每岁估人鬻者，水枝七之，山枝三四之。载以栲箱，束以黄白藤，与诸瑰货向台关而北，腊岭而西北者，舟船弗绝也。然率以荔枝、龙眼为正货，挟诸瑰货必挟荔枝、龙眼，正为表而奇为里，奇者为细货。②

西南边疆和少数民族地区则通过以物易物的方式换取贩运当地特产，如云南的药材以物易物情况是：

自昔药品珍雅连，密刺外匝，折之出轻烟，中心作菊花状而重逾数十星，历未前闻。滇之维西、丽江、中甸接壤打箭炉，与川为近。猓猓夷地亦产连，枝壮刺疏，色深黄。章江贾携细布绒线易之，杂雅产以货。③

批发商一般多以苏州孙春阳为典型代表。孙春阳是从明初一家小铺发展起来，到清初已是规模宏大的南货批发商了。学者钱泳曾详记其经营规模与状况说：

其为铺也如州县署，亦有六房：曰北货房、南货房、腌腊房、酱货房、蜜饯房、蜡烛房，售者由柜上给钱取一票，自往各房发货，而总管者掌其纲，一日一小结，年一大结。自明至今已二百三四十年，子孙尚食其利，无他姓顶代者。吴中五方杂处，为东南一大都会，群货聚集，何啻数十万家，惟孙春阳为前明旧业。其店规之严、选制之精，合郡无有也。④

从这段资料看到，它已是一家有悠久历史、有严格制度，有细密分工的批发商。它反映着商业的繁盛和商业资本的活跃，是研究资本主义萌芽、生长和发展的好例证。

其他如：

——扬州黄金坝有专门批发鹹鱼的"鹹货"和"腌切"二行。

另有专门批发水产和果品的"八鲜行"。所谓"八鲜"，指"菱、藕、芋、

① 屈大均：《广东新语》卷十四《食语·谷》，清康熙刊本。
② 屈大均：《广东新语》卷二五《木语·荔枝》，清康熙刊本。
③ 张泓：《滇南新语》，《小方壶斋舆地丛钞》第七帙本。
④ 《履园丛话》卷二四《孙春阳》，《笔记小说大观》第三辑本。

柿、蝦、蟹、蚔螯（音车敖，蛤类海货）、萝卜"①。

——杭州有一种具有经纪性质，直接在船埠包买鱼船，及时向行贩批售的"冰鲜行"。其经营方式是：

> 杭州之江渔船来自宁波等海口，路途天热，鱼皆藏于水内，无论何时到地，江干设有冰鲜行，雇人肩挑大锣一面，其一头挂大灯笼一盏，号冰鲜行字号，遍引城厢内外上下段各路。如到船一只则敲锣两下，两只三下，通知各行贩前往贩卖。去者先于行中买筹，每根五百文，然后持筹往船上取鱼。其中贵贱以鱼之多寡合算。鲥鱼、鳓鱼、鲳鱼、乌贼等皆以此冰船而来。三、四月起，夏至后绝迹矣。②

——广州有专门批发果品的"果栏"，这是当地的方言名称，其情况是：

> 广州凡货物所聚皆命曰栏，贩者从栏中买取，乃以鬻诸城内外。栏之称惟两粤有之。粤东之栏以居物，粤西之栏以居人。居物者以果栏为上。果蓏之实，四时间，百品芬甘，少干多湿，可爱也。③

第三种类型是面向直接消费者的一般铺户商人。他们多在商业城市开设各种行业的店铺，基本上是面向城市居民，供应日常食用需要，有一定数量资金，固定的店址，但还够不上富商大贾，而胜过小商小贩。现择取北京、扬州、南京、杭州等地的铺户商人为例。

北京正阳门外西河沿设有"书肆"④。琉璃厂的字画店，"宋元明真迹不少而膺者殊多。每入一店，披览竟日，尚不能尽其十之一二"⑤。外城有日俭居的熟肉、六必居的豆油、都一处的酒、同仁堂的药、李自实的笔，内城有长安斋的靴、启盛的金顶等，这些铺户，"皆致巨富"⑥。

扬州街西有扑缸春（酒店），"游屐入城，山色湖光，带于眉宇，烹鱼煮笋，尽饮纵谈，率在于是"⑦。多子街有天瑞堂（药店），"旌德江氏，世药也"。亢家花园有合欣园（茶店），"以酥儿烧饼见称于市"。翠花街有珠翠首饰铺，"有

---

① 李斗：《扬州画舫录》卷一，清嘉庆刊本。
② 范祖述：《杭俗遗风》，《申报馆丛书》续集本。
③ 屈大均：《广东新语》卷十四《舟楫为食》。
④ 王士禛：《香祖笔记》卷三，《清代笔记丛刊》本。
⑤ 佚名：《燕京杂记》，《小方壶斋舆地丛钞》第六帙本。
⑥ 佚名：《燕京杂记》，《小方壶斋舆地丛钞》第六帙本。
⑦ 李斗：《扬州画舫录》卷四，清嘉庆刊本。

蝴蝶、望月，花篮、折项、罗汉鬏、懒梳头、双飞燕、到枕鬏、八面观音诸义髻及貂覆额、渔婆勒子诸式"①。

南京秦淮河利涉桥的阳春斋和淮青桥的四美斋（茶食店），"画舫者争相货卖，诸姬凡款客馈人，亦必需此。两斋皆嘉兴人，制作装潢，较之本地，倍加精美"；利涉桥的便宜馆和淮清河桥河沿的新顺馆（饭馆）"最为著名"，"新顺盖吴人，盘馔极为丰腆"；姚家巷利涉桥桃叶渡头的星货铺（百货店），"所鬻手绢、鼻菸、风兜、雨伞、纱绉衣领、皮绒衣领……洋印花巾袖、云肩油衣、结子荷包、刻丝荷包、珊瑚荷包、珍珠荷包……炫心夺目，闺中之物，十居其九"②。状元境的画坊，"比屋而居，有二十余家，大半皆江右人"。奇望街的任天然（包头店），"自明迄今，世守其业"③。夫子庙前街的书肆，"缩本充架，铅印溢籖，听镂板之迂拙，悝巾本之繁数"④。

杭州西湖的五柳居，"酒果珍馐咸备"，"醋溜鱼一种，西湖独擅其长"。城内有素仪店，"出卖一切丧服，出税一切丧具"。城隍山对岸的放怀楼、景江楼、见沧楼、望江楼、兰馨楼、映山居、紫云轩，"其室金壁交辉，雕梁画栋、匾额对联，单条屏幅，悉臻幽雅。悬挂各式灯景，玻璃窗棂。即瓷器均皆精致，并有定烧店号，桌凳亦极光鲜"⑤。

第四种类型是小商小贩。这种小商贩按其经营情况又可分为两种：

一种是集市上的小商贩，他们是各地集市上的主要组成者。所贩各货，有的是自产，有的是转贩。这便构成了集市上熙来攘往的繁荣景象。如：

——苏州在"腊后春前……坊甲、街里、皋桥、中市一带，货郎出售各色花灯，精奇百出"。在圆妙观中，有"卖画张者，聚市于三清殿，乡人争买芒神春牛图"。另有一些"支布幕为庐"的商贩，"晨集暮散，所鬻多糖果小吃，琐碎玩具，间及什物而已，而橄榄尤为聚处"⑥。还有一些卖玩具者"铺红毡，货人物花鸟吹笙诸弄物"⑦。

——在南京，鱼贩从渔人所网得诸鱼，"受之以转鬻于市"，当时有"南市

① 李斗：《扬州画舫录》卷九，清嘉庆刊本。
② 捧花生：《画舫余潭》，《申报馆丛书》续集本。
③ 甘熙：《白下琐言》卷二，清光绪刊本。
④ 程光甲：《金陵赋》，《丛书集成初编》本。
⑤ 范祖述：《杭俗遗风》，《申报馆丛书》续编本。
⑥ 顾禄：《清嘉录》卷一《新年》，上海古籍出版社标点本。
⑦ 张大纯：《姑苏采风类记》，《小方壶斋舆地丛钞》第六帙本。

在沙湾、中市在行口，北市在北门桥，夹道布列，皆鱼盆也"①。

——在广州濒海的茭塘，"凡朝虚夕市，贩夫贩妇，各以其所捕海鲜，连筐而至。氓家之所有，则以钱易之；蛋人之所有，则以米易"②。

这些小商贩中也有因善于经营而积资逐渐上升为大商人的。如王文虎其人，初为李姓家佣工，后得主人少量资助，与兄文龙摆果菜摊，积资开设铺户。后又向李姓主人贷得千金，"遂置业开行，居然成富贾"，设万祥、大有、恒记三大行店③。

另一种是串街走巷，甚至登门入户的小商贩。这些人多半是小本经营以谋升斗的。叫卖之物以吃食、日用品和玩意儿为主。如：

——在广州，"春夏之交，市上有卖大蝴蝶者，每枚数十钱，大仅五六寸许，悬竹竿上"④。

——在南京，果饵中的"煮熟菱藕糖芋之属"和粉粢中的"茯苓糕、黄松糕、瓧儿糕之属"，都由"市人担而卖之"。又"有以油炸小蟹细鱼者，或面裹虾炸之为虾饼，或屑藕团炸之为藕饼，担于市，摇小铜鼓以为号，闻声则出买之"⑤。

——在扬州，有自称果子王的王惠芳，"以卖果子为业。清晨以大柳器贮各色果子，先货于苏式小饮酒肆，次及各肆，其余则于长堤尽之"。"其子八哥儿卖槟榔，一日可得数百钱。"⑥

——在苏州，这种小商小贩尤多，所贩品种形形色色，有蔬菜、鲜鱼、凉粉、芥辣、麻布、草荐、竹荐、藤枕、萤火虫灯、凉冰、簪戴花卉、盆景、供花、西瓜、饧糖、年货等等。这些用品或由"市人担卖，四时不绝于市"，或"街坊担卖"，或"往来于河港叫卖"，或"寒宵担卖，锣声铿然"⑦。

——在京师，有的女商贩还抱物登门者，俗名之曰卖婆。"珠翠满箱，遨游贵宠，常得其妇女欢，如欲奇难宝物皆可立至。……多有致巨富者"。另外，还有"荷两筐击小鼓以收物者，谓之打鼓，交错于道，鼓音不绝。……打鼓旋得

① 陈作霖：《金陵物产风土志·本境动物品学》，《金陵琐志五种》本。
② 屈大均：《广东新语》卷二《地语·茭塘》，清康熙刊本。
③ 梁恭辰：《池上草堂笔记·劝诫四录》卷二《王文虎》，清道光刊本。
④ 屈大均：《广东新语》卷二四《虫语·大蝴蝶》，清康熙刊本。
⑤ 陈作霖：《金陵物产风土志》，《金陵琐志五种》本。
⑥ 李斗：《扬州画舫录》卷十一，清嘉庆刊本。
⑦ 顾禄：《清嘉录》卷四、六、七、十一、十二，上海古籍出版社标点本。

旋卖。"有"卖冰者以二铜盏叠之作响以为号"等等①。

这些小商小贩在解决城市居民生活需要上发挥了应有的供应作用。

2. 商人社会地位的提高

经商历来被认为是舍本逐末，商人地位历来也比较低下。所谓"市籍""末富"等等都是在封建社会中受歧视为人所不屑一顾的鄙称，社会地位列于四民之末。但是，清代情况就很不一样。从清初以来，除小商小贩外，垄断商人固不待言，即大商人和一般铺户商人的地位都显然有所提高，社会上也出现了因重商而导致的风尚变化。这里将从四个方面作一些初步的考察。

第一，官僚、士子和商人的互相融合。

官僚经商一直被认为是与民争利，是不应为或不屑为的事情。但在清代前期，官僚经商已是习见而不为怪了。清初诗人屈大均就早已对此深致感慨地说：

> 今之官于东粤者，无分大小，率务朘民以自封。既得重费，则使其亲串与民为市，而百十奸民，从而羽翼之，为之垄断而罔利。于是民之贾十三，而官之贾十七。官之贾本多而废居易，以其奇羡，绝流而渔，其利尝获数倍。民之贾虽极勤苦而不能与争。于是民之贾日穷，而官之贾日富。官之贾日富而官之贾日多，遍于山河之间，或坐或行。近而广之十郡，远而东西二洋，无不有也。民贾而不官，官复贾于民，官与贾固无别也，官与贾亦复无别。无官不贾，且又无贾而不官。民畏官亦复畏贾，畏官者以其官而贾也，畏贾者以其贾而官也。于是而民之死于官之贾者十之三，死于贾之官者十之七矣。②

屈大均把官与商的相互融合关系揭露得很彻底。他虽指广东，实际上到处如此。康熙时，高士奇与王鸿绪都是有地位、有声望的大官僚；但他们却恬然不顾地在苏松淮扬等地合伙经商，开设缎店等等以"寄顿各处贿银"，"动辄数十万以至百余万"③。雍正时，大将军年羹尧公然派庄浪典史朱尚文为他经商，把四川所产楠木等，"运至湖广、江南、浙江发卖，获利数十万"④。乾隆时，权臣和珅开当铺七十五座，本银三千万两；银号四十二座，本银四千万两；古

---

① 佚名：《燕京杂记》，《小方壶斋舆地丛钞》第六帙本。
② 《广东新语》卷九《事语·贪吏》，清康熙刊本。
③ 昭梿：《啸亭杂录》卷三《郭刘二疏》，中华书局本。
④ 萧奭：《永宪录》卷三，中华书局本。

玩铺十三座，本银二十万两①。有些官僚为了赚钱，甚至不惜从事"贱业"，如曾任湖南学政的褚廷璋（筠心）是个诗人，学政也是清要的官，但他卸职告归后，即"以宦囊开凶肆，以其利溥，人争笑之而先生不顾也"②。

士子经商大多由于仕途不达，乃从事贸迁经营，个人既不以经商为降低身份，他人亦并不以其持筹握算而屏绝往来。其中有些人还是有相当学术声名的，如钮树玉是著名经学家，又是贩运木棉的行商。其事既为人所共知，并被人著之于文字云：

> 钮树玉，字匪石。元和人。业贾贩木棉，舟船车骡之间，必载经史自随。归则寂坐一室，著书终日。每负贩往来，必经邗上，留与邑中经学之士讲论数日乃去。③

有的在得到秀才功名以后，由于屡试不售，家境贫苦，遂转而经商，加入了商人行列，如：

> 屠继序，字淇篁，号凫园，鄞人。年十七，补诸生，刻意治进士业。既屡试不获售，则弃去，思以读书自娱。然家贫，不能多得书，则设书肆市中。④

> 徐北溟（鲲，后阮相国师易其字曰白民），邑东南杨树庄人。补县学生。家酷贫，无以自给，乃赴杭州贩书度日。⑤

有的士人还由经商而致富，如：

> 董子玉，祖籍北方而生长南地。其先人官于吴，遂家松江。……读书不达而货殖焉。遂商旅于闽、广间，贩丝丝贵，贩米米昂，不五六年，奇赢十倍。⑥

另一方面，商人凭借财力溷迹官场也反映了地位的提高。这已经不是个别现象，而是相当普遍，以致引起某些缙绅人物的感叹，如苏松地区自明以来的

① 薛福成：《庸盦笔记》卷三，《笔记小说大观》第一辑本。
② 昭梿：《啸亭续录》卷二《褚筠心》，清宣统排印本。
③ 李斗：《扬州画舫录》卷十，清嘉庆刊本。
④ 吴德旋：《初月楼闻见录》卷五，《笔记小说大观》第三辑本。
⑤ 王端履：《重论文斋笔录》卷六，《笔记小说大观》第四辑本。
⑥ 曾衍东：《小豆棚》卷八《董子玉一家》，《申报馆小丛书》本。

巨室董氏家族一成员就悲叹这种世风的变化说：

> 近开捐纳之例，于是纨绔之子，村市之夫，辇资而往，归家以缙绅自命，张盖乘舆，仆从如云，持大字刺，充斥衢巷，扬扬自得。此又人心之漓者愈漓，而世道之下者更下也。①

这里所指包括着一部分商人。具体的事例如：雍正四年山西巨商王廷扬就"以知州捐赀报效军前"②。乾隆时扬州药商陆见山，就由"卖药邗上"起家，"开有青芝堂药材，为扬城第一铺。得郑侍御休园为别业，捐同知衔，居然列于诸缙绅商人之间。每有喜庆宴会，辄着天青褂五品补服"③。又如新安汪氏是经营布业十年而富甲诸商的巨富，后亦"宦游"④。这个汪氏可能就是入赀为郎，撰著过《印人传》和《水曹清暇录》的汪启淑家族。

第二，社会上对商人看法所发生的变化也反映了商人地位的提高。商人过去为士大夫所不屑一顾，现在则被倾心接纳，以礼相待。这是一种很重要的变化。这种变化同样引起世代相传而希望凝固其缙绅地位的一些老士大夫层的不满。他们对此变化大加非议和指斥，如江南华亭绅士董含即说：

> 曩昔士大夫以清望为重，乡里富人，羞与为伍，有攀附者必峻绝之。今人崇尚财货，见有拥厚资者，反屈体降志，或订忘形之交，或结婚姻之雅，而窥其处心积虑，不过利我财耳，遂使此辈忘其本来，足高气扬，傲然自得。⑤

浙江吴兴人姚世锡更记述了从康熙中到乾隆中这六十年间的这种变化说：

> 潘彦徽先生，康熙己卯孝廉……己卯（康熙三十八年）计偕，家贫艰于脂秣。一日，问同年凌端臣先生曰："盐、当商可拜否？"端臣先生曰："所获不过数十金，何可丧此名节"。先生极口称是。……今（乾隆二十五年）则士风日下，有一新贵，家本素封，乃用晚生帖拜当商，仅获三星之赠而论者不以往拜为非，曷胜浩叹。⑥

---

① 董含：《三冈识略》卷六《三吴风俗十六则》，《申报馆小丛书》本。
② 萧奭：《永宪录》卷四，中华书局本。
③ 钱泳：《履园丛话》卷二一《笑柄·陆见山》，《笔记小说大观》第三辑本。
④ 许仲元：《三异笔谈》卷三《布利》，《笔记小说大观》第一辑本。
⑤ 董含：《三冈识略》卷六《三吴风俗十六则》，《申报馆小丛书》本。
⑥ 姚世锡：《前徽录》，《笔记小说大观》第八辑本。

这不仅东南繁华之地有此变化，边远地区对商人也很尊重，如东北宁古塔戍地：

> 凡东西关之贾者，皆汉人。满州官兵贫，衣食皆向熟贾赊取，俟月饷到乃偿直，是以平居礼貌必极恭敬，否则恐贾之莫与也。①

第三，商人生活的奢靡享乐也反映了他们超越一般人所处的地位。最突出的是像盐商那些垄断民生日用的吸血鬼。他们豪华奢侈，志得意满，其骄态自侔于封疆大吏，《扬州画舫录》的作者曾以酣畅的笔墨淋漓尽致地刻画了扬州盐商超乎常情的豪侈淫佚生活说：

> 初，扬州盐务竞尚奢丽，一婚嫁丧葬，堂室饮食，衣服舆马，动辄费数十万。有某姓者，每食，庖人备席十数类，临食时，夫妇并坐堂上，侍者抬席置于前，自茶面荤素等色，凡不食者摇其颐，侍者审色则更易其他类。或好马，蓄马数百，每马日费数十金，朝自内出城，暮自城外入，五花灿著，观者目眩。或好兰，自门以至于内室，置兰殆遍。或以木作裸体妇人，动以机关，置诸斋阁，往往座客为之惊避。其先以安绿村为最盛。其后起之家，更有足异者：有欲以万金一时费去者，门下客以金尽买金箔，载至金山塔上，向风飏之，顷刻而散，沿之草树之间，不可收复。又有三千金尽买苏州不倒翁，流于水中，波为之塞。有喜美者，自司阍以至灶婢，皆选十数龄清秀之辈；或反之而极，尽用奇丑者，自镜以为不称，毁其面，以酱敷之，暴于日中。有好大者，以铜为溺器，高五、六尺，夜欲溺，起就之。一时争奇斗异。不可胜记……②

袁枚的《续子不语》中也有一段故事描写盐商安麓村宴请河道总督赵世显时的豪侈说：

> 盐商安麓村请（河道总督）赵（世显）饮。十里之外，灯彩如云。至其家，东厢西舍，珍奇古玩，罗列无算。③

其他商人也多过着穷奢极欲的生活，如苏州富商的淫靡豪侈生活：

① 杨宾：《柳边纪略》卷三，《小方壶斋舆地丛钞》第一帙本。
② 李斗：《扬州画舫录》卷六，清嘉庆刊本。
③ 袁枚：《续子不语》卷六《张赵斗富》，《笔记小说大观》第一辑本。

> 豪民富贾，竞买镫舫，至虎丘山滨，各占柳荫深处，浮瓜沈李，赌酒征歌，腻客逍遥，名姝谈笑，雾縠水纹，争妍斗艳。四窗八拓，放乎中流，往而复回，篙橹相应，谓之水战头。日晡络绎于冶芳滨中，行则鱼贯，泊则雁排。迨暮施烛，焜煌照彻，月辉与波光，相激射舟中，酒炙纷陈，管弦竞奏，往往通夕而罢①

商人的这种奢靡生活并没有遭到指摘，相反地，甚至有人论证其合理性，肯定这是一种养穷人之法。这种荒谬绝伦的主张正是出于乾隆时名满士林的著名学者与诗人法式善之口。他说：

> 富商大贾，豪家巨室，自侈其宫室、车马、饮食、衣服之奉，正使以力食者得以分其利，得以均其不平。孟子所谓通功易事是也。上之人从而禁之，则富者益富，贫者益贫也。吴俗尚奢，而苏杭细民多易为生。越俗尚俭，而宁、绍、金、衢诸小民，恒不能自给，半游食于四方，此可见矣。②

这种谬论实际上反映了商人在人们心目中地位的提高。

第四，商人有了一定的社会地位，就要努力维护共同利益，减少本行业相互排挤，进而垄断本行业商品流通的过程，于是就有组织本身团体的愿望。会馆、行帮的迅速发展正表明商人地位在日益形成一股不可忽视的力量。

这些会馆和行帮主要分二种类型：

一种是地区性的，它依靠封建的乡土观念组织起来，有坐商的，也有客商的，而以后者为多。苏州有当地商号的团体，如：

> 府城隍庙，俗称大庙。郡中市肆，悬旌八行以及聚规、罚规皆在庙台。③

也有他省商贾的共同团体，如：

> 吴城五方杂处，人烟稠密，贸易之盛，甲于天下。他省商贾，各建关帝祠于城西，为主客公议规条之所，栋宇壮丽，号为会馆。④

这种会馆成为外省商人和本地商人进行谈判会商的主要场所。

---

① 顾禄：《清嘉录》卷六《虎丘镫船》，上海古籍出版社标点本。
② 法式善：《陶庐杂录》卷五，中华书局本。
③ 顾禄：《清嘉录》卷三《犯人香》，上海古籍出版社标点本。
④ 顾禄：《清嘉录》卷五《关帝生日》，上海古籍出版社标点本。

南京的客商所建地域性会馆很多，上起省区，下至府县，并且都有较好的建筑。主要的有：

> 金陵五方杂处，会馆之设，甲于他省。中州在糯米巷，三楚在赛虹桥，旌德在党家巷，太平在甘雨巷，陕西在明瓦廊，贵池在黄公祠，新安在马府街，洞庭在徐家巷，崇明在江东门，庐江、三河在窑湾，规模尚小。若评事街之江西，武定桥之石埭，牛市之湖州，安德门之浙东，颜料坊之山西，天妃宫之全闽，陡门桥之山东，百花巷之泾县，殿阁堂楹，极其轮奂。江西会馆大门外花白楼一座皆以磁砌成，尤为壮丽。①

另一种是行业性的，如北京有玉行会馆、书行会馆②、颜料会馆和烟行会馆③，扬州有木商会馆④等等。

会馆的普遍建立反映商业的发达，但它也对商业起着约束钤制的作用，又有利于封建经济的稳定。

从上述四个方面可以肯定清代前期商人的地位已显著提高。

四、社会风尚的相应变化

随着商业的繁盛，商品经济的活跃，商人从各方面吮吸着利润。豪富们一掷千金无吝色的豪侈，严重地影响了整个社会的风尚。历来所谓的"克勤克俭"的风气已在日趋奢靡淫侈。在那些频繁交往、酬酢宴乐的商业活动中，服饰、饮食、游乐等方面，都互相争奇斗胜，夸耀财富。而东南地区尤为突出。

在服饰方面，一改布素而求绮罗锦绣，如无锡的情况是：

> 方康熙时，衣服冠履，犹尚古朴，常服多用布，冬月衣裘者百中二三。……今（乾隆）则以布为耻，绫缎绸纱，争新色新样。……间有老成不改布素者则目指讪笑之。⑤

又如苏州的情况是：

---

① 甘熙：《白下琐言》卷二，清光绪刊本。
② 叶德辉：《书林清话》，清宣统刊本。
③ 吴长元：《宸垣识略》，中华书局本。
④ 李斗：《扬州画舫录》卷三，清嘉庆刊本。
⑤ 黄卬：《锡金识小录》卷一《备参上·风俗变迁》，清光绪木活字本。

> 余五六岁时，吾乡风俗尚朴素。……今隔五十余年，则不论贫富贵贱，在乡在城，俱是轻裘，女人俱是锦绣，货愈贵而服饰者愈多，不知其故也。[1]

在饮食方面，暴殄天物，无所吝惜，如苏州的情况是：

> 吴门之戏馆，当开席时，哗然杂逯，上下千百人，一时齐集。真所谓酒池肉林，饮食如流者也。尤在五、七月内，天气蒸熟之时，虽山珍海错，顷刻变味，随即弃之，至于狗彘不能食。[2]

> 居人有宴会，皆入戏园，为待客之便，击牲烹鲜，宾朋满座。[3]

又如杭州的情况是：

> 余幼时（乾隆）见凡宴客者，约则五簋，丰则十品，若仓卒之客不过小九盘而已。其后日渐盛设，用碗必如盆，居山必以鱼鳖，居泽必以鹿兔，所费已倍往昔矣。近年以来（嘉庆），吾杭富人，一席之费几至六七千文，盖又务为精致相高，虽罗列数十品，绝无一常味也，甚而有某姓者，尝以钱五十千治一席，又以十千买初出鲥鱼二尾为尝新，则何曾父子亦何足道哉！[4]

又如浙江吴兴的情况是：

> 吾乡风俗，本尚俭朴，簪缨世胄，咸谨守礼法，无敢僭侈，即如宴会，予十数岁时，见晟舍之视履堂、奕庆堂、抱宏堂；前坂之葆素堂、丰澍堂；竹墩之受礼堂；我族之湆叶堂、章庆堂、仁寿堂诸尊长家，殽不过十簋，先用冷殽四簋压桌，坐既定，陈设六簋，酒十数巡而罢，绝无罗列珍错，号呶长夜之饮。康熙乙卯年，先中翰公宴新太守陈公一夔，锡亲见呼杨姓庖人戒之曰：我每簋纹银四两，汝须加意丰洁，俱用可二新碗，不可苟简草率。宴太守之席不过如此。相去未及六十年，竟以可二为家常日用之器，设有用以供客者，咸嗤为村俗鄙吝，动辄用五大簋，每殽非数百文不办，一席之费，或至三四金，而恒产不及前人十之二三。……风俗颓坏，何时

---

① 钱泳：《履园丛话》卷七《骄奢》，《笔记小说大观》第三辑本。
② 钱泳：《履园丛话》卷七《骄奢》，《笔记小说大观》第三辑本。
③ 顾禄：《清嘉录》卷七《青龙戏》，上海古籍出版社标点本。
④ 沈赤然：《寒夜丛谈》卷三，《又满楼丛书》本。

得返朴还醇哉！①

在游乐方面，游乐场所大量出现，笙歌乐舞，挥金如土，江南的名城尤甚，如作"狭邪"之游的集中地：

> 在江宁则秦淮河上，在苏州则虎丘山塘，在扬州则天宁门外之平山堂：画船箫鼓，殆无虚日。②

即以苏州一地为例，就因"商贾云集，晏会无时"而有"戏馆、酒馆凡数十处"③。

在日用品方面：由于洋货的渗入内地，因而摒弃土产，崇尚洋货之风甚盛。这种"崇洋"之风引起了乾嘉之际著名学者陈鳣的极大感慨，他说：

> 夫居处之雕镂，服御之文绣，器用之华美，古之所谓奢也，今则视为平庸无奇，而以外洋之物是尚。如房屋舟舆，无不用玻璃；衣服帷幔，无不用呢羽；甚至食物器具曰洋铜、曰洋磁、曰洋漆、曰洋锦、曰洋布、曰洋青、曰洋红、曰洋貂、曰洋獭、曰洋纸、曰洋画、曰洋扇。遽数之不能终其物。而南方诸省，则通行洋钱，大都自日本、流求、红毛、英吉利诸国来者，内地出其布帛菽粟——民间至不可少之物，与之交易。有识者方惜其为远方所欺，无如世风见异思迁，一人非之，不敢众人慕之。其始达官贵人尚之，浸假而至于仆隶舆台；浸假而至于倡优婢媵。外洋奇巧之物日多，民间布帛菽粟日少，以致积储空虚，民穷财尽，可胜叹哉！④

在社会风尚向有利于商人的方向变化的同时，商业本身的经营方式也在发生变化。商人们为了逐利，满足对货币的欲望，为了相互竞争，就要采取虚夸、迎合等等机巧虚伪的经营手段。据现有的资料看，他们比较明显地采取了二种手段：

一是装饰铺面，宣传自己，吸引顾客的注意。北京各种铺面的竞相争奇是比较突出的：

> 京师市店，素讲局面，雕红刻翠，锦窗绣户，招牌至有高三丈者。夜

---

① 姚世锡：《前徽录》，《笔记小说大观》第八辑本。
② 钱泳：《履园丛话》卷七《醉乡》，《笔记小说大观》第三辑本。
③ 钱泳：《履园丛话》卷一《安顿穷人》，《笔记小说大观》第三辑本。
④ 梁章钜：《退庵随笔》卷七《政事二》，中华书局本。

则燃灯，数十纱笼角灯照耀如白日。其在东西四牌楼及正阳门大栅栏尤为卓越。中有茶叶店高甍巨桷，细楄宏窗，刻以人物，铺以黄金，绚云映日，洵是伟观。总之，母钱或百万，或千万，俱用为修饰之具。茶叶则贷于茶客，亦视其店之局面，华丽者即无母钱存贮亦信而不疑；倘局面黯淡，虽椟积千万亦不敢贷矣。①

有了好铺面不仅可以招来顾客，还可以空手贷货，否则"椟积千万"也无用，这不很像资本主义经营方式中以华丽外表掩盖内部空虚的虚诈作风吗？

另一种经营手段则是丰富货源，突出特色，多从讨好顾客着手，或逢年过节向主顾赠送些小礼品，以引起好感多做生意。苏州的店铺多在这方面下功夫。顾禄的《清嘉录》中即称：

> 年夜已来，市肆购置南北杂货，备居民岁晚人事之需，俗称六十日头店。熟食铺豚蹄、鸡鸭较常货买有加；纸马香烛铺预印路头、财马、纸糊元宝、缎疋，多浇巨蜡、束名香。……酒肆、药铺各以酒糟、苍术、辟瘟丹之属馈遗于主顾家。

所有这些豪华、奢侈、放荡和机巧的社会风尚正在吞噬着旧有的封建道德，腐蚀着封建的生活方式，在一定程度上破坏了旧有的封建秩序。这不能不引起封建统治者的重视，雍正帝在即位之初的元年八月上谕中就指出道：

> 然奢靡之习莫甚商人，内实空虚而外事奢侈。衣服屋宇，穷极华丽，饮食器皿，备求工巧。俳优伎乐，醉舞酣歌，宴会嬉游，殆无虚日。甚至悍仆豪奴，服食起居，同于仕宦，越礼犯分，罔知自俭，各处昏然，淮阳尤甚，使愚民尤而效之，其弊不可胜言。②

这段极为概括的话虽专对盐商而言，实际上是指向所有豪商富贾。从上谕中可以见到奢靡风尚的影响所及和危害已经相当严重。而"愚民尤而效之"的后果更不堪设想，所以，雍正帝不能不采取抑制对策了。

---

① 佚名：《燕京杂记》，《小方壶斋舆地丛钞》第六帙本。
② 萧奭：《永宪录》卷二下，中华书局本。

五、结语

如上所述，从商业城市的兴盛、商业资本的活跃和集市的遍布，都反映了清代前期商业的繁荣。商人地位已从各方面有明显的提高。这些都为清代前期这一封建社会后期回光返照的景象涂抹上薄薄一层绚丽的色彩，也呈现出一些使那些长期就范于旧势力和融化于旧习惯的人们感到忧心忡忡的变异现象。商业资本的活跃，商人地位的提高和随之产生的社会风尚的变化，又确对封建社会中的自然经济结构起着破坏作用，从而必不可免地会对封建经济的基础从各方面进行潜移默化的消蚀，而对新的生产方式的萌芽、滋长起着一定的促进作用。这正是这一课题所包含的微妙的辩证关系。

一九八二年九月初稿
一九八三年二月修改稿
一九九二年三月完稿

原载于日本独协大学学报《独协经济》第 58 号，1992 年 3 月版

王鸣盛学术述评

王鸣盛字凤喈，一字礼堂，自号西庄，晚年改号西沚。江苏太仓州嘉定县人。清康熙六十一年（1722）生，嘉庆二年（1798）卒，年七十六岁。幼年时随祖父在丹徒学署任。乾隆二年（1737）十六岁（此据年谱，墓志铭作十七岁），补嘉定县学生，乾隆九年（二十三岁）入紫阳书院肄业。乾隆十二年（1747）中举；十九年（1754）与妹婿钱大昕同成进士，而王鸣盛以第二人及第，即授翰林院编修，时年三十三岁。乾隆二十三年（1758），擢任侍讲学士；次年充福建正考官，旋授内阁学士兼礼部侍郎，返京后因去闽途中细行不检被劾，降光禄寺卿。乾隆二十八年（1763，四十二岁），以母丧父老告归。自此以后，卜居苏州。尝主讲震泽书院，并以诗文著述自娱而终①。

王鸣盛是乾嘉时期比较淹通的学者，著述闳富，为学术界所推重。他曾自负所学说：

> 我于经有《尚书后案》，于史有《十七史商榷》，于子有《蛾术编》，于集有诗文，以敌弇州四部，其庶几乎？②

这段话虽有自诩夸大的成分，但他所说这四方面确可以概括他一生的学术成就。

一、吴派汉学健将——《尚书后案》

"汉学"是清代乾嘉时期以考据学为特色、标榜师法汉儒，以东汉郑玄为宗师的一个学派。它有两大流派，即吴派和皖派。两派虽都在汉学大旗之下，但又各有特色，近人章炳麟曾论其异同说：

---

① 王鸣盛生平参见钱大昕《西沚先生墓志铭》《潜研堂文集》卷四八及黄文相《王西庄年谱》（《辅仁学志》第十五卷第 1-2 期）。

② 王鸣盛：《蛾术编》沈懋德序。

吴始惠栋，其学好博而尊闻；皖南始江永、戴震，综形名、任裁断，此其所异也。①

吴派就是以惠栋为代表的一批汉学家。他们的治学态度是"谨守家法，笃信汉儒"，中心宗旨是求古，而汉最近古，所以主张以汉代学者许慎、郑玄为师，提出"墨守许郑"的口号，形成了"凡古必真，凡汉皆好"②的学派特色，带来了"见异于今者皆从之，大都不论是非"③的严重后果。

聚集在吴派旗帜下的学者有沈彤、余仲霖、朱楷、江声④，而以王鸣盛为翘楚。王鸣盛是乾嘉学派中享有盛名的学者，与吴派宗师惠栋处于师友之间，而其笃信汉儒又过于惠栋而成为吴派汉学的健将。在解决伪古文尚书争议问题上，他把惠栋推崇到与阎若璩并列的地位。他认为：伪古文尚书"自唐贞观以后，无一人识破，直至太原阎先生若璩、吴郡惠先生栋始著其说，实足解千古疑团"，而他自己则"得而述之"撰《尚书后案》⑤。这就是说阎若璩的《古文尚书疏证》、惠栋的《古文尚书考》和他所撰的《尚书后案》是击破伪古文尚书的三发重型炮弹，而伪古文尚书这一公案至此始大局底定。这一段话也说明王鸣盛虽以吴派后劲自居，但并不明确承认自己与惠栋有师承关系。相反地，他还在有些地方直接标明"亡友惠定宇"⑥、"吾友惠征士栋"⑦等等字样以示彼此间并无师生关系。江藩在标榜汉学门户的《汉学师承记》一书中记惠栋学术传灯次序时也只说：

弟子最知名者：余古农、同宗艮庭两先生。如王光禄鸣盛、钱少詹大昕……皆执经问难，以师礼事之。⑧

江藩明确指出惠栋的弟子只是余萧客和江声，而王、钱只不过是"执经问难"，按后学师事前辈的礼貌尊奉惠栋而不言其为弟子。当然，是否弟子并不影响于学派的归属，只要彼此学术宗旨、主张及治学方法基本一致就可视做同一

---

① 章太炎：《清儒》，《章氏丛书》中篇检论。
② 梁启超：《清代学术概论》。
③ 王行之：《与焦理堂书》，《王文简公集》卷四。
④ 王昶：《惠定宇先生墓志铭》，《春融堂集》卷五五。
⑤ 王鸣盛：《蛾术编》卷四《尚书今古文》。
⑥ 王鸣盛：《十七史商榷》卷九八《论十国春秋》。
⑦ 王鸣盛：《蛾术编》卷二《采集群书引用古书》。
⑧ 江藩：《汉学师承记·惠栋传》。

学派。

王鸣盛的学术宗旨是一本吴派的尊汉宗郑主张。他迷信汉儒胜于惠栋。他在《十七史商榷》的自序中特别表明其尊汉的态度说：

> 治经断不敢驳经……经文艰奥难通……但当墨守汉人家法，定从一师而不敢他徒。

他的"墨守汉人家法"，质言之，就是"墨守康成"，主张郑学。他把郑玄推到宗师地位，始则说：

> 西汉经生猥起，传注麻列，人专一经，经专一师。直至汉末有郑康成，方兼众经。自非康成，谁敢囊括大典，网罗众家，删裁繁诬，刊改漏失，使学者知所归乎？[①]

继而又推郑玄为集仲尼弟子以来大成者而自承宗郑的坚决态度说：

> 汉儒说经各有家法，一人专一经，一经专一师，郑则兼通众经，会合众师，择善而不守家法，在郑自宜然。盖其人生于汉季而其学博而且精，自七十子以下集其大成而裁断之。自汉至唐千余年天下所共宗仰，予小子则守郑氏家法者也。[②]

正因如此，他对汉学中"实事求是，不主一家"，以戴震为首的皖派汉学表示了强烈的不满。他公开声明自己与戴震是"道不同不相为谋"而严立壁垒。他认为戴震"为人信心自是，眼空千古……必谓郑康成注不如己说精也"，因而十分愤然地指斥"戴于汉儒所谓家法，竟不识为何物"，他责骂"戴氏狂而几于妄者乎？"实际上，这句话正是王鸣盛的自我写照，他已狂妄到大骂"岂惟戴震，今天下无人不说经，无一人知家法也"[③]。换言之，只有他最知汉儒家法以说经。王鸣盛这种目无余子，狂妄自恃的言词在许多地方都可以见到。

王鸣盛既一意标榜郑学，那就必须要选择一部足以宣扬郑学的著作来做武器。伪古文尚书是经学中长期以来聚讼纷纭的中心，直至清初始告澄清。抓住这一题目作文章对尊郑极为有利。王鸣盛决定纂辑一部题为《尚书后案》的著作来发扬郑学。他并不讳言自己的目的，在《尚书后案》的自序中开宗明义地宣称：

---

① 王鸣盛：《蛾术编》卷二《刘焯刘炫会通南北汉学亡半其罪甚大》。
② 王鸣盛：《蛾术编》卷四《光被》。
③ 王鸣盛：《蛾术编》卷四《光被》。

《尚书后案》何为作也？所以发挥郑氏康成一家之学也。……自安国递传至卫宏、贾逵；马融及郑氏皆为之注，王肃亦注之，惟郑师祖孔学，独得其真。……予遍观群书，搜罗郑注，惜已残缺，聊取马、王传疏益之。又作案以释郑义。马王传疏与郑异者条晰其非，折中于郑氏。名曰"后案"者，言最后所存之案也。

《尚书后案》是王鸣盛奠定经学家地位的早期著作。它草创于乾隆十年他二十四岁时，中经三十余年，直至乾隆四十四年其五十八岁时始完成。脱稿以后，又就正于惠栋的亲传弟子江声而后成书。《尚书后案》一书与惠栋的《古文尚书考》的主要论点是完全一致的，都是为了证实郑注尚书各篇实为孔壁真古文以抬高郑玄的地位。所以在成书后，王鸣盛即自负这是定案之作，并志得意满地说："予于郑氏一家之学，可谓尽心焉耳。"①《尚书后案》引书凡经史子集四部达 131 种，除辑郑注，酌取马、王传疏，复加个人见解按语外，又对注疏释文及史汉等书有关文字加以考辨。这部书使王鸣盛在吴派汉学中得一重要席位，在昌明郑学上作出了应有的贡献，正如杭世骏评论那样：

光禄卿王西庄，当世之能为郑学者也，戚然忧之，钻研群籍，爬罗剔抉。凡一言一字之出于郑者，悉甄而录之，勒成数万言，使世知有郑氏之注，并使世知有郑氏之学。②

王鸣盛的这项学术成就在身后论定时尚作为一项重要内容，如赵翼的挽诗中犹称道说："儒林果失郑康成"、"搜遍汉末遗文碎（原注：公最精郑学）"③，直以西庄为康成第二；与王鸣盛同有江左七子诗名的至友王昶所写悼诗中的"古文案定千秋业"④一语即指此书。这些颂赞之辞在论定他发扬郑学这点上是合乎事实的，但不免有溢美的成分。素以谨严著称的钱大昕确乎有超越余子之处。钱王关系之密切人所共知，而钱并未以私情而曲笔，在为王鸣盛所写的《墓志铭》中以含蓄的笔法写下了比较恰当的评论说：

所撰《尚书后案》专宗郑康成。郑注亡逸者采马王补之，孔传虽伪，其训诂犹有传授，非尽向壁虚造，间亦取焉。经营二十余年，自谓存古之

---

① 王鸣盛：《尚书后案》自序。
② 杭世骏：《尚书后案》序，《通古堂文集》卷四。
③ 赵翼：《王西庄光禄挽诗》，《瓯北诗钞》七言律之五。
④ 王昶：《闻凤喈讣》，《春融堂集》卷二二。

功，与惠氏《周易述》相埒。①

这段评论肯定了搜辑之功，但对其整个贡献却轻轻以"自谓"二字微示贬意。从《尚书后案》的实际价值看，钱评应该说是比较公允的，这部书的主要成就就在于辑佚。王鸣盛晚年的自我总结正可作明证，他自称：

> 古学已亡，后人从群书中所引采集成编，此法始于宋王应麟周易郑康成注及诗考，昔吾友惠征士栋仿而行之，采郑氏尚书注嫁名于王以为重。予为补缀，并补马融、王肃二家入之《后案》，并取一切杂书益之。然逐条下但采其最在前之书名注于下以明所出，如此已足；若宋元人书亦多罗列，徒以炫博，予甚悔之，然书已行世，不及删改。②

这种辑佚性的工作，是乾嘉汉学的组成部分之一。王鸣盛对《尚书后案》自我估计较高并以此取得汉学学派中的重要学术地位正说明乾嘉汉学的弱点所在——往往把一些技能性的工作视为学问的极致。

二、乾嘉史学大师——《十七史商榷》

清初学术以治经为主；但黄宗羲已提出穷经兼史的主张，认为：

> 故问学者必先穷经，经术所以经世。不为迂儒，必兼读史。读史不多，无以证理之变化，多而不求于心，则为俗学。③

黄宗羲的兼顾经史主张到乾嘉时期日益受到重视。钱大昕就是这一主张的身体力行者，他不仅自撰《廿二史考异》，而且还引撰《廿二史劄记》的赵翼为"生平嗜好"相同，并在为《廿二史劄记》所写的叙言中提出了"经与史岂有二学哉"的重要论题，他反对"经精而史粗""经正而史杂"等等"陋史而荣经"的怪论，他认为班马之史，"其文与六经并传而不愧"④，这在当时说经之风弥漫一时的乾嘉时期确是大胆的卓识。王鸣盛的《十七史商榷》就在这一时机，成为与钱赵二作鼎立为三的乾嘉史学名著。

---

① 钱大昕：《西沚先生墓志铭》，《潜研堂文集》卷四八。
② 王鸣盛：《蛾术编》卷二《采集群书引用古书》。
③《清史稿》卷四八〇《黄宗羲传》。
④ 钱大昕：《廿二史劄记》序。按：此文《潜研堂文集》未收。柴青峰师以为"也许他以这篇文章措词太激烈，怕得罪人。不如割爱"。

《十七史商榷》在当时虽不若《尚书后案》那样受重视，但从它对后来的影响所显示出来的学术价值却远远超过了《尚书后案》，王鸣盛正是主要以《十七史商榷》这一坚实壁垒取得清代学术史上的重要地位。王鸣盛自己也对此书有极高的评价，他认为"海内能读此书者不过十数人"①。这固然是王鸣盛的言大而夸，但也多少反映出乾嘉学术的狭仄。同时代的学者也有所评论，钱大昕虽然未被邀作序，但在王鸣盛身后仍推重此书考证的功力说：

> 又撰《十七史商榷》百卷，主于校勘本文，补正讹脱，审事迹之虚实，辨纪传之异同，于舆地职官、典章名物，每致详焉。独不喜褒贬人物，以为空言无益实用也。②

这段话除了不喜褒贬人物一端是钱大昕为王鸣盛所欺蒙未察外，所论全书考辨之功力是比较符合实际的。他如王昶在撰《王鸣盛传》时也有内容大致相类的论述③。当时对于《廿二史考异》《廿二史劄记》和《十七史商榷》这三部考史名著是不便有所轩轾的；但到清季，李慈铭就把《十七史商榷》凌驾于其他二书之上。李慈铭虽对《商榷》有"持议颇有过苛者"的讥评，但仍是以扬为主，而且扬之甚高，如称：

> 此书与钱先生《廿二史考异》、赵先生翼《廿二史劄记》，皆为读史者之津梁。赵书意主贯串，便于初学记诵；此与钱书则钩稽摘，考辨为多，而议论淹洽，又非钱之专事校订者比矣。

李慈铭在另一处又称：

> 《十七史商榷》一百卷，考核精审，议论淹通，多足决千古之疑，着一字之重，与钱辛楣少詹《廿二史考异》、赵云松观察《廿二史劄记》皆为读史者必读之书。自来论史者，从未有此宏纤毕眩，良窳悉见也。……此书有《旧唐书》《五代史》，实十九史，而合旧于新仍十七史之目。……钱专考订，鲜及评议；赵主贯串，罕事引证；兼之者惟此书，故尤为可贵。④

李慈铭是当时交游较广而又不轻许人的"狂士"，他的评论是代表了一部分

---

① 《西庄致竹汀书》，《昭代名人尺牍》二二册。
② 钱大昕：《西沚先生墓志铭》，《潜研堂文集》卷四八。
③ 王昶：《王鸣盛传》，《春融堂集》卷六五。
④ 王利器辑：《越缦堂读书简端记》。

人意见的。

《十七史商榷》是王鸣盛于乾隆二十八年休官退居后所始作,中经二十四年,至乾隆五十二年全书刊成时,已六十六岁。这可以说是中年以后学术趋向成熟的力作,也正是这部著述能在后世具有超越他所撰作的其他著述的原因所在。王鸣盛没有请任何人为《十七史商榷》写序,而是自己写了一篇很精彩的序,这是他有意写给人看的一篇学术自传。这篇序包含的内容比较丰富,撮其大要有三:

其一,论经史之异同以明学术宗旨。自序论经史之同在于"经以明道,而求道者不必空执义理以求之也;但当正文字,辨音读、释训诂、通传注,则义理自见而道在其中矣";而"读史者不必以议论求法戒,但当考其典制之实,不必以褒贬为与夺而但当考其事迹之实,亦犹是也"。至于经史之异则在于"治经断不敢驳经,而史则虽子长、孟坚,苟有所失,无妨箴而贬之";于经"但当墨守汉人家法,定从一师,而不敢他徙",于史则"当择善而从,无庸遍徇"。二者归于一宗,即"总归于务求切实之意"。王鸣盛的"经史异同论"远逊于钱大昕的"经史无二学"论。

其二,叙成书经过以明治学方法。自序对上起史记、下迄五代史等十九部正史,"为改讹文,补脱文,去衍文。又举其中典制事迹,诠解蒙滞,审核踳驳,以成是书"。他自述成书经过是:

> 尝谓好著书不如多读书,欲读书必先精校书,校之未精而遽读,恐读亦多误矣。读之不勤而轻著,恐著且多妄矣……既校始读,亦随读随校,购借善本,再三雠勘。又搜罗偏霸杂史,稗官野乘,山经地志,谱牒簿录;以及诸子百家,小说笔记,诗文别集,释老异教;旁及于钟鼎尊彝之款识,山林冢墓,祠庙伽蓝,碑碣断缺之文,尽取以供佐证,参伍错综,比物连类,以互相检照,所谓考其典制事迹之实也。……凡所考者,皆在简眉牍尾,字如黑蚁,久之皆满,无可复容,乃誊于别帙,而写成净本,都为一编。……闲馆自携,寒灯细展,指瑕索癜,重加点窜,至屡易稿始定。噫嘻!予岂有意于著书者哉!不过出其读书、校书之所得,标举之以诒后人,初未尝别出新意,卓然自著为一书也。

这段话既说明了他的治学方法,即经历了读书、校书、考证以至求实的四个步骤;又条举了全书取材范围之广以见其博涉;还叙述了成书原委,借此可以了解王鸣盛学术专致之所在。

其三,自我评论以显著作之成就。其自序述成书之艰巨说:

　　暗砌蛩吟，晓窗鸡唱，细书歔格，夹注跳行。每当目轮火爆，肩山石压，犹且吮残墨而凝神，搦秃毫而忘倦。时复默坐而玩之，缓步而绎之，仰眠床上而寻其曲折，忽然有得，跃起书之，鸟入云，鱼纵渊，不足喻其疾也。顾视案上，有黎羹一杯，粝饭一盂，于是乎引饭进羹，登春台，飨太牢，不足喻其适也。

这一段生动的描写表明作者为写这本著作所付出的艰苦劳动，其目的在于作育后学，所以在序的结尾部又反复指明说：

　　学者每苦正史繁塞难读，或遇典制茫昧，事迹辇葛，地理职官，眼昧心瞀，试以予书为孤行之老马，置于其旁而参阅之，疏通而证明之，不觉如关开节解，筋转脉摇，殆或不无小助也与，夫以予任其劳，而使后人受其逸；予居其难，而使后人乐其易，不亦善乎？以予之识暗才懦，碌碌无可自见，猥以校订之役，穿穴故纸堆中，实事求是，庶几启导后人，则予怀其亦可以稍有自慰矣夫！

自序中的这三段虽不免有夸示自炫的意味，但基本上还是实际情况，对启迪后学以门径有所裨益，但自序中一再申明"读史者不必横生意见，驰骋议论"，"不必强立文法，擅加与夺以为褒贬也"，"若者可褒，若者可贬，听之天下之公论焉可矣"，"盖学问之道求于虚不如求于实，议论褒贬，皆虚文耳"等等内容以示纯粹求实而无所褒贬，则既非事实亦无可能，究其实只是自欺欺人语，仅就《十七史商榷》而论，又何处无议论，李慈铭之推崇就在于此书有议论。试一翻检，如卷二《项氏谬计四》条论项羽之失；《刘项俱观始皇》条是抑项扬刘；卷四《陈平邪说》条讥陈平"揣时附势"，"计甚庸鄙"；卷五《信反而攻故主》条讥韩信"唯利是视，诚反复小人"。他如讥何焯"读汉书太善忘矣"[①]；指责陆德明、张守节是"无知之辈，谬妄殊甚"[②]；李延寿是"任意删削，舛谬之极"[③]，"于经非但不见门庭，并尚未窥藩溷，公然肆行芟肆，十去其九，甚矣庸且妄也"[④]。他以郑樵为"妄人"[⑤]、"妄谈"[⑥]，以陈振孙为"宋南渡后微末

---

① 卷十八《地理杂辨证一》。
② 卷五一《三江扬都》。
③ 卷六十《三年丧请用郑氏》。
④ 卷六二《陆澄议置诸经学》。
⑤ 卷六八《后妃传论》。
⑥ 卷九四《改戊为武》。

小儒"①等等，都证明《十七史商榷》书中决非仅考事迹而无所议论。不仅在此书中，就在《蛾术编》中也在在可见抨击议论。在钱大昕致王鸣盛的一封信中也透露了这一信息，并委婉其辞地加以规劝说：

> 得手教，以所撰述于昆山顾氏、秀水朱氏、德清胡氏、长州何氏，间有驳正，恐观者以诋诃前哲为咎，愚以为学问乃千秋事，订讹规过，非以訾毁前人，实以嘉惠后学，但议论须平允，词气须谦和。一事之失，无妨全体之善，不可效宋儒所云一有差失则余无足观耳！……言之不足传者，其得失固不足辨，既自命为立言矣，千虑容有一失。后人或因其言而信之，其贻累于古人者不少，去其一非，成其百是，古人可作，当乐有诤友，不乐有佞臣。且其言而诚误耶？吾虽不言，后必有言之者，虽欲掩之，恶得而掩之。所虑者，古人本不误，而吾从而误驳之，此则无损于古人而适以成吾之妄，王介甫、郑渔仲辈皆坐此病，而后来宜引以为戒者也。《十七史商榷》闻已刊成，或有讹字，且未便刷印，乞将样本寄下。②

从这封信可以看到王鸣盛已议论到近儒顾炎武、朱彝尊、胡渭、何焯。钱大昕委婉地劝告王鸣盛不要意气用事，攻其一点，更不要攻错。钱大昕可能已发现《十七史商榷》有错讹，但又深知王鸣盛狂傲自负，所以托词为改正讹字，希望帮助这位至亲好友更趋完善；不过，王鸣盛并不以此为意，而以"其不及尽改者，总入《蛾术编》可也"③为托词辜负了钱大昕的好意，结果书中遗留些不应有的错误，陈援庵师曾写专文摘误，如论其第一条四百余字即有误四，即：误李沂公为"李沂公"，误桐孙为"桐丝"，误汉志太史公百三十篇为"汉志史记百三十篇"，误裴骃集解乃合百三十篇成八十卷为"裴骃集解则分八十卷"，所以论定王鸣盛是"开口便错"④，其他误处尚有⑤。不过，统观全书，王鸣盛也还有些具有史识的议论，如论汉高祖杀项羽后"以鲁公礼葬，为发丧，泣之而去"，则评论说："天下岂有我杀之即我哭之者，不知何处办此一副急泪，千载下读之笑来"⑥。又论田横自杀后，"高帝为流涕葬以王礼"，则评论说："高帝惯有此一副急泪，借以欺人屡矣，不独于田横为然，心实幸其死，非真惜而

① 卷九四《闵帝改愍》。
② 钱大昕：《答王西庄书》，《潜研堂文集》卷三五。
③ 《西庄致竹汀书》，《昭代名人尺牍》二二册。
④ 陈垣：《书十七史商榷第一条后》，见1946年10月16日《大公报·文史周刊》。
⑤ 陈垣：《书十七史商榷齐高帝纪增添皆非条后》，《陈垣史学论著选》页549—550。
⑥ 卷二《为羽发哀》。

哀之也。"①在封建专制主义钤束力甚强的乾嘉时期竟能正面讥评封建帝王，实为难得。至于对十九部正史史书的评骘与史事的考辨，如不以一失而妨全体，则对后学读史探求仍有其重要的参考价值。

三、林下群推渠帅——《蛾术编》

乾隆二十八年，王鸣盛以四十二岁的壮年，辞官归卧林下，卜居苏州。他以名宦兼学者所具有的号召力，使"学者望风麋至"，即如钱大昕、吴泰来等著名学者、诗人也都"群推鸣盛为渠帅"②。王鸣盛的退休生活究竟如何？据江藩在《汉学师承记》中说："家本寒素、卖文谀墓以自给，余则一介不取也。"③这是不尽合乎事实的一种讳辞，因为休官后的王鸣盛具有仕与学的双重身份，他满可以以诗文待价，博取优裕的生活。他的友人、史学家赵翼于乾隆五十三年过苏州晤王鸣盛时所写诗中有句说："喜听贫官作富人"，原注称："君生事颇足"④，这句诗和注明白地道破王鸣盛并非寒素。赵翼在论定王鸣盛身后的挽诗中还不厌其烦地又把王鸣盛卖文鬻字以及善于经营的致富行迹写进去说：

> 风趣长康半点痴，牙筹不讳手亲持。出门误认仪同宅，筑室遥催录事资。皇甫三都求作序，李邕四裔乞书碑。即论致富惟文字，前辈高风亦可思。⑤

这首诗明确地说王鸣盛亲自持筹握算，以文字致富，因此，其生活必然优裕，所以赵翼才在相晤后写诗说："形容别久犹堪认，知是闲居养益驯"⑥。有钱有闲给休官后的王鸣盛提供了从事著述的物质条件，《十七史商榷》和《蛾术编》都是在这一条件下撰写的著作。前者于撰者卒前十年完成并付刊问世，而《蛾术编》则直至逝世尚未定稿。二书估计是并行从事的，因为在《十七史商榷》中曾有如下一段记载：

> 予别有《蛾术编》，分十门，第一门说录，全以艺文志为根本，就中

---

① 卷五《田荣击杀田市》。

② 王昶：《王鸣盛传》，又钱大昕自承受教于王鸣盛，在《习菴先生诗序中》说："西庄长予六岁，而学成最早，予得闻其绪论，稍知古学之门径"。

③ 江藩：《汉学师承记》卷三《王鸣盛传》。

④ 赵翼：《阊门晤王西庄话旧》，《瓯北诗钞》七言律四。

⑤ 赵翼：《王西庄光禄挽诗》，《瓯北诗钞》七言律五。

⑥ 赵翼：《阊门晤王西庄话旧》，《瓯北诗钞》七言律四。

尚书古文是予专门之业，而小学则尤其切要者，今先摘论之，余在蛾术，此不具。①

这段话虽然文字不多，但可看出撰者的学术宗旨所在——即以目录学为基础，以经学为专攻，以文字训诂为门径。王鸣盛的这一宗旨在其他著作中也随处可见。

王鸣盛的三部学术著作，《尚书后案》是青年时期的著述，《十七史商榷》是中老年时期的撰作，但都作为定稿付刊。惟有《蛾术编》是晚年有待于订正的力作，王鸣盛对此书"自谓积三十年之功始克就"②。因此，不能因其混杂而忽视其价值。

《蛾术编》是王鸣盛于晚年"取平时著述汇为一编，分说制、说地、说字、说录、说刻、说人、说集、说物、说通、说系十门。其书囊括经史，牢笼百家，为先生生平得意之作"，但一直待订未刊。道光元年，王鸣盛的外孙姚承绪从王鸣盛的孙子耐轩兄弟处传抄一通，即所谓九十五卷本，并请两江总督陶澍审订，希望陶澍运用政治影响，饬令本县能鸠工镌版，但未获结果，只由陶于道光九年为全书写序一篇，道光十九年春沈懋德始见到姚钞本，即欲付刊，值同邑迮鹤寿见过，愿任勘校，以原抄本九十五卷中《说刻》门十卷详载历代金石，已见收于王昶《金石萃编》；《说系》门三卷，间有迮氏案语，二十一年末付刊，二十三年竣事，即今之传本③。

《蛾术编》是王鸣盛殿后的一部学术著作，他自称："是编之成，一生心力实耗于此，当有知我于异世之后者。"④而时人对此书也有所评论，如陶澍在原序中称其书为"网罗繁富，六艺百氏，旁推交通，靡非洞畅"。这部书的最大特点是不厌其烦地阐述自己的学术宗旨，力推郑学。他除在《说录》门中多次发扬郑学外，还在《说人》门中专有五八、五九两卷谈论郑玄及郑学，其卷五八第一则即阐明宗旨说：

余说经以先师汉郑氏为宗，将考其行迹为作年谱，随所见辄钞录，积之既多，欲加编叙，而其事之不可以年为谱者居多，乃改分十二目，各以

---

① 王鸣盛：《十七史商榷》卷二二《三卷以下诸家》。
② 陶澍道光九年《蛾术编》原序。
③ 道光十八年姚承绪跋，《蛾术编》凡例一。沈懋德识语。按，姚跋说："《金石萃编》所取《说刻》殆半。"可证并非全收。
④ 道光十八年姚承绪跋引语。

类次之。内著述类已详《说录》。①

王鸣盛在这二卷中对郑玄的世系、出处、著述、师友、传学、轶事、冢墓、碑碣等等都作了专条论述，可谓表彰郑学不遗余力。

其次，《蛾术编》是王鸣盛对自己生平著述的补苴、订误之作。《十七史商榷》止于宋史，而《蛾术编》则于卷十一补述辽金元史数条。《尚书后案》发扬郑学尚有不足，而《蛾术编》则于《说录》《说人》诸门以多则反复陈述。凡《十七史商榷》中言之不确或讹误，"其不及尽改者，总入《蛾术编》可也"②。陈师曾例言其事说：

> 《蛾术编》九有《史记但称太史公》条，言汉艺文志春秋类有《太史公百三十篇》即《史记》也，而不名《史记》，则《史记》之名起于后人云。西庄盖自知《十七史商榷》之失言，而思以此弥缝之也。又书名商榷，榷当从手不从木，西庄亦辩之于《蛾术编》三十，认前此误引木部，其书已行，不及追改云。③

但是，《蛾术编》也依然明显地表露出王鸣盛在学术上的狂傲。刘向父子在创建我国古典目录学方面是有重要贡献的，其著作至今仍具参考价值，而王鸣盛则詈刘向为"西汉之俗儒，其书传世甚多，颇俚鄙而附会，远不如其子歆"④。这一评论实欠公允，刘向的学术成就，久有公论，刘歆学术造诣甚高，所撰《七略》为综合图书目录肇端，后人甚至将其与《史记》并誉为西汉二大学术巨著，但不能否认其多承家学。设无刘向的先行撰录，则刘歆何得于三两年间成《七略》。诸如此类，于刊书时已有持异议者。如赵彦修所写的一篇长序，虽自称是"略抒所见，顺其篇章，条例于左，或可为读光禄书者搜讨之助"，实际上，这篇序主要是对全书的批评。它对《蛾术编》的疏漏、偏颇以及错谬之处指陈多处，如驳其攻刘向一则说：

> 夫刘向校书天禄，每一书已，辄条其篇目，撮其指意，录而奏之，后代目录之学所由盼。向非中垒，则经典日就淹没耳，且其所上章疏封事，原本经术，即贾董无以过。至《新序》《说苑》《列女传》诸书，博采传记

---

① 王鸣盛：《蛾术编》卷五八《郑康成》。
② 《西庄致竹汀书》，《昭代名人尺牍》二二册。
③ 陈垣：《书十七史商榷第一条后》，见 1946 年 10 月 16 日《大公报·文史周刊》。
④ 王鸣盛：《蛾术编》卷十二《刘向所著》。

以为鉴戒，尤具深心，而遗文逸事，多赖以传，足资考证，谓之鄙俚附会，是其立论不无少偏哉！

王鸣盛对其他学者也多所雌黄。他不仅对远者如李延寿、王应麟，近者如顾亭林、朱彝尊、戴震等肆加轻薄，即其同时代同流派而并未享盛名的人也多加苛求。他抨击余萧客所撰《古经解钩沈》说：

> 近日余萧客辑汉人经注之亡者为钩沈，有本系后人语妄搀入者，有本是汉注反割弃者。书不可乱读，必有识方可以有学，无识者观书虽多仍不足以言学。①

这种批评是值得辑佚工作所注意，但后半部分的讥嘲尖刻有失学者胸襟。这正是王鸣盛贻后世评论的疵瑕。

《蛾术编》尽管是撰者尚待订正的著述，但作为一部杂考性的著述还是具有一定学术价值的：

其一，《蛾术编》为研究古代文献典籍提供了若干有所裨助的资料——对研究方法有所折衷，对古籍内容有所评介。如卷十二对地方志书的评论，颇具卓识；卷十四条述丛书，可略知丛书的源流发展。至于具体到某书则更有多则。这些在全书中占有较大比重。

其二，《蛾术编》也表达了王鸣盛的某些独特的史识，如卷六十《宋太宗》一则说宋太宗"与赵普谋拥戴太祖，借太祖威名以服众，以太祖为孤注，事不成太祖首当其祸，事成己安享其福"。卷七七《温庭筠》条为晚唐诗人李商隐、温庭筠辩"无行"之诬说："凡新旧书所载，李温之过皆空滑无实，动云为执政所鄙，当途所薄，如此而已。"类此都表明王鸣盛是一位读书有识，善于提出新见的学者。

其三，《蛾术编》是王鸣盛历经瞽而复明，依然修订不辍的未完之作，可惜至死未能卒业，所以钱大昕深致感慨地说："谁知蛾术编抄毕，不得深宁手自校"②，这可以看出撰者日求进益的治学精神，致使此书终不失为正讹补误，开阔视野的学术著作。全书涉及内容广博，可以知撰者搜求之勤，所以其友人曾赞誉他"夹漈奇书肆冥搜"③，《汉学师承记》也称"其书辨博详明，与洪容

---

① 王鸣盛：《蛾术编》卷二《采集群书引用古书》。

②《潜研堂诗续集》八。

③ 徐以坤：《寄酬王凤喈孝廉》，《苔芩集》卷十五。

斋、王深宁不相上下"①。而赵翼更写诗全面评价了《蛾术编》成书的艰辛及其对后世的影响：

> 重翻插架书，快比故旧逢，生平未定稿，戢戢束万筒（时方排纂《蛾术编》），绳头积细碎，牛毛散氋氃，挑灯自排纂，缕缕入纪缀，订讹朦瞍瞍，指迷瞽导童，遂使天下目，障翳尽扫空。②

这首诗说明了撰者在视力困难情况下用力之勤，以及其书对后人所起启智祛疑的重要作用。这种描述应当认为基本上是一篇写实之作。

四、余论

《尚书后案》《十七史商榷》和《蛾术编》是王鸣盛三大主要学术著作，从中已可看出他的学术宗旨与成就，但从对学者的传统观念出发，还必须具备一定的文采；否则，便会遭到"言之无文，行而不远"的命运，使饱学无从表现。王鸣盛不仅能文，而且还少有诗名，这就使他博得更大的声誉，所以无论是身前的赞誉和身后的论定都把他的学术与文采并论。如汪缙（字大绅，号受庐，吴县人，诸生）有《赠王西庄光禄》诗说：

> 键户穷经得此身，作诗余事见天真；怪他世上悠悠者，但说西江社里人。③

又如雷国楫（字松丹，蒲城人，官州判）有《奉赠王光禄西庄先生》诗说：

> 昭代文坛主，高名四海驰；固知饱经术，讵止擅鸿词；典审风骚内，追随汉魏时；平生深仰止，何幸奉光仪。④

王鸣盛的至亲与学侣钱大昕也以"经传马郑专门学，文溯欧曾客气驯"来论定他于身后。即如主盟乾隆诗坛的沈德潜也极重其诗。乾隆十八年，沈德潜特从王鸣盛、钱大昕、王昶、曹仁虎、赵文哲、吴泰来、黄文莲等七人诗中选编一部《江左七子诗选》十四卷，人各二卷，收诗八百首，并各写一序刊行。

---

① 江藩：《汉学师承记》卷三。
② 赵翼：《瓯北诗钞》五言古之三。
③《苫芩集》卷三。
④《苫芩集》卷五。

他亲撰总序，以此七人"才又足与古人敌，殆踵（明）前后七子之风而兴起者
也"，这在当时应是最高的奖评。越二年，这部诗选流传到日本，也得到好评。
而这年王鸣盛只有三十二岁，即在成进士的前一年。次年在京候试的春日，还
捃摭旧闻，描述故乡景物，写成《练川杂咏》六十首绝句，提供了乡土材料，
得到了钱大昕、曹仁虎等诗人的倡和。那就是说，王鸣盛在人仕以前已经被目
为可与明七子媲美、具有诗名的青年诗人了。王鸣盛把休官以前的诗文集刊为
《西庄始存稿》，内多应酬文字。他还选编了一部《苔岑集》，收录了钱大昕、王
昶、吴泰来、曹仁虎、高成鉉、徐希亮等人的诗作，有同辈人，也有后学，大
都是和他酬唱的作品，虽不免有自我标榜之嫌，但还可以从中寻求有关生平行
迹的资料，不失其参考价值。在他身后编定的《西沚居士集》二十四卷，收录
了五七言的古、律、绝诗，乐府和赋。刊成于道光三年，录有沈德潜、齐召南、
萧芝和张焘等序和吴云的跋。沈序是乾隆十四年为王鸣盛的《曲台丛稿》付刊
所撰，对青年王鸣盛的学术诗文已作了颇高的评价说：

> 既读其竹素园诗及日下集若干卷，知其平日学可以贯穿经史，识可以
> 论断古今，才可以包孕余子，意不在诗而发而为诗，宜其无意求工而不能
> 不工也。①

"无意求工而不能不工"是对诗的极高评价。王鸣盛诗初不主一代一家而卓
然自成一家②。其后乃宗晚唐李义山，所以吴云跋中说他"谓诗以李义山为最，
将尽改生平所作效其体制"③。这就无怪他要为温李辩诬了。

《西沚居士集》的刊行距王鸣盛的卒年已达二十五年多。所收与《始存稿》
有重复处，但它是一部较完备的诗集。诗集中虽有一些应酬、家事、写景、纪
游之作，但也还有一些能反映其思想的作品可供研究。

卷一的《猛虎行》名为写虎，实际上是指斥猛于虎的机心，所以有"机心
杀人城市多，猛虎尚在深山阿"，猛虎虽可怕，但还在远离人群的深山，而麇集
城市的人与人之间的尔虞我诈则比猛虎更多"杀人"。

卷八的《响盏谣》借京师卖凉盏的情景来讽刺那些奔走权门，热中利禄的
人，诗中说：

---

① 《西沚居士集》沈德潜序。
② 《西庄始存稿》九《题庆孝廉璞斋诗卷诗》注称："予来武昌，楚中名士毕集。一客问诗当学唐耶？学
宋耶？予曰：皆不足学。客大骇曰：究当谁学？予徐徐曰：学我而已！"
③ 《西沚居士集》吴云后跋。

响盏响盏而何为，冰浆残屑红玫瑰，九衢侵晓市门闭，土铫一灯红穗细。火云徐起赤日高，盏声卖遍喧儿曹，长安热客疲往返，得此一剂清凉散，饮罢挥汗冲飙尘，驱车仍踏侯家门。吁嗟！顷刻清凉亦何益，热客之热救不得。

又一首《采煤叹》表现了作者更深度的思想意境，直接同情处于社会底层的西山采煤工的辛苦，其诗称：

小车轧轧黄尘下，云是西山采煤者，天寒日暮采不休，面目黳黑泥没踝，南人用薪劳担肩，北人用煤煤更难，长安城中几万户，朱门金盏酒肉腐，吁嗟谁怜采煤苦。

王鸣盛除了这些社会诗外，还写有劝戒诗。这类诗虽不免有说教气息，但也能从诗中看出他的学术宗旨、治学态度及对后学的期望，如卷五《杂诗四首》中的一首是：

书能益神智，六籍皆膏腴，汉廷二千石，类用通经儒，士不通一经，学术总荒芜，爱博反遗精，涉猎徒得粗，譬如八宝山，弃玉取碱硵，就傅授一编，雏诵力亦劬，浮沈十余年，所益良元殊，从兹恣搜讨，毋使岁月徂，作针磨巨杵，至理要非诬。君看废学人。老大徒嗟吁！

当然，王鸣盛的狂傲也不会不在诗中流露，他在去福建任考差离京时曾次钱大昕送行诗韵写七律留别诗中就有句说："牛耳平生每互持，江东无我卿独驰"。前一句表示二人是儒林诗坛的巨子，但这是客气话。而后一句则明言凌驾于钱氏之上，这是真实思想的表露。不过这在王鸣盛说来，既很自然，也不足怪。他的诗应当仍是研究他思想的重要参考资料。

王鸣盛以少年诗才，又掏博取精，致力于经史，完成《尚书后案》《十七史商榷》和《蛾术编》共二百余卷的巨制，虽尚有可议之处，但无论从史才、史学，抑或史识上都取得一定的成就，以他和钱大昕、赵翼并列为乾嘉时期的三大史学家当无愧色。对他的著作不仅要批判地继承、吸取、借鉴，而且还应当更好地研究和评述。

原载于《南开史学》1982 年第 2 期

关于中国近代史的划阶段问题

一、略论中国近代史的开端年代①

近年来许多讨论中国近代史"划阶段"问题的论文，对于中国近代史的开端年代都认为是 1840 年，其中有的同志虽然在论文中有似乎承认以 1839 年为开端年代的意思，然而没有明标出来②。我从以下几个方面主张应以 1839 年作为中国近代史的开端年代。

（一）从反侵略的意义上看

中国社会在将进入近代的前夕，虽然已届封建社会后期，但在社会经济生活中，基本上还是以自然经济占主要地位，不甚需要外来商品；而英国当时已是一个有相当发展的资本主义国家，它需要向外扩展，首先是开辟市场和原料产地以倾销商品和掠取原料。但是它的对华贸易却总处在入超地位。因此，更需要有能改变这种局面的输出品。十八世纪中叶后，它找到了"鸦片"，于是便用各种非法手段，大量输出。十九世纪三十年代，英国终于达到其侵略目的，使自己居于对华的出超地位了。

随着鸦片输入量的增加，中国的财政金融和国民经济生活遭到严重的破坏，加之毒品的残害身体和贿赂腐蚀官僚机构，引起了整个社会反对那表现在"鸦

---

① 1956 年 10 月 27 日，我曾发表《读〈我们对中国近代史分期问题的初步意见〉一文的笔记》一文，把中国近代史的开端年代定为 1839 年，当时因篇幅所限，没有具体说明。后来，有同志曾向我口头提出意见，认为这只是一年之差，关系不大。最近，《史学月刊》1957 年第一期中，毛健予同志的《关于中国近代史分期问题讨论的介绍》一文中，对我以 1839 年为第一段的开始，也提出了"理由未见说明"的意见。因此，我特草此文来说明我的主张。

② 例如孙守任同志在论文中曾说："1839—1860 年间连续发动的三次战争及其强迫清政府签订的一系列不平等条约，为资本主义国家的商品推销和原料掠夺开放了整个中国。"（《历史研究》1954 年第 6 期第 7 页）他在叙述中国近代社会走向半封建半殖民地的整个过程时又说："1839—1864 年，资本主义国家侵略势力发动了三次侵略战争。"（同上第 8 页）

片"形式上的外国侵略。广州人民在 1838 年底和 1839 年初曾两次进行反对鸦片和英国破坏中国禁烟的斗争，而后一次有八千到一万的群众参加了反对侵略的示威队伍[①]。地主阶级中的官僚和知识分子如包世臣、朱樽、许球、袁玉麟、黄爵滋、林则徐等都讨论到这个问题，指出鸦片对中国社会的危害。清政府虽从雍正以来，即曾颁布过若干禁烟法令；但到这时，才把禁烟问题看成政治上的大事，在政府内部展开"弛禁"和"严禁"的争论；最后，更由于全社会的要求和政府本身感到"银荒兵弱"的威胁而决定采取"严禁"政策。道光十八至十九年间，它进行了各项禁烟活动；道光十九年（1839）颁布的"钦定严禁鸦片烟条例"39 条，本身固有很大缺点，但毕竟是集清朝前此百余年来禁烟法规的大成；同年，林则徐奉命到广州，正式展开了以反对外国利用鸦片进行侵略为主旨的"禁烟运动"，与侵略者展开正面的斗争。侵略与反侵略的矛盾关系至此发展到了高潮。必须指出，"禁烟运动"决不能理解为单纯的反对鸦片。因为一则英国"向中国进行鸦片走私是经过大不列颠的国会准许的"，鸦片贸易的本身，也是经英国的"最高当局准许的"，再则"鸦片……是大不列颠对印度与中国进行国际贸易的手段，用来换取中国的茶叶与蚕丝，并且使这贸易均衡，有利于英国"[②]。因而，"禁烟运动"实质上就是反对外国侵略的一种斗争，这也就是英国为什么要破坏中国"禁烟运动"的道理所在。由此可见，中国近代史应该是以 1839 年的"禁烟运动"作为开端的。

（二）从英国发动战争的事实来看

当中国一开始"禁烟运动"时，英国就坚持不放弃鸦片贸易的立场，进行各种挑衅。

在林则徐到广州积极推行"严禁"政策的具体步骤——缴烟、销烟、具结时，英国驻华商务监督义律便千方百计从中阻挠反对、制造纠纷，积极准备挑起侵略战争。1839 年 7 月 7 日，他制造了"林维喜事件"，作破坏中国主权的挑衅性试探。同年 8、9 月间英国开来兵船"窝拉疑"号和"海阿新"号。这样，便增强了义律的侵略野心，积极图谋实现武装侵略。9 月 4 日，义律竟然带领兵船等以索食为名，进攻我九龙口岸来挑动战争。11 月 3 日，英国新派来的这两只兵船又在穿鼻洋向中国保护正当贸易的水师进攻。接着，从 11 月 4 日到

---

① 亨德：《广州番鬼录》，《中国近代史资料丛刊·鸦片战争》I，页 261-262。
② 英国蓝皮书，译文据《中国近代史资料丛刊·鸦片战争》II，页 643、645。

11 日，中英又在官涌一带接仗六次。这些次都是中国获胜①。这种进攻事实已是明显得无可讳解了。因此以 1839 年作为英国发动战争的正式开端，似乎也没有什么不可以，恐怕更能切合历史的实际一些。至于有人说，英国是在 1840 年才正式出兵；我则认为，1840 年英国大量派遣侵略军只不过是 1839 年军事进攻的继续和扩大。如果一定要从 1840 年才作为侵略战争的开端，那么无形中替英国侵略者把自 1839 年即已开始发动的侵略战争的事实从历史上轻轻地抹掉了。

（三）从英国资产阶级和政府决定侵华政策的时间看

侵略中国是英国资产阶级久已感到极大兴趣的事情，因此当义律破坏"禁烟运动"和进行武装挑衅等侵略活动时，他们都非常活跃，欢呼机会的来临，并且表示了积极支持这种侵略活动的态度。从 1839 年 9 月以后，英国各地资产阶级纷纷给政府上书，他们用种种理由来论证对中国应该采取的态度：曼彻斯特、伦敦、李滋、利物浦、卜赖克卜恩、布列斯特各地商人都要求英国政府对中国采取"迅速的、强有力的、明确的对策"，"希望政府采取有效方法"。伦敦商人在当地"东印度与中国协会"应巴麦尊请求而写的意见书中，全面而具体地反映了英国资产阶级主张对华侵略的凶狠面目。意见书用了很大的篇幅论证侵华的必要性，他们主张"应当用武力强迫中国方面让步"，他们提出一些对中国的要求，而且认为"这些要求，只有表现充分的武力，才能有希望得到"。他们又提出与中国订约的七项具体内容，如开放口岸、废除洋行、协议关税、割让岛屿等，这些内容实际上在日后的"江宁条约"中都明文规定出来了。在附件中，这些资产阶级更"热心"地为政府规划了一个军事装备和进军方略的草案。所有这些主张都是 1839 年 9 月至 11 月间所发表的，因此英国资产阶级的态度是在 1839 年就完整而具体地表露出来了②。

至于英国政府的决策时间，在丁名楠等同志的《第一次鸦片战争——外国资本主义侵略中国的开端》一文中曾指出，1839 年 10 月 18 日，英国外交大臣巴麦尊曾以密函通知义律说："英政府已决定派遣海军'远征'中国，届时将封锁广州与白河，占据舟山，并拘捕中国的船只。"③由此可见，英国政府早在 1839 年 10 月就已确定了对华侵略政策。至于到 1840 年 4 月方在议会宣布和讨论，

---

① 《道光朝筹办夷务始末》卷八；又在马士的《中华帝国对外关系史》中也不能不承认穿鼻海战是"战争的爆发"。

② 《中国近代史资料丛刊·鸦片战争》Ⅵ，页 252。

③ 中国科学院历史研究所第三所集刊第一集。

那正如上引之丁文中所指出的，是"充分表现了英国资产阶级民主制度的虚伪性"。有人认为应以英国通过决议案后发兵才算战争的正式开始，那么，恰恰是上了这种资产阶级民主制度虚伪性的当，而忽视了对英国政府实际决策时间的考察。

（四）从清政府对外态度的变化来看

清政府自穿鼻、官涌等战役连获胜仗后，即于 1839 年 12 月 13 日下令停止中英贸易。道光皇帝的这个措置虽然含有对敌情缺乏正确认识和虚骄的成分，但清政府反对英国的基本态度和那时全社会反对侵略、反对鸦片的要求仍是一致的。从这时起，英国方面在积极准备扩大这次侵略战争，而清政府方面除林则徐等在闽、粤一带有所准备外，其他各地则均未设防。这时，清政府依然抱着拒外的基本态度。1840 年 6 月间，英国侵略军进犯闽、粤沿海不逞，乃又继续北攻浙江，7 月 6 日攻陷定海，清政府立即表现了张皇失措的态度。8 月 11 日，英船至天津，清政府态度有了显著的变化，命令投降派直隶总督琦善负责交涉。琦善在其向清政府的各次报告中，一力主张投降。他认为反对英国侵略有种种困难，况且"本年即经击退，明岁仍可复来，边衅一开，兵结莫释"。他把英国的侵略解释为"意在乞恩求请各款"，即如侵占定海"亦缘先被轰击，始行回手"，并向英国侵略者保证对林则徐等"重治其罪"，只要求他们立即"返棹南还"，来解除皇帝的紧张[①]。从此，清政府就开始改变过去"严禁"和拒外的态度而走上妥协和投降的道路。刘曾骧《和夷纪略》中曾说明这种变化道："道光二十年七月（1840 年 8 月）命伊里布为钦差大臣赴浙江，且饬沿海督抚收洋人书驰奏……诏以琦善为钦差大臣，赴广东，革林则徐、邓廷桢职……"[②]清政府为使英船离津返粤时，免于在沿途遭到意外，而特谕沿海督抚："如有该夷船已经过或停泊外洋，不必开放枪炮，但以守御为重，勿以攻击为先。"[③]清政府对外态度的变化，我认为也是一个值得考虑的因素。

如上所述，我认为把中国近代史的开端年代定为 1839 年，似乎较确切一些。当然，我所陈述的只是个人一点不成熟的粗浅意见，提出来向同志们请教。

原载于 1957 年 3 月 22 日《天津日报》学术专刊

---

① 《道光朝筹办夷务始末》卷十二、十四、十五。
② 《中国近代史资料丛刊·鸦片战争》VI，页 252。
③ 《道光朝筹办夷务始末》卷七四。

二、对中国近代史划阶段问题的几点看法[①]

"中国近代史分期问题"是当前史学界业已展开讨论的一个问题[②]。从 1954 年初起，有胡绳、孙守任、范文澜、金冲及、戴逸、荣孟源和李新等同志陆续发表了自己的见解，提出了各种不同的分期主张，有七期、五期、四期、三期等意见。天津师范学院历史系中国近代现代史教研组同志们所写的《我们对中国近代史分期问题的初步意见》（以下简称《初步意见》）一文是最近发表的一篇，主张分为三期。我由于业务关系，曾经学习了这些论文，也随手写了点笔记。这里只把有关《初步意见》的一点笔记摘录出来就教。

（一）关于划阶段的"标准"问题

过去所有的论文对于这个问题，大致可以归纳为以下三种不同的意见：

（1）"按照中国近代史的具体特征，我们可以在基本上用阶级斗争的表现来做划分时期的标志"，而"以三次革命运动高涨来做划时期的标准"。

（2）"以中国近代社会的主要矛盾的发展及其质的某些变化为标准。"

（3）"以社会经济的表征与阶级斗争的表征相结合作为分期标准。以阶级斗争的重大事件作为分期的界标。"

第一种意见是胡绳同志首先提出来的。过去有许多同志赞同这个主张，《初步意见》也表示"同意胡绳同志提出的以阶级斗争的主要表现作为划分时期的标准"，并提出了理由。同时，也有一些同志提出了不同的意见。但是，无论赞同与否，我感到有些论文中只是截取了胡绳同志一句概括性的话，而忽略了他的其他更多的叙述。胡绳同志在论文中的"中国近代史中划分时期的标准"一段里，对于中国近代社会的特征作了比较全面的论述，最后才提出要在"基本上用阶级斗争的表现来做划分时期的标志"（着重点是我加的，下同）。胡绳同志着眼于阶级斗争的松弛或紧张方面，从而，他便正面地提出了以三次革命运动高涨来做划分时期的"标准"。胡绳同志所提出的"用阶级斗争的表现来做划

---

① 本文原题是"读《我们对中国近代史分期问题的初步意见》一文的笔记"。

② 过去所有论文都把这个讨论称作是"中国近代史分期问题"的讨论。我认为"中国近代史分期问题"是在连续性历史时期中划分阶段的问题，不能像古代史那样称为分期问题，而应称作"划阶段问题"。苏联《历史问题》杂志编辑部在《关于苏维埃社会史的分期》一文中说："应当确定'时期'（период）、'阶段'（этап）、'时代'（эпоха）等名词的含义，在所讨论的论文中对这些名词的使用，显然是有缺点的。"（《史学译丛》1956 年第 1 期）因此，我认为用"划阶段"来代替"分期"一词是较为确切的。

分时期的标志"的基本论点是完全正确而可以被赞同的。只是因为他强调了阶级斗争表现的一个方面，所以就引起了一些不同意见的争论。

第二种意见是孙守任同志提出来的。这个意见有它一定的理由。因为中国近代社会与过去不同，它有着两个主要矛盾，所以主要矛盾的发展和质的变化是需要考虑的。然而，若从主要矛盾应该是阶级斗争的角度来理解，那么，这个意见与胡绳同志的基本论点似乎也没有什么太大的分歧，而只是补充了阶级斗争表现的另一个方面。

第三种意见是金冲及同志提出来的。这个意见把"标准"和"界标"两个概念区分开，是有助于讨论的。但是，提出两种"标准"却表现了对于阶级斗争的内涵意义的了解似乎还有所限制，因为"阶级斗争就其本身性质言之，是和基础及上层建筑有其不断联系"的；金冲及同志在其论文中也承认这种联系，他说："阶级斗争的阶段，正是当时社会经济变革最深刻的反映，也是当时整个社会生产力和生产关系的实际发展情况最显明的标志。"他在人民大学讨论会的发言中更强调指出："一定社会经济条件下引起一定的阶级斗争，阶级斗争又反转来影响或推动社会经济的发展，二者是统一的。"因此，金冲及同志只是把阶级斗争这一统一体中的另一个重要内容标举出来并列为似乎是两个标准而已。这个意见曾经引起过同志们二者如何结合如何运用的疑问。当然，金冲及同志提出的在进行具体分析时应该到社会经济中去探求的意见是完全可以被同意的。

这三种不同意见的争论，如何会产生的呢？我想可能由于对"标准"的概念和阶级斗争所表现的各个方面的理解有所不同，以及企图制定一个概括性很强的"标准"的公式所致。

基于对上面这些问题的理解，我想在下面试述个人对这个问题的一点意见。

第一，在讨论中集中的问题是"怎样"和何时的问题，也即根据什么原则划阶段和在什么时候划阶段的问题。苏联史学家恩·姆·德鲁任林在对俄国资本主义关系史的划分中，就把这两个问题进行了明确的区分，他指出："应该拿那作为生产方式发展之结果和指标及作为历史事变之动力的阶级斗争来做基础。应该拿那在生活过程上发生重大影响的革命的阶级斗争之极端重要的表现来作为各个时期彼此间的分界线。"[1]因此，我建议应该既有能依据它以划阶段的"原则"（或称"标准"），同时也需再确立一个把各阶段划分开的"界标"（或

_____

[1]《苏联历史分期问题讨论》，页115。

称"分界线")。

第二，划阶段的"界标"，应该是阶级斗争的重大事件。因为它是阶级矛盾激化的必然结果，因而也是生产方式发展上一定变化的结果。

第三，划阶段的目的就是为了把历史发展过程中的阶段性显现出来，因而也就不能脱离中国近代历史中的具体特点来谈划阶段的"原则"。中国近代社会像每一阶级社会形态一样，具有"阶级斗争"的基本特点，因而阶级斗争是可以作为划阶段的一种主要标志；但是它却正如《苏联历史分期问题讨论总结》中所说那样："要拿一种单纯的、普遍的标志来严格划分历史，其不能得到肯定的结果是不言而喻的。"①事实上，有些同志在承认以"阶级斗争作为分期标准"的同时，又常常附加一些需要考虑的因素。因此，我建议根据中国近代社会的特点，划阶段的"原则"应该是对从人们的政治、经济、文化生活各方面现象所表现出来的矛盾形式的变化（中国近代社会里有两个主要矛盾，而不同的矛盾形式则在不同阶段内交替地起着最主要的作用）、阶级关系的变化（"这正是中国近代社会经济结构的发展过程中的各个不同阶段的集中反映"）、阶级斗争的发展趋势（中国近代社会里的阶级斗争包含有对内的反封建斗争和对外的反侵略反帝斗争的两个内容，阶级斗争的主要锋芒在不同阶段内有不同的趋势）各方面进行全面考察。同时也必须注意外来因素的影响和反响。

第四，"原则"和"界标"应是统一而密切相关的，那就是说，一方面必须在确定"界标"时，同时规定各历史阶段的具体特点；另一方面也必须用根据"原则"所确定的各历史阶段的具体特点来检验所确定的"界标"是否是这一阶段各方面发展的必然结果的重大事件。这样互相校正，或能求得一个恰当的意见而把各个历史阶段确定下来。

（二）关于中国近代史含义问题

中国近代史习惯上是指从 1840—1919 年的一段历史。1956 年 6 月，林敦奎同志在中国人民大学科学讨论会上指出，把中国近代史的下限延至 1949 年，理由是这一段时期的社会性质和革命性质都没有变化；但是，由于五四运动后，革命领导力量的改变，所以又主张应以 1919 年区分为旧民主主义和新民主主义两个革命时期。戴逸同志更建议把这段历史叫做半殖民地半封建的中国史。7 月间，在综合大学文史教学大纲审订会上，又把这段历史定名为"中国史——

---

① 《苏联历史分期问题讨论》，页 10。

半殖民地半封建社会时代"。我赞同这个意见，因此我认为在论及 1840—1919 年这一段历史的划阶段问题时，不论用什么形式把这个新意见体现出来都是必要的，因为这样似乎可以更确切一些。

（三）关于 1901—1919 年划阶段的问题

《初步意见》中的第三期是从 1901—1919 年。这种分法有一定理由。不过，我觉得如果在 1912 年再树一"界标"，把 1901—1919 年分为两个阶段，即 1901—1912 年和 1912—1919 年，也未为不可。我的理由择要简述如下：

第一，1911—1912 年的"辛亥革命"是资产阶级民主革命发展的顶峰。它在推翻君主专制制度，建立民主共和国，为新民主主义革命创造必要前提的问题上，具有绝大的功绩。但是，它失败了。这个失败标志着资产阶级民主革命派已经失去了它的政治指导者的地位，与辛亥革命前（即 1901—1912 年）居于革命领导力量的情况不相同了。辛亥革命无疑地应该认作是阶级斗争的重大事件，似可选做"界标"。

第二，辛亥革命前后的阶级关系不同。辛亥革命以后阶级关系有了新的变化。

（1）大地主大买办阶级与帝国主义共同掌握政权。帝国主义感到有新的、"强"的工具可利用而高兴。地主阶级的军阀、官僚主张根除革命，如 1912 年 2 月黎元洪主张"共和国立，革命军消"。

（2）资产阶级在"共和"以后有发展民族资本主义的要求。纷纷成立各种实业团体。有一个叫作"中华民国工业建设会"的团体，在成立宣言中对"共和政体成立"抱有希望，欢呼"产业革命，此其时矣"。

（3）代表资产阶级上层利益的政派——立宪派，在辛亥革命前，积极进行立宪活动。它是既向清政府要求权力，又维护清朝统治的。武昌起义爆发，它仍然大声疾呼要求清政府立即宣布立宪，企图挽回"危局"，清政府拒绝，立宪派表示无限感叹。但是，革命形势发展甚快。立宪派终究与封建地主阶级有别，它要维护自己的经济权益，于是很快地钻入革命行列，表示"拥护革命，改国体为民主"，讲了很多口头拥护革命的道理，并且下手夺取权力，当时有九个省是由立宪派宣布独立的。但是，它与革命终究有分歧，所以又很快地与帝国主义、大地主、大买办阶级组成反革命战线。袁世凯出来进攻革命时，立宪派表示竭诚拥护。1912 年 1 月立宪派首脑张謇更致书黄兴要求孙中山等宣布解散革命党，来为袁世凯谋统一局面。它又在经济上与革命派为难。立宪派与军阀政权之间和过去与清朝政权之间的关系显然不同了。这是当时在阶级关系上应当注意的一个重大变化。立宪派在辛亥革命以后成为军阀政权内时起时落、宦海浮沉的一个反动政客的政派了。

（4）代表资产阶级下层利益的民主革命派，在辛亥革命后已经失去它过去作为革命领导力量的光辉地位。领导革命的政党——同盟会内部在分裂瓦解：有些人宣传"革命军起，革命党消"来否定同盟会的继续存在；有些人反对孙中山先生的革命方略和主张；有些人脱离组织消沉下去；有些人参加了立宪派组织去追求名位；有些人想推行"政党政治"，忽略了实际斗争。只剩下很小部分的真正革命者。1912年8月，索性连同盟会的名义都取消而改称国民党了。

（5）农民阶级虽然在辛亥革命后仍然继续进行自发斗争，但是经过辛亥革命的洗礼，它却有所不同了。有些涂上了一层反抗现统治暴政的民主主义色彩，有组织、有口号。例如从1912年夏至1914年秋的白朗大起义，转战于豫、皖、鄂、陕、甘五省。自称"公民讨贼军"，颁发声讨袁世凯的文告，拟定"打富济贫"的口号。白朗自称起义的原因是："余欲为官吏，奈余不善于钻营；余欲为议员，奈余不善于运动"，表露其对现政治的不满。这次起义，袁世凯用二十万兵员才镇压下去。当时连年发生的兵变也应属于这一类。

（6）工人阶级在这一时期壮大了。人数和斗争次数都增多，并在由经济斗争向政治斗争发展。过去历史证明：农民阶级失败了，资产阶级中的立宪派反动堕落了，革命派也失败了，革命领导职责必不可免地要落到新兴的工人阶级身上。革命领导力量的这种变化，正显示着历史在由旧民主主义革命时期向新民主主义革命时期过渡了。

（7）小资产阶级知识分子从辛亥革命后种种现实中逐渐觉悟，以他们为主开始了新文化运动。这个运动在十月革命影响下迅速发展成为具有初步共产主义思想的先进知识分子。五四运动是在这种新思想指导下发生的。

总之，这一时期的阶级关系是有变化的。

以上只就辛亥革命的意义和阶级关系的变化两点作了些说明。当然在其他方面也有显著的不同，如：矛盾形式有变化（前者以反封建为最主要，后者以反帝为最主要）；社会经济有变化（中国民族资本主义在辛亥革命以后，由于资产阶级本身的要求和第一次世界大战的影响而获得迅速的发展）；思想潮流有变化（新文化运动）等等。历史内容的不同的具体特点正可以依之划分不同的历史阶段。因此，在辛亥革命前后似可分成两个阶段。

（四）我对于中国近代史（旧民主主义革命时期）划阶段问题的意见

我大致同意《初步意见》中前两段的意见（在内容说明和解释上还有些不同），感到可以把第三段从辛亥革命前后分成两段。我的具体意见是分为四段，即：（1）1839—1864 年；（2）1864—1901 年；（3）1901—1912 年；（4）1912—1919 年。至于每一历史阶段的具体说明，则因篇幅所限而从略了①。

原载于 1956 年 10 月 27 日《天津日报》学术专刊

三、中国近代史分期问题讨论综述

中国近代史分期问题是中国近代史领域中最早展开学术性讨论的课题之一。它从 1954 年胡绳提出《中国近代历史的分期问题》（《历史研究》1954 年第 1 期）一文后，就有孙守任、范文澜、金冲及、戴逸、李新、荣孟源等同志陆续发表论文，提出了三、四、五、七、八期等不同的主张。六十年代以来，讨论渐趋于沉寂；直至近年，始重见兴起。不论是过去或现在，讨论主要集中在分期标准、上下限和划阶段等问题上。

（一）标准问题

五十年代对分期标准的讨论主要有三种不同的意见：

（1）"基本上用阶级斗争的表现来做划分时期的标志"，而"以三次革命运动高涨来做划分时期的标准"。这是胡绳首先提出并从而引发这次讨论的。戴逸表示基本上同意而又有所补益，他提出还"应该考察阶级斗争表现的各个方面，既要考察其高涨低落，又要考察其主要矛盾在各发展阶段中的转换，也要考察革命动力方面的变化而不能有所偏废"（《中国近代史的分期问题》，《历史研究》1956 年第 6 期）。有些文章忽略了胡绳文章中所运用的"标志"与"标准"这两个概念，因而在一定程度上产生了不同的理解。

（2）"以中国近代社会的主要矛盾的发展及其质的某些变化为标准"。这是孙守任继胡绳之后而自成一说的主张（《中国近代史的分期问题的商榷》，《历史研究》1954 年第 6 期）。这个意见如从主要矛盾应是阶级斗争这个角度来理解，

---

① 关于以 1839 年为中国近代史开端的理由，请参阅上文《略论中国近代史开端的年代》。

则与胡绳的基本论点无大分歧,而只是补入了阶级斗争表现的又一个方面而已,所以戴逸在评论这两种意见时曾说:"在我们看来,他们两个都主张以阶级斗争和民族斗争的发展来划分近代历史的。"后来,范文澜则更明确地提出要把近代社会的主要矛盾作为划阶段的"可靠的依据"(《略谈中国近代史的分期问题》,《光明日报》1956 年 10 月 11 日;《中国近代史的分期问题》,《光明日报》1956 年 10 月 25 日;《中国近代史的分期问题》,《中国科学院历史研究所第三所集刊》1955 年第 7 期)。

(3)"以社会经济的表征与阶级斗争的表征相结合作为分期标准,以阶级斗争的重大事件作为分期的界标"。这是金冲及的主张(《对于中国近代历史分期问题的意见》,《历史研究》1955 年第 2 期)。金冲及明确地区分界标与标准的概念是有助于讨论的;但他究竟与胡绳的意见有多大分歧则值得研究。因为金冲及自己就说:"一定社会经济条件下引起一定的阶级斗争,阶级斗争又反过来影响或推动社会经济的发展,二者是统一的。"所以,他的这个标准只是把阶级斗争这一统一体中的另一个重要内容标举出来并列为两个标准而已。

这三种意见似乎不存在绝对对立的根本性分歧,而只是对"标准"概念和阶级斗争所表现诸方面的理解有所不同。

八十年代重新讨论这一问题时,刘跃曾提出了以阶级力量——政治指导者对历史的推动来划分阶段。他具体地举出由于洋务派、资产阶级改良派和革命派三种力量的推动,而使中国近代史上出现了三次不同程度的资产阶级性质的运动,并即以此来划分阶段(《中国近代史研究中的几个问题》,《社会科学战线》1980 年第 2 期)。王庆祥则提出了更明确的主张。他认为划阶段的目的必须达到三个显示,即显示中国人民反帝反封建革命斗争的阶段性,显示半殖民地半封建社会在政治、经济和文化思想方面发展的阶段性,显示近代中国主要矛盾发展的阶段性。而要达到这种显示,"只有用近代中国社会中处于革命指导者地位的阶级之成败作为划阶段的标准,才能兼顾上述原则,而最本质地反映中国近代历史的发展规律"(《中国近代史分期问题应当继续讨论》,《史学月刊》1980 年第 2 期)。杨策不同意这种观点,他认为"革命领导者的转换,不能作为划分历史时代的界标"。如"在确定中国近代史的开端问题时,是以中国社会性质的改变作为标志的,并没有以革命领导者的转换为标志"(《中国近代史的时限问题刍议》,《宁夏大学学报》1982 年第 1 期)。

胡绳对这个问题继续坚持他原有的观点,仍然按照三次革命高潮为线索来组织他的新著《从鸦片战争到五四运动》,并明确表示不同意那种以"洋务运动—戊戌维新—辛亥革命"做线索来叙述历史。他明确表示由七个时期改成四个时期（本书序言）。但有些人不同意三次高潮的说法而主张"依据反对帝国主义和发展资本主义这两条原则才能确定中国近代史的基本线索而划分阶段"（《文史哲》1983 年第 3 期胡滨等笔谈）。李时岳虽然表示"赞成基本上用阶级斗争的表现为线索"，不过却提出"必须紧密地联系社会经济的变动进行考察，找出那些能够集中反映历史趋向的标志"（《中国近代史主要线索及其标志之我见》，《历史研究》1984 年第 2 期）。

关于"标准"的讨论，尚有待于进一步探讨与论述。

（二）上限问题

中国近代史以鸦片战争为上限是人所公认而无庸置疑的；但问题在于这个开端年代究竟是 1840 年，还是 1839 年？绝大多数同志主张以 1840 年为开端，但也有个别持异议者，如孙守任虽然没有明标 1839 年为开端年代，但在行文中却不止一次地以 1839 年作为开端年代。来新夏的《略论中国近代史的开端年代》一文从反侵略的意义、英国发动战争的事实、英国资产阶级和政府决定侵华政策的时间和清政府对外态度变化等四个方面看，主张"应以 1839 年作为中国近代史的开端年代"（《天津日报》1957 年 3 月 22 日）。另外尚钺还"一度反对以 1840 年外国资本主义侵入的时间为近代史开端"，而"把上限划在 16 世纪中叶或稍后的明清之际，因为当时已有资本主义萌芽"（《明清社会经济形态的研究》序）。这与中国近代史的现实不尽符合，所以刘大年说："如果可以从萌芽区分历史，那就再也无法区分奴隶制、封建制和资本主义。"（《中国近代史研究中的几个问题》，《历史研究》1959 年第 10 期）黎澍也为此写了《中国近代始于何时？》，专门论证中国近代始于鸦片战争，并认为如果否认这点，"这在实际上是完全否认了鸦片战争以后中国历史的特点，否认了马克思主义关于中国历史，特别是关于中国近代历史的根本看法"（《历史研究》1959 年第 3 期）。近年以来，李侃在《中国近代"终"于何时》一文中说："现在，对于把 1840 年的鸦片战争作为中国近代史的开端，已经没有什么分歧了。"（《光明日报》1982 年 11 月 17 日）但，与此前后仍然有人表示异议，如来新夏又进一步阐述自己五十年代的观点，提出了"1839 的'禁烟运动'开始揭开了中国近代史的帷幕"的主张（《林则徐与禁烟运动》，《福建论坛》1982 年第 6 期）。而《鸦片战争》一书的作者牟安世更不惮烦地明确宣布自己的观点。他始而在该书的前言中注称："鸦片战争爆发的年代，在目前的历史书籍中有 1839 年和 1840 年两种提法；本稿根据 1839 年在广东已经爆发中英九龙之战、穿鼻之战及官涌之战等事实，采用前一种提法。"继而在第三章的开头又明确提出："鸦片战争爆发于 1839 年 9 月 4 日（道光十九年七月二十七日）的九龙之战。"

这两个不同的开端年代虽然只是一年之差，似乎无关宏旨，但前者则表明中国人民是以英勇抗击侵略者为自己近代历史的开端。它标明中国近代史的光荣开始。

（三）下限问题

下限问题的争论焦点在于是断于 1919 年，还是 1949 年呢？开始，人们都按照传统习惯，以 1919 年为下限，似乎 1919 年为下限已成定论；但在 1956 年 6 月，林敦奎在中国人民大学科学讨论会上提出：1840 年至 1949 年间的社会性质与革命性质无变化，主张应以 1949 年为下限，而以 1919 年五四运动划分新旧民主主义革命时期。戴逸在会上建议把这段历史命名为"半殖民地半封建的中国史"（《历史研究》1956 年第 7 期）。7 月间，在综合大学文史教材审订会上便正式定名为"中国史——半殖民地半封建社会时代"（《历史研究》1956 年第 9 期）。李新也认为 1840 年到 1949 年的社会性质"基本上没有改变"，因此无需划分近、现代，"而应该把它写成一部完整的包括整个半殖民地半封建社会时代的通史"。他同意以 1919 年为界限，把这一时期划分为上下两部分（《教学与研究》1956 年第 8—9 期）。后来陈旭麓也同意以 1949 年为下限，并进行了较详细的论证（《学术月刊》1959 年第 11 期）。至于以 1919 年作为划分新旧民主主义革命时期的断限大多无异议，只有荣孟源主张定在 1921 年 6 月中国共产党成立以前（《科学通报》1956 年第 8 期）。

在近年的讨论中，有的同志又着重强调了以 1949 年为下限的问题。如王庆祥认为这样断限"就囊括了半殖民地半封建社会的全过程，而中断这一过程的任何划分都将影响有关的研究工作，都是不科学的"（《中国近代史分期问题应当继续讨论》，《史学月刊》1980 年第 2 期）；杨策也提出了同样的见解，并进而指出："如果割裂为两个不同的历史时代，就不能认为是符合经济基础决定上层建筑这个马克思主义的基本原则的。"（《中国近代史的时限问题刍议》）这些理由基本上重述了五十年代的内容；而提出新意的则是李侃的《中国近代"终"于何时》一文。他一方面分析了形成以 1919 年为近代史下限的客观原因：

> 一是因为建国之初开始，就一直把五四运动以后的历史作为中国现代

史或新民主主义革命史，从近代史中划分出来；再是因为新民主主义革命时期的历史与中国共产党的历史密不可分，既然已有中国现代史和中共党史这样的独立学科，中国近代史也就只好讲到五四运动以前为止了。

另一方面，又指出不以 1949 年为下限是"弊多利少，甚至是有弊无利的"，并举出了三条弊端：一是"不利于研究者和教学工作者了解和把握中国近代历史的全部过程，从而也不利于从分析综合整个中国近代社会的矛盾斗争及其发展变化中，揭示和认识中国近代历史发展的客观规律"。二是"不利于中国近代史和现代史（中华人民共和国史）研究、教学的繁荣和发展"，"使得本来意义上的中国现代史（中华人民共和国成立以来的历史）反而显得很不景气，甚至有时竟被排除在历史学领域之外了"。三是"不利于史学人才的培养和提高的"。（《光明日报》1982 年 11 月 17 日）

李侃的这些见解主要是以历史科学重在应用为出发点的，是值得引起重视的。

在下限问题上仅仅只是"19"与"49"之争。从现实情况了解，人们并不坚持非以 1919 年为下限不可。以 1949 年为下限的意见，从发展趋势估测当日益为教学和研究工作者所接受。

（四）划阶段问题

分期问题的讨论归根结底是要落脚到如何划分阶段的问题上，五十年代的讨论出现了几种分歧较大或大同小异的分段法，主要的有：

分 法	具体阶段	主张者
三 分	1840—1873	戴 逸
	1873—1901	
	1901—1919	
四 分	1840—1864	孙守任 范文澜*
	1864—1894	
	1894—1905	
	1905—1919	
	1840—1864	荣孟源
	1864—1901	
	1901—1913	
	1913—1921	

分　法	具体阶段	主张者
四　分	1839—1864 1864—1901 1901—1912 1912—1919	来新夏
五　分	1840—1864 1864—1894 1895—1900 1901—1914 1914—1919	金冲及
七　分	1840—1850 1851—1864 1864—1895 1895—1900 1901—1905 1905—1912 1912—1919	胡　绳

*范文澜基本上与孙说一致，所异者只是：①第二、三段的交界是 1895 年；②范说在大段下又分小段。

　　这些是以 1919 年为下限的分段法。当时只有李新是以 1949 年为下限而分为二大部八阶段，其旧民主主义部分的四段与范文澜的分法相同。各种分段的主要争论点在毛健予所写的《关于中国近代史分期问题讨论的介绍》一文（《史学月刊》1957 年第 1 期）中已经作了重点概述，可供参阅，这里就不再赘述了。

　　在这次讨论中，曾有人触及正名问题，认为这一讨论是"在连续性历史时期中划分阶段的问题，不能像古代史那样称为分期问题，而应称做'划阶段问题'"（来新夏：《读〈我们对中国近代史分期问题的初步意见〉一文的笔记》注，《天津日报》1956 年 10 月 27 日）。但没有引起应有的反响。

　　近年来的讨论，在划阶段问题上，一些在五十年代参加讨论的同志，其基本分法是移步而不变形。一是胡绳的由多并少，即由五十年代的七段改为八十年代的四段，其合并的理由是："如果把每次革命高潮时期和在它以前的准备时期合并起来，那就成为四个时期了。"合并的四段是 1840—1864 年、1864—1901年、1901—1912 年、1912—1919 年。这四段和五十年代主张四分的某些同志的分法基本类似。二是李新的由少增多，即由原来的二部八段增为十二段（《历史研究》1983 年第 4 期）。李新的这一具体划分法作为一书主编指导全书编写是有裨于掌握要点，易于见功的；但作为一种学术上划阶段的建议，则不免失之于琐细，而难于抓住规律要领，其第六、七段与第八、九段不得不有一点时间交错，正由于此。

与胡绳从不同标准出发而提出建议的有刘跃、王庆祥等。刘跃依据"中国近代历史上出现了三次不同程度的资产阶级性质的运动"而把近代划分为以1919 年为下限的四段，即：（1）1840—1864 年，半殖民地半封建社会开始的旧式农民战争时期；（2）1864—1895 年，半殖民地半封建社会形成，地主阶级改革派推行带有资本主义倾向的洋务运动；（3）1895—1905 年，资产阶级改良主义形成高潮，发生了戊戌变法运动；（4）1905—1919 年，中国民族资产阶级领导中国革命的时期（《中国近代史研究中的几个问题》）。有的同志更明确地提出"依据反对帝国主义和发展资本主义这两条原则"所确定的"中国近代史的基本线索"而把中国近代史划分为：1. 鸦片战争—太平天国；2. 洋务运动—中日甲午战争；3. 戊戌变法—义和团运动—辛亥革命这三个连续递进的阶段（《文史哲》1983 年第 3 期笔谈）。这实际上是前面四段法中的三、四两段合为一段的分法。李时岳进一步明确这种划阶段的主张。他认为叙述中国近代史，"不仅要说明外国帝国主义怎样侵略、怎样扩张其势力，更重要的是要说明中国社会内部在生产力方面、生产关系方面、政治文化思想方面发生了怎样的变化，怎样向前发展，从而最后战胜了帝国主义和封建主义"。据此他提出了"四个阶段"论，即农民战争、洋务运动、维新运动和资产阶级革命四个阶段（《中国近代史主要线索及其标志之我见》）。王庆祥则以政治指导者的变换为依据，以 1949年为下限而划为三段即：（1）1840—1864 年，"农民阶级是处于革命指导者地位的阶级"，"是中国由封建社会开始走上半殖民地半封建道路的时期，也是农民反封建革命高涨时期"；（2）1864—1919 年，"资产阶级是处于革命指导者地位的阶级"，"是中国半殖民地半封建社会的形成和确立时期，也是民族资产阶级发生、发展及其政治活动时期"；（3）1919—1949 年，"无产阶级是处于革命指导者地位的阶级"，"是中国半殖民地半封建社会走向崩溃时期，也是无产阶级及其政党领导的新民主主义革命走向胜利的时期"（《中国近代史分期问题应当继续讨论》）。这一分段方法似乎未能明确体现中国近代社会的主要矛盾及反帝斗争的重大表现。

（五）结语

近代史分期（划阶段）问题的讨论，足足进行了三十年，提出了若干论点与论据，对推动中国近代史的研究与教学起到了应有的作用，体现了我国学术争鸣的良好风气。有些问题随着各个专题领域研究的深入展开而将有所解决；有些问题仍待再提出论据，阐述论点。希望在今后的岁月中能更热烈地展开有成效的讨论，以获取学术上的成就。

原载于《文史知识》1984 年第 9 期

要多研究转型期的历史

——专论中国近代历史转型期的某些变化

历来对中国史的研究大多不外通史与断代史，而于社会转型期的历史则很少专门性研究。所谓转型期的含义，我认为是指朝代与朝代间、社会形态与社会形态间的转换所发生的各种变化。如宋元之际、明清之际、封建社会转变成半封建半殖民地社会等等。在这种转型期往往发生许多足以引起人们注视的变化，甚至是巨变。但我们研究通史时常常一掠而过，研究断代史时则多用力于主朝，较少涉及易代鼎革的变化，甚至出现空白。至于研究转型期历史的专著则极为罕见。

最近读到唐德刚教授所著《晚清七十年》，这是专门论述中国近代前期七十年历史的转型期历史著作，是我第一次读到的这方面专著。由于匆匆读过，对书中的论述尚未深入思考，所以还不能提出任何商榷性意见；但作者对转型期的诠释是颇具启示性的，而勇于实践自己想法的精神更是值得钦佩的。唐教授说："在历史的潮流里，转型期是个瓶颈，是个三峡。"在历史长期发展过程中，瓶颈会发生淤塞现象，历史本身就要求冲破淤塞而发展，唐教授解释这种冲出瓶颈的程序是"在哲学上叫做'突破'，在史学和社会学上则叫'转型'——由某种社会模式转入另一种社会模式，以图继续向前发展"。唐教授俯瞰从鸦片战争到辛亥革命这七十年的近代历史转型期，沿着太平天国、甲午战争、戊戌变法、义和团、八国联军，一直到辛亥革命诸重大政治事件这一脉络，讲述了中华民族所面临的历史巨变。本文则专论十九世纪四五十年代刚进入近代转型期时社会经济方面所呈现的种种变化，以证明多研究转型期历史的必要性。

一

十九世纪四十年代是中国二千多年封建社会积淀物堵塞的瓶颈被第一次鸦片战争所冲开而进入中国近代历史转型期的开端，外国侵略者悍然侵入，中国社会呈现社会危机，开始转变为半封建半殖民地社会。

以英国为主的外国侵略者们胁迫清朝政府订立江宁条约等不平等条约之后，随即放手掠夺各种权力与权利，从而发生了异常兴奋的情绪。英国的资产阶级和它的政府广泛而动听地宣传中国这个新市场的美景，他们痴迷地认为这次可以"一举而要为全世界三分之一人口的需要效劳了！"甚至幻想"只消中国人每人每年需用一顶棉织睡帽……那英格兰现有的工厂就已经供给不上了"①。他们完全沉醉在广阔市场和巨大利润之中了。1842—1845年英国对华输出工业品的数额一直处于涨势，从下表可以看到②：

1842 年	969381 镑
1843 年	1456180 镑
1844 年	2305617 镑
1845 年	2394827 镑

这种增长一方面固然表明了"鸦片战争替英国商业开辟了中国市场"③的事实；但在另一方面它却与中国市场的消费实际并不相合，1846年以后这种不相合的状况日益明显，当年英国对华输出总额降到1836年1326388镑④的水平之下，以后未见起色。1852年，港督府秘书密切尔在一份报告书中曾哀叹贸易十年的结果：这个人口大国对英国商品的消费还不及荷兰一半，赶不上法国和巴西，只比比利时、葡萄牙稍微多一点⑤。这种输入与消费不相称现象的形成，主要是当时"中国社会底基本核心是小农和家庭手工业"，所以"还谈不到什么外货的大宗输入"⑥。英国人也承认这一事实说："中国人久已利用他们自己的资源，花费很便宜的成本，掌握了一切生活必需品和绝大部分的奢侈品。"⑦

这种不相称的另一原因是鸦片的大量输入。鸦片在第一次鸦片战争后成为一种既非明令禁止，又无税则规定的"合法走私品"，所以鸦片输入量增长很快，

---

① 1847年12月2日，香港中国邮报社论（严中平：《英国资产阶级纺织利益集团与两次鸦片战争史料》下，见《经济研究》1955年第2期）。

② 严中平：《中国棉纺织史稿》页62，附表。

③ 马克思：《对华商业》，见《马恩论中国》页185。

④ 马克思：《中英条约》第一篇，见《马恩论中国》页104-105。

⑤ 1852年3月密切尔报告书（严中平：《英国资产阶级纺织利益集团与两次鸦片战争史料》下，见《经济研究》1955年第2期）。

⑥ 马克思：《中英条约》第一篇，见《马恩论中国》页112。

⑦ 史当登：《中国杂记》1850年增订第二版，页10-11（严中平：《英国资产阶级纺织利益集团与两次鸦片战争史料》下，见《经济研究》1955年第2期）。

如 1842 年为 33508 箱，到 1850 年激增至 52925 箱。外国侵略者在输入大量工业品和鸦片的同时，还从中掠取以茶丝为主的原料，据统计，茶在 1843 年由广州一口输出量是 17727750 磅，1844 年由广州、上海两口共输出 70476500 磅，1849 年两口共输出达 82980500 磅；丝在 1843 年由广州一口输出量是 1787 包，1845 年广州、上海两口共输出达 13220 包，1850 年两口共输出达 21548 包[①]。侵略者更利用条约中的优惠条件，廉价掠取原料，甚至甩开中国商人的中介而亲自到产地采购，如上海所产木棉，原由闽、粤商人转手，后来"即由西人自为采售"[②]。

　　输入工业品、鸦片和掠取原料是外国侵略者在十九世纪四五十年代所采取的主要侵略方式，这些侵略活动直接和间接地影响了中国社会的变化。虽然外国工业品当时尚不能畅销，但不能认为对中国社会毫无任何作用。外国经济势力的冲击在某种程度上打击和初步瓦解了五口附近地区的自然经济，如厦门在开埠后的 1845 年，即因洋布的输入而使"江浙之棉布不复畅销，商人多不贩运，而闽浙之土布、土棉，遂亦因之壅滞不能出口"[③]。在战前一直是棉布业中心的苏松一带也感到了严重的威胁。1845 年，著名经世学家包世臣在致前大司马许太常的信中说："今则洋布盛行，价当梭布而宽则三倍，是以布市消减，蚕棉得丰岁而皆不偿本。商贾不行，生计路绌。"[④]广东的织工也感到"棉花输入的增加，剥夺其妻子们绩棉纺纱所得的利益"[⑤]。这种影响也延伸到内地省份，如湖北的棉布原行销于滇、黔、秦、蜀、晋、豫诸省，甚至到东南吴、皖地区。但是，自通商互市以后，洋布盛行，各布销场乃为之大减[⑥]。"独立手工业也遭到一定的破坏，如广东佛山的铁工业，战前相当兴盛，铁钉、土针等业都是工人多至数千规模的作坊，战后则都呈现凋敝，铁钉业因洋钉输入而制造日少，土针业也以洋针输入而销路渐减。"[⑦]对家庭和独立手工业的这种破坏，虽然对某些地区的自然经济有一些初步瓦解作用，但主要的是阻止了中国手工业向工业正常发展的可能，更严重的是制造了一大批失业的手工业劳动者，加深了中国社会的动荡危机。

① H.B.Morse: *The International relation of the Chinese Empire.* V，I 页 556 附表。
② 王韬：《瀛壖杂志》，见《小方壶斋舆地丛钞》第九帙。
③ 1845 年春福州将军兼管闽海关敬奏，见《历史研究》1954 年第 3 号。
④ 包世臣：《安吴四种》卷二七。
⑤ P. Amber, *China An outline of its goverrment & police.*
⑥《湖北通志》卷二四，物产三。
⑦《民国佛山忠义乡志》卷六，《实业志·工业》。

失业者远远不止这些。战前清政府一直执行广州一口贸易的限制政策。在广州附近和从广州到内地去的湘粤大道上，有不下十万的运输劳动者，以及依附运输业的有关服务行业人员，总数在百万人左右；五口通商以后，由于"广州商利遂散于四方"①，致使这百万失业大军中的大部分人生计维艰，被迫走进流浪者队伍中去。又如福建之漳州、泉州、兴化、福宁和浙江之宁波、台州、温州等府，"地多滨海，民鲜恒业，沿海编氓，非求食于网捕，即受雇于商船"，但是，"自外夷通商以来，商船大半歇业，前之受雇于该商者，多以衣食无资流而为匪"②。

失业的手工业劳动者、湘粤大道上失业的运输工人、沿海的失业船户和居民，再加上从土地上被赶出来的农民，这些人中的大部分将组成一支威胁封建社会稳定、安宁的流浪者队伍，给整个社会带来了动荡。

和工业品同时大量输入的鸦片，其毒害不仅使中国的财政金融陷于厉害的破坏状态，更严重的是戕害人体，扰乱社会。当时闽浙总督刘韵珂在致金陵三帅书中描写浙江黄岩遭受烟毒的惨状说："黄岩一县，无不吸烟，昼眠夜起，杲杲日出，阒其无人。月白灯红，乃开鬼市。通商之后，烟禁大开，鬼市将盛。"③

工业品和鸦片的大量输入，纵使有日渐增长的茶丝输出品，也难抵补逆差，由此导致大量白银外流，加上战费和赔款，终于造成"银贵钱贱"的严重社会现象。1842 年银一两可兑钱 1572.2 文，到 1849 年银一两已可兑钱 2355 文了④。银钱比价差额的增大，必然严重影响财政金融和国民经济。

外国侵略者从 1843 年开始在五口谋求立足，在港口与地方官吏接洽，租屋居住或划定一定地区作为"租借地"。如上海自 1843 年 11 月 27 日正式开港后，英国首任领事巴富尔即不满足于租赁中国官方指定的栈房暂居，而是积极图谋攫取一块土地作据点。经与清政府苏松太道宫慕久商洽，最后通过"永租"方式，于 1845 年 11 月 29 日订立《土地章程 23 条》，划定洋泾浜以北李家庄以南之地，租与英人建筑房舍并居住。次年 9 月 24 日又确定了四至，即：东至黄浦江，南至洋径浜，西至界路，北至李家庄。全部面积约 830 亩，作为"租界"，1848 年又扩大为 2820 亩⑤。这些"租界"不仅作为经济侵略据点，还建立一套

---

① 彭玉麟：《会奏广东团练捐输事宜折》，见《彭刚直公奏稿》卷四。
② 闽浙总督刘韵珂片，见《史料旬刊》第 36 期，地 319、320。
③《广东夷务事宜》，见《中国近代史资料丛刊·鸦片战争》第 3 册，页 361。
④ 严中平等编：《中国近代经济史统计资料选辑》页 37。
⑤ 严中平等编：《中国近代经济史统计资料选辑》页 49。

独立于中国行政系统和法律制度以外的殖民地制度，进行种种犯罪活动，成为中外罪犯的逋逃薮。大批侵略分子在口岸和附近地区为非作歹。当时英国驻上海领事阿利国也无法否认这一事实说："来自各国的这群外国人，生性卑贱，无有效之管束，为全中国所诟病，也为全中国的祸患。"这些人是"欧洲各国人的渣滓"①，他们最堪痛恨的罪恶活动是掠夺和贩卖人口。其残酷悲惨不忍卒闻，清政府大吏李东沅曾著《论招工》一文描述称：

> 频年粤东、澳门，有拐诱华人贩出外洋为人奴仆。名其馆曰招工，核其实为图利，粤人称之为买猪仔。夫曰猪等人于畜类，仔者微贱之称，蓁其身而货之，惟利是视，予取予携。……且粤省拐匪先与洋人串通，散诸四方，投人所好，或炫以赀财，或诱以阄赌，一吞其饵，即入牢笼，遂被拘出外洋，不能自立。又或于滨海埔头，通衢歧路，突出不意，指为负欠，牵扯落船。官既置若罔闻，绅亦不敢申述，每年被拐，累万盈千。其中途病亡及自寻短见者不知凡几。即使抵埠，悉充极劳苦之工，少惰则鞭挞立加，偶病亦告假不许，置诸死地，难忘生还。②

外国侵略者还在各口岸地区豢养和扶植一批原来称为通事的"买办"，这些买办的前身就是战前给外国人做中介人并兼管其商业事务的人。过去人数不多，经济力量亦较薄弱，在社会上还起不了大作用。战后，他们继续被选用做各口岸的商务代理，推销商品，搜购原料，靠外国经济侵略活动而发"百无一失"的大财，当时人已称他们是"顷刻间千金赤手可致"③。这些买办商人随着外国侵略势力的日益强化而日益扩大，由商业买办扩大到金融买办、矿山买办、工厂买办等等；由经济买办扩大到政治买办、文化买办而最终形成中国近代转型期中的买办阶级。

外国侵略者在中国近代历史转型期的开端年代里也试探着进行资本输出。如 1843 年，英国资本在上海经营墨海书馆；1845 年，美国在宁波经营美华书馆等印刷出版业；1845 年，英国大英轮船公司职员柯拜在广州建立柯拜船坞的船舶修造业；1850 年，英国在上海经营字林报馆的新闻业④。这些企业虽然规

---

① 严中平：《五口通商时代疯狂残害中国人民的英美"领事"和"商人"》，见 1952 年 6 月 20 日《进步日报·史学周刊》76 期。

② 葛士：《皇朝经世文续编》卷八六，刑政三。

③ 王韬：《瀛壖杂志》，见《小方壶斋舆地丛钞》第九帙。

④ 孙敏棠：《中日甲午战争前外国资本在中国经营的近代工业》，上海人民出版社。

模不大，但它们都是转型期变化的产物。尤其让侵略者意想不到的是，这些企业中吸引了一部分中国劳动者，这就是中国近代无产阶级的开始。

二

十九世纪四五十年代，中国社会内部也由于近代历史的转型而发生巨变。中国早期资产阶级史学家梁启超比较敏锐地惊呼过这种巨变。

这种巨变首先表现在土地集中的情况日益严重，有人曾经引证各种资料，历举冀、苏、浙、晋、鄂、陕、鲁、赣、闽、广、桂以及满洲等十四省土地集中情形，证明在第一次鸦片战争后，全国土地有 40%—80% 集中在 30%—40% 的少数人手里，60%—90% 的多数人没有土地[①]。这种严重情形究竟如何形成？它仍然是战争所带来的负面影响，可从下面三点来分析。

（一）战火的蔓延，不仅致使直接接触地区如江苏、浙江沿海州县"转徙流离，耕耘失业"[②]，就是内地省份如湖北也因"粤东不靖，大兵自北而南；军书旁午，露布星驰无旦夕；官吏征民夫递送；军装、钱漕、力役，三政并行，追呼日迫，卖儿鬻女，枵腹当差，道馑相望，流离之状，令人恻然！"[③]道光二十二年湖广道监察御史吕贤基在其指陈时弊的奏折中更揭示官吏乘战争之机勒索搜刮的恶行说：

> 比年以来，地方官不能上体圣意，每于近海之区，藉防堵以派费；于征兵之境，借征调以索财，以及道路所经，辄以护送兵差，供给夫马为名，科敛无度。近闻湖北、湖南、安徽等处，皆有加派勒捐之弊。又闻直隶、山东亦然。[④]

战败的赔款也转嫁到农民身上，农民无力承受沉重的负担，丧失经营农业生产的能力，只能离开土地，穿州过县去求生计。

（二）各种浮勒的加重。战前的农民负担本已很重，能维持最低生活标准的为数不多。经世学者章谦在其《备荒通论》一文中曾根据农民生产的必需支出、缴纳地租、春耕时的高利借债、秋收时的减价卖谷等项目折算后得出一个结论，

---

① 王瑛：《太平天国革命前夕的土地问题》，见《中山文化教育馆季刊》3 卷 1 期。

②《东华续录》道光四六。

③ 邓文滨：《苦雨》，见《醒睡录·初集》卷二，申报馆本。

④《道光朝筹办夷务始末》卷四五，页十七。

即农民"得以暖不号寒，丰不啼饥，而可以卒岁者，十室之中无二三焉"①。
战后，情形尤为严重，农民除了沉重的赋税和由于银钱比价差额所造成的暗增
之赋外，还要遭受种种浮勒，如江苏就利用"催科之术"，"以帮费为名，捐款
为词，假手书役，任意浮收。甚至每米一石，收米至三石内外，折钱至十千上
下；每银一两收钱至四五千文"②。浙江又有"截串之法"，即"上忙而预征下
忙之税，今年而预截明年之串"③。

　　必须指明，这种浮勒，一般绅富不仅不受影响，还可从中取利，如江苏，
"向来完漕，绅富谓之大户，庶民谓之小户。以大户之短交，取偿于小户。于是
刁劣绅衿，挟制官吏，索取白规。大户包揽小户，小户附托大户，又有包户之
名。以致畸轻畸重，众怨沸腾"④。相反的情况是，农民如果不接受这种浮勒，
就要遭到官吏的迫害。道光二十三年，耆英曾叙述过江苏勒征的情形说："设有
不遵浮勒之人，书役则以惩一儆百为词，怂恿本官，或指为包揽，或指为交；
甚或捏造事端，勾串棍徒，凭空讦告，将不遵浮勒之人，横加摧辱。"⑤咸丰元
年曾国藩陈述了更多一些地方的惨状说："州县竭全力以催科犹恐不给，往往委
员佐之，吏役四出，昼夜追比，鞭扑满堂，血肉狼藉。"⑥严刑之下浮勒可能满
足，正税往往积欠，在《石渠余纪》中记载道光二十一、二十二、二十五、二
十九各年各省地丁实征数都不足额征数。正税与浮勒像两条鞭子一样，交替抽
打着农民，迫使其离开土地，即使富庶如苏松，也"竟有以所得不敷完纳钱漕，
弃田不顾者"⑦。

　　（三）人祸不已，天灾频仍。十九世纪四五十年代，国内遇到极大的灾荒，
灾区面广，灾情严重，灾种也多。据《东华续录》的记载，从1841—1849年间，
几乎每年都有灾情，灾区几遍全国，种类包括水、旱、雹、蝗、风、疫、地震、
歉收。其中道光二十七年河南的两次水灾和一次旱灾，二十九年浙江、安徽、
湖北等省的大水灾，都是灾区宽广，灾情异常，灾民颠沛流离的大灾，农民生
计无存。

　　由于上述几点原因，大批农民被剥夺了土地，沦为流浪者。他们或则涌进

① 贺长龄：《皇朝经世文编》卷三九，户政。
② 道光二十三年耆英折，见《史料旬刊》第 35 期，地 291-293。
③ 曾国藩：《备陈民间疾苦疏》，见《曾文正公奏稿》卷一。
④《东华续录》道光五四。
⑤ 道光二十三年者耆英折，见《史料旬刊》35 期，地 291-293。
⑥ 曾国藩：《备陈民间疾苦疏》，见《曾文正公奏稿》卷一。
⑦ 道光二十三年者耆英折，见《史料旬刊》第 35 期，地 291-293。

城镇去讨生活，一些中小城市也未能免，如福建的延、建、邵三府，本不是什么大城市，到了四十年代末也出现了"外乡游民麕集，佣趁工作"的现实；或则参加反抗行列去求生路。各地普遍发生的抗粮斗争在一定程度上反映了这个问题。农民的大批离乡，当时商品经济的某些发展和货币地租的流行，为土地兼并提供了可能。

其次，十九世纪四五十年代，由于外国经济势力冲击了中国的自然经济状态，使农产品的商品化日趋明显。它意味着农民已经不只为自己一家人生产生活必需品，而是把自己的生产和市场逐渐联系起来，为市场交换而生产，把农产品卷入到商品经济的潮流中去。这种现象在沿海地区表现得较为明显，如棉茶丝等经济作物在战后更加商品化，福建农民在种植一般农作物之外，还生产一定数量的蔗糖，春天时，农民"把糖运到最近一个海口去卖给商人，商人则在东南季候风的时节，把糖运到天津或其他北部港口去。至于拖欠农民的糖价，一部分用货币支付，一部分则用带来的北方棉花来归还"①。这个记载表明农民已经划出一定土地种植甘蔗，并利用甘蔗原料进行为供应市场交换的手工劳动，制成商品——糖。商人则通过两种农产品把两个遥远地区联结起来。近代思想家王韬曾在其所著《瀛壖杂志》中记载上海、闽、广的木棉交易情形说：

> 沪人生计在木棉，贩输远及数省，且至泰西各国矣。在沪业农者罕见种稻。自散种以及成布，男播女织，其辛勤倍于禾稼而利亦赢。

> 粤则从汕头，闽则从台湾，运糖至沪，所售动以数百万金，于沪则收买木棉载回。

葛元煦的《沪游杂记》中也有这类记载说：

> 松沪土产以棉花为大宗，村庄妇女咸织小布为养赡计。每日黎明，乡人担花挈布，入市投行，售卖者踵相接也。交冬棉花尤盛，行栈收买，堆积如山。②

王、葛二人所述开港后上海地区将农产品、手工业品和商品接连成链的发展情况正说明上海附近的木棉植区相当大，产品大部分上市，市场交换频繁，

---

① 1852 年 3 月密切尔报告书（严中平：《英国资产阶级纺织利益集团与两次鸦片战争史料》下，见《经济研究》1955 年第 2 期）。

② 《小方壶斋舆地丛钞》第九帙。

交换量亦大，并且有行栈一类的商业性机构收买。不仅沿海如此，内地也有类似情况，如道光二十二年左宗棠在《上贺蔗农书》中曾描述了安化农产品与商业资本的不可分的关系说：

> 安化土货之通商者，棕、桐、梅、竹而外，惟茶叶行销最钜，每年所入将及百万，一旦江湖道梗，则山西行商裹足不前，此间顿失岁计。有地之家不能交易以为生，待雇之人不能通工以觅食。今年崇阳小警，行商到此稍迟而此间已望之如岁矣。苟其一岁不至此，十数万人者能忍饥以待乎？①

由于经济作物的面积日增，粮食作物的面积自然日减，当时已有人做出估计，认为桑、棉、蔬、果、烟草、杂植等非粮食作物要占全部农田的"四之一"②，产量面积相应缩小，因此有些地方需要从外地采购粮食，如前述的湖南安化"民食半资宝庆、益阳"，湘阴地方"丰年犹需买谷接荒"③。随着商品化程度的日益加深，货币的作用日强，3000万两左右的地丁需用货币缴纳，额外勒收的帮费需要折银，商品的诱惑刺激了地主绅富对货币地租的贪欲，然而农民力田所得是米，所以要持米售钱、但又遇到"银贵钱贱"的厄运，而陷入米价苦贱，银价苦昂的困境。曾国藩在一篇奏疏中难以掩盖地陈述了这种困境说：

> 昔日两银换钱一千，则石米得银三两；今日两银换钱二千，则石米仅得银一两五钱；昔日卖米三斗输一亩之课而有余，今日卖米六斗输一亩之课而不足。④

从这段文字的背后可以看到，劳苦农民将肩挑更多米粮拖着沉重的步子到市场求售的悲惨图画。

第三，手工业生产日渐走向独立性劳动，主要表现在农业与家庭手工业的主副关系正起变化，如福建农民虽然仍是自己一家人来完成"自清、自纺、自织"的全部织工工序；但是他们已"很少光为自己家庭需要而生产"，他们已经能"为供给邻近城市与水上人口生产一定量的布匹"。他们已把织布当做季节活

---

① 左宗棠：《上贺蔗农先生》，见《左文襄公书牍》卷一。
② 汤纪尚：《食货盈缩论》，见《中国近代史资料丛刊·鸦片战争》第 4 册，页 689。
③ 左宗棠：《上贺蔗农先生》，见《左文襄公书牍》卷一。
④ 曾国藩：《备陈民间疾苦疏》，见《曾文正公奏稿》卷一。

动的主要劳作，而且已经不止动员自己的妻子儿女，乃至雇工在家从事纺织[1]。农民已不仅为交换而进行简单的商品生产，而且还和商业的关联日益密切。他们不仅把自己的手工制品当做商品卖给商人，还为商肆进行手工加工，王韬的《瀛壖杂志》中曾记称：

> 沪上袜肆甚多，而制袜独工，贫家子女多以缝袜为生活，敏者日可得百钱，每夕向肆中还筹取值，较之吾里擘垆，劳逸迥殊，女红自纺织以外专精刺绣。……所织之布则有小布、稀布，以丈尺之短长为别，其行远者为标布，关陕、齐鲁诸地，设局邑中广收之，贩运北方。[2]

这说明商业资本已在直接组织手工业生产了。在这种发展情况下，具备手工工厂规模的手工业也在恢复，以采矿业为例，战前虽已开始，并有较多数量矿工，容留了不少外来劳动者，但却受到种种限制，甚至被命令停闭。战后情况有较大变化，道光二十四年四月和六月先后两次谕令开矿，表示了官为经理、任民自为开采的态度，劝谕商民试行采办，并严厉禁止种种阻力。当年五月间开采了广西北流县铁矿，七月间又开采了广西恭城县铅矿[3]。手工业生产向独立性劳动途径迈进，对于自然经济的瓦解起了一定的冲击作用。

第四，商业活动的日趋频繁和发达。战前的商业已相当发达，曾出现所谓"四聚"的商业中心。战后原有的商业城市更加繁荣，如所谓"四聚"之一的北京，据道光二十五年刻印的《都门杂记》中所记称：

> 京师最尚繁华，市廛铺户装饰，富甲天下，如大栅栏、珠宝市、西河沿、琉璃厂之银楼缎号，以及茶叶铺、靴铺，皆雕梁画栋，金碧辉煌，令人目迷五色。至肉市、酒楼、饭馆，张灯列烛，猜拳行令，夜夜行宵，非他处所可及也。

《都门杂记》是当时专为商人服务而刻印的一种书，作者在例言中称："是书之作原为远省客商而设，暂时来京，耳目难以周知。故上自风俗下至饮食服用，以及游眺之所，必详细注明，以资采访。"[4]从这里也反映出当时北京商业

---

① 1852 年 3 月密切尔报告书（严中平：《英国资产阶级纺织利益集团与两次鸦片战争史料》下，见《经济研究》1955 年第 2 期）。

②《小方壶斋舆地丛钞》第九帙。

③《东华续录》道光四九、五二。

④ 杨静亭：《都门杂记》风俗、例言。

活动的频繁，所以才有为商人导游刻印专书的必要。

在旧商业城市更加繁荣的同时，新的商业城市也出现了。如上海，由于"道光间，中外互市"，而成为"通商总集"①，成为"南北转输，利溥中外"②的新型商业城市，而且还随之兴起了一批与商人有关的服务性行业，如客栈、饭馆、舞榭、歌台、秦楼、楚馆等等，供商人生活必需及游乐挥霍。城市居民也复杂起来了，不仅有"南闽、粤，北燕台、天津"，也有"出外洋，往各国"的商旅，因之，"轮船到埠，各栈友登舟接客，纷纷扰扰，同寓之人，亦五方杂处"。除了商人以外，上海还有许多粤东、宁波之人，靠在"船厂、货栈、轮舟、码头、洋商住宅……计工度日"。一批游手好闲的游民也到这里来讨生活，他们或则"遇事生风"来讹诈，或则"串诈乡民孤客，或乘局骗，或无债取偿"以取财③。随着城市居民成分的变化，城市风气亦有所变化，一般是趋向于奢靡。所谓"风俗日趋华靡，衣服僭侈，上下无别"，而"负贩之子，猝有所获，即御貂炫耀过市"，"衙署隶役，不着黑衣。近直与缙绅交际酒食，游戏征逐"，而缙绅先生也竟然肯纡尊降贵和负贩之子与衙署隶役来往，而"恬不为怪"④，更不为一般人所习惯。但是这一变化却表明，旧的上下有别的封建等级关系，已在开始破坏。

商业活动的范围也日益宽广了。道光二十三年耆英在奏折中说："查闽、粤、江、浙等省商民，每多出入海口，贩运土产，上至盛京，下至广州，往来贸易，其所运货物除茶叶、湖丝、绸缎外，均非西洋各国所需。"⑤沿海地区通过贸迁有无似乎已经形成一个全海岸线进行商业活动的市场，甚至扩大到内地，如湖北的棉花原来只销本省和川滇等省，自开埠以后洋商争来采购而与沿海发生联系⑥。

市场范围的扩大推动了商业的进一步发展，使人们与商业的关系也进一步密切起来，人们价值观的变化更为明显。有些人已经靠商业发家致富，如沪之巨富不以积粟为富，最豪者一家有海舶大小数十艘，驶至关东，贩油、酒、豆饼等货，每岁往返三四次⑦。有些人已单纯依靠商业或为商业服务为生，道光

---

① 葛元煦：《沪游杂记》。

② 王韬：《瀛壖杂志》，见《小方壶斋舆地丛钞》第九帙。

③ 葛元煦：《沪游杂记》。

④ 王韬：《瀛壖杂志》，见《小方壶斋舆地丛钞》第九帙。

⑤ 《道光朝筹办夷务始末》卷六七，页四四、四五。

⑥ 《湖北通志》卷二四，物产三。

⑦ 王韬：《瀛壖杂志》，见《小方壶斋舆地丛钞》第九帙。

二十一年浙江沿海封港三月，就"商贾不通"，停止了商业活动，于是"本省之货物，日久停滞，朽蠹堪虞。他省之货物，日渐缺乏，腾贵滋甚，商民已属交困"，至于沿海那些原"以起运客货为业，全赖商贩往来，方获微资糊口"的"挑抬货物之脚夫"以及一些舵工、水手、渔夫等不下数万人，也因封港而"悉皆失业，数月之后，坐食山空，饥寒交迫"①。由于商业活动频繁，风险变化也很大，黄式权的《淞南梦影录》记载了上海商人发财与破产的变化说：

> 海上为通商口岸第一区，花天酒地，比户笙箫，不数二十四桥月明如水也。其间白手起家者固属不少，而挟厚资，开钜号，金银珠玉，视等泥沙，不转瞬而百结鹑衣，呼号风雪中，被街子呵斥者亦复良多。②

商业的这种发展，对当时社会经济的作用是使生产愈益从属于交换价值。这就是说，商业的发展，既吸收了农民更多地进行手工业生产，而使农业与手工业相结合的关系有渐渐分离的变化；同时，也刺激了土地所有者对工业品的贪欲，而向农民榨取更多的货币地租。归根结底，二者得到同一结果，即自然经济在日益瓦解，新的经济因素在日益增长，从而给封建社会带来了撼动的危机。

三

当然，近代历史转型期所发生的巨变，不止是上面论述的社会经济方面，他如在政权体制上酝酿建立适应中外关系机构，终于在六十年代初正式建立总理各国事务衙门和同文馆等；在社会思潮方面由于鸦片战争的炮声惊醒了以林则徐、魏源为代表的知识者对现实要求改革的朦胧想法已经渐渐清晰起来。对外开放，要求改变封闭落后的思想形成为一股强而有力的社会思潮，于是人们开始探求新知，著书立说，林则徐的《四洲志》和魏源的《海国图志》是两部开端著作。这两部书都是为了了解西方的政治经济情况，尤其是为了了解和学习西方的先进科学技术，以便采取对策而编写的。接着，姚莹的《康輶纪行》、梁廷枏的《海国四说》、徐继畬的《瀛寰志略》等书，相继问世。这些著作都对西方资本主义国家的技艺和民主政治等方面，进行了较为深刻的阐述和探讨，以求外御强寇，内事改革，改变国家的落后状态。在阶级关系上也出现了新的

---

① 《道光朝筹办夷务始末》卷四〇，页三三、三四。

② 黄式权：《淞南梦影录》，见《小方壶斋舆地丛钞》第九帙。

形势，那就是官民夷关系的变化，当时的形势是："民犯夷则唯恐纵民以怒夷，夷犯民则又将报民以媚夷，地方官员知有夷不知有民。"[①]他们之间的矛盾突出地表现在反知府斗争、反进城斗争等大规模抗争上。与此同时，以反抗剥削与压迫为目的的抗争也在全国各地普遍爆发，根据《东华续录》的记载，十九世纪四五十年代，几乎连年都有这种性质的反抗活动。这些方方面面的反响决非一篇文章所能包容，本文只是选择社会经济变化的这个侧面来论证在中国近代史研究中应该跳出原来的构架，多深入研究些转型期的各方面问题，以扩大中国近代史的研究视野。

原载于《福建论坛》（人文社会科学版）2001 年第 5 期

---

① 《广东夷务事宜》，见《中国近代史资料丛刊·鸦片战争》第 3 册，页 361。

关于中国近代秘密社会史的研究

一、深入进行中国近代秘密社会史的个案研究

中国近代秘密社会中有无数的结社名目。鸦片战争前，黄爵滋在其所上《敬陈六事疏》中，曾列举过一些名目说：

> 以臣所闻，直隶、山东、山西之教匪，河南之捻匪，四川之蛔匪，江北之盐枭，江西、福建之担匪、刀匪及随地所有不著名目之棍匪、窃匪。①

随着历史的进入近代，内外交困的社会向秘密社会驱赶着更多的群众，会党名目日益繁多，特别是沿海省份更为明显，咸丰三年任闽浙总督的王懿德曾概述福建一地的各种会党说：

> 闽省上下游会匪有红钱会、闹公会、小刀会、江湖会、红会、花会、烧纸、坐台、铁板令、草鞋令、过江龙各色名目，名异实同，纠连江西、福建诸匪，自道光二十一年以来，上下朦饰，遂成厝火积薪之势。②

及至光绪晚期，会党组织遍布全国，官方文献屡有记载，如湖南之"会匪充斥"，湖北之"会匪开立山堂……纠结夥党，多者竟至数万"，安徽之"会匪啸聚成群"。聚众结盟的记载已俯拾皆是。蔡少卿教授曾统计：清末秘密结社的名目有二百多种。中国第一历史档案馆所藏秘密结社档案就有 156 个名目。实际上，中国近代秘密社会中秘密结社的名目远不止此。所有秘密结社在近代社会中都或多或少、或明或暗地留下了自己的踪迹。秘密结社的组织及其活动构成了中国近代秘密社会史的主要内容，但是，过去除了对个别影响大，声势广，啧啧人口的组织曾有一些专门著述和资料汇编外，对秘密社会中更多的组织及

---

① 见《黄少司寇奏议》卷五。
② 王家勤：《王靖公年谱》。

其活动却缺乏足够的个案研究。

我所说的个案研究包括两方面的内容：

一是对秘密结社本身的个案研究。从已有的成果看，研究者多侧重于对白莲教、天地会、哥老会等著名的大型结社，而对较小的地方性组织和某些著名结社的支脉派别则较少展开，即使对白莲教、天地会、哥老会等也偏于宏观性地概括，而对若干具体情节的分析评论和对其本身文献的准确理解与诠释则尚嫌不足。如白莲教是流传于黄河以北地区，凭借宗教信仰，组织群众，进行反清斗争的一个有较长历史的秘密结社，对它的活动方式、教义教旨、会众成分都已有所研究，但对它如何从湖北开始活动，逐渐伸张势力于河南，形成白莲教聚会中心，然后向皖北、淮北、山东、直隶、山西各地发展的轨迹及社会背景的联系等方面，则有待深入探讨，而对其支派闻香教、八卦教（天理教）、神拳教、在礼教以及其他种种名目的支脉更少见专论。天地会是研究成果较多，问题探讨较深的一个秘密结社；但对它的创立年代，说法尚有不一；对其内部的教义、教规、仪式、组织成分等的解释与论述，虽取得一定成绩，但也尚存异说；有些文献尚待诠释考证，如《海底》一书所收天地会隐语的解释，这些隐语是否收全，它与江湖黑话和行业春点有无关系等等都值得加以探讨。

二是对一定地域一定时期的横向个案研究。近代秘密社会的重要特点是名目多、复盖面广，而且往往随着社会的重大变动而有所消长。福建、广东、湖北、四川、山东等地秘密结社的名目众多，活动声势浩大。它们既具有全国共有的共性，也由于地域和时期的较大差异而各具特色，因而对于这种个案研究应是一个重要方面。四川的主要秘密结社哥老会很具地方特性，据《汉留史》（民国二十四年排印本）的作者刘师亮统计，从清嘉庆十五年（1810）到宣统三年（1911）的百余年间，哥老会共开山头 36 个，四川即占 16 个，全省所设"公口"（接待站）达数百个，声势浩大，承担着近代社会反帝反封建的双重任务（1898年大足余栋臣的反洋教斗争即为哥老会所发动），过去有些学者对同盟会与会党的关系进行过有效的研究。这方面的个案研究经验颇可借鉴。五口通商打破了广州一口贸易的局面，原在粤湘大道上依靠对外贸易为生的失业劳动者"不下十万人"[1]。大部分输送进会党队伍，因此对通埠后的湖广地区的秘密结社应进行具体的个案研究。又在几省交错处，一般形成几省不管的三角地区，如川、楚、陕交界的棚民组织的活动，早已引起清朝一位政论家严如熤的注意。他在

---

[1] 容闳：《西学东渐记》页 54 。

所著《三省边防备览》和《三省山内风土杂识》中就专以"抚辑流民"立言，记述三省老林棚民的生活状况，其中就涉及哥老会的活动。这些易于孳生秘密结社的省际交错区是很值得进行个案研究的对象。

二、开展秘密结社与近代革命运动关系的主体性研究

中国近代的秘密结社主要分为教与会。二者与近代革命运动的关系，会重于教。从近代历次革命运动考察，可以说无一不与天地会系统各派秘密结社有关。刚刚进入近代的道光二十一年湖北崇阳的钟人杰起义、道光二十四年台湾嘉义的洪协起义和湖南耒阳的阳大鹏起义都是对历史进入近代所出现的畸形变动的重大反响。在太平天国革命前夕，道光二十七年湖南新宁的雷再浩起义、二十九年的李沅发起义都与天地会有关。他们和零星不断的大小起义都是太平天国革命爆发的社会条件之一，也是太平天国革命迅速发展和推进的一个重要因素之一。太平天国革命时期上海刘丽川的小刀会起义、佛山陈开李文茂起义也都对太平天国政权起到声援革命，牵制敌人的作用。十九世纪末，秘密结社进入了新的历史时期，各地反洋教斗争迭起，南有大足余栋臣起义、北有义和拳抗洋，都证明秘密结社在新的历史时期丰富了自己的战斗内容，与近代革命运动发挥了同步作用。关于这些活动都有一定的研究成果，但有些活动则还未能全面地有所论述，如钟人杰起义是近代之始的一件大事，但对整个事件的全貌尚为缺项。估计还有一些声名不显的秘密结社的本身事迹及其与革命运动的关系方面尚待发掘研究。有些问题开始并没有确切的认识，在问题的研究中发现秘密结社对革命运动的重要作用，如十九世纪末二十世纪初的广西人民大起义，在中国近代史教学中列有条目，而未能展开。经过我的研究，这次大起义前后经过几近十年，以广西为中心而影响及于云、贵、湘、粤四省，清政府用兵数十万，糜款近四百万两。这次起义鼓舞了资产阶级民主革命的勃兴，预示着清政府的行将崩溃。从所搜集到的史料中发现这次起义是一次以会党为组织核心，以农民士兵为中心的一次大起义。这不仅看到近代秘密结社的声势和威力，也了解到若干有关会党的细节，如名称、成员、仪式、隐语等等，进而寻求到民主革命派孙中山、章太炎等对这次起义的评论，以及这次起义与华兴会起义、1907 年防城与镇南关起事、1908 年河口之役的密切关系，尤其是后两次举兵活动，广西大起义中的领袖之一王和顺直接参与了策划和行动。这就比较完整地说明了秘密结社与近代革命运动的关系。会党与辛亥革命的关系，研究

较多，成果亦丰；但是，所有这方面的研究大都是从革命运动这一侧面立论而旁及于秘密结社，秘密结社并未能处于主体而详尽地论述其与革命运动的关系。从研究中国近代秘密社会史角度着眼，我认为应考虑四点：

1. 以秘密结社为主体，从秘密结社的诸种活动为出发点，论述一时期、一地域、一流派的全部完整情况，并以此为基础来完成秘密社会史总体结构的研究。

2. 对已知的秘密结社的不完整部分，深入搜求，达到基本反映全貌。

3. 对未知的秘密结社，应从已有线索，顺藤摸瓜，尽量发掘史料，填补空白缺项。

4. 对秘密结社与革命运动的关系应从描述秘密结社对革命运动的声援、支持等宏观评论基础上，作出二者在教旨与政纲的关系、成员占有的比重、秘密结社在革命运动中的具体作用以及革命运动对秘密结社本身发展的反弹作用等方面的微观性研究。

三、近代秘密社会史的史源开发

从已有的近代秘密社会史的研究成果分析，其史源大致可划分为秘密结社本身文献、当时的文献记述资料和有关研究性专著。

1. 本身文献：如白莲教的宝卷资料，宝卷系唐、五代寺院中俗讲"讲唱经文"及演唱佛经故事的变文，中经宋代的"说经"，杂糅进摩尼教经典，并受鼓词、诸宫调、散曲、杂剧形式影响而成者。明清以来即被白莲教、红阳教等用作经典。这些文献曾被嘉道时人黄育楩所著《破邪详辨》所挞伐。黄氏采用摘引语句，逐条批驳的形式，历时七年，先后四次续写，为后世保留了可资研究秘密教门的本身文献资料。关于天地会的本身文献资料多参用《海底》一书。《海底》载天地会历史、宗旨、仪式、口号、隐语等。萧一山的《近代秘密社会史料》纂集了与天地会有关的文献。1983年由中国第一历史档案馆与人民大学清史研究所合编的《天地会》四册百余万字的档案资料为这方面的研究提供了丰富的史源。

2. 当时的文献记述：一种是官方记载，如实录和东华录等等，虽有全国性的宏观概括，但记载不甚详备。官方档案是这类文献的重要源头，仅中国第一历史档案馆所藏军机处档案中就立有秘密结社专项，共收156种教与会的档案，而数量较多的则为白莲教、八卦教、天地会。他如宫中档案的谕旨中有涉及镇压会党的文献。二是私人文录，凡参与过镇压秘密结社的人物，其文集与政书中多有这类记述,如曾国藩、丁宝桢、张之洞等人的奏议中都有所涉及。

3. 研究专著:秘密社会史的专门性研究著作不是很多,但一直是中外学者所关注的领域,经常被人征引的有:刘师亮的《汉留史》、陶成章的《教会源流考》、萧一山的《天地会起源考》和日人平山周的《中国秘密社会史》等。另外还有一些个人的回忆录及专门性论文等。近十年来,出版了一些更高质量的专著,如蔡少卿教授所著《中国近代会党史研究》和《中国秘密社会》;中年学者周育民、邵雍二同志合著的《中国帮会史》。另外还有一些研究性的专门论文和个人回忆录。

过去研究工作的史料依据和基本参考大体不出上述范围。有些重要史源虽有开始使用者,但尚不普遍,有待进一步开发。开发史源是史学研究者应随时随地加以重视的问题。以旧有史料进行论述固然需要,但终究缺乏新鲜感觉。随着问题点面研究的深入和拓展,有些问题已非习见的旧有材料所能论证解决,因而史源的探求与发掘更日见其重要与迫切。在近代秘密社会史的研究中,我认为至少有两种史源尚有较大的开发余地,即地方志与年谱。

地方志是我国一座丰富的信息库。旧志将近万种,约占古籍的十分之一,新编地方志问世者已近千种。过去曾被一些论著所采摘,但相对来说远远不足。我曾翻检过近百种广西地方志,基本上获知光绪二十三年至三十一年间广西会党活动的全貌,在湖南的若干种县志中都记有雷再浩、李沅发的事迹。其他各省志书也有大量蕴藏,设能如《湖南地方志中的太平天国史料》一书那样,分省纂集专题汇编,迟以数年,汇合成全国性专题类编,不仅宝藏得以开发,研究者有所获益,而中国近代秘密社会史之撰著将更有坚实基础。

另一重要史源是年谱,据所知见,近代年谱数量几近千种。过去少为人所注意,实则凡曾任地方官员及参与镇压活动者的年谱中,有的有记事可据,有的有线索可寻,如周之琦、裕泰、王懿德等人的年谱均记有秘密结社的活动。特别如秘密结社活动家李光炘(1808—1885)的《李龙川年谱》(北京图书馆藏抄本),除记谱主的秘密结社活动外,还涉及太谷学派和黄崖教案等。

清人文集、杂著、笔记中也有一些可资参证的资料,可备采择。

广事搜寻、多辟史源对中国近代秘密社会史的研究与撰述专著实有裨益。

原载于《漳州师院学报》1995 年第 1 期

鸦片战争前清政府的"禁烟问题"

一、鸦片战争前清政府"禁烟"简况

鸦片自明以来，就以药材纳税入口。明万历十七年（1589），"定阿片每十斤税银二钱，是为中国征税之始"[①]。万历四十三年（1615），又改订为"每十斤税银一钱七分三厘"[②]。入清后，鸦片仍列入税则。康熙二十三年（1684），海禁开放后，鸦片即列入药材项下，"每斤征税银三分"[③]。鸦片在清初尚有其一定的合法地位。

清政府于雍正九年（1731）始正式禁烟[④]，对"兴贩鸦片烟""私开鸦片烟馆"和与此有关的从犯以及借端需索的兵役、失察之官吏均有严厉的罚则，而未及吸食者的罪名。但是，实际推行尚非如此。即如"开馆应拟绞律，律例早有明条，而历年未闻绞过一人，办过一案"[⑤]。同时又因明令只禁"贩""售"，未禁入口，故直至乾隆前，海关则例药材项下仍订有鸦片税银[⑥]。因之，雍正九年的禁令仅标志清政府"禁烟"的一个开始而已。

乾隆年间，仍有禁令[⑦]。但至末年时，"闽粤吸食渐多"，虽经广东地方疆吏请禁入口，而其结果则"官吏奉行有名无实"[⑧]。同时，税额依然存在，证

---

① 张燮：《东西洋考》卷七，陆饷。

② 张燮：《东西洋考》卷七，陆饷。

③ 道光十八年七月辛丑两江总督陶澍奏，见《道光朝筹办夷务始末》（以下简称《始末》）卷四，页一。

④ 李圭《鸦片事略》卷上页三称："雍正中禁烟"；刘锦藻《清朝续文献通考》征榷考二三·洋药类称："雍正七年曾布禁令"。以后有些著作均依此说。本文据《光绪大清会典事例》卷八二八，刑部·刑律杂犯：定烟禁为雍正九年。

⑤ 林则徐：《钱票无甚关碍宜重禁吃烟以杜弊源片》，见《林文忠公政书》乙集《湖广奏稿》卷五。

⑥ 道光十六年四月己卯太常寺少卿许乃济奏，见《始末》卷一，页六；道光十六年九月壬午邓廷桢等奏，见《始末》卷一，页九；道光十六年十月甲寅江南道御史袁玉麟奏，见《始末》卷一，页十三；均载有鸦片税银数目。

⑦《英人强卖鸦片记》，见《鸦片战争》（中国近代史资料丛刊，以下简称《鸦片战争》）VI，第269页。

⑧ 王之春：《国朝柔远记》卷七。

明鸦片尚具合法地位。

嘉庆以后，继续禁烟。元年（1796），"因嗜者日众，始禁其入口"[①]。结果，"趸船在黄埔者，改泊澳门或急水门，而私销如故"[②]。四年（1799），两广总督吉庆奏请"不许贩卖，犯者拟罪，递加至徒流环首"，是"立法不为不严"[③]。十五年（1810）三月，因在北京广安门盘获携带鸦片进城之杨姓烟犯而重申禁令：一方面对购食者"严密访查"，另一方面又着闽粤督抚关差查禁，"断其来源"[④]。十六年（1811），两广总督松筠曾通告外商，详述鸦片之为害，要求他们转告其本国政府"严禁贩此毒货"[⑤]。十八年（1813），定官吏兵弁及人民吸食鸦片治罪则例[⑥]。二十年（1815）三月，根据两广总督蒋攸铦所奏《查禁鸦片烟章程》，规定外船至澳门时，"按船查验，杜其来源"，并确定了官吏禁烟的奖惩办法[⑦]。

道光时，烟禁益严。元年（1821），即据两广总督阮元"申明鸦片事例"之奏请而重申禁令。凡洋船至粤先令行商出具无鸦片之甘结方准开舱验货，如有夹带即将行商照例治罪[⑧]；同年，又有"开馆者议绞，贩卖者充军，吸食者杖徒"的规定[⑨]。似烟禁较前为严。但实际上这种杜绝来源的办法只不过是使公开贩烟改为暗中偷运，陆地来往改为水上贸易而已。因此，自道光以后，鸦片即在零丁洋进行偷贩。零丁洋是在广东海面蛟门之外、老万山之内的洋面，其地水路四达，"凡福建、江浙、天津之泛外海者"，都能"就地交兑"。因之，鸦

① 《夷艘入寇记》，《鸦片战争》（中国近代史资料丛刊，下同）Ⅵ，第 105 页。

② 王之春：《国朝柔远记》卷七。

③ 道光十六年九月壬午邓廷桢等奏，见《始末》卷一，页六。

④ 《东华续录》嘉庆二十九，页六。

⑤ 两广总督松筠奏报澳门夷情札》，嘉庆十六年五月十三日，见《清代外交史料》嘉庆朝三，页四二至四三。

⑥ 《光绪大清会典事例》卷八二八，刑部·刑律杂犯·烟禁。

⑦ 嘉庆二十年三月己酉上谕，见《东华续录》嘉庆二九，页五；《清代外交史料》嘉庆朝四，页二八至三〇；刘锦藻：《清朝续文献通考》卷五三，《征榷考》二五，将此事列于嘉庆元年条下，而于嘉庆二十年又重出。按《清史稿》《疆臣年表》三，元年任两广总督者先后有春龄、朱珪、吉庆。蒋攸铦任粤督在十六年，刘考列于元年条，显系有误。

⑧ 《清代外交史料》道光朝一，页十。另《钦定户部则例》卷四一，关税四载有查禁夷船夹带鸦片烟之则例可参阅。

⑨ 李圭：《鸦片事略》卷上，页四。

片"销数之畅如故也"①。并且零丁洋上还形成了一套偷运组织:有终岁停泊收贮外船运来之鸦片的"趸船";有"勾通土棍,以开设钱店为名,其实暗中包售烟土"的"大窑口";有"包揽走漏之船",名曰"快蟹"、又称"扒龙"者;有包庇走私的"巡船";有负责内地分销的"小窑口"。因之,零丁洋已完全成为"藏垢纳污之所"②。而鸦片之偷运入口者,从此也逐年上增了。二年(1822)二月,贵州道监察御史黄中模以"洋商与外夷勾通贩卖鸦片烟,海关利其重税,遂为隐忍不发,以致鸦片烟流传甚广,耗财伤生"的理由,奏请令广东督抚密访海关监督"有无收受黑烟重税"③之事,清政府据此命广东督抚密访此事"据实奏闻,并通饬各省关隘一体严密查拿"④。当时兼署两广总督的粤抚嵩孚奏复称:"实无其事"⑤。不久,新任海关监督达三也在《遵旨查禁鸦片烟情形片》中矢口否认说:"实无丝毫征收鸦片重税之事。"⑥这类答复显然是用"查无实据"的手法因循敷衍,加以海关监督既不会自绝贿源,则皇帝实际上乃是鸦片的最大受贿者,因此,也就不再深究此事了。这样,鸦片仍然继续私运,输入数量仍然逐年增多。三年(1823)八月,清政府又颁布《失察鸦片烟条例》,规定地方官吏如对"夹带鸦片进口""奸民私种罂粟""煎熬烟膏"和"开设烟馆"等失察,则按"鸦片多寡"而予以处分⑦。十年(1830),鸦片危害已引起东南沿海疆吏和有关言官的重视,他们纷纷提出建议。正月间,粤督李鸿宾请"严禁分销,使其辗转偷卖之地,在在堵御"⑧。六月间,江南道监察御史邵正笏根据浙江种烟的严重情况,要求严禁种卖鸦片;清政府同意对种卖者"责成各地方官立即究明惩办",并拟妥议严禁章程⑨。不久,即规定了查禁内地行销鸦片章程⑩。十月,闽浙总督孙尔准又根据浙江种烟情况,提出严禁种卖鸦片的

---

① 夏燮:《中西纪事》卷四,页一(申报馆本)。按:零丁洋偷贩事,当时是中外公开的事实。许多中外记载中都肯定了这一事实。中国记载许乃济奏折(《始末》卷一,页二至三)、桂良奏折(《始末》卷三,页二○至二一)和《道光洋艘征抚记》中均涉及。西方记载如《英国蓝皮书》(《鸦片战争》Ⅱ,第658页)、《澳门新闻纸》(《鸦片战争》Ⅱ,第427页)和丹涅特:《美国对华的鸦片贸易》(《鸦片战争》Ⅱ,第299-300页)中也均有涉及。

② 道光十一年五月湖广监察御史冯赞勋奏折,见《清代外交史料》道光朝四,页五○至五一。

③《清代外交史料》道光朝一,页十四。

④《东华续录》道光朝五,页三;《清代外交史料》道光朝一,页十四至十五。

⑤《清代外交史料》道光朝一,页二二。

⑥《清代外交史料》道光朝一,页三三。

⑦《东华续录》道光八,页二。

⑧《清代外交史料》道光朝三,二三至二四。

⑨《清代外交史料》道光朝三,页三四。

⑩ 李圭:《鸦片事略》卷上。

要求①。这个要求经过刑吏兵等部会议而制定了严禁种卖鸦片章程②。十一年（1831），更严定"买食鸦片烟罪名"的条款③，并在全国许多省份调查鸦片销种情况，根据疆吏报告结果：未种有销的省份有山西、陕西、山东和贵州等省；只栽而未卖的省份有甘肃省；种卖均无的省份有热河、广西等省；既种且销的有四川、湖南、云南和广东等省；另有一种如河南省，一方面说："均无种卖"，一方面又说："奸民私种罂粟等花渔利，事所必有"，实际仍应属种烟省份④。同时，又令粤督李鸿宾等"确加查核"，"务将来源断绝，以净根株，勿令流入内地。以除后患"⑤。尽管经过这样一次雷厉风行、几乎遍于全国的查禁以后，鸦片的输入箱数却由十一年的 1600 余箱增至十二年的 2100 余箱。十四年（1834），虽是清朝严禁走私之年⑥，但是，尚有人在京师以二百四十金购买自粤中携来的鸦片百两⑦。十八年（1838），是鸦片战争前清政府禁烟最严而有不少行动的一年，也是黄爵滋建议严禁而道光帝倾向严禁的一年。这年，清政府进行了如下一些表明严禁的措施：

七月，将拿获之吸烟职官革职，贩卖人交刑部审讯；对"吸食鸦片""开设馆局"者，认真访拿。

八月，奖励湖北收缴烟具有功的地方官吏。

九月，庄亲王奕賷、辅国公溥喜因吸食鸦片革爵，太常寺少卿许乃济以主张弛禁降职；惩办了广东代买烟土犯。

十月，令闽浙各海口"加意查缉"，认真禁止。

十一月，严禁云南种植罂粟；惩办吸食鸦片的官吏；令奉天一带"密速查拿，从严惩办"兴贩者；特派林则徐赴粤查办以清弊源⑧。

十九年（1839）五月，又颁发《钦定严禁鸦片烟条例》三十九条。这一条例是经亲王大臣会议，由穆彰阿参与拟定的一个繁复条文。这一条例表面上条文周密，刑罚很严，似乎可依此而禁绝，但实际上并非如此。当时官吏已有对条例指责的，如陈光亨在《请酌议新定严禁鸦片章程疏》中就说："现在各衙门

---

① 《清代外交史料》道光朝三，页四六至四七。
② 《清代外交史料》道光朝四，页十四至十五。
③ 道光十一年六月丙申谕，见《清宣宗实录》卷一九一，页一至二。
④ 参阅《清宣宗实录》道光十一年各地方疆吏有关查禁鸦片的奏折。
⑤ 《东华续录》道光二三，页七。
⑥ 《东华续录》道光二九，页四。
⑦ 雷瑨：《蓉城闲话》，见《鸦片战争》Ⅰ，第 317 页。
⑧ 参阅《东华续录》道光六，《宣宗实录》道光十八年。

刊本告成，臣因得悉心观览，通计三十九条，可云纤悉具备。但分而观之，法制固为周详，合而考之，彼此间有抵牾"；并且，他还指出了具体抵牾各条，即如第十条称："吸食鸦片之案，止准地方员弁访拿究办，不许旁人讦告"。陈光亨认为："夫里巷小民，识见迂拘，以为讦告则有干例禁，不举则大恐获谴，此将何所适从乎？"[①]实际上，这一条例"等于保证官吏有权贪污，鸦片瘾者有权吸食"[②]，因之，这一条例依然是一纸具文，不会发生任何效力，反为官吏增一勒索依据。虽然如此，但它毕竟还应被认为是清朝前此百余年来禁烟法规的大成。二十年（1840）十月，清政府又颁上谕称：

> 上年颁发新定章程，严立科条，宽予期限，务使吾民涤除恶习。永绝根株。惟自定例以来，各省大吏，奏报拿获烟犯，所在多有。薄海内外，必已父戒其子，兄勉其弟，咸知畏法自新。……[③]

这一上谕无异是表明清政府已经满意于其所推行的新则例而自有弛禁之意了。

二、鸦片战争前清政府"禁烟"失败的原因

清政府自雍正九年（1731）颁布禁烟令起到道光十九年（1839）颁布禁烟条例三十九条止，中间经过一百余年，颁布过若干项禁令，也有过几次似乎要彻底"禁烟"的举动。但是，鸦片的输入量却在迅速地增加着，从较早的二百箱增加到鸦片战争前夕的四万余箱。鸦片愈禁愈多，究竟是什么原因呢？

（一）英美侵略者的破坏

英国自"产业革命"以后，资本主义得到进一步的发展。英国既是资本主义国家，也就如列宁所指出那样：

> 资本主义只是那超出国家界限的广大发展了的商品流通底结果。因此，没有国外贸易是不能想像资本主义国家的，并且的确也没有这样的国

---

① 陈光亨：《养和堂遗集》卷一。
② 范文澜：《中国近代史》，第 2 页。
③ 道光二十年十月己卯谕，见《清宣宗实录》卷三四〇，页十九。

家。①

这便决定了英国必然图谋向外积极扩张，必然要在像中国这样的国家开辟市场。因此，鸦片战争前英国始终居于对华贸易的首位，即以到广州的外船数来看：1751 年外船到黄埔的总数是 18 艘，其中英船占 9 艘；1789 年，外船到黄埔的总数是 86 艘，其中英船 61 艘②。但当时中国还是"以自给自足的自然经济占主要地位。农民不但生产自己需要的农产品，而且生产自己需要的大部分手工业品"③。因此，清政府在对外贸易的问题上所表示的态度是："天朝物产丰盈，无所不有，原不假外夷货物以通有无"④。而中国的丝茶等物却为英国所需，所以直至十九世纪前半，中国总是居于有利的出超地位。据中文记载：道光六年至八年（1826—1828）的岁出入额是："道光六年进口货价银 6884700 余两，出口货价银 7321900 余两；七年，进口货价银 5810500 余两，出口货价银 7885800 余两；八年，进口货价银 8828700 余两。出口货价银 10498300 余两。"⑤

英国既然需要中国产品。就不得不以现银来购买，因此便造成从 1708 年至 1712 年英国每年对华输出现银五万镑的事实⑥。这正是马克思所说："1830 年以前，由于中国在贸易方面一直是出超的，所以白银不断地从印度、英国和美国输入中国"⑦的情形。这样便促使英国必须寻找一种能改变这种与己不利局面的消费品。十八世纪以后，它终于肯定了鸦片是对华侵略的有效手段。于是，英国政府和资本家们便不惜采用贿赂和偷运等卑鄙无耻的手段，大量地向中国偷运鸦片，企图挽救自己的贸易逆差。

鸦片贸易的大规模发展，对英国有着很重要的关系，英国一方面从鸦片贩卖的本身直接赚钱，"东印度公司在鸦片战争以前半世纪内，从事对华鸦片贸易为数达五亿元，百分之六十是利润"⑧。英印政府以各种税收形式向鸦片征税而成为其统治机构的主要财源之一⑨。马克思在《鸦片贸易（第二篇）》一文中

---

① 列宁：《俄国资本主义底发展》，人民出版社 1953 年版，第 35 页。
② 马士：《中华帝国对外关系史》（中译本）第 1 卷，第 92-93 页
③《毛泽东选集》第 2 卷，第 6-8 页。
④ 乾隆五十八年《敕谕英国王书》，见刘锦藻：《皇朝续文献通考》卷五七，《市粜考》二，市舶互市。
⑤《清代外交史料》道光朝三，页十一。
⑥ 千家驹：《东印度公司的解散与鸦片战争》，《清华学报》第 37 卷，第 9，10 期。
⑦《马克思恩格斯论中国》，人民出版社 1957 年版，第 23 页。
⑧ 孟禄：《中国的演进》，第 131 页，引自卿汝楫：《美国侵华史》第 1 卷，第 44 页。
⑨ 参阅《澳门新闻纸》，《鸦片战争》Ⅱ，第 439 页。

已指出随着鸦片输华的增多，"它在这种非法贸易中的财政利益却愈来愈加重要"①，所以英国议院中讨论鸦片问题的结论是："放弃这一个重要的税源是不妥当的。"②1839 年 12 月 3 日，《澳门新闻纸》也说出鸦片是印度重要税源的事实，认为"现在印度地方，此鸦片之税饷国家实在难去"，"若去此税饷，又难寻别款以抵鸦片税饷之额数"③；另一方面又由于"印度对英国制造品相当大量的需求，乃是依靠于在印度生产那种鸦片"④的缘故。鸦片间接促进了中国市场对英国货的消费。这种事实，连当时稍通外务的中国人也已经深刻地感受到，如曾在福建一带任官并曾开始探求西方知识的徐继畬在其所著的《禁鸦片论》中说："孟加拉岁得税银五百万，孟迈岁得二百余万，皆鸦片之利。其鸦片售之于中国者，常十之七八，是噗夷之剥我元气而富强其国者，专在是矣。"⑤还有一位不主张严禁鸦片的学者蒋湘南在其《与黄爵滋论鸦片书》中也不能不承认英国"大利全在鸦片，鸦片专卖中国之银"⑥。由此可见英国对华进行"鸦片贸易"的重要了。1830 年以后，英国竟然靠着这种不道德的贸易，而使自己居于对华贸易出超的有利地位。因此可以说："印度是英国资产阶级建立殖民地帝国的生命线，而对华鸦片走私则是这生命线的生命线。"⑦

既然如此，英国势必要想尽各种方法来破坏清政府的"禁烟"以维持自己的非法贸易。它的破坏手段主要是：

第一，它积极鼓励鸦片的生产和外销。马克思曾经具体地描写了这种活动说：

> 它以印度政府的资格却又强迫孟加拉省种植鸦片。使该省的生产力受到极大的损害；它强迫一部分印度农民种植鸦片，用垫款办法引诱另一部分农民也去种植，用严格垄断的办法操纵这种毒药的大规模制造，派遣大批的官方侦探来监视以下的全部过程：种植鸦片，把它交到指定地点，熬制得使其适合中国吸食者的口味，装入特别便于走私的箱中，最后运往加尔各答，由政府标价拍卖，把它从国家官吏手中移交给投机商人，然后转

---

① 《马克思恩格斯论中国》，人民出版社 1957 年版，第 85 页。
② 《英国蓝皮书》，见《鸦片战争》Ⅱ，第 644 页。
③ 《鸦片战争》Ⅱ，第 439 页。
④ 《马克思恩格斯论中国》，第 29 页。
⑤ 徐继畬：《退密斋文集》卷二。
⑥ 蒋湘南：《七经楼文钞》卷四。
⑦ 卿汝楫：《美国侵华史》第 1 卷，第 44 页。

入走私商人的手中，运入中国。①

第二，它靠着"中国当局、海关职员和满清官吏"的贪污行为而偷运鸦片。这种偷运虽然花费了一些贿赂，但是却可以不需要纳税，使鸦片贸易更加有利可图。它正如马克思所说："英国政府在印度的收入实际上不只依赖于对华的鸦片贸易，而且还依赖于这个贸易的偷运性质。"②这种偷运恰恰是经英国国会和最高当局准许的③。

第三，它更公然采取了直接破坏手段，如嘉庆二十二年（1817），清政府执行禁烟法令，要求搜船并令其立"不售鸦片"字据，东印度公司则通令各公私船只坚决拒绝，并认为如果公司船立字据的话，那么，"将来对于欧洲与中国之贸易恐发生恶果"；如果私人商船立字据，则"航务委员会便取消彼等之贸易特许权"④。1837 年 11 月，英国大鸦片贩子查顿竟然提出："目前惟一可行的办法，就是派遣更多的武装的欧洲船只到沿海去兜销。"次年更进而派军舰到广州示威⑤。最后，英国侵略者为了在中国推销毒品来满足资产阶级的利欲，竟不惜以武装进攻，挑起可耻的鸦片战争以破坏中国的"禁烟运动"。当然，没有鸦片问题，战争也还是会发生的。因为英国这样一个资本主义国家是不会允许这个"幅员广大""包含着差不多有三分之一的人类"的国家永远处在资本主义世界之外。它需要"按照自己的形象来为自己创造出一个世界"⑥。它需要在中国扩展自己的经济势力来奴役中国人民。

必须指出，与英国同时，美国侵略者也是禁烟的破坏者。美国到中国贩毒时间很早。嘉庆二十二年（1817）即曾有"带有鸦片烟坭"的美国船在香山县附近之老万山外洋停泊的事实⑦。道光元年（1821），粤督阮元的奏折中已把美国与英国、葡萄牙并列为当时对华输入鸦片的三大来源。并指出美国贩毒的凶恶远超其他两国之上，因为葡萄牙只是"回帆夹带鸦片，回粤偷销"；英国只是"水手人等私置，而公司船主尚不敢自带"；美国则不然，"竟系船主自带鸦片来粤"⑧。美国人的著作中也承认这一点说："美国人很早就参加了鸦片贸易。他

---

① 《马克思恩格斯论中国》，人民出版社 1957 年版，第 87 页。

② 《马克思思格斯论中国》，第 87 页。

③ 《英国蓝皮书》，见《鸦片战争》Ⅱ，第 643-644 页。

④ 参阅范文澜：《中国近代史》，第 6 页。

⑤ 丁名楠：《帝国主义侵华史》第 1 卷，科学出版社 1958 年版，第 20-21 页。

⑥ 《共产党宣言》，人民出版社 1949 年版，第 37 页。

⑦ 《清代外交史料》嘉庆朝六，页四三。

⑧ 《清代外交史料》道光朝一，页十。

们从土耳其和印度将烟土运到中国。"不过，当时鸦片的主要产地印度在英国手里，致使美国处在次于英国的第二位。因此，土耳其鸦片便成为美国主要的运销来源。据说"美国人的土耳其鸦片贸易早在 1805 年，也许更早一些，就已经开始"。这是采纳美国驻士麦那领事斯蒂华特的建议而实行的。其销售量"据一个大规模经营鸦片贸易的人声称，美国人每年销出的鸦片，自一千二百担到一千四百担"①。

美国主要依靠着土耳其鸦片向中国进行鸦片贸易，这种交易对于美国特别有利，正如德涅特所说：

> 单单鸦片贸易的存在就给予他们一种直接的商务利益，因为这种贸易可以减少现金银进口的必要，而以伦敦汇票来作为代替。鸦片的销售量日有增加，于是美国人就像英国人和其他外国人一样，用这样得来的汇票代替现金银以购买他们的回货。在鸦片贸易的这一方面，美国人，所有的美国人和其他贸易商所获得的利益相比，是有过之无不及的。……当美国商人资本还比较小，能为中国人所接受的现金银的供应量还比较有限的时候，鸦片贸易就像奴隶和酿酒厂一样，成为许多美国大资产的基础。②

此外，它还从代销代藏鸦片的业务中获得厚利，前书又揭载说：

> 自 1821 年起直到因鸦片战争开始而造成了贸易上的重新调整时止，趸船中总有一艘或一艘以上悬挂着美国国旗，也许从来没有过间断。虽然这些趸船也经营别项业务，诸如出售船舶供应品，或售给空船以足量的大米，使它们得充作"粮船"驶往黄埔，俾按核减港口税的待遇进口，但是贸易中最赚钱的部分还是鸦片。③

因此，美国也是不会放弃鸦片贸易的。道光以后，在广东曾出现零丁洋偷贩时期，当时美国即利用贿赂使"买卖是很容易而有规律的进行着"④。美国鸦片贩子亨德在《广州番鬼录》中曾详尽地叙述了他们行贿的可耻行径⑤。同时更有趁机在零丁洋经营一种作为鸦片走私储藏所的"趸船事业"，并由此而获

---

① 泰勒·德涅特：《美国人在东亚》（中译本，姚曾廙译）第 6 章，商务印书馆 1959 版，第 101-102 页。
② 《美国人在东亚》（中译本）第 6 章，第 104 页。
③ 《美国人在东亚》（中译本）第 6 章，第 103 页。
④ 《广州番鬼录》，见《鸦片战争》I，第 256-258 页。
⑤ 《广州番鬼录》见《鸦片战争》I，第 256-258 页。

取优厚利益者。"从 1830 到 1832 年，停泊在伶仃的美国趸船所有主声称，他在那里已经发足了财，因而使他——照他当时的想法——能够永远离开中国了"①。仅仅两年，这个趸船主便从经营"趸船事业"中，获取可以享终身之福的"暴利"，则其经手输入中国鸦片数量之大及其毒害中国人民之深，可以想见！

不仅如此，美国为了与英国竞争和更简捷地进行走私，便以武装船艇进行走私。这样既可节省一笔贿赂，又可不择地点地进行走私，在洋面与私烟贩作交易，然后经过私烟贩之手由偏僻港汊偷运到各处售卖。美国人奥温所著的《英国对中国及印度的鸦片政策》一书内曾描写了这种走私快艇的装备②。这种走私快艇具有速度快、武装强的二大特点。美国一只走私快艇上的管理员曾经"自豪"地说：

> 我们有充分的准备和流氓式的中国人（指私烟贩）较量一番，一两艘官船决计把我们赶出航线。③

由于美国实行武装走私，"曾经使得英国的商人也为此叫苦，形成了英美在华竞争的早期矛盾"④。

尤其恶毒的是当时的外国报纸和一些鸦片贩子荒谬地鼓吹着一种"鸦片无害论"，1939 年 12 月 28 日的《澳门新闻纸》上曾经这样宣传："都鲁机（土耳其）之人，食鸦片甚多，人人皆勇壮。在英吉利国之人，食鸦片亦多，并未见变成禽兽。现在英国有一人，可以为证。如喊尔吗吐食鸦片甚多，一生壮健，寿至八十岁。"⑤1840 年 2 月 29 日，该报又将"中国禁止鸦片走私与吸食鸦片之事与英国禁饮浓酒之事相并论"⑥。又有一个老鸦片贩子亨德根据自己在华贩毒"四十年所积的亲身经验"，断言"极少见到任何一个人因吸食鸦片而受到身体上或精神上的伤害"；并认为："吸鸦片这种习惯，和我们有节制的饮酒是一样的。至于和美国、英国所使用的烈酒及其害处相比，那末鸦片的害处是很微小的。"⑦还有那些"乘坐贩运鸦片的飞剪式船来到中国"，"从贩运鸦片的公司及商人手中接受捐赠的"美国传教士们也说："鸦片无害于中国人，像酒的无

---

① 《美国人在东亚》（中译本）第 6 章，第 103 页。

② 引自卿汝楫：《美国侵华史》第 1 卷，第 37-38 页。

③ 《美国人在东亚》（中译本）第 8 章，第 111 页。

④ 刘大年：《美国侵华史》，第 3 页。

⑤ 《鸦片战争》Ⅱ，第 4-9 页。

⑥ 《鸦片战争》Ⅱ，第 451-453 页。

⑦ 参阅绍溪：《十九世纪美国对华鸦片贸易》，三联书店版，第 48-49 页。

害于美国人一样。"①这种种说法简直是违背事实的胡说。他们之所以如此说，不仅是想轻描淡写掩饰自己的贩毒罪恶，更重要的正是想用这种"鸦片无害论"在国际上混淆是非，借以否定中国禁烟的正义性与必要性，以便它继续在中国倾销毒品。

英国鸦片贩子更以英国不售鸦片，他国也必售鸦片为借口，为其贩毒行为辩护，为其继续贩毒找理由。当时的《澳门新闻纸》上曾不断发表这种谬论说：

> 设英国之人，不做鸦片贸易，焉能保别国不带鸦片到中国？并难保别国之人不假东印度字号及英国之旗号，带鸦片到中国。②

> 鸦片乃中国人必需之物，即我等不做鸦片贸易，中国人必由别国买来……我等若不带鸦片到中国，即佛兰西、荷兰等国，亦必带来。……③

这种强词夺理的谰言本身，已经很明显地显露出它的蛮横无理。这种不值一驳的借口，恰恰证明了"鸦片贸易"的侵略性。

（二）清政府的封建贪污政治

英美侵略者及其鸦片贩子用贿赂手段进行偷运，清政府的封建贪污政治便是这种偷运的有力保障。清政府上自皇帝，下至兵弁构成了一个贪污集团，靠着鸦片的偷运性质来进行贪污。

首先，清朝皇帝便是鸦片偷运的最大贪污者。他主要靠粤海关来贪取鸦片的贿赂。粤海关自乾隆二十二年（1757）四关并于一口以后，便成为清政府对外贸易的惟一海口。粤海关监督必定任命亲信的满洲人来担任④。他的"职责"之一就是既要为皇帝和官僚们勒取贿赂，又要为自己中饱私囊。摩尔斯的《中西公行考》中就指明他既"收缴一笔更大的款项，用之以贿赂首都的王公显宦及抚慰其所在地的高级官员"，还"收集一笔费用以偿还贿得此职时所需的费用，以买得退休后的安静，及为自己聚积相当的财富"⑤。摩尔斯虽未直指皇帝，但实际上王公显宦正是皇帝聚敛的触角。粤海关监督为了需求这类大宗款项，便设立向外商勒取各种名目的陋规，其中属于入口的三十项，属于出口的三十

---

① 卿汝楫：《美国侵华史》第 1 卷，第 39 页。
②《鸦片战争》Ⅱ，第 437 页。
③《鸦片战争》Ⅱ，第 423-424 页。
④《道光朝外洋通商案》，见《史料旬刊》第 25 期，天第 920 页。
⑤《鸦片战争》Ⅰ，第 285-286 页。

八项①。这些陋规隔若干年一次便被皇帝以"陋规归公"名义全部攫为己有。于是，海关监督又增新名目，以改造成"归公未几，规费又渐如故，转多一归公正饷"的情形。既然上下都已向外船索取"陋规"，那么，外船夹带鸦片入口自然也就不便过问了。

此外，皇帝还以"办贡""备贡"和"人参变价"等名目向粤海关勒取照例的贿赂。这些都是由粤海关监督责成洋商负责办理，成为洋商负担的重要部分。"办贡"是采办进口洋货，在乾隆五十五年（1790）十二月时，曾谕广东督抚"嗣后不准呈进钟表、洋货等物"，海关监督"亦不准备物呈进"②。但是，嘉庆二十五年（1820），又以"究于体制未协，且无以申芹献之忱"为理由，决定"所有方物，仍照旧例呈进"，并为粤海关规定了几种具体贡品："准进朝珠、钟表、镶嵌挂屏、盆景花瓶、珐琅器皿、雕牙器皿、伽俑香手串、玻璃镜、日规、千里镜、洋镜。"③这些东西绝大部分是进口货。"备贡"是向皇帝缴纳一定数量的现银，自乾隆五十一年（1786）以来即规定每年五万五千两；嘉庆八、九年（1803—1804），又另增九万五千两，合每年各十五万两，以后仍照旧例缴纳④。"人参变价"是由内务府将人参发交粤海关以高价卖与商人，如嘉庆二十五年（1820）时即曾由内务府发到粤海关人参。这批人参"应变价银八万一百六十两"，由粤海关监督"照依例价，加价发商售变"，价款交齐，即随税饷一同解交内务府⑤。外船是否夹带鸦片入口，规定由洋商具结担保。既然皇帝、监督已从洋商身上公开收贿，则所谓"甘结"的效用势成虚文，而洋商也就可以毫无忌惮地"通同徇隐"，包庇"私贩偷销"了⑥。既然政以贿成。则对"禁烟"一事也只能持一种"开一眼，闭一眼"的态度，而若干禁令，也就形同具文了。

其次，清政府中的大小官吏员弁，特别是闽粤沿海的官吏员弁都从鸦片的偷运中获取贿赂。当时广东地方官吏受贿情形被概括为：

> 水师有费，巡船有费，营讯有费，差保有费，窑口有费，自总督衙门以及关口司事者，无不有费。⑦

---

① 参阅《史料旬刊》第 5 期，第 159 页。
② 梁廷枏：《粤海关志》行商，见《鸦片战争》Ⅰ，第 184-185 页。
③ 梁廷枏：《粤海关志》行商，见《鸦片战争》Ⅰ，第 184-185 页。
④《清代外交史料》嘉庆朝一，页六至七。
⑤《清道光朝关税案》，《史料旬刊》第 31 期，地第 115 页。
⑥《清代外交史料》道光朝。页三八至三九。
⑦ 蒋湘南：《与黄树斋鸿胪论鸦片烟书》，《七经楼文钞》卷四。

这就是说，上起总督，下至营弁，无一不是贪污者，而这种贪污又与中央官吏有着密切的关系①。为了更清楚地了解这种贪污情况，可以从地方官吏与水师的具体情节作一考察：

负责执行禁令的地方官吏是被鸦片贩子以贿赂收买，"议定规银，每箱若干。这些规银系与总督衙门以及水路文武官员，唯关口所得最多。此项银两，皆预备存在英国，或他国鸦片船上，以便分派。或在船上来取，或在省城交收，然亦有将鸦片准折，每次自一箱以至一百五十箱为止，却无定数"②。现银与鸦片成为贿赂的两种主要物品。这些官吏的左右如幕友门丁之类也都沾润贿赂。所以鸦片战争后有一位史学家夏燮曾经感慨地说：

> 迫吏觉其奸，则查船之门丁、胥吏皆得而分润之；官觉其奸，则查税之幕友、官亲皆得而分润之。③

夏燮所指能觉贪污之奸的官吏当是个别例子，而共同分润贿赂却是极普遍的现象。甚至还有些更无耻的地方官吏因向包运鸦片的中国私烟贩索取定额贿赂不遂而成僵局的情形，如道光十七年（1837），福建署泉州府知府沈汝瀚"索取晋江衙口乡鸦片陋规八百余圆，该处土棍施叔宝以陋规经前任取去，不肯再缴，该署府即以该犯窝卖鸦片详禀会拿，该犯闻风远飏，缉捕无获"。这明明是以禁令作索贿工具。结果，"该督抚竟置之不问，旋将沈汝瀚委署台湾道缺"④。福建地方疆吏不仅对此不加追究，反将索贿者调升，可以看出督抚之与贿赂间的关系。禁烟法令对这些官吏来说适足成为其贪污勒索的工具而不会发生任何效力。

负责查缉私烟的水师巡船是更直接的贪污者。从道光初两广总督阮元奏折中所提到的水师贪污者中便包括有副将、守备、兵弁等各级人员。这些人或"盘获鸦片，私卖分赃"，或"拿获鸦片，得赃纵放"，或"变卖分肥"⑤。当然，这只是见于记载的一个例子，实际情形当不止此。道光六年（1826），粤督李鸿宾设立巡船，顾名思义，巡船应当负责缉私，实际上"巡船每月受规银三万六千两，放私入口"⑥。鸦片公开走私，输入量必然因之增加，道光十二年（1832）

---

① 《英国蓝皮书》，见《鸦片战争》Ⅱ，第 643 页。
② 《澳门新闻纸》，见《鸦片战争》Ⅱ，第 427-428 页。
③ 夏燮：《中西纪事》卷二三，页二。
④ 《始末》卷九，页十一至十二。
⑤ 《清代外交史料》道光朝一，页四〇至四一。
⑥ 《圣武记》卷十，页四四。

曾废巡船。十七年（1837），总督邓廷桢又恢复巡船，这时贪污的手段又进一步。如"水师副将韩肇庆专以护私渔利，南洋船约每万箱许送数百箱与水师报功，甚或以师船代运进口，于是韩肇庆反以获烟功，保擢总兵，赏戴孔雀翎，水师兵人人充橐而鸦片烟遂至四五万箱矣"①。福建也有同样情形："水师员弁，收受陋规，每船得洋银四百圆、六百圆不等。"②水师员弁都靠着鸦片的偷运贪污肥己，造成水师岁入"得自粮饷者百之一，得自土规者百之九十九"③的腐败现象。海口兵弁更有代藏毒品的情事，如广东炮台的守兵，"竟有勾通沿海奸民，窝藏违禁之物，如夷船之鸦片一时不能进口，往往寄顿于炮台左近"④。鸦片偷运不仅有可靠的包运者，还有稳妥的储藏处。至于转销内地也与兵役包庇有关。道光十八年十月署四川总督苏廷玉奏文中曾说：

> 臣查烟坭行之内地，无论夷商之夹带，奸民之贩运，总须由海口而来，若不勾通兵役，及沿海地方匪徒节节包护递送，断不敢拢岸入口，即其销售内地，经过乡村市镇，民皆知其物系违禁，必各起而挟制，群相攫取，以故兴贩之徒，必贿通兵役人等为之接护乃能到处流通，无虞沮碍，是烟贩实兵役之利薮，而兵役即烟贩之护符。⑤

这种上下其手的贪污自肥，助长了鸦片的输入，严重地破坏了禁烟政策；同时也给予外国鸦片贩子偷运以借口。1840年英国外交大臣巴麦尊甚至竟借口这种收贿情形来责问清政府，作为挑衅的理由之一⑥。

这种贪污行为，曾受到当时舆论的严厉指斥，有《戊戌感事十八咏》就以讥讽官吏的贪污行为作题材，其中如"铁舰喧传节钺临，月钱三万六千金"之句⑦，即直指韩肇庆等水师官弁的贪污劣迹而言。

英美侵略者的破坏和清政府的贪污政治，造成鸦片烟毒的泛滥于全国。鸦片战争前，清政府禁烟失败的原因，就在于此。

---

① 《圣武记》卷十，页四四。
② 《始末》卷九。页十。
③ 包世臣：《答果勇侯书》，《安吴四种》卷三五。
④ 《始末》卷三，页十九。
⑤ 《始末》卷五，页十一。
⑥ 《史料旬刊》第39期，地第426页。
⑦ 《英夷入粤纪略》，见《鸦片战争》Ⅲ，第2页。

三、鸦片烟大量输入后对当时中国社会的破坏

鸦片烟的大量输入，使当时中国社会遭到很大的破坏。

随着鸦片烟输入量的增加，鸦片行销区域便日益扩大。"其始仅在海滨近地"，道光九年（1829）则已"渐染十数省之广"①。道光十一年（1831）即遍及"各处城乡市镇"②。道光十八年（1838）左右，连清政府根本重地的"盛京等处"，"亦渐染成风"③。这种由沿海而渐遍及于全国的行销，主要有两种方式：一种是内地商人到口岸转贩。自从鸦片输入增多后，有些口岸渐渐形成为聚散地，天津便是当时一个大的鸦片市场。天津的鸦片主要是两广、福建商民自海路夹带运来，并设有货栈，每年到烟数相当多，如道光十八年九月在天津大沽洋船上一次便拿获自广东运来的鸦片 131500 余两④。山陕等处商贾便在"来津销货"时，"转贩烟土回籍"⑤。另一种方式是"挑贩广货各商，大半挟带鸦片烟"⑥，随地零销。这种方式到鸦片战争前一直存在，道光十八年（1838）六月，河南巡抚桂良的奏文中曾说："今粤省广东挑担不下数千人，分出各省，名为零卖呢羽，而实则皆系兴贩鸦片之徒，结队成群，到处货卖，地方官视为惯常，不加查诘，而若辈阴以售其烟土……"⑦甚至北方有些省的府州县更有"借卖广货为名，开张铺面，私售烟土"⑧的。这样，外国侵略者便在中国编织成一面便于进行经济侵略的毒网来脧削中国的财富了。

由于鸦片行销区域的扩大，鸦片输入量的增加，除去扩大了官吏从中贪污的范围外，社会上还出现了相当数目的一大批靠鸦片取利的私烟贩，如"闽越之民，自富商大贾，以及网鱼拾蚌，推埋剽刮之徒，逐其利者不下数十万人"⑨。若以全国计，则数目更为庞大。社会上有这样多不事生产的蠹虫，对于社会除了毒害外，没有任何作用。

随着鸦片输入的增加，鸦片的吸食者也渐增多，"其初不过纨绔子弟习为浮

---

① 《道光朝外洋通商案》，《史料旬刊》第 9 期，第 311 页。
② 《清代外交史料》道光朝四，页四〇。
③ 《始末》卷二，页五。
④ 《清宣宗实录》卷三一四，页三一。
⑤ 《清宣宗实录》卷三一三，页二六。
⑥ 《道光朝查禁鸦片烟案》，《史料旬刊》第 3 期，天第 84 页。
⑦ 《始末》卷三，页十八。
⑧ 《始末》卷四，页二四。
⑨ 徐继畬：《禁鸦片论》，《退密斋文集》卷二。

靡"," 嗣后上自官府搢绅, 下至工商优隶, 以及妇女、僧尼、道士随在吸食"①。
后来, 由于烟毒泛滥,"乃沿及于平民"②。据道光十八年对云南吸烟者的估计:
"自各衙门官亲幕友、跟役、书差以及各城市文武生监, 商贾军民人等吸烟者十
之五六"③。其中官吏吸烟的情况很普遍, 当时人贺昌熙曾在一篇奏疏中指出:
四川省属吏吸烟者七十余人, 江苏省盐务官吏吸烟者十余人; 而常熟、吴江、
奉贤等县知县也皆吸食鸦片, 山东也有吸毒官吏, 其余各省,"闻类此者甚多"④。
军队中吸食鸦片的情形也很严重, 在当时的上谕和官吏奏折中常提到兵丁吸食
鸦片的事实⑤。广东沿海一带吸食者尤多, 如嘉道时广东已有乞儿吸烟的情形⑥。
当时, 全国吸烟人数虽然没有作过什么统计, 但据包世臣在嘉庆二十五年
(1820) 估计, 苏州一城"吃鸦片者不下十数万人"⑦。由此推知全国吸食鸦片
者人数当甚多。这些都说明当时中国社会已经有这样一大批毒品吸食者了。

这些吸毒者的身体被鸦片摧残得衰弱而逐渐濒于死亡。这种情形在乾嘉时
已为社会上所注意。乾嘉时人俞蛟在《梦厂杂著》中描写了被毒品残害者的情
景是:

> 瘾至, 其人涕泪交横, 手足委顿不能举, 即白刃加于前, 豺虎逼于
> 后, 亦惟俯首受死, 不能稍为运动也。故以久食鸦片者肩耸项缩, 颜色枯赢,
> 奄奄若病夫初起。⑧

道光时人周石藩曾指出吸烟的情形是:

> 精枯骨立, 无复人形, 即或残喘苟延, 亦必俾昼作夜。⑨

同时人黄钺的《鸦片烟》古诗更生动地刻画了吸烟者所遭受毒害的惨状称:

> ……岂知鸦片烟, 流毒出意表, 不问儿啼饥, 不顾妇无袄, 淫朋聚二

---

① 《始末》卷二, 页五。

② 《道光朝查禁鸦片烟案》,《史料旬刊》第 3 期, 天第 84 页。

③ 《清宣宗实录》卷三一六, 页四。

④ 贺昌熙:《请惩吸食鸦片之官吏并查禁海口囤贩疏》,《寒香馆诗文钞》卷七。

⑤ 道光十六年十月江南道监察御史袁玉麟奏称:"粤东兵丁, 吸食鸦片"(《始末》卷一, 页十五); 十八
年七月上谕称:"将备兵丁内, 必有吸食鸦片烟者"(《清宣宗实录》卷三一二, 页十九)。

⑥ 雷瑨:《蓉城闲话》中引嘉道时人程恩泽《粤东杂感诗》有句云"乞儿九死醉春风", 自注云:"粤中
鸦片烟满地, 虽乞儿亦啖之。"(《鸦片战争》I, 第 322 页)。

⑦ 包世臣:《庚辰杂著》, 见《安吴四种》。

⑧ 雷瑨:《蓉城闲话》, 见《鸦片战争》I, 第 318 页。

⑨ 周石藩:《严禁吸食鸦片烟示》《海陵从政录》, 见《鸦片战争》I, 第 587 页。

三，对卧若翁媪。中设一椀灯，焰焰连昏晓。顽童代燃之，口吸论多少，寒暄昧冬春，朝夕忘饥饱，瘾成信如潮，晷刻不差秒。携带偶遗忘，性命不可保。涕泗立横流，形容顿枯槁，厌厌陈死人，僵立但未倒。……①

这是凡吸烟者都必然得到的结局，劳动人民之吸烟者亦同样遭到这种残害。但是，当时统治阶级所看到的是"文武员弁士子兵丁"的受毒害，特别是兵丁吸烟对统治者不利，所以，林则徐在奏折中提到"中原几无可以御敌之兵"，才促使道光帝之倾向严禁，然而对于一般劳动人民的受毒害却认为是"孽由自作"，可以不管②。甚至更有以"海内生齿日众，断无减耗户口之虞"的理由，主张"民间贩卖吸食者，一概勿论"③。事实上，劳动人民的被毒害恰恰造成了社会生产力的严重萎缩。当时陈澧的诗中曾指陈这种危害甚于大炮说：

> 请君莫畏大炮子，百炮才闻几人死？请君莫畏火箭烧，彻夜才烧二三里。我所畏者鸦片烟，杀人不计亿万千。君知炮打肢体裂，不知吃烟肠胃皆熬煎。君知火烧破产业，不知买烟费尽囊中钱。……④

伟大的革命导师马克思更深刻地指斥这种危害甚于贩卖奴隶。他在《鸦片贸易（第一篇）》一文中援引英人蒙马米尔·马尔丁的一段话说：

> 不必说，贩卖奴隶同贩卖鸦片比较起来，还是善良的事情。我们并没有杀死非洲黑人，因为我们底直接利益，要求我们保存他们底生命；我们没有改变他们底人的本性，没有损坏他们的智慧，没有消灭他们的心灵。可是鸦片贩卖者却腐化了、降低了和毁坏了不幸福的人底精神生活，而且还毒杀了他们的身体；鸦片贩卖者时时刻刻向贪欲无厌的吃人神贡献新的牺牲品，而充当凶手的英人和服毒自杀的华人，就彼此竞争，向吃人神底祭台上贡献牺牲品。⑤

吸食者增多，鸦片输入量必增，鸦片大量的输入，中国出产的丝、茶不足以抵补，尤其是因为鸦片是偷运，必定"是卖现款的"⑥。因此造成白银大量

---

① 雷瑨：《蓉城闲话》，见《鸦片战争》Ⅰ，第 317 页。
② 道光十六年三月十六日湖广监察御史王玥奏，引自《中国外交史资料辑要》。
③ 许乃济奏，见《始末》卷一，页三。
④ 陈澧：《东塾遗诗》，见《鸦片战争》Ⅳ，第 726 页。
⑤ 《马克思恩格斯论中国》，人民出版社 1957 年版，第 91 页。
⑥ 《广州番鬼录》，见《鸦片战争》Ⅰ，第 274 页。

外流，并且外流情形还日益严重，当时的严禁论者黄爵滋在其奏折中曾经约略估计了道光以来广东的漏银数字："自道光三年至十一年岁漏银一千七八百万两。自十一年至十四年，岁漏银二千余万两。自十四年至今渐漏至三千万两之多，此外福建、江浙、山东、天津各海口合之亦数千万两。"①广州的外人商会也曾统计过 1837—1838 年度自广州输出的白银数量是"8974776 圆"②。这些数字虽然都不够准确，但白银不断外流却是事实。这样便引起了当时财政上的危机，那便是如马克思所说："因鸦片输入而引起的白银不断外流，已经开始扰乱天朝的国库及货币流通"③。鸦片输入、白银外流对当时财政金融的破坏很突出地表现在"银贵钱贱"的问题上。原来银钱有一定比价，雍正七年规定"每银一两只许换大制钱一千文"，而在此以后数百年内"钱价总不过一千一百文内外易银一两"④。到道光十八年则"每银一两，易制钱一千六百有零"⑤。这一问题在当时有不少学者和官吏注意并加以讨论，绝大多数意见认为银贵钱贱是由于漏银，漏银之故是因鸦片的输入⑥。银贵钱贱问题所以被注意主要是由于它威胁到清政府的财政收支。黄爵滋在其主张严禁鸦片的奏折中曾经指出了这种危机说：

> 各省州县地丁漕粮，征钱为多。及办奏销，皆以钱易银，折耗太苦。故前此多有盈余，今则无不赔垫。各省盐商卖盐俱系钱文。交课尽归银两。昔则争为利薮，今则视为畏途。若再三数年间，银价愈贵，奏销如何能办？税课如何能清？设有不测之用，又如何能支？⑦

这种危机，便是统治阶级在鸦片战争前所关心的"将无可充饷之银"的"银荒"问题。清政府解决这种危机的惟一办法便是转嫁给人民，使人民受到严重的威胁。嘉道时的学者包世臣在嘉庆二十五年时即曾指出这种威胁说：

---

① 《英国蓝皮书》，见《鸦片战争》Ⅱ，第 646 页。

② 《马克思恩格斯论中国》，人民出版社 1957 年版，第 85 页。

③ 《马克思恩格斯论中国》，人民出版社 1957 年版，第 85 页。

④ 吴嘉宾：《钱德议》，《求自得之室文钞》卷四。

⑤ 黄爵滋道光十八年闰四月辛巳奏，见《始末》卷二，页四。

⑥ 把银贵钱价问题正式提请政府注意，据知始于道光二年御史黄中模的《请严禁纹银偷漏片》。当时人分析漏银的根源主要可归纳为两种：一种即以黄中模为代表，他认为银价高由于广东洋面偷漏，偷漏由于广东民间喜用洋钱，用纹银买洋钱所致。另一种以黄爵滋为代表，认为银贵由于漏银，漏银由于输入鸦片。后一种意见是当时多数人意见。

⑦ 黄爵滋奏，见《始末》卷二，页五。

……小民计工受值皆以钱，而商贾转输百货则以银，其卖以市也，又科银价以定钱数，是故银少则价高，银价高则物值昂。又民户完赋亦以钱折，银价高则折钱多，小民重困。……①

包世臣在另一篇文章中更举出了道光十九年江西新喻县受银贵钱贱威胁的具体事实，即"小民完银一两，非粜谷二三石不可"的不堪忍受的苦状②。这样，实际上是使"小民暗增一倍之赋"，而为统治阶级承担了"银荒"的困难。劳动人民的生活势必日趋贫困。

鸦片大量输入，不仅破坏了中国的财政金融，同时也造成国民经济的枯竭。如前所述，当时中国有一大批吸毒者。他们每年为购买毒品付出一定数量的金钱，包世臣曾于嘉庆二十五年就苏州一地进行计算："每人每日至少需银一钱，则苏城每日即费银万余两，每岁即费银三四百万两，统各省各城大镇，每年所费，不下万万。"③这样大量的金钱既已消耗于购买毒品上，自然削减了对其他物品的购买力。因此，不仅对于外货"不能同时购买商品与毒品"④，而且对于本国土货亦无力购买，结果招致商业的不振。林则徐于道光十八年（1838）九月曾指出苏州、湖北商业衰败的情形是：

臣历任所经，如苏州之南濠、湖北之汉口，皆阛阓聚集之地。叠向行商铺户暗访密查，佥谓近来各种货物销路皆疲，凡二三十年以前，某货约有万金交易者，今只剩得半之数，问其一半售于何货，则一言以蔽之曰："鸦片烟而已矣！"⑤

同时，鸦片烟的大量输入也障碍了农业生产的向前发展。当时因鸦片大量输入而加给农民的沉重负担主要有三项：

第一，清政府在财政上的困难，通过银钱折价，弥补了自己的亏损额，却增添了农民缴税的实际负担量。

第二，吸毒者主要还是剥削阶级及其依附者，他们购买毒品的一笔支出，

① 包世臣：《庚辰杂著》二，《安吴四种》卷二七。
② 包世臣：《银荒小补说》，《安吴四种》卷二七。
③ 包世臣：《庚辰杂著》二，《安吴四种》卷二七。
④《马克思恩格斯论中国》，人民出版社 1957 年版，第 81 页。
⑤《林文忠公政书》乙集《湖广奏稿》卷五。当时，南濠金融业经营烟银数目甚大，据贝青乔《咄咄吟》卷下自注说："吾苏南濠，钱店兑发上海烟镪（烟银之偷漏者，俗谓之烟镪），每夜必二三万两。"（《鸦片战争》Ⅲ，第 222 页）于此可得一旁证。

势必要从被削剥的农民身上抵补。

第三，由于烟毒扩大到社会下层，一部分劳动者不幸地遭到毒害，他们不仅使自己的身体衰弱，道德败坏，而且还为毒品而消耗了自己极其微薄的收入。原来已经贫困的农民，又增加这种额外繁重的负担，便迫使他们不得不放弃正当的农业生产而去种烟。

种烟在当时被认为是有利的，许多统治阶级中的人物更鼓吹这种"利益"。有说："种植罂粟花，取浆熬烟，其利十倍于种稻"①；有说："鸦片之利，数倍于麦，其益于农者大矣"②；有说："内地之种日多，夷人之利日减。……不禁而绝"③；这些主张是想以土烟之利夺洋烟之利。道光十四年十月粤督卢坤在其复奏中曾提到种烟的一种理由说："有谓应弛内地栽种罂粟之禁，使吸烟者买食土膏，夷人不能专利，纹银仍在内地转运，不致出洋者。"④其目的只在杜塞漏卮，所以也就不干涉种鸦片侵占正当农业，反而在一些文件中将鸦片改称罂粟花，将烟膏改称芙蓉膏，以表示不同于洋烟来混淆视听。于是种烟日益普遍，据道光十一年调查，当时种烟省份已有：浙江、福建、四川、广东、云南、湖南、甘肃等省⑤。烟田的扩大，必定使种植正当农产物的耕地面积缩小，结果有利于国计民生的农产物产量降低，有害于国计民生的毒品产量增加。这种国内自种之烟便是所谓"土烟"。"土烟"的种植不仅不能以之抵制"洋烟"；相反地，"洋烟"与"土烟"并行，加以"土烟"价廉，因之烟毒泛滥愈广，吸食者愈多。种烟的结果便是"不特贻害善良，更属大妨耕作"⑥。更多从事农业生产的农民身体被毒品残害了，耕种的农田被毒品侵占了，农业生产遭到严重的破坏！

鸦片大量输入对社会造成的严重破坏渐渐受到社会的重视。统治阶级内部展开了弛禁与严禁的政治性论争。主张弛禁者有卢坤⑦、许乃济⑧和邓廷桢⑨等人。他们主张鸦片合法进口，着眼于增加统治阶级的税收；又主张自种鸦片，

---

① 道光十八年十一月壬寅上谕引有人奏，《清宣宗实录》卷三一六，页四。
② 吴兰修：《弭害论》，见梁廷枏：《夷氛闻记》卷一，页九。
③ 许乃济奏，《始末》卷一，页四。
④ 《道光朝外洋通商案》，《史料旬刊》第 25 期，天第 918 页。
⑤ 《道光十一年查禁鸦片烟案》，见《史料旬刊》第 3、4、5、6、9 各期；《清宣宗实录》道光十一年有关查禁鸦片的奏折。
⑥ 《道光十一年查禁鸦片烟案》，《史料旬刊》第 3 期，天第 88 页。
⑦ 《道光朝外洋通商案》，《史料旬刊》第 25 期，天第 918 页。
⑧ 《始末》卷一，页三至五。
⑨ 《始末》卷一页七至十一。

希图以此抵制洋烟，杜塞漏卮。不久，弛禁论遭到严禁论的批驳，弛禁论者也在社会舆论影响下分化，其中如邓廷桢便由弛禁论者转变为严禁论者。主张严禁的有朱樽、许球①、袁玉麟②、黄爵滋③和林则徐④等人。他们主张严刑重治，对鸦片表示深恶痛绝的严厉态度。他们不仅用充分理由反驳弛禁论的荒谬论点，更提出了若干正面的建议。这一派虽然在理论上战胜了弛禁论，但是还有很大一部分有实权的反对者，如讨论黄爵滋严禁鸦片奏议时，有许多重要官员表示反对严刑，并以种种理由与说法来反对和否定严禁论。当时在 29 件复奏中，反对者占 21 件（满 13 人，汉 8 人），赞成者只有 8 件（满 2 人，汉 6 人）⑤。反对派占优势而满族官员又占反对派中的多数。这表明了以汉族官员为主的严禁论势力还是薄弱的。虽然如此，终究由于严禁论者所提出的问题是在一定程度上反映了社会问题，也反映了一部分民间要求。同时，他们提出的"银荒兵弱"危机，促使了道光帝为巩固封建统治而接受了严禁建议。以满族官员为主的反对派在言论上表示暂时的缄默，采取消极抵制与阻碍的态度，等待时机来打击严禁论者。

严禁论虽是统治阶级内部的一种意见，但是因为在民间舆论影响下，能提出充分理由，不仅驳斥了弛禁论，也使政治上的反对派一时缄默，更进而促使道光帝采取严禁政策。"严禁"在当时社会现实看来无疑是正确的，是适应人民要求的。清政府在道光十八年所采取的严禁政策，无疑地是符合中国人民利益的，因而当林则徐执行这一政策时，也就获得广大人民的支持与感激⑥。但是，统治阶级与广大人民的立场毕竟是对立的，因而当外国侵略者白河投书使他们感到自身威胁时，便立即牺牲人民利益，放弃严禁主张，倾向妥协投降。原来反对严禁的对外投降派便起而配合，竭力打击主张严禁的对外抵抗派，实行对外投降政策。这样，严禁政策像过去所有的禁烟措施一样，遭到失败的结局。

原载于《南开大学学报》1955 年第 1 期

【注】1957 年曾进行较多的修订，本文系修订稿。

---

① 《清宣宗实录》道光十六年八月庚申。

② 《始末》卷一页十二至十三。

③ 《始末》卷二，页四至九。

④ 《始末》卷二，页二一至二六。

⑤ 《始末》卷二至五。

⑥ 林则徐：《查拿烟犯收缴烟具情形折》，见《林文忠公政书》乙集《湖广奏稿》卷四。

第一次鸦片战争对中国社会的影响

第一次鸦片战争是中国近代史的开端，从此，中国开始进入了半殖民地半封建社会。

战后，中国的社会经济、人民经济生活、社会阶级结构和关系以及思想意识，都受到一定的影响而有所变化。

本文拟就战后十余年，即十九世纪四五十年代中国社会中某些变化现象，对这些影响作一粗略的说明。

一

第一次鸦片战争后，英、美、法各侵略国家，胁迫清政府订立了一连串不平等条约，它包括有：中英江宁条约、中英五口通商章程、中英五口通商善后条约、中美望厦条约和中法黄埔条约等。外国侵略者根据这些不平等条约，破坏了中国的关税自主权，获取了领事裁判权和片面最惠国待遇；它们不仅侵占了香港，而且还可以在上海、宁波、福州、厦门、广州等港口居留和贸易；它们的船只可以在中国的口岸停泊和巡查；它们也获得了对中国进行宗教性渗入的可能条件。这些便奠定了使中国沦为半殖民地的础石，并为外国资本主义的侵入创造了便利条件。外国侵略者借助这些便利条件，开始向中国大量地输入工业品和鸦片，同时也掠夺走他们所需要的原料。

在江宁条约订立后，外国资产阶级，特别是英国资产阶级，曾产生了异常兴奋的情绪，他们广泛而动听地宣传中国这个新市场的美景，认为这次可以"一举而要为全世界三分之一人口的需要效劳了"，他们幻想："只消中国人每人每年需用一顶棉织睡帽……那英格兰现有的工厂就已经供给不上了。"[1]他们完全沉醉在广阔市场和巨大利润的幻想之中了。于是，大量工业品源源地输入进来。

---

[1] 1847 年 12 月 2 日香港中国邮报社论，见严中平：《英国资产阶级纺织利益集团与两次鸦片战争史料》，《鸦片战争史论文专集》页 63，三联书店 1958 年版。

其 1842 至 1845 年英国对华输出的增长情况如下①：

1842 年　　969381 镑

1843 年　　1456180 镑

1844 年　　2303617 镑

1845 年　　2394827 镑

这种增长一方面固然表明了"鸦片战争替英国商业开辟了中国市场"②，但另一方面，它却与中国市场的实际销售并不相符。当时，江苏、浙江、福建、广东沿海的重要官吏也都向清政府报告了中外贸易不兴盛的状况。所谓"商情不无观望""民间并无前向贸易之人"③。这种不相符的情形在 1846 年以后就很明显地表露出来。1846 年英国对华输出的总额降到了 1836 年的水平之下，而 1836 年的对华输出额是 1326388 镑④。这种情形以后也没有太大的改变。1852年英香港总督府秘书密切尔（Mitchell）在其报告书中说："1850 年末，我们出口到中国来的制造品几乎比 1844 年末减少 75 万镑。"在同一报告书中更生动地描述了他们的失望情绪说："经过和这么一个大国家开放贸易十年之久，并且双方都已经废除了一切独占制度，而拥有如此庞大人口的中国，其消费我们的制造品竟不及荷兰的一半，也不及我们那人口稀少的北美或澳大利亚殖民地的一半，赶不上法国或巴西，赶不上我们自己，不在西印度之上，只比欧洲大陆上某些小王国如比利时、葡萄牙或那不勒斯稍微多一点点。"⑤因此，这一时期，外货输入的增多，确切地说只是由于"贩运太多所致，而非出于需要"⑥。这一点也正好说明，当时外国侵略者对华伸展经济势力尚在开始阶段。

这种输入量与实际销售不相符的情形主要是由下面三点因素造成：

第一，当时的中国，"生产方式的广阔基础，是由小农业和家内工业的统一形成的"⑦。因而还谈不到什么外货的大宗输入，在一个英国人的著作中记载这种事实说："中国人久已利用他们自己的资源，花费很便宜的成本，掌握了一

① 严中平：《中国棉纺织史稿》，页 62 附表。

②《马克思恩格斯论中国》，页 145，人民出版社 1957 年版。

③《道光朝筹办夷务始末》卷七十，页 23；卷七三，页 39-40；卷七四，页 7-8。

④《马克思恩格斯论中国》，页 88-89，人民出版社 1957 年版。

⑤ 1852 年 3 月密切尔报告书，见严中平：《英国资产阶级纺织利益集团与两次鸦片战争史料》，《鸦片战争史论文专集》页 70-71。

⑥ 1847 年 12 月 2 日香港中国邮报社论，见严中平：《英国资产阶级纺织利益集团与两次鸦片战争史料》，《鸦片战争史论文专集》页 64。

⑦ 马克思：《资本论》第三卷，页 412，人民出版社 1953 年版。

切生活必需品和绝大部分的奢侈品。"①英国调查中国市场洋布消费的情况是:只有"沿海城市里一部分富裕阶级穿用我们的洋布……商行的账房先生和店员穿我们洋布也相当普遍",而"没有见过一个靠劳作生活的中国人穿过一件用我们布料做的衣服"②。因为这些"靠劳作生活的中国人"的经济力量十分薄弱,他们不仅只能穿用自己织成的土布,甚至一代两代还无力更换;那些能穿用洋布的所谓"富裕阶级",本来依靠剥削过着"自给自足"生活,在洋货输入后,他们虽然有经济力量去穿用,但是人数终究不多,销售无法增大。

第二,当时外国侵略者在中国还"没有直接的政治权力加进来帮助"③。这种所谓"直接的政治权力"可以从两方面来理解:一方面是中国封建的政治权力,战后,虽然订立了一些不平等条约,丧失了许多主权,允许外国工业品的输入;但在政治上仍然拒绝外使驻京,对于因战争失败而有损"天朝威严"这一点,犹有余憾。在经济上港口尚限于东南沿海,北方沿海和广大内地尚未开放。封建统治者与侵略者之间还没有构成像第二次鸦片战争后那种"契然无间"的关系,所以清朝统治者还未能作为帮助外国侵略者的直接政治权力。另一方面是外国侵略者在华的直接政治权力尚未建立起来,各种特权刚在初步利用,虽然在口岸陆续划定"租界",但还没有建立起一套政治制度,各种政治力量只在开始伸张,所以也不能有什么大帮助。这样外国资本主义侵略势力就无力把中国的农业与家庭手工业相结合的小的经济共同体打碎,而这种由"农业与制造业直接结合引起的巨大经济和时间节省……对于大工业的生产物,提出了极顽强的反抗"④。

第三,当时与工业品同时输入的鸦片的输入额增加很多。吸食鸦片的大多是剥削阶级中的人物,而能购买"洋货"的也大多是这些人。他们纵使加紧榨取,但是总还不能追及其烟瘾和对工业品贪欲的增大,这正是"不能同时购买商品又购买毒药"的实际情况。"鸦片贸易底扩大与合法贸易底发展"的"两不相容",势必相对地削弱了对工业品的购买力⑤。

这样便造成了工业品的输入与实际销售不相符的结果。

---

① 史当登:《中国杂记》1850 年增订第二版,页 10—11,见严中平:《英国资产阶级纺织利益集团与两次鸦片战争史料》,《鸦片战争史论文专集》页 68。

② 1852 年 3 月密切尔报告书,见严中平:《英国资产阶级纺织利益集团与两次鸦片战争史料》,《鸦片战争史论文专集》页 72—73。

③ 马克思:《资本论》第三卷,页 413。

④ 马克思:《资本论》第三卷,页 413。

⑤《马克思恩格斯论中国》,页 81。

外国侵略者在输入工业品的同时，又大量地输入鸦片。"鸦片"本是十八、十九世纪以来外国资本主义进行经济侵略的主要手段，第一次鸦片战争也是由于中国拒销毒品而爆发，但在战败后的江宁条约中，却没有明确规定今后如何处理的办法。因此，鸦片在战后，既非明令禁止，又无税则规定，形成一种无人过问的"输入品"，而条约中关于口岸、税则等规定却有助于它的输入。因此，战后鸦片的输入量反而增加，如 1842 年输入量是 33508 箱，到 1850 年则已增至 52925 箱了[①]。

外国侵略者在输入大量工业品和鸦片的同时，又从中国掠取原料——主要是茶、丝。马克思在评论这个问题时曾说："……自从根据 1842 年条约而将中国市场开放以来，中国丝茶向英国的输出额日益增长。"[②]根据一种统计，茶在 1843 年由广州一口输出量是 17727750 磅，1844 年由广州、上海两口共输出 70476500 磅，1849 年两口输出共达 82980500 磅；丝在 1843 年由广州一口输出 1787 包，1845 年广州、上海两口共输出 13220 包，1850 年两口输出共增达 21548 包[③]。其中各年虽间有增落，但基本趋势是上涨的。

这种数字反映了掠取原料的增长情况。外国侵略者又为使其所掠取的原料更廉价，还曾要求清政府给予免税和减税的优待，原来清政府自五口通商以后，鉴于"内地商贩，自必各趋近便"，而"恐内地各关税额，致有短绌"，因此曾规定，除"大宗茶叶一项已加增税银至倍半有余，大黄一项已加增税银至两倍有余，足资挹注，勿庸再议，以免借口外……嗣后凡内地客商贩运湖丝前往福州、厦门、宁波、上海四口与西洋各国交易者，均查明赴粤路程，少过一关即在卸货关口补纳一关税数，再准贸易"[④]。1843 年英国领事曾为此事向清政府地方官吏"求免补纳"。这种要求虽经地方官吏告以"定章不能更改"[⑤]，但实质上表明了为更进一步满足其掠取原料的欲望。同年，英国侵略者又根据江宁条约中确定了的协定关税原则，与中国订立了中国历史上第一个协定税则。这个税则所载主要进口货物的税率，较以前粤海关实征的税率，降低了 58％到 79％。下表即 1843 年中英协定关税前后几种主要进口货物的新旧税率水准（从价％）：[⑥]

---

① H.B.Morse. *The International Relations of the Chinese Empire*, V.I P.556 附表（中译本，页 626，三联书店）。

②《马克思恩格斯论中国》，页 91。

③ H.B.Morse. *The International Relations of the Chinese Empire*, V.I P.369（中译本，页 413）。

④ 道光二十三年七月丁巳耆英奏，《道光朝筹办夷务始末》卷六七，页 43-44。

⑤ 道光二十三年十一月丁丑上谕，《东华续录》道光四八。

⑥ 严中平等：《中国近代经济史统计资料选辑》页 59，科学出版社 1955 年。

货　物	单　位	1843 年前旧税率	1843 年新税率	新税率较旧税率减少百分数
棉花	担	24.19	5.56	77.02％
棉纱	担	13.38	5.56	58.45％
头等白洋布	匹	29.93	6.95	76.78％
二等白洋布	匹	32.53	6.95	78.64％
本色洋布	匹	20.74	5.56	73.19％
斜纹布	匹	14.92	5.56	62.73％

除此以外，外国侵略者还亲自来采售原料，如上海所产木棉，原由"闽粤诸商贱价售之而运往外地"，后来即由"西人自为采售"，而使"花市更为繁盛"①。

输入工业品、鸦片和掠取原料是外国侵略者在十九世纪四五十年代主要采取的经济侵略方式。

这种侵略，对于中国发生了如下的影响：

首先，工业品的输入虽然遭到如前所述的三点原因的影响而不能畅销，但绝不能认为它毫无任何作用。这种经济势力的侵入使中国固有的小商品经济既受到摧残，又获得发展。前者表现了中国落后的手工业产品抵挡不住先进的机器产品的实际情况。这种情况，五口及其附近地区最早显露出来，例如厦门地区在开埠后的年余，即 1845 年，即因洋布的输入而使"江浙之棉布不复畅销，商人多不贩运，而闽浙之土布、土棉，遂亦因之壅滞不能出口"②。台湾原销泉州、福州、宁波各地布匹，但自"海通以后，洋布大销，呢羽之类，其来无穷，而花布尤盛，色样翻新，妇女多喜用之"。而原来在台行销的"泉州之白布、福州之绿布、宁波之紫花布"，则被排挤到只能"销行于乡村"③。台糖、台米原销大陆，但自"开口互市，暹罗安南之米，爪哇吕宋之糖，配入中国，以与台湾争利"④，而在市场上遭受排挤。苏松原是棉布业中心，至是也出现"布市销减，蚕棉得丰岁而皆不偿本，商贾不行，生计路绌"⑤的情况。这种影响也逐渐波及内地省份，例如湖北的棉布原来行销于滇、黔、秦、蜀、晋、豫诸省，甚至还销于棉布区的"东南吴皖"，但是"自通商互市以后，洋布盛行，各

① 王韬：《瀛壖杂志》，《小方壶斋舆地丛钞》第九帙。
② 1845 年春福州将军兼闽海关敬敩奏，《历史研究》1954 年第 3 号。
③ 连横：《台湾通史》卷二三，页 411。
④ 连横：《台湾通史》卷二七，页 444。
⑤ 包世臣：《安吴四种》卷二七。

布销场乃为之大减"①。至于独立手工业也遭到一定的破坏，如广东佛山镇的铁器手工业，在鸦片战前本已相当兴盛，其铁钉、土针业的作坊已具有"工人多至数千"的规模，从事这种生产的家数也很多，但是在战后，却呈现凋敝，铁钉业因"洋铁输入……故制造日少"，土针业因"洋针输入，销路渐减"②。这种摧残的结果，阻碍了中国社会经济的发展，同时，也使大批农民和手工业者遭遇经济困难以至于破产。但这是问题的一方面。另一方面，外国资本主义却又促进了中国商品经济在原来基础上的进一步发展。由于大量外国工业品在中国市场上的活跃，很自然地刺激了地主阶级为满足个人需要和享受而购用"洋货"的贪欲，他们为填满无穷无尽的欲壑，便向农民增收租谷，然后送上市场去换取更多货币；或者直接改用货币地租形式榨取农民。不论形式如何，其结果都是使地主的自然经济日益破坏。农民阶级则为缴付地主阶级日增不已的"勒索"，被迫要把更大部分的产品送上市场，而他自己又由于家庭手工业被摧残需要向市场购用某些日用的"洋货"，于是农民的自然经济也在日就破坏。这样，原来在某种程度上处于自然状态的农民经济和地主经济就更多更普遍地被商品经济的浪潮卷入进去。与手工业品的命运相反，原料却由于外国侵略者的劫夺而兴盛起来，如台茶就因"自开口以后，外商云集"而盛③，上海的棉花也因"西人自为采售"而繁盛。农产品被大量地送上市场而趋于商品化是有利于商品经济发展的；商品经济的日益发展意味着自然经济的日益瓦解和破坏，客观上又为资本主义造成了商品市场。而那些遭受摧残而破产的大批农民和手工业者，则给资本主义造成了劳动力市场。因此，外国资本主义的侵入，正如毛泽东所说："不仅对封建经济的基础起了解体作用，同时又给中国资本主义生产的发展造成了某些客观的条件和可能。"④

这里，必须指出，商品经济对自然经济所能起的作用，仅仅如此，它还不能完全"根除"封建经济。要完全替代这种旧有经济，那只有在大机器生产出现时才有可能，正如马克思所说："大工业才用机器给予资本主义农业以不变基础，才彻底把可惊的多数农民剥夺，才完成农业与农村家庭工业的分离，把农村家庭工业的根底——纺纱业与织布业——根除。"⑤然而，在当时中国却因外

① 《湖北通志》卷二四物产三。
② 《民国佛山忠义乡志》卷六实业志，工业。
③ 连横：《台湾通史》卷二七，页444。
④ 毛泽东：《中国革命和中国共产党》，《毛泽东选集》第二卷，页596-597。
⑤ 马克思：《资本论》第一卷，页946。

国资本主义的侵入而不能兴起自己的大工业，使中国资本主义获得独立正常的发展，相反地造成了与外国资本主义相联系的半殖民地经济。外国资本主义侵入中国的目的，正在于此。

其次，鸦片的大量输入也造成极有害的影响。鸦片不仅"使得其财政与货币流通情况极为混乱"[①]，而且也直接危害社会，刘韵珂在致金陵三帅书中描写浙江黄岩遭受烟毒的情况说："黄岩一县，无不吸烟，昼眠夜起，杲杲日出，阒其无人，月白灯红，乃开鬼市。通商之后，烟禁大开，鬼市将盛。"[②]实则不仅一地如此，其他亦可想见。

工业品和鸦片的大量输入，纵使中国有日益增长着的茶、丝等合法的输出品，也未能抵补逆差，因此必然有大量白银外流，就造成了中国社会上"银贵钱贱"的严重现象。在鸦片战争刚结束的 1842 年，银一两可兑钱 1572.2 文，以后连年上增，到 1849 年一两已可兑 2355 文了[③]。银钱比价差额的增大，严重地影响了中国的财政金融和国民经济。道光二十五年清户部在"奏议银钱出纳章程"中指出，由于银价过昂，而使"关税""盐课""捐输"都发生困难，甚至还因加征而激起对抗，"如湖南，湖北之耒阳、崇阳及近日福建之台湾，浙江之奉化，百姓滋事，皆因州县征收加重所致"[④]，并提出解决这一问题的建议。咸丰元年曾国藩奏折中也说："昔日两银换钱一千，则石米得银三两，今日两银换钱二千，则石米仅得银一两五钱，昔日卖米三斗输一亩之课而有余，今日卖米六斗输一亩之课而不足。"[⑤]这些资料证明，"银贵钱贱"不仅给封建政权造成财政金融的困难，而且也造成农民生活的日益穷困。农民在穷困生活中再分担战争中的军费和战后的赔款，便迫使他们不得不在最后走上破产的道路，增加了封建社会危机的一些因素。

二

马克思在《对华贸易》一文中说："五大商埠的开放及香港之占有，结果只是使商业中心从广州移至上海，其他的'通商'口岸不能上算。"[⑥]这是指英国

---

① 《马克思恩格斯论中国》，页 93。
② 《刘玉坡中丞致伊耆牛大人书稿》，《鸦片战争》（中国近代史资料丛刊）Ⅲ，页 362。
③ 严中平等编：《中国近代经济史统计资料选辑》，页 37。
④ 户部奏银钱出纳章程（公文类钞），《鸦片战争》（中国近代史资料丛刊）Ⅵ，页 304。
⑤ 曾国藩：《备陈民间疾苦疏》（咸丰元年十二月十八日），《曾文正公奏稿》卷一。
⑥ 《马克思恩格斯论中国》，页 146。

对华贸易发展情况而言。五口通商对于中国社会仍有其一定影响。

在江宁条约第二款中规定英人可在五口有居住通商、设置领事之权；中英通商善后条约第六、七款中又载明英商可在五口"议定界址"，租赁房地居住。这样，外国侵略者便可据此来扩大他们的侵略范围。五口之中，除广州系战前原设之通商口岸外，其余四口在 1843 年至 1844 年都相继开港，并与地方官吏交涉，要求划定区域作为"租界"。如以上海一地为例：上海自 1843 年 11 月 27 日正式开港后，其首任领事巴富尔（G. Balfour）即不满足于租赁中国官方指定的栈房暂居，而是积极图谋攫取一块据点，经与清苏松太道宫慕久商洽，最后于 1845 年 11 月 29 日订立了"土地章程"23 条，划定洋泾浜以北李家庄以南之地，租与英人建筑房舍和居住；次年 9 月 24 日又确定了四界即：东至黄浦江，南至洋泾浜，西至界路，北至李家庄，全部面积约 830 亩；这个章程的内容规定了许多于英人有利的条款，充分体现了英国的侵略意图。1848 年 11 月 27 日，又议定将"租界"面积扩大为 2820 亩[①]。美、法等国在上海也相继划定"租界"。"租界"一方面由于工业品、鸦片与原料的集散，市面也逐渐繁盛起来而成为外国侵略者的"经济中心"。葛元煦《沪游杂记》曾记载三国租界繁盛的情形说："三国租界英居中，地广人繁，洋行货栈，十居七八，其气象尤为繁盛，法附城东北隅，人烟凑密，惟街道稍觉狭小，迤东为闽广帮聚市处，美只沿江数里，皆船厂货栈轮船码头洋商住宅。"[②]这段资料虽然时间稍晚，但也反映了作为经济侵略中心的"租界"的日益发展的趋势。另一方面，"租界"又成为外国侵略者在华的"直接政治权力"。他们在"租界"内开始时就拒绝中国势力进入，继而便建立起一套独立于中国行政系统和法律制度以外的殖民地制度，特别是五十年代开始，他们乘太平天国革命运动之机，显然发挥了"租界"的政治权力。1853 年他们曾在上海与清政府勾结，共同镇压了小刀会起义，继又抵制、甚至进攻太平军，并乘机攫得海关收税权和在"租界"设立行政、财务、司法、警察各种政治机构的权利。这些政治权力反过来又直接帮助了经济侵略，并凭借这些权力为非作歹，恃强逞凶[③]。因此，"租界"的划定不仅是单纯地为外国人划定一块居留地范围，而且是破坏中国主权的一种政治与经济相结合的侵略。这种侵略具体地体现了中国近代社会所谓"半殖民地"的涵义。

外国侵略者又利用口岸进行各种犯罪活动，大批的侵略分子在口岸和附近

---

① 参阅徐公肃、丘瑾璋：《上海公共租界制度》。

② 葛元煦：《沪游杂记》，《小方壶斋舆地丛钞》第九帙。

③ 姚文枏：《民国上海县志》卷十四，外交。

地区为非作歹，当时英国驻上海领事阿礼国（R. Alcock）也不得不承认这种事实说："来自各国的这群外国人，生性卑贱，无有效之管束，为全中国所诟病，亦为全中国的祸患，他们……放纵强暴，乃是欧洲各国人的渣滓。"[①]其最堪痛恨的是掠夺人口的罪恶活动。这种活动在战前已经开始。道光十九年八月间林则徐的一份奏折中曾较详细地揭露过这种罪行[②]。战后，外国侵略者把这套对待殖民地早已惯用的野蛮办法进一步在中国扩大使用，他们在上海掠捕乡民，凡"乡人卖布粜米，独行夷场（租界）者，辄被掠去，积数月竟失数百人"[③]，并在厦门公然设立掠夺人口的"公司"，掠夺人口去为他们进行非人的劳动以创造供他们剥削的财富。其残酷悲惨的情状，不忍卒闻。李东沅在《论招工》一文中描述说："频年粤东、澳门有拐诱华人贩出外洋为人奴仆，名其馆曰招工，核其实为图利，粤人称之为买猪仔。夫曰猪则等人于畜类，仔者微贱之称，絷其身而货之，惟利是视，予取予携……且粤省拐匪先与洋人串通，散诸四方，投人所好，或诱以资财，或诱以阗赌，一吞其饵，即入牢笼，遂被拘出外洋，不能自主，又或于滨海埔头，通衢歧路，突出不意，指为负欠，牵扯落船，官既置若罔闻，绅亦不敢申诉，每年被拐，累万盈千，其中途病亡及自寻短见者不知凡几，即使抵埠，悉充极劳苦之工，少惰则鞭挞立加，偶病亦告假不许，置诸死地，难望生还。"[④]容闳于1855年在澳门也曾看到"无数华工以辫相连，结成一串牵往囚室，其一种奴隶牛马之惨状，及今思之，犹为酸鼻"[⑤]的惨景。外国侵略者掠夺人口的这种暴行，是与资本主义的剥削、侵略本质相联系的。马克思曾说过："没有劳动者（即没有奴隶制度），资本是定然会消灭的。"他又分析说："资本主义生产的大美点，是在这里：它不但把工资劳动者当做工资劳动者不断再生产出来，并且比例于资本的积累，不断生产出工资劳动者的相对的过剩人口。"因为只要有这种"过剩人口"，那么"劳动的需要和供给法则，由此得以保持正常的轨道；工资的变动，由此得以被拘束在利于资本主义剥削的限界内；最后，一个这样不可缺少的条件，劳动者对于资本家的社会从属性，也由此而确保了"。这个问题，在殖民地的开拓上尤具有特别意义。在殖民地上，虽然多数劳动者都是成人，绝对人口的增加比母国远为急速，"但劳动市场还是

---

① 严中平：《五口通商时代疯狂残害中国人民的英美"领事"和"商人"》，1952年6月20日《进步日报》史学周刊第76期。

②《鸦片战争》（中国近代史资料丛刊）Ⅳ，页169。

③ 黄钧宰：《金壶遁墨》卷四。

④ 葛士濬：《皇朝经世文续编》卷八六刑政三。

⑤ 容闳：《西学东渐记》，页115。

常常感到供给不足，劳动供求法则破坏了"①。资本虽然能不从旧世界投进来，但劳动者却不容易。因此资本主义侵略者就要到世界上"落后"地区，包括中国在内，去掠取人口，以保持他们的劳动供求法则，延续其血腥的资本主义历史的发展。

五口开埠以后，也影响了有关地区的人民生活。战前，对外贸易，一直在广州进行，因之在广州附近和在从广东通往内地去的粤湘大道上有许多依靠对外贸易为生的劳动者，这些人的数目据容闳估计"不下十万人"②。如果再加上与它有关的行业和依附他们为生的人数在内，当不下百万人。五口通商以后，由于"广州商利遂散于四方"③，而使这些人中的大部分生计维艰，而不得不走进流浪者的队伍中去。又如"福建之漳州、泉州、兴化、福宁与浙江之宁波、台州、温州等府，地多滨海，民鲜恒业，沿海编氓，非求食于网捕，即受雇于商船"；但是"自外夷通商以来，商船大半歇业，前之受雇于该商者，多以衣食无资流而为匪"④。厦门贩海之船，原来有"透北、过台、出洋、广拨四项货船"，但"自五口通商以后，洋船所贩之货，即系出洋、广拨两项船只所贩之货，以致出洋、广拨二船，收帆歇业"⑤，船户因而失业。

失业的手工业劳动者、湘潭与广州间失业的运输工人、沿海的失业居民和船户，再加上那些从土地上被赶出来的更多数的农民，形成了一大群失业的劳动者。这些人一方面"给资本主义造成了劳动力市场"⑥；同时，其中的一部分将逐渐组成为一支威胁封建统治的流浪者阶伍，有些人将来还参加了革命运动。

外国侵略者在各通商口岸又物色了一些战前和他们曾发生过一些关系的人做"买办"，当时称为"通事"。这些买办商人的前身就是原来给外国人作交易中介人并兼管他们商业事务的人⑦，过去人数不多，经济力量也很薄弱，在社会上还不起什么用。战后，外国侵略者继续选择他们代理各口岸的商务，推销商品，搜购原料。他们是资本主义侵略中国的产物，是为侵略者服务并受侵略

---

① 本段引文据马克思：《资本论》第一卷，页 970-972。

② 容闳：《西学东渐记》，页 54。

③ 彭玉麟：会奏广东团练捐输事宜奏，《彭刚直公奏稿》卷四。

④ 闽浙总督刘韵珂片，《史料旬刊》第 36 期，地页 319-320。

⑤ 道光二十七年二月丙子上谕引刘韵珂奏，《东华续录》道光五五。

⑥ 毛泽东：《中国革命和中国共产党》，《毛泽东选集》第二卷，页 621。

⑦ 买办商人的来源可参阅道光二十八年两广总督徐广缙等奏中所述的内容，《道光朝筹办夷务始末》卷七九，页 28-29。

者豢养的一些人。他们靠着外国的经济侵略而发"百无一失"的大财，所谓"顷刻间千金赤手可致"①。这些买办商人后来有一部分向新式企业进行投资而成为中国资产阶级的一个组成部分。这些买办商人随着外国侵略势力的日益加深而日益扩大，最后由商业买办扩大到金融买办、矿山买办、工业买办，由经济买办扩大到政治买办、文化买办而形成为中国近代社会里的一个反动阶级——买办阶级。

外国侵略者为了大量地输入工业品和鸦片、输出原料，就在战后造成通商口岸"每岁番舶云集"的盛况，外船来华数字有了显著增加，如1833年外国商船在广州进口的有189艘，1845年即增达302艘。这些船只经常需要修理，同时，他们为要扩大输出入并图谋攫取中国的航运权，又需要添造些船舶，因此便在口岸附近开始设立外国资本经营的船舶修造业，其中最早的是1845年英国大英轮船公司职员柯拜在广州所建立的柯拜船坞（Couper Dock）。另外英国资本还在1843年于上海经营了墨海书馆（London mission society press）、1850年于上海经营了字林报馆（North China Herald ofrice），美国资本也在1845年于宁波经营了美华书馆（Mai Hwa printing office）等印刷业②。这些企业规模虽然不太大，但它是战前所没有的。这些企业吸引了一部分中国的劳动者，这就是中国近代无产阶级产生的开始。这正如毛泽东所说："中国无产阶级的很大一部分较之中国资产阶级的年龄和资格更老些，因而它的社会力量和社会基础也更广大些。"③

五口开埠后，使某些口岸跃兴，成为新的商业中心。战前，内地商业有"四聚"之盛，对外贸易则广州独擅其利；战后，上海由于"道光间，中外互市"成为"通商总集"④。它不仅是一个"南北转输，利溥中外"⑤的商业城市，而且还具备了各种与商人有关的行业，如客栈、饭馆、舞榭歌台、秦楼楚馆等的兴起，供给商人生活必需和游兴挥霍。城市中的居民也复杂起来了，不仅有"南闽粤，北燕台天津"的商旅，也有"出外洋，往各国"的商旅，因之"轮船到埠，各栈友登舟接客，纷纷扰扰，同寓之人，亦五方杂处"⑥，各地区的人都涌到这个城市中来进行活动。除了商人以外，上海有很多粤东、宁波之人，靠

① 王韬：《瀛壖杂志》，《小方壶斋舆地丛钞》第九帙。
② 参阅孙毓棠：《中日甲午战争前外国资本在中国经营的近代工业》，上海人民出版社版。
③ 毛泽东：《中国革命和中国共产党》，《毛泽东选集》第二卷，页597。
④ 葛元煦：《沪游杂记》，《小方壶斋舆地丛钞》第九帙。
⑤ 王韬：《瀛壖杂志》，《小方壶斋舆地丛钞》第九帙。
⑥ 葛元煦：《沪游杂记》，《小方壶斋舆地丛钞》第九帙。

在"船厂、货栈、轮舟、码头、洋商住宅……计工度日"①。一批破产的游民涌进来了,绝大多数没有一定职业,在城市中流荡,或则"遇事生风",或则"串诈乡民孤客,或乘局骗,或无债取偿"②,靠此维持生活。城市中的风气也有所改变,一般的趋向于奢靡,所谓"风俗日趋华靡,衣服僭侈,上下无别",而"负贩之子,猝有厚获,即御貂,炫耀过市","衙署隶役,不著黑衣,近直与缙绅交际酒食,游戏征逐",更不为一般人所习惯;但它却表明了旧的封建的上下有别的等级关系已经开始破坏,负贩之子既可以炫耀过市,衙署隶役也可以脱掉标志自己身份的服装,穿上华服与上层的缙绅先生交往,而缙绅先生们也肯纡尊降贵和他们来往而"恬不为怪"③,正表明了这个新的商业中心的一种新变化。

三

战后,由于战争的直接或间接影响,封建剥削乃日益加重,从而,促使土地日益集中。

首先,这次战争给人们带来了极大的直接祸害。它不仅使战火所及的地区,如江苏、浙江的沿海州县,因进行战争而"转徙流离,耕耘失业"④,就是一些非战区也受到波及,例如湖北本是内地省份,但也因"粤东不靖,大兵自北而南,军书旁午,露布星驰无旦夕,官吏征民夫递送,军装、钱漕、力役,三政并行,追呼日迫,卖儿鬻女,枵腹当差,道殣相望,流离之状,令人恻然"⑤。这次战争又耗费了巨额战费,如直隶省,从道光二十年七月至二十一年正月,仅因"海口防堵"所需各费,即用银达"三十六万九千余两"⑥。又如广东省是直接进行战争省份,从道光二十一年正月至二十二年四月即共耗银四百余万两,其逐次呈报数字表列如下:⑦

---

① 葛元煦:《沪游杂记》,《小方壶斋舆地丛钞》第九帙。
② 葛元煦:《沪游杂记》,《小方壶斋舆地丛钞》第九帙。
③ 王韬:《瀛壖杂志》,《小方壶斋舆地丛钞》第九帙。
④ 道光二十二年七月戊申上谕,《东华续录》道光四十六年。
⑤ 邓文滨:《醒睡录初集》卷二,苦雨(申报馆本)。
⑥ 道光二十一年三月庚子直隶总督讷尔经额奏,《道光朝筹办夷务始末》卷二五,页28。
⑦ 资料来源:道光二十一年十一月辛未祁墳等又奏,《道光朝筹办夷务始末》卷四〇,页32;道光二十二年三月壬子祁墳等又奏,同上卷四五,页33;道光二十二年六月戊寅祁墳等又奏,同上卷五二,页36。

时　间	用银数
道光二十一年正月二十三日至四月二十四日	1074000 两
道光二十一年四月二十四日至十月十五日	1671000 两
道光二十一年十月十五日至道光二十二年二月八日	1157879 两
道光二十二年二月九日至四月底	594100 两
共　计	4496979 两

其中从道光二十一年正月二十三日至次年二月八日仅一年零十余日，即共用银 3902879 两，然而广东省在道光二十一年全年地丁实征数则为 1136889 两①。换言之，道光二十一年广东省所耗战费已达本省地丁总数 3 倍余；更有甚者，许多地方官吏还乘机来加派和勒捐军需，道光二十二年，湖广道监察御史吕贤基在其指陈弊政的奏折中曾揭露官吏乘战争机会进行勒索的情形说："……比年以来，地方官不能上体圣意，每于近海之区，借防堵以派费，于征兵之境，借征调以索财，以及道路所经，辄以护送兵差，供给夫马为名，科敛无度，近闻湖北、湖南、安徽等处，皆有加派勒捐之弊，又闻直隶、山东亦然。"②

这些战争所造成的耗费，毫无疑问，主要都要由农民来负担；战后，又把大量的赔款转嫁到农民身上。于是，沉重的负担，就把农民向穷困、破产以及离开土地的道路驱送。

其次，由于外国资本主义的侵入，促进了中国城乡商品经济的发展，"货币"具有了重要的意义，农民遭到更多样的剥削。外国工业品和鸦片的输入，刺激了地主阶级的贪欲，他们要获取和贮藏货币以备购买工业品、鸦片不时之需的心炽烈起来，或者多索农民的剩余产品去换更多的货币，或者直接向农民以货币地租的形式进行剥削，二者都便于地主到市场去购买需用品和奢侈品而使它的经济卷入商品经济之中。农民的生活，在战前能维持最低标准的已不很多，章谦在《备荒通论》一文中曾根据农民的生产必需支出、缴纳地租、春耕时的高利借债、秋收时的贱价卖谷等项目折算后，得出了一个结论，即农民"得以暖不号寒，丰不啼饥而可以卒岁者，十室之中无二三焉"③。战后，情形尤为严重。一方面，农民要忍受由于货币地租流行所加予的痛苦，如"地丁"是清政府税收中主要的一项，它的征收数在战后年有增加，据王庆云《石渠余纪》

---

① 王庆云：《石渠余纪》卷三。
② 《道光朝筹办夷务始末》卷四五，页 17。
③ 贺长龄辑：《皇朝经世文编》卷三九，户政。

记载，道光二十一年至二十九年间几个年份全国的地丁征数如下[①]：

道光二十一年（1841）　　29431765 两

二十二年（1842）　　29575722 两

二十五年（1845）　　30213800 两

二十九年（1849）　　32813340 两

这是需要用货币来缴纳的，同时官吏在征收税收时所额外勒索的"帮费"也用货币，这就是当时所谓"帮费必须折银，地丁必须纳银"[②]的实际情况，再加以"田主征租只取折价"[③]情形的普遍，于是农民需要有更多的货币来应付。然而农民"力田所得者米也"，于是便要"持米以售钱"。当农民挑米上市求售之际，偏又遇到由于资本主义侵略和封建主义剥削所造成的"银贵钱贱"的不幸，于是出现了"米价苦贱""银价苦昂"的两种极端[④]。从这里可以看到终年劳苦的农民将肩负更多的产品（主要是农产品），拖着沉重无力的步伐到市场求售，去接受另一种剥削的悲惨图画。另一方面，农民由于剥削阶级货币贪欲的增长和外国资本主义的搜刮原料，促使其农产品的日益商品化，而至于受商业资本的控制与剥削。战后，农产品与商业资本关系即日见其密切，如福建的农民，已在种植其他作物而外，还生产某种数量的蔗糖，到春天，农民"把糖运到最近的一个海口去卖给商人，商人则在东南季候风的季节，把糖运到天津或其他北部港口去，至于他欠农民的糖价，一部分用现金支付，一部分则用带来的北方的棉花来归还"[⑤]。王韬在《瀛壖杂志》中记载上海附近木棉贩运的情形说："沪人生计在木棉，贩输运及数省，且至泰西各国矣。在沪业农者罕见种稻，自散种以及成布，男播女织，其辛勤倍于禾稼而利亦赢。"又说："粤则从汕头，闽则从台湾运糖至沪，所售动以数百万金，于沪则收买木棉载回。"[⑥]葛元煦的《沪游杂记》中说："松沪土产以棉花为大宗……交冬棉花尤盛，行栈收买，堆积如山。"[⑦]内地情形亦然，道光二十二年，左宗棠在《上贺蔗农先生书》中说到湖南安化的情形是："安化土货之通商者，棕、桐、梅、竹而外，惟茶叶

---

① 王庆云：《石渠余纪》卷三。

② 曾国藩：备陈民间疾苦疏（咸丰元年十二月十三日），《曾文正公奏稿》卷一。

③ 王韬：《瀛壖杂志》，《小方壶斋舆地丛钞》第九帙。

④ 曾国藩：备陈民间疾苦疏（咸丰元年十二月十三日），《曾文正公奏稿》卷一。

⑤ 1852 年 3 月密切尔报告书，见严中平：《英国资产阶级纺织利益集团与两次鸦片战争史料》，《鸦片战争史论文专集》页 72。

⑥ 王韬：《瀛壖杂志》，《小方壶斋舆地丛钞》第九帙。

⑦ 葛元煦：《沪游杂记》，《小方壶斋舆地丛钞》第九帙。

行销最巨，每年所入将及百万，一旦江湖道梗，则山西行商裹足不前，此间顿失岁计，有地之家不能交易以为生，待雇之人不能通工以觅食，今年崇阳小警，行商到此稍迟而此间已望之如岁矣，苟其一岁不来此，十数万人者能忍饥以待乎？"①湖北的棉花原来只行销本省和川滇等省，自开埠以后，由于"洋商争购"②，也扩大了销路。这些资料，一方面固然说明当时农产品商品化的发展情况，然而也包含着农民血泪的痛苦，商品更多送上市场，必不可免发生竞争，农民既担心滞销，只能无可奈何地忍受商业资本的剥削，于是除了少数生产条件好的渐渐成为农村中的富裕者——富农外，大多数却日渐贫困而破产。

最后，必须指出，在上述的二种剥削以外，农民还要遭受种种浮勒，各地方利用种种名目来加重剥削，如江苏就利用"催科之术"，"以帮费为名，捐款为词，假手书役，任意浮收，甚至每米一石，收米至三石内外，折钱至十千上下，每银一两，收钱至四五千文。……"③浙江又有"截串之法"，所谓"截串之法"，即"上忙而预征下忙之税，今年而预截明年之串"④。但是，这种浮勒，往往只是对待一般农民。绅富不仅不受影响，还可从中取利，如江苏"向来完漕，绅富谓之大户，庶民谓之小户，以大户之短交，取偿于小户，因而刁劣绅衿，挟制官吏，索取白规，大户包揽小户，小户附托大户，又有包户之名，以致畸轻畸重，众怨沸腾"⑤。农民已经被逼到无法负担的境地，但是如果不接受这种剥削，就要遭到官吏的迫害，道光二十三年耆英叙述江苏勒追的情形说："设有不遵浮勒之人，书役则以惩一儆百为词，怂恿本官，或指为包揽，或指为桠交，甚或捏造事端，勾串棍徒，凭空讦告，将不遵浮勒之人，横加摧辱。"⑥咸丰元年曾国藩叙述了更多的一些地方的情形说："州县竭全力以催科犹恐不给，往往委员佐之，吏役四出，昼夜追比，鞭朴满堂，血肉狼藉。"⑦重税、严刑和额外勒索的结果，浮勒可能满足，正税往往积欠。咸丰初年，任户部侍郎的王庆云在其《石渠余纪》中记载道光二十一、二十二、二十五、二十九各年各省地丁实征数都不足额征数⑧。道光二十八年上谕中也指出自道光二十年至

---

① 左宗棠：上贺蔗农先生（道光壬寅1842年），《左文襄公书牍》卷一，页25。

②《湖北通志》卷二四，物产三。

③ 道光二十三年耆英折，《史料旬刊》第35期，地页291-293。

④ 曾国藩：备陈民间疾苦疏（咸丰元年十二月十八日），《曾文正公奏稿》卷一。

⑤ 道光二十六年八月丙寅上谕，《东华续录》道光五四。

⑥ 道光二十三年耆英折，《史料旬刊》第35期，地页291-293。

⑦ 曾国藩：备陈民间疾苦疏（咸丰元年十二月十八日），《曾文正公奏稿》卷一。

⑧ 王庆云：《石渠余纪》卷三。

二十八年积欠地丁的正征缓征银已达"二千三百九十万余两"①。而更重要的结果是大多数农民被迫丢弃土地而"游离"出去，像苏松一带，素称富庶，但也"竟有以所得不敷完纳钱漕，弃田不雇者"②。另一些农民则饮鸩止渴地套上了高利贷铁桶。这种高利贷剥削非常残酷，当时的诗人金和曾以诗描写过南京附近的高利贷剥削情形说："今日与汝钱十千，明日与我三百钱，三百复三百，如此五十日，累累十五千"，如到期无力偿还，债主就"重者告官府，轻亦毁门户"，于是"借者叩头声隆隆，非我负公我实穷"，于是债主大乐，同意续借，并称"汝宜感我我非虐"③。其结局终于迫使债户丧失了他的主要生产资料——土地。总之，更多的农民从土地上离去了。

在上述的重重压榨之下，再加上十九世纪四五十年代，国内普遍发生灾荒④，于是成批成批的农民被剥夺了土地。这些被剥夺了土地的农民正如马克思所说那样，成为"像鸟一样无拘无束的无产者"⑤。他们或则涌进城镇去讨生活，如福建的延、建、邵三府，本不是什么大都市，但在道光二十八年也出现了"外乡游民麇集，佣趁工作"的事实⑥；或则参加了反抗的行列去求生路，十九世纪四五十年代普遍发生的抗粮斗争就是在一定程度上反映了这个问题。农民的大批离乡，说明了农民与土地的日渐分离，为土地兼并提供了可能，而当时商品经济的某些发展和货币地租的流行，又增加了土地所有者兼并土地的能力，这样就又进一步地促进了土地的集中。这种土地集中的状况，可从两方面得到反映：一种是由于农民在各种剥削和压迫下，陷于破产，纷纷出卖土地，形成地价低廉。道光末年，广西永淳县每年可收租一斗之田，仅值银八钱至一两三钱，地价低廉反映了集中速度之快⑦；另一种是出现大土地所有者，例如

① 道光二十八年十月丙辰谕，《东华续录》道光五八。

② 道光二十三年耆英折，《史料旬刊》第 35 期，地页 291-293。

③ 金和：《来云阁诗稿》卷一，《近代史资料》1955 年第 3 期，页 145。

④ 十九世纪四五十年代，国内遇到了极大的灾荒，灾区波及面甚广，灾情都相当严重，灾荒类别也很多。根据《东华续录》道光二十一年至二十九年的记载，几乎每年都有灾情，灾区几遍全国，种类包括有水、旱、雹、蝗、风、疫、地震、歉收等。其中大灾荒如道光二十七年河南在两次水灾后又遇到旱灾。在上谕中曾反映了灾情的严重情况，所谓"当此苦旱异常，小民颠沛情形，不忍设想"，"该省（河南省）亢旱异常，报灾几及全省"，"河南被灾甚广，亿万赤子，嗷嗷待哺"。二十九年浙江、安徽、湖北等省的大水灾，也是"灾区宽广"，"灾民荡析离居"（参见《东华续录》道光）。

⑤ 马克思：《资本论》第一卷，页 928。

⑥ 道光二十八年五月甲戌上谕引徐继畲奏，《东华续录》道光五七。

⑦ 《永淳县志·永淳治乱纪要》（钞本），转引自梁任葆：《金田起义前广西的土地问题》，见《历史教学》1956 年第 7 期。

广西贵县、桂平、平南等地，均有霸占大量土地的大地主①。大地主的出现反映了集中程度之严重。这就促使农民与地主阶级的阶级矛盾日益激化，成为战后主要的矛盾形势——农民阶级的斗争锋芒主要指向封建地主阶级。

地主阶级非常注意农民阶级斗争锋芒的指向。作为地主阶级政权的清政府采取了严厉镇压的方针，据《东华续录》的记载，几乎连年都有拿"匪"的上谕，并指使地主阶级组织武装与农民为敌。地主阶级组织力量的办法也比过去毒辣得多了，从广西桂平地主阶级制订的一份《安良约》内容看，比过去的保甲制更厉害。《安良约》的序言中反对过去的保甲制，认为："保甲一法，合一乡之富贵、贫贱、智愚、贤否而一以例之者也。其间品流错出，识见迥殊，骤合而使之联，是犹驱鸡鹜与鸾鹤同群，编虎狼与犬羊为伍，其不相习而互相猜也，彰彰明矣！"因此，他们主张"必先择其人之相类者，使为之会约，以坚其心"，使"才智之士，殷实之家（都是地主阶级分子），相与联络以为之倡率"。这样做"则愚懦之辈，有所依附而相引来矣；凶顽之徒，有所震慑而不敢逞矣。由是以富恤贫，贫者咸乐为富者助；以善改恶，恶者不能为善者仇"。由此可知，《安良约》的中心思想是要建立单纯的地主阶级核心力量，以之驾驭保甲制度，控制和驱使农民为地主阶级效劳②。有一部分掌权的地主阶级则公开他的凶残面貌，如湖南地主阶级代表曾国藩一方面杀气腾腾组织地主武装来镇压农民反抗，一方面连续通过信函批牍鼓动地主阶级杀人，他说："匪类解到，重则立决，轻则毙之杖下，又轻则鞭之千百，敝处所为，止此三科"，"吾身得武健严酷之名，或有损于阴鸷慈祥之说，亦不敢辞"③。另一些地主阶级则担心自己的阶级前途，忧心忡忡，如广西地主阶级代表龙启瑞曾担心广西的局势说："窃念粤西近日势情，如人满身疮毒，脓血所至，随即溃烂，非得良药重剂，内扶元气，外拔毒根，则因循敷衍，断难痊愈，终必有溃败不可收拾之一日。"④湖南地主阶级的另一个代表人物左宗棠于道光二十二、二十四年两次给贺蔗农的信中都谈到湖南和浙江局势的阢陧不安，感到了"一旦蠢动，祸在门庭"的危机⑤。地主阶级的这些行动和言论，显示出阶级斗争的异常尖锐化了。

总之，战后中国社会的阶级结构中闯进来一个压迫者——外国侵略势力。

---

① 广西太平天国文史调查团：《太平天国起义调查报告》，页 12。
② 黄体正：《安良约碑纪》，《太平天国起义调查报告》，页 99。
③ 曾国藩：《与徐玉山太守》，《曾国藩书札》卷一，页 39；《复欧阳晓岑》，《曾国藩书札》卷二，页 2。
④ 龙启瑞：《上某公书》，《经德堂文集》卷六，页 6。
⑤ 《左文襄公书牍》卷一，页 24-25、32。

但是，阶级矛盾的形成和作为主要矛盾形势是要有一定的过程和条件的。战后的外国侵略势力所到之处仅限五口，并且是需通过清政府以实现其侵略目的的。因之，它的侵入起了使原有的封建性矛盾激化的作用。马克思在《列强与太平革命》中论述了这一后果说："稳固的中国遇到了社会危机。赋税不复源源而来，国家濒于破产，大批农民变为赤贫。起义、大批杀戮皇帝的官吏和佛爷的和尚之举也开始了。"①这一论断指明了战后中国社会的阶级关系是以农民与地主阶级的矛盾为最主要的形式。

四

从上面三节的叙述中可以看出：

（一）战争以后，由于外国资本主义的侵入，进一步地破坏了中国自给自足的自然经济基础，这种情形固然给中国资本主义生产的发展造成了某些客观的条件和可能。然而，这种新的经济，却由于外国资本主义的摧残和本国封建主义的束缚而发展极其缓慢，势力极其薄弱。不过，社会经济终究是发生了变化。

（二）随着社会经济的变化，阶级结构和阶级关系也复杂起来，旧的农民阶级和地主阶级间的关系日益恶化；城市平民的数量由于外国资本主义侵入的破坏作用和封建削剥的加重而大为增加；无产阶级开始在外国企业中产生；买办商人在口岸出现；统治集团内部也由于战争危机的刺激而分化为抵抗派和投降派；并且外国资本主义势力也成为中国的新的压迫者。这些阶级和阶层分别组成二种势力：一种是以农民阶级、城市平民、无产阶级等组成为人民大众的新势力；另一种是外国资本主义势力、封建地主阶级和买办商人所组成的旧势力。它们是中国近代历史整个过程中对立斗争的两种根本不同的势力。那些由统治集团中分化出来的抵抗派，在民族危机的时候，倾向于人民大众，主张抵抗，在一定程度上相信和依靠"民力"。然而他们又直接参与镇压人民革命，站在旧势力的一边，它们成为前二种势力以外的一种中间势力。

社会经济和阶级关系的变化，在思想意识上也得到了反映。三种势力不仅对战争有着不同的反响，同时也都较为鲜明地表露出各自不同的思想体系。

战后，中国人民大众和外国资本主义及本国封建主义的关系出现了一种新形势，即官（封建主义）、民（人民大众）、夷（外国资本主义）之间的新形势。

---

① 《马克思恩格斯论中国》，页 212-213。

据当时的记载，这种新形势是："民犯夷则惟恐纵民以怒夷，夷犯民则又将报民以媚夷，地方官员，知有夷不知有民"①。对于侵略者的态度是"官则驭之以术，民则直行其意"②。从这里反映出封建统治阶级和人民大众对待外国资本主义侵略者的不同思想和不同态度。

中国人民大众具有一种抵抗外国侵略、反对封建统治者卖国投降的思想。这种思想在 1841 年广东省人民自发地进行第一次反侵略斗争中就开始表露出来，他们在所发之《广东义民斥告英夷说帖》中，斥责外国侵略者用"鸦片害我百姓，骗我银钱"的罪恶；揭露外国侵略者"所用火箭等物，全不中用"，以反击侵略者"自谓船炮无敌"的威胁；认定只要"我们万民约齐数百乡村，同时奋勇"，只要"数百万之众，志切同仇"，那么依然可以"不用官兵，不用国币，自己出力"③以打败侵略者。在这种思想指导下所进行的斗争，不仅使外国侵略者不敢报复，而且也教育人民群众"深知噗夷之不足畏"④。在说帖中把抵抗侵略的官吏如林则徐称做"林公""林大人"，把投降卖国的琦善指做"贪相"。从另外的记载中又看到，为义律解围的广州知府余保纯就被认作是"通洋卖国之尤"，终而由于"粤中清议，尤集矢于太守"而被迫去职⑤。战后，这种思想仍然指导人民群众继续在"社学"领导下进行各种斗争，如 1842 年的烧夷楼事件⑥，1845 年的逐知府斗争⑦，以及 1849 年声势浩大的反进城斗争等⑧。这些斗争都是人民群众愤于侵略者淫虐和无理要求而发生的⑨，其锋芒主要是指向外国侵略者，但是当地方官吏"但知庇夷而不知爱民"时⑩，那么反抗斗争的锋芒同时扫及这些卖国投降的地方官吏，这样，便使当时的斗争具有了反侵略反封建的性质。

---

① 《刘玉坡中丞致伊耆牛大人书稿》，《鸦片战争》（中国近代史资料丛刊）Ⅳ，页 361。

② 道光二十六年五月戊午两广总督耆英等奏，《道光朝筹办夷务始末》卷七五，页 37。

③ 《道光朝筹办夷务始末》卷三一，页 19。

④ 道光二十六年二月己亥掌湖广道监察御史曹履泰奏，《道光朝筹办夷务始末》卷七五，页 14。

⑤ 夏燮：《中西纪事》卷六，页 9。

⑥ 参阅道光二十二年十二月丙戌祁坫等奏，《道光朝筹办夷务始末》卷六四；道光二十三年六月十二祁坫等奏审明民人焚毁夷楼案由，《鸦片战争》（中国近代史资料丛刊）Ⅳ，页 193；梁廷柟：《夷氛闻记》卷五。

⑦ 参阅道光二十六年二月丁亥耆英等奏，《道光朝筹办夷务始末》卷七五；梁廷柟：《夷氛闻记》卷五。

⑧ 参阅道光二十九年三月庚寅徐广缙奏，《道光朝筹办夷务始末》卷七九；怡云轩主人：《平夷录》，《鸦片战争》（中国近代史资料丛刊）Ⅳ，页 410；梁廷柟：《夷氛闻记》卷五。

⑨ 道光二十二年十二月丙戌两广总督祁坫等奏称："……夷人词气傲慢，省城十三洋行，原住夷人，各水手亦每每欺侮平民，或乘醉抢取货物，或凌辱过路妇女，均经地方官当时弹压，尚未激成事端，而市民蓄怒已深，争欲得而甘心。"（《道光朝筹办夷务始末》卷六四，页 20）

⑩ 史澄：《光绪广州府志》，《鸦片战争》（中国近代史资料丛刊）Ⅳ，页 334。

人民群众在斗争中保持一种严明的纪律，如在烧夷楼斗争中，虽然满地都是洋货，但是"尽为百姓堆掷地上，无丝毫夺归己者"，在逐知府斗争中也是"虽贵玩丝毫不取"①。他们在斗争中发挥了很大的威力，由于反进城斗争中所表现的浩大的声势，遂使"诸夷结舌不能语。戒馆役黑夷，未黄昏即自闭前后户，市肆暂停交易"，最后还迫使英使文翰不得不送"请自后停止入城议之文"②而获胜。由于有这种思想指导的这种斗争，中国才没有灭亡。然而，必须指出，从这些斗争中也反映出，当时人民大众的思想水平还没有达到这样的程度，即认清清政府与地方官吏不可分的关系和他们卖国投降的一致性，因而他们把反侵略斗争的原因之一说成是"受天朝二百年豢养之恩"③，而反知府斗争的理由之一也是由于"彼将事夷，不复为大清官宦"④。但是，人民大众的反对清政府官吏卖国投降的思想却给后人一种显示，那就是中国近代革命必须同时担负反侵略反封建的双重任务。除了侵略者所到地区的这些斗争外，在全国范围内，尚有极广泛的以反抗粮捐为主的斗争存在。这种斗争虽然面对封建官吏，但从其参加者和发生斗争的原因看来，不容否认，它由于鸦片战争的影响而赋有了新的内容。参加这些斗争的有很多是流民无产者，其中大部分与会党有关，咸丰初年广西一个地方官吏严正基在《论粤西贼情兵事始末》一文中说："自嗅夷滋事以来，粤东水陆撤勇逸盗，或潜入梧浔江面行劫，或迭出南太边境掳掠。勾结本省土匪及各省游匪，行横陆水，势渐鸱张。至道光二十七八年间，楚匪之雷再浩、李元发，两次阑入粤境，土匪陈亚溃等相继滋事，小之开角打单，大之攻城劫狱，寝成燎原之势。……"⑤

文中所说"水陆撤勇逸盗""土匪""游匪"，正是在"嗅夷滋事以来"所形成的一些江湖流浪者，他们毫无疑问是属于流民无产者，他们大部分受到外国资本主义势力侵入的直接危害，他们所反对的大部分又是由于战后通过封建统治者所加上来的严重剥削——加粮加捐，同时清政府在对外战争中的庸懦腐朽又增强了反抗者的信心，这对广东人民反侵略反封建斗争的力量不能不有所影响，因而也就不能只把这个斗争视为纯粹的农民反抗，而是反映上述那种思想的一种反抗。这些反抗者，在太平天国起义后，太平军经过他们所在地区时（如

---

① 梁廷枏：《夷氛闻记》卷五。
② 梁廷枏：《夷氛闻记》卷五。
③ 广东义民斥告英夷说帖，《道光朝筹办夷务始末》卷三一。
④ 夏燮：《中西记事》卷十三，页2。
⑤ 葛士濬辑：《皇朝经世文续编》卷八一，兵政二十。

广西、湖南），绝大部分参加进去，使太平军势如破竹地胜利进军，担负起反侵略反封建的双重任务。中国人民大众的这种抵抗侵略反对卖国投降的思想，在太平天国革命、义和团反帝运动、辛亥革命各历史时期里，逐步得到丰富充实，成为中国近代历史上人民革命的思想路线。

封建统治阶级中的投降派在战争过程中，在卖国投降的思想支配下，不仅打击抵抗派，更压制人民大众的反抗，直接破坏人民大众的反侵略斗争，甚至故意歪曲和贬低这种斗争的作用。例如当三元里斗争正进行时，清靖逆将军奕山"先使县令往咨询，复着府官为弹压，示以已成和议，无得妄杀夷人"①。他在报告中又诬蔑这种斗争是"汉奸土匪在南海县属之三元里等村乘势抢劫"，而把斗争功绩掠称是他所派遣的"义勇绅士"所为②。另一个投降派耆英对于三元里斗争也深致怀疑说："必因三元里一战遽信为夷不足畏，民足御夷，究亦未可深恃"③。他又竭力申述"彼兵在船安生，施放炮火，直有不可响迩之势"和"我兵……大炮均已无存，兵械亦复不整"的卖国投降思想，以论证必须向英投降，并且担心如不投降，会"有一二不轨之徒，别萌逆谋，则攻剿更属不易"④。投降派更认为"粤患未已不在外，而在内也"⑤。因而对于战后广东人民的抗英斗争抱着敌对态度。当人民群众在烧夷楼斗争中包围夷馆时，他们"即饬地方文武前往稽查弹压"；在夷楼起火时，"又即亲往督率文武官调集水龙救护"；次日天明，又令"兵弁放枪，吓击围拿"，诬称人民是"匪犯"，"乘火抢取银物"⑥。耆英更公然奏称："近年以来，不惟滋扰府署与官为仇者，社学之人，不与其事，即焚毁公司馆与夷构衅者，亦并无社学之人。"⑦诬称烧夷楼事件"皆系无赖游棍及俗名烂崽等辈所为"⑧。这种卖国投降思想，一直由曾国藩、李鸿章、盛宣怀、袁世凯等买办军阀官僚继承下来，形成中国近代历史上反动的思想路线。

封建统治阶级中还有一部分抵抗派。抵抗派以林则徐、魏源等人为代表。他们在战前的思想与行动已具有一种不同于顽固守旧的开明思想，具有某些维

---

① 《军务记》，《鸦片战争》（中国近代史资料丛刊）Ⅳ，页38。

② 道光二十一年五月癸亥靖逆将军奕山等奏，《道光朝筹办夷务始末》卷二九，页23。

③ 道光二十六年五月戊午两广总督耆英等奏，《道光朝筹办夷务始末》卷七五，页37。

④ 道光二十二年六月己丑耆英等又奏，《道光朝筹办夷务始末》卷五四，页36-37。

⑤ 黄恩彤：《抚远纪略》。

⑥ 道光二十二年十二月丙戌两广总督祁等奏，《道光朝筹办夷务始末》卷六四，页20-22。

⑦ 道光二十六年二月丁亥耆英奏，《道光朝筹办夷务始末》卷七五，页37。

⑧ 道光二十三年六月甲申耆英奏，《道光朝筹办夷务始末》卷六六，页41。

新因素和进步倾向。后来，战争的失败，刺激了他们；人民的抵抗活动，又促进了他们的思想。因此他们就发展了主张和同情抵抗的思想，具有一种同情抵抗，在一定程度上相信民力和探求新知的思想内容。并对于外国侵略者有一定的认识，有的还提出对政治、经济进行有限度改革的建议。林则徐开始认为外国侵略者是"紧一分则就绪一分，松一步则越畔一步"①。不久又进一步认识到"夷性无厌，得一步又进一步，若使威不能克，即恐患无已时，且他国效尤，更不可不虑"②。从这种认识出发，他主张必须抵抗，因而进行了种种设防③。为符合实际，还派专人刺探西事，翻译西书西报，开启了探求西方资本主义世界知识的风气。他在抵抗侵略过程中，总结了抵抗侵略者的要诀是"器良技熟，胆壮心齐"④，他曾经向清政府要求"制炮必求极利，造船必求极坚"。他主张动用关税来制造武器，却因此遭到朝廷"一片胡言"⑤的训斥。林则徐思想中最为可贵的一点，是他在反对侵略的过程中逐渐在一定程度上能依靠民力，相信"号召民间丁壮，已足制其命而有余"⑥。不过，林则徐终究还是封建政权中的一个大官僚，他不可能与封建统治阶级完全脱幅，因而也就不能坚决地反对投降派，以致使自己的反抗侵略计划遭到失败。然而，他对于抵抗侵略总还是不忘于怀，在获谴被戍途次曾致书友人称："逆焰已若燎原，身虽放逸，安能委诸不闻不见？……"⑦又如魏源在鸦片战争失败的刺激和林则徐的影响下进一步发展了自己原有的有维新倾向的思想，他主张正式向西方学习，实行开矿、铸币、造船、练兵等事，反对清政府禁止开矿的政策，认为开矿有利无害，"将见银之出不可思议，税之人不可胜用，沛乎如泉源，浩乎如江河"，"有矿之地，不惟利足以实边储，且力足以捍外侮"⑧。可见他的学习西方的目的之一，是为抵抗外国侵略。魏源又鉴于当时与外国侵略者势力不相敌，因而主张采用"以守为战"的战略，其具体办法有二："一曰守外洋不如守海口，守海口不如守内河；二曰调客兵不如练土兵，调水师不如练水勇"⑨。这种主张一方面可以弥补当时中国没有坚船利炮的缺憾，一方面又在一定程度上反映了他的要求组织

---

① 道光十九年十月甲申林则徐等奏，《道光朝筹办夷务始末》卷八，页 27。
② 道光二十年九月丙辰林则徐又奏，《道光朝筹办夷务始末》卷十六，页 21。
③ 魏源：《圣武记》卷十《道光洋艘征抚记》上，申报馆本。
④ 林少穆制府遣戍伊犁行次兰州致姚春木王冬寿书，《鸦片战争》（中国近代史资料丛刊）Ⅱ，页 569。
⑤ 道光二十年九月丙辰林则徐又奏，《道光朝筹办夷务始末》卷十六，页 21。
⑥《林文忠公政书》使粤奏稿卷一附呈谕夷原稿并夷禀二件。
⑦ 林少穆制府遣戍伊犁行次兰州致姚春木王冬寿书，《鸦片战争》（中国近代史资料丛刊）Ⅱ，页 569。
⑧ 魏源：《圣武记》卷十四。
⑨ 魏源：《海国图志》卷一。

民力进行抵抗的思想。他感到要抵抗外国侵略，必须先自求富强，因此提出"以治内为治外论"以求强，主张整顿中国武备，特别是沿海的国防，并建议学习外国技术，使"西洋之长技尽成中国之长技"，因为只有这样，才"虽有狡敌，其敢逞？虽有鸦片，其敢至？虽有谗慝之口，其敢施？"[①]他又主张在造船局、火药局中，除生产武器外，还可以用机器生产一些"有益于民用"的产品，并且反驳了地主阶级顽固派认为机器是"奇巧淫技""形器之末"的看法[②]；同时又主张增加银和粮的收入[③]，以达到求富的目的。1842 年，他在缅怀清朝统治者镇压人民起义的"武功"和有感于外国侵略者的"海警沓至"的心情之下而作《圣武记》十四卷，写作的目的是使中国"物耻足以振之，国耻足以兴之"[④]。遭受外侮而要求振兴，这是反抗侵略的进步思想，但其憧憬的却系过去统治者镇压人民起义"武功"的盛世，又是维护封建政权的落后思想。在《圣武记》中，他写下了一卷《道光洋艘征抚记》，较为翔实地记载了当时中国反抗英国侵略的鸦片战争的全部经过。在《军储篇》中又提出自己的思想见解。1846 年，他又根据林则徐和他自己所搜集的有关资本主义世界知识的材料写成了《海国图志》六十卷，此书之所以作，据魏源自己说是："为以夷攻夷而作，为以夷款夷而作，为师夷长技以制夷而作"[⑤]。书中较系统地介绍了外国历史和地理的知识，对于资本主义世界也有一定之了解，即如描述英国是一个"四海之内，其帆樯无所不到，凡有土有人之处，无不睥睨相度，思脧削其精华"[⑥]的国家，完全道出了这个资本主义国家在世界各地寻求殖民地，进行侵略的本质。他在书中提出了抵抗侵略的计划和许多改革主张。魏源这种抵抗侵略、探求新知的思想，在谋求国家独立富强，鼓吹新的生产力和力图改良旧制度这些问题上是有进步意义的，不过这是一方面；魏源的思想尚有另一方面，他抵抗侵略的目的是使这个封建国家恢复过去的声威，能够成为"一喜四海春""一怒四海秋"，"四夷来王"[⑦]的天朝上国，他主张组织民力的企图是使"沿海少无数之械斗，中原收无数之枭匪……以毒攻毒，毒去而药力亦销"[⑧]，是企图通过抵抗外国

---

① 魏源：《圣武记》卷十。
② 魏源：《海国图志》卷二。
③ 魏源：《圣武记》卷十四。
④ 魏源：《圣武记》序。
⑤ 魏源：《海国图志》序。
⑥ 魏源：《海国图志》卷五二。
⑦ 魏源：《圣武记》序。
⑧ 魏源：《海国图志》卷一。

侵略来消灭人民大众的反抗力量。后来，他甚至亲自参与镇压太平天国革命，1853 年在他任江苏高邮州知州时，曾"首创团练，视督巡防，设长以稽来往，守隘以遏窜突，添驿以通声气，侦探以窥敌情，重赏以作士气，峻刑以靖内奸，旬日之间，诸务毕集"①。这种两重性就使他的反侵略计划和改良主张不可能实现。以林、魏等人为主的这种抵抗侵略和探求新知的思想，在六十年代以后由一些具有资本主义思想倾向的思想家如冯桂芬、郑观应、陈炽等继承下来；康有为、梁启超等的维新变法运动也接受了这种思想影响，形成了中国近代史上改良主义思想路线。

这三种不同的思想路线是在鸦片战争后，随着中国社会经济和阶级关系的变化，而在思想意识上反映出来的三种不同反响。

原载于《南开大学学报》1956 年第 1 期

【附记】

本文发表于 1956 年 6 月。11 月间，收到东北师大赵矢元先生对拙作的意见，当时适因胃溃疡住院治疗，未能及时复文。直至 1957 年始在学报上作了一个简略的答复。赵先生的意见主要是就两个问题进行商榷：一个是关于社学领导的斗争的性质问题；另一个是战后三条思想路线所涉及的某些问题。我除接受了能理解到的部分外，在复文中还对一些问题作了说明。本文在收入《鸦片战争史论文专集》（三联书店 1958 年版）时曾作了一些必要的修改，特缀数言，以志赵先生帮助之情。我和赵先生的往返商榷文稿两篇发表在《南开大学学报》1957 年第 1 期上。

原载于《中国近代史述丛》，来新夏著，齐鲁书社 1983 年版

---

① 魏耆：《邵阳魏府君事略》，《鸦片战争》（中国近代史资料丛刊）VI，页 436。

论林则徐的历史价值

林则徐是中国近代史开端时期中华民族的民族英雄。他以在政事、外交诸活动中所取得的业绩显示其应有的历史价值。

一、揭光荣之史篇

十八世纪中叶以后，英国侵略者以"鸦片"为手段来改变其对华贸易的入超地位，至十九世纪三十年代果然如愿以偿，达到了对华"贸易"的出超地位；但"鸦片"并不是一般的正当商品，它的输入，不仅严重地破坏中国的财政金融和人民的经济生活，而且还险恶地腐蚀和毒害中华民族的精神和躯体。它理所当然地激起中国人民的正义抵制，甚至在统治集团内部也围绕"鸦片"问题展开了激烈的论战。

在这样的社会剧烈变动中，林则徐毅然站到反对外国侵略者的前列。早在道光十二年的"胡夏米事件"中，他就非常警觉地注意到鸦片走私问题而采取了严厉的对策。次年，他在一份奏折中更非常明确地指斥鸦片输入是一种谋财害命的行为，并且"其为厉于国计民生，尤堪发指"①。表现出他反鸦片输入的鲜明态度。从此以后，林则徐不仅在言论上主张严禁，而且还在湖广等地推行严禁政策。他终于以"若犹泄泄视之，是使数十年后，中原几无可以御敌之兵，且无可以充饷之银"②的警句震动了道光帝的心弦，不得不授予他钦差大臣的职权，到广东去查禁鸦片和抵制外来侵略势力。道光十九年正月二十五日，林则徐抵粤，展开了轰轰烈烈的禁烟运动，迫使英国侵略者交出鸦片 19187 箱，又 2119 袋。并从四月二十二日（6 月 3 日）至五月十一日（6 月 21 日）近二十天内，林则徐亲临虎门，监销毒品。这一壮举宣告中华民族在面临外国侵略者欺辱时，不是俯首帖耳，任人宰割，而是奋然崛起，表现出一个民族应有的巍

---

① 《林则徐集·奏稿四》第 134 页。
② 《林则徐集·奏稿八》第 598–601 页。

然气慨。禁烟运动使伦敦市场发生"天色愁惨昏暗"的"扰乱"，茶丝和银行利息为之增长，纽约市场的银根出现前所未有的紧张。

英国侵略者不甘心于自己的失败，经过精心谋划，正式指令义律等积极破坏禁烟运动，并调兵遣将进行军事挑衅。道光十九年七月二十七日（1839年9月4日），中英之间终于爆发了九龙之战，接着又有穿鼻海战和官涌六役。至于1840年英国大量派遣侵略军只不过是这些军事挑衅的继续和扩大而已。

1839年6月的"禁烟运动"是以反对外国侵略者利用毒品毒害中国、侵略中国为主旨的爱国运动；9月的九龙海战是对英国侵略者军事挑衅进行抗击的英勇行动。它们都是中国近代史开端的重大事件，足以作为划分历史阶段的界标而无愧。因此，1839年，中华民族已以光荣而英勇的步伐迈入了近代，揭开了中国近代史的帷幕①。

鸦片战争确切点说，应该是"反鸦片战争"，而"禁烟运动"便是它的第一幕。因此，"禁烟运动"推行之始，实际上当时社会的主要矛盾已开始以封建的中国反对资本主义侵略者——英国的形式出现；并且这一矛盾已经发展到用战争这一解决矛盾的最高形式来解决的程度。当然，这种反对鸦片的斗争不能单纯地理解为反对鸦片，而是反对外国侵略者企图通过鸦片以求达到奴役中国为目的的反鸦片战争。中国近代史以反侵略斗争的业绩为其开端，这是中国近代史的光荣开始，也是中华民族历史上光辉的一页。而林则徐则是这一伟大的爱国抗击斗争中的主将，他因此而赢得"我国民主革命……从林则徐算起"②的评价。这充分显示了他揭开中国近代史光荣史篇的光辉历史地位。

二、扬民族之精神

林则徐从禁烟运动到抗击挑衅的一系列活动中，态度坚决，措施确当，无媚外惧外之态，有公忠体国之志，有谋有略，指挥若定，他之所以能取得辉煌业绩的主要原因之一是在实践中逐步树立了依靠民力的思想。他的这种依靠民力思想客观上在支持群众的抗英活动，从而振兴起中华民族固有的无畏精神。林则徐"知西人极藐水师而畏沿海枭徒及渔船蛋户"，而"所有沿海村庄，不但正人端士，衔之刺骨，即渔舟村店，亦俱畏其强梁"③。所以他决心号召民间

---

① 关于中国近代开端年代，我于五十年代就提出以1839年为标界，虽应者寥寥，但我至今仍持这一观点。
②《毛泽东选集》第五卷，第490页。
③《筹办夷务始末》道光朝，卷八，第6页。

丁壮，发挥他们对英国侵略行为的仇恨，组织火攻；在迫使义律缴销毒品时，原受雇的群众也纷纷离职，使外国侵略者的生活秩序混乱，不得不应命缴烟。虎门销烟时，美国船长弁逊和传教士裨治文等十人，心怀叵测地来窥伺情况，他们经过反复考察销烟过程和结果，只能承认"销化是真"，他们希望禁烟运动以中国官员借题贪污而中途夭折的梦幻彻底破灭，以致不得不向林则徐摘帽敛手"以表其畏服之诚"。

虎门销烟充分表现了中华民族不畏强权的精神，并以此壮举向全世界宣告中国人民的高尚情怀与纯洁意志。这正如范文澜教授所指出那样：

> 这一伟大行动（指禁烟运动）是以林则徐为代表，第一次向世界表示人民的纯洁的道德心和反抗侵略的坚决性，一洗百余年来被贪污卑劣的官吏所给予中国的耻辱。[①]

这种精神在反鸦片战争的整个过程和其后的种种活动中都鼓舞着中国人民进行反对外国侵略和统治者卖国投降的斗争。其震撼中外而表现中华民族无所畏惧的英雄气慨的莫过于道光二十一年四月初九日在广州近郊爆发的三元里"平英团"的抗英斗争。

道光二十一年四月初七，英军围攻广州后，即在广州城郊烧杀抢掠，无所不为，甚至挖坟掘墓、劫取财物、暴尸析骸、淫掠妇女，激起了当地居民的极大义愤。英军不仅不有所敛迹，反而变本加厉地肆行残暴，特别是对三元里一带村落更是"恣其淫掠，人人为之发指"，英国侵略者更进而派兵进扰，蓄谋残杀无辜，不意被三元里人民所围歼，遭到了惨重的失败。这次斗争遏止了英军得寸进尺的贪欲，大振了人民的正气，当时的新闻报道曾论其事，认为英军"自破虎门以来，鸱张豕突，玩易中国，未有如此受创者"[②]。在这次斗争中，反抗群众还发布了若干文告，其中《尽忠报国全粤义民申谕英夷告示》一文特别指斥英国侵略者："尔既枉称利害，何以不敢在林大人任内攻打广东？"[③]足证林则徐抗英精神的深远影响。

正是由于林则徐在禁烟运动和反鸦片战争中依靠民力，发扬民族精神，遂使广州地区在以后岁月中都能坚持抗敌行动，并且由于有林则徐这面镜子而使群众认清琦善、余保纯等人的卖国，反帝反封建卖国的斗争蓬勃开展。这种反

---

① 范文澜：《中国近代史》上。
② 黄钧宰：《金壶七墨》。
③ 《鸦片战争》（中国近代史资料丛刊）四，第18页。

侵略反卖国投降的思想，在以后的太平天国革命、义和团反帝运动和辛亥革命各历史时期里，逐步得到丰富和充实，充分体现中华民族的英勇战斗精神。这不能不推本溯源于近代史开端时期，林则徐对民族精神的提倡发扬。称林则徐以其言行扬民族之精神，洵无愧色。

三、树为政之楷模

林则徐浮沉宦海近四十年间所面临的政局正是清朝吏治腐败，政事颠顸因循之际。林则徐在入仕初期即已目睹官吏残民的恶行而以诗篇记其愤慨说：

> 呜呼利禄徒，字氓何少恩，所习乃脂韦，所志在饱温。色厉实内荏，骄昼而乞昏，岂其鲜才智，适以资攀援。模棱计滋巧，刀笔文滋繁，峻或过申商，滑乃逾衍髡。牧羊既使虎，吓鼠徒惊鹓，有欲刚则无，此际伏病根。①

林则徐在诗中鄙弃和谴责一味阿谀取容、阘茸颠顸、暮夜乞怜、寡廉鲜耻的利禄之徒，只不过是一伙羊群之虎，尖刻刁滑的害民贼而已。所以，他一反颓风，所至之处，关心民瘼，兴利除弊，惠民政绩，难以尽述，兹择例说明。

（一）兴修水利

水利河工是清朝吏治中积弊之一。林则徐早在嘉庆末年任监察御史时即曾清查南河工程拖延的弊端而获声誉，受到重视，先后担任官办江浙水利和督修南河河工重任，终以成绩卓著而提任河东河道总督。他接任之初即决心"破除情面"，"力振因循"，而达到"弊除帑节，工固澜安"的目的。他更超越俗吏的率由旧章，不局限于传统的文字指画，而采取较科学的图表指示，作施工依据，使全河形势"孰险孰夷，一览可得，群吏公牍，不能以虚词进，风气为之一变"②。

林则徐根据多年经办河工水利的实际经验，认识到兴治水利对农业生产的重要，因此他任官东南地区时的疏浚河道、开渠凿井、修塘筑堤无不卓著成绩。道光十九年，他更综括各种资料完成了一部有关农田水利的优秀著作——《畿辅水利议》。这一著作总结了历史上北方农田水利的经验并加以系统化，证明北

---

① 林则徐：《云左山房诗钞》卷二。
② 金安清：《林则徐传》，见《续碑传集》卷二四。

方可发展水田、栽种高产作物，改善人民生活。这一著作在当时和对后世都有过一定的影响。这一认识，在他遣戍回疆时犹未变初衷，如在赴吐鲁番途中见到当地民间水利设施——"坎井"，便认为有利于改变农田水利条件而加以改进推广。

（二）赈荒救灾

林则徐的政声有不少来自赈荒救灾的成绩。道光三年春夏之间，江苏由于长江中下游严重水灾的威胁，加以清廷和地主阶级的逼粮催租，某些地区发生了"聚众告灾，汹汹将变"的危机。林则徐时任苏臬，一面反对地方大吏的武力镇压，一面又采取了劝平粜、禁囤积、养耕牛等等救灾措施来缓和形势。这对处在灾情严重、吏治腐败痛苦下的人民，能稍有松缓，还是有一定意义的。道光十年，林则徐在赴江苏布政使任途中，目睹"民田庐舍在巨浸之中"，"灾民于沿堤搭棚栖止"的惨状，曾提出救灾十二项建议，并在江督陶澍支持下得到实施。林则徐救灾赈荒诸施政对发展生产、苏息民困、稳定社会等方面客观上起到了有利的作用。

（三）改善漕运

漕运也是清朝弊政之一，林则徐在道光十二年就任苏抚时就较全面地论述漕弊说："漕务已成痼疾，辗转生奸……不独州县之浮勒，旗丁之刁难，胥吏之侵渔，莠民之挟制，均为法所不宥。即凡漕船经由处所，与一切干涉之衙门，在在皆有把持，几乎无一可恕。……漕额愈大之州县，仓库愈不完善。其致弊之故，人人能言；而救弊之方，人人束手"。

林则徐针对这些痼疾，提出了一条既坚决而又灵活的原则建议，即"当执法者不敢以姑息启玩心；当设法者不敢以拘牵碍大局"[1]。并根据其长期的宦途阅历和经世学识提出四项纠正漕弊办法，即：正本清源、补偏救弊、补救外之补救及本源中之本源。每项下尚有具体解决办法，成为一篇完整的整理漕弊的重要文献。

（四）发展生产

革除弊端是林则徐为政的消极对策，而发展生产则是其积极措施。他很注

---

[1]《林则徐集·奏稿四》第43-44页。

重农业生产，推广新的农耕方法——《区田法》、龙尾水车和双季稻等等，都取得于民有利的效果。即使在西戍时期，依然奔波回疆，调查研究，开垦荒地，使新疆的"大漠广野，悉成沃衍，烟户相望，耕作皆满"①。但林则徐并未局限于以农为本。他在云南时认真地对待开矿问题，反对那些认为开矿会聚集乱民的观点，鼓励私人开采，提倡官督商办，并制定宽铅禁、减浮费、严法令、杜诈伪等四项章程，以整顿和发展云南的矿业生产。林则徐为了发展生产，对商品和商人的作用也有所认识，主张给商人以货款、免税和严禁需索等优惠条件以加速商品流程。

此外，在调协官民与民族间的关系，在国防建设上主张塞海两防，在吏治上的清理积案、积牍等等都表现了林则徐的卓异政绩。林则徐在宦海浊浪中，树为政之楷模，允称一代名臣。

四、开一代之风气

林则徐虽然长期接受封建教育，但他由于青年时期曾受教于福建经世学家郑光策和陈寿祺之门，研读过《天下郡国利病书》和《读史方舆纪要》等经世致用的著作，又曾亲至"通洋正口"的厦门观察和研究社会情态，所以并不自我封闭，而在一定程度上能接受外来事物并善加选择。在反鸦片战争中，他根据外交和军事的需要，网罗各种人才，开展对西书西报的翻译，除供自己参考外，还把某些部分附奏进呈给道光皇帝。他将英人慕瑞的《世界地理大会》译为《四洲志》，成为日后魏源撰《海国图志》的主要依据。

这些翻译西书西报的活动，虽然主观上为对付英国侵略者，供制定政策、办理交涉的参考，但却开启了对世界情况了解的风气，并从中发现某些值得注意的问题，如从所译资料中发现沙俄对中国的威胁。这些国际知识有效地促成了林则徐抗英防俄的国防思想，成为近代"防塞论"的先驱，并且推动了从十八世纪开始兴起的研究西北史地的研究风气。道光十九年十一月十一日，林则徐亲自在广州接见滞留广州的英国遇难船员15人表示慰问，并向他们宣传和咨询下列事务：探询英国本土是否已知中英间发生战争；指出鸦片危害，表达中国的禁烟决心；了解美国和土耳其情况以及邀请人员帮助修改译稿和致英王书等②。

林则徐以封建时代最尊贵的钦差大臣身份却公然翻译外书外报，探求海外

---

① 金安清：《林则徐传》，见《续碑传集》卷二四。

② 宾汉：《英军在华作战记》，见《鸦片战争》（中国近代史资料丛刊）五，第321-326页。

"奇技淫巧"的新知，更不惜纡尊降贵接待普通的英国遇难船员，搜访"洋情"，这在自我闭塞的清代中期，的确是难能可贵的惊人之举。这不能不说是一种违反封建体制的勇敢行为。这种行动证明林则徐的思想认识水平已远远超出了他的同代人。他的这种活动不仅在当时制定抗英策略和对沙俄窥伺野心预见上都发挥了重要作用，而且对近代的思想界起了重要启蒙作用，许多封建知识分子都在新风气影响之下纷纷起来探求新知，介绍西方，为古老的中华增添活力。魏源据《四洲志》而撰的《海国图志》、徐继畬的《瀛寰志略》、汪文泰的《红毛番英吉利考略》和梁廷枏的《海国四说》等等著述活动都是以林则徐的止足点作为自己的起步处，继承了林则徐探求新知的思想传统。十九世纪末的戊戌变法领导人康有为推崇林则徐的探求新知"为讲求外国情形之始"，而且在某种意义上说还进行了见诸实践的试验。从这些对当时和后代的重大作用与影响看，范文澜教授说"林则徐是清朝开眼看世界的第一人"，确是恰当的历史评价。林则徐开一代之风的辛劳，实不可没。

五、结语

林则徐在中国近代历史开端时期，以揭光荣之史篇、扬民族之精神、树为政之楷模和开一代之风气等四大功绩，赢得其应有的历史价值，而为后世所讴歌与尊崇。

原载于《鸦片战争博物馆馆刊》1991 年第 2 期

太平天国底商业政策*

一、太平天国底国内商业政策

太平天国揭开了中国民主主义革命的序幕，它的实际政策多是推动中国走向资本主义道路的。就其商业政策来看，表现得尤其明显。在最早的时候，太平天国根据空想的共产主义思想，以为：

> 盖天下皆是天父上主皇上帝一大家，人人不受私物，物归上主，则主有所运用，天下大家处处平均，人人饱暖矣。①

由此定出的商业政策是：

> 商贾资本，皆天父所有，全应解归圣库。②

这个政策要实行是不可能的，事实上也从来没有实行过。真正实行的商业政策，根据我现在所见到的材料，约略可以看出以下几点：

（一）轻税政策

清政府的税额是很高的，就船钞一项来说，道光六年（1826），"商船每只捐银二十两"③。咸丰初年，自仙女庙至瓜州路程不到百里竟设厘卡二十处，而其所征之税，又"视法定额增加数倍"④。太平天国则不然，它的商业税是：

> 船长一丈，抽税千钱，所载之货，分粗细货：粗货船长一丈，抽税钱二千，细货倍之，大率以盐、布、棉花、煤、米为粗货；丝绸、苏货为细

---

* 本文发表时署名"禹一宁"——本书编者注。
① 程演生：《太平天国史料》第一集中，《天朝田亩制度》。
② 张德坚：《贼情汇纂》卷十，《贼粮科派》。
③《清朝续文献通考》卷四六，《征榷》十八。
④ 呤唎：《太平天国外纪》卷中，页七二。

货。抽税之后，给以船票一张，如遇他军，可以验票放行，无票则没收之。①

由以上两种船钞比较看来，清政府每船征银二十两，而太平天国仅征一千钱，合银尚不到一两。可知清政府的苛征，而太平天国的轻税了。

太平天国的税务机构亦极良好，征税全按正当手续，绝不繁复苛索，其税局的"组织极公平正确而简单，每镇每村仅一所，货物之已纳税者，给予凭照，不再于他处科敛"②。

由于税制的良好，在太平天国境内商业得到相当的发展，如上海附近的情况，据姚铁梅说：

> （咸丰十一年）六月初一日，得胜港口新设抽厘卡子，南对叶榭港两面，各设卡房，停泊号船，除米、麦、丝、茶、洋药外，其余杂货每千抽五十文，空抽三百文，谓之"挂号"，于本日试行，据云每日可一二千金。③

这里除了规定米麦等不收税、洋药是禁品外，仅就杂货一项抽百分之五的税，每日就可收入一二千金，可见交易相当繁盛。同年，太平军在宜兴也有相似的情形：

> 市最盛者为大浦，左右设卡尤密，商贾云集，交易日数十万金，贼以为通省都会，流贼亦不敢扰，难民依大浦者，化居皆得厚利，一人在市，余悉坐视。④

在太湖西岸的大浦商业区，化居皆得厚利，则其商业兴旺情形可想而知，而造成这种商业兴旺的主要原因，就是"太平天国的税法良好，境内平安，农民购买力增强"⑤。

（二）公卖政策

太平天国不但允许民间很自由的贸易，而军队亦实行公营买卖，他们物品的来源不外三种：（1）一般人民拥护革命献纳的贡物，如 1853 年武昌设进贡公

---

① 凌善清：《太平天国野史》卷九，《食货关権交易》。
② 呤唎：《太平天国外纪》卷中，页九七。
③ 姚铁梅：《小沧桑记》卷上。
④ 郭廷以：《太平天国史事日志》，第 683 页引《宜兴荆溪县志》。
⑤ 范文澜：《中国近代史》，第 134 页。

所，人民争趋送金银钱米茶叶等[1]。（2）缴获敌人的物资[2]。（3）不遵守定章缴税被没收的物品。他们把这些来源不同的物品以较贱的价钱卖给人民，并且实行得很好，收效亦相当大，连《贼情汇纂》的作者也说：

> 贼之交易，颇足资贼，盖掳得百货，凡不济用者，或所掳过多者，皆于屯镇屯积，命三五贼目招徕交易，较常价倍减，乡民始犹疑惧，既见靡他，遂趋利争赴。或以钱买，或以米豆互易，不数日销售净尽，船载钱米赍送贼巢矣。百货之中，尤以淮盐及湖北布棉为大宗，载江淮之盐，运至兴口蕲黄，卖与民间，掳得湖北布匹、棉花，复卖与安徽江南百姓，物皆掳来，全无资本。似贡献掳劫科派而外，即此收入，亦复甚巨，大都交易多在已立乡官之处。[3]

公卖政策，不但在保证太平军的供给方面，有很大的作用，而且对于各地的货物供需，也起了相当的调节作用。

（三）保护政策

太平天国尽了很大的力气来保护商业，太平天国初起的时候就发布过："凡我百姓，不必惊惶，士农（《粤匪杂录》作"农工"）商贾，各安生业"[4]的告示。后来凡是革命队伍所到的地方，不但对既有的商业予以保护，不令人民惊惶，不要人民听信反动统治者的污蔑与造谣；而且革命军对于商业的交易又是"极有规则，非出相当代价虽一鸡蛋不妄取"[5]，而"每购什物，倍价奖之"[6]。严明的军纪正是很好地保护了商业的繁荣，当时钱塘人丁葆和曾经有一首诗说：

> 贾贩西溪市集兴，近乡不扰屋新增，地名大好称留下，七百年来宋谚徵。（原注：留下距城稍远，且通下河，米市、菜市，虽劫不废。）[7]

这一首诗是说明当时杭州乡间，在太平天国政权下虽然屡经战争，但商业依然不衰废的情形。太平天国境内其他地区，大抵与此相同，《太平天国外纪》

---

① 郭廷以：《太平天国史事日志》，第 203 页。
② 吟唎：《太平天国外纪》卷中，页一二六。
③ 张德坚：《贼情汇纂》卷十，"关榷"、"交易"。
④ 萧一山：《太平天国诏谕》，"万大洪告示"。
⑤ 吟唎：《太平天国外纪》卷上，页三九。
⑥ 《蛮氛汇编》，《金陵被难记》。
⑦ 谢兴尧：《太平诗史》，《丁葆和归里杂诗》。

曾有下面记载：

> 此小汽船（作者即在此船充一副船长）抵上海后，直驶内河，专往来上海及太平境内，以买丝为业……余等遇一重载之货船，细查之，满载现银，余怪而访问之，以为匪徒充斥，何能出此，则答曰：凡诋毁太平者，皆诳也，人以诳语欺外人之不知虚实者，使之不敢营业于太平境内而已，乃得专其利，计良狡矣。余重思其言，知其不妄，人所诋太平军者曰"捣乱"，曰"劫掠"，然太平军惟不事捣乱，故境内尚产丝，惟不事劫掠，故人尚敢携银入境也。余船储银四万两（约一万三千金镑）皆丝商之资本金也。①

太平天国境内，商业相当兴旺。当时的革命首都——天京，商店营业如常，许多买卖都集中在城外经营，百物俱备，叫做"买卖街"。

太平天国的商业这样发展下去，假如再真正实现干王洪仁玕对商业政策的建议："设新闻馆，以收民心公议，及各省郡县物价低昂……商农览之，得以通有无"；建铁路，造轮船，便利"搭客运货"；兴银行"大利于商贾士民"；奖励新发明，开设各种工厂与矿厂②。那么，中国确是可能走上资本主义道路的。

二、太平天国底对外商业政策

太平天国不但在国内实行了很好的商业政策，对于外国也是允许他们往来贸易的。不过太平天国具有崇高的民族自尊心，实行保护民族独立的政策，一切都是居于主动地位，绝不受外人牵制，更严格禁止鸦片进口。这和清政府对侵略者卑躬屈膝摇尾乞怜的卖国政策是恰恰相反的。

太平天国初期，就同意和外人建立商业关系，曾经声明过："彼此通商，理所当然"③。"无论协助我天军，或经营尔商业，均可随意出入我境内"④。对于"外国商人，一如兄弟"⑤，希望能在平等互惠的基础上，彼此往来贸易。

因为太平天国对外国有了明确的政策，外商也以为可以达到他们开拓东方

---

① 呤唎：《太平天国外纪》卷上，页二八。
② 洪仁玕：《资政新篇》。
③ 凌善清：《太平天国野史》卷二十，《载余·太平朝之外交》。
④ 程演生：《太平天国史料》第一集中，太平天国元年三月二十六日《杨秀清答英公使濮亨书》。
⑤ 郭廷以：《太平天国史事日志》，第750页。

市场的目的，所以交往颇盛，曾经有一个时期，"每日到埠（南京）之船，有五十艘之多"[1]。外国来华的商人，亦为数日增。

太平天国按照自己的需要来采购外国输入品。当时他们最需要枪炮、火药，就向外国采购这些东西。例如：

李秀成《复戈登书》称："至各人军装炮械，彼此皆知底细，你处图利，我处置办，听从通商，原无禁令，此时你处如有枪炮洋货，仍即照常来此交易。"[2]

容闳记述其目击的事实说："刘（太平军苏州军事领袖）复绍介予等晤四西人：四人中二美人、一英人、一法人……其二美国人，一为医生，一则贩卖枪弹者，因索价过昂，尚未成议云。"[3]

浙江乍浦太平军守将鸿天福陈某，与咶乐德克（英舰长）照会说："愿购英国炮弹。"[4]

谭绍光《复戈登书》说："洋商回转……枪炮等件，亦已领取……嗣后尽管前来，照常通商，万勿疑虑。"[5]

但是，太平天国政府对于外国的输入品如认为非所需要，即予拒绝。如干王洪仁玕曾答复过外商说：

> 售卖米粮一事，查明现下粮食皆不用再买。[6]

有的输入品是最初需要，而后来不需要了，也即停止交易。在太平天国辛酉十一年曾经发生过这样的事情，酌天义李明成《复英国翻译官福礼赐》说：

> 前承代买绉纱，现下已有，饬敝如要，即来采买……但绉纱一项，既烦代购，何敢更辞。惟买卖之事，乃一时之变，敝昨遇有方便，已买若干，略可用济，今未便再买，祈阁下将绉纱发卖别地，以便取利也。[7]

对外货征税时，太平天国是坚决执行自己的税法，绝不媚外惧外。如果外商敢违犯法令，即予制裁，毫不客气地扣留其货物船只。有一次英国亚但孙公

---

① 吟唎：《太平天国外纪》卷中，页九九。

② 萧一山：《太平天国书翰》，《忠王李秀成慕王谭绍光复大英会带常胜军戈登》。

③ 容闳：《西学东渐记》第十章，《太平军中之访察》。

④ 郭廷以：《太平天国史事日志》，第783页。

⑤ 萧一山：《太平天国书翰》，太平天国癸亥十三年九月初六日《慕王谭绍光复大英会带常胜军戈登》。

⑥ 萧一山：《太平天国书翰》，太平天国辛酉十一年七月初七日《干王洪仁玕致大英钦命翻译官富书》。

⑦ 萧一山：《太平天国书翰》，太平天国辛酉十一年七月十一日《天朝九门御林开朝王宗酌天义李明成复大英钦命翻译官福书》。

司轮船满载丝茧路过洛起太平税局，不肯纳税，太平军就把船只扣留了。当时英国外交官摆出侵略者的面孔干涉这件事情，太平军一方面把船只交还，另一方面向英国外交官提出了严重的抗议说：

> 贵国商人所被扣留之丝，系不肯纳税，暂时拘留，并非抢劫，太平天朝定制，商货经过税局，有一定之税金，今贵国商人之行为，既违背定制，而贵国官长强为干涉，于国际友谊甚不合，特此告知。①

外国人到太平天国境内贸易是自由的，但是必须请领护照。如：1861 年 6 月 27 日，"外人玛士哆咪采办洋货，由江苏福山进口，求天义陈坤书给予印凭一纸"②。有了这张印凭，在太平境内就会得到保护，否则"擅入内地，甚属危险"③。

太平天国对于来境内贸易的外国人予以自由和保护，但是如果发现了这个来贸易的国家有严重危害革命的情况时，会立即停止其贸易，李秀成曾给法国侵略者以应得的惩罚，并引此来警戒英美葡各国的领事说：

> 太平军前入苏州时，法国人首来与我贸易……执意法人受满政府贿赂，协以谋我，保护县城，违弃前约……然法人失信于我，已与我断绝和好，其在上海之营业，我军不问，若再来内地通商，勿怪我军人凶暴，不能为彼宥矣……且各贵国人民之中，岂无明白事理者，必不致贪满政府之饵，失全国之利也，余愿各贵国人民审察利害，辨别是非，如再来修和好，本军始终以礼义相待，若犹怙恶不悛，余惟有停止本国境内与外人一切贸易，勿谓言之不预。④

李秀成的正义，充满了整篇的书札，震慑了无耻的侵略者。外国侵略者在要站起来的中国人民面前，为了其目前的商业利益，不得不俯首贴耳地表示他们的"目的只在通商"⑤。

太平天国与外国通商，百物均可商量，惟对于鸦片严厉禁止。根据太平天国的法令：

---

① 吟唎：《太平天国外纪》卷中，页六一。
② 郭廷以：《太平天国史事日志》，第 792 页。
③ 吟唎：《太平天国外纪》卷中，页六〇。
④ 吟唎：《太平天国外纪》卷中，页九至十。
⑤ 郭廷以：《太平天国史事日志》，第 758 页，见 1861 年英参赞巴夏礼三晤赞嗣君蒙时雍的说明。

洋烟、黄烟不可贩卖吃食也。洋烟为妖夷贻害世人之物，吸食成瘾，病入膏肓，不可救药；黄烟有伤唇体，无补饥渴，且属妖魔恶习，倘有贩卖者斩，吃食者斩，知情不禀者，一体治罪。①

这绝不能视为一纸具文，而确实是很严格地执行了的，就是当时极力污蔑革命的封建地主阶级分子也不能不说："贼之胜人处……禁烟。"②

太平天国对于鸦片"禁最酷"③，一开始和外国交涉，就很明确地告诉外国人说：

> 彼此通商，理所当然，将来事定，惟有洋烟勿再来华。④

太平天国对外贸易，采取自由贸易政策，完全居于主动地位，坚决保护中国主权。假如这样发展下去，中国与外国的商业可以大大发展，而中国绝不会陷于半殖民地的境地，鸦片烟也可以禁绝。太平天国曾允许"将来外国人可以随便用汽船、铁路、电线及其他西洋机器而无碍"⑤。那时欧洲资本主义还没有达到帝国主义阶段，不能大宗向国外输出资本，太平天国由外国输入机器，事实上就是中国用外国机器，自办新式交通和工业，那么中国的前途是可能走向资本主义的，正如英国国会议员斯特卜莱登所预感一样，"中国成为大工业国"⑥。

三、外国侵略者对太平天国商业政策底态度

太平天国对外商业政策，在初期曾使侵略者暂时采取了观望式的中立。后来清统治者大量地出卖国家利益，侵略者也就再不考虑太平天国的商业政策，放弃中立，帮助清政府来扼杀太平天国，以革命的"直接绞杀者"面目出现了。

以英国为首的那些侵略者，早已企图到中国来开辟市场。当时统治中国的清政府，极力保持着对外限制的政策，外国人对清政府的认识是：

---

① 张德坚：《贼情汇纂》卷七，《贼文告伪告示》，《真命太平天国天朝国宗提督军事韦石告示》。
② 汪士铎：《乙丙日记》卷二。
③《平定粤匪记略》，《附记》二。
④ 凌善清：《太平天国野史》卷二十，《载余·太平朝之外交》。
⑤ 雅芝：《太平军纪事》，见简又文：《太平天国杂记》。
⑥ 马克思：《资本论》（郭大力译）第一卷，第503页注53。

  清政府视外人为禽兽，一无感情，且用种种方法谤毁外人，使其人民对外人亦无感情，香港每年见清帝谕旨，劝人民勿与外人交通。[①]

  的确如此，从马戛尔尼到中国来开始，清政府一向是抱着拒外国人于千里之外的态度，总是害怕破坏了封建体制，更"害怕外国人会扶助很大部分中国人在十七世纪前半期，或大约在这时期内，所有过的那种不满意满洲人奴役他们的情绪。因为这个原因，当时便禁止外国人经由其他一切交通道路与中国人发生来往"。外国人的商业，除去在广州经由洋行交易以外，禁止中国人民"与可憎的异域人发生任何联系"[②]。第一次鸦片战争，虽说侵略者冲开了中国的大门，但是这一扇久已关闭的大门，并没有很痛快地敞开。在"北京条约"未签订以前，清政府并没有和外国建立正常的商业关系。中国"市场的扩大，赶不上英国制造品的扩大，这种不相称的情况，也同从前一样，必定会促成新的危机，正如过去曾经发生过的一样"[③]。"英国营业精神的申张，已与闭关自守的中国社会的结构相冲突"[④]。于是英国政府就反对清政府，鼓吹"大不列颠应攻打中国沿海各地，占领京城，将皇帝逐出皇宫……鞭打每一个穿蟒袍而敢于侮辱我国（英国）国徽的官吏……把这些人（中国将军们，原注）个个都当作海盗和凶手，吊在英国军舰底桅杆上"[⑤]。

  太平天国与清政府相反，实行自由贸易的政策，明白告诉外国人说：

  我天王与汝各国英雄志士，相见以诚，各国人民在我境内自由游历经商，不受阻碍，甚盛事也……今则湖北、安徽已开放互市，东西南北，无不通行。[⑥]

  同时，还派专人负责招待外商[⑦]。章王林绍璋更派吟唎带了护照去请外人来太平天国贸易[⑧]。太平天国在商业上是真诚地与外人以"自由之贸易"[⑨]，并且热烈欢迎他们。因此，一时交往颇盛，南京城外，时常有许多外船来往。到

---

 ① 吟唎：《太平天国外纪》卷上，页六一引香港总督达维语。

 ② 马克思：《中国的和欧洲的革命》，见《马克思恩格斯论中国》，人民出版社1963年版，第29页。

 ③ 马克思：《中国的和欧洲的革命》，见《马克思恩格斯论中国》第25页。

 ④ 马克思：《中英冲突》，引《泰晤士报》，《马克思恩格斯论中国》第54页。

 ⑤ 马克思：《新的对华战争》，引《每日电讯》。

 ⑥ 吟唎：《太平天国外纪》卷下，页九三至九四。

 ⑦ 吟唎：《太平天国外纪》卷上，页五八。

 ⑧ 吟唎：《太平天国外纪》，卷中，页四九。

 ⑨ 吟唎：《太平天国外纪》，卷中，页二九。

太平天国境内办交涉的外国官吏差不多都携带着许多枪炮、米粮、乐器等商品，出售予太平军以图利。因此，一部分着眼于商业利益的英国人，都热烈地赞助太平天国的商业政策。上海英领事密迪乐曾致书外相罗塞尔说：

> 太平军优遇外人……如助清军（英国助满清反对太平军），实为不智，且有害于英国商务。[1]

在一般商品贸易上，各资本主义国家赞助实行门户开放的太平天国，反对"闭关自守"的清朝。但是在鸦片问题上，却是另一种情况，鸦片贸易的利润，占当时英印政府国家收入总额的六分之一[2]。就上海来说，英国"进口货以鸦片为大宗，每年收入，足抵出口之丝茶而有余，而印度政府每年所收烟税三百万镑以上，近印度政府常感国库空虚，将增加烟额以益税收"[3]。鸦片对于英国既是这么血肉相关，自然他们需要有一个毒品行销的市场，自由自在地尽性畅销。太平天国拒绝鸦片输入，于是英国鸦片贩子们反对太平天国。

清政府不禁止鸦片，最初在表面上还有个空洞的禁令。太平天国革命爆发以后，清政府为了苟延残喘，乞求侵略者来"协助"剿杀人民革命，爽性对鸦片大开方便之门，以迎合侵略者的希求。当时的两江总督杨文定竟无耻地以太平军严禁鸦片为理由来恐吓利诱英美，他在致英美两国公使的信中说：

> 为借船助剿以安商民而全永好事：窃照贼匪掳船东下，连陷江宁、镇江……钦差大臣向荣亦以须借贵国火轮兵船为望……希念两国通商合好已久，今商民被扰，贸易不通，且贼匪烟禁甚严，一遇我国吸烟之人，无不杀害。统希速发火轮师船，来江剿击。……本署部堂欲为商民除害，断不大言欺人。倘蒙允发火轮师船，前来洗荡贼匪，必当奏明皇上，加重酬劳，而贵国借兵恤邻之声名，亦永传不朽矣。[4]

鸦片贩子们遇到像杨文定这样的忠实奴才，自然是帮助清政府的。

英美等侵略者进入中国，是企图把中国变为殖民地与半殖民地，正如毛泽东所说：

> 帝国主义根据条约控制了中国一切重要的通商口岸，并把许多通商口

① 郭廷以：《太平天国史事日志》，第 744 页。
② 马克思：《鸦片贸易》第二篇。
③ 谢兴尧：《上海在太平天国时代》，引《东印度公司报告》。
④《向荣奏稿》卷二附件，《太平天国资料丛刊》第 99 页。

岸划出一部分土地作为他们直接管理的租界。他们控制了中国的海关与对外贸易，控制了中国的交通事业（海上的、陆上的、空中的与内河的）。因此他们便能够使中国的农业生产服从于帝国主义的需要。①

当侵略者还没有达到其预期的目的以前，他们不能不根据实际情况，来考虑自己的利益：一方面是清政府的"闭关自守"，对外国却是奴颜婢膝，又允许鸦片大量的输入；另一方面太平天国实行自由贸易，却坚持中国民族独立自主，并且严禁鸦片输入。英国盘旋在这两种情况之下，不能即刻决定何去何从，必须观望一番。要仔细看一看到底哪方面对他更为有利，于是很"绅士"地表示：

> 总之，英国对于现在太平军与政府之战争，处于完全"中立"之地位。②

英美等侵略者固然欢迎太平天国的自由贸易，但是反对中华民族的独立自主；它们固然反对清政府，但是绝对不要求推翻封建的落后的清政府，仅仅是企图达到"教训华人重视英人，英人高出于华人之上，英人应成为华人底主人翁"③而已。因此，侵略者所宣布的中立，是偏袒清朝的。"中立"时期，也就是与清政府讨价还价的时期。到 1858 年、1860 年与清攻府签订了卖国的《天津条约》《北京条约》以后，英美等侵略者就摘去了所谓"中立"的假面具，公然帮助清政府攻击太平天国了。

根据《天津条约》《北京条约》，侵略者不只可以随意到中国内地通商、传教、游览（调查），并且取得关税管理权、内河航行权等特权。这时侵略者就不再考虑太平天国允许外国人来中国贸易、清政府允许鸦片销售等问题了，而是考虑中国"独立"与"殖民地"问题。考虑怎样从太平军手中夺取通商口岸，以便倾销其商品；怎样攫取中国关税权，掌握了中国关税的收入，可从孱弱的清政府手中，享其赔款的利益；怎样保证其许多已得的特权，并继续掠夺中国主权，所以他们"易其希望于太平军者希望老大之满政府"④。

1861 年 6 月 23 日英国公使勃鲁斯致书英外相罗塞尔谓，通商口岸如

---

① 《中国革命与中国共产党》第一章第三节。
② 呤唎：《太平天国外纪》卷上，页七二。
③ 马克思：《新的对华战争》第一篇，引《每日电讯》。
④ 呤唎：《太平天国外纪》卷上，页一〇〇。

为太平军所占有，英国商业必受打击，关税减少，赔款必不易收。①

1862 年 7 月 2 日英国贵族院讨论对华政策，外相罗塞尔谓太平军不能维护英人利益，无力组织政府，居心与英人为难，英人应即保护自己之商务与生命。②

1862 年 7 月 7 日，英国外务大臣罗塞尔训令英使卜鲁斯，赞同其对太平军之政策，保护英人商务及口岸，并助中国政府改良军队。③

1863 年 5 月 20 日英国国会辩论英政府对太平天国之政策，首相巴麦尊申明采取干涉政策之必要。④

上述几个事实证明，外国侵略者已不再观望中立了。他们直接出兵，又组织常胜军、常捷军等援助清军，并且用断绝太平天国之接济以及种种方法帮助中国大地主阶级维持其封建统治，绞杀中国人民的革命运动。

原载于《太平天国革命运动论文集——金田起义百周年纪念》，华北大学历史研究室编，生活·读书·新知三联书店 1950 年版

---

① 郭廷以:《太平天国史事日志》，第 789-790 页。
② 郭廷以:《太平天国史事日志》，第 914 页。
③ 郭廷以:《太平天国史事日志》，第 913 页。
④ 郭廷以:《太平天国史事日志》，第 1071 页。

《甲午战前钓鱼列屿归属考——兼质日本奥原敏雄诸教授》日译本序

吴天颖教授是与我有近四十年友谊的故交，承他不弃在远，使我有幸通读其呕心沥血的杰作《甲午战前钓鱼列屿归属考——兼质日本奥原敏雄诸教授》全稿。这部并非巨帙的宏篇，却使人感到沉甸甸地压手，光熠熠地照人。这是多年来不曾多见的专著。这部书可能不如某些昌言宏论之作那样辉煌一时，但它吐中华民族之正气，树中华学术之脊梁，传之后世，洵为不刊之作。

诗穷而后工，学术亦然。吴著草创于凄风苦雨的十年动乱年代。"文化大革命"虽是一次浩劫，但也产生了某些为勇士们所意想不到的反效应。有些笃学之士就在夹缝中作学问，成就事业。吴氏也正在这样的特殊环境中将其专著打坯、成型。其艰辛困苦之状，对有过类似遭遇的人们，是不难理解的。吴氏自序中所述的辗转起落，应该说是事过境迁后的轻松之笔。

近年读过不少史学著作，或放言高论，或东撷西拾，或稗贩旧说。其能博观约取，钩玄纂要，自出机杼，论次成书者盖鲜。吴著一脱流俗，广征博引，涉及中外典籍档册，搜求范围除大陆所藏外，远至英、美、日等国，近达港、澳、台地区。迨史料大抵集中，乃辑录史料汇编，为撰著奠基。尤可贵者，撰者持循序渐进、谨严治学之态度，为全书之高质量建立坚实基础。至其体制，颇称完善。书凡五章，对日本所谓学者之谬论谰言，以犀利巨笔，直烛其奸；于所掌握之昭然事实，则以正义严词，侃侃立论，有理有据，有辩有驳；章次之间，若笋之剥箨，层层深入，并附以图文原件图片，足成佐证；终而引致毋庸置疑之结论："钓鱼岛等岛屿是在中日甲午之战签订《马关条约》后被日方侵占的中国领土。"历史真相至此而大白于天下。

谎言百遍成真，非明智睿识难以洞识其奸。某些沉沦于"伊藤遗风""田中奏折""大东亚共荣圈"痴梦的幽灵亡魂，并不识满怀信心泱泱中华睦邻友好之善良，犹在歪曲、捏造历史，猖狂不已。吴著除阴霾、拨迷雾，首斥日本某些学者妄引国际法上之"先占"原则，死不认尸般地不承认钓鱼列屿为中国领土，不承认该岛屿系台湾的附属岛屿。更进而将 1895 年窃据钓鱼列屿的活动与其 1894—1895 年进行的中日甲午战争"脱钩",尤其不承认与《马关条约》有任何瓜葛等。其次,吴著复指陈日本之所以处心积虑要使侵占钓鱼列屿的梦幻成真,乃在于可从此掠取可供其使用四十年的石油资源,以摆脱其年进口 99.8% 石油的被动局面,实现其贪婪野心。吴氏以一箭中鹄,将侵略者的险恶用心,暴露于光天化日之下。

执干戈以卫社稷,国士责有攸归;运巨椽以扬正义,学人义不容辞。吴著对日本奥原敏雄等的诸般谬论,针锋相对,正面阐明。如针对日方所谓 1683 年(康熙二十二年)以前,台湾非中国领土的谬论,详尽地论证台湾与祖国大陆的血肉联系;针对日人抹杀钓鱼列屿为台湾附属岛屿的伎俩,指出,不仅中国"原始发现"并命名了钓鱼列屿,而且最晚于"十六世纪中叶,明代抗倭军政长官胡宗宪已将钓鱼列屿正式划入海防区域",以批驳奥原所谓《海防图》"不问其地是否为他国领土"的谎言。撰者严正指出:"边海自粤抵辽,袤延一万五千余里",均系中国领土。

撰者以 1885 年 9 月 6 日《申报·台岛警信》为铁证,揭露了日本第一次觊觎钓鱼列屿的阴谋。以日本明治时海军省"极秘第三号"《台湾匪贼征讨》为据,揭露其所拟《马关条约》内关于"台湾全岛及所有附属岛屿"毫未界定的缘由,证明日方海军显要确认钓鱼列屿系"台湾淡水港附近之集合地"。撰者强调指出:"隶属于中国台湾省的钓鱼列屿,是中国在甲午之役战败,被迫签订《马关条约》并换文之后,由负责接收台湾的'大日本帝国全权委员·台湾总督·海军大将·从二位勋一等子爵桦山资纪'率领'征台(南进)舰队'于清光绪二十一年五月初,即公元 1895 年 5 月下旬,以武力非法侵占的;旋于 6 月 3 日……台湾交接事宜完全结束。至此,包括钓鱼列屿在内的'台湾全岛及所有附属各岛屿',正式沦为日本军国主义的殖民地。"

撰者非常坦率地自称:"这项课题研究,是在井上清、杨仲揆、丘宏达、沙学浚及方豪等先生已有的基础上进行的。"尊重前人成果是一种文德。但通读全书,则撰者发掘与订正之功,实不可没。随手可拈数例。如以所谓《日皇十三号敕令》为突破口,全面剖析了奥原所持"论据"之虚伪。以史实证明了"中国人首先发现并命名钓鱼列屿的原因",发掘出明洪武七年吴祯等击溃倭寇的真相。撰者还订正了《明史·外国传三·日本》中有关胡宗宪建议明廷"移谕日本国王"的时间应提前一年,即嘉靖三十四年,落实了郑舜功"钦奉宣谕日本国"的特使身份,从而增强其著作《日本一鉴》所述确言钓鱼列屿属于我国台湾所具有的权威性。撰者从《明实录》中钩稽出"三十六姓"开发琉球的史料，驳斥了奥原的"即使最早记载钓鱼台等等的古代文书是在中国方面，钓鱼台也未必是中国人发现、中国命名的"这一谬论。考证了"镇山"的由来，订正了井上清、杨仲揆的误解；又以闽南方言的读音为依据，解开了"郊""沟"系中外之界的谜团，使乾隆《坤舆全图》所载"好鱼须""欢未须""车未须"等地名，用闽南方言读之即为钓鱼屿、黄尾屿、赤尾屿。三岛异名的真谛，豁然贯通。

撰者在爬梳史料的工作中，也时刻不忘发扬中华民族的严谨学风。一件流传于世非常有利于论证的资料即《慈禧赐盛宣怀谕》，其中记有"原料药材采自台湾海外的钓鱼台小岛……即将钓鱼台、黄尾屿、赤屿三小岛，赏给盛宣怀为产业……"这是多么直接的论据！但是，撰者经过缜密的考证，认为此说难以置信而科学地予以存疑，并严正宣称："中国学者有勇气排除虽有利于己论但却经不住推敲的个别资料，有信心认定此举丝毫无损于钓鱼列屿之为中国领土的结论。"气势磅礴，大义凛然。学术研究之价值与贡献也于此可见。所以邓广铭教授在读此书后深致感叹说："从事人文科学之研究者，近年以来，每被社会所轻视，以为与国家之建设、民族之命运，全无可以效力之处，若使得读此一新著，也必将大大改变此种观点了。"

吴著在课题的立意、史料的搜集、体制的编次和文字的运用上都可称上乘之选。这正如一位专家所评论那样说："本文在综合前人研究成果的基础上，对钓鱼列屿归属问题进行了深入、系统的研究，抓住要害，披露了一些新的史料，内容详实，立论正确，论据可靠，证明有力。本文始于历史事实，终于法理主权，构架科学，逻辑严谨，为鲜见之力作。"并认为所作钓鱼列屿很早即属我主权的论断是"精辟之至"。当然，包括撰者在内的所有学者的著作都难说无隙可击，我在初读书稿时也曾提出过修改意见，已蒙撰者采纳，足征撰者之虚怀若谷。何况这一著作已远远超出个人著作的范围，而是全社会捍卫国家、民族利益的武库，任何人都有义务增益之，补正之，修订之，完善之，天颖亦当以我之所言为然也。

吴著中文本问世后，得到国内外学术界人士的赞誉。钓鱼岛归属问题当已无庸置喙。不意比来有个别不能面对事实的日人，罔顾事实，竟然有所妄为，而与此相类之言行，也多见诸媒介。军国主义之阴魂，时隐时现。中华学人，惕于历史教训，义难坐观。天颖有意以所著理喻日人而虑及语言障碍，日人难以了解真相，乃谋译所著为日文，俾爱好和平之广大日本人民得识历史真相而不受蒙蔽。吾友水野明教授籍隶日本而根植中华，应天颖之邀，毅然不顾忌讳，承担全书之日文监译工作。予深庆天颖之得水野明教授为助，更钦敬水野明教授之无私义行。天颖请序于我，乃以对全书之简评付之，或可备读天颖所著之先行。是为之序。

一九九七年仲春记于南开大学邃谷

原载于《甲午戰前釣魚列嶼歸属考——奥原敏雄諸氏への反证》(《甲午战前钓鱼列屿归属考》日文本)，吴天颖著，水野明监译、青山治世译，外文出版社 1998 年版

【增订版附记】

吾友吴天颖君，自二十世纪七十年代初至九十年代初，历经二十三年的艰辛历程，终于完成了一部以保卫民族和祖国主权与尊严为主旨的呕心沥血名著——《甲午战争前钓鱼列屿归属考——兼质日本奥原敏雄诸教授》。1993 年，我应邀为天颖披阅了全部定稿。次年，全书正式出版，我又应请为该书撰写书评，认为天颖所著是"始于历史事实，归于法理主权，构架科学，逻辑严谨，为鲜有之力作"。是"执干戈以卫社稷，国士责有攸归；运巨椽以扬正义，学人义不容辞"的成果。乃题篇名《气冲剑匣 笔扫游魂》，公诸报端。天颖则以日人于华语多有障碍，难以理解中华之苦心，遂谋译所著为日文，俾日人得识历史真相而不受蒙蔽，更请我为日译本撰序。我以书评已尽达我意，即以书评作日译本序，并于最后增写一段日译本情况称：

> 吴著中文本问世后，得到国内外学术界人士的赞誉。钓鱼岛归属问题当已无庸置喙。不意比来有个别不能面对事实的日人，罔顾事实，竟然有所妄为，而与此相类之言行，也多见诸媒介。军国主义之阴魂，时隐时现。中华学人惕于历史教训，义难坐视。天颖有意以所著理喻日人而虑及语言障碍，日人难以了解真相，乃谋译所著为日文，俾爱好和平之广大日本人民得识历史真相而不受蒙蔽。吾友水野明教授，籍隶日本而根植中华，应天颖之邀，毅然不顾忌讳，承担全书之日文监译工作。予深庆天颖之得水野明教授为助，更钦敬水野明教授之无私义行。天颖请序于我，乃以对全书之简评付之，或可备读天颖所著之先行，是为之序。

　　1998 年日译本问世，海内外学者皆以此书为伸张正义，义正词严之力作，而天颖并不就此止步。十余年来，蛰居蜀中，一无旁骛，继续钻研钓鱼岛问题，锲而不舍，重加增订，终成新篇。现书名依旧，仅易副题，由"兼质日本奥原敏雄诸教授"为"剖析'日本固有领土'两条'法理依据'之非法无效"，正以见天颖洞识现实态势的睿智。十余年前，天颖以泱泱中华善意向日本提供史据，点化日人，冀其能尊重史实，毋作痴念；不意十余年后，即近期以来，日人政客野田、石原之流，内求疏解困境，外图取媚山姆，不惜沉沦于"伊藤遗风""田中奏折"的梦幻中，叫嚣"登岛"，狂吠"国有化"等等。天颖之作，不啻当头棒喝，野田、石原之流，其能翻然醒悟，尊重中国主权，妥商相互利益，共建亚洲和谐，则不仅日本朝野可拔脚去泥，即中日人民亦将同蒙福祉。九十野叟，合十期望，其悬崖勒马，回头是岸。善哉善哉！

　　天颖致力钓鱼岛研究，迄今四十余年，精研不息。其增订内容，强化主旨，当为警示日本政府之所作所为。其凛然大义，昭昭可见。天颖年逾古稀，犹奋力于笔墨，挥巨椽以卫社稷，何其壮也！天颖为其所处时代尽一公民职责，无愧堂堂正正中国人，我于此深感骄傲，特述其缘由，以励国人，口诛笔伐，理所应当！

二〇一二年初秋写于南开大学邃谷行年九十

　　原载于《甲午战前钓鱼列屿归属考》（增订版），吴天颖著，中国民主法制出版社 2013 年版

试论清光绪末年的广西人民大起义

清朝光绪末年，由于经历了多次的国内的反抗和对外战争，统治阶级的政治危机日益严重，被压迫阶级的不满得到了爆发的间隙；同时被压迫者所遭到的剥削榨取、天灾人祸等灾难也异常严重起来。这样便迫使以农民阶级为主体的人民大众在各地采取了反抗性的行动。广西人民大起义便是那时规模最大、影响最巨的一次反抗斗争。本文试就文献资料对有关这次斗争的爆发诱因、经过始末以及影响诸问题作一初步的探讨。

一、促成大起义爆发的诱因

广西虽然地处边陲，素称贫瘠；但同样有地丁、米石、租课三项的田赋负担，并且由于清朝财政上的"量出为入"的原则，所以赋率却比其他肥腴省份为高。当时人吴贯因曾在《田赋私议》中指出这种不公平的情形说："广东下等田赋额八厘一毫，米六合五勺，广西下等田为二分四厘，米三升七合。今广东地味当优于广西，而赋额仅及三分之一。"①广西不仅赋率高，而且在征赋时还有种种弊端，除已成常例随正赋而征的"耗羡"外，各县又有"名目纷歧，久为定例"而随正供附征的各款："若折粮（苍梧、藤县、崇善、河池），若折箅（永康、西林），若膳租（平乐），若鱼课（贺县），若路费（修仁），若均徭（来宾），若地利（崇善），若地亩（天河、西林），若胖袄（平乐、河池），若翎毛（天河），若陋规（西隆），若肆差（义宁、平乐及太平各属），若贰差（天河），若洲园草场（临桂），若竹苞地租（兴安），若马丁田租（怀集），若铺垫水脚（平乐、天河、河池及太平各属）"。其名目之繁多，"即起老农而问之，亦将数典忘祖矣"。此外，又有大批的所谓"征比、里书、粮书、粮差、粮现、团总"等负责征赋的人，他们采取了或加收房费，或科重小户，或折算奇零，或抑价浮收，

---

① 《清朝续文献通考》卷四《田赋》四，页七五三六。

或包收代完等等勒索形式来进行敲剥。因此，赋税的负担就相当沉重了。我们知道，征收赋税的直接对象是地主和中小农民（自耕农或半自耕农）。那时，一般称地主为"大户"，称中小农民为"小户"。对于"大户""小户"也有所谓"大户科轻，小户科重"的不同的征收态度，结果是所谓"小户"的中小农民便"于输赋以外，所余几何，仰事俯蓄之不足，则必割弃基本之财产以为取偿，如是则中户渐为下户，下户渐流为无业之游氓"①。至于所谓"大户"的地主阶级，则以更为沉重的地租形式把他的负担转嫁给佃农。那些佃农对于地主阶级除了负担地租、押租、力役以外，更有些不合理的科派，如光绪二十四年，陆川县因地方上时有反抗而设"练勇"，这些"练勇"的月薪曾规定所谓"按租加捐谷"的办法来解决，即"每冬每租一石（意即可收一石地租者）捐谷五升"，而这五升竟又规定"主佃各半"②。因此，农民生活必然十分困苦，所谓"农人每岁所入，除输租而外，所余无几，终年食粥，尚多不敷。每当青黄不接，惟藉薯芋杂粮充饥，其年壮有力者，或采樵以资弥补，老弱者多典当衣被过渡，至获稻则卖新谷赎之，勤苦之状，亦殊可悯"③。由此可见，农民对封建政权和地主阶级的矛盾确是当时社会的基本矛盾。但是必须指出，这个矛盾仍是整个封建社会的基本矛盾。从而，它是封建社会中每一农民起义的基本原因，而非某一具体事件的直接诱因。因此，我认为在研究某一具体事件时，必须于这个基本原因之外再来探讨引发事件的直接诱因。我对广西人民大起义的诱因的初步考察，认为有以下三点：

第一，因中央摊款负担加重而引起苛捐杂税的加重。广西在财政上原系仅敷省份。在甲午战争前，没有负担中央摊款。甲午战争后，中央摊款的负担却日益沉重。这种摊款大致有以下四项：

（一）摊还汇丰镑款。清政府因中日甲午战争的军需，曾向汇丰银行举借了三百万镑，这批债款由户部摊定各省关按年解还，广西应摊数是四万两。④

（二）摊还俄法、英德洋款。清政府在中日甲午战争后，为偿付赔款向俄法、英德相继借款，这些借款也由各省摊还，广西每年应派拨还俄法本息银七万两，英德本息银八万两；后又因这两项借款的"佛郎镑价昂贵"，又加摊俄法借款一七五〇〇两、英德借款二万两。前后共计摊还俄法借款八七五〇〇两、英德借

---

① 刘庚先等编：《广西财政沿革利弊说明书》卷二。
② 《陆川县志》卷八《团练》，1924年刊。
③ 《陆川县志》卷四《风俗》，1924年刊。
④ 《中国国债赔款清单》，《东方杂志》第三卷第五期。

款十万两。①

（三）摊还庚子赔款。清政府在辛丑条约中的巨额赔款也由各省摊还。广西应摊赔款是三十万两②。但在奉派摊还额外，还要"加以补平、补色、汇费各项"。合计年摊款达三十四万余两。③

（四）新政负担。庚子以后，清政府为缓和当时社会矛盾形势，进行某些假维新措施，因而需要一笔大支出。练兵便是"新政"的一种，光绪二十九年，清政府设练兵处，大举练兵，派定各省每年于整顿烟酒税及丁漕税契中饱筹补项上解拨，全国各地应拨解九六六万两，广西派定烟酒税十万两，中饱十万两，共二十万两。④

这四项负担合计广西每年为中央负担的款项总数达七十余万两之多。于是，各级地方官吏便借摊解这些派款的机会来加重捐税。捐税繁重是庚子后的普遍情况，当时梁启超在《中国国债史》一文中曾列举多种新捐税名目，并说："其余各种杂税，省省不同，府府不同，县县不同，名目不下百数十……不能悉举。"⑤具体到广西来说，在清末整理广西财政时，曾开列有国税八项、省税十五项，共二十三项⑥。但这也没有概括全部，据《陆川县志》载，当地于光绪二十九年尚开办过"屠捐"一项，年可征银四千余元，又在二十三项之外⑦。可见苛捐杂税之多，已至不能毕举的程度。所有这些捐税的总和，自必相当惊人。把这些沉重的负担"施之民贫盗炽之广西"，正如当时地方官所称："诚恐力有不逮。"⑧这种竭力搜括的事实无疑地是促进大起义爆发的一个诱因。清末整理广西财政时对于苛捐杂税所引起的严重后果曾有如下一段值得注意的论述：

> 至庚子一役，广西财政之艰窘，乃达极点矣。倡官捐也，整顿契税也，
> 加重饷押捐款也，仓米折价也，兵饷节色也，停支世俸也，酒锅油糖榨领
> 帖也，浔厂改章也，其甚者乃至筹赌饷，开闱姓。当此之时，市镇村舍，

---

① 光绪癸卯年三月二十六日广西巡抚王之春奏，《谕折汇存》；又见《中国国债赔款清单》，《东方杂志》第三卷第五期。

② 光绪癸卯年三月二十六日广西巡抚王之春奏，《谕折汇存》。

③ 光绪二十八年六月乙未丁振铎奏，《东华续录》光绪一四七，页一。其补平、补色、汇费各项尚未找到具体数字，惟光绪癸卯年三月二十六日王之春奏折中提到赔款补平具体数字是"每百两加补水库平银一两六钱四分三厘"（《谕折汇存》），附此以供参考。

④ 《练兵处筹款清单》，《东方杂志》第三卷第二期，财政。

⑤ 《饮冰室文集》第二集卷二十四，第20-21页，中华书局版。

⑥ 刘庚先等编：《广西财政沿革利弊说明书》卷一，总论。

⑦ 《陆川县志》卷七《宦迹录》，1924年刊。

⑧ 光绪二十八年六月乙未丁振铎奏，《东华续录》光绪一七四，页一。

游民所集会，蜂屯蚁聚，气势逼人，不可向迩。富贵之子，乳臭之童，下
至耕夫牧竖，皆醉心大利，举国若狂；不幸失败，中人则破家荡产，无赖
则亡命为盗，赌局未终，匪乱日起，竭三省之力，糜数百万之饷，历时数
载，仅乃定之。推原乱本，皆当时罗掘者阶之厉耳！[1]

由此可知，因中央摊款而引起苛捐杂税的加重，便成为促成大起义爆发的一个
诱因。

第二，由于连年不断地发生自然灾害，加深了人民生活的困苦状况。根据
文献记载，广西各地曾连年不断地发生各种灾患，其数量之多和范围之广，颇
难悉举。兹仅就手头现有资料以光绪二十八年（1902）为例作如下的说明：

> （全省及武缘、宁城等地）武缘县及宁城现染瘟疫，死者数已不少，
> 自去秋至今，久旱无雨春耕全无，现值秋种之候，通省皆苦旱。[2]
> （全省）水旱迭伤……饥民亿万，待哺嗷嗷，卖妻鬻子，惨不忍言。[3]
> （全省及柳州、桂林等地）六月二十日前后，全省大雨，闻柳州府被
> 水冲去数街，死人数百。桂林、平乐，瘟疫流行，现计桂林城内遭疫死者，
> 已有千余人。[4]
> （同正）秋大旱，杂粮俱荒；冬，瘟疫霍乱。[5]
> （钟山）夏，瘟疫流行，死亡枕藉。[6]
> （昭平）春，大旱。[7]
> （贵县、上思等处）疫症流行，不但人口死亡，即猪牛、牲畜亦瘟毙
> 不少云。[8]
> （柳州）柳州府属水灾。[9]

繁重的自然灾害，破坏了农业生产和农民生活，迫使大多数农民陷于极端
困苦和无以为生的境地，成为促使起义爆发和扩大的另一诱因。

---

[1] 刘庚先等编：《广西财政沿革利弊说明书》卷一。
[2] 1903 年 7 月 14 日天津《大公报》第 28 号，第 4-5 页。
[3] 光绪癸卯年三月二十六日广西巡抚王之春片，《谕折汇存》。
[4] 1902 年 8 月 25 日天津《大公报》第 70 号，第 5 页。
[5] 《同正县志》卷五《灾异》，1932 年刊。
[6] 《钟山县志》卷十六，1931 年刊。
[7] 《昭平县志》卷五《祥异》，1934 年刊。
[8] 1902 年 7 月 18 日天津《大公报》第 32 号，第 6 页。
[9] 光绪二十八年八月癸卯广西巡抚丁振铎奏，《清德宗实录》卷五〇四，页十二。

第三，由于政治腐败，吏治不修，激起人民直接起来进行反抗压迫的斗争。广西吏治之坏，当时极为突出，许多清朝官吏在其奏章及著述中也多以此作为"酿祸"之源。首先是统兵大员的剋饷贿赂，从而造成军队祸民以激乱之恶果。当时任两广总督的岑春煊在其自述性的《乐斋漫笔》一书中曾说：

> 桂省乱事潜伏日久，本由提督苏元春纳贿中朝，尽以兵饷充苞苴之用。兵既无饷，则任其通匪行劫，驯至兵匪不分，全省骚动。地方官所获抢犯，往往由提督索取纵释，故敢放胆横行，官吏转为受贿包庇。当时有五匪之目，谓官匪、绅匪、兵匪、民匪、土匪也。聚此五匪，遂成全匪世界。[①]

另一个官吏周树模更在其奏折中具体地指明了苏元春剋饷情况及所造成的恶果，他说："臣闻该军（苏元春军）二十五营，缺额大半，张甲、李乙，止存空籍，即仅留一二营哨，亦复经年累月不给饷项，往往饥军乏食，脱巾狂噪、无以应之，则暗中授意令其打单为活。初犹明火执械，渐乃白昼横行，其穿号衣者不可胜计，时或累月离营拜会，发财仍复归营，或归不逾时，又复出营行劫，变换离奇，不可思议，奸淫抢夺，习为故常。"营官阮朝宗之子"抢劫过客烟土银物，迫令其挑夫肩入营内"。营弁周兆月"在宾州境内，纠众屡行抢劫"。苏元春之族侄在梧州"私运军火"。种种情况，"推究祸端，实因该提督以扣饷之故，不能不纵兵，以纵兵之故，不能不庇匪，遂使难发于边军，流毒于全省"[②]。

其次是各级地方官吏之贪暴不仁，岑春煊在光绪二十九年十二月初七的奏折中称：

> 查广西匪乱，悉由于吏治不修。吏治之弊，大率不出阘冗贪酷两途。阘冗者，比比皆是；其著能名如陈景华等者，则惟是一味滥杀，惨酷不仁。阘冗者为匪所玩，能使匪焰日张，贪酷者民怨日深，直是驱民为匪。……兹据余诚格来禀称惠荣（前南宁府知府）办匪，责本村缴出庄红，动辄押勒，有廖启基、黄友青被押，缴过洋银七百九十元，事经审实。此外勒索之款尚多，人证死亡，一时未能质审。其兵勇下乡，往往牵人耕牛，指为匪赃，惠荣不甚根问，或发局用，或转卖充赏，先后所牵牛只以千计。宣化乌朗墟，有匪数人，惠荣率队前往，绅民开闸公迎，府勇前队向后放枪，以为乌朗抗拒，惠荣不分皂白，挥兵入墟，击毙四十余命，财物一空，屋

---

① 岑春煊：《乐斋漫笔》，《中和月刊》第四卷第五期。
② 光绪二十九年三月壬午周树模奏，《东华续录》光绪一七九，页六至七。

庐焚毁，至今满目灰烬，怨声未艾。①

又如桂林知府孙钦晃"盘踞首要，纳贿招权"，过生日时"演戏张筵，僚属馈遗，礼至鉅万"。候补道张荫棠在临桂县任剿办郁林"土匪"时，"遇寨民自守，则以为抗拒官军；遇迁徙赀重，则谓其劫掠所得。不分良莠，纵肆杀戮，民间恨怨刺骨"。平乐县知县徐步瀛"纵其子及门丁龙姓干预公事，斲法殃民。……办理团练，任意苛派，动加锁押，又倒悬人手足于木架上，或重杖后洒以盐水，种种非刑，无非为索贿不遂而设。赃款充盈，怨声载道"②。甚至如广西学政刘家模也是贪鄙不堪，"所至之处，增索棚规供应，并任听船户满载私盐，被缉私厂拏获，该学政谓有衣物寄放在船，电请查追，一时传为笑柄"③。吏治之坏，一至如此，当时遂有"广西无一好官"之称④，这样便造成了"官逼民反"的必然形势了。

由此可见，政治腐败和吏治不修更有力地促成了人民大起义的爆发。

二、大起义的基本群众

广西人民大起义是以会党为组织核心，以农民士兵为主体的一次大起义。广西一向是天地会活动频繁的地区，天地会在太平天国革命前后所进行的组织活动尤为显著。这种组织群众的活动称为"拜台"，一称"拜会"。然而似有以"拜台"为广西会党之名称者。

民国《上思县志》中曾称："（咸丰三年冬）西乡那乐村罗国祥、东乡枯厚村陆高鸿等，在平阶墟倡为'拜台'，即江西洪江会，川陕哥老会之谓。"

这一段记载似以"拜台"作广西会党之名称了。

但在另一些记载中又有不同。

如在上引之《上思县志》同一段记载中称："（咸丰）四年春夏间，拜台者愈众，西南一带几于无地无之。"⑤

又如光绪二十三年陆川"天地会党复炽"，有"李立亭、廖十八等拜会"。

---

① 光绪癸卯年十二月七日两广总督岑春煊奏，《谕折汇存》。
② 光绪癸卯年三月二十八日掌广东道监察御史蒋式瑆奏，《谕折汇存》。
③ 光绪二十七年十二月癸巳上谕，《清德宗实录》卷四九一，页二。
④ 光绪癸卯年三月二十八日掌广东道监察御史蒋式瑆奏，《谕折汇存》。
⑤ 《上思县志》卷五《兵戈》，1915年刊。

次年又有王秉南在大桥墟"开始拜会",另外乌石墟地方也开始"拜会"①。

又如光绪二十七年夏,上思县地方会党有王四、王五、韩亚贵、梁亚恭、黄廷光等又倡"拜台",活动的结果是"拜台日盛,'匪势'愈张,几于无地不有"②。

又如光绪二十八年"广西省南宁、太平、泗城、镇安等属,自去冬至今……(会党)每每入乡迫民拜台"③。

又如光绪三十年是起义势力蓬勃发展的一年。太平、宁明、思恩、柳州、庆远、贵县、武宣等地均有邀人"拜台"的记载④。

从以上这些记载来看,所谓"拜台"者,意与"拜会"同,系指会党所进行的组织活动和群众参加会党之组织而言,间或习用为会党的代称,但并非广西会党之专称。

广西会党的名称各地不一,这与天地会的山堂林立,互不统属的习惯是相符的。如武宣"专以三点会煽惑乡愚"⑤。东兰会党"伪名洪会"⑥。思恩会党"取名大胜"⑦等等。但是不论其或用天地会之别称三点会,或别采会名,要其为天地会系统之会党,则毫无疑问。

当时广西会党的具体情况,由于缺乏本身的原件资料而颇难详述,只能据接触到的一点文献记录来略加说明。如光绪二十七年武鸣会党曾有保国王、东鲁王等称号⑧。光绪三十年清军在太平州、宁明州一带捕获一个挑夫,曾从其身上搜得"拜会伪件"⑨。同年,在距宣化县城一百六十余里的新村、玉洞等处的会党,其"装束诡异,头目皆满留长发,各党胸前扎红布一条约长二三寸,所执大旗写'劫富济贫'字样"⑩。"劫富济贫"是天地会惯用的口号。又会党中"呼官军为白牛,乡团兵为麻疯,百姓为豆豉,'女匪'则称为皇娘,'匪'

---

① 《陆川县志》卷二一《兵事编》,1924年刊。

② 《上思县志》卷五《兵戈》,1915年刊。

③ 1902年7月12日天津《大公报》第26号,第6页。

④ 参阅《东方杂志》第一卷各期,军事。

⑤ 《武宣县志》卷十三《军务》,1914年刊。

⑥ 《东方杂志》第一卷第八期,军事。

⑦ 《东方杂志》第一卷第十期,军事。大胜的名称,非当时新立的名称,咸丰初年,广西天地会已有大胜的堂名,如"平乐、思恩、柳州、浔州、太平等处,均有股匪滋扰,立有大胜、福义等堂名,各镌图章,以 为记认。"(咸丰元年正月初十日,"广西土匪情形",见谢兴尧:《太平天国丛书》十三种第一辑)

⑧ 《武鸣县志》卷十《前事考》,1915年刊。

⑨ 《东方杂志》第一卷第五期,军事。

⑩ 《东方杂志》第一卷第十期,军事。

目则称为大元帅云"①。从这些简单的记载中，可以约略地窥知会党的组织、口号和对敌态度等方面的一点痕迹。

会党所组织的群众的最主要部分是各地农民，虽然没有正面记载的说明，但从统治阶级的记载中完全可以得到说明。光绪二十六年广西提督苏元春奏称"土民勾同'游匪'拜台入会"②。《同正县志》也称"是年下半、坡只两村渐有人通匪"③。光绪二十九年岑春煊奏称："现在'匪'患日深，除桂、平、梧三属外，几于无地不'匪'。"④光绪三十年广西巡抚柯逢时奏折中称："……柳州、度远、思恩三府疆界毗连，'匪党'麇集，几于无村无'匪'，情形极为吃重。"⑤光绪三十一年岑春煊奏中追述称："……广西游土各'匪'，四起勾合，除桂平梧郁四属粗安外，其南、泗、镇、色、柳、庆、思、浔、太平、恩顺等属，无地不'匪'，大者千余为一股，小者数十为一股，'匪'巢'匪'首，奚止百千，加以比岁不登，饥民为'匪'裹胁，及甘心从'匪'以徼幸一日之生者，所在皆是。"⑥同年广西边防大臣郑孝胥奏中称："……以无业无智之民，穷不聊生，相聚为盗自救，一日之饥寒，其情极为可悯，其患亦不可胜言。"⑦尤应注意的是少数民族地区农民的参加反抗，所谓"土属苗'猺'之地，多系种山椎鲁之民……每有聚众扰害，一经派营剿捕，逃散不知所往，是随时拿办，总难净尽"⑧。这些记载都说明会党所发动起来组织起来的是"土民"，是散布各村的"民"，是"饥民"，是"穷不聊生，无业无智"的民，是"種山椎鲁之民"，他们无疑的不是乡村中的农民，便是破产而流浪的农民。也就是他们，组成了反抗的队伍进行着反抗活动。

广西大起义的另一部分力量是清军的士兵。所谓"兵多通'匪'，溃兵散勇

---

① 《东方杂志》第一卷第九期，军事。"这些称呼是会党中的隐语，会党中隐语很多，《海底》一书中所记也不甚完备"。如"豆豉"一词，据广西太平天国文史调查团同志们的调查，就是一个隐语。有一位八十一岁的老人傅秀文告诉调查者说："我也参加过拜三点，三点会的隐语很多……拦路打劫叫'打鹧鸪'，放一根竹子横在路中，过路的如果是自己会中人，说：'一脚踏过青头龙，任你两边游'，就跨竹而过；如果你不会说，那拦路的喊一声'豆豉蒸猪肉'，就向你打劫剥衣服了。"（《太平天国起义调查报告》第80页，三联书店版）据此"猪肉"一词似指敌方（即被剥者），而"豆豉"一词则似指自己这方面人，与"百姓"之称相合。

② 光绪二十九年五月丁卯苏元春奏，《东华续录》光绪一六〇，页六。

③ 《同正县志》卷十《盗乱》，1932年刊。

④ 光绪二十九年七月辛卯岑春煊奏，《东华续录》光绪一八一，页十至十一。

⑤ 广西巡抚柯逢时奏《添募常备军前营饬赴柳州会剿片》，《东方杂志》第一卷第四期。

⑥ 光绪三十一年九月辛卯岑春煊奏，《东华续录》光绪一九六，页九。

⑦ 广西边防大臣郑奏《桂省边防应行分年筹办各事宜》，《东方杂志》第二卷第六期。

⑧ 光绪二十六年四月戊子黄槐森奏，《东华续录》光绪一五九，页十四。

与‘匪’相合”等说，皆系指此①。光绪三十年夏，柳州“叛兵”更联合会党，攻破了距桂林百里之永福县，而桂林因之而戒严②。马平一带的起义领袖韦明照即是“兵变之役，率队同叛者”。③

这里必须指出妇女在这次大起义中的活动，我从所接触到的史料中几乎随处都可以看到妇女参加斗争的史实。她们或是起义的领导者，或是起义领袖的家属；但是不论地位如何，却都亲身参与和清军战斗，所谓“匪党妇女亦能骑马出阵，抵抗官兵”④。有些还成为勇敢的出名人物，如南宁的胡大娘、顾二嫂等“巢穴山谷，所恃者无烟快抢，凶悍异常”，其他各地尚有奔来参加的，于是势力强大，“负隅踞险，官军无法剿捕”。庆远黄九姑的部下“有苗妇千余，甚矫健”⑤。另外又有些妇女接替了丈夫的工作，继续战斗，如南宁著名的起义领袖关云培被官军杀戮后，“其妻仍聚党七八百人”⑥；隆安附近的妇女领袖覃伍氏“因其夫为官军所杀，誓死报仇，招聚乱党数百人，大张旗帜，上书统领伍后代夫报仇等字，妇有二女，长年二十余岁，次年约十八九岁，尤强悍，每出必先导旗，上书先锋大营，皆衣男服”⑦。其他有具体姓名的妇女领袖还可找到甚多。从这些记载中看到：妇女不论年长年轻，都勇敢积极地进行战斗，特别是少数民族妇女的参加，更是应该予以一定注意的。广西妇女大量的参加大起义的一个主要原因，是与广西妇女一向是正式担当主要劳动的情况相关联，她们身体健壮有力，又是天足，在劳动中身受剥削之苦，因而，有可能奋起参加了战斗的行列。

如上所述，我们认为广西人民大起义的组织核心是会党，他们以“劫富济贫”的口号，把各村的农民群众卷入斗争浪潮之中，并在战斗过程中又吸引了清军士兵纷纷参加，农民和士兵成为大起义的基本群众，而妇女群众更是大起义中一支不容忽视的力量。这支以农民士兵为主体的队伍便在自己的领袖的领导下向清朝统治者展开了反抗斗争。

---

① 光绪二十九年七月甲申柯逢时奏，《东华续录》光绪一八一，页八。
②《东方杂志》第一卷第七期，军事。
③《东方杂志》第一卷第六期，军事。
④ 1902 年 7 月 12 日天津《大公报》第 26 号，第 6 页。
⑤《东方杂志》第一卷第九期，军事。
⑥《东方杂志》第一卷第五期，军事。
⑦《东方杂志》第一卷第三期，军事。

三、大起义的经过

广西人民大起义的起迄，有人认为是 1903—1905 年[1]，其实，在 1903 年以前，斗争形势已在酝酿和发展。因此，从革命的持续意义上看，它应该是十九世纪末到二十世纪初（即光绪末年）的一次大起义。光绪二十九年广东道监察御史蒋式瑆曾在奏折中概括了这个过程说：

> 广西自戊戌年间郁林会匪残破州县，数年以来，遗孽未靖，加以游勇之患，愈酿愈炽，本年遂成燎原。[2]

蒋式瑆所指的戊戌郁林之役系指光绪二十四年（1898）陆川县爆发的李立亭起义而言，民国《陆川县志》卷二〇至卷二一《兵事编》记载了这次起义的大致情况。

光绪二十三年（1897）冬，陆川县"天地会党复炽"，开始有那些被诬称为"无赖之徒"的人进行"拜会"活动，有了很大的发展，所谓"羽翼日众，势焰颇张"。于是共推该县中塘堡大园村人李立亭为领袖。这些活动由于地方官吏的隐讳贪懦而"日益滋蔓"。次年三月"会匪愈夥"，地方官吏方派人"查办"，捕立亭之兄，并悬赏勒拿立亭。立亭见"祸难逃脱"，遂邀约容县甘木和北流凉亭刘凤云、东华圩谢华轩等于是年五月初十日同时起事。届时李立亭率部二千余踞平乐圩，攻破石狗寨；谢华轩应约攻陆川县城，得城内吕士松等内应，不攻而破；但在破城以后，谢华轩因与吕士松不睦，于十五日又率部返东华圩。在此同时，陆川的大桥圩、乌石圩也起事。北流、容县又在旬日之间相继攻破。于是李立亭便率部万余人前往围攻郁林、博白等地，"声势浩大，两广震动"，引起了清朝中央政权的注意。这次起义与同年发生的四川大足的余栋臣起义同样地使光绪帝感到了极大的忧虑[3]。清两广总督谭钟麟亟调兵进攻。五月下旬，陆川、北流、容县复被清军攻陷。郁林、博白之围解。李立亭经北流、信宜、罗定而亡命于南洋；吕士松、廖十八等均牺牲。陆川地方即分别由广西边防军统领马盛治和分统陈桂林率部驻扎。马、陈两人本系奉调到郁林来"解围"的军队，他们原"以为此项军务，可立奇功，及至郁林，则陆、北、容均已收复，

---

[1]《综合大学中国通史——半殖民地、半封建社会时代教学大纲》（上部）。

[2] 光绪癸卯年三月二十八日掌广东道监察御史蒋式瑆奏，《谕折汇存》。

[3] 胡思敬：《戊戌履霜录》卷一《政变月纪》，见《戊戌变法》（中国近代史资料丛刊）Ⅰ，第 364 页。

郁、博围解，立亭远飏，余匪散逸，大失所望，乃虚报陆川尚有大股匪，宜雕剿”，而在陆川驻地残暴的抢掠。他们“不分玉石，纵兵杀焚掳掠，捏报邀功，残毒更甚于贼，当时县北遭兵祸者，指不胜屈”。其马盛治在驻地平乐圩更“将李立亭、廖十八、芦三所住之村，尽行剿洗，屋均焚毁，大园村踏为平地”。其“陈桂林驻马坡两月，计所杀不下二三千，焚屋数百家，抢掠牛只衣物无算”。清朝军队的这种镇压和滥杀的罪恶，使《陆川县志》的作者也不得不发出极大的愤慨说：“光绪戊戌之事，匪乱不满一月，兵乱将近半年，被‘匪’害者百之一二，受兵害者十之一二，古人云：贼梳兵篦，信然！”

李立亭起义虽然失败，但其余部却散在广东钦、廉各地，“或百余，或数十，分股甚多，均藏山中”，对于广东地方的威胁颇大[1]。同年，左右江地区的会党活动也极为活跃，“由左江之兴宁驮卢跨过右江之隆安那桐，逼胁拜台，渐至滋蔓各县”。地方官吏采用了积极办团的办法以应付[2]。

光绪二十五年（1899）武鸣有苏贞松起义。苏贞松与外来势力联合进行活动，地方官吏“缉捕未获”。不久，该县西路坡造、四塘一带，下至北路小良寺墟等地团练也多“拜会”，“势颇猖獗”。苏贞松一直在武鸣活动，而地方上“无敢与敌者”。武鸣在广西人民大起义的整个过程中是起义活动较频繁的一个地方[3]。同年，右江地区会党也“拜台啸聚”，经清军进攻，多退往“滇黔边界”，而当官军回防时，“其焰又张”。另外，郁林、柳州一带起义者的余部也活动于“深山穷谷”之中，“虽地方官吏严加巡缉”，“总未能拔尽根株”。由于起义势力是如此的“地面辽阔”，因此，负责广西军事的广西提督苏元春乃建议“厚集兵力步步为营，行坚壁清野之法”[4]。

光绪二十六年（1900），起义势力蓬勃发展，西南边界地区有更多的反抗发生，在清朝官吏的公文中不断有所谓“土民勾同‘游匪’拜台入会”，“游土滋扰，道路不靖”，“‘匪’势已成”，“游以土为巢穴，土以游为护符，兵来‘匪’匿，兵撤‘匪’来”等记载[5]。甚至于四月初一日有四百余人曾攻入西隆州城[6]。十一日，永淳会党与外来势力相结合，活动于横州交界之处，曾有数千人围困当地的防营哨弁，并在永淳的灵竹墟竖旗聚众。当时由于遍地反抗，府治南宁

---

① 1902 年 7 月 16 日天津《大公报》第 92 号，附张。
② 《同正县志》卷十《盗乱》，1932 年刊。
③ 《武鸣县志》卷十《前事考》，1915 年刊。
④ 南宁苏提督来电，《李文忠公全集》电稿卷二二，页二。
⑤ 光绪二十六年五月丁卯苏元春奏，《东华续录》光绪一六〇，页五六。
⑥ 光绪二十六年十月丁未黄槐森奏，《东华续录》光绪一六三，页二。

已"无勇可援",致使地方官吏感到"贼众团弱",而不得不请求广东钦、廉地方拨勇救援①。这种情况引起了清朝中央政府的注意,它在上谕中曾着重指出说:"粤西'游匪',久为边患,势甚鸱张,极宜协力剿办,以清萌蘖"②。

光绪二十七年(1901),西南地区的反抗仍然继续,其中如上思的"'拜台'日盛,'匪'势愈张,几于无地不有"③。隆安的"迄无宁日"④。而武鸣团练势力的加强,也正反映了斗争的日趋尖锐⑤,并且这种声势已经使云南地方官吏感到有"更定营制,酌增行饷"的必要了⑥。

光绪二十八年(1902),起义势力又进一步高涨。活动范围遍及于广西南部西部,如隆安、西林、泗城、百色、镇边、归顺、镇安、太平、南宁、上思、郁林、浔州、梧州、上林、迁江、宾州等城,同时广东高、廉、钦一带的会党也与广西各地起义势力取得联系⑦,因此势力甚大。他们屡次击败官兵,其中如上思县起义领袖黄三曾联合广东钦州和广西江州的起义势力约有七八千人,在上思县四乡大为活动⑧。左江地区据称有一路约有五六万人,都是"兵精粮足"⑨。清政府面对这样高涨的势力,也采取了一些镇压的措施:四月间广西巡抚丁振铎建议增募兵丁,改练新操⑩。六月间,当王之春调任广西巡抚时,一面"请调安徽楚军两营随赴该省,以资防剿",一面又提议由云南、贵州、广东派兵"会剿"⑪;九月间两广总督陶模更建议"筹剿广西'土匪',以南宁为居中策应之地"⑫;十一月间,清政府乃定三省会剿之议,"以滇师进剿西林,以黔师进剿西隆,与粤师约期并进。……彼此合力,迅歼'丑类'"⑬。虽然清政府十分注意并采取各种政策,企图解决广西的反抗,但是,广西各地的起义活动并未因之稍戢。

光绪二十九年(1903),起义区域愈广,势力愈强,除西南之武鸣、上林等

---

① 横州惠守来电,《李文忠公全集》电稿卷二二,页十二。
② 光绪二十六年十二月甲寅谕军机大臣等,《清德宗实录》卷七七四,页二。
③ 《上思县志》卷五《兵戈》,1915年刊。
④ 1902年7月21日天津《大公报》第35号,第6页。
⑤ 《武鸣县志》卷十《前事考》,1915年刊。
⑥ 光绪二十七年九月壬午署云贵总督丁振铎奏,《清德宗实录》卷四七八,页十。
⑦ 光绪二十八年三月丁丑两广总督陶模奏,《清德宗实录》卷四九七,页十三。
⑧ 《上思县志》卷五《兵戈》,1915年刊。
⑨ 1902年7月21日天津《大公报》第35号,第7页。
⑩ 光绪二十八年四月丙申广西巡抚丁振铎奏,《清德宗实录》卷四九八,页四。
⑪ 光绪二十八年六月丁酉上谕,《清德宗实录》卷五〇〇,页六。
⑫ 光绪二十八年九月甲戌两广总督陶模等奏,《清德宗实录》卷五〇五,页十四。
⑬ 光绪二十八年十一月乙亥上谕,《清德宗实录》卷五〇八,页二。

地外，西北之南丹、东兰及北部之柳州、桂林地区都纷纷起义。并且邻省也在这种影响之下局势甚为不稳，湖南、云南、广东均有变乱情况发生①。甚至如湖南衡阳的反抗势力，原已失败，但在广西起义势力日炽的鼓舞下，"复招集党徒，欲往广西与'匪'接应，合为一股"②。广西的起义势力曾屡次击败官军和团练：三四月间，武鸣团练与起义势力作战屡次"失利"和"毫无奏效"，而起义势力则"所向无敌"③。闰五月初一，东兰再度为起义势力所攻克④。七、八月间，起义势力"渐逼省城"，桂林情势一时紧张⑤。十一月间，上林、宾州、武缘各地联合起义，清朝曾经派官兵镇压，"凡历数载，其患始平"⑥。十二月间，柳州地区的雒容县、马平县、忻城县等地也与官军和团练发生激战⑦。清政府之所以未能"削平"广西的反抗，据当时负镇压之责之两广总督岑春煊分析有四难，即："熟察匪势匪情，则有兵来则民，兵去乃'匪'，兵已疲于奔命，'匪'转以逸待劳，此民'匪'不分，其难一；枪支弹药可售诸'匪'而得财，子女玉帛可藉剿'匪'而肆掠，兵与'匪'狎，两利俱存，虽号称数十营，实不得一兵之用，此兵'匪'不分，其难二；'匪'之窟穴，必在深山，箐密林深，路尤险绝，'匪'已习惯，捷若猿猱，客军初来，拙如牛豕，且方当夏时，草木掩翳，'匪'得所蔽，反乘官军，此'匪巢'险固，其难三；叠峰横盘，动辄百里，路径丛杂，不易合围，此方进攻，彼已他适，此山路纷岐，其难四。"⑧岑春煊所指的四难，实际上说明了广西起义势力在群众中具有深厚基础，并能适当地利用广西自然条件上的便利，这也正是广西起义势力能延续数年而获得不断发展的原因所在。

光绪三十年（1904）是大起义最高潮的一年，全省烽火遍燃，已呈不可收拾的局面。从现有的资料考察，起义地区遍于全省。这些起义形成两个势力最大的起义中心。

一个是以柳州为中心。这是当时势力最强的一部分。它的活动范围包括柳城、雒容、罗城、永宁、永福、思恩、天河、河池、南丹、马平、庆远、象州、

---

① 《东方杂志》1904 年第一期，杂俎，光绪二十九年《中国纪事》。

② 署湖南巡抚陆奏拿办会匪汇案造报折，《东方杂志》第二卷第三期。

③ 《武鸣县志》卷十《前事考》，1915 年刊。

④ 光绪二十九年六月丁巳岑春煊电外务部，《东华续录》光绪一八一，页二。

⑤ 光绪二十九年八月甲寅上谕，《东华续录》光绪一八二，页一。

⑥ 《上林县志》卷四《军事》，1934 年刊。

⑦ 《东方杂志》第一卷第二、三期，军事。

⑧ 光绪二十九年七月辛卯岑春煊奏，《东华续录》光绪一八一，页十一。

中流各地。它以五月中旬陆亚发领导的"柳州兵变"事件划分为前后两段。"柳州兵变"前，当地起义势力已经非常强大，大者千余人，小者也有数百人。如罗城县曾有起义群众千余人进攻天河县之东乡，虽然该县附近各乡闻警集练堵守，但势不能敌而被攻入大小岭各村，后经天河县派官军助团，起义群众始退回罗城。妇女领袖黄九姑曾率党数百人纵横于雒容、罗城、永宁、永福等地；又联合侯五、邓甫唐等部共千余人在罗城附近铜匠村与官军激战，并用火药包烧毙城内团总李某①。又如"柳州、庆远、思恩三府疆界毗连，'匪'党麇集，几于无村无'匪'"②。这些起义势力因"柳州兵变"而得到进一步的发展。"柳州兵变"爆发于是年五月初十日夜，那时一度降清的起义领袖陆亚发因鉴于另一些降清的起义领袖如黄飞凤、梁果周等遭到杀害而"深惧有变"，乃率部于柳城起事。次日晨，"即将城门紧闭，抢劫电局、割断电线、攻毁县衙、释放监犯"，并击败城内各处驻军。陆亚发等据城三日后，即取饷二十余万两、枪械无算离城而去，踞守于号称奇险的四十八峒地方③。由于有这样一次大波涛的掀起，柳州所属各地的会党，纷纷起来响应，清政府大为震动，于是由两广总督岑春煊带兵西征，随调边防军黄忠立、省防军杨发贵、绥靖军宋尚杰等各带部队去"围剿"④。陆亚发等自柳州兵变后即与附近各地会党势力联合，他们所采取用以应付清军进攻的战略有二："一为固防险阻，以抗官军，一为乘虚进袭，得地弗守"。因而，除主力坚据四十八峒外，又在以柳州为中心的各地与清军流动作战。据当时报载，他们的进军路线大致有三："由东北者，大抵由雒容、永福各县境，越桂林而东，直达广东肇庆；由西南者，大抵越庆远、思恩，分扰迁江、上林一带；由西北者，大抵越融县、罗城，分扰湖南、贵州边境。"⑤他们都各拥有相当雄厚的实力，如永宁、永福、雒容一带，起义群众遍布于自柳城至屏山长达百余里的地带，人数超愈万人，械精且多，并准备进攻省城。他们在以柳州为中心的一些地方如三陧（永宁县属）、中渡（在永宁、永福、雒容交界处，现为县）、大埔墟、雒崖墟（柳城县属）等地都与清军发生过战斗，其中如进攻省城的一路在中渡曾击败清军二营，攻破距桂林百里之永福县，桂林因之戒严。其中一部又西攻，克庆远；一部续克永宁，并有部分进入湖南边界，以致迫使

① 《东方杂志》第一卷第五期，军事。
② 广西巡抚柯奏添募常备军前营饬赴柳州会剿片，《东方杂志》第一卷第四期。
③ 《东方杂志》第一卷第三期，军事；《雒容县志》卷下《前事》，1934 年刊。
④ 《雒容县志》卷下《前事》，1934 年刊。
⑤ 《论广西会党之难平》，《东方杂志》第一卷第九期。

清政府急电两广、湖南、云、贵"会剿"①。又当永宁告急时，广西省方曾派军一营前往堵截，但行至三隍即被围攻，结果清军失败，三隍也失，清军士兵大半归附于起义者，清军枪械尽失，甚至率兵的统领也不知下落。后因官军的增援，进攻省城的一路才被迫折而往西，省垣使"危而复安"②。除此之外，还有一些地方的起义势力与陆亚发相互声援。如柳州以西的怀远地方，有欧四、褚大一部，拥众万余人，并有快抢大枪千余支，沿溶江百余里皆设栅防守，八月中旬，欧四曾率部二千余人攻破罗城，由各地来会者达七八千人。清军调重兵进攻，双方在罗城周围连续血战四五日，始复将县城攻陷，部众向西南而去，欧四后为官军所俘杀③。其在柳州以东者，有四大峒的杨履亨部，有众千余人，活动于永福、雒容、修仁交界处，以牵制进攻四十八峒陆亚发的官军④。至于踞守于四十八峒的陆亚发部，也经常出击并与各地不断汇合，七月中旬曾有一部五六百人由四十八峒的油麻峒出击永宁，势颇凶猛，经清军合击，方不支退回⑤。八、九月间另一部曾由柳州经来宾至贵县与当地会党千余人会合，"势颇凶勇"；另外在武宣有由马平、雒容、象州三处汇集而来的二千余人⑥。清政府对于以柳州为中心的起义势力，除继续坚持以往三省会剿方针外，又于七月初开始进攻四十八峒地区，有部分起义势力分别进入贵州、湖南境内活动⑦。十月初集中力量进攻四十八峒，十月中旬在清军优势兵力的进攻下，陆亚发所据之四十八峒的中心——油麻峒被攻陷，亚发肩背受枪伤，向西迁至庆远一带五十二峒地区，继续抵抗。十一月初七日被中渡团总张振德所俘，十一日被凌迟处死⑧。余部向黔边移动，清廷"谕饬两广、滇、黔各督抚，合力痛剿"，直至十二月底，才"渐次荡平"⑨。清政府自攻破四十八峒后，察看形势，认为"非设官镇抚驻以营哨不可"，于是拟议将桂林同知移驻四十八峒，并募勇一营，常年驻扎峒中办理清乡团练保甲诸事⑩。十月下旬，盘旋于思恩县罗汉山、鹰山

① 《东方杂志》第一卷第七期，军事。

② 《东方杂志》第一卷第八期，军事。

③ 署两广总督岑春煊等会奏收复罗城县城剿匪获胜请奖尤为出力各员折，《东方杂志》第二卷第二期。

④ 《东方杂志》第一卷第十期，军事。

⑤ 《东方杂志》第一卷第九期，军事。

⑥ 《东方杂志》第一卷第十二期，军事。

⑦ 《东方杂志》第一卷第八、十一期，军事。

⑧ 《东方杂志》第二卷第一期，军事。

⑨ 《东方杂志》第二卷第一期，杂俎，光绪三十年《中国纪事》。

⑩ 《东方杂志》第二卷第二期，内务。

一带之褚大部，也遭到清军龙济光部的进攻，以褚大战死而失败[①]。十一、十二月间，清军又在南丹、河池、马平、庆远、罗城、融县各地肆行镇压，许多起义领袖惨遭杀害[②]。有一部分进入贵州活动[③]。以柳州为中心的起义势力的主力虽遭镇压，但分散的反抗仍在继续。

另一个是以南宁为中心。而以左江地区为尤著，其活动范围有宣化、隆安、武鸣、上林、宾州、武缘、上思、崇善、宁明、归顺等地。主要领袖有黄五肥、王和顺、关云培等人。他们少者数百人，多者数部联合达数千人，在各地与清军及地方团练作战。由于左江地区是广西大起义的起源地，所以清朝在柳州兵变前对广西用兵即十分注意于左江。清朝自光绪二十九年即任丁槐署理广西提督以镇压起义。丁槐自受事以后，即"整顿营伍，筑建碉卡"，采取"剿抚兼施"方针。三十年丁槐在有了一定的准备后，即大举进攻各地起义。岑春煊奏中曾叙述丁槐镇压左江起义的简单经过说：

> 三十年三月初间，黄五肥股众三千余，盘踞永康州罗阳士司一带，丁槐会合思恩、南宁各营八路齐进，痛加歼击，黄五肥被枪毙，余党之幸存者，狂窜上思，匿于广东交界之十万大山，丁槐率队跟踪，复与东军会合围困，匪粮不继，饥死无算，其动出者悉为我军歼毙，附近各村反正安业者数以万计。由是兵威所慑，民团亦起振作，捕匪御盗以助官兵所不及，左江渐就肃清。[④]

清军在镇压左江起义的过程中，曾遇到了激烈的反抗，如丁槐曾在上思大缆村与该地著名领袖蒲正义所部相遇，双方鏖战两日夜，官军迄未得手，不得已而败退，蒲部虽有损失，但仍有二千余人据守该处附近地方[⑤]。因此，丁槐便采取"一面招抚，一面捕诛"的毒辣谲诈的对策来镇压，并将起义群众四面"剿围"于山中，结果，起义群众"饿死者以千数，擒斩者以千数，就抚者亦以千数"[⑥]。

当时，丁槐所镇压的只是左江地区，也即南宁西南边界地区；其南宁以北起义势力则仍然相当活跃，如上林、宾州、武缘一带便是"土游各党相聚日众"，

①《东方杂志》第二卷第一期，军事。
②《东方杂志》第二卷第一至三期，军事。
③ 两广总督岑奏柳州叛匪在思恩县属全股歼灭折，《东方杂志》第二卷第五期。
④ 两广总督岑奏剿办思恩府及柳庆南境土匪迭获著要折，《东方杂志》第二卷第五期。
⑤《东方杂志》第一卷第五期，军事。
⑥《上思县志》卷五《兵戈》，1915年刊。

地方上因"兵力单薄而不能剿办",曾向南宁告急,但也因军队"无可再调",因之"各处乱党日炽"①。又如南宁著名领袖关云培虽被官军杀害,但"其妻仍聚党七八百人"继续活动②。这些事件表明以南宁为中心的起义势力仍然是对清朝的一种威胁。正在清朝政府庆幸"左江渐就肃清"之际,"柳州兵变"突然爆发。这样,不仅迫使清朝将兵力专注于柳城、融、怀,而且南部的起义势力也因而复炽。以柳州为中心的起义势力和以南宁为中心的起义势力之间,彼此互相呼应,在柳州至南宁一线上,起义者游动频繁,踪迹飘忽不定,清军在柳州地区既牵重兵,因此乃命丁槐北攻。八月间,丁槐率队进攻宾州,在来宾、宾州、迁江一带大肆杀戮,许多起义领袖,如滕正宜(原在思恩庆远交界处活动,后南下迁江被杀)、王春林、侯四、陆八等(宾州贵县一带的著名领袖)都被杀害。经过清军的残酷镇压,于是"宾州、迁江、来宾、一带渐次静谧"。十月间,丁槐又分四路进攻忻城、理苗地区,与在庆远进攻五十二峒之龙济光部相呼应,十余日间,丁槐连续攻破起义据点二十余处,当地一些领袖人物如覃火生、覃三、覃四、覃肖孺相继被俘杀。十二月,由忻城一带逃往来宾之陈社求也被杀死③。另外,清政府又利用诱降杀害的手段来对付起义者,如十一月间武缘地区的领袖周治岐(即周三)、王月秀(即特燕)、陆彩邦、韦冠廷(即韦二)等即被诱降而遭杀害。以南宁为中心的起义势力,由于丁槐的"往来扫荡"而日就衰落了。

这里必须指明,文中所以提出柳州和南宁两个中心的目的,是为便于说明情况,一方面绝非表明这两个中心的隔离,因为二者之间是有一定联系的,如南宁附近的起义势力也有北走而至庆远一带,而柳州附近的起义势力也有南下至迁江宾州一带的。甚至还有有意的联合而使力量加大起来的情况,如南宁地区妇女领袖胡大娘、顾二嫂原在南宁"巢穴山谷",配备有无烟快枪等武器,被清朝政府认为是"凶悍异常"的一股势力;"柳州兵变"后,就有一部"叛兵"带着大量军火来投,双方联合起来以后,势力大增,于是便在山地"负崛踞险",使"官军无法剿捕"④。另一方面,又绝非表明在此二中心以外即无反抗,例如广西东南部的横山、郁林,东部的怀集等地均不断起来反抗,其中怀集的起义势力曾聚众攻城屡败官军,并占领城郊的许多地方,其声势之大,致使广东

① 《东方杂志》第一卷第三期,军事。
② 《东方杂志》第一卷第五期,军事。
③ 两广总督岑奏剿办思恩府及柳庆南境土匪迭获著要折,《东方杂志》第二卷第五期。
④ 《武鸣县志》卷十《前事考》,1915 年刊。

之广宁、开建等地亦为之而戒严，后因遭清军的镇压而失败①。

如上所述，光绪三十年的广西已呈全境动荡的局面，清政府在这一年中也确实付出了极大的代价。其在财政上，不仅由户部解拨一百万两，尚由广东、湖北等省协解八十余万两②；甚至在"柳州兵变"以后，因兵饷无可开支，岑春煊还请求清廷允开官捐一百万两，以裕饷源③。其在军事上，除本省军队外，有广东、湖南、云南、湖北各省派军协剿，据是年九月份统计，广西防剿主客各军共有 115 营、12 哨、13 旗、7 队之多④，人数不下数十万⑤。当然，起义势力在这一年是遭到了沉重的打击，但是清朝并没有完全扑灭广西全境的反抗，其负责镇压广西大起义之两广总督岑春煊在向清朝政府报告中也只承认是"大致肃清"而已⑥。

光绪三十一年（1905）的广西情况是"大股匪甫经击散，小股随处窜扰"⑦。综合这一年各地反抗情形，大致有三点值得注意：其一，原来以柳州、南宁为中心的起义势力，仍在不断活动，他们或系"潜匿僻处，煽惑乡愚，拜台入会"⑧，或系"'匪'党潜匿，屡次捕剿，均未廓清"者，或系"伺隙復逞"者⑨。人数已经不多，少者数十人，多亦不过百余人。是年八、九月间，各地的起义势力即先后被镇压。其二，许多起义势力渐向边界移动，因此边界地区势力又起，如东部的平乐、贺县、梧州、藤县，西北边界延及于黔边，西南则向滇边"窜越"。清政府命令有关省份堵截。其三，由于清政府的杀降，以致有若干投降者復"叛"，如龙济光杀侯五、王芝祥杀郭十二之事发生后，丁槐所招降者，"本怀愤怨，自闻此信，群即哗噪，挟枪叛去"⑩。这些叛者固遭到到"迅速捕剿"，即有些降而未叛者也在"难免不图復叛"的藉口下被杀⑪。广西的起义势力经过这些残酷的屠杀，势力大减，九月间，岑春煊即以"广西全省股匪一律肃清"报告清政府，而清政府也以岑春煊、李经羲、丁槐等"将各路游土各'匪'，次

---

① 《东方杂志》第一卷第九期，军事。
② 《东方杂志》第一卷第十一期，军事。
③ 《东方杂志》第一卷第一期，军事；胡钧重编：《张文襄公年谱》卷五，页十一。
④ 户部奏遵义署两广总督岑电奏请开办广西实官等项捐输或借用洋款折，《东方杂志》第一卷第十期。
⑤ 广西防剿主客各军表，《东方杂志》第一卷第十一期。
⑥ 光绪三十一年正月丙申岑春煊奏，《东华续录》光绪一九一，页十八。
⑦ 光绪二十一年三月甲戌广西巡抚李经羲奏，《清德宗实录》卷五四三，页二。
⑧ 《东方杂志》第二卷第八期，军事。
⑨ 《东方杂志》第二卷第十二期，军事。
⑩ 《东方杂志》第二卷第八期，军事。
⑪ 《东方杂志》第三卷第一期，军事。

第荡平，全省一律肃清"之功，赏赍有差①。但是，清政府所谓"全省一律肃清"的估计，与事实并不全符，根据光绪三十二年的记载，广西某些地区如宜山、平乐、象州、梧州、来宾、郁林、柳州、桂林、贵县、镇安，仍不断有反抗②，其中有些规模还甚大。如妇女领袖莫大姑所率领的一部，从象州到武宣、贵县、平南、藤县一带活动，就有"党羽千人，势颇猖獗"③。因此，所谓"一律肃清"只不过是奏折中之文字藻饰而已。惟自三十二年以后，广西频年发生由资产阶级革命派——同盟会所领导和发动的起义，这些起义的声势超过了旧有的起义，广西人民的起义步入了另一个新的阶段。但是，必须注意，这些起义所依靠的主力还是这些以会党为核心的反抗力量。

四、大起义的影响

广西人民大起义前后经过几近十年，地区以广西为中心而影响于云、贵、湘、粤四省，清政府为此而用兵达数十万，糜款达三百八十六万余两④。其规模不可谓不大，而其影响也至巨，综其大要，约有二端。

首先，这次大起义证明了清朝统治力量的日趋衰落。在此以前，清朝对外战争虽屡次失败，然仍以御外不足平内有余自慰。广西大起义的事实击破了清朝政府的幻想——"平内"也已无力了。在光绪二十八年的《大公报》上曾有一篇论说指陈这一点说：

> 中国屡与外兵交绥，屡遭覆败，遂强出一言，以慰人曰：吾御外侮则不足，吾平内乱则有余，此语吾闻之三十年，殆无人不以为定论者。每见兵勇征调之时，若闻与洋人交战，则相率宵夜奔逃，不待战而已成溃败之势；若一闻往平某处土匪，则将卒踊跃效令，以为从此得保举发大财，恃枪炮之利，破乌合之众，如汤之沃雪，固天地间易易事也。顾何以广西之乱，迁延岁月，廷旨切责，自庚子夏西林等处起事，至今已二年余，犹未报肃清也。近虽言人人殊，或言蔓延之势不可向迩，或言小丑跳梁指日可灭，要之，其乱未平，明也。

---

① 《东方杂志》第二卷第十二期，谕旨。
② 参阅《东方杂志》第三卷第一至十期，军事。
③ 《东方杂志》第三卷第八期，军事。
④ 此数系指自光绪二十九年五月起至三十一年九月止所用银，全部耗银必当逾此，以无统计，故缺。

论说的作者更怀疑到清朝政府的统治力量说："呜呼！处今之世，中国之兵，其亦内乱不足平定乎？"因此，论说的作者不得不为清朝政府担忧，他意味深长地感慨道："吾恐广西之乱，将不仅广西已也。"[①]事实上，当时全国各地确已开始动荡。

这篇论说是公开发表于报端的，因而它在一定程度上反映了当时社会上对清朝政府统治权已有日趋衰落之感了！

这种日趋衰落的危机，更明显地表现在广西地方上。光绪三十二年清政府户部在议复广西善后问题的奏折中曾概括了这种危机称：

> 广西难治，自古已然，上溯百余年间，兵燹已十余次。所谓平定，殆皆粗安，非久靖也。可危可虑，究未如今日之甚者。元气过伤，余孽遍地，人才消乏，财政困难，辗转相因，几成莫可救药之势。何则？地险而贫，俗悍且惰。今则贫而又贫，悍而愈悍。匪乱以来，焚劫无算，荒芜无算，加以兵差所累，团费难停，水旱不时，统税增重，工商则资本亏耗，每歇业而坐食，农业则籽种缺乏，多游手而辍耕。他省之匪，不过健壮，兹乃老稚亦然，不过男丁，兹乃妇女皆是，不过游惰，兹乃绅团不免。所以肃清已逾半年，州县尚驰逐四乡，莫能稍息。数年以来，杀匪又千余矣。然小如鱼艇，快如轮船，仍或被劫，且有一案，盗至百余名者，乘间窃发之形，当不待问，尤可畏者，派员清乡，莫保善良，乃知民力如许拮据，既半耗于被匪，又半耗于防匪。枪械如此繁夥，民用之，固可以御匪；匪得之，即可以害民，可为危虑，孰过于此。论善后，固首在得人，亲民之官，莫如州县，然州县精力祇于此数，急于捕匪，他顾不遑，欲图兴举，费先无出。向之所藉以办公者，今则赌规尽革，税契无余，杂款移以办学，优缺亦皆以匀提。且因缉匪而赔夫马、增费用、养眼线、赔花红，种种苦累，辄有口实，用人之难如此。历年因办匪之故，其提之官者已舐糠及米，其取之商者更竭泽而渔，出入本属不敷，而去冬起，每月又加认东军十余万之饷，本年之膏捐统税，又复异常短收。虽已议裁防营，而体察情形，非重兵不足以资镇慑，且无可消纳，即万难骤然多裁，不然部臣且代虞不给，岂有困难至此而不自急燃眉乎？财政之难又如此。……[②]

广西地方除了上述的财政、治安各方面的危机，还有外国侵略势力的乘机

① 《论广西之乱》，1902 年 7 月 26 日天津《大公报》第 40 号第 2 页《论说》。

② 户部奏议复广西巡抚林奏善后须款办法折，《东方杂志》第三卷第十期。

扩张。法帝国主义曾乘大起义的机会，一方面向起义者出卖枪炮等物①，企图假手于起义势力来削弱清朝的统治力量；另一方面，它又借口法军被杀的理由，向清廷表示"欲藉水兵五百名助剿匪乱"②，并在龙州柳州等地以"保护商民"为名驻兵③。因此，当时的广西已经处于"内讧外侮大有纷乘之势"的情况之下了。

其次，这次大起义鼓舞了资产阶级民主革命派的革命活动。当时民主革命派的革命家都十分重视广西大起义。如章太炎由于这次大起义的斗争锋芒系直接指向清朝的统治，当时民主革命派所鼓吹的反满革命的意旨正相吻合，而给它以极高的评价说：

> 义和团初起时，惟言扶清灭洋，而景廷宾之师则知扫清灭洋矣，今日广西会党则知不必开衅于西人而先以扑灭满洲剿除官吏为能事矣。唐才常初起时深信英人密约，漏情乃卒为其所卖。今日广西会党则知己为主体而西人为客体矣。人心进化，孟晋不已，以名号言，以方略言，经一竞争必有胜于前者。今之广西会党，其成败虽不可知，要之继之而起者，必视广西会党为尤胜，可豫言也。④

章太炎的论点，主要在阐明二十世纪初以来的各次起义运动，在反满问题上是日有进步的，而资产阶级民主革命运动乃是继承了这种革命传统而来进行反满革命的，也即承认广西大起义在民主革命上所起的先驱作用了。

伟大的民主主义革命家孙中山也极重视广西人民大起义在反满斗争中的作用，他强调指出要从中汲取取得斗争胜利的信心和力量。他在一篇论文中直接提出来说：

> 从最近的经验中可以清楚地看到，满清军队在任何战场上都不足与我们匹敌，目前爱国分子在广西的起义就是一个明显的例证，他们距海岸非常遥远，武器弹药的供应没有任何来源，他们得到这些物资的惟一办法乃是完全依靠于从敌人方面去俘获；即使如此，他们业已连续进行了三年的战斗，并且一再打败由全国各地调来的官军对他们的屡次征讨。他们既然有出奇的战斗力，那末，如果给以足够的供应，谁还能说他们无法从中国

---

① 参阅《东方杂志》第一卷第八期，《中外交涉汇志》；《东方杂志》第二卷第十期，军事。
②《桂抚谢法人助战论》，1902 年 8 月 13 日《大公报》第 58 号第 2 页《论说》。
③《东方杂志》第三卷第一期，杂俎。
④ 章太炎：《驳康有为论革命书》，《太炎文录初编》卷二，章氏丛书。

消灭满清的势力呢？[①]

从章、孙二氏的论点中可以看出，资产阶级民主革命派对于广西人民大起义给予了一定的评价，并且他们的思想也因之受到相当的影响。他们从这个现实的例证中更加坚定了获得反满革命胜利的信心。他们不仅在思想言论中有接受影响的线索存在，并且在革命实践活动中也有直接的联系可寻，如在同盟会成立以前作为同盟会组成成分之一的华兴会，曾在光绪三十年因广西人民大起义蓬勃发展的影响，而拟乘机在长沙起义。这次起义以事前谋泄而失败。华兴会中负责联系会党的领袖马福益事前曾与广西的会党发生组织上的关系，给予委任，失败后即逃亡广西，不久又由桂返湘谋再举，不幸被捕牺牲。同时，在广西遭到失败的一部分起义势力曾由桂入湘来参加会党活动，准备支援华兴会的起义[②]。因此，二者之间确已发生直接的关系了。1905 年，同盟会在正式成立后，曾经组织和领导过多次起义活动。这些起义的地区大部分在两广地区。这些起义不只是在群众基础上主要依靠过去经过战斗锻炼的会党和当地一些贫苦群众外，甚至还联络了过去广西人民大起义中的领袖，共同策动新的起义。1907 年的防城之役和镇南关之役，1908 年的河口之役，广西人民大起义中的领袖王和顺在孙中山先生的指挥下参与了策划和进攻。由于他们在这些地区有长期活动的经验和深厚的群众基础，所以都能取得一定的胜利[③]。虽然，同盟会所组织和发动的几次起义都由于枪械不继、计划不周而失败，然而，不容否认，这些起义把资产阶级民主革命推向了更为成熟的阶段。因此说，广西人民大起义在推动民主革命的向前发展上是有一定功绩的。

五、小结

从上面几段的叙述中，可以有以下几点的认识：

（1）广西人民大起义是在天灾流行的情况下为反抗清朝政治压迫和经济上的勒索而爆发的，它的斗争锋芒迳直地指向清朝政府。

（2）广西人民大起义是以会党为组织核心，以被压迫被剥削的人民群众（主

---

① 孙中山：《中国问题的真解决》，《孙中山选集》上卷，第 63 页，人民出版社版。

② 参阅署湖南巡抚陆奏拿办会匪汇案造报折，《东方杂志》第二卷第三期；邹鲁：《中国国民党史稿》第三篇《革命》（甲）第五章。

③ 参阅邹鲁：《中国国民党史稿》第三篇《革命》（甲）第十三章、第十四章；冯自由：《革命逸史》第二集《南军都督王和顺》，第 216—221 页。

要是农民和士兵）为主体的一次大起义，妇女在这次起义中发挥了很大的作用。

（3）广西人民大起义是由局部酝酿爆发而蔓延汇合，形成为全境，甚至影响于湘、粤、滇、黔各省的一次大起义。

（4）清朝政府十分重视这次大起义，曾经调动大量兵力，耗费一定的兵饷来镇压，但其结果并未能完全扑灭。两相权衡，清朝政府在这个问题上是得不偿失的。

（5）广西人民大起义一方面使清朝政府暴露了腐败无能，另一方面又鼓舞了资产阶级民主革命派的积极活动。二者都起着促使清朝政权崩溃的作用。因此说广西人民大起义是清朝政府灭亡的一个信号也未为不可。

（6）广西人民大起义就其本身的组成成分和要求看来，显然是反对清朝统治、反对剥削制度的一次农民自发的革命运动。此后，便由资产阶级来领导革命运动。虽然资产阶级领导的革命的主力依然是农民，但是单纯的农民自发的革命运动应该是以广西人民大起义为结束。

以上一些不成熟的意见，希望同志们批评指教。

【附记】

（一）本文写作过程中承李炳东同志协助搜集和抄录了一部分资料，在此加以申明和致谢。

（二）本文只是根据能接触到的一点资料加以整理而写成的，有些问题如起义失败问题、起义性质问题等，由于没有接触更充分更具体的史料，所以没有论及和论述得不够，希望能借此文发表的机会获得更多教益，特别是熟悉广西近代史事的同志的指导！

一九五七年六月脱稿

原载于《历史研究》1957 年第 11 期

二十世纪之交的中国政治风云[*]

1895—1905 年是处在世纪之交的十年，是中国近代社会政治舞台上风云变化多端的十年，在这个舞台上有四种政治力量在展示各自的实力，滚动着五光十色的政治风云，进行着角逐和斗争。它们是帝国主义势力、维护封建统治的势力、民众的自发反抗势力和资产阶级民主革命势力。这四股政治力量主要围绕着以加深中国殖民地化和摆脱中国殖民地化为主要矛盾而展开错综复杂的斗争。

一

中国在甲午战争中的失败的屈辱，引起了已步入帝国主义阶段的各侵略者的无穷贪欲。他们变换了过去船坚炮利的海盗行径而以划分势力范围、资本输出、强占市场等等为主要手段，力谋置中国于完全殖民地的境地以腋削我中华膏脂。这就出现了一般近代史课本中所谓的割地狂潮和开矿设厂，修筑铁路，洋货充斥中国市场等现象，从而引发了帝国主义间为争夺市场和势力范围的矛盾。同时，使中国的手工业和微弱的工业以及广大民众的生计都面临危机，这就触动了中国人民自发地反对帝国主义的侵略。这时的封建统治势力尚未完全承认和甘于殖民地地位。于是各帝国主义为谋求彼此间的妥协和加强对封建统治势力的压力，便在义和团反帝运动之际，露出凶残本相，组织八国联军，拿起屠刀，砍向中国人民，烧杀抢掠，把义和团英勇反抗的民众推入血海；胁迫清政府付出巨额赔款、承担不平等义务并向帝国主义俯首听命。接着英、美等国又与清廷订立中英、中美商约，以进一步扩大便于侵略的条件。但是，帝国主义也尝到了中国人民不可侮的利害，所以又一次地变换其侵略策略，认为共同占有和独自吞并都无可能，而寻求代理者以满足其所需求的利益则是当时最

---

* 本文原题为"1895—1905 年中国的政治风云"，后收录于《皓首学术随笔·来新夏卷》（中华书局 2006 年版）一书时改为此题——本书编者注。

适时的策略。当时可供选择的政治力量是以袁世凯为代表的维护封建统治的势力和以孙中山为代表的资产阶级民主革命派。前者已掌握到的军事实力和后者的正在兴起的还不强大的革命力量存在着明显的差距。帝国主义毫不犹豫地选择了前者。于是以德国公使穆默为首的各国异口同声地赞同袁世凯出任北洋大臣，袁世凯也倾心交结各国公使，英、美、德各国都视袁世凯所代表的那股势力为侵华政策的支柱和执行人，从而形成了中外反动势力的相互依赖与勾结，在中国近代的政治舞台上不断地串演着种种丑剧。

二

维护封建统治的政治势力包含着一文一武两种力量。

文的是维新变法势力。维新思想进入九十年代，已从理论探讨走向付之实践的阶段。汤震（即汤寿潜）的《危言》、郑观应的《盛世危言》和邵作舟的《邵氏危言》相继问世，发出了变法呼声，提供了变法依据；康有为等一大批知识分子在中日甲午战争失败的刺激下所发动的"公车上书"以及跃登政治舞台所演出的百日维新活动，其目的就是在不触动封建统治政权根本利益的前提下实行变法以挽救国势危亡。但是，这些政治人物不仅没有获得成功，反而由于未能深谙国情，不善于处理宫廷纠葛，对守旧势力的估计不足而使自己成为刀俎的牺牲，成为另一种武势力的垫脚石。而一些幸免于难的维新分子则不屈从于另一种武势力，坚持改良信念，演变为立宪派势力，以宣传、推动君主立宪主张来挽救危亡。他们不与在政治舞台上已占上风的以袁世凯为代表的政治势力合作，如《危言》的作者汤震于光绪二十七年（1901）公开奏劾袁世凯，上《奏请罢黜树党弄权之枢臣》折指斥袁世凯"其乡评之劣，为大员中所罕见"，并历数其"把持兵柄，擅窃大权，挟制朝廷，排除异己"的具体罪状；揭露其野心说："一时政权、财权、外交权、陆军权悉归袁世凯掌握，海内侧目，谓其将有非常举动。"要求将其迅罢黜，表示出维新分子的一种无奈的反对。

武的是北洋军阀政治集团势力。中日甲午战争的失败，举国上下受到触动，内外臣僚，交章上奏，争献练兵良策，强大的社会舆论迫切要求整顿武备，编练新军。光绪二十一年（1895）十一月初，袁世凯受命在天津小站编练新建陆军，开始建立北洋军阀势力，活跃于世纪之交的政治舞台上。这股政治势力熟谙政治权术，翻云覆雨，纵横捭阖，善于利用时机。他们为适应社会上的自强要求，并照顾到统治者要维护其统治的心理而积极改革军制，创办新军。这在中国军事史上是一种进步，而且也应当承认其间还包含着一些挽救危亡、维护独立的因素和意图。不过，这股政治势力随着叛卖维新变法，血洗义和团运动，在发展、壮大自己的力量的过程中，逐渐认识到帝国主义之可依恃，渐丢掉了原有的那点挽救危亡之心；而帝国主义也正在物色代理人，二者一拍即合，使这股政治力量如虎添翼，加速了发展进程。

为维护封建统治而呈现的一文一武的两股政治势力，经过角逐，终于武的政治势力吃掉了文的一方，与帝国主义合流，形成一种政治势力，以逆潮流而动的形象活跃于政治舞台。

三

中华民族有着英勇反抗的优良传统，特别是步入近代社会以来，包括农民、手工业者、会党、知识分子在内的广大民众自发的反抗行动更是屡见不鲜。他们分别在华北、西南、台湾等各个舞台上演奏着以挽救危亡、维护独立为主旋律的战歌，发扬中华民族的正气。

1900 年的义和团反帝运动，虽然近年来颇有着眼于它蒙昧落后的一面而加以非议，但是，义和团的勇士们面对帝国主义的凶狠残暴，不惜以血肉之躯，前仆后继地英勇战斗，向帝国主义昭示中华民族不可侮的精神，阻止了中国遭受瓜分豆剖的厄运。这是值得后世加以歌颂而载诸史册的。他们在二十世纪初的政治舞台上奏出了一曲曲响彻云霄的慷慨悲歌。义和团运动虽然失败，但其影响是深远的。中国人民面对现实而进一步觉醒，洞察了中外反动势力的真面目。1901 年《国民报》所载的一篇题为《二十世纪之中国》的文章说："列强之意，鉴于以猛力压人国，其爆发也不可制。……故其于我中国也，巧为变计尽寄权于其政府官吏，擒之纵之威之胁之，惟其欲为，可以不劳兵而有人国。"号召民众，自我救亡图存。最为敏感的一大批知识分子赴日留学，寻求救国道理。当他们听到沙俄强占东北不走而奋起抗议，发动拒俄运动，海内外即纷起响应，声势浩大，清廷为之震惊。清廷根据"东京留学生已尽化为革命党"的情报，命令"地方督抚于各学生回国者，遇有行踪诡秘，访闻有革命本心者，即可随时获到，就地正法"[1]。但是，民众则激昂愤慨，热诚投身。宣传民主革命思想的作品《革命军》《猛回头》《警世钟》等相继问世，许多具有领袖才

---

① 冯自由：《革命逸史》初集，页 106。

能的革命者回国进行组织活动，对近代的民主革命起到了重大的推动作用。

与义和团南北呼应而声势尤胜的广西人民大起义，是一次以会党为组织核心，以士兵为主体的大起义，其影响之巨，前后近十年，以广西为中心而战火燃遍云、贵、湘、粤四省；清政府用兵数十万，糜款三百八十余万两。这对封建统治者的打击至为沉重，以致引起社会上对封建统治岌岌可危的前途作出了预测。一篇《论广西之乱》的论说中写道："吾恐广西之乱，将不仅广西已也。"①这次大起义也得到资产阶级民主革命派的赞许，章太炎和孙中山不仅在所撰论文中有所论及（章太炎的《驳康有为论革命书》和孙中山的《中国问题的真解决》），给以较高的评价，而且在革命实践活动中也有直接联系的踪迹可寻。如作为同盟会组成部分的华兴会就在 1904 年拟乘大起义之机，在长沙起事。同盟会成立后所组织的多次起义在广西地区，这些起义在群众基础上不只是依靠过去经过战斗锻炼的会党和当地一些贫苦群众，甚至还联络了过去广西人民大起义中的领袖，共同策动新的起义。所以广西人民大起义在推动民主革命向前发展的进程中，是有一定功绩的。

中日甲午战争后，台湾沦于日人之手，台湾人民在求助清廷失望之后，纷纷组织武装，起兵抵抗。全台各地，在吴汤兴、姜绍祖、吴彭年、徐骧、柯铁等英雄人物的领导下，浴血抗战，英勇不屈，爱国史家连横在所著《台湾通史》中特为诸英烈立专传，并盛赞其"见危授命，誓死不移，其志固可以薄云汉而光日月"。据 1948 年某报社所编的《台湾年鉴》载：1895—1902 年八年间的抗日事件就有 94 起（包括台北 32 起，台中 23 起，台南 39 起），日军则采取血腥屠杀来镇压。据日人的统计，1897—1902 年日军屠杀最凶残的六年间抗日志士被逮捕的有 8030 人（一说 11950 人），处死刑的有 3473 人——这还是大大缩小了的数字。台湾民众在近代历史舞台上提刀傲啸，碧血冲天的英雄史剧，惊天地，泣鬼神，使风云为之变色。

随着帝国主义侵略的加深，以宗教为外衣的文化侵略也日益露骨，种种罪恶，罄竹难书。中国民众不断掀起反洋教斗争。甲午战后，反洋教斗争达到高峰，福建、四川、山东各地都不断发生，几乎成为中国民众反击外国侵略的一种行动。其中有代表性的是 1898 年的四川余栋臣起义，余栋臣起义历时十月，势力所及不仅四川十余县，湖北也有数县聚众响应，有口号，有纲领，有宗旨，有组织，公开号召"普海内外，睹时势之艰难，察义民之冤惨，脱目前之水火，

---

① 天津《大公报》1902 年 7 月 26 日。

逐异域之犬羊。修我戈矛，各怀同责之忠，取彼凶残，同泄敷天之痛"①。他如福建的古田教案、四川的成都教案以及山东的巨野教案、冠县教案等等都是轰动一时的大事件。这些反洋教斗争不仅在中华民族与帝国主义的矛盾冲突中起到了积极的战斗作用，而且为波澜更为壮阔的义和团反帝动起到了重要的先驱作用。

四

中国近代资产阶级民主革命派的领袖孙中山进行政治活动早在甲午战争以前，但是作为一种革命势力跃上政治舞台则在甲午战争之后。

孙中山是长期接受西方资产阶级改良思想教育的知识分子。他痛心疾首于清廷的丧权辱国和腐朽无能而产生改良现状的思想，不时地与陈少白等至友讨论时局，抨击弊政，并与郑观应、何启等有所联系，接受改良主义思想。1893年冬，他和陆皓东、郑士良等思想比较激进的期友相聚于广州，当时曾提出组织一个以"驱除鞑虏，恢复华夏"为宗旨，名为"兴中会"的团体，但没有具体的组织形式和活动计划。与此同时，他又潜心撰著《上李鸿章书》……这种革命与改良两种思想并存而以改良主义思想为主流的思想状况，正是孙中山甲午战争前的思想实际。1894年11月24日，一年前拟议的兴中会正式成立，并计划在广州发动武装起义。1895年初，在香港筹建兴中会总部，正式通过《章程》，规定了"驱除鞑虏，恢复中国，创立合众政府"的誓词，划清了革命与改良的界线。兴中会以民主革命派的态势登上中国近代政治舞台，与各派政治势力展开角逐。

二十世纪初，由于封建统治势力的种种政治失误、中国民族资本的明显发展、全国各阶层民众爱国热情的高涨等等背景，致使兴中会的革命势力得以顺利发展，于是一方面吸收广大会党群众，在国内组织、发动武装起义，以扩大声势；另一方面，积极寻求革命的理论根据，探索解决中国的政治、经济、社会诸方面现实问题的道路；并谋求与康梁派合作而遭到拒绝，使民主革命派与改良派彻底分手。在乙未广州起义和庚子惠州起义相继失败后，兴中会的工作重点移至日本。一大批留日知识分子被吸引到兴中会的周围，其中有些著名的革命家在"拒俄"运动的震动下，纷纷回国，与国内的革命势力结合起来，组

---

① 《四川教案与义和拳档案》，页 512-513。

织各具特色的团体，进行革命活动。华兴会、湖北科学补习所、光复会是许多革命团体中声名显著者，其间涌现出黄兴、章炳麟、邹容、陈天华、宋教仁、秋瑾等一大批革命家，在全国各地推动着革命形势的发展。中国近代的政治大舞台由此呈现出一派五彩缤纷的可喜景象。但是，各种大小不等而力量分散的政治势力，在革命活动中也逐渐暴露出这样或那样的弱点。革命形势的需要，孙中山的奔走呼号和努力工作，使各种革命力量不同程度地认识到集中统一领导的必要，纷纷把"设会之名，奉之孙文"①。1905 年 8 月 20 日，兴中会走完了自己的革命历程，中国第一个资产阶级政党——中国同盟会在日本东京正式成立，竖起了资产阶级民主革命大旗。尽管它还存在着组织不够严密，思想不完全一致之处，却毕竟克服了过去的不少弱点，把各种革命力量集中统一起来，形成一股比较强大的革命势力，使之能够与帝国主义和封建统治合流的政治势力对立地存在，并与之在二十世纪中国的政治舞台上展开角逐和较量；不过五六年的时间，革命势力终于取得了胜利。

五

综上所述，对于 1895—1905 年的中国政治风云，可提出如下的认识：

1. 从兴中会成立后的 1895—1905 年的十年中，在中国近代的政治舞台上的四种政治力量，从宏观上看，它们沿着加深与摆脱中国社会殖民地化的历史道路而反复斗争，使政治风云变幻莫测，时而乌云蔽日，时而彩虹跨天，成为中国近代史的具有关键意义的一个历史阶段。

2. 这一历史阶段的前半段，即世纪末的那一段，除帝国主义处心积虑深入侵略外，其他三种力量尚有从不同渠道设法挽救危亡的共同点，当时是中华民族与帝国主义之间的矛盾为主要矛盾；这一历史阶段的后半段，即二十世纪初的那一段，则前二种势力，即帝国主义与维护封建统治的势力以清廷作出"量中华之物力，结与国之欢心"的正式表态而合流；后二种势力，即人民大众的自发反抗势力与资产阶级民主革命派以中国同盟会的成立为标志而汇总。这样，就形成了两股相对立的政治力量，即以人民大众为主体的民主革命势力同帝国主义、封建主义的联合势力的矛盾成为当时的主要矛盾。

3. 两股相对立的政治力量在二十世纪初，各自为争取自己的胜利并消灭对

---

① 宋教仁：《程家柽革命事略》，《国史馆刊》第 3 期。

方而进行了激烈的斗争和较量；以人民大众为主体的民主革命势力日趋上风，终于推翻封建专制主义的统治，但却容忍了帝国主义势力的滋长；维护封建主义统治的势力则见风转舵，加紧勾结帝国主义，利用民主革命势力，攫取到更大的权力。

原载于《文史杂志》1995 年第 5 期

论近代军阀的定义

在北洋军阀史的研究中，人们经常讨论的一个问题是如何为"军阀"下定义，立界说。但直至目前仍难得出一个能为多数人所认同的共识。我们为了撰写《北洋军阀史》，遂以北洋军阀集团为主要着眼点，在概括诸家有关论述基础上来探讨"军阀"的定义这一问题。

一

"军阀"这一名词，我所见到的最早文献记载是《新唐书·郑虔瓘传》中所记："郑虔瓘，齐州历城人，开元初，录军阀，累迁右骁卫将军兼北庭都护、金山道副大总管。"[①]

郑传中"军阀"一词的含义有别于后世之所谓"军阀"。这个"阀"是阀阅之家的"阀"，是指世家门第，即指官宦人家门前旌表其功绩的柱子。"军阀"是指有军功的军人世家，含有门庭显赫的褒意。但近代以来被冠之以"军阀"的个人和集团因处于历史潮流发展的对立面而使"军阀"一词毫无疑义地成为贬词，并已有人使用其贬意。1918 年底，陈独秀就曾为军阀下过定义，他认为：军阀是"毫无知识，毫无功能，专门干预政治、破坏国法、马贼式的、恶丐式的"人物[②]。1918 年底至 1919 年，梁启超在欧游时所写的《欧游心影录》中曾说："军阀之为政，以刚强自喜，而结果也，必陷于优柔而自亡，外强而中干，上刚而下柔，是其征也。"并认为军阀就是由"弱肉强食"这条路上产生出来的[③]。1919 年 9 月，中国的民主主义革命家孙中山在其《复于右任函》中第一次使用

---

① 宋·欧阳修：《新唐书》卷 133，中华书局铅印本，页 4543。

② 只眼：《欧战后东洋民族之觉悟及要求》，1912 年 12 月 29 日。原载《每周评论》第 2 号。见《陈独秀文章选编》上，页 308，三联书店 1984 年版。

③ 梁启超：《饮冰室合集·专集》第五册，第 23 卷。

"南中军阀"一词，并斥之为"暴迹既彰"①。次年初，政论家谭平山比较明确地界定了军阀的含义，他说："握了一种特殊的势力，成了一种特别的阶级，组织了一种特别的系统，这就是叫做'军阀'。"②那就是说，军阀就是掌握军事政治实力的宗派集团。这些分析和评论都已从贬义来立论。

北伐战争时，"打倒军阀"的口号响彻神州，"军阀"已完全成为贬辞。当时的胡汉民和蒋介石等似乎都曾为"打倒军阀"这一口号作注解而对"军阀"下过定义。胡汉民在一次演讲中曾说："一个军人上没有为国家的利益，下没有听民众要求解放的呼声，只是前面靠官僚、政客、土豪、劣绅以及一切反革命势力做了党狼；后而勾结着帝国主义做了声援，这就是军阀。"③蒋介石在另一次谈话中曾说："军阀把持的是地盘……要的是财产……爱惜的是自己的生命……取给的是帝国主义。"④这些分析是近理的，可笑的是，后来他们的行为却重蹈了自己对"军阀"所下的定义。

以后，这个问题很久没有人正式涉及，直到近十多年由于民国史和北洋军阀史的研究与编写又引起人们的注意，海内外学者都对此发表过意见。彭明曾在《北洋军阀（研究提纲）》提出三条军阀定义，即："他们各有一支为自己争权夺利而服务的军队"；"他们各有一块可以任意搜刮和统治的地盘"；"（他们）大都是帝国主义在中国进行统治的工具"。他明确地提出前两点"是一切封建军阀所具备的"⑤，那么后一点显然是指近代军阀所特有。这三条基本上代表了过去一些人的观点。

《中华民国史》主编李新为了指导民国史中北洋军阀统治时期部分的编写工作，专门探讨了军阀的定义。他从 1981 年起连续在有关军阀史和民国史的讨论会上论及这个问题，概括地提出了私兵、地盘和武治三条，有些人对此曾表示过异议。1983 年，李新经过进一步思考、补充和完善，正式发表了专门性论文⑥，明确地提出：

> 我认为：军阀是封建社会和半封建社会特殊的政治现象。军阀是一种特殊的军事集团。它拥有以个人为中心，并由私人关系结合起来的一支私

---

① 《孙中山全集》第五卷，中华书局 1985 年版，页 106。

② 鸣谦：《军阀亡国论》1920 年 1 月 12 日，原载《北京大学学生周刊》第六号，见《谭平山文集》，1986 年版。

③ 1927 年 4 月 8 日胡汉民在南京检阅军队时的讲演，见《革命文献》册 16，台北，1954 年，页 563-564。

④ 1927 年 9 月 18 日蒋介石的谈话，见《革命文献》册 17，台北，1954 年，页 46。

⑤ 《教学与研究》1986 年第 5-6 期。

⑥ 李新：《军阀论》，见《史学月刊》1985 年第 1 期。

人军队。它通常据有一片固定的或比较固定的地盘。

封建统治有两种相对不同的统治形式，一种是直接的军事统治，凡实行这种形式的封建统治者，无论其大小乃至贵为天子的全国统治者，我们都可以称之为军阀。

李新的这些论述归纳起来仍是私兵、地盘和武治三条。但不能不使我们注意到这篇论文中也提出了如"军阀常有割据的现象。但割据并不一定是军阀，因为割据并不是军阀的本质"等见解。在这篇论文中，李新为了论证以武治作为军阀定义的理论根据，同时提出了"乱世出军阀"的论点。他说：

军阀总是产生于封建的"乱世"而不是产生于封建的"治世"。每当封建乱世，合法的最高封建统治者总要实行严酷的直接军事统治。这其实也就是军阀统治。作乱的封建统治者拥私兵以谋夺权，当然也是军阀。在野的封建主有的也乘机招兵买马，据地称雄，这也是一种军阀。至于官逼民反，农民因无法生活而造反起义，更是常见的事情。农民起义当然是正义的斗争，但其胜利发展的结果仍然要称王称帝，走上军阀的道路。可见封建乱世，军阀的来源是多种多样的，军阀现象是普遍的。

这一观点似尚可商榷。其意是凡在易代逐鹿之际的各色人物几乎都被网罗于军阀之列：掌权的、夺权的、在朝的、在野的、称王称帝的以及农民起义领袖等等都无一幸免。诚如所论，那么中国历史上的商汤、周文武、唐宗、宋祖、成吉思汗、朱元璋等等都可以称作军阀，至少有过军阀的经历，而中国历史也只不过是一部军阀更迭史而已。所以这一观点是难以令人苟同的。

1989 年，台湾学者张玉法提出如下四点作为军阀定义的依据，即：（一）养军的目的是追求个人和本军的利益；（二）武力被当做解决纷争的正常途径；（三）军事权不受行政权的拘束；（四）国内如此，甚至国际种种秩序、法律也不顾及。[①]这是从军阀不合乎正常行为准则行事的角度来论证其定义的。

1990 年 1 月出版的《孙中山与中国近代军阀》一书的作者段云章在该书第一章中分析了近代军阀的特征，他提出了其他论著中未尝明显涉及的内容，即从剥削方式的角度立论。他说："近代军阀已不完全依靠封建经济，而且依靠外

---

① 张玉法：《民初军系史研究（1916—1928）》，见中央研究院近代史研究所特刊（1）《六十年来的中国近代史研究》下册，1989 年，转引自渡边惇：《北洋军阀研究的现状》一文。

债、关税、盐税和官方企业的收入。"①

1991年8月出版的《新桂系史》一书的主编莫济杰则对军阀的特征作了如下的概括："他们依赖帝国主义的扶植；充当地主买办的政治代表，压迫剥削人民群众；拥有私人军队，以军队控制政权；割据地盘，实行'武治'。在这些基本特征中，又存在着两个最基本的军事、政治特征，那就是军队私有和割据地盘。"②

国外学术界对此问题也给予应有的重视。其中较早的著述是美国学者薛立敦（James E. Sheridan）于1966年完成的《中国军阀——冯玉祥的一生事业》一书③。该书曾被誉为美国研究中国军阀的第一部著作。薛立敦在该书的开端即为军阀做出如下的定义说："军阀是藉着不受外力控制的军事组织，在一定的区域内行使有效的统治。"

薛立敦还以冯玉祥作为军阀的一种类型进行剖析，指出军阀的共同特点是：（一）握有政治上的统治权势，控制一定的地域范围；（二）武力是进行统治、巩固地位的最重要手段；（三）掌握的武力是私家的军队；（四）这种军队既无忠于"君王""恩主"的思想，也不为国家效力；（五）谋取私家之利，维护一帮地位，是其最大职责。二十年后，薛立敦在分撰由费正清主编的《剑桥中华民国史》第六章时仍持原观点，极其简要地给"军阀"下一定义说：

> 最简单地说，"军阀"就是那种指挥着一支私人军队，控制着或企图控制一定地盘，并且多少是独立行动的人。在中文中，"军阀"是一个带有贬义的词，令人想起一个自私的、丝毫没有社会意识或国民精神的司令官。④

1968年，以后来撰著《军绅政权》享誉中外的陈志让撰写了《中国军阀派系诠释》⑤一文。这篇论文虽题为"诠释"，但它是目前所能见到的搜罗资料颇

---

① 段云章、邱捷著：《孙中山与近代中国军阀》页12，四川人民出版社1990年1月版。

② 莫济杰等主编：《新桂系史》第一卷，广西人民出版社1991年8月版。

③ James E. Sheridan. *Chinese Warlord, The career of Feng Yu-hsiang, Sanford University Press*, Stanford 1966.

④ 费正清主编，章建刚等译：《剑桥中华民国史》第一部第六章，中译本，页299，上海人民出版社1991年11月版。

⑤ 本文原于1968年以英文发表于 London University School of Oriental &African Studies Bulletin, VOL. XXXI, Part. 3上，后经陈家秀小姐译为中文，收入张玉法主编的《中国现代史论集》第五辑，台湾联经出版事业公司1980年版。

为完备的一篇涉及军阀定义的论文。他征引了军人、政客和学者各类人士[①]的诸种论点而总括出军阀的定义是：

> 大凡这些有关军阀的定义都同意私军及控制地盘为军阀的二项基本特征。

他并说："他们之成为军阀，就是因为他们非儒家之士，也非民族主义者。他们那种自私自利不顾他人的心理往往是胜过他们对国家或王室的忠心。这是现代中国的军阀在历史上的特质。"

> 从逐渐衰退的儒家文化观点来看，军阀是无节操、无耻之徒，从不断蓬勃发展的民族主义观点来看，他们是落伍的。因为不可否认的，他们之中许多人的行为都是毫无操守可言，而且每每不合时宜，因而易被认为是军阀。[②]

陈氏除了私兵和地盘二点之外，又增加了心理状态和行为操守的界定内容。

1973 年，日本学者波多野善大在集结其历年有关近代军阀论文所编的《中国近代军阀的研究》一书中分析了近代军阀所具有的五种性格，即企业性、买办性、地主性、兵士素质差、与土匪没有什么差别和军队的私兵性[③]，其第四项似可简称为土匪性。这军阀五性只是从近代军阀的阶级性格这一主要点上所作的分析。

1976 年，美国北卡罗来纳大学政治系教授齐锡生在他所完成的学术专著《中国的军阀政治（1916—1928 年）》第一章《导言》注中曾对军阀作过如下解释说：

> 虽然"军阀"（warlord）是一个通常惯用的名词，并用来作为这本书的书名，以表示中国现代史的一个时期，但是它含有轻蔑、非难的意思。甚至在二十年代，对于究竟谁是一个"军阀"，谁不是，常有争论。其要点在于"军阀"的含义究竟是什么？一个受人尊敬的军事领导人不会被称为

---

① 按照陈文征引的顺序，这些人有薛立敦（J.E. Sheridan）、费正清（J. K. Fairbank）、陶希圣、王造时、梁漱溟、戴季陶、蒋介石、胡汉民、林柏克（P. M. A. Linebarger）和章有义等人。

② 陈志让：《中国军阀派系诠释》，见《中国现代史论集》第五辑，页 23-24。

③ 波多野善大：《中国近代军阀的研究》第四章 2.军阀的性格，页 277-278，（日）河出书房新社 1973 年版。

"军阀"，这个名词常用来称呼坏的军事领导人。[1]

齐氏这种把军人按世俗所说"好"与"坏"的论人标准来划分是否军阀，虽显得有些含混，但是，他却提出了以行动准则来考虑"军阀"含义的想法。

1978 年，陈志让在其所完成的《军绅政权》专著中，专门在《序论》中确立了《定义》一门，搜集了民国以来梁启超、胡适、孙中山和一些直奉军阀对"军阀"定义的诠释。[2]

1991 年，日本学者渡边惇所撰《北洋政权研究的现状》一文之三《近代军阀论》一节中，曾概括了中外学者对军阀的定义和概念为三点，即：（一）军阀为了保护自己的利益而持有军队。并且，这个军队的首领，以家族、亲族、同乡、同学、师弟等封建的人际关系来掌握统领。（二）总想占据能支配一切的地盘，这种地盘有从固定的到比较流动的。其规模从一个区域的一小块地方，到大至旁及数省。（三）在此地盘上建立独立、半独立形式的直接的军事统治。它同文治、武治毫无关系。[3]

二

综观中外学者对"军阀"的定义，比较集中于从私兵、地盘和武治这三点来立论。我们认为：凡确定一个定义和界说，应该用许多事实的比量来验证，看是否讲得通，并且看是否概括得比较完整，而用上述三点与以北洋军阀为代表的近代军阀的许多史实相比量，似乎还有可考虑之处。

所谓"私兵"，应指隶属于一主一姓，与主人共存亡，同荣枯，忠诚不二，只能玉石俱焚，不能易主统率或随意调动的武装，如地主庄园的护庄乡丁之类。北洋军阀虽然内部有自树派系、私人结合的特殊关系，但其所统军队不能完全称之为"私兵"。如袁世凯在已拥军六镇的情况下，只需一道诏谕，即可抽调移戍，甚至还可以被责令休致回籍。袁世凯纵然还可以通过特殊关系暗中操纵，但他在事实上只能惟命是从，离开军队，垂钓洹上。以后的军阀则更是常有易帅夺兵的情况，而并非是"将"能终生专其"兵"，或"兄终弟及""子承父业"

① 齐锡生著，杨云若、萧延中译：《中国的军阀政治（1916—1928）》页 1，中国人民大学出版社 1991 年 10 月版。

② 陈志让：《军绅政权》页 2，三联书店 1980 年 9 月版。本书别有英文本与日文本分别在加拿大和日本出版。书中引述了梁启超、胡适、张作霖、吴佩孚、国民党、中国共产党以及毛泽东对"军阀"的诠释。

③ 辛亥革命研究会编：《中国近代史研究入门》页 160-161，汲古书院 1992 年版。

地掌握军队。所以说"军阀"有私兵是不够确切的。与其说"私兵",不如说"军队"或"武装力量",或如薛立敦所言的"军事组织",更为妥帖。当然,军队或武装力量无疑是军阀存在和发展最重要的基本条件之一。军阀如无军则难乎其称"军阀"了。至于解除兵权后的军阀则因其曾有此经历而无需由于其手中无军而抹去其军阀的往事。

割据一块地盘是军阀所必需,也是军阀存在的一种现象。因为不割据一块地盘就无经济来源、士兵来源和活动发展的舞台。军阀需要割据,但不能由此而作出凡割据都是军阀的反命题。因为,我们必需看到,军阀所割据的地盘,尚非占山为王,而是其驻地。这些驻地往往是上一层统治者所分配或划定。如东三省巡阅使、湖南督军、某某镇守使等等,都给以地盘区划的限定,即使相互兼并,也必在事定后履行报告备案的手续。其次,割据地盘是可为各种不同行为提供条件的,如果只看到起义者和革命者的割据现象而不考察其目的行为,其结果必将失去了历史的真相;反之,认为不割据或倡言统一的就是非军阀,也是不恰当的。割据与统一是对立的概念,但不能仅以表面现象作为划分军阀与非军阀的依据。有些学者或曾以此作标准而不把袁世凯列为军阀,因为袁世凯统治时尚未分崩割据,而是全局统一。这岂不是把整个北洋军阀史中关于北洋军阀产生、发展的历史阶段切割掉了吗?如果把袁世凯的一生作综合考察,他是难逃"军阀"这一恶谥的,何况袁世凯并没有实现真正的"统一"呢?[①]从具体情况看,北洋军阀有割据之实,但他们从不自承割据,而且在割据的后面,还在无限制地扩大一己的实力,这恰恰是把"统一"作为一种口号或招牌。无论袁世凯,还是段祺瑞、冯国璋、吴佩孚等人都曾高唱"统一",希望以自己为中心"统一"其他派系。在北洋军阀集团统治时期,"统一"口号几乎凌驾于一切口号之上。当某一方的力量足以制服对方,并想用武力兼并对方时,便以统一为口号,称为"武力统一",而当自己拥有了既得利益,但又没有足够力量制服对方时,则提出"和平统一"的口号以粉饰自己,维护自己。一些官僚、政党也仰军阀鼻息追随呐喊,组建"统一党""统一促进会"等。他们虽然各有其目的与背景,但多反映或利用了人们要求统一的心理状态。有些实力相对弱小的军阀,虽然割据一方,但却不敢独树一帜,充其量打出"联省自治"的旗号,依然表示听命于北京政府。这就是因为不敢公然反对"统一",所以接过"联省

① 辛亥革命后,袁世凯只能控制除山西、陕西外的长江以北、长城以南的四个省份;二次革命后,他又控制了长江以南的六个省,成为十个省,继而取得四川的控制权;但广西陆荣廷、贵州刘显世、云南唐继尧等一直处在反对和冲突的地位。直到洪宪帝制失败,袁世凯也未能真的实现统一。

自治"的口号而为己所用。因此，我们不能以他们主张和高唱"统一"的现象来否定他们的割据现实和军阀身份。

至于以"武治"作为军阀定义的标准也值得商讨。"文治"和"武治"[①]是两种不同的统治方式，任何统治者都是文武兼资而不会单纯用一种方式的。刘晓的《近代军阀政治的起源》一文中明确表示不同意两种统治形式的观点，认为军阀政治是"通过近代民主政治的形式实行专制的政治统治"[②]，即无所谓"文治"与"武治"之分。至于某些人物或集团在其濒临灭亡而进行所谓"武治"，撕掉一切面具，抛弃所有手段时，可能一味残暴施虐，失去理性；但那只说明丧家之犬、釜底游魂的垂死挣扎而已。北洋军阀统治时期，在连年混战，兵燹不断，残害民众之际，不仅进行祭天、祀孔、读经等封建主义的"文治"教化，还运用议会、政党、选举种种尽管被扭曲了的西方民主制度。具体如吴佩孚之流。一面穷兵黩武，叫喊"武力统一"；一面又提倡"好人内阁"，鼓吹"劳工神圣"，这不正是"文治""武治"的兼用吗？反之，一些起义者和革命者为夺取政权，解民倒悬所进行的正义战争和强力推行的进步措施若归之于"武治"而侪之于"军阀"，岂不又混淆了本来很清楚的历史是非了吗？

我们认为：所有上述那些为军阀下定义的论据，只能作军阀应具备的基本条件，或者说是定义的不完整论据。无论私兵、地盘、武治以及其他等等用来和军阀，特别是北洋军阀的现实情况相比量，往往有不相符合者。所以，它们只能是一种条件，而不是决定本质的东西。定义固然包含着条件，但应取决于本质，而最能体现本质的是在一定思想指导下的行为，或说行动准则。

过去，人们对军阀的行为或行动准则往往只是一种简单的直觉观念，认为军阀行为粗鲁野蛮，随意行动，没有什么准则。实际并非如此，任何一个人和集团的行为和他们奉行的准则都是在一定思想指导下产生的。国外学者的一些著作在讨论定义和界说时已经涉及军阀的思想意识与心理状态[③]。那么，以北洋军阀集团为代表的近代军阀的指导思想究竟是什么呢？我们认为：它是以"中

---

① 关于文治与武治之说，陈独秀早在 1919 年 1 月 12 日即以只眼署名著文解释说："中国武治主义，就是利用不识字的丘八，来压迫政见不同的政党；或者是设一个军政执法处，来乱杀平民。中国的文治主义，就是引用腐败的新旧官僚，来吸收人民的膏血；或者是做几道命令，来兴办教育、工商业，讨外国人的好；做几道命令来提倡道德，提倡节孝，提倡孔教，讨社会上腐败细胞的好。"（《文治与武治》，原载《每周评论》第 4 号，见《陈独秀文章选编》上，页 315，三联书店 1984 年版）

②《学术研究》1990 年第 6 期。

③ 薛立敦的《中国军阀——冯玉祥的一生事业》、费正清主编的《剑桥中华民国史》和陈志让的《中国军阀派系诠释》等著述中均有所涉及。

体西用"为其指导思想的。"中学为体，西学为用"是晚清时希冀挽救濒临灭亡的"救世良方"。北洋军阀集团的小站练兵就是"中体西用"思想指导下在军事方面的具体体现。袁世凯提出的"训以固其心，练以精其技"是其建军的基本方针，其意是以封建伦常关系来固结军心，以西方的军械操典来娴熟军事技能。他更明确地提出"兵不训罔知忠义"，"兵不练罔知战阵"，把训与练作为两大建军思想和练兵内容，实质上体现了"中体西用"思想，而为当时朝野上下所接受与重视，因而获得比较充裕的供应和优良装备，使北洋军阀集团在创建阶段得以顺利地发展、壮大。

民国以后，北洋军阀集团掌握了政权。它面临着一个新旧并存，中西杂陈的过渡性社会。它把"中体西用"思想从军事推衍到政治。"中体"虽然已不能再公开宣扬"君权"，但其核心内容仍然是封建的伦常关系；而"西用"则已不仅是西方的操典、器械、营规和洋顾问，还运用了民国建立后所出现的西方资产阶级民主形式，诸如宪法、议会和选举等等。所以，北洋军阀集团控制下的民国政府，只是在封建主义与资本主义撞击下，体现"中体西用"的军阀政权而已。所谓国会选举、府院之争、历次阁潮等等，无一不是北洋军阀集团利用扭曲了的西方民主形式来达到其封建专制目标的所作所为。各种民主机构甚至宪法都被北洋军阀集团用作封建性统治的装饰品和工具，一旦不合于"中体"，那就会成为牺牲品，如解散国会，缴销议员证书，暗杀政党领袖，终而要埋葬民国，实行帝制。

北洋军阀的"西用"，内容比较明显，而"中体"内容究何所指？我们认为：它基本上是儒家的封建伦常关系。有人认为：北洋军阀集团的成员不是"儒学之士"[①]，这不是没有根据的，因为受过教育的军阀不过占 1912—1928 年间团以上军官 13000 人中的百分之三十，而其余的大部分是文盲或半文盲[②]。这些人当然不可能真正理解儒家文化；但不能认为他们没有受到儒家文化和从封建制度因袭而来的传统社会环境的影响，而且他们确是又在实际生活中利用了儒家文化的某些内容，所以说，北洋军阀集团的"中体"，乃是以儒家文化为核心，以封建伦常为纽带，维护一种异常明显的层次性宝塔式的统治系统和等级隶属关系，以延续甚至恢复封建体制和封建的行为规范。

吴佩孚是北洋军阀集团中体现"中体西用"思想的典型。他一方面以"儒将"自许，崇尚关岳，标榜维护华夏尊严，排斥外来事物，适合了封建守旧的

① 陈志让：《中国军阀派系诠释》，见《中国现代史论集》第五辑，页 24。
② 《辛亥首义回忆录》册 1，湖北人民出版社 1957 年版，页 68。

口味；另一方面又改革军事，聘请洋顾问，寻求洋人支持，博取了西方资产阶级的赞誉。吴佩孚按照半封建半殖民地"中体西用"思想要求，把自己塑造成一个"学贯中西"而为中外人士认同的人物。他机智地利用民主舆论，高唱救国爱民，用来粉饰自己，而实质上则制造"二七惨案"，组织直奉"反赤"联盟等以维护封建主义的"体"。1929年，吴佩孚全盘失败退出政治舞台后，似乎经过自省反思，发表了《循分新书》，明确地阐述其"中体"思想。他说要"奉行礼教以达圣人境界"。他认为"共和是现今社会道德的衰微"，要"振衰起敝，唯一之道是要振兴文化"[①]。这就是北洋军阀集团主流思想的代表。遗憾的是事与愿违。他们由于无知少知和悖乎时代要求，利用和宣扬儒家文化中过时的糟粕，即那些难以为时代所接受，甚至令人发噱的丑陋内容。他们的所谓"振兴儒家文化"，实际上是践踏儒家文化和对儒家文化进行了一次大破坏。儒家文化中应该扬弃的陈腐部分和弱点被他们"提倡"得暴露无遗，以至五四运动提出了"打倒孔家店"这类近乎绝对化的口号，与此不无关系。

从以北洋军阀集团为代表的近代军阀的主导思想、本身具备的条件，特别是他们的劣行和对社会进程所起的反作用，可以断言这个"军阀"概念应是一个贬义词，而对其定义和界说拟作如下的表述：

> 以北洋军阀为代表的近代军阀是以一定军事力量为支柱，以一定地域为依托，在"中体西用"思想指导下，以封建关系为纽带，以帝国主义为奥援，参与各项政治、军事及社会活动，罔顾公义，而以只图私利为行使权力之目的之个人和集团。

这一表述显得有些累赘，但是否已经准确完整地表达，还值得商榷，为了在《北洋军阀史》问世前，能把这篇作为序论一部分的内容更完善些，所以先奉之读者以求教益，并以之纪念《社会科学战线》这一驰誉学术界的大型学术刊物的创刊十五周年。

原载于《社会科学战线》1993年第2期

---

① 吴佩孚先生集编辑委员会：《吴佩孚先生全集》页3，台北大中书局1960年版。

北洋军阀集团的特点

以北洋军阀为代表的近代军阀是以一定军事力量为支柱，以一定地域为依托，在"中体西用"思想指导下，以封建关系为纽带，以帝国主义为奥援，参与各项政治、军事及社会活动，罔顾公义，而以只图私利为行使权力之目的的个人和集团。从上述的军阀共性出发，本文对北洋军阀集团的特点作出如下分析：

第一，它以封建地主阶级为其主要的社会基础，但某些部分在一定时期带有不同程度的资产阶级性质。

过去有一种意见认为北洋军阀的阶级基础是大地主大买办阶级[①]。关于大地主阶级方面有具体史料可证。但所谓"买办"似指北洋军阀集团代表了帝国主义的权益，我认为这是强调了它的政治内涵。而作为社会的阶级基础应该根据经济地位来判断。因此。可以认为北洋军阀集团是帝国主义的代理人，是政治买办；而买办阶级似乎不能作为北洋军阀集团的社会基础。

另一种意见是以地主资产阶级为基础。北洋军阀含有资产阶级性质这一点是可以被接受的，但却应注意时期与阶段问题。它之带有资产阶级性质大体说来是在第一次世界大战后期开始，所以不能把二者并列。北洋军阀集团的专制统治和连年混战，对于资产阶级的利益是有所伤害和触动的。商人在混战中由于运输物资被扣，厘捐关卡勒索，市面不稳，币制混乱等等而感到不便，甚至蒙受损失。即使如既是实业资本家，又是政府官员和资产阶级政治代表的张謇也都怨叹其处境是"若乘漏舟在大风浪中，心胆悸栗"[②]。所以北洋军阀集团代表资产阶级的比重是值得研究的。

还有一种意见是通过对 45 个军阀官僚私人资本主义经济活动的考察，认为"军阀官僚中的一部分人基本上已与封建生产关系相脱离或转化，这是与他以前

---

① 荣孟源：《要重视西南军阀史的研究》，见《西南军阀史研究丛刊》第二辑，贵州人民出版社，1983年 6 月。

② 1914 年 12 月家书，见《张季子九录·专录》卷 9。

的统治阶级很大的不同点"；而且这些军阀官僚私人资本的性质，亦应"属于民族资本"[1]。这一意见似乎过于强调了资产阶级性质方面而忽略了北洋军阀集团的封建性，对于"军阀官僚私人资本"的来源也没给予应有的注意。

近年来，更有人认为清朝被推翻后，旧地主已不是军阀割据的拥护者和支持者，真正的社会基础乃是破产农民和无业游民。因为"这是旧中国社会病态的反映"[2]。这是比较新颖的见解。但是，一则辛亥革命以后农村没有什么大的变动，旧地主在易朝换代之际究竟受到多少冲击值得考虑；二则有不少遗老遗少，沐猴而冠，与袁世凯积极合作；三则即使旧地主被新兴军阀官僚所取代，那对地主阶级是一种强化，而不是削弱；四则破产农民和无业游民只是军阀利用和驱使作为炮灰的无辜牺牲者，难以成为社会基础。

我们认为：北洋军阀集团是以封建地主阶级为主要的社会基础。它的某些部分在一定时期带有资产阶级性质，这种变化发生的时间大致在 1914 年以后。

北洋军阀中的大小军阀普遍地霸占土地、广置田产房舍，进行封建性的榨取和剥削。它的总首脑袁世凯在河南彰德、汲县、辉县等地占有土地 400 顷左右，其家族占有彰德全县田产的三分之一。奉系军阀张作霖依恃权势攫夺了大量土质肥沃、交通便利的良田美产，他的部属则"按特别低廉的价格把有前途的地点买进，再慢慢吞并四邻"[3]。直系军阀李纯因历年在江苏、江西等地搜刮民脂民膏而拥有巨额财富，他除储存了黄金、珠宝和股票外，还把大量财富投放到土地和房产上，其中仅天津地区的地产就近百顷，值银近 30 万银元；在津出租的房屋有 6000 余间，值银 127 万余银元。另有家存现金达 300 余万银元[4]。

北洋军阀集团的大小军阀早期由于大多出自农村，与土地有着千丝万缕的联系，对于进行封建性剥削的手段比较熟悉。对于近代工业，一方面由于近代工业的发展尚不显著引人；另一方面这些军阀对近代工业缺乏充分的了解，还不大熟悉资本主义的剥削手段，所以多数军阀基本上仍是霸占土地的大小地主，因而北洋军阀集团仍以封建地主阶级为其主要社会基础。但是，随着历史发展的进程，近代工业也有所发展，特别是第一次世界大战爆发后，工业利润成倍地增长，大大地超过了地租剥削所得，从而吸引了他们的贪欲，于是纷纷向工

---

[1] 魏明：《论北洋军阀官僚的私人资本主义经济活动》，见《近代史研究》1985 年第 2 期。

[2] 唐学锋：《试论军阀割据的社会基础》，见《西南民族学院学报》1990 年第 4 期。

[3] 章有义：《中国近代农业史资料》第二辑，三联书店 1957 年版，第 14、15、19 页。

[4] 窦守铺等：《李纯一生的聚敛》，见《北洋军阀史料选辑》（下），中国社会科学出版社 1981 年版，第 262 页。

业投资。这种投资活动特别显著地表现在天津地区。从 1914 年至 1925 年天津新建工厂 26 家，其中北洋军阀投资的有 11 家，占新建工厂的 42.3%。这 11 家工厂的资本总额是 1520 万元，占 26 家资本总额 2926 万元的 53.7%。如 1918 年开业的裕元纱厂实际上就是安福系军阀官僚所办，该厂董事会的主要成员有：国务总理段祺瑞、安徽督军倪嗣冲、陆军次长徐树铮、外交总长曹汝霖、交通总长朱启钤、众院议长王揖唐、督理奉天军务段芝贵和安福议员王郅隆等。全部股本 200 万元，仅倪嗣冲一人就占有 110 万元①。在直隶夹山、遵化、兴隆一带有倪嗣冲、冯国璋的三处金矿。山东的中兴煤矿则是徐世昌、朱启钤等人用私人名义创办的。号称"北四行"的盐业、金城、大陆、中南四家银行的资本主要来源于北洋军阀的投资——他们有倪嗣冲、徐树铮、徐世昌、王占元、吴佩孚、孙传芳和冯国璋等人。北洋军阀的要人在各企业中的投资数都很惊人。据一种不完全的统计：徐树铮 800 万元、徐世昌 1000 万元、靳云鹏 2000 万元、倪嗣冲 2500 万元、梁士诒 3000 万元、王占元 3000 万元、曹锟 5000 万元②。因此，北洋军阀集团的性质又在一定程度上具有资产阶级性质。

军阀们通过土地榨取地租，通过投资获得利润，又以所得进行高利贷剥削和购置土地。这三者的资金相互转化、增值，使这批人物既成为地主阶级中的重要组成部分，又在一定时期进入了资产阶级的行列，带有某些资产阶级色彩。这就是北洋军阀集团最根本的特点，也是它与旧的封建性军阀的主要分界点。

第二，它以"中学为本，西学为用"思想为指导。

"中学为体，西学为用"是晚清时希望用以挽救其政权濒临灭亡的"救世良方"。小站练兵就是"中体西用"指导思想在军事方面的应用和体现。袁世凯提出"训以固其心，练以精其技"作为其建军的基本方针。即以封建伦常关系来固结军心，以西方军械操典来娴熟军事技能。他更明确提出"兵不训不知忠义"，"兵不练不知战阵"等主张，把训与练作为两大建军思想和练兵内容，实质上体现了"中体西用"的思想，而为当时朝野上下所重视与接受，从而使他的练兵得到较充裕的供应和装备，使北洋军阀集团在创建阶段能够顺利地发展和壮大。

民国以后，北洋军阀集团掌握了政权。它面临的是一个新旧并存，中西杂陈的过渡性社会。它把"中体西用"思想推演到政治范畴。所强调的"中体"，虽然不能公然宣扬"君权"，但其核心内容仍然是封建主义的伦常关系；而所谓"西用"，已不仅采用西方的军事操典、器械、营规，还增加了西方的资产阶级

①《天津早期民族近代工业发展简况及黄金时期资本来源的特点》，天津市政协文史资料未刊稿。
②《近代史资料》1962 年第 4 期。

民主制度，如宪法、议会、选举等等。所以，北洋军阀控制下的民国政府只是封建主义和资本主义撞击下，体现"中体西用"的军阀政权而已。所谓国会选举、府院之争及历次阁潮等等，无一不是北洋军阀集团利用西方民主形式来达到其封建性目标的所作所为。各种民主机构甚至宪法都被北洋军阀集团用来作为封建性统治的装饰品和工具。一旦不合于"中体"，那"西用"就会成为牺牲品。如解散国会、缴销议员证书、暗杀政党领袖，终而要埋葬民国，实行帝制。

北洋军阀集团的"西用"内容比较明显，而"中体"内容究何所指？我们认为：它基本上是儒家的封建伦常关系。有人认为：北洋军阀集团不是儒学之士。这不是没有根据的。因为受过教育的军阀不过占全部军阀的 30%，而其余的大部分是文盲或半文盲①。这些人当然不可能真正准确地理解儒家文化，但不能认为他们没有受到从封建制度下因袭而来的传统儒家文化所给予的影响（如思想观念、礼俗、习惯、传说等等），而且他们确在实际生活中利用了儒家文化。陈志让讲了很好的意见说："北京政府自 1912 年建立到 1928 年倒台，控制它的军阀始终固守着儒家思想，同时更试图借着儒家政治原则来统治这个儒家体制已经解体的国家。"②所以，北洋军阀集团的"中体"可以作如下的概括，即：以儒家文化为核心，以封建伦常为纽带，维护一种异常明显的层次性宝塔式的统治系统和等级隶属关系，以延续甚至恢复封建体制和封建行为规范。

吴佩孚是北洋军阀集团中的"中体西用"思想的典型。他一方面以"儒将"自命，崇尚关岳，标榜维护华夏尊严，排斥外来事物，以此所谓"中体"，适应封建守旧的口味；另一方面又改革军事，聘请洋顾问，接受西方文化，以此所谓"西用"，博取西方资产阶级的赞誉。吴佩孚按照半封建半殖民地"中体西用"的思想要求。把自己塑造成一个"学贯中西"而为中外人士都能接受的人物。他机智地利用民主舆论，高唱救国爱民以粉饰自己，而实际上却制造二七惨案，怂恿曹锟贿选，组织直奉联盟等等以维护封建主义之体。1929 年，吴佩孚全盘失败退出政治舞台后，似乎经过自省反思，发表了《循分新书》，明确地阐述其"中体"思想。他说要"奉行礼教以达圣人境界"；并认为"共和是现今社会道德的衰微"，要"振衰起敝，唯一之道是要振兴文化"③。

这就是北洋军阀集团主流思想的代表。遗憾的是事与愿违。他们由于无知、少知和悖于时代要求，宣扬和利用儒家文化中过时的糟粕，即那些难以为时代

---

① 《辛亥首义回忆录》第 1 册，湖北人民出版社 1957 年版，第 68 页。

② 陈志让：《中国军阀派系诠释》，见《中国现代史论集》五，（台）联经出版事业公司 1980 年版，第 12 页。

③ 《吴佩孚先生集》，（台）文海出版社印本，第 3 页。

所接受，甚至令人发噱的丑陋内容。他们的所谓"振兴儒家文化"实际上是践踏儒家文化和对儒家文化进行了一次大破坏。儒家文化中应该扬弃的陈腐部分和弱点被他们"提倡"得暴露无遗。以至"五四"运动提出了"打倒孔家店"这类近乎绝对化的口号与此不无关系。具有"中体西用"指导思想又是北洋军阀与前此军阀的的不同点。

第三，割据称雄，拥兵争霸。

北洋军阀不仅那些镇守使、督军、巡阅使、联帅割据一地、一省甚至数省，就是已经掌握北洋政府权力的派系也都有一定的直辖范围。如皖系在直皖战争前，分踞河南、察哈尔、直隶、外蒙古而以北京为中心，它还与奉系联结组编一个第二十四混成旅，把势力扩展到福建。直系在直皖战后，势力勃兴，据有直隶、山东、河南三省地盘。其后又陆续扩展到湖北、陕西、江西、热河、察哈尔、绥远和福建等省。奉系除以东三省为主要基地外。还深入到蒙疆、京津、热察等地。

北洋军阀集团内部互相倾轧、争夺甚至混战，其重要原因之一就是争夺地盘。他们深深懂得：要有立足之地，如果没有地盘，那就无法存在下去。因为割据一方就可以解决兵源、财源两大问题。他们可以在辖区征募士兵，强派夫役为他们的争权夺利去卖命和服役，还可以在辖区勒索财物以供混战粮饷和私欲挥霍。如直系军阀张英华，1926 年在河南一省所勒缴的捐税就有：正杂税经常收入 1100 万元（其中包括田赋丁漕、契税、百货厘金、牙税、屠宰税等）；非法税收，如对日用必需品之盐即由引岸管理局新设盐务督销处每年增收约 600 万元；纸烟特税 300 万元；1927—1929 年田税丁漕预征约 1400 万元。四项合计共达 3400 万元，再加上滥发纸币、驻地征派等，总计达一亿元以上[①]。其他军阀割据地区也莫不如此。

有兵斯有权，这是中国近代社会的一大特点。它更体现在北洋军阀身上。当他们割据一方自雄时，必须要有兵力来维护地盘并发展自己的势力；而当他们掌握全国政权时又必须运用兵权以实现武力统一，巩固它的统治权。当时全国兵员数目已相当庞大，如 1916 年全国的正规军、巡防队和杂牌队伍，共计有目兵"约六十五万名"[②]。这是官方显然缩小的数字，又未计官佐在内。所以，

---

① 守愚：《直系军阀余孽对河南民众之剥削》，《向导周报》第 186 期，1927 年 1 月 31 日。
② 北京政府陆军部编：《全国陆军目兵数目单》，北洋政府陆军部档案，中国第二历史档案馆馆藏。

另一份资料的统计就共有"八十七万八千零九十人"①。1919 年即达 138 万多人②。1925 年又增至 1436180 人③，比之 1916 年，仅仅十年即增加 50 多万兵员。当然，北洋军阀集团各派系在其中即占有相当大的比重。他们无不抓紧时机，扩充兵员，如直皖战争前，皖系拥有三师四旅的兵力；直皖战争后，直系崛起，其嫡系兵力即有七师五混成旅；第一次直奉战争前直系兵力已近 10 万，到第二次直奉战争前夕，经过大肆扩充，殆达 25 万人之众。奉系在 1921 年时拥有 5 个师、23 个混成旅、3 个骑兵旅的兵力，而到了 1925 年 9 月奉系鼎盛时期，兵员增至 36 万余人④。

在北洋军阀集团内部似乎形成这样一种风气，就是不论官位多高，都要亲自抓一支军队在手里。袁世凯的权力已达顶峰，但是他仍然要成立一个模范团，自兼团长，名为培训军官，实则抓住实力核心；又专门成立一个"陆海军大元帅统率办事处"，亲自定夺一切军事要政。段祺瑞媚日卖国，冒天下之大不韪，编练一支"参战军"。一般情况是决不放弃能亲领军队的师长之类的官位，如权倾中外、显赫一时的吴佩孚是以第三师师长兼巡阅使。这是一种以低兼高，悖乎常规的现象：五省联帅孙传芳是以巡阅使兼第二师师长；奉系首脑张作霖除东三省巡阅使、蒙疆经略使、热察绥三特区都统三项重要职务外，仍兼任二十七师师长。正因为军权重要，所以一旦打算更动或剥夺其实际军权时往往会发生事故，如吴佩孚曾把直隶督军王承斌所兼第二十三师师长、河南督军张福来所兼第二十四师师长、湖北督军萧耀南所兼第二十五师师长职衔一律开去，他又想免去齐燮元所兼第六师师长、王怀庆所兼第十三师师长、郑士琦所兼第五师师长衔，结果在直系内部招来了这些大将的猛烈反对，王承斌甚至到保定面见曹锟，以辞职相要挟。北洋军阀之所以如此"爱兵如命"，是由于处在军阀割据的条件下，不如此就无法保护他们的地盘和职位，也就无法立足于当世。有

---

① 朱清华等 1925 年 2 月 13 日提《善后会议整理陆军国防案》，北洋政府陆军部档案，中国第二历史档案馆馆藏。

② 北京政府陆军部军务司编：《中央及各省区现有军队暨将领姓名、驻扎地点一览表》，北洋政府陆军部档案，中国第二历史档案馆馆藏。

③ 朱清华等 1925 年 2 月 13 日提《善后会议整理陆军国防案》，北洋政府陆军部档案，中国第二历史档案馆馆藏。但是，林长民在善后会议第二次大会上对整理军事大纲发言中指出全国兵额总数应是 247 万余人。

④ 36 万人的分驻情况是：李景林部 6 万余人，驻直隶；张宗昌部 9 万余人，驻山东；张学良、郭松林部 75000 余人，驻京奉路沿线；江苏有奉军 33000 余人，驻南京、上海、徐州一带；东三省和热河有 11 万人，驻东三省及热河。

些军阀史的研究者就把这一点作为自己的研究侧重点①。

第四，各树派系，荣损与俱。

北洋军阀内部为了权力分配而各树派系。他们利用幕僚、门客、同乡、同学、师生、姻亲和结义拜盟等封建关系，结合在一起，相互依附，进行种种争权夺势的活动，正如马克思所说："一切宗派的特点都是彼此依附和进行阴谋活动"②。北洋军阀集团在创建时期就有北洋武备学堂学生的纠集，显示其举足轻重的作用，至民国以后，除车庆云一人外，这一伙人都得到了省长的位子③。这是同学关系的结合。但是，这种关系并非绝对牢不可破，往往随着权力的不断再分配而使原有的关系发生变化，并形成派系间的倾轧，如段祺瑞与曹锟是保定军官学校同学，但分别是直、皖两系的首脑，在矛盾趋于尖锐时，甚至可以兵戎相见，直皖与两次直奉战争都是明显的例证。直皖战争中，曲同丰以老师之尊被他的学生吴佩孚所俘而成为阶下囚。不过，当损及整个集团的根本利益时，又可重修旧好，如奉直的"反赤"联合。北洋军阀集团内部各派系都奉行"一朝天子一朝臣"的信条。一人得道，鸡犬飞升；一朝失势，树倒猢狲散。所谓"一荣俱荣，一损俱损"正是北洋军阀集团派系势力消长的真实写照。如袁世凯死后，北洋军阀集团内部派系明显分立。段祺瑞以资深继起，权倾中外，门生故吏、亲信爪牙无不飞黄腾达，窃居要津，平步青云，不可一世，而被目为皖系军阀。但当直皖战争后皖系失败，直系登上北洋政府舞台，于是直系人物沐猴而冠，弹冠相庆；而皖系要员如徐树铮、吴光新、曲同丰、曾毓隽、段芝贵、丁士源、朱深、王郅隆、梁鸿志、姚震、李思浩、姚国桢等则被明令通缉，身等罪犯，狼奔豕突，声名狼藉，几无立足之地。

北洋军阀集团不是单纯的军事集团，而是对政治、军事、财政、外交诸方面都具有操纵控制权的集团，所以它不是清一色的军事集团。它除一批愚而自用，狡而弄权，形形色色的起起武夫外，还有一批赞画帷幄，推波助澜的政客帮闲。这些人厕身于军阀幕下，为之密谋划策，而军阀也依靠这些人为左右手而呼风唤雨。两者狼狈为奸，同恶相济，给民众带来了深重的灾难与祸害，如阮忠枢入袁世凯幕未久，就被袁世凯"大倚任之，新军军制饷章、文牍机务，

---

① 如陈志让教授在所著《军绅政权》中说："兵养得愈多愈好，军阀的权力愈大；一旦释了兵权或失去了兵权，军阀自己的生命财产也难以保存。失掉了兵权的军阀的处境比破了产的企业家更危险。"（中文本，第6页）

②《马克思恩格斯选集》第4卷，人民出版社1972年版，第406页。

③ 陈志让：《中国军阀派系诠释》，见《中国现代史论集》五，（台）联经出版事业公司1980年版，第20页。

咸出其手"①。阮忠枢一直为袁世凯办理"切身政务机密",充当袁世凯与文武部属间的联络人员。袁则赞誉他"才长心细,学博识优"②。徐世昌是袁世凯的高级谋士,为袁世凯起草文告,制定策略,密谋措施,无不用心,成为北洋军阀集团崛起至覆灭全过程的轴心人物。袁世凯总统府秘书长梁士诒综揽中枢,又兼理金融,事权之大,罕有其匹。帝制时更组织"各省请愿联合会",假民国之名,推戴袁世凯为"中华帝国皇帝"。袁世凯还网罗了杨士骧、杨士琦、孙宝琦、杨度、赵秉钧、陈璧、胡惟德、朱家宝、吴重熹、周学熙、田文烈、张一麐、曾广钧等辈作为自己的亲信僚属,结成一幅"爪牙布于肘腋""腹心置于朝列""党援置于枢要"③的政治罗网,抛向全国,这种古无今有的局面正是北洋军阀集团势力迅速膨胀的重要因素之一。

段祺瑞的统治,主要依靠徐树铮、张志谭、傅良佐、曲同丰诸人,而徐树铮尤为寸步难离的重要僚属。徐树铮威福自擅,左右政局,是段祺瑞的政治灵魂,段记北洋政府的决策人。直系军阀曾通电声讨徐氏罪状说:"蒙蔽总揆,胁制元首……国会夭绝,都门祸起。……安福诞生,结党营私,揽权窃柄。……强分界限,挑拨感情。既思以北图南,更谋削直祸皖。……欺蔑前辈,藐视王章"④。这正是显示出徐树铮炙手可热的显赫权势,而段祺瑞则倚之若左右手,不可须臾离,甚至不惜以个人去就来维护徐树铮的弄权。

吴佩孚的重要幕僚张其煌于1918年入吴幕,曾致函吴佩孚历陈吴兵南下与北归的利害得失而使吴拜服,从而即通电倡导"全面和平"。从此以后。张其煌一直是吴在各项政治、军事活动中的重要助手。谋士依附军阀,玩弄权势;军阀信用谋士,如虎添翼。

第五,纵横捭阖,制造政潮。

北洋军阀集团为巩固和加强本集团、本派系和个人的权力与利益,不仅凭借军事实力,而且还耍弄政治手腕。辛亥革命以后,由于资产阶级民主观念普及全国,得到广泛传播,即如北洋军阀集团的匹夫悍将也不得不以虚伪的姿态,盗用民主旗号,利用国会、议员、宪法、选举等等作为牟取集团和个人私利的工具,纵横捭阖地进行各种活动。他们把政局搞乱以从中巩固和加强自己的权

---

① 吴闿生:《北江先生集》卷9,第32页。

② 袁世凯:《道员阮忠枢请留直隶补用并免缴留省银两片》(光绪二十八年五月二十八日),见《袁世凯奏议》中,天津古籍出版社1990年版,第554页。

③ 刘锦藻:《清朝续文献通考》卷二一九,商务印书馆十通本。

④ 中国第二历史档案馆编:《直皖战争》,江苏人民出版社1980年版,第84-85页。

力。袁世凯当政时，亲手导演了八次阁潮，无不为其走向帝制扫清道路。袁世凯始而以"政党内阁"之名，行"内阁政党"之实[①]，对盲目相信其虚伪而欲真诚贯彻"政党内阁"之实的宋教仁则视为政敌，不惜出之以卑鄙的暗杀手段；继而以"府院一体"之名，行"屈天下奉一人"[②]之实，对欲执行"责任内阁"的唐绍仪，虽属旧僚故吏也不惜罢黜；终而收买政党，盗用名义，组织团体，请愿威胁，包围国会，强迫投票以实现洪宪帝制。及至帝制破灭，他又要段祺瑞"树责任内阁之先声，为改良政府之初步"[③]，以应付危局，保全颜面。可是，这个一生玩弄权术，左右逢源的北洋军阀集团首脑终于心劳力拙，在自己视若股肱的亲信部属段祺瑞面前碰壁，被全国的反袁政治浪潮所吞没。玩火者必自焚，史有明训。

段祺瑞继袁世凯而起，一仍故智，始则纠集"公民团"，包围国会，殴辱议员，强迫通过"参战案"，借以组练"参战军"，扩充和加强皖系的兵力；继而策动"督军团"，制造"张勋复辟"以树自己"再造共和"之功，并弃置国会与《临时约法》，公然宣称："一不要约法，二不要国会，三不要旧总统"[④]，司马氏之心，已是路人皆知了；终而组织安福俱乐部，制造安福国会，操纵选举，以图控制全面政权，走上极峰地位。不幸他被其后辈吴佩孚所击败，不得不息影政坛，遁迹津门，寄情于三清[⑤]，以图伺机再起。

吴佩孚是北洋军阀集团中继袁、段而后的中心人物。他既是能征善战的干将，又是制造政潮、玩弄权术的能手。1920 年 8 月，当南北对峙，并立政府时，他从驻地衡阳通电，提出召开"国民大会"以解决国是的政治主张，企图制造一个政治工具来建立以他为中心的政府。这一企图由于张作霖的反对而未能如愿。第一次直奉战争前夕，他为了打倒奉系，先对由日本和奉系支持的梁士诒内阁制造"倒阁"政潮，与奉张进行电报战的政治攻势达三个月之久，为第一次直奉战争击溃奉系作了舆论动员。

张作霖虽然出身草莽，但也涉身于政潮之中。他除了在幕后支持梁士诒、潘复之流组阁以控制政权外，还在第二次直奉战争获胜后，制造了一个临时执政府，又虚伪地拥戴皖系首脑段祺瑞出任执政，并由段祺瑞出面召开善后会议，

---

① 黄远庸：《远生遗著》卷 2，商务印书馆 1923 年版，第 153 页。

② 马震东：《大中华民国史》，中华书局 1932 年版，第 367 页。

③《政府公报》1916 年 4 月 22 日。

④ 觉民：《天津通讯》，《民国大新闻报》1917 年 7 月 22 日。

⑤ 三清是道教所尊奉的三位神，即玉清元始天尊、上清灵宝道君、太清太上老君。寄情三尊是说段祺瑞皈依道教。

作出裁军息战的姿态，对人民进行政治欺骗，这个由张作霖制造的执政府在政治制度史上是他以政治为儿戏所产生的一个非驴非马、不伦不类的政治畸形儿而已。

由于北洋军阀集团的玩弄政治，致使政潮迭起，内阁更易频繁，在短短16年中，内阁更换46次，正式上任和代署的阁揆达29人之多，多则三、二年，少则数月，与明朝亡国之君崇祯十七年间易揆数数，可称后先媲美！是以政令纷更，社会动荡，人民不仅身受战火兵乱之苦，还要日日处于惶惶不安的心态之中。

第六，卖国媚外，残民以逞。

北洋军阀集团以出卖国家利权，换取帝国主义的支持来扩充实力，进而建立反动统治，控制和操纵政权。袁世凯在清末就以出卖路权来乞求帝国主义的培植。当时，他已在清廷中枢具有举足轻重的作用，而成为日本在上层培植亲日势力的对象。日方敦促他招聘日本顾问，派遣留日学生和提供新式武器。辛亥革命以后，他为了镇压革命、统治人民和为一姓的尊崇而实行洪宪帝制，更不惜以国家权益换取善后大借款和接受日本的"二十一条件"。

段祺瑞是继袁世凯之后，经日本帝国主义一手扶植的亲日势力。在皖系军阀掌握北京政府实际权力期间，皖、日之间在政治、经济、军事各方面进行了多次大宗交易，据日方已公布资料，段祺瑞向日本进行各项借款达三亿八千余万日元。他为适应日本的需要而以参战之名获取日本经济上、政治上的"援助"，编练了参战军三师。他更肆无忌惮地与日本签定陆海军军事协定，允许日本在华驻军，并享有指挥中国军队的权力。直奉军阀也都竞相投靠帝国主义以换取政治上、经济上和军事上的支持和援助。

正是由于北洋军阀集团和帝国主义在政治、军事和经济各方面相互勾结，遂使二者的利益紧密地联结在一起。于是，帝国主义便以政治上的承认与支持为条件而对北洋政府颐指气使；以军事上的资助军火，派遣顾问，训练军队而得以操纵武装，制造军阀混战；以经济上的借款设厂而得以劫取利权资源，终于使中国成为帝国主义掠夺、奴役的对象。军阀们则由于借助帝国主义的支持和资助，就可以编练军队，增强实力，因而极大地满足帝国主义的予取予求，充当政治买办来巩固既得利益，并进一步攫取更大的权力。二者日益紧密的勾结，使中国进一步陷入半殖民地的深渊，丧权辱国，连年战乱，给人民带来了更加深重的灾难。

北洋军阀集团在卖国媚外的同时，对内则施行其凶残酷虐的统治，即以袁世凯的军警执法处而言，屠戮残害之罪恶，罄竹难书。衔冤负屈，为数累累[1]。至于连年混战，荼毒生灵，残害地方，破坏生产，尤不可胜言，即如 1918 年 4 月间，湖南醴陵因混战而遭杀害的达二万余人[2]。混战的耗费更是数额惊人，而且岁增不已，据 1925 年初，段祺瑞任临时执政不久的一种统计，年军费支出已达二亿二千万元，较之 1916 年的一亿四千二百二十五万元，已增多七千七百七十五万元[3]。

巨额的军费，再加上所有军阀无不过着奢侈淫佚的生活，沉重的经济负担最终无不转嫁到人民的身上。军阀们利用种种搜刮方式来开辟财源以解决其开支问题。他们的搜刮方式主要有：

（一）举借内债：据统计，自 1912—1926 年，北京政府共发行了 28 种公债，发行总额达 876792228 元，实发行额也达 612062708 元[4]。这些都是有借无还的官债。

（二）勒征苛捐杂税：名目繁多至数十种，难以历数，而且年年增加。据统计，1924 年四川的盐税附加税竟有 26 种之多。1914 年以后河北省创行了烟酒牌照税和印花税等[5]。

（三）滥发纸币票券：张作霖在东三省、直隶等省滥发奉票。吴佩孚在湖北加印官票、金库券、军需兑换券[6]；在河南发行 400 万有奖库券，分配各县，强民购买[7]。其恶果是通货贬值，票券形同废纸，物价腾涌，人民生活困苦。

（四）裁卖鸦片：强迫种烟征税，是军阀普遍采用的阴险毒辣手段。陕西郿县、宝鸡及西部各县，对所有农户，不论种否，一律征收鸦片税[8]。湖南湘阴、石门等县，对违抗种烟令者，"除罚洋以外，竟有处以死刑者"[9]。这笔收入相当庞大。如 1924 年，甘肃每亩鸦片烟税为 8 元至 15 元不等[10]。陕西的烟税比

① 王建中：《洪宪惨史·京畿军政执法处冤案录》，京兆商会联合会 1925 年印本。

② 傅熊湘：《醴陵兵燹纪略》，1918 年印本。

③ 民国十四年二月，北洋政府陆军部呈临时执政府送各省岁入与军费比较表中说：全国兵额有 149 至 150 万人左右，每年约需军费 26000 多万元，占民国八年预算全国岁入经费 49040 余万元的二分之一强。林长民在善后会议第二次大会上对整理军事大纲案发言中又指出，陆军部所报兵额数不完全，应是 247 万余人，如此则军费支出势将更大。

④ 千家驹：《旧中国公债史资料》，财政经济出版社 1955 年版，第 366—360 页。

⑤ 章有义编：《中国近代农业史资料》第二辑，三联书店 1957 年版，第 581、586 页。

⑥ 章有义编：《中国近代农业史资料》第二辑，三联书店 1957 年版，第 592 页。

⑦ 章有义编：《中国近代农业史资料》第二辑，三联书店 1957 年版，第 596 页。

⑧ 章有义编：《中国近代农业史资料》第二辑，三联书店 1957 年版，第 625 页。

⑨ 章有义编：《中国近代农业史资料》第二辑，三联书店 1957 年版，第 623 页。

⑩ 章有义编：《中国近代农业史资料》第二辑，三联书店 1957 年版，第 628 页。

田赋要高三至四倍。刘镇华督陕时，虽仅辖十数县，而烟税收入年达 1500 万元以上①。尤为恶毒的是，他们还动用武装贩运鸦片，不仅牟取暴利，还将流毒运往各地，戕害生命。

其他如田赋预征，兵差折价，临时征发，岁时犒劳等等，无不出自民脂民膏。人民陷于朝不保夕，叫苦不迭，辗转呻吟的绝境。

从上述六大特点看，北洋军阀集团无疑义是一个反动的政治军事集团。它在辛亥革命前后各十六年的历史进程中主要是扮演了历史舞台上为人唾骂的丑角；但是，在这三十二年中，它曾起过的某些客观作用仍有必要作出应有的估计。

原载于《福建论坛》（人文社会科学版）2000 年第 2 期

---

① 武陵：《反奉战争时期陕西省各方面之情况》，《响导周报》第 145 期，1926 年 2 月 10 日。

二　方志学

中国方志学理论的发展与现状

　　方志学理论的萌芽与发展是和各个历史时期的修志实践密切联系的。方志学的理论是随着修志事业的发展而逐渐走向成熟的。在魏晋以前，由于缺乏直接的文献记载，只能从《禹贡》《水经注》《汉书·地理志》和《越绝书》等著述中了解到一些先贤们在对如何修志问题上进行的不自觉的探索。而各个历史时期图经、志书的不断编修也正说明人们对于方志的历史价值和作用已有一定的认识。

一、清前对方志的见解

　　从魏晋以来，直至清以前的漫长的方志发展历史过程中，方志的编修实践活动是有显著成绩的，数量的积累也很丰富；但方志学理论则处于一种萌芽、酝酿的过程中。在这一过程中，不少志家从修志实践出发，提出了对志书作用和编纂方法诸方面的见解。这些见解虽尚不够系统，但对方志学的建立有着重要作用。这些论点和见解集中在"求实""资治"和"教化"等方面。

　　最早阐发方志价值和作用而作出明确表达的是东晋的常璩。常璩是四川崇庆县人，曾记述远古到东晋穆帝时的巴蜀史事而撰成名著《华阳国志》。他在该志的序志中说，编志有"五善"，即"达道义、章法式、通古今、表功勋、旌贤能"，明确地提出编纂《华阳国志》就是为了"资治"。这是常璩对往昔志书所作的概括和总结，也是对修志工作所提出的规范和要求。

　　隋唐时期，人们对方志编修的"求实"要求日趋明显。如《文选·吴都赋》的"方志所辨，中州所羡"一语的注中，对方志的概念作出了实事求是的界定说："方志，谓四方物土所记载者"，认定方志就是地方性资料的如实记载。也有人对以往不求实的学风进行了批评，如颜师古在《汉书·地理志》注中说："中古以来，说地理者多矣！或解释经典，或撰述方志，竞为新异，妄有穿凿，安处互会，颇失其真。后之学者，因而祖述，曾不考其谬论，莫能寻其根本"，强调了"求实"的编纂态度和方法。唐朝名志《元和郡县图志》的主持者李吉甫在该志的序中说:"尚古远者搜古而略今,采谣俗者多传疑而失实,饰州邦而叙人物,因丘墓而征鬼神,流于异端,莫切根要。"他指出修志应避免巧伪失实而"求实"。他认为方志的作用应是:"佐明王扼天下之吭,制群生之命,收地保势胜之利,示形束壤制之端",表明了志书的"资治"作用。与李吉甫同时的元稹在进《西北图经》和《西北边图》时,即向皇帝陈明这些图经的作用:"衽席之上,欹枕而郡邑可观;游幸之时,倚马而山川尽在","若边上奏报烟尘,陛下便可坐观处所"。这充分证实当时修志是以"资治"为目的。

有些著名学者还很强调志书的"求实"精神,如史评家刘知幾在其所著《史通·杂述篇》中即指出:"郡书者,矜其乡贤,美其邦族。""地理书者,人自以为乐土,家自以为名都,竞美所居,谈过其实。"明确指出方志性质的著述中巧伪失实的问题,反映了求实的意愿。

宋代是方志盛行的时期,不仅有官修方志,私家著述也很发达。在修志的组织、规模、体例和内容方面都远远超过了隋唐,所谓"方志之书,至赵宋而体例始备"①,即指此而言。它一变隋唐以前"多分别单行,各自为书"的状态,而将自然、历史、政治、文化、人物等等汇于一编,即由地理扩展到人文、历史方面。它上承历代志书余绪,宋人朱长文所撰《(元丰)吴郡图经续记》序中说:"方志之学,先儒所重,故朱赣风俗之条,顾野王舆地之记,贾耽十道之录,称于前史。"此为后世修志创立了基础,在方志理论发展史上起着承先启后、继往开来的作用。许多学者在丰富的修志经验基础上,纷纷发表对修志的看法,展开了对方志的性质、作用、目的以及编纂方法的探讨。

著名政治家和史学家司马光视地方志为"博物之书",他在为《河南志》所写序言中说:"凡其废兴迁徙及宫室、城郭、坊市、第舍、县镇、乡里、山川、津梁、亭驿、庙寺、陵墓之名数,与古先之遗迹、人物之俊秀、守令之良能、花卉之殊优,无不备载。考诸韦记,其详不啻十余倍,开篇粲然,如指诸掌,真博物之书也。"马光祖在《景定建康志》序中认为地方志不仅只是"辨其山林、川泽、都鄙之名物而已",而是应该"天时验于岁月灾祥之书,地理明于形势险要之设,人文著于衣冠礼乐风俗之臧否"。他总括地方志有五大功用,即"忠孝节义,表人才也;版籍登耗,考民力也;甲兵坚瑕,讨军实也;政教修废,察吏治也;古今得失之迹,垂劝鉴也"。这无异为修志工作提出了指导思想与要求,

---

① 张国淦:《中国古方志考·叙例》。

使方志学理论初现其系统。郑兴裔为《广陵志》所写的序中有更明白的说明道："郡之有志，犹国之有史，所以察民风，验土俗，使前有所稽，后有所鉴"，不特在"天子采风问俗"时，"借以当太史之陈"，而且还可使"后之来守是邦者，亦俞乎其有所据依"。刘文富在《严州图经》自序中则直接指出修志是为"告后之为政"。这就是说"资政"已是当时修志的重要功能和要求，明确了修志的宗旨。宋人修志亦很重视志书的教化作用，吴子良在《赤城续志序》中提出修志是为了"诠评流品，而思励其行"，"悟劝戒而审趋舍"的观点。宋代志家对修志的方法也进行了条理化的总结，周应合在完成《景定建康志》后，写了《修志本末》，规定了修志的四项程序，即定凡例、分事任、广搜访、详参订。他更具体地提出了操作程序是先修《留都宫城录》，冠于书首，依次为地图、年表、十志、十传。传之后为拾遗，图之后为地名解，表之后又编入时（年时甲子）、地（疆土分合、都邑更改）、人（牧守更代、官制因革）、事（著成败得失之迹，以寓劝戒）等四项内容，使后来修志者更能有所依傍。

南宋以来，志家对方志的了解益深，观点也更明确。《新安志》的撰者罗愿在序中主张不能把志修成资料汇编，而是要由具备一定学术水平的学者加以取舍和编纂。这对目前仍有重要的借鉴意义。

两宋时期志家的意见，促进了修志事业的开展，树立了方志的模式，对方志学理论的形成起到了重要的先驱作用。

到了元代，修志事业无论编纂，还是理论探讨，都有新的进展。元修《大元大一统志》就是为了"垂之万世，知祖宗创业之艰难；播之臣庶，知生长一统之世"，使臣民能"各尽其职"，"各尽其力"，达到"上下相维，以持一统"。这是明白地宣示修总志的主要目的是为元朝的长治久安、基业永固。元代的志家十分重视志书的实际效用和编写目的。如李好文在《长安志图》中就反映农田水利的实际，认为这是"泽被千秋"而不可遗漏的内容，所以在卷下列了不少有关内容，有经渠总图、富平石川溉田图、渠堰因革、用水则例、设立屯田等目，为一方民生国计立论，具有一定的实用价值，其"资政"的目的非常明确。郭应木在修《宝安志》后则认为志书所载内容会引起后人的议论。"某也仁，某也暴，某也廉，某也贪，某也才，某也阘茸"，能产生"闻之者足以戒"的教化作用。有些志家往往借评论前人著作来阐述自己的理论观点，如许汝霖在所撰《嵊志》的自序中即批评宋高似孙所撰《剡录》"择焉不精，语焉不详"，"纪山川则附以幽怪之说，论人物则偏于清放之流。版图所以观政理，而仅举其略；诗话所以资清谈，乃屡书不厌；他如草木禽鱼之诂，道观僧庐之疏，率皆附以浮辞而过其实"。这从另一方面反映出他在阐述选材宜精，详略要当，反对虚妄怪诞，厉行朴实质直的修志主张。因为只有这样，志书才能起到"启览者之心，使知古今得失之归"的作用。还有些志家对方志的源流颇有论述，如张铉在《(至正）金陵新志·修志本末》中曾详尽地追述了方志的历史源流。

明朝修志强调"资治"，所以"郡邑莫不有志"。他们大都着眼于方志的政治作用，认为地方志乃是"系于政而达之于政"的著述。宣德时的张洪在《重修琴川志》序中说"郡县之有图籍"，是"为政者不可废"的，因为"凡山川之险易，土壤之肥瘠，物产之美恶，民庶之多寡，按图考籍，可得而知之也"。他还认为志书一可以计"道里远近，钱粮事民之数"，二可在凶荒之年，移丰补歉，强调了方志在施政方面的作用。康海在《朝邑县志序》中也曾说："志者，记也。记其风土文献之事，与官乎斯土者，可以备极其改革，省见其疾苦，累行其已行，察识其政治，使天下为士夫者读之足以兴，为郡邑者读之足以劝，非以夸灵胜之迹，崇奖饰之细也。"

由此遂出现不少趋时之作，难免有诸多弊病与瑕疵。于是引起一些志家试图从理论上进行探讨，谋求解决弊病的途径。嘉靖《曲沃县志》的主修者刘鲁生就提出志书的标准应是"其载欲悉，其事欲核，其书欲直"。这就是说：记载要尽其所有，无所不包，事实要仔细查对，翔实确凿；并且要是是非非，敢于秉笔直书。他还提出了志书的编纂原则是："必广询博采，而后无遗迹；循名责实，而后无讹传；义正辞确，而后无赘语；类序伦分，而后无乱章。"这是从实际工作中总结出来的经验之谈，至今仍有重要的参考价值。

在搜集保存资料方面，明代志家也有所发展，如江西巡抚陈洪谟在《江西通志序》中曾说："流光易逝，恒性健忘。倏忽之间，遂成陈迹。通都大众之中，求之数年以前，已遗其四五，穷乡下邑，学士大夫之所罕及，而欲取证于数年之前，其所遗亦多矣。志之修之，不可后也。"

通观清前方志理论的状况，可以窥知这样一个事实：修志实践和方志理论研究是先后出现、彼此依存、相互促进的。清以前的种种努力为清代方志学的兴起和形成有着导源奠基的先驱作用。

二、清代方志学的建立

清代修志工作广泛而持续开展，有许多文人学者投身其中，不仅促进了修志事业的发展，而且佳作层出不穷，质量亦极有提高。这使方志理论研究得到更充足的依据。清初著名学者顾炎武在《营平二州史事序》中总结了明清两代修志的得失，指明了正确的修志方向，为清代方志学的建立奠定了基础。后人将顾炎武的修志要旨概括为五条：修志者要有一定的学识；要网罗天下志书以作参考；要深入现场进行调查研究，反复校勘必得其实而后止；要有充裕的时间，文字要通俗易懂。

清初一些重臣也提出某些修志要求，如康熙初大学士卫周祚曾在为一些志书作序时阐明其见解。他在《曲沃县志》序中提出了"修志三长论"说："尝闻作史有三长，曰：才、学、识。修志亦有三长曰：正、虚、公。"所谓"正"是指志德，秉笔刚正，不阿权贵；所谓"虚"是指修志态度，要虚怀若谷，能聚纳众人的不同意见；所谓"公"是指修志者的操守，要主持公道，不偏倚门户。这些要求在实践中是有相当难度的，但他终究提出了修志者的信条和追求之鹄的。雍正时，著名文学家、桐城派的创立者方苞在《与一统志馆诸翰林书》中即阐述他所主张的修志原则是：（1）体例要统一，"体例不一，犹农之无畔也"。志书必然成于众手，但决不能"各执斧斤，任其目巧，而无规矩绳墨以一之"。（2）要由博返约，提倡简略。（3）强调方志资料的可靠性，要求作艰苦细致的校勘工作。

乾嘉时期，一些方志理论逐渐形成指导修志的某些准则。谢启昆的《广西通志》是一部代表作。梁启超在总结清代方志学成就时曾指明其"首著叙例二十三则，遍征唐、宋、明诸旧方志的门类体制，舍短取长，说明所以因革之由，认修志为著述大业"，因而断言"注意方志之编纂方法，实自乾隆中叶始"[1]。但在学术界却存在着不同流派的争议，那就是以戴震为代表的地理考据学派和以章学诚为代表的史志学派。

考据学是乾嘉时期的显学，有些学者用考据方法进行地方志编纂，着重于考证地理沿革与方位，所以被称为方志学领域中的考据学派，又因其倾斜于地理，也有称其为地理学派者。这一派的主要代表人物有戴震、钱大昕、孙星衍和洪亮吉等人。戴震是一代考据大师，他以考据研究地理的方法运用于方志编纂。著名文字学家段玉裁在所撰《戴东原先生年谱》中曾较详地加以论述说："盖从来以郡国为主而求其山川，先生以山川为主而求其郡县。其叙《水经注》曰：'因川源之派别，知山川之透迤，高高下下，不失地仇。'为《汾阳志》发凡曰：'以水辨山之脉络，而汾之东西，山为干、为枝、为来、为去，俾井然就

---

① 梁启超：《清代学术概论》。

序。水则以经水统其注入枝水，因而遍及泽泊井源。令众山如一山，令众川为一川，府境虽广，山川虽繁，按文而稽，各归条贯。'然则先生之《水地记》固将合天下之山为一山，合众川为一川，而自《尚书》《周官》《周礼》《春秋》之地名，以及我国历代史志建置沿革之纷错，无不以山川之左右曲折安置妥贴，至迹而不乱。"

这就是说戴震的编志方法是以水系辨山脉，以山川形势考察郡县建置和地理沿革。这就是考据学的主要方法。其他钱大昕、孙星衍、洪亮吉等虽各有具体主张，但大都未越考据规范。他们总的主张是专务考据，不多追求新文献；信载籍而对反映现实的资料不够重视。所以往往影响志书的实用价值。

对考据学派持异议的则是以章学诚为代表的史志学派。章学诚是乾隆时的史学和方志学家，也是多次参与修志的实践者。他形成了比较系统的方志学理论，建立了清代的方志学，其要旨大致可概括为以下三点：

1. 关于地方志的性质和作用

章学诚主张"志乃史裁"、"志属信史"、"史体纵看，志体横看，其为综核一也"。这些论点在于改造方志即地记的传统旧观念，树立起对方志的新概念以明确方志的性质。梁启超认为这一改变是对方志学的最大贡献①。章学诚这种史志观确是一种创见，是建立方志学的一块奠基石，从而引申出一套较系统的方志学的理论，如在其《答甄秀才论修志第一书》中就从史志观角度出发而论及志书的性质是为经世致用。他说："史志之书，有裨风教者，原因传述忠孝节义，凛凛烈烈，有声有色，使百世而下，怯者勇生，贪者廉立。"可见章学诚已视方志为教化的工具了。

2. 关于方志的编纂方法问题

章学诚认为：在明确"志为史体""志乃一方之全史"的前提下，修志就应按照史家法度来进行工作。要贯彻史家法度的首要关键是修志者也要像修史者那样具备"三长"。志家的三长是：识足以断凡例，明足以决去取，公足以绝请托。要谨守《春秋》家法，严名分，别尊卑，并有裨社会风教。这是对修志者的素质要求。

章学诚提出了"三书""四体"的志书编纂方法。"三书"是指志书的三大

---

① 梁启超：《中国近三百年学术史》十五。

组成部分，"四体"是志书所采取的四种不同体裁。他把"三书"提高到三家之学的地位，并加以解释说："凡欲经纪一方之文献，必立三家之学，而始可以通古人之遗意也，仿纪传正史之体而作志；仿律令典例之体而作掌故；仿《文选》《文苑》之体而作文征。三书相辅而行，缺一不可；合而为一，尤不可也。"①

在三书中，志是主体，应该"词尚体要"，"不失著述之体"。掌故是有关一方典制的原始记录，类似会要、会典那样，作为档案保存下来的政事资料。文征是有关一方"不能并入本志"的奏议、征实、论说、诗文、金石等。这样，就使论述与资料相辅相成地结合起来，构成一部完整的地方志书。

章学诚认为作为方志中心的志应该采取"四体"，即"皇恩庆典宜作纪，官师科甲宜作谱，典籍法制宜作考，名宦人物宜作传"。建立外纪、年谱、考、传四种体裁来包容志的内容，"既无僭史之嫌，纲举目张，又无遗漏之患"，使志能写成既严谨又合于史法的水平。

章学诚还提出了指导修志应注意的问题和解决方法——就是所谓"五难""八忌"与"四要"。

所谓"五难"是在修志中易于遇到的难题，即明晰天度难，考衷古界难，调剂众议难，广征藏书难，预杜是非难。他要求修志时克服这五个难点。

所谓"八忌"是指修志时应防止的八项弊病，即忌条理混杂，忌详略失体，忌偏尚文词，忌妆点名胜，忌推翻旧案，忌浮记功绩，忌泥古不变，忌贪载传奇。如果志书中没有这八项弊病，那就是章学诚所理想的佳志。

所谓"四要"就是指一部志书的标准和修志者的工作规范。"四要"是要简、要严、要核、要雅。那就是说一部志书必须做到体尚简要，去取严整，材料辨核，文词典雅，否则就不能算达到标准的志书。

此外，章学诚对若干具体编纂问题还不遗细微地作出规定，提出要求，如重视调查访问，确立序次编排，对旧志内容应续其所有、补其所无，采取审慎态度，对内容要兼通古今、详近略远，立论要谨严，行文要质朴等等。总之，他主张"持论不可不恕，立例不可不严，采访不可不慎，商榷不可不公"②。

章学诚为纠正当时地方志体制杂乱而提出"辨体"的理论。所谓辨体就是各类型地方志所记内容应当各有所重。省府州县各有其体，既不是简单凑合，也不能随意拆散，如就通志而论，"所贵乎通志者，为能合府州县志所不能合，

---

① 《章氏遗书·方志略例·方志立三书议》。
② 《章氏遗书·湖北通志检存稿·序例》。

则全书义例，自当详府州县志所不详。既已详人之不详，势必略人所不略"①。
如此，则各类型志书的内容范围即界限划分清楚，各有侧重，做到各有所当载，
而互不相蒙。

3. 关于州县设立志科的建议

章学诚鉴于修志时搜集资料的困难而指出："州县记载并无专人典守，大义
缺如，间有好事者流，修辑志乘，率凭一时采访，人多庸猥，例罕完善，甚至
挟私诬网，贿赂行文。"所以主张建立一个征集、整理和保存资料的常设机构——
志科，使"登载有一定之法，典守有一定之人"。平时搜集、整理、保管档册资
料和采访口碑，一旦修志，则可自志科取其丰富的储料以备征考。

综上所述，章学诚不仅亲自参与了多种志书的修纂工作，而且还将实践经
验升华概括为初具系统的方志理论。他确定了"志为史体"的方志根本性质，
辨明了方志的应有地位，创立了一整套修志义例和方法，对方志的内容和体例
作了重要的革新，为清方志学的建立作出了重要贡献。近人瞿宣颖曾评论说：
"虽其所撰不能尽如所期，然其发明义例，振起浮俗，使方志之用增其伟大。章
氏之绩，可谓迈越寻常者矣。"②这种评论当然是指章学诚所处时代所达到的水
平而言；置诸今天，他的方志学理论显然尚有若干值得商榷和补订之处。如果
当前修志仍然过分强调章氏理论，以章为据，唯章是依，那就很不够了。从民
国时期的一些方志学专著和当代的研究成果中可以找到不少超越清代方志学的
内容。不过，尽管章学诚的方志学理论还有某些不足和不能完全实现，但他为
建立清代方志学理论所作的历史贡献却是值得肯定的。

三、民国时期的方志学理论著述

辛亥革命后，社会发生了重大变革，虽然修志事业还在时断时续，但方志
学的理论研究却呈现前所未有的活跃景象，许多学者都重视这门学科，对方志
的源流、体例、编纂方法等都有所研究和论述。据有人统计，民国二十年前后，
在与方志有关的刊物如《方志月刊》《禹贡半月刊》和其他一些学术刊物上，发
表了有关方志学研究的论文达 300 余篇。有些知名学者还撰著了 10 余种专著，
标识着民国时期方志学研究已在向纵深方面发展。这些论著既为前所罕见，也

---

① 《章氏遗书·方志略例一·方志辨体》。
② 《方志考稿·甲集·序》。

为后世开风气，至今尚有一定的参考价值。

梁启超是较早对清代方志学加以总结的一位学者，他在《中国近三百年学术史》中比较系统地论述了方志的性质与编纂方法。他极力推崇章学诚，并几乎完全接受了章氏的方志学观点而加以阐扬和发展，奠定了方志学的基础。他不仅确立了方志学在清学中应有的地位，而且亦在若干方面对后学有所启示，起到了方志学发展史上的里程碑的作用。梁启超明确地提出"最古之史，实为方志"这一关乎方志性质的重要课题。他还公允地评论了方志的利弊，论定了方志的地位，阐述了史志关系，并提出对修志人员的要求。

李泰棻所著《方志学》是民国时期篇帙最大、论述比较系统的一部理论专著。它论述了方志的性质、旧志的偏枯、作者的方志主张和编志方法。他像梁启超那样，继承了章学诚"志即史"的方志学观点，主张"在中央者谓之史，在地方者谓之志，故志即史"。他也对修志人员提出了必须具备多种学科知识的严格要求，这对提高志书质量将会有重大作用。

傅振伦所撰《中国方志学通论》是一部叙述比较系统，内容比较丰富，至今仍在产生影响的一部专著。它全面地论述了方志的意义、性质、种类、功用、科学价值和方志的起源、发展、派别与通病，及章学诚之方志学、旧志之收藏与整理、方志之撰述等。傅振伦认定"方志为记述一域地理及史事之书"。他在"志即史"的定义上增添了地理方面的内容，兼融了清代地理与史志两大流派的偏执一端。他要求撰写新志要"略古详今，侧重现代"，"博采详志，注重实用"，"特详悉于社会方面"，偏重于"物质方面"而"广辟类目，注重科学"。

此外还有黎锦熙的《方志今议》、王葆心的《方志学发微》、甘鹏云的《方志商》和吴宗慈的《修志丛论》等，都有一定的参考价值。

四、方志学理论研究的现状

近五十年来，对方志学理论的研究虽然不如其他学术领域活跃和有显著成效，但不少方志学者仍在孜孜不倦地开展研究，写出了一定数量的论文和专著。

1. 综合性研究

在五六十年代，许多学者开始注视到中国地方志这笔宝贵遗产，不断提出研究旧志、创编新志的建议。金毓黻的《普修新方志的拟议》和傅振伦的《整理旧方志与编辑新方志问题》^①二文为方志与方志学的研究启其端。其后，朱士嘉发表《中国地方志浅说》^②一文，对地方志的起源、发展、特征、价值及国内外馆藏等问题进行了概括性研究与剖析。傅振伦对旧作《中国地方志通论》进行修订后，易名《中国方志学》，于 1981 年在《河北师范大学学报》连载发表，对中国方志学进行了综合性论述。在不少报刊上陆续发表的探讨方志学理论的论文，涉及方面较广，如对方志学的研究对象和内容、方志学的学科体系、方志学的研究方法、方志学的特征、旧志的批判继承问题、对旧方志学的评价、新志编写体例和质量标准、对章学诚方志学的研究与评价以及新方志的编纂方法等。比较集中讨论而至今犹在进行的则是史志关系问题。

　　史志关系问题一直是为方志学者所关注的热点。八十年代初，徐一夔所写《史中有志，志中有史》^③和《史以述往，志以示来》^④二文对地方史志的体裁同异发表了个人见解。他主张"在形式上史志可以分家，从编纂体制上史志必须统一，既有专史，又有专志，才可使地方志成为一种完整的系统结构"。朱文尧则主张"志有志体，史有史体"，"史重在鉴，志重在用"^⑤，二者不能混淆。朱士嘉则对史志区别提出了三点看法：（1）史纵志横，志先于史；（2）国史一般无图，方志一般有图；（3）方志一般有褒无贬，国史则有褒有贬^⑥，这一区分并不完全准确。其余尚有许多论文涉及此问题，但始终未能获得比较一致的共识。直至最近，林衍经发表的《史志关系论》^⑦，对这一理论性讨论作了比较全面的回顾，并采取比较研究的方法作出了他自己如下的结论："从古今史志的比较，可以看出史与志有同也有异，有联系也有区别；其次同和异、联系和区别在不同历史时期和不同种类的志书中，各有程度差别。……但是，即便是有明显的历史学科属性的志书，也不应当、不可以与地方史划上等号，因为志书的内容和形式毕竟与地方史存在着一定程度的相异之处。犹如梨子和苹果都属水果，总是二种不同的果品；即使是形貌气质极相似的孪生兄弟或姐妹，总还是彼此二人，不可等同的。"

　　随着方志学理论研究的持续进行和新方志编写实践经验的日益丰富，如何

---

① 分见《新建设》1956 年第 5、6 期。

② 《文献》1979 年第 1 期。

③ 《山西地方志通讯》1980 年第 5 期。

④ 《山西地方志通讯》1981 年第 2 期。

⑤ 《山西地方志通讯》1981 年第 2 期。

⑥ 《湖北方志通讯》1981 年第 4 期。

⑦ 《中国地方志》1994 年第 3 期。

建立新方志学理论体系和确立其学科地位的问题，便成为方志学界研究和讨论的中心课题。这也是方志学理论研究工作者和有实践经验的修志工作者所应承担的共同的社会与历史的责任。

2. 分区性研究

对地方志进行分区研究，并从理论上分析源流、探讨体例的论文较前一种研究为胜，如吴贵芳所写《关于纂修上海新志的体例问题》[①]，回顾了上海地方志的历史情况，提出了编纂新志体例的建议十条。里僻的《略述方志源流及〈湖北通志〉的沿革》[②]考述了湖北行政区域的沿革和《湖北通志》的源流，并对明清两代的六部有史可查的湖北通志进行了述评。这是八九十年代方志学者进行研究工作用力较勤、成果较多的一个方面。《中国地方志综览》为此特辑专目（P. 333－345），可备检用。

3. 专题研究

六十年代以来，专题研究也取得了一定的成绩，如骆兆平的《读天一阁藏明代地方志》[③]一文，对至今仅存的古代藏书楼天一阁所藏明代地方志的典藏与聚散状况加以研究概述，使人们对这一有特色的专藏珍籍有所了解。仓修良的《章学诚和方志学》[④]和黄道立的《巨细毕收，博而能断》[⑤]等论文对章学诚的方志学理论与实践进行了学术性探讨，有益于新编方志的借鉴，但也带来了一些唯章是奉的不良后果，影响了对新方志学建立的进程。

专题研究中被视为热点的是旧志的继承批判问题。有些文章作了专门论述。我认为应当批判的内容主要有三方面：一为竭力宣扬封建统治者功业的夸大性内容，如立于卷首或独立成章的皇帝的无关理要、专事粉饰之诏谕、诗文与言论；二为宣传封建伦常的内容如诬民变为盗匪活动，过分颂扬义士、烈女等事迹；三为不恰当的溢美之辞。应当继承的则有两个方面：一是继承旧志中合理的编纂体例；二是继承文献资料，以备征考和补缺纠谬。

① 《上海史研究通讯》1981 年第 2 辑。
② 《湖北方志通讯》1981 年第 1 期。
③ 《文献》1980 年第 3 辑。
④ 《章氏遗书·湖北通志检存稿·序例》。
⑤ 《文献》1979 年第 1 期。

4. 专著

近年来，方志学理论方面的专著陆续问世，主要的如来新夏主编的《方志学概论》（福建人民出版社，1983 年 8 月），便是较早出版的一部教材性质的专著，比较系统地论述了方志的起源、发展，介绍了古今学者对方志学的研究情况，提出了新志的编写要求和方法。再如刘光禄的《中国方志学概要》、史念海的《方志刍议》、林衍经的《方志学综论》和仓修良的《方志学通论》等都是引起人们注视的专著。多人论文合集有《中国地方史志论丛》（中华书局，1984年），汇集了一部分学者在地方志学术会议上发表的理论性论文。个人论文集有傅振伦的《傅振伦方志论文选》（浙江人民出版社，1992 年）、朱士嘉的《朱士嘉方志文集》（北京燕山出版社，1991 年）、梁寒冰的《新编地方志研究》（河南人民出版社，1988 年）、董一博的《董一博方志论文集》（河南大学出版社，1989 年）。这些个人论文集多为个人的专门性研究论文，有较高的理论水平和指导作用。

1992 年，南开大学地方文献研究室与日本独协大学经济学部合作进行"中日地方史志比较研究"的课题，在来新夏与齐藤博两位教授的共同主持下，有中日著名学者十余人参加，经过近两年的工作，已完成了该项目，并将有关论文结集为《中日地方史志比较研究》论文集，近期将分别出版中、日文本。这为方志学理论研究的国际合作交流开辟了新路。

香港地区的学者把方志学理论的研究纳入区域研究之中，或视为地方史。他们往往把地方志的研究与族谱、家谱联系一起。1980 年 8 日间，美国犹他州举行的"世界家谱与记录"会议上，香港大学林天蔚即提交了《族谱与方志的关系》（英文本，中文本见《中华文化复兴月刊》24 卷第 6 期）一文，论述了中国族谱与方志之源流和相互关系及族谱与方志联合研究的价值等。1989 年 4月上旬，香港大学亚洲研究中心举办的"亚太区地方文献国际会议"上，方志研究也是会议议题之一，有台湾宋晞的《论流传于美国之罕见中国地方志》和大陆李默的《广东方志发展史略》等论文提交会议。

香港学者还撰著了有关方志学的研究性专著，如 1965 年饶宗颐收集《永乐大典》内的潮州志及明、清、民国三种潮州地方志，集为《潮州志汇编》，并附以《清以前之潮州志纂修始末》一文，对潮州志进行了较深入全面的研究。同年，陈正祥所著《中国方志的地理学价值》，论述了方志的特性、种类和分布，方志的渊源和发展，方志所包括的地理学资料及以八蜡庙的建立点来探寻蝗虫的踪迹，作出了如何利用旧志资料的范例。

台湾地区的方志学理论研究工作主要围绕方志性质问题和新方志的探索与实践等方面进行。学者们对方志的性质主要有四种看法：（一）地方志是地方史；（二）地方志为地理书；（三）地方志是地方史与地方地理的合流；（四）地方志是既不属地理，亦不属历史的另一门类。对于新方志是什么的探索，主要有三派不同的看法：

（1）新地学派：以张其昀为代表，认为新方志应以地理为主，主张用现代地理学的方法来纂修方志，效法外国的"区域地理"的研究方式。

（2）社会学派：以陈绍馨为代表，主张新方志应从社会学角度来研究与编写，提倡"区域研究"要离开旧传统，根据现代社会科学重新撰写。

（3）方志三学论：此为唐祖培所倡导。他主张立"自然""自立""自强"三纲领。倡导方志科学、方志文学、方志哲学的方志三学。

台湾学者也撰有一些研究专著，如唐祖培的《新方志学》，分志目、志例、志图、志表、志考和志传等篇，其自序则详细阐释建立方志三学的主张。杜学知的《方志学管窥》，其中《台省通志纲目商榷》一文，从方志起源、性质、体例、内容、纂修以至台省通志志目草案等，均一一加以简述与分析。毛一波的《方志新论》为作者论文集，有《方志学与史学》《杂论史与志》《释省通志体例》等内容。还有其他有关专著与论文。

近几十年，方志学理论研究虽有一定的进展，但尚未能建立起比较完整的方志学体系，对于总结旧志和创编新志都缺乏应有的学术理论加以指导。因此建立新的方志学体系将是今后研究工作的重点。我们应对新旧方志学的区界、新方志学的学科地位、新方志学的研究对象和体系结构等进行比较深入的研究与探讨，经过努力，写出一部有一定理论水平的新方志学理论性专著，使方志学的理论研究获得新的成就。

原载于《中国地方志》1995 年第 2 期

1949 年以来中国地方志的编写与研究

中国地方志具有悠久的历史传统。它是记载某一地区自然、历史、地理，社会、经济和文化纵横各方面的情况和资料的一种著述体裁；是对地方情况进行综合性反映的百科全书；是撰述历史借以取材的资料宝库之一；是华夏文化宝库中卷帙繁多、内容丰富的一块非常引人注目的瑰宝。回顾二千多年的方志发展史，不仅有大量的各类型志书，而且还开拓了方志学的研究领域，撰述了若干专著，流传给后世一份丰富而宝贵的历史遗产。

从 1949 年以来，中国地方志的编写与研究以丰富而宝贵的历史遗产为新的起点进行了整理旧志、创编新志和方志学研究等三个方面的工作。

一、整理旧志

（一）组织工作

旧志整理工作从 1949 年以来曾受到一定的重视，据不完全统计，从 1956年到 1966 年间各地重印旧志已达二百余种；但正式作为全国史志学界的专门性问题加以研究，却始于 1981 年 7 月中国地方史志协会成立大会上所提出的《关于方志学研究工作的建议》。这份建议中包括编印方志目录，保存、刊印旧志，类编资料，选辑论文，编印风土丛书，筹办专刊以及建设专业队伍等。1982 年5 月在武汉召开的旧志整理工作座谈会上提出了《中国地方志整理规划（1982—1990)》草案；8 月，又作了修订，并正式公布，计分四部分：（1）编辑方志学文献；（2）编撰地方志工具书；（3）汇编旧地方志资料；（4）整理重印旧地方志。1983 年 4 月，在洛阳召开的中国地方志规划会议上，又拟定了《中国旧志整理规划实施方案（1983—1990)》草案，共包括两部分：（1）地方志工具书（方志目录、方志提要、方志索引）；（2）地方志资料书。在这个草案后还附了一份《“六五”期间旧方志整理规划》（草案）和《“七五”期间旧方志整理发展规划》（草案），但都没有正式公布。

1983 年 12 月，中国地方志指导小组第三次会议通过了《关于开展旧方志整理工作问题的决定》。1984 年 1 月，根据决定，在北京成立了旧志整理工作委员会。3 月，在天津召开了第一次旧志整理工作会议，研究了旧志整理工作中的两个中心问题，即整什么？怎么整？明确界定所谓旧志"是指 1949 年建国以前的地方志书"，同时规定旧方志整理工作项目是："原本复制，点校翻印，类编资料，辑录佚志及编辑方志目录、提要、专题索引等等"，并且"鉴于各地方志机构力量有限和为经济服务的要求，当前整理工作重点是从旧方志中检选出有关资料，类编成册，兼及方志目录、内容提要和索引等等"。

1985 年 1 月，在北京召开的全国旧志整理工作委员会第二次会议上，曾设想为了协调和推动全国各地区旧志整理工作的开展而扩大和健全委员会的组织，并为第三次会议的召开作准备。5 月间，在杭州召开第三次会议，检查和总结了全国旧志整理工作"六五"规划的执行情况，讨论拟定"七五"规划草案，为制定全国方志工作的"七五"规划和为全国第一次修志工作会议作好准备。同时，交流各地资料汇编的经验，讨论 1985 年的工作计划，中国方志编纂学大纲以及有关点校、提要、辑佚、索引、资料等问题。会议还酝酿了中国方志学大辞典的编纂并研究了委员会的有关工作问题。这些工作逐年在不同地区得到落实。

（二）旧志资料的类编

旧志中所蕴藏的资料，其数量之丰，方面之广，实为其他图书所未及。1949 年以来，按专题自方志中类辑资料者甚众，如北京图书馆和地质部合作利用馆藏方志辑录《祖国两千年铁矿开采和锻冶》和《中国古今铜矿录》等；北京天文台则据方志资料，并参阅有关史书，编成《中国古代天象记录总集》；中央气象台则从中辑录《五百年来我国旱水涝史料》等等。它们都对科技工作做出了应有的贡献。而 1956 年由中国科学院地震工作委员会历史组所编《中国地震史料年表》（科学出版社）是利用旧志 5600 余种编成的，这对地震科学提供了国际上唯一可靠而连续的历史资料。至于地区性的类编工作也取得了很大的成绩，如广东省科技局查阅中山图书馆所藏方志 120 余种、900 余册，摘录了 550 余条有关慧星、流星、极光、日蚀、地震等自然现象的历史记载；厦门大学南洋研究所也在该馆查阅了 300 种共 3000 多册旧志，搜集了有关我国在南海诸岛行使主权和外国侵占情况的史料 100 多条，地图近 70 幅，为捍卫我国疆域提供了历史依据。1979 年广东省新丰、恩平两县发生地界纠纷时，省法院即查阅两县县志，寻找历史依据，作判案参考（《书海探胜》，见 1980 年 3 月 9 日《羊城晚报》）。又如河南省地震局等单位从本省方志中查出大量地震资料，成为《河南省地震历史资料》一书的重要组成部分，对研究河南及其邻省的地震史作出了显著贡献。在河南的旧方志中还有不少捻军活动资料，也大可补正其他记载之不足（刘永之：《修志刍言》，见《学术研究辑刊》1980 年第 1 期）。广西壮族自治区地震局主要从大量方志中整理了公元 222 至 1978 年间地震记录例，编成《广西地震志》，对于该地区地震趋势研究和基本建设规划都有重要的参考价值（钟文典：《修志刍议》，见《图书馆学通讯》1980 年第 1 期）。

类编资料的原则是"全面取材，重点类编，求训致用"。全面取材就是综合治理，即将旧志中的有关资料全部选辑出来，编成资料索引，否则每编一个专题资料类编就翻检一次旧志，工程浩大，难胜其劳。类编资料的目的是"求训致用"，从中取得教训来为经济建设服务。当然可根据资料和地区的特点，区分轻重缓急，先重点选编一些对当地急需参考的资料，例如安徽、河南分别辑录了本省的土特产品资料类编，安徽并注明现在土特产品情况以相印证。河南类编了各种专题资料 201 种，共 425 万余字，及时地为经济建设提供了咨询参考资料。在 1984 年召开的旧志整理工作会议上，还提出重点类编的项目为自然灾害、矿产、渔业、畜收业、水利、科技、土特产、名胜古迹和人物资料等。在编录旧志资料工作中，有时还需要采取一种折光式的研究方法。所谓折光式研究是相对直观性研究而言。有些问题比较明显，我们可以一索而得，但是有些问题需要我们采用迂回的方法，借助其他事物加以论证。比如台湾学者陈正祥，就曾根据各地的八蜡庙、刘猛将军庙、虫王庙设置情况绘制成图，从而描绘出全国蝗灾的路线图。他的研究出发点是立足于这些庙宇的设置反映了当地人们不能制服蝗灾而求神助的一种愿望。既然当地有此类庙宇的设置，则必然反映了当地蝗灾比较严重。在选编资料类编时，还要注意到近期和长远结合、历史和现实结合、整旧和纂新结合，各地可根据实际需要，自选类目，或酌增类目。选辑类编资料多以县为基础，尽量保持资料的原貌和完整，不任意删改，并详细注明出处。在类编文献资料的同时，也要注意到挽救碑刻资料，有条件的地方还应作成拓片。碑刻是地方志资料来源之一，可供考证旧志资料之需，例如河南即用地震后重修建筑的碑文记载，与旧志地震资料相印证，裨益甚多，价值很高。

（三）旧志目录的编制

旧志数量浩繁，搜求翻检，甚为不便，目录编制工作，急待推进。1965 年，朱士嘉增订补正其旧作《中国地方志综录》重新出版，共著录 7413 种，109143 卷。1985 年，由北京天文台在《中国地方志综录》基础上作了广泛的调查增补，新编的《中国地方志联合目录》由中华书局出版，共著录 8264 种，使中国这一丰富的历史宝藏得以昭示于世界。

在区域性志目方面，如 1980 年 11 月山西省图书馆编印了《山西省地方志联合目录》，著录了现存本省方志 463 种，5100 多卷，包括省志、府志、州志、县志、乡土志、关志、山志、水志、寺庙志等。1981 年 1 月，山东王建忠、刘善信所编《山东地方志书目》，著录了旧志 597 种，新编志 57 种，并转载了山东古方志考。4 月间印行的《河南地方志综录》收录了方志 554 种，847 个不同版本，21 种手稿本。6 月间，秦德印编印的《陕西地方志书目》收录了自宋至民国各时代所编方志 407 种，并著录了 1953 年以来新编方志 13 种。这些区域志目录收罗颇称完备，它既可成为全国联合目录的组成部分，又可单行别出，以便检索。

在馆藏目录方面，五十年代时，上海、天津、广东、甘肃、四川、福建及嘉兴、温州等地图书馆，都纷纷编制，油印流传。1980 年 9 月，南开大学图书馆也铅印了所编的馆藏目录。

提要目录则是旧志目录编制工作中的一项繁重工作。张国淦的遗作《中国古方志考》（原名《中国方志考》第一编），是一部辑录体的提要目录，对自秦汉至元的方志，凡有名可稽，不论存佚，均予收录、考证，凡 2271 种，1962 年由中华书局出版。1957 年由科学出版社出版的洪焕椿所撰《浙江地方志考录》（1984 年改名《浙江方志考》，由浙江人民出版社出版），对浙江省志书的纂修缘由、版本和藏所以及内容均写有较详提要。1982 年由书目文献出版社出版了骆兆平编著的《天一阁藏明代地方志考录》，叙录了天一阁所藏明志 435 种，成为一代方志的提要目录。他如 1986 年由书目文献出版社出版的崔建英所撰《日本见藏稀见中国地方志书录》和 1987 年由齐鲁书社出版的陈光贻所撰《稀见方志提要》则属于全国性的稀见书目，参考价值甚高。1992 年由天津大学出版社出版的来新夏主编的《河北地方志提要》以及一些省市所编本地区的旧志提要则为区域性的考录工作，为综录全国性方志提要目录作了试探和准备。这些提要目录的基本内容包括书名、作者、卷数、藏者、出版年代、出版者、主要内容和篇目、志书评价等项。

其为新编县志和学术研究直接服务的则有 1963 年中华书局出版的朱士嘉所编《宋元方志传记索引》，共收录 3949 人，颇便检用；1980 年武汉市图书馆根据《武汉志》编目要求，利用馆藏编就《〈武汉志〉参考资料要目》（《武汉志通讯》1981 年第 2—3 期），共分 32 个大目、789 个小目，为新编县志工作检索需用资料提供了方便。

（四）旧志点校与刊印

旧志虽数量丰富，但后世流传较少，有些旧志久已流布不广。自 1949 年以来，出版部门曾有选择地刊印了一些方志，为研究工作提供条件。如刊印元孛兰肹等撰、赵万里校辑的《元一统志》二册，提供了元代路、州、县的建置沿革、城郭乡镇、里至、山川、土产、风俗、形势、古迹、宦绩、人物、仙释等方面的资料。贺次君辑校的《括地志辑校》，对这个久已亡佚仅存清人辑本的唐代地志进行了分辨真伪及整理工作。郭沫若点校《（光绪）崖州志》并为之写了新序，介绍该志的价值（1983 年广东人民出版社出版）。又如出版了明人《祝枝山手写正德兴宁志稿本》、影印明万历刻本《顺天府志》，使孤本善刻得以流传。特别值得注意的是陈明猷点校、宁夏人民出版社出版的《嘉靖宁夏新志》。陈明猷根据《宁夏新志》分段校点，对缺页部分又从天一阁所藏弘治《宁夏新志》中节录相应内容附于有关正文之后。并在书后附入《嘉靖宁夏新志的史料价值》一文，有裨于读者对本志的使用，可为点校旧志者所取法。明人范钦创建的天一阁，所藏明代方志驰誉海内外，也由上海古籍书店于 1961 年开始影印选集为《天一阁藏明代方志选刊》，截至 1976 年底，已印行了百余种，近年上海书店又继续影印选刊，使私藏珍物流被四方。各省也颇有刊印本省旧志者，如河南已出版《兰考旧志汇编》（合明嘉靖《兰阳县志》、清康熙《兰阳县志》《仪封县志》和民国《考城县志》等 12 部旧志及 1 份社会调查而成）。《汝南县志》《归德县志》《同治三年郏县志》《嘉庆鲁山县志》《登封县志》和《嘉庆巩县志》各一种。1991 年，浙江萧山最后一部民国志——来裕恂所撰《萧山县志稿》手稿也经整理后由天津古籍出版社出版。福建也刊印了《宁德县志》等。有的地方还做了旧志译注的工作，如江苏《（民国）沛县志》于 1981 年由江苏广陵古籍刻印社印行。从 1951 年以后，曾经不同渠道由日本拍摄流传于日本的珍本方志归国。台湾地区从五十年代开始点校整理旧志，如 1951 年校订印行《恒春县志》未刊稿，并编辑出版一些地方资料，如《台湾番政志》《四明方志丛刊》

《台湾文献丛刊》《台湾方志汇编》《宋元地方志丛书》等多种，而规模大、种册多的当推成文出版社印行的《中国方志丛书》，它从六十年代后期起，分期分批出版，前二期共有 1362 种，第三期正继续印行，现入藏数为 1678 种 4150 册。大陆自 1988 年开始由江苏古籍出版社等出版机构联合聘请专家学者从现有 9000 种方志中精选 3000 余种，编辑一部海内外覆盖面最广，实用性最强的大型方志丛书《中国地方志集成》，自 1990 年起第一期包括乡镇志及上海、江苏、四川、浙江四省志书共 721 种已陆续问世，成为当前大规模地集中进行选刊的刊行旧志工作。

特别值得注意的是，大批过去不被重视的专记地区风俗、人情、物产的地方小志也得到重视而陆续刊印，如明代的《帝京景物略》《宛署杂记》《长安客话》，清代的《天府广纪》《京城古迹考》《宸垣识略》（均由北京出版社出版）等相继印行。有的地区还有组织地进行风土丛书的编校工作，如南开大学地方文献研究室编校的《天津地方风土丛书》（天津古籍出版社 1986 年出版），包括《沽上旧闻》《敬乡笔述》《梓里联珠集》《津门诗钞》等十种。这些小志都为了解地方情况、编纂新志提供了生动细致的具体资料。

二、方志与方志学的研究

1949 年以来这方面的工作虽然不如其他学术领域活跃和有显著成效，但各地的方志学者孜孜开展研究，在理论和综述方面写出了一定数量的专门论文。在五六十年代，各地报刊不断发表一些论文和倡议，如金毓黻的《普修新地方志的拟议》（《新建设》1956 年第 6 期），为方志及方志学的研究启端。其后，朱士嘉的《中国地方志浅说》（《文献》1979 年第 1 期）一文对地方志的起源、发展、特征、价值及国内外馆藏等问题进行了概括性的研究与剖析。傅振伦的《中国方志学》（《河北师范大学学报》1981 年连载）对方志学进行了综括性的论述。刘纬毅的《中国方志史初探》（《文献》1980 年第 4 辑）和陆振岳的《方志源流试探》（《群众论丛》1981 年第 3 期）诸文，对方志名目的演变，方志的渊源发展和旧方志学的建立等都有所论述。徐一贯的《地方史与文史资料研究》（《山西地方志通讯》1980 年第 1 期）对地方史志的源流传统和重要性作了论述，而他所写的《史中有志，志中有史》（《山西地方志通讯》1980 年第 5 期）和《史以述往，志以示来》（《山西地方志通讯》1981 年第 2 期）二文，则对地方史志的体裁同异发表了个人的见解，主张"在形式上史志可以分家，从编纂体制上，史志必须统一，既有专史，又有专志，才可使地方志成为一种完整的系统结构"。朱文尧则主张"志有志体，史有史体"，"史重在鉴，志重在用"，二者不能混淆（《山西地方志通讯》1981 年第 2 期）。朱士嘉提出对史志区别的三点看法，即：（1）史纵志横，志先于史；（2）国史一般无图，方志一般有图；（3）方志一般有褒无贬，国史则有褒有贬（《湖北方志通讯》1981 年第 4 期）。其余尚有许多论文涉及此问题。这一讨论至今尚未获得极为准确的共识结论，是一个值得深入探讨的课题之一。

对地方志进行分区研究并概述其基本情况，兼作分析源流、探讨体例的论文较前一种情况为胜，如山西薛愚的《山西地方志目录汇编》（《山西地方志通讯》1980 年第 2 期），将山西的 474 种各级方志按纂修时代为次，分别汇为专目。上海吴贵芳的《关于纂修上海方志新志的体例问题》（《上海史研究通讯》1981 年第 2 辑），回顾了上海地方志的历史情况，提出了编写新志体例的建议十条。湖北里僻的《战略方志源流及〈湖北通志〉沿革》（《湖北方志通讯》1981 年第 1 期），考述了湖北行政区域的沿革和湖北省志的源流，并对明嘉靖、万历和清康熙、雍正、嘉庆、宣统等六部有史可查的湖北省志进行了述评。陕西李德运的《我省著名地方志简况》（《陕西档案简讯》1980 年第 5 期），对自宋以来的十部著名方志作了介绍。吉林金恩晖的《吉林省地方志考略》（《文献》1979 年第 1 辑），对吉林省的百余部地方志的一般情况作了考察和介绍，其中对该地区的第一部专志《打牲乌拉志典全书》的发现与研究是极有价值的。辽宁邸富生的《辽宁方志述略》（《辽宁师院学报》1980 年第 1 期），简要地介绍了辽宁方志的概况和史料价值。宁夏高树榆的《宁夏方志考》（《宁夏图书馆通讯》1980 年第 1 期），对宁夏地方志的明志六部（佚三部）、清志二部和民国志一部的源流、编纂、刊刻情况作了考证。新疆纪大椿的《新疆地方志浅说》（《图书评价》1979 年第 3 期），对新疆通志、地区志、府州县志、乡土志进行了综合考述。内蒙古王志毅的《内蒙古旧地方志》（《内蒙古地方志通讯》1984 年第 4—5 期），概述内蒙古的旧志。云南方国瑜的《明修九种云南省志概说》（《思想战线》1981 年第 3 期），对现存五种、已佚四种共九种云南志的渊源、流传进行了缜密的考究。北京李致忠的《略谈〈台湾府志〉》（《文献》1980 年第 4 辑）一文，对康熙以来撰修刊行的《台湾府志》情况及目前的典藏作了介绍。对边远地区方志研究工作的积极开展，反映了方志学的研究正在蓬勃兴起，对内地省份也是一种推动与促进。有些学者还进行了艰苦的旧志辑佚工作，如山西大学的李裕明曾辑《山西古方志辑佚》九卷（山西省志办出版），尽多年辛劳辑得山西佚志

236 种共 30 余万字。它不仅为编写新志提供资料，而且其所收序、跋、佚文及所撰各志叙录对研究旧志颇有参考价值。东北师范大学陈连庆从《永乐大典》中辑出元人陈大震所修《大德南海志》，经过研究，撰成《大德南海志研究》（《古籍论丛》第二集，福建人民出版社），对研究元代海外贸易有重要价值。

在专题研究方面也取得了一定的成绩，如骆兆平的《读天一阁藏明代地方志》（《文献》1980 年第 3 辑），对至今仅存的古代藏书楼天一阁所藏明代地方志的典藏与聚散状况加以研究概述，使人们对这一有特色的专藏有所了解。仓修良的《章学诚和方志学》（《江海学刊》1982 年第 5 号）、黄道立的《巨细毕收，博而能断》（《湖北方志通讯》1981 年第 5 期）等文对章学诚的方志学理论与实践进行了学术性的探讨，有益于新编方志的借鉴，但也带来了一些唯章是奉的不良后果。在研究中比较被视为热点的是旧志的批判继承问题，有些文章都涉及于此。我认为应当批判的内容有三方面：一为竭力宣扬封建统治者功业的内容，如立于卷首或独立成章的皇帝的无关理要、专事粉饰之诏谕、诗文与言论；二为宣传封建伦常的内容，如诬反抗者为盗匪，颂扬所谓忠臣、烈妇、义士等的事迹；三为不恰当的溢美之词。而应当继承的则有两个方面：一是继承旧志中合理的编纂体例；二是继承文献资料，以备征考和补缺纠谬。

新撰专著也陆续纂成问世，主要的有来新夏主编的《方志学概论》，这是较早出版的一部教材性质的专著，对推动全国修志工作，培训修志人员起过重要的作用。其他如刘光禄的《中国方志学概要》，史念海的《方志刍议》，林衍经的《方志学综论》和仓修良的《方志学通论》等都是引起人们注视的专著。多人论文合集有《中国地方史志论丛》（中华书局，1984）。个人论文集有傅振伦的《傅振伦方志论著选》（浙江人民出版社，1992）和董一博的《董一博方志论文集》（河南大学出版社，1989）等，多侧重于一些专门性学术论文。工具书则有董一博主编的《中国方志大辞典》（浙江人民出版社，1988）和来新夏主编的《中国地方志综览》（黄山书社，1988）等。后者汇集了 1949—1987 年有关地方志编纂与研究的主要文献，为方志和方志学的研究提供了基本参考资料。

台湾地区的方志学研究工作主要围绕方志性质问题和新方志的探索与实践等方面进行。学者们对方志的性质主要有四种看法，即：（1）地方志即地方史；（2）地方志为地理书；（3）地方志是地方史与地方地理的合流；（4）地方志既不属地理，亦不属历史的另一分类。专著有唐祖培的《新方志学》、杜学知《方志学管窥》和毛一波的《方志新论》等。

三、创编新志

编修新志书一直受到各方面的重视,但公开提出建议则始于 1954 年 9 月山东教育厅副厅长王祝晨在第一届全国人民代表大会第一次会议上最早提出新编方志的建议;1956 年 6 月,王祝晨更在《人民日报》发表《早早动手编纂地方志》的文章。而金毓黻的《普修新地方志的拟议》则提出了具体的"拟目",成为第一个设计方案(《新建设》1956 年第 5 期)。同年在哲学社会科学十二年规划草案中就正式提出了重新编纂地方志的任务,准备先从有条件的县市着手,逐步推广,计划在 1967 年以前能编出全国大部分县市的新方志。是年 3 月,湖北省成立了省志编委会,是最早成立修志机构的省份。

1957 年,全国人大和政协的代表与委员先后提出了保存各种乡土资料,继续编纂地方志书的建议,大大地推进了创编新志的工作,有不少省区陆续建立专门机构来组织和领导修志工作,如湖南、山东、四川、甘肃、青海等省分别成立方志纂修委员会,著手工作,并取得成效。广西壮族自治区也成立了广西通志馆,负责修志工作。1953 年,科学规划委员会设立了地方志小组,成为对全国修志工作的指导机构。10 月间,地方志小组发布《关于新修方志的几点意见》,并制定《新修地方志体例》草案,向各地征求意见,1961 年 3 月正式发布《新修地方志提纲》。

据不完全统计,至 1960 年 6 月止,全国已有 20 多个省、自治区,530 多个县进行修志工作。有 250 个县已编出初稿,其中公开出版的有《湖南近百年大事记述》和《湖南省地理志》二卷,山西的《岚县新志》、《祁县志》上册和《陵川县志》等,湖北的《浠水县简志》《汉川县志》《咸宁县简志》,以及河北的《怀来小志》等。尚未公开发行的,如广西自 1958 年以来有二十余县完成了编志工作,并油印了初稿;山西油印了《沁水县志》和《五寨县志》等;河南也有十多种内部流传的县志初稿。这些志书虽与志书的基本要求和体例、主旨尚有一定距离,但都为新志的创编工作起到了筚路蓝缕的摸索探讨作用。

1963 年 7 月 23 日,中国科学院哲学社会科学部和国家档案局联衔向中央宣传部提交的《关于编写地方志工作的几点意见》,回顾了自 1958 年以来各地修志情况,指出了值得注意的问题,并提出了建立审阅制度、有计划有步骤地进行和加强组织领导等三点意见。

1964 年以来随着农村"四清"运动的开展,在广泛发动编写"五史"活动的基础上，有些县曾组织专业人员创编新志，如河北丰润的试编县志，霸县编写的《东台山乡志》，可惜都未能达到完善的目标，其他地方也有类似活动。当时，这些活动曾引起了一定的重视。截至 1966 年"文化大革命"发生前，公开出版了 19 种省志的专志和县市志。1965 年，华北地区曾决定由专人拟定条例，准备开展新编县志的工作。可惜由于十年动乱，不仅志书编写工作中断，而且尚未完全成熟的一些条例及有关资料也荡然无遗。

七十年代后期，创编新志工作在各地陆续兴起，改变了长期中断的状况。有些省成立了专门编写机构，发表有关论文，编制新志初稿，取得了可喜的成绩。1978 年 10 月，湖南即作出恢复省志编纂工作以适应四化需要的决议，并于 1979 年 8 月召开编纂委员会全体会议，就编纂力量的组织和断限问题进行了讨论。1980 年 4 月间，胡乔木在中国史学会代表大会上提出编修新志需要用新的观点、新的资料和新的方法和体例的"三新"要求。6 月间，许多重要报刊发表专论，如刘纬毅在《红旗》杂志第 11 期发表《要重视地方志的编写》，李志敏在《光明日报》发表《地方志的编修工作急待开展》等。10 月间，天津举行中国地方史研究会筹备会。次年 7 月，在山西太原正式成立中国地方史志协会，通过了《关于新省志、新市志、新县志编纂方案的建议》和协会章程，明确了地方史志的重大意义、基本方针、原则和任务。1982 年 7 月下旬，中国地方史协会常务理事会通过《关于新编地方志工作条例的建议》，对编志的方针、原则、体例和工作步骤提出了具体建议。

在此期间，各地已开展编志工作。如 1980 年初，黑龙江省的《呼玛县志》内部印行出版。这是本届修志的第一部新志，虽有不足之处，但有开创局面之功。辽宁省的台安县早自 1979 年 9 月即开始组织人力，经过一年多的努力，终于写成了五编三十六章 20 余万字的《台安县志》，为全县政治、经济、文化、军事和自然地理等方面提供了有参考价值的资料。山西代县是一座历史悠久的古城，最后一部志书是清光绪八年（1882）刊行的《代州志》。它较详细地记载了从战国到 1881 年之间的历史、地理、政治、文化和军事等方面的资料，但历时百年却没有延续记录。1981 年 5 月间，该县成立专门修志机构，邀聘人员，立即投入紧张的查阅、收集和编写工作。湖北、湖南、山西、浙江、山东等地也开始制定条例，编写新志。北京、上海、湖南、湖北、山西、贵州等省市的修志机构还出版刊物，以交流经验、沟通情报、辅导编写、征集资料，大大地推动了新志编写工作。

1983 年，原地方志小组恢复工作，拟定了《1983—1990 年中国地方志发展规划及设想》草案。1985 年，中国地方史志协会易名为中国地方志协会。地方志指导小组正式组成，并发布了《新编地方志工作暂行规定》。于是修志机构在全国普遍建立，截至 1990 年，据统计已有 29 个省市区、2037 个县都建立了专门机构，加速推动了修志工作。新编县志也初见成效，截至 1991 年底，全国已完成 950 余部新志的编纂任务，正式出版的三级志书达 600 余部（有 300 余部已交出版社待出版）。在编写新志过程中还积累了丰富的地方文献资料，如 1984 年吉林省搜集资料 6.4 亿多字；1985 年，湖北省已搜集资料 20 余万字。县一级也多近千万字。这笔珍贵财富不仅奠定了新编县志和年鉴的坚实基础，而且还为后世储备了可资征信的资料。从 1982 年开始，分地区、分层次举办的各种类型培训班，使全国拥有具备一定修志专业知识的专兼职人员近 10 万人。

台湾地区的修志工作始于 1946 年台湾光复后，《台北县志》是最早创修的一种。1960 年《台北县志》印成线装 28 分册，下限截至 1951 年，这是台湾新修志书中体例内容最为完备的一种。1973 年《台湾通志》编成出版。台湾的修志工作显见成效，七八十年代台湾省、市及乡镇各级志书共有 29 种。

如上所述，从 1949 年以来，地方志的编写与研究工作已取得了一定的成就，但与丰富的历史遗产和现实的社会需求相比，还有不少可供开拓和继承发展的余地。

第一，继续开展旧志整理工作

（1）类编资料。这里所说的资料主要指两种：一种是旧志中所蕴藏的各方面历史资料。过去曾类编过地震、天文、土特产和风俗等专科资料，但旧志中仍有不少有关社会经济、文化艺术、著名人物等方面的珍贵资料，如明万历《郴州志·坑冶》一部，即记述宋明两代矿民反抗和禁闭矿场经过的资料；嘉靖《建阳县志》详记书市情况和书坊书目，为研究明代图书事业提供资料。这些都有待立类汇辑，使方志资料发挥潜在的作用。另一种是前代学者研究方志所取得成果的资料，特别是清代许多著名学者如钱大昕、戴震、章学诚、洪亮吉、汪士铎、孙诒让等人的著作中都有多少不等的有关方志的论述。这些论述对深入研究方志学有重要参考价值。

（2）编纂目录。方志目录虽创编于清季，而收罗较备，卓有成就的当推近年出版的《中国地方志联合目录》。但这类目录仅起到登记图籍、读书知津的作用，尚未进而辨章考镜，所以近代方志学家朱士嘉曾创议编制一部《地方志综合提要》，这将使人们不仅知道某地有若干志书，而且更能读其提要，得其概貌。

此事固然体大，难于一蹴而就。如能先期组织力量，分区纂辑，规定每篇提要包括书名、作者、卷数、出版年月、出版者、主要内容、篇目和评价等项目，字数最好不超过千字，然后由专人整齐文字，统一体例，汇为《综合目录》也决非不可行之事。另外，清人和近人的方志学论文在尚未结集刊行前，也不妨先编制《方志学论文目录》以备翻检。

（3）汇编地方风土丛书。地方志的功能之一是保存地方文献资料。其中风土资料也应在征材之列。这正如章学诚在《方志立三书议》中所主张的立《丛谈》一书的立意所在，也正是过去《上海掌故丛书》与《武林掌故丛书》等的所以汇编。即以江苏风土笔记而言，如清初叶梦珠的《阅世编》之记上海地区，乾隆时黄印的《锡金识小录》之记无锡、金匮地区，顾禄的《清嘉录》之记苏州，道光时甘熙的《白下琐言》之记南京等等，都是极有用的志料。各地区如能仿《上海掌故丛书》《天津风土丛书》等而整理、刊印各种地方风土丛书，不仅为欲了解当地风物者提供读物，也大有利于地方志的编纂与研究。

（4）刊印旧志。旧志刊印较少，流传欠广，不仅难于保存，而且不便于研究利用，似应继续《天一阁藏明代地方志选刊》之类的刊印工作，尤其是对一些珍贵的未刊稿、有价值的油印稿和孤本善刻，亦应有选择、分缓急地加以刊印。如浙江图书馆所藏《浙江通志》初稿百余册，福建师范大学图书馆藏道光九年胡之鋹增修的《晋江县志》77 卷抄本等，都是值得重视的。又如河南方志中顺治十六年的《荥泽县志》《氾志》和康熙十七年的《荥阳县志》等，早已是海内孤本；他如广东省共有方志 440 余种，其中海内孤本约百余种，海外孤本约 20 种。山西省共有方志 430 余种，其中海内孤本约 58 种，海外孤本约 16 种。这些都应考察重印，以便流传典藏。对于散佚的旧志，也应有专人搜求辑失，使人得从吉光片羽中略窥古志的面貌。《中国地方志集成》也希望在已刊行的基础上，能按原计划，继续刊印。

第二，提高新编志书的质量

建国以来，创编新志工作虽有起伏，但近十年来，进展之速，覆盖之广，实为前所未有。今后对新编志书应着重于量的质优。所谓量多是在已完成一定数量县志的基础上，积极扶植行动迟缓地区的工作。凡在编纂阶段者要促其早日定稿问世，对尚未全面开展修志的地区则应积极搜集志料，投入编纂工作。在新编县志中特别要注意填补旧志所偏废的空白点，如社会经济状况、工农业发展、民俗方言等具体内容。要及时抢救口碑资料，记录保存。在征集资料过程中，还应对社会流传或私藏的志稿（包括刊印、手写、油印等形式）加以搜求典藏，有的经过加工整理，应予正式刊行问世以丰富中国志书宝库。

对于志书质的提高，关键在于加强问世前的审稿和发行后的评书工作。审稿在编修条例中早有明确规定，但尚需有一个大体统一标准，根据过去一些经验，不外指导思想、论述内容、资料运用和文字表达四个方面。不过，任何严谨的审稿都不可能消灭所有的疵点，因此还必须加强志书问世后的评书工作。这项工作不仅使原志精益求精，也使尚待问世之作能消除不足于摇篮之中。这项工作在过去已有所启动，但却形成一种以鼓励赞誉为主，以略有建议批评为点缀的书评模式。今后则应提倡多种形式的书评，特别是欢迎能出现一些"吹毛求疵"的书评来一新耳目。

本世纪末，县一级方志应有大部分或绝大部分刊行问世或待刊，那么新编志书工作似应移重点于省区志。近年来，省级志书已有部分专志和简志出版，应在已有基础上抓紧完成。设人力不足则可借材于县志编纂部门。而县志已完成任务者则可编纂地方年鉴，承担有关部门咨询工作及为后世修志储料。

第三，加强方志与方志学的研究

1949 年以来，散见于报刊的方志与方志学方面的研究论文为数不少，但既无全目可稽，又未汇聚成册，对进一步发展这方面的研究搜寻检读，至感不便。1984 年，虽有《中国地方史志论丛》的编刊，尚欠充实完备，应广加搜求，组织专家评选，汇编为《建国以来地方志论文选集》以代表此一历史阶段的研究水平，并在书后附以《论文目录》，力求全备。从目前已发表的论文看，无论在源流、方志学理论和新志编纂法的全面探讨上都尚有开阔的领域，有待于撰述大批有质量的论文，来推动方志与方志学的研究。专著方面多属初期修志阶段之作，其总括 1949 年以来的新发展、新成就而撰著类似《中国地方志概论》之类的著作，也是当务之急。

中国方志学的建立，大多数人认为始于清代章学诚。它至今不过二百余年，远不如方志历史的悠久。在清末、民国期间，方志学内容在西方思潮影响下，有所增益，但始终没有脱离章氏方志学体系的篱樊。1949 年以来，由于社会制度的质变，方志的服务对象已有彻底的改变，编纂出一定数量的社会主义新方志。与此同时，大量的旧志尚待清理，因此建立新的方志学即方志科学的体系将是今后研究工作的重点。近来，有一篇题为《论方志科学》（《中国地方志》1992 年第 5 期）的文章，对旧方志学与方志科学的区界、方志科学的学科地位、方志科学的研究对象和体系结构等提出了一些粗浅设想，但仅仅只能说是这一方面研究的开端，希望今后能有更多的论文涉足这方面的理论性研究，直至写出一部有一定水平的《中国方志学》，使方志科学的研究获得新的成就。

总之，今后的研究工作将在旧志整理、新志编纂及方志科学体系的建立诸方面展现出质量并重而尤重质的新趋势。

原载于《高校社科情报》1994 年第 1 期

《中国方志学概论》讲授提纲*

一、方志与方志学

(一)方志

方志(地方志)是记载一定地区(或行政区域)的自然和社会的历史与现状的综合性著述。它包容一地的建置、沿革、疆域、山川、津梁、关隘、名胜、资源、物产、气候、天文、灾异、人物、艺文、教育、民族、风俗等等情况。

传统的方志形式是在兼收了春秋战国时期国别史、地理书和地图诸特点的基础上,随着历代政治、经济、文化的发展而逐渐完备。从春秋战国时期发端,中经汉魏,迄于隋唐,方志的内容与形式日益丰富完善,至宋而体制确立,明清乃称鼎盛。

方志有图经(图志,图记)、记(太平寰宇记)、传(南阳风土传)、录(剡录)、乘(齐乘)、志(华阳国志)等等繁多的名目。

方志有一统志、总志、省志、府志、州志、厅志、县志、乡镇志、边关志等不同层次。

方志属性有地理派与史志派之争,应属历史学范畴,但史和志在体裁上终有不同,日后尚有专目讨论史志关系问题。

方志具有地方性、连续性、广泛性、资料性、可征性等特点,并有资治、征信和教化的作用。

旧方志据一种统计约在 8500 种以上,其中宋元方志数十种,明志千余种,清志六千余种,民国志数百种。中国国内收藏很普遍,稍有名声的图书馆都有数量不等的收藏。国外在美国、日本、法国、朝鲜、英国、加拿大一些著名大学和公共图书馆都有收藏。

---

* 此为 1991 年秋至 1992 年春在日本独协大学任客座教授期间为大学院生授课的提纲之一——本书编者注。

（二）方志学

方志学是一种专门研究方志领域中所特有的运动形态的学科。它有独立的研究对象和内容。它是研究方志产生和发展规律的。它包括以下几个方面：

（1）方志产生和发展的历史。

（2）方志的分类。

（3）方志的性质。

（4）方志的特征和作用。

（5）方志的整理和利用。

（6）方志编纂理论。

（7）方志学的发展历史。

方志学与考古学、政治学、经济学、教育学、社会学以及自然科学诸学科的关系是密切的，彼此间互相促进，相辅相成。

方志学是指导新志编写和旧志整理的基本理论。因此必须在研究方志学的同时了解各学科发展的新情况、搜集新资料来丰富方志学的内容，使方志学获得更完善的发展。

二、历代方志的编纂

（一）汉魏南北朝时期

由秦汉到南北朝，各种形式地方志已露出端倪，有全国性地理总志、地记、图经及综合性志书。

（二）隋唐时期

图经是这一时期方志的主要形式，内容与体例日趋完善。同时以志、记为名的方志也继续发展。

这一时期方志体例有所创新，政治、经济、文化等内容有所增加，但仍详于地理而略于人文。

官修志书开始出现，隋曾"普诏天下诸郡，条其风俗、物产、地图，上于尚书"。《诸郡物产土俗记》《区宇图志》等著作先后撰成。其篇帙众多，内容丰富，为前此所未有。

隋修《区宇图志》是中国第一部官修的全国性志书，为后此编纂全国性志书立格局。

唐朝修志制度更加严密，每三年一造图经。唐的多种《十道录》《十道图》就是各地图经的综合。敦煌曾发现唐的《沙州图经》《西州图经》等多种。

《沙州图经》是我国现存最早的图经，距今已有一千二百多年。从残卷看，除记载行政机构与区划外，还对天象、渠泽、堰堤、县学、寺庙、祥瑞、古迹等都有不同程度的描述，颇具史料价值。

唐朝全国性志书的代表作是《元和郡县图志》，以当时十道所属四十七节镇为纲，分镇记府州县户口、沿革、山川、地理、贡赋等。宋时此书图佚，称《元和郡县志》。它是留传后世最古最好的一部全国性志书。

（三）两宋时期

宋是中国方志发展史上承前启后的重要时期。在这一时期中，修志的组织形式和规模超越前代，方志数量大增，并出现几种名志。志体趋于完备，图经已逐渐被志代替。方志发展进入了成熟阶段。

宋沿唐旧，三年一造图经，自太祖至徽宗，多次编修全国性方志，有《开宝诸道图经》《祥符州县图经》及《九域图》等。南宋虽国势日衰，仍有《方舆胜览》及《舆地纪胜》等全国性志书出现。

宋代地方志书数量增多，其著名者如南宋孝宗至度宗前后不过百年，又值国势飘荡之际而有三修《临安志》（杭州）之壮举，由此也可见已有续修制度。

宋代修志工作相当普及，至今犹存的《澉水志》便是今海盐的一部镇志。

宋修方志南宋多于北宋，南方多于北方。现存宋志不超过三十种，是一项珍贵的文化遗产。

宋代方志的记述重点开始从地理转向人文。"人物"与"艺文"在志书中逐步占有重要地位。北宋初年成书的《太平寰宇记》集中反映这一变化，为地方志人物立传和采集地方文献开创新例。

宋代方志的图文比重有很大变化，宋更偏重于文字记载，而图的作用日益缩小，因此南宋以后几乎都改称为志。

宋代方志的主流体例有二：

一是以范成大《吴郡志》为代表的门目体。它将全部内容平行列目而无纲统摄。

一是以周应合《景定建康志》为代表的纪传体。它分录、图、表、志、传五类，类下分细目，可收目以类归、层次分明之效。后此修志多宗此体。

宋人修志往往喜以古郡名或山水名作志书名称，如福州之称《三山志》（福州东有九仙山，西有闽山，北有越山，故福州有三山之称）。台州之称《赤城志》（南北朝时梁于台州置赤城郡）。

（四）元明时期的方志

元明时期，方志继续发展，种类增加，体例趋向定型。元创一统志形式，明增专志，并提倡修简志。

元以修纂一统志而著称后世。元一统志初成于元世祖至元二十八年，凡 755 卷，重修于成宗大德七年，凡 1300 卷，定名为《大元大一统志》。明清所修一统志，卷帙尚不及此。

《大元大一统志》历来为学者所重视。清《四库全书总目》称其"最为繁博"。

元代州县志数量不大，见于著录者约近 160 种，其中以《至顺镇江志》为代表作。此志备录当地典故与沿革，有关物产和人物。

明代重视地方志的编修，全国性志书有《大明一统志》，成书于天顺五年，共 90 卷，体例仿元一统志，编次不甚合法度。

明有 13 种通志。永乐十六年颁布修志凡例。州县修志比较普遍，有一地多次修志者，如《山西通志》曾三修，江苏《六合县志》曾六修。

明代出现了记军事要隘的边关志，如《四镇三关志》。

明代学者鉴于前此志书内容浩繁，而出现简志，如康海所编《武功县志》，颇著影响。

明代志体有三宝体，即按土地、人民、政事三类记事，但以此简单分类统摄复杂情况是相当困难的。

明代方志略嫌芜杂，但内容繁富，有史料价值。

（五）清代的方志

清代方志总的特点是体例谨严，种类齐全，数量较多，为历代修志之冠。

清从顺治末、康熙初即积极提倡修志。至乾隆六年，先后完成近二十种通志，其中谢启昆的《广西通志》颇为人所称道。在各省修通志的基础上，乾隆八年、四十三年，道光二十二年，中经百年（1743—1842），曾三修清《一统志》。

清代修志有较多学者参加，如顾炎武之参预《邹平县志》，章学诚之撰《永清县志》，李兆洛之撰《凤台县志》。这些出于学者之手的志书多半体例谨严，叙事翔实。

章学诚在其所修志书中体现其修志主张，如立三书（志、掌故、文献），着眼于经世致用，反映社会经济情况，被誉为"非兼才学识之长者不能作"。

清代学者除修志外，还辑已佚古代地志，为后人总结和继承古方志遗产创造条件。著名的有《汉唐地理书钞》。

清代修志相当普及，现存方志中，清志占80％。上起全国的一统志和各省通志，下至府州厅县乡镇，旁及土司、卫所、盐井，无不有志。各地尚有多次修志者。现存的台湾十多种志都是清代所修。

清代官修志书外，尚有私人所修。

清代方志体例有三种：

一是门目体，平列各目，无所统摄，中叶以后衰落。

一是纪传体，这是传统志体，分纪、表、志、传、略、录等门，后此多加沿用。

三是三书体，章学诚所创，分志、掌故、文征三种。

（六）民国方志

民国六年，山西省首创修志，并颁发《山西各省志书凡例》。

民国十八年，全面开展修志，颁布《修志事例概要》二十二条。

民国二十三年颁布《地方志纂修办法》九条，规定省志三十年一修，市县志十五年一修。

民国志抗战前成书较多，江苏数量最多。

民国志书基本保持旧志格局，但也有新特点，如注意反映各地工农业生产面貌，近代企业之兴起，民生困苦。增加了各种图表。

（七）结语

中国方志起于战国，经汉晋的发展，隋唐趋于成熟，至宋而定型，明清两代在于普及与提高，而清称鼎盛。

三、历代方志学的研究

（一）清以前对方志的见解

方志学的萌芽与形成是和各个历史时期修志实践密切联系的。方志学是随着地方志的发展和成熟而逐渐形成的。

在清以前漫长的方志发展历史中，方志的实践活动——修志工作是有显著成绩的，数量的累积也很丰富；但方志学则处于一种萌芽、酝酿的过程中。在这一过程中，不少志家从修志实践出发，提出了对志书作用和编纂法诸方面的见解。这些见解虽非系统，但对方志学的建立有重要作用。这些论点和见解集中在"求实""资治"和"教化"等方面。

最早阐发方志价值和作用的是东晋时的常璩。常璩是四川崇庆县人，曾记述远古到东晋穆帝时的巴蜀史事而撰成名著《华阳国志》。他在序中说，著书有"五善"，即"达道义"、"章法戒"、"通古今"、"表功勋"、"旌贤能"。他明确地提出编纂《华阳国志》的指导思想是为资治，即为巩固政权的统治。

《文选·吴都赋》的一条注中说："方志，谓四方物土所记载者"，强调了地方资料的准确记载这一要点，也就是注意到"求实"的编纂态度和方法。

唐朝名志《元和郡县图志》的主持者李吉甫在该书序中说：

> 尚古远者搜古而略今，采谣俗者多传疑而失实，饰州邦而叙人物，因丘墓而征鬼神，流于异端，莫切根要。

李吉甫指出了方志应避免巧伪失实而"求实"。他认为方志的作用是：

> 佐明王扼天下之吭，制群生之命，收地保势胜之利，示形束壤制之端。

这表明了志书的"资治"作用。

由于李吉甫指导思想明确，编纂方法得当，所以《元和郡县图志》成为后世所称道的名志。清代目录学家、《郑堂读书记》的撰者周中孚推崇此书是"详略得中，记叙有法"。

宋代的地方志已由"地理"扩展到"人文"。《景定建康志序》中明确指出修志的意义和作用说：

> 忠孝节义，表人材也；版籍登记，考民力也；兵甲坚瑕，讨军实也；政教修废，察吏治也；古今是非得失之迹，垂劝戒也。

《景定建康志》修成后，撰者周应合总结其修志经验写了《修志本末》，提出修志四事，即"定凡例"、"分事任"、"广搜访"、"详参订"。并认为修志要做到"削去怪妄，订正事实，崇厚风俗，表彰人才"。

元修一统志，开新体之端，其目的是为了"垂之万世，知祖宗创业之艰难；播之臣庶，知生长一统之世"。编一统志的目的就是要求臣民"各尽其力"。达到"上下相维，以持一统"。换言之，就是为了元朝的"长治久安，基业永固"。

有些修志者还提出了一些理论性的见解，如《嵊志》作者许汝霖不仅批评《剡录》的缺点，还提出选材须精，详略要当，反对虚妄怪诞，厉行朴实质直。因为只有这样的志才能对后世"启览者之心，使知古今得失之归"。

明朝修志由于强调"资治"而"郡邑莫不有志"。但因过于强调政治作用，造成赶时尚而竞相修志，佳志反而不多。而志书所出现的弊病却引起人们探讨方志理论的兴趣。如《曲沃县志》就提出志书的标准是：

> 其载欲悉，其事欲核，其书欲直。

其编纂法是：

> 必广询博采而后无遗迹；循名责实而后无讹传；义正词确而后无赘语；类序伦分而后无乱章。

统观清代以前对方志理论研究状况是：

修志实践和方志理论的探索是后先出现的，彼此依存，相互促进。清以前所作的种种努力为清时方志学的形成和兴起产生了导源奠基的先驱作用。

（二）清代方志学的兴起

清代修志工作广泛，持续开展，文人学者多投身其事，不仅促进了志业发展，佳作迭出，质量提高，也使方志理论研究得到更充足的依据，开始出现专门性的方志学论述。

清初著名学者顾炎武在研究整理地方志的基础上，撰写了《天下郡国利病书》和《肇域志》两大名著，开创了综合研究和利用地方志资料的道路。顾炎武在《营平二州史事序》中总结了明清两代之得失，指明了修志方向，为清代

"方志学"的建立打下了基础。后人总结他的见解为五条：（1）修志者要有一定的学识；（2）要网罗天下书志以作参考；（3）要深入现场进行调查研究，反复勘对，必得其实而后止；（4）要有充裕的时间；（5）文字要通俗易懂。

清初一些重要大臣提出的某些修志要求，颇有见地，如康熙初年大学士卫周祚提出修志者要有三长，即正、虚、公。

雍正时著名文学家、桐城派开创者方苞在其《与一统志馆诸翰林书》中阐述了修志原则，即：体例要统一，内容要简明，资料要可靠，要做艰苦细致的校勘工作。

乾嘉时期是清代学术兴盛时期，地方志编纂法问题也在这一时期受到若干学者的关注。其中对后世影响较大的是以戴震为代表的考据学派和以章学诚为代表的史志学派。

考据学是乾嘉时期的主要治学方法，戴震这一派主张以考据方法来编纂地方志，着重于考证地理沿革与方位，因而也被称为地理派。除戴震外，钱大昕、孙星衍、洪亮吉等著名学者也都持此主张。这一派把学术上的"崇古薄今"思想和"诠释故训，究索名物"的方法都运用到修志工作中去，所以他们重视书面旧材料而轻视现实材料。他们认为把搜集到的资料进行排比，注明出处，搞成资料汇编即可。这实际上把修志工作降到资料纂辑的水平上。

章学诚是史志学派的代表。这一派无疑地也受到当时考据学的影响；但不仅限于地理方位与沿革的考据，而是要建立方志学理论。他们确立方志是一方之全史的地位就是要破除方志只是地理书的旧观念，而力求建立方志本身的理论体系。比较系统的方志学理论是从章学诚开端的。这套理论虽然还不够完善，但他却有开创之功。直到现在，虽已不尽适用，但仍不失其借鉴意义。

（三）章学诚的方志学理论

章学诚（1738—1801）是乾隆时期著名史学和方志学的理论家，也是亲自参与修志的实践家。他曾著有《方志立三书议》《州县请立志科议》和《修志十议》等独具精思的论著，形成了比较系统的修志理论。他的方志学理论大致概括为以下三点：

1. 关于地方志性质问题

章学诚主张"志乃史裁"，"志属信史"，"史体纵看，志体横看，其为综核一也"。这些论点的目的在于改造对方志即地记的旧概念，树立方志的新概念。

2. 关于方志编纂方法问题

（1）史家法度：编志者应具有写史者的法度，即应具三长：识足以断凡例，明足已决去取，公足以绝请讬。此指修志者应具备的基本条件。

（2）三书：

仿纪传正史之体而作"志"。

仿律令典例之体而作"掌故"。

仿《文选》《文苑》而作"文征"。

（3）四体：志应分四体即纪、谱、考、传。

（4）五难：修志有五难，即：晴晰天度难，考衷古界难，调剂众议难，广征藏书难，预杜是非难。

（5）八忌：忌条理混杂，忌详略失体，忌偏尚文辞，忌妆点名胜，忌推翻旧案，忌浮记功绩，忌泥古不变，忌贪载传奇。

（6）四要：简、严、核、雅。

3. 州县设立志科

章氏主张在州县设常设专门机构——志科，负责收集管理资料，备异日修志之需。志科人员应按规定记载，累计资料。

章学诚的方志学理论就在于辨明了方志的地位和作用，明确了方志编纂的内容和体裁，建议设立方志专业机构。尽管这些理论设想不能完全实现，但为建立方志学理论所作的贡献却是值得肯定的。

四、新编地方志的基本情况

（一）1949—1966 年

1954 年 9 月，山东省教育厅副厅长王祝晨在第一届人民代表大会一次会议上最早提出新编方志的建议。这是一次正式的公开倡议。

1956 年的 6 月，王祝晨再次建议，并在《人民日报》发表《早早动手编修地方志》的文章。此后，出现了许多建议和意见，或在会议，或在报章，都可以听到和看到有关新编方志的呼声。

1956 年，在《十二年哲学社会科学规划》方案中提出了编写新志的任务。

1958 年以后，毛泽东、周恩来等领导人发表了关于编修新方志的讲话。于是各地纷纷建立机构，作出相应的决议。

湖北是最早成立修志机构的省份。它于 1956 年 3 月成立省志编委会。以后，山东、湖南、青海、陕西、甘肃、河北各省和北京市相继建立机构，或作出决议。

科学规划委员会也于此时设立地方志小组，成为对全国修志工作的指导机构。

1958 年 10 月，地方志小组发布《关于新修方志的几点意见》，并制定《新修地方志体例》草案，向各地征求意见，直至 1961 年 3 月始正式发布《新修地方志提纲》。

这一阶段处于以搜集资料为主的准备阶段，成书较少。据 1966 年统计，有湖北《浠水县简志》《咸宁县简志》《孝感县简志》和《汉川县简志》，湖南的《近百年大事记述》，河北的《怀来县志》，山西的《陵川县志》和甘肃的《气候志》等。另外还有一些油印本的志书稿。

1960 年国家档案局公布：全国有 20 多个省、市、自治区的 530 个县在编修新志，其中 250 多个县已编出初稿。

这一阶段的特点是：

（1）领导人的倡导：这是历代修志成功的重要经验，因为志书是官书。领导人的倡导容易引起人们重视，便于推动工作。

（2）这一阶段虽未见显著成效，但它起到承先启后的中继作用。

（3）对地方志编纂工作中的某些理论问题展开了讨论。

（4）出版了一批简志，为今后的编志工作提供了可资借鉴的经验。

（二）1966—1976 年

1966 年，"文化大革命"开始，各地修志机构不能正常工作，甚至撤销，修志工作中断。修志事业停顿，直至八十年代。

（三）1980—1990 年

1980 年 4 月，胡乔木氏在中国史学会上提出编修新志意见，得到与会人员响应。10 月，在天津举行中国地方史研究会筹备会。

1981 年 7 月，在山西太原成立中国地方史志协会，大会通过了《关于新省志、新市志、新县志编纂方案的建议》和协会章程。这是自 1949 年建国三十二年来修志者第一次大聚会。这次大会主要办了三件大事：

一是明确了地方史志的重大意义、基本方针、原则和任务；

二是建立了组织，加强了领导；

三是汇集了成果，交流了经验。

1982 年 8 月，中国地方史志协会常务理事会通过《关于新编地方志工作条例的建议》，对编志的方针、原则、编纂体例和工作步骤提出了具体建议。

1983 年，原五十年代的地方志小组恢复工作。4 月间在洛阳召开全国地方志规划会议，拟定了《1983-1990 年中国地方志事业发展规划及设想》（草案）。

1985 年，中国地方史志协会改名为中国地方志协会。地方志指导小组正式组成。这两个组织对新编地方志起了组织和领导作用。4 月间，发布《新编地方志工作暂行规定》。

1987 年初，制定了"七五"规划。

1990 年，修志机构在全国普遍建立。据统计，29 个省市区、2037 个县建立了专门机构。各地各级机构多由各级政府主要负责人担任领导，有利于推动工作。

这一阶段的主要贡献是：

（1）完成了一批新志

1980 年，黑龙江省的《呼玛县志》出版，这是本届修志的第一部新志，虽有不足之处，但有开创局面之功。

1986 年修志初见成效，出版县志 10 余部，如江苏《如东县志》、山东《庆云县志》等。湖南、贵州出版了省《地理志》。

1990 年 2 月，全国出版省专业志 46 卷、地方志 18 卷、县志 204 部。还有各地自行编纂的山水志、工矿志、乡镇志等。

（2）发掘了经济资源

原来不知道或不准确知道的经济资源因编志调查采访而发掘出来。如福建永泰县查清全县十一个温泉点，从 1984 年开始养鳗，获得很好的收益。他如枣庄市的漆树。还有一些旅游资源也被发现，得到经济收益。

（3）积累大量资料

1984 年，吉林省志搜集资料六亿四千多万字。1985 年止，湖北省已收集二十余亿字。县一级也多在千万字左右。这是一笔珍贵的财富。有的地方已利用这些资料编印年鉴、省情和市情，为今后的修志作了资料的储备。

（4）培训专业人员

从 1982 年分地区、分层次培训修志人员，举办不同类型的培训班、研讨班。现全国专兼职人员近十万人，大多具备了一定的专业知识。

（四）新编地方志的几个关系问题

1. 史志关系问题

史与志的关系是同源异体、殊途同归和相辅相成的。具体处理时是"志经史纬"，把史志二体有机地结合。

2. 分志与总志的关系

分志为总志备料，提供"坯子"，总志是在分志初稿基础上，完成统一体系的成稿，是做结"果"的工作。

3. 资料与论述的关系

地方志重在记述各类地方资料，但地方志绝非资料汇编，也不是不加任何论述的资料堆积。地方志是寓论断于叙事之中。

4. 新志与旧志的关系

旧志可供新志借鉴的是体例、篇目和某些资料，要吸收其精华。新志是用新观点、新方法和新资料组成的新型综合性志书，不是旧志的续篇。

5. 领导与群众的关系

领导修志工作的人要求教于群众，希望群众提供资料，给予支持，但本身应心中有数，自有主张，不能一轰而起，放任自流。

6. 全面与重点的关系

全面主要指一部志书要包括自然和社会各方面的基本情况，资料要尽量搜集齐全，但又不等于面面俱到，要有所侧重，要有特色。

7. 编写人物的诸种关系

A. 立传标准：这是写人物的最根本问题。如何立传？不以地位、等级为立传标准，而应视其社会作用而定。作用包括正反两方面，凡顺潮流而动，促进社会发展的要立传，使其流芳百世；反之，逆潮流而动，阻碍社会发展的也可以立传，使之遗臭万年。

B. 生存人不立传：主要是为对人不宜在生前作出最后评论和排除不必要的干扰。对生存人有特殊贡献者可采取"传事不传人"。

C. 评论要实事求是：千秋功过不能以个人意志感情来论定，不以功代过，也不能以过代功。不锦上添花，也不落井下石。

D. 发掘人物：要发掘被埋没的小人物。大人物不易漏。而当世声名不显，后世却有影响的人物要注意发掘，保留资料，备人征考。

五、旧志的整理与刊行

（一）旧志整理的历史

旧志比较正规的整理大约始于明清之际。

清初学者顾炎武撰写《天下郡国利病书》和《肇域志》，开利用和整理旧志作为学术研究依据之端。

清康熙时，徐乾学所编《天下志书目录》，是为方志编目之始。

道光时，周广业撰《两浙地志考》为地区性方志目录之始。

民国期间，缪荃孙、谭其骧、任振采等都有方志目录之作，而以朱士嘉《中国地方志综录》影响较大。

近年，在朱录基础上，又进行全国性普查，有庄威凤、朱士嘉等编成《中国地方志联合目录》，由中华书局印行。

这些目录记录了著者、刊本、时代、卷数及藏者，但均无内容提要。

提要目录首见于《四库全书提要》及《续提要》，其后张国淦有《中国古方志考》及瞿宣颖的《方志考稿》等。

对旧志的辑佚工作，除清代王谟的《汉唐地理书钞》、马国翰的《玉函山房辑佚书》和陈运溶的《麓山精舍丛书》外，民国时期仍在进行。如鲁迅辑《会稽记》、赵万里辑《析津志》。五六十年来共辑书百种。目的希求恢复旧志的基本面貌。

（二）旧志整理的现状

1. 旧志的刊行

中国旧志数量虽多，但流传不广。有些旧志历经兵火，几近绝迹。建国以来，出版部门有选择地刊印一些旧志，如《大元大一统志》《天一阁藏明代方志选刊》。特别是台湾翻印了大量旧志，扩大了流通范围。北京、天津、山西、上海、福建还重印一批有关地方风情的风俗小志，为研究和利用资料提供了便利。

2. 类编旧志资料

中央气象台从旧志中辑录的《五百年来我国旱水涝史料》，河南省所编《河南省地震历史资料》等。这些资料类编，对建国后各项经济文化建设都有一定的参考作用。

3. 编制旧志目录

A. 联合目录

中国天文台庄威凤等所编《中国地方志联合目录》，收录全国一百八十余家藏书，记书名、作者、卷数、版本、收藏单位等项。收书八千余种。

B. 藏书目录

上海、南京、天津、广东、四川、福建等地公共图书馆，北京大学、南京大学、南开大学等大学图书馆的馆藏方志目录。

C. 地方目录

安徽、河南、河北、陕西、广西、新疆、武汉等地分别编辑了本省现存的方志目录，供编写新志使用。

D. 稀见志书目录

朱士嘉、赵慧编《日本所存稀见中国宋明两代地方志草目》，及崔建英所编《日本见藏稀见中国地方志书录》，颇便于了解国外藏志情况。

E. 提要目录

洪焕椿所著《浙江方志考》是当今质量较高的一部专著。南开大学地方文献研究室编有《河北地方志提要》（稿本）。

4. 旧志综述

A. 将一地区旧志情况作一综合叙述，如刘志盛的《湖南地方志述略》（《湖南地方志通讯》1982.3）、何马的《新疆地方志概况》（《中国地方史志通讯》1981.7-8）。

B. 将一朝各种志书加以综述，如刘纬毅的《明代地方志概述》（《山西地方志通讯》1982.1）。

C. 将一志多种加以综述，如何孝积的《清代三修〈湖南通志〉述略》（《湖南地方志通讯》1984.2）、来新夏的《重印〈畿辅通志〉序》（《河北学刊》1984.1）。

5. 旧志校点

以陈明猷校点《嘉靖宁夏新志》为最佳。点校者做了许多有利读者检读的工作，书后附《嘉靖宁夏新志的史料价值》一文。

（三）旧志整理的意义

前一时期对旧志利用有两种偏向：一是照搬某些旧志资料，填塞新志内容；一是针对旧志采取一概排斥的态度，屏而不观。正确的态度是观其优劣，订其谬误，决定取舍，继承发扬。

旧志中有如下三方面已无现实意义：

一是竭力宣扬封建王朝统治者功业德能的内容，如皇帝的例行诏谕，吟风弄月的诗文，粉饰太平的言论等等。

二是宣传封建伦理纲常的内容，如节妇、烈女的行事。

三是对人的溢美之词。

旧志中可以取材的内容有二方面：

一是继承旧志合理的编纂体例。如凡例、序言中都说明其编写宗旨与方法。

二是文献资料的采取。旧志中保存了大量的有关社会经济、自然现象的宝贵资料，可供征考、纠缪、补缺。

（四）今后的趋势

1981年以来，曾多次讨论旧志整理问题，成立了旧志整理工作委员会，制定了整理规划。目前重点放在类编资料以求训致用上；其次是编纂目录，对旧志的确切情况进行摸底；至于重印旧志、点校旧志等工作也将有步骤地进行。

原载于日本独协大学学报《独协经济》第58号，1992年3月版

地方文献学学科建设与人才培养

地方文献的研究近年已逐渐进入部分学者的视野，并已获有一定的研究成果。自本世纪以来，北京、萧山及台北等地，已多次举办地方文献国际学术讨论会。地方文献学的学科建设和培养专业人才工作，已成为当务之急，本文即对此提出个人的一些设想。

中国是历来重视文献的大国，早在春秋时，孔子就把文献的作用提高到文献足不足是能否讲述一国状况的主要依据，并载之于儒家经典《论语·八佾》中。刘邦攻入咸阳，命萧何收集遗留的图籍，使刘邦"具知天下厄塞，户口多少，强弱之处，民所疾苦者"（《史记·萧相国世家》）。为汉朝的建国提供了重要的参考依据。这些文献依据的基础是各地方送呈的地方资料，亦即地方文献。隋炀帝大业时曾"普诏天下诸郡，条其风俗、物产、地图，上于尚书"（《隋书·经籍志》）。这是政府明令地方呈报地方文献的开创。相沿以来，各时代均十分重视地方文献领域，而使它愈来愈多地拥有经过整理的大量资源，乃至有待发掘的积存资源。近十余年来地方文献的搜集、整理利用工作，日以彰显。浙江、山东、山西、广东、福建、湖南、北京、天津、西北各省以及港、澳、台地区，纷纷展开地方文献的研究与编纂工作，并在海内外多次举行以地方文献为主题的国际学术研讨会，使地方文献在学术领域中日显其重要。因而如何建立地方文献学学科的议题，也就必然提上学术研讨的日程上来。

一门专门学科的建设究竟需要具备哪些条件？我认为：

1. 必须有一定的学术宗旨。

2. 必须有相沿较久的历史发展过程。

3. 必须有丰富的内容。

4. 必须有大量有关本身的各种形式的原始资料的积存，并保存比较完整，足供研究者作研究根据。

5. 必须拥有足够数量的研究者和广阔的研究空间。

6. 必须对现实社会各方面有借鉴利用和教育作用。

如果按照上述条件来衡量，我们可就现实状况，作如下的回答：

1. 文献学的学术宗旨是"考究文献积存，辨识学术价值，力求经世致用"。

2. 中国的文献发展史有二千余年的发展历程，在这一漫长的历程中，逐渐完善文献的搜集、典藏、整理、考辨、利用的全过程。其成果在世界地方文献研究发展史上居于前列。

3. 中国地方文献既有大量积存，遂形成其丰富的内容。它包含地方志书、宗族谱系、碑刻拓片、公私档案、图册簿录以及种种非书资料（音像、缩微、机读和电子等形式）等。

4. 中国地方文献有各种不同形式的原始资料，如地方志具备起源早、持续久、类型全、数量多等四大特点，仅宋至民国的方志就有 8624 种，如以有清一代计，有 5700 余种，如以民国时期河南一省计，三十八年间编纂志书有 91 种，再加建国后新编志书万余种，数量不可谓少，应是地方文献之大宗。最近国家正式颁布的《地方志工作条例》第三条规定："地方志书是指全面系统地记述本行政区域自然、政治、经济、文化和社会的历史与现状的资料性文献。"这一属性的确认，完全适用于地方文献。又如档案也是地方文献的大宗，古今中外各国从中央到地方，无不有档案之收藏，仅举一例以见一斑，如中国第二历史档案馆藏档，截至 1985 年底，所藏有 140 多万卷，排架长度达 34000 米。又如宗谱，我国几乎每个宗族皆有谱，而且不止一谱。据武新立《中国的家谱及其学术价值》一文曾称，现存于国内外的中国家谱已超过 4 万种（《历史研究》1988 年第 4 期）。实际上，这是二十年前的统计，目前远不止此，仅上海图书馆目前的约计，已有 18000 余种 13 万余册。这些宗谱对研究家族的来源、形成、繁衍，以及人口的迁移路线和社会诸方面现象，可均有较详细的记述，对社会史、家族史、人口史、地域史的研究，可提供极其丰富的史源。其他如私人日记、商业账册、图像照片、建筑蓝图及设计书等等，无不妥善保存于相应机构。地方文献数量之巨，可称浩如烟海。虽近年已有所开发利用，但与储存量相比，远远不能相称。它为研究者留下极大量的研究根据。

5. 地方文献历来为各时期所庋藏和利用，地方文献观念亦为人们所熟知。但明确地方文献这一定名，则在 1941 年，是当时广东图书馆馆长杜定友在韶关提出。他提出保存广东地方文献为办馆第一方针，并规定地方文献包括史料、人物、出版三方面。这一创意非常值得注意，但失之于泛，因为这三方面的文献不一定都具有地方性内容，湖南雷树德先生在所著《地方文献与地方文献学论考》（《津图学刊》1997 年第 3 期）中称："记录有关于某地区的知识信息的一切载体"均属于地方文献。所以我认为应从文献内容来界定地方文献的定义，只要是反映本地区的社会、政治、历史、地理、经济、军事、物产资源等各方面地情，不论其载体形式如何，即使是零篇散页，也应归属于地方文献。最近天津图书馆的张岩又从馆藏旧版外文文献中挖掘出地方文献资料，为地方文献大大扩充了积存，开辟了新的研究领域。

至于从事地方文献整理研究的人员，目前已形成一个庞大的队伍，即以地方志研究人员而论，已号称十万大军，再加上图书馆、档案馆、高等院校、科研机构等各种地方文献的从业人员，数量之巨，实难估计。有些地方已在着手汇集地方文献，编纂地方丛书，如江苏省的《江苏丛书》、山西的《山西文库》、广东的《岭南丛书》；一省之内也出现若干县级丛书，浙江省就有《绍兴丛书》《义乌丛书》《温州丛书》等。南开大学地方文献研究室与萧山市志办年前曾有过编纂《萧山丛书》的策划，并已开列书目。最近陈桥驿教授还提出编纂《萧山丛书》的刍议。尤其值得注意的是内蒙古大学张利馆长主编的《中国西部地区地方文献资源论稿》的完稿。我在为这本专著所写的序言中曾做出如下的评论说：

> 在这部书中，作者采取了一种大视角、全方位的研究模式，首次对我国西部大开发所辖区域范围内的图书、档案、方志、文博等各个文化系统的各种类型、各种载体、各个文种的地方文献资源及其开发利用进行了比较全面系统的揭示和研究。（内蒙古大学出版社 2007 年版）

这是前所未有的研究课题，足以证明研究群体和研究领域的日益扩大。与此同时，有关地方文献的专门性论文在图书、档案以及某些文史专刊上不断发表，也为进一步编纂与研究提供必要的参考。

6. 近年各图书馆从国家馆到地方馆以及若干高校馆，都设有地方文献部门，为利用地方文献承担参考咨询工作，为现实社会建设提供有关资料。为此，我曾写二文，即《旧地方志资料在经济建设中的作用》和《论新编方志的人文价值》（《三学集》，中华书局 2002 年 9 月版），可供参考。

因此，我认为地方文献目前已进展到可以建设专门学科的时机。这个问题已被学者认识并提出自己的看法，如湖南雷树德先生在其所撰《地方文献与地方文献学论考》一文中说：

> 本来，按理地方文献应归之于文献学的门下。这里主要是考虑到文献

学更多地把重点放在文献及文献发展规律的研究上，且有时称之为图书学，而苏联有称为书志学；又因文献学更多地是一门传统的古老的科学，而地方文献学则是一门新的更注重时代特色的科学，研究这门科学，应该更注意现代文献处理、整序方法，更应该注重开发和利用，所以将其上位类确定为文献信息学比文献学更加合理。（《津图学刊》1997 年第 3 期）

这一建议有其一定的合理性。但是作者着眼点在于处理、整序的方法上。我认为：对于一门学科的归属，应注意其积存和内涵。至于方法，任何人对任何事物都是运用其当代的方法，而使其具有时代特色；如果强调方法，那会忽略了对地方文献的搜求、典藏、整理、考辨的完整程序。至于产生信息，乃是任何研究必然产生的结果似无特别标举的必要。而在教育部学科目录中曾在历史学下列有历史文献方向，在文学下列有古典文献方向等类似项目，如果建立学科，则地方文献方向运作起来，比较方便。

为了建设专门学科，相随而至的是培养这方面的人才，广东骆伟先生在所撰《地方文献工作中几个问题的述评》中，曾有过建议说：

> 人员是这项工作的主体，其素质的高低，直接影响地方文献工作质量。目前，人才培养主要靠实践工作、知识传播和学术交流，有条件可进行业务教育和进修再教育，使之制度化，务使从业人员具有一定学历，精博知识，综合能力强的高素质专业人才。（《第二届地方文献国际学术研讨会论文集》，国家图书馆出版社 2009 年版）

就目前状况而言，我再提出两条具体措施：

一是正规教育，在高等院校人文学科领域，申报成立地方文献专业，设立相关课程，进行大专或大本教育。过去北京师范大学和宁波大学均设过这类专业，有这方面的经验，可资参考。

二是培训教育，这是近几十年经常使用的办法，上世纪八十年代当全国广泛开展新编方志工作时，首先在全国划分华北、西北、东南、中南四个区片，聘请专家，巡回讲课，全面进行培训，为新编方志工作提供了切实有效的保证。目前，可就现有从事修志、整档、图书等部门工作人员中，选取优秀人员进行期限不同的专业培训，如已有大本学历者，也可以用开设研究生班之类的培训方式。

建设学科和培育人才则需更多的人员付出极大辛劳，进行如下的推动工作：

1. 总结地方文献前此的研究成果。浙江、广东、湖南、西北等地，俱已有这方面的论文。

2. 进行专题研究：对地方文献的源流发展、整理研究，作深入探讨，并展示未来的趋向。历次地方文献各种国际学术研讨会所提交的论文，多已编纂成册，为进一步研究工作奠定了基础，可选编为正式出版物。

3. 编写教材：对地方文献的定义界说、基本理论、学说发展和利用功能等方面，约集专家，分头进行，编写系统、全面、完整而适用的入门教材。据知浙江袁逸先生已拟就一份《地方文献概论》的纲目，希望有志者能给予合作。

4. 撰写专著：这是丰富完善学科理论，奠定学科基础，确立学术地位的必要途径。已故文献专家林天蔚教授的遗作《地方文献研究与分论》和内蒙古大学张利先生即将出版的《中国西部地区地方文献资源论稿》都是精心研究的专著。专著的日增，将巩固地方文献的学术地位。

如果上述各项工作都能在不长时期内有令人瞩目的成绩和丰硕的成果，那么，地方文献学科的建立，自然水到渠成，而大量专业人才的涌现，也必指日可待。我期待这一现实很快地到来！

原载于《地方文献国际学术研讨会论文集·萧山》，沈迪云主编，三晋出版社 2010 年版

关于比较方志学建设的思考

一

比较方志学自九十年代以来，由于新编志书的大量完成和问世而有了雄厚的基础，特别是 1993 年中国南开大学与日本独协大学对中日地方史志进行比较研究，正式把比较研究的方法运用于方志学的研究，初步有了比较方志学这一学术领域的不完整的概念。比较方志学是以"比较"作为主要的研究手段和方法。它的根本任务在于通过多种形式的比较研究，求常求变，求同求异，从中发现和把握方志领域中的一般规律与特殊规律。但这一学科至今还不能成为一门独立的专门学科。因而我想就比较方志学学科建设问题进行某些探讨。

比较是人类用以认识和思维世界和事物的一种方法，在很早的时候就有人自觉或不自觉地运用它，古代希腊的柏拉图和亚力士多德，中国春秋战国时期的孔子和公孙龙子都对哲学、文学和史学等方面进行过大量的比较分析和研究。中国的史圣司马迁的"究天人之际，通古今之变"，就是在天与人、古与今之间进行比较研究而完成了伟大的著作——《史记》。但是比较研究真正被作为正式学科概念提出来则源于西方。1555 年法国博物学家和旅行家皮埃尔·拜伦发表的《比较解剖学图象集》成为比较学科的正式开端。十八世纪初，比较学科的科学理论体系在逐渐形成。十九世纪以来由于自然科学的迅速发展，比较学科也很快地渗透到自然科学的各个领域而产生了比较解剖学、比较生物学、比较胚胎学等等。它也影响到社会科学的各个专门学科领域，特别是进入二十世纪后，比较文学、比较史学、比较法学、比较教育学、比较图书馆学等等陆续出现，比较方志学也在这时开始受到注视。但这些学科是否已被承认为专学，还有争议和不同的认识，主要有三种看法：

第一种是对以比较方法研究方志学是否能成为独立学科持怀疑态度，认为这只不过是运用比较方法于方志学的研究而已，比较方志学就是方志学而不是另一门独立学科或分支学科。

第二种意见认为比较方志学是一门独立学科。它有自己的萌芽、形成和发展的过程，也有自身的研究对象、范畴和目的。

第三种意见是综合前两种看法而形成一种易被多数人接受的意见，那就是说，一种方法与一门专学的形成是"既有区别，又有联系"的。如以比较方法作为研究方志学的基础和手段，就能逐渐形成为方志学所属的独立的分支学科。它既是一种方法，又是一门学科。

在这三种意见中，我比较倾向于第三种，因为前二者都各有所偏，不是把比较科学与方志学分割开，就是把比较科学与方志学简单地合而为一，看不到它本身的发生发展和形成的轨迹。只有第三种才完整地反映出这门学科的内涵，并与其他方志学的分支学科有明显的不同。但是比较方志学并不仅仅因为运用了比较方法而成独立学科，而是它还具有特定的研究领域。这些领域包括有跨国比较、跨地区比较、跨时代比较、跨民族比较以及不同个案的比较等等。只有把比较的方法自觉地与特定的这些研究领域紧密地联系起来，才能形成比较方志学这一专门的分支学科。

二

比较方志学的建设与研究，我国已在各特定领域中开展，有些领域还取得了一定的成绩。

第一，跨国的比较研究。其主要成果是我和日本学者齐藤博教授的国际合作项目"中日地方史志比较研究"，中日两国的多位学者参加了这一课题的研究。这项研究采取几种不同的方式进行，有的是各自提供研究成果，为比较研究准备坚实的基础，如中国学者论述方志在不同阶段的发展史、并评价其记事内容、语言要求、史志关系等方面；日本学者则从地方志与地方史的关系，提出了把自己放进去进行研究和编写的方法，并批评了专家承包和只作为学术实习的做法。有的则是选取一二种书进行直接比较，如陈桥驿教授以中国的《慈溪县志》与日本的《广岛市史》相比较，从编纂机构、篇章安排和内容叙述各方面提出异同，认为二者从修纂的组织机构到体例内容是相似的多而差异者少。但是由于二者行政区划不同，广岛市是一个城市，而慈溪县则是包括城市、集镇、乡村等的一个区域，所以前者是城市志，而后者则是区域志，这是二者的大异。日本学者犬井正教授是以《天津简志》作为研究素材进行中日地方史志的比较研究的。他从中国志书的叙述方法及目的来纵观中国方志影响下的日本方法的传统，并据关东地区一都六县的市、区、町、村的史志来探讨与中国方志的关联问题。在中国方志界有一位中年学者郭凤岐先生在中日两国学者合作研究的基础上，对中日地方志的异同作出了比较性的概括，其相同点是：

（1）修志规律基本一致，都体现了"盛世修志"的规律。

（2）组织形式比较接近，都是政府行为，是官修书。

（3）记述内容大体相同。

（4）结构体例相互类似。

（5）编纂方法的趋同。

从比较中他也概括出中国修志的优长之处是：

（1）传统共有，长短源流不同。

（2）同源异体，独立成熟不同。

（3）功能相似，价值大小不同。

（4）资料性同，著述档次有差距。

这样比较的结果，使人清楚地认识中日史志间的异同，也鼓舞了中国修志人员的信心。

第二，跨地区的比较研究。中国的新编志书近十年来进展甚快，成果繁多，据一种统计，截至 1994 年 6 月，已出版的省、市、县三级志书共为 1549 部；已定稿即将付印的共为 777 部，两项合计为 2362 部。对这些志书价值的评定往往以评议会的形式，比较其得失，以进一步推动编志工作。有的分南北片或合数县共同评论。有的则为示范全国，从声誉较高的志书中选择数部作全国性的比较评论，如 1983 年为促进新编志书的进度，曾选择《萧山县志》《渭南县志》和《玉山县志》等三部有一定代表性的志书，邀请专家进行评论，从指导思想、概述、大事记、篇目设计、文献资料、统计数字、人物立传及语言文字等八个方面相互比较，求同求异，为下一阶段续修志书的工作提供了依据。

第三，新旧志书的比较研究。中国旧志近万种，新编志书曾多处参考与采择。及新志告成，研究者多以一地新旧二志进行比较研究。如萧山旧志种数较多，而新志一般评论较佳，于是有新旧志之比较研究，间亦连及他志。其比较结果见于我所写的新编《萧山县志》序，序中说：

> 旧志之修，大多由主县政者邀集地方绅士文人，仓卒从事，或计日程功，不顾质量；或迁延岁月，时辍时兴。今志之修，则大不然。始有县委与政府认真研究，广征博咨，订立规划，继则广集人才，专业从事；终而

从本县实际出发，以实事求是精神，上承前志精华，下聚各方卓见，制纲定目，分口撰写，汇集总纂，复经专人分编，主笔统摄，反三复四，而后完成草稿，乃印发各方征求意见，再加审读修订，方提出评审稿。虽时日略延，而敬事慎行的精神保证了新志编写的良好基础。

旧志连篇累牍记及职官、名胜、人物、艺文，而于经济少所涉及。远者如明清两朝八部《渭南县志》仅有食货一门，篇幅甚少；近者如民国二十四年刊《萧山县志稿》33 卷，人物占 14 卷，几近二分之一，而经济仅有 4 卷，为十分之一略强，一代面貌难以再现。今修县志则增益大量经济内容，即以其大事记而论，建国以来共记 498 条，而经济大事为 212 条，将及半数。经济专篇也较多，萧邑地处钱江之滨，围垦已成经济要务，新志乃特立专篇。他如乡镇企业，引进开发诸端，也莫不标列条举。其意义与宋范成大《吴郡志》专立园林相媲美，使《萧山县志》具有时代和地方特点。

旧志体例率多因袭，或续前志所缺，或补旧志不足，即成新编，其篇目内容纵有增损，也大体相沿。今修县志非续非补，实为创编，上承旧志精华，于篇目取材多所创新，如以大编，既难突出重点，又不宜概括得宜。乃采小编体制，使问题集中而无畸轻畸重之弊。今志于志首冠以概说，总述全志，钩玄纂要，使一编在览，纵然未读全志，而全县情况，大体了然，此为前志所少见。大事记虽旧志间有，但今志则采编年与纪事本末相结合形式，既能纵观古今，又能首尾完备，推陈出新，为全志的纲要。

第四，地域志的比较研究。城市区志一直没有在方志类型中得到应有的地位，实际上它已经是志域中一株正吐露芬芳的奇葩。与城市区志接近或类似的志书还有城市志和地区志。但是，经过比较研究就能发现各有特色。三者有一种共性，即都合乎地方志的总属性，那就是说：地方志是一部朴实的、严谨的、科学的、有时代特色的资料汇集，是地方的科学文献。它是为全社会、多层次、多种需要服务。它是为认识国情，建设有中国特色的社会主义服务的。

这三种接近而类似的志书与其总属性并无不合之处。但也有不同之处，如城市志从开始就被承认为三级修志中的固定层次，它既要充分反映城市的功能和地位，反映其辐射力和吸引力所能达到的不同圈层，又不能让城市的中心作用局限于市属县范围之内或看不出市与县间的不同功能与作用。

地区志和城市区志有着不被重视的同样命运，而地区志更以地区非一级正式机构，遂使地区志处于一种被人不加可否的冷漠地位；其实，地区的体制与历史上的州相类，州志之修为数不少，则地区志既有历史传统可取法，又有地区本身发挥功能与作用的现实，地区志之编修也理所应当。地区志就是地区志，它既不是省志的拾遗补缺，也不是县志的简单相加。它从本身功能出发，立足全区，面向民众，反映整体，体现特色。它能补省志所缺，详省志所略，通县志所不通。

城市区志依据"详今略古，详区略市，该详则详，该略则略"的原则，基本上解决了市、区同城的困惑，使市、区两志各得其宜，有互补之效。要保持城市区志的全面性、系统性和完整性，并从这三方面来反映城区的基本面貌。要强调内向力，尽量减弱辐射力。城市区志应遵照"详市志所略，略市志所详"的原则。不仅要从本身及接壤地区的众多事实中去细心抉择，区分使用，更重要的要彼此折衷斡旋，都不要各行其是，惟我为尊，而要相互协作，各尽其用，其功效远胜于墨守原则，更值得注意的是与周边接壤的市县志书中所记述的详略异同问题。要存小同求大异，因为它们之间不能没有小同，也不能脱离小同，否则这一城区志就成为无根之木而无依无靠了；它们之间也不能不求大异。不求大异，那就失去本身的特色。总之，应该宏观小同，微观大异。

第五，个案比较研究。这是就专书专题间的比较研究。史志异同是自新编志书开展以来，争议最多的问题，许多修志人员希望有明确的界限。日本学者犬井正对日本史志类图书经过比较研究后认为，"在日本，当前各市区町村出版发行的地方史志类书中，'志'与'史'之别仅出于习惯缘由，二者之间并无明确区别"。中国学者林衍经曾撰有《史志关系论》专文称：

> 从古今史、志的比较，可以看出史与志有同也有异，有联系也有区别。其同和异，联系和区别，在不同历史时期和不同种类的志书中，各有程度差别。侧重地理记载的志书（特别是前期方志），具有地理学科的属性，与史的相异处多，区别较大一些；共同之处，彼此联系少一些，这是事实。相反，偏重于人文历史记载的大量志书（主要是宋以后的方志）则明显地体现了历史学科的属性，与史的相同之处，彼此联系多；而相异之处少，区别也少一些，这也是事实。但是，即使是有明显的历史学科属性的志书，也不应当、不可以与地方史划上等号。因为志书的内容和形式毕竟与地方史存在着一定程度的相异之处，犹如梨子苹果都属水果，总是二种不同的水果。即使是形貌气质极相似的孪生兄弟或姐妹，总还是彼此二人，不可等同的。

史念海教授对历史地理学与方志学进行了比较研究后认为，"历史地理学和方志学之间的关系是相当密切的，也是可以相互充实的。历史地理学的著述经常征引方志所提供的资料，历史地理学研究所得的成就也有助于方志学的发展"。

香港地区学者则往往把地方志的研究与族谱、家谱进行比较性的研究。1980年8月，香港的林天蔚教授在"世界家谱与记录"的会议上发表的《族谱与方志的关系》一文，论述了中国族谱与方志之源流及相互关系、族谱与方志联系研究的价值等内容。陈正祥教授在香港中文大学出版的《中国方志的地理学价值》一书，也以比较方志学与地理学的方法，论述了方志特性、种类和分布，方志的渊源和发展以及方志所包含的地理学资料等等。

台湾地区的许多学者对若干地方志的比较研究过程中，产生了四种不同的看法，即：地方志即地方史，地方志为地理书，地方志是地方史与地方地理的合流，地方志既不属地理亦不属历史，并认为台湾新修志书"根本还是旧方志"。从而提出几种意见，一是认为新方志应以地理为主，接近于"区域地理"的研究方式；二是主张新方志应从社会学角度来研究和编写；三是主张以自然、自治和自强为三纲领来写新志。虽然各有异同，但是这种对诸志书所作比较研究所得的结果有益于推动新志编修工作。

他如方志家的比较研究、方志学专书专著的比较研究都还有广阔的园地，未能广为开拓，有待于更多学者给以必要的关注。

三

过去对比较方志学虽然做了许多研究探讨工作，并在各方面都能见到成效；但是，要正式建立比较方志学这一独立学科，尚有一段距离，必须有更多的方志学者和有志于此的人士付出极大的辛劳。我只能就思考所及，提出一点粗浅的建议，诚挚地与志界同仁商榷探讨。

（1）总结前此的研究成果。由于比较方志学的研究成果大多散见于各种论著之中，有的还需要细心地挖掘和认识，历程是艰苦的。要把这些资料编成目录和长编，备进一步的运用。

（2）进行专题研究。将比较方志学的有关内涵，给以细致的剖析，制定多种专题，由专家学者悉心研究，写成专门论文，互相交流，取长补短。对比较方志学的来源、产生和发展的历史、类型、性质与特征，以及其运作方式等等问题都能有比较深入完整的依据。

（3）编写教材。目前许多人，包括志界人士对比较方志学尚感生疏，因此推广宣传乃是当务之急，必须有较完整并能深入浅出的教材，对比较方志学定义、基本理论、目的和功能、研究方法和方式、历史和现状等等方面撰写科学性、逻辑性、可读性强的教材，供推广与宣传之需。

（4）撰写有较高学术水平的专门著作。用以丰富和完善本学科的理论，奠定本学科的基础，显示其应得的学术地位，使比较方志学成为方志学中一个非常重要的分支学科，借以取得学术界的认同。

这些设想很肤浅，希望有更多学者置比较方志学于自己的学术视野之内，尽量完善这项研究，并以这次会议为契机，同心协力，共同为比较方志学这一新学科的建设和建立而努力。

【注】1997 年 12 月 29 日在"海峡两岸地方史志比较研究讨论会"上的主题报告。

原载于《海峡两岸地方史志比较研究文集》，天津地方志办公室编，天津社会科学院出版社 1998 年 10 月版

论清代修志事业之成就

清代重视地方文献的最大成就约有二端：其一为嘉、道间盛行对边疆问题的研究，梁启超氏曾论其事说："自乾隆后，边徼多事，嘉道间学者渐留意西北边新疆、青海、西藏、蒙古诸地理，而徐松、张穆、何秋涛最名家。松有《西域水道记》、《汉书·西域传》补注、《新疆识略》，穆有《蒙古游牧记》，秋涛有《朔方备乘》。"（《清代学术概论》十五）这一端导致了某些学者对边疆史和元史的研求而逐渐朝史的方向发展。其二为自清初发端至康乾称盛的修志事业。志书覆盖面之广，内容包罗之富，影响后世之巨，在地方文献研究领域中似已与边疆史的研究难分轻重，而朝志的方向发展。但其受重视的程度远逊前者，甚至有"不足以语于著作之林"之讥，是不可以不着重予以论述。

一

中国修志事业源远流长，它合国史、图经、地志、纪传诸体而独创一体，历代相承，至宋体制初备，明清有显著发展，而清则久为学者推重为方志编纂的鼎盛时期。鼎盛之称并非虚夸谬誉，究其成就，盛名可符。

中国方志为数甚多，据一种保守性的统计约有 8200 余种，而清代所修为5701 种（《中国地方志联合目录》），占方志总数近 70%，其中康、乾两朝所修为 2551 种，又占清修方志的 44% 强，是清修志书在数量上之居于绝对优势已无疑义。

清代修志事业的成就不仅数量巨大，而且类型齐备。上起于综括全国的一统志；中有省府州县志，旁及土司、厅卫、山水；下至乡镇村里及风俗小志等十几种类型，可称极一时之盛。

一统志之名起于元《大元大一统志》，明清两代继承其事，清之三修一统志与宋之三修《临安志》并著称于方志之历史。清代三修一统志之初修始于康熙二十五年，直至乾隆八年，历时五十余载，成书 342 卷。乾隆二十九年，因内乱平定，开疆拓土，已非初修一统志所能包括，加以初修旷日持久，时修时辍，以致"稽考失实"、"挂漏冗复"者在所不免（清一统志卷首上谕），于是又组织人员，以当时有关成著为依据，历时二十年，于乾隆四十九年成书 424 卷（并子目计为 500 卷），是为二修一统志。它虽内容有所增益，但篇帙巨大，书成众手，依然有所错漏，至为龚自珍所指摘。龚氏仅"举其炳炳显显者"有十八误（《上国史馆总裁提调总纂书》，《龚自珍全集》第五辑），所以仍难称如人意。嘉庆十六年遂有三修之议。三修超越初二两志多多，一则参考典籍如方略、通志、舆图皆有专门著述以供依据；二则各地报送资料也较前为胜；三则有些学者如龚自珍之针对二修不足所陈十八误颇有助于三修之发凡起例。它历时三十四年，底成于道光二十二年，成书 560 卷，因其下限止于嘉庆二十五年，所以三修一统志被称为《嘉庆重修一统志》（简称《嘉庆一统志》）。《嘉庆重修一统志》体例完善，门类齐备，资料丰富。它既"俾旧典有所承，而后事有所起"，又体现清代辽阔疆域的盛状；既前此所未有，亦后世尚不见。该志被称之为清代修志事业重大成就之一，谁曰不宜？

一统志建基于通志，通志建基于府州县志，层层要求，促使全国各地纷纷展开志书的纂修。于是省府州县几乎无不有志，凡旧有区划设置者，一地往往多志，如《苏州府志》有七修（康熙、雍正、乾隆、嘉庆、道光、同治、光绪各一次），《亳州志》有五修（顺治一次，乾隆两次，道光、光绪各一次），而江苏常熟更续修达十三次，平均每二十年续修一次，修志事业，可谓盛矣！新立区划也多立志，如江苏于雍正十一年置铜山县，即有乾隆、道光《铜山县志》；河北于雍正九年置宁河县，即有乾隆、光绪《宁河县志》。下至乡镇有乡土志，截取府州县志中有关本乡资料，并加以实地调查而记一乡一镇之风土、物产、人事等，如广东之《佛山忠义乡志》、上海之《真如里志》、江苏之《震泽镇志》、天津之《杨柳青小志》等。其地皆为河津要冲，经济发达之区。这类乡镇志发展速度远超前代，如浙江乡镇志，明修 5 种，清修达 77 种，增长 15 倍多，可称是一种重大成就。此外尚有各地风土小志，亦颇具史料价值。

风土小志为"方志之支流"（《四库全书总目》），记一地物产民风，遗闻琐事，可备地方志料之采择。远之如梁宗懔《荆楚岁时记》，近之则清人所作繁兴，其数量迄无准确估计，从现有著录看，几乎各地都有这类著述，如《燕京杂记》之记北京，《闽小纪》《闽杂记》《闽游偶记》之记福建，《扬州画舫录》之记扬州，《清嘉录》之记苏州，《杭俗遗风》之记杭州，《白下琐言》之记南京，《锡金识小录》之记无锡，类似之作，举不胜举。其数量之多，内容之富，洵可称清代志书中之大宗，固不得漠视其为支流。

方志初始，其体多偏重于图经、地记。宋修《太平寰宇记》增人文内容，方志之体例粗具，至清由于学者的重视与研讨，志体得到进一步完善，除志、图、表、传、记五体并存外，更制定若干凡例以指导修志。纵览有关志书凡例，无论置纲立目，抑或细目并举，大多兼综博搜，门类齐备，即如重修《一统志》虽多存瑕疵，犹能"一展卷而九州之砥属，八极之会同，皆可得诸指掌间矣"（《四库全书总目》）。至名家手定体例，虽难称尽善，但自成一家之言，不仅为当时修志所依据，亦为发展方志学理论所必需，如陈澧《肇庆府修志章程》（《陈氏三书》），李兆洛的《凤台怀远县志序》（《养一斋文集》卷二），章学诚的《方志略例》（《文史通义》），皆有助于体例之日臻完善。各志间于体例又相互参据依托，如谢启昆的《广西通志》乃集众志体例之长，而为一时之典型；阮元修《广东通志》"大略以《广西通志》体例为本而有所增损"（《广东通志》序）。至于一地新设建置，或资料不足或记事不多，遂有合志之体，如乾隆《常昭合志》即为常熟与昭文之合志，道光《武进阳湖合志》即为武进与阳湖之合志。

正因为修志事业发达，各地为使本地区的志书特出，除一些阘茸因循的地方官员采取敷衍公事、循例修志之态度外，较多的地方官员为提高本地区和本身的声名，竞相征聘学者纂修，或籍隶本地的学者为效力桑梓而献身志事，于是学者修志亦成为清代修志事业一大特色。梁启超曾例举其事说："清之盛时，各省府县皆以修志相尚，其志多出硕学之手。其在省志，《浙江通志》《广东通志》《云南通志》之总纂，则阮元也；《广西通志》则谢启昆也；《湖北通志》则章学诚之原稿也。其在府县志，则《汾州府志》出戴震，《泾县志》《淳化县志》出洪亮吉，《三水县志》出孙星衍，《朝邑县志》出钱坫，《偃师志》《安阳志》出武亿，《富顺县志》出段玉裁，《和州志》《亳州志》《永清县志》《天门县志》出章学诚，《凤台县志》出李兆洛，《长安志》出章祐诚，《遵义府志》出郑珍、莫友芝。凡作者皆一时之选，其书有别裁，有断制，其讨论体例见于各家文集者甚周备。"（《清代学术概论》十四）

实则梁氏所举远远不足，即以乾隆一朝官修志书而言，有金石家王昶之撰《青浦县志》，目录学家周书昌、李文藻之撰《历城县志》，史学家邵晋涵之撰《杭州府志》，史学家杭世骏之撰《西宁府志》《乌程县志》《昌化县志》。其他各朝亦多有学者参与修志。至如学者私人修志，更难屈指而数，梁启超氏曾按其性质不同，概括为七类，并称："其间固多佳构，或竟出正式方志之上也。"（《清代学者整理旧学之总成绩·方志学》）

学者在修志之外，尚有从事古地志辑佚者，对总结与继承文化遗产有重要作用。古地志辑佚的主要成果是：王谟的《汉唐地理书钞》，收汉唐地志五十种；马国翰的《玉函山房辑佚书》和王仁俊的《玉函山房辑佚书补编》，收唐前方志约六十种；陈运溶的《麓山精舍丛书》，收宋以前湖南地区方志七十五种。其他还有毕沅辑《晋书地道记》、孙诒让辑《永嘉郡志》、张澍辑《三秦记》和《凉州记》等。这些材料虽然大多是些残篇断简，已非完书，但对研究方志源流与发展仍有其重要的参考价值，这也是清代修志事业中的一大成就。

此仅举其荦荦大者以论列清代修志事业的成就。

二

清代修志事业成就之巨大已如上述，究其成就之缘由，约有数端：

其一，维护封建集权政治的需要。方志自隋唐以来日益明确其为官书，至清实行集权政治，假方志为施政工具。方志对维护集权政治的重要作用有两端：一则宣扬统治者之功德，使亿兆民众增强对中枢的向心凝聚力，此从清重修一统志立意中可得明证。此志之修即为宣扬乾隆"十大武功"的成绩以显示清代疆域之广袤，增强全民信念，以利中央推行集权政治。二则为集权政治的统治者利用方志来获得所统治的全国各地的政情与社情资料，庶一篇在手，则大自省区，小至州县里镇的诸般情况历历在目，大有利于加强集权政治。因之，有清一代，修志事业能一直进行而无中辍，乾嘉之际，方志尤称显学，良有以也。

其二，官修制度的保证。方志之官修始于隋，炀帝大业年间曾"普诏天下诸郡，条其风俗、物产、地图"，然后命虞世基等人根据所征集的各地文献编成《隋诸州图经集》。至唐，先有三年、后改五年上报地方资料的规定。宋自开国之始即敕令编修图经，并确定抄送史馆以备采择。徽宗处国势阢陧之际，仍创置"九域图志局"以总管全国修志事业。明代官修制度进一步发展，开国几代君主都曾三令五申推动修志事业。清代官修制度更形完备。康熙十一年根据大学士卫周祚的建议，曾令"直省各督抚聘集凤儒名贤，接古续今，纂辑通志"，并将顺治十八年河南巡抚贾汉复主修的《河南通志》发往各地以作"程式"。康熙二十二年，又令各省设通志局，为地方修志建立专门机构，负责官修志书之事宜。雍正六年，鉴于一统志的迟迟未能成书，于是又严诏督催各省重修通志称："著各省督抚将本省通志重加修辑，务期考据详明，采摭精当，既无缺略，又无冒滥，以成完善之书。如一年未能竣事，或宽至二三年内，纂成具奏。"（《世宗实录》第二册，雍正六年十一月）并于次年确定各州县志书每六十年一修的续修制度（《吉安府志》定祥序）。这些措施收效甚宏，从雍正九年《广东通志》问世到乾隆六年《贵州通志》刊刻的十年间，先后共有 16 部通志问世，对全国修志事业是一次重要的推动。而通志由"总督、巡抚董其事，似已成为历代相沿的成例"（《四库全书总目》卷六八），各地方志书也能不时续修。正由于官修制度的日趋完备与严格，各地各级行政官员，虽有些因怵于功令，乃委之俗吏腐儒致贻粗疏之讥外，更多的官员既为贯彻层峰的要求，又视开局修志为斯文重任，且有关个人声名，所以特邀一些有学识造诣的学者主持志事。这些学者亦视此为著述之大业，刻意讲求编纂体例、方法和文字。这不仅使修志事业的日益繁荣得到保证，而且也使某些志书具有相当高的学术质量，使清代的修志事业无愧于鼎盛之誉。

其三，大僚提倡的主导作用。清立国之初，顺治十八年河南巡抚贾汉复首倡修志，下令所属府州县修志以备编纂《河南通志》。由于有行政力量，所以河南省的"八郡十二州九十五县之志，渐次报竣"（《河南通志》沈荃序）。而《河南通志》便在此基础上撰成。其后，贾调任陕抚，采用同样手段撰成《陕西通志》。二书后均作为全国志书的模式（雍正《陕西通志·凡例》）。封疆大吏的提倡无疑起到了重要的主导作用。康熙十一年，大学士卫周祚以总修一统志为理由，建议"各省通志宜修，如天下山川、形势、户口、丁徭、地亩、钱粮、风俗、人物、疆域、险要，宜汇集成帙，名曰通志"。这个建议得到批准。卫周祚还在一些志书的序中提出自己对修志工作的见解，如在《长治县志》序中论及志书的资治作用是为"天子明目达聪之助，以永扶大一统之治"；在《曲沃县志》序中又提出修志人员须具备正、虚、公的三项品质要求，对修志事业都有指导作用。清朝有些志书中常提到贾、卫倡修志书之功，如顺治《开封府志》《洛阳县志》卷端有"奉贾汉复巡抚之命所修"；康熙《邹县志》《莱阳县志》有"奉朝旨卫周祚之请"等语。康熙二十九年，河南巡抚阎兴邦通令所属州府县修志，并颁发了修志牌照，列举凡例二十三条，对时代断限、材料取舍、文字详略、史实考订、叙事先后乃至地图绘制均有详细规定。在大规模的修志事业中，由地方官员来制定和颁发凡例，对于划一志书体例，减少俗吏粗制滥造，推动志业发展都起到了一定作用。雍正时的李卫，乾隆时的阎兴邦、毕沅，嘉道时的阮元、谢启昆，光绪时的曾国荃、李鸿章和张之洞等人，均以封疆大吏而承担推动与监修志书编纂的重任。核之近十年的修志状况，行政领导所起的主导作用，仍是第一条重要经验。

其四，学者研讨与专科建立的推动作用。清代自顾炎武撰《肇域志》，以志书为主要参考资料，开放了对志书研讨的风气。顾氏在《营平二州史事序》中还提出过修志要求，即：要有具有学识的人才，要有足够的参考资料，要实地调查验证，要有充裕的写作时间，要用通俗文字等等。这些都为发展修志事业提供了足资参考意见。乾嘉之际，乃有戴震舆地考证学之说，主张"以山川为主而求其郡县"（段玉裁：《戴东原先生年谱》），即重志书之沿革考证；章学诚则主张"宁重文献而轻沿革"（章学诚：《记与戴东原论修志书》，《章氏遗书》卷十四），使志书趋于正轨。章氏以毕生精力深研志学，不仅有理论阐发，更具修志实践经验，曾提出"志乃史裁"，立"三书"（志、掌故、文徵）、"四体"（纪、谱、考、传），建立"志科"以及修志实践中应注意的具体事项等重要论题和建议。他还总结了《修志十议》（《文史通义·外篇》）的纂修经验。章学诚和其他一些学者在理论和实践工作中的努力对推动修志事业和奠定方志专学的础石，厥功甚伟。学者间的相互诘难以及提出若干指导性理论，有利于方志学的建立，而方志学的建立又推动清代修志事业，起到了提高志书质量的重要作用。

当然，清代修志事业不可避免地存在着若干弊端，以非题义所在，未有涉及。而所论则肤浅疏漏，惟望能以此引发对清代修志事业成就的评议。

一九九一年八月完稿于天津南开大学
九月订正于日本独协大学

原载于《江苏地方志》1992 年第 1 期

旧志整理工作的回顾与展望

一、旧志整理的物质基础

旧志卷帙繁多，是中国文化宝库当中一块非常引人注目的瑰宝。它具备起源早、持续久、类型全、数量多等四个特点。关于方志的起源问题，古今学者众说纷纭，迄今还无定论。《禹贡》《周官》《山海经》《越绝书》《吴越春秋》《华阳国志》等图籍曾被人们分别引为方志渊源，这些观点是有一定理由的，但是并不全面。因为一种体裁、一类图书在它形成过程中，都是从多方面汲取源泉，逐步发展、丰富、演化而来。方志也不例外，决不能只是一个来源，而应是在兼收国别史、地理书和地图等各种不同源泉的基础上，逐渐发展融合而成为一种新的反映地区特色的体裁。不论是一源说，还是多源说，将方志起源推溯到战国时期，基本上是没有太大争论的。我们如从战国时期算起，至今已有二千余年的历史，真可谓源远流长。汉魏以降的地记、图经推动了方志体裁的发展。至隋，"普诏天下诸郡，条其风俗物产地图，上于尚书"。使方志正式以诏令形式向全国征集地方资料。唐代出现的《元和郡县图志》即是一部由政府出面编修的全国性志书。宋代是地方志有了显著发展的一个朝代，根据一些目录的著录统计，宋代所修的志书大约在六百种上下，现在所能见及的只有三十种左右。宋代还开始了地方志的续修制度，例如南宋从孝宗到度宗前后一百多年间，南宋首都临安就曾三次修志，这就是中国地方志历史上有名的三修临安志。方志模式也大体定型于此时。元代创立了一统志形式，纂修了《大元大一统志》，开启了明清二代一统志的纂修工作。明朝修志相当普遍，仅现存海内的明代方志就将近千种。同时于明永乐十年（嘉靖《寿昌县志》首卷）、永乐十六年（正德《华县志·修志凡例》），曾先后两次颁降修志条例，开始有了正式的政府修志法规。从中可以看出，地方志的纂修已引起政府的极大重视。到了清代，方志的编纂得到了更进一步发展，形成了一种所谓的"鼎盛"局面，据一些粗略统计，清代所修方志约有六千四百多种，占全国现存方志总数的80％以上。如按清代政权存在的时间计算，每年要完成二十部左右。清朝从康熙十一年始正式命令各地分辑志书汇为一统志（康熙《浙江通志》）。雍正七年，又规定了各州县志每六十年一修的条例（雍正《吉安府志》定祥序），使地方志的官修制度基本完善。此外许多著名的学者参加了修志工作，并开始了对旧志进行系统的理论研究，这一研究工作，一直到民国时期依然延续不绝。从历代流传下来我们所能见到的志书来看，上起全国性的一统志，下至地方乡镇小志，种类齐全，各种类型的志书都很完备。有人认为全国性的一统志，从语义上看不应计入地方志之列，但是我们若把一统志视为全国各地方志的总编似也未为不可。现有方志类型大致可分为：全国一统志、各省通志（总志）、府志、县志、厅志、卫志、乡志、里志、村志、镇志、关志、乡土志、小志等十几种类型。这些大量的志书，现统计数字为八千四百余种，实际上近年来各地普查后所知已将近万种，数量相当可观。如以方志类型计算，现存志书中，以县志为最多，府志居次。县志大概有五千四百多种，占方志现存总数的65.2%。府志约七百余种。如从卷数来讲，也是县志最多，约七万多卷，占总卷数的50%以上。如以地域而言，论种数则四川居首，以下依次为江苏、河北、浙江、山东。论卷数则江苏第一，约十万卷；再下为浙江、江西、四川、河北。各省基本上都有志（合未刊本）。各县除一些偏远地区及新建置的县外，也都有志书（吴景熙：《国内现存方志、北京图书馆藏方志及其他》，《中国地方史志》1982.6）。这笔起源早、持续久、类型全、数量多的丰富历史遗产，就是我们整理旧志的重要物质基础。

二、旧志整理的历史与现状

旧志比较正规整理的历史可上溯于明清之际。早在清初，著名学者顾炎武就在研究、整理地方志的基础上，利用旧志资料撰写了《天下郡国利病书》和《肇域志》两部名著，开始了利用整理旧志资料作为学术研究依据之端。清代还出现了方志目录之作，如清康熙年间，徐乾学所编《天下志书目录》。道光年间，周广业编撰了一个地区性的方志目录，即《两浙地志考》。民国时期，缪荃孙、谭其骧、任振采诸人都有方志目录之作，其中收录较多现在仍为人所使用的是朱士嘉的《中国地方志综录》。这些目录虽记录了方志的撰者、刊本、时代、卷数及藏者，但是方志的基本内容尚难概见。所以在目录当中，还有一种提要目录，作较全面的反映。方志提要目录除《四库全书提要》及《续四库全书提要》中有部分外，还有一些私家所著提要目录，如张国淦的《中国古方志考》和瞿宣颖的《方志考稿》等。清代学者在古地志辑佚方面也有很大贡献，重要成果有《汉唐地理书钞》《玉函山房辑佚书》《麓山精舍丛书》等。民国时期，鲁迅和赵万里等人都从事过旧志辑佚工作。如上所述，清代和民国时期，旧志整理工作主要可分为四种，即：（一）利用旧志资料进行学术研究；（二）编制目录；（三）撰写提要；（四）恢复旧志面貌等。

建国后，随着经济、文化建设的发展，旧志整理工作引起了有关部门的重视，主要进行了以下几项工作：

（1）旧志的刊印。

我国旧志数量虽多，但流传不广，有些旧志历经兵火，几近绝迹，所以建国以来，出版部门有选择地刊印一些旧志，如《大元大一统志》《天一阁藏明代方志选刊》等。特别是台湾省翻印了大量旧志，扩大了流通范围。此外，北京、山西、上海、福建各地还重印一批有关地方风情的风俗小志。这些都为研究工作和利用旧志资料提供了便利。

（2）类编旧志资料。

解放之后，无论是社会科学还是自然科学的研究，都大量地利用了旧志的宝贵遗产，并且编辑了各种类型的专题资料。如中央气象台从旧志中辑录的《五百年来我国旱水涝史料》，河南地方所编的《河南省地震历史资料》等。这些资料类编，对建国后的各项经济文化建设都有一定的参考作用。

（3）编制旧志目录。

编制目录有多种形式。一为联合目录，即将全国各家所藏方志编制成目。现比较有权威的联合目录是《中国地方志联合目录》，该目为中国天文台所编，收录了全国一百八十余家的藏书，记录了书名、作者、卷数、版本、收藏单位等情况。共收书八千四百多种，现已由中华书局排印出版。一为藏书目录，即各个图书馆及高等院校图书馆所编的馆藏方志目录，如上海、天津、广东、四川、福建等地和南开大学图书馆等的藏志目录。一为地方目录，各地一些单位为了编修新志，如安徽、河南、河北、陕西、广西、新疆、武汉等地，他们对本省本地区历代所修方志作了一次综合考察之后，分别编辑了各省的现存方志目录。有的更编制了佚志目录，朱士嘉、赵慧还编制了《日本所存稀见中国宋明两代地方志草目》，颇便于了解国外藏志情况。一为提要目录，这类目录目前已公开发行，质量比较高的是洪焕椿著的《浙江方志考》，该书集作者数十年心血，共六十余万字，是一部大部头的著述，虽然此书也有遗漏，但这在编制提要目录的过程当中，是很难避免的。此外在全国各地修志办所出的刊物上，也陆续发表了一些提要目录，如《七种山西省志提要》《玉溪地区地方志提要》等，数量颇为可观，应在积有成数后汇编以备参考。

（4）旧志的综述。

这类概述性文章主要有以下三种：一为将一个地区的旧志及编修情况作一综合叙述，如刘志盛的《湖南地方志述略》（《湖南地方志通讯》1982.3）、何马的《新疆地方志概况》（《中国地方史志通讯》1981.7—8）和王志毅的《内蒙古旧地方志》（《内蒙古地方志通讯》1984.4—5）等。一为将一个朝代的各种志书情况加以综合记述，如刘纬毅的《明代地方志概述》（《山西地方志通讯》1982.1）。一为将一志多种加以综合叙述，如何孝积的《清代三修〈湖南通志〉述略》（《湖南地方志通讯》1984.2）、方国瑜的《清修云南省志诸书概论》（《云南地方志通讯》1983.6）、来新夏的《重印畿辅通志序》（《河北学刊》1984.1）等。这类文章，近年来已陆续发表了数百篇。

（5）旧志点校。

旧志一般多由文言文写就，今人翻读颇有困难，所以在重印时甚需点校。目前，以陈明献点校、宁夏人民出版社出版的《嘉靖宁夏新志》本为最佳。这本书系据嘉靖《宁夏新志》分段校点，对缺页部分又从天一阁所藏弘治《宁夏新志》中节录相应内容附于有关正文之后。这样，既能补缺，又不混淆，实是点校工作的良策。点校者还做了若干有利读者翻检的加工。书后附录《嘉靖宁夏新志的史料价值》一文，对宁夏志书的沿革、本书成书缘由及全书史料价值均有较详细的评述，有裨于读者对本志的使用，颇足为校点旧志工作所取法。

从上述五个主要方面看，建国以来，整理旧志工作还是受到一定重视并取得若干成绩的，不过若与浩瀚的旧志急待整理的情况比较，这项工作需更进一步加快速度，以发挥它的历史信息作用。

三、旧志整理工作的批判继承问题

对于旧志的利用，前一阶段主要有两种不良的偏向。一种是照搬旧志资料，即根据新编方志纲目不加选择地大量塞入旧志资料，而不是利用旧志资料重新改写编纂。另一种偏向是排斥，在早期修志时，这种倾向是比较严重的，认为旧志都是地方上的县太爷聘请封建文人所写，对旧志采取了一概排斥的态度，屏旧志而不观，这是受极左思潮影响的一种反映。旧志固然有其糟粕，但也有某些精华，对于这个问题，在马列主义经典作家的著作当中早已讲得很清楚，我们决不能对旧有的文化持一种民族虚无主义的态度，不能当穴居野人，而应以批判继承的态度来对待旧志整理工作。中国历代修志有一个好传统，即修志之前，首先把旧志通读一遍，观其利弊，订其谬误，然后决定取舍，用以编修新志，这个好传统我们一定要继承发扬。

在旧志整理工作中，应当批判什么？旧志当中应当批判的内容主要有三个方面。一为竭力宣扬封建统治者功业的内容。在过去的旧志当中，普遍存在着这类内容，如皇帝的诏谕、诗文、言论，极尽粉饰，歌功颂德，并且还独立成章，立于卷首。一为宣传封建伦理纲常方面的内容。如旧志中所记节妇、烈女、义士等行事和对人民的一些活动，特别是对当时人民的一些反抗活动诬之为"匪""盗""叛逆"等词语。一为不恰当的溢美之词。所谓溢美之词就是脱离实际的吹捧。由于旧志的编纂人员多是当地人和从外地聘请而来，或爱乡心切，或受人之托，所以旧志当中最大的毛病是不切实际的溢美之词较多。

对于旧志，我们可以继承些什么？有哪些可供借鉴？我看主要有两方面。一是继承旧志中合理的编纂体例。历代方志的编修人员都非常注意发凡起例，在各类志书中都有凡例序言，说明编写宗旨与方法，编修新志应特别注意考虑如何继承其合理部分。因为旧志前人搞过多次，必定有些可资参考的想法，尽管旧志的体例有不完善的地方，但我们可以加以改造利用，这总比我们毫无依据，苦思冥想，闭门造车简便一些。武汉的编志同志曾做过一件比较可取的事情，他们参考了十七部和武汉有关的旧志，将其篇目和体例进行比较研究，借以核定武汉志的篇目体例，取得了事半功倍的效果（史泽畔：《在十七部旧志中有关武汉志第一卷内容的篇目和体例》，见《武汉地方志通讯》1983.3）。此外河南的编志同志编了一部二十多万字涉及四十多部旧志的《河南地方志凡例序跋选编》，为大家节翻检之劳。这个做法很值得提倡。

二为文献资料的继承。旧志中，保存了大量的有关社会经济、自然现象的宝贵文献资料，这些资料不仅涉及面广，记载时间较长，而且有些资料还是由当地直接采录而来，大多是比较原始的第一手材料。这些宝贵的材料究竟有什么价值，对我们的研究工作有什么益处呢？

首先，这些资料可备征考。旧志中记载了大量的有关当地社会经济、风土人情、文化艺术的资料。例如要了解南京的丝织业，我们就可以从《上元县志》中索取大量资料。它不仅记录了当时丝织业的生产概况，而且还描述生产的组织及丝织品种。最近山东图书馆的同志利用旧志，搞了一个《海事资料》。这是一个新问题，它在如何面向经济，为经济服务方面，迈出了可喜的一步，为近海的打捞事业提供了线索，可从茫茫汪洋中索取财富。再如人们根据《桐庐县志》记载，发现浙江桐庐县有个洞前村的记载，即按此线索终于在村后发现了瑶琳洞，洞内石笋林立，瀑泉飞泻，开辟了新的旅游地点。我们在研究经济规律时，遇到过一个困难问题，就是有关当时物价问题总是记载的不太具体，往往用"物价腾涌"四字一带而过，但究竟腾到什么程度，涌到什么情况，我们却无从了解。但是在一些地方小志中，却往往有对当时物价的具体文字记载。例如《阅世篇》就详细地记载了明清之际上海商业地区的十几种物价，并从这些记载和评论中还可以得出"安定时期，原材料贵，商品贱；动乱时期，原材料贱，商品贵"的物价变化规律。由此可见，旧志资料不仅可以备征考，而且对当前经济建设还有着重要的现实意义。日本学者利用中国福建省的《八闽通志》《霞浦县志》和沿海的几种县志，了解到中国东南海域一带的鱼类汛期活动的规律，撰写了论文，对于获取渔类资源起了重要作用。马鞍山的江岸码头建设，如事先看一下《当涂县志》关于恒州江岸地质及历年崩岸的记载，完全可以避免数千万元的损失。所以充分利用旧志中的宝贵资料，更应引起我们的极大注意。此外在旧志当中，如《永济县志》《畿辅通志》中有关当地人民困难生活的描述，在一般书中很难找到如此生动而具体的材料。这对我们了解当时人民生活大有裨益。

第二是利用旧志资料可以纠谬。比如中国对外贸易机构市舶司的设置问题，日本学者藤田丰八郎依据《宋史》和《宋会要》对宋代是否在上海设市舶司提出怀疑。但他没有了解到他所依据的史料并不是宋朝的全部史料，因为《宋会要》是南宋宁宗以前的史料，《宋史》虽然是宋代的全部历史，但《宋史》所依据的主要史料《宋实录》于宁宗后史事也多缺略。所以科学地讲，应该说南宋宁宗以前，宋代未在上海设市舶司，而宁宗之后则还不能轻下论断。最后这个问题借助于弘治《上海县志》得以解决。《上海县志》附载了宋度宗时管理市舶司的主管官员"监镇"董楷所写《古修堂记》和《受福事记》等二篇文章，这两篇文章写于咸淳五年，涉及他管理上海市舶司的一些事情，肯定了宋度宗咸淳年间上海确有市舶司的论断，从而祛除了日本学者关于宋代是否在上海立市舶司的怀疑（参谭其骧《地方史志不可偏废，旧志资料不可轻信》，见《中国地方史志论丛》，中华书局版）。有时还能纠正传闻之误，如山东枣庄有一种树一直被认为"咬人不祷"，砍伐殆尽。后查方志，始知为一种高质高产的珍贵漆树，近年又重新培植二十余万株，成为该地重要资源之一。

第三是利用旧志资料可以补缺。在我们的研究工作中，有时往往苦于资料缺乏，特别是在人物生平问题上。有些人在当时由于他的成就卓著而流传下来，但有的人却因其成就没有被当时人们所重视，致遭埋没而事迹不彰。对于这些人的一些材料往往可以在旧志当中得到补缺。我曾从中受益，深有感触。几年前有一位德国留学生，向我请教《封建论》的作者生平问题。当时我不加思索地答称此文作者是柳宗元，并如数家珍地概述其生平，孰知对方提出该文作者为柳稷而非柳宗元，这一意外使我瞠目相对，只得婉请宽以时日。经过辗转检索，穷二日之劳，终于在四川《南充县志》中索得，县志中不仅载有柳稷生平简历，而且还收有他的著述诗文。这个问题证明，旧志当中有许多可资补缺的宝贵资料有待于我们去发掘。在发掘资料时，我们还必须注意一个问题，即对于旧志当中我们现在尚难理解的东西，一定要采取慎重的态度，某些我们不理解、不懂的问题，不等于这个问题不可以被认识。因为我们的知识有限，也许别人或后人会理解。比如自然现象往往作为祥瑞灾异来记录，需要我们以现在掌握的科学知识去理解和认识，如极光问题，是对通讯、广播、空间探测、宇宙航行等有重要关系的天象，但在旧志中却未揭明这点，湖北《竹溪县志》对清同治元年八月十九日的极光现象却作如下的描述说："东北有星大如丹，色似炉铁，人不能仰视。初出则凄凄然，光芒闪烁，顷之，向北一泻数丈，欲坠复止，止辄动摇，直至半空，忽然银瓶下破，倾出万斛明球，缤纷满天，五色具备，离地丈余没，没后就觉余霞散彩，屋瓦皆明。"其他在陕西《大荔县志》、河北《东光县志》和湖北《光化县志》中还记载了同治十一年的一次极光。这些资料都是经过科学性解释论证而成为足资参考的珍贵资料。

当然，旧志资料中也有记载失误，在类编、利用之际，必须严加校核考辨后采录。

四、关于旧志整理工作的趋势

旧志整理工作虽多年来受到一定的重视，但正式作为全国方志学界的专门性问题提到议事日程上来研究，则始于 1981 年 7 月中国地方史志协会成立大会上所提出的《关于方志学研究工作的建议》，这份草案包括编印方志目录，保存、刊印旧志，类编资料，选辑论文，编印风土丛书，筹办专刊以及建设专业队伍等。1982 年 5 月在武汉召开的旧志整理工作座谈会上提出了《中国地方志整理规划（1982—1990）》草案，共分三个部分：（一）综合参考：方志学文献、地方志工具书；（二）旧志重印；（三）资料汇编。1982 年 8 月，中国地方史志协会对上述文件作了修订，公布了《中国地方志整理规划（1982—1990）》草案，计分四个部分：（一）编辑方志学文献；（二）编撰地方志工具书；（三）汇编旧地方志资料；（四）整理重印旧地方志。1983 年 4 月，在洛阳召开中国地方志规划会议，又拟定了《中国旧方志整理规划实施方案（1983—1990）》草案，共包括两个部分：（一）地方志工具书（方志目录、方志提要、方志索引）；（二）地方志资料书。在这个草案后还附了一份《"六五"期间旧方志整理规划》（草案）和《"七五"期间旧方志整理发展规划》（草案），但没有正式公布。

1983 年 12 月，中国地方志指导小组第三次会议通过了《关于开展旧方志整理工作问题的决定》。1984 年 1 月，根据决定，在北京成立了旧志整理工作委员会。3 月在天津召开了第一次旧志整理工作会议，研究了旧志整理工作当中的两个中心问题，即整什么？怎么整？明确所谓旧志"是指 1949 年建国以前的地方志书"，同时规定旧方志整理工作的项目是："原本复制，点校翻印，类编资料，辑录佚志及编辑方志目录、提要、专题索引等等"，并且"鉴于各地方志机构力量有限和为经济建设服务的要求，当前整理工作重点是从旧方志中检选出有关资料，类编成册，兼及方志目录、内容提要和索引等等"。

1985 年 1 月在北京召开的全国旧志整理工作委员会第二次会议上，曾设想为了协调和推动全国各地区旧志整理工作的开展而扩大和健全委员会的组织机构，并为第三次会议的召开作准备。

1985 年 5 月间在杭州召开的第三次会议，检查和总结了全国旧志整理工作"六五"规划的执行情况，讨论拟定"七五"规划草案，为制定全国方志工作的"七五"规划和为全国第一次修志工作会议作好准备。同时，交流各地资料汇编的经验，讨论 1985 年的工作计划、中国方志编纂学大纲、点校、提要、辑佚、索引、资料等问题，并酝酿编纂中国方志学大辞典以及委员会的工作等有关问题。

类编资料是当前旧志整理工作的重点。类编资料的原则是"全面取材，重点类编，求训致用"。全面取材，就是综合治理，即将旧志中的有关资料全部择选出来，编成资料索引，否则每类编一个专题资料就翻检一次旧志，工程浩大，难胜其劳。类编资料的目的是求训致用，从中取得教训来为我们当前经济建设服务。当然各地可根据本地的特点，区分轻重缓急，重点选编那些对当地建设急需的资料。例如安徽、河南分别辑录了本省的土特产品资料类编，安徽并注明现在土特产品情况以相印证。河南类编了各种专题资料二百零一种，共四百二十五万字，及时地为四化建设进行了咨询服务工作。在 1984 年召开的旧志整理工作会议上，还对重点类编资料项目做了说明，供各地参考。这些项目是自然灾害、矿产、渔业、畜牧业、水利、科技、土特产、名胜古迹、人物资料等各种类编。在辑录旧志资料工作中，有时还需采取一种折光式的研究方法。所谓折光式研究是相对直观性研究而言，有些问题比较明显，我们可以一索而得，但是有些问题需要我们采用迂回的方法，借助其他事物加以论证。比如台湾学者陈振强，就曾根据各地的八蜡庙、刘猛将军庙、虫王庙设置情况绘画成图，从而描绘出当时全国的蝗虫灾害路线图。他的理论出发点是基于这些庙宇的设置反映了当地人们不能制服蝗灾而谋求寄托的一种愿望。既然当地有此类庙宇的设置，则必然反映了当地蝗灾比较严重。在选编资料类编时，还要注意做到近期和长远结合、历史和现实结合、整旧与纂新结合，各地可根据实际需要，自选类目，或酌增类目。选辑类编资料，应以县为基础，逐渐汇编上来，并应保持资料的原貌和完整，不要任意删改，个人对此有不同的见解和认识可作注解说明。选编资料时应详确注明出处，并精心校对原文，以免发生错误。在类编资料的同时，各地还应注意挽救碑刻资料，有条件的地方还应作成拓片。碑刻是地方志资料来源之一，对我们考证旧志资料大有裨益，例如河南的同志利用地震后重修建筑的碑文记载，同旧志地震资料互相印证，价值很高。

旧志整理的另一项工作是编辑目录。现在重点放在提要目录上，河南的同志今年已完成二百多篇（全省大约有旧志五百多部）。南开大学地方文献研究室承担了《天津地方志提要》和《河北地方志提要》任务，现已完成近二百部。如何编写提要目录，各地可参考1982年5月在武汉会议上提出的《关于编辑出版〈中国地方志提要丛刊〉的建议》和各地方志通讯中已发表的提要。每篇提要的基本要点应包括书名、作者、卷数、出版年代、出版者、主要内容、篇目和评价等项。评价最好借用前人现成的评价。字数大致在五百至一千字之间，最好不超过一千字。

关于重印旧志问题，现在有几部大的志书准备重印：一部为《河南通志》，解放前，从1919年到1948年为编纂此书用了近三十年时间，全书三百六十多万字，现已开始标点、整理，拟按类汇编成册，刊印出书。第二部为《光绪畿辅通志》，是一部三百卷的大书，河北省政府很有胆识、魄力，给予相当数量的资助，现已交付河北人民出版社承印陆续出版。第三部为《江苏通志稿》，此手稿本一直存于南京图书馆，据江苏的同志说准备重印。除这三部大的通志外，各地也整理标点刊印了一批旧志，例如河南已出版《兰考县志》三种，《汝南县志》一种，《归德府志》《同治三年郑县志》《嘉庆鲁山县志》《登封县志》和《嘉靖巩县志》各一种，共十种；福建也印了《宁德县志》；浙江已整理出版了十一种旧志，清代稿本《武林坊巷志》也在整理中。在重印旧志时，不仅应加点校，还应在书前写一说明，对本书作出全面中肯的评价，书后附入有关本志的重要参考资料。在重印旧志的同时，还应注意编定点校一些地方风土丛书，包含记述当地风俗、人情、物产的小志，北京曾印了一大批如《宛署杂记》《帝京景物略》《天府广记》《宸垣识略》等。目前有组织地进行编校的，据我所知有两个地方：一是福建，他们编了《八闽丛书》，将有关福建的小志加以整理点校出版。另一为南开大学地方文献研究室，正在组织编校、将由天津古籍出版社出版的《天津地方风土丛书》，今年准备完成《梓里联珠集》《敬乡笔述》《沽上旧闻》《津门征献诗》《天津闻见录》《天津皇会考》和《津门诗钞》等十种小志。

总之，旧志整理工作的发展趋势，基本上是以类编专题资料为主，兼及编制提要目录，重印旧志，编定点校地方风土丛书。这些项目如能按计划顺利进行和完成，不仅是整理工作的成绩，也对编写新志作出了贡献。

原载于《史志文萃》1986 年第 1 期

旧地方志资料在经济建设中的作用

旧地方志中所包含的经济资料，内容丰富，范围广泛，是值得我们很好研究的。我们发掘、研究这些宝贵资料的目的在于借鉴历史，资治当今，以求为经济建设服务。

一、为战胜自然灾害提供历史依据

自然灾害对经济建设的危害极大，为了战胜自然灾害就必须认真总结历史经验，摸索自然规律，防止灾害和增强抗灾能力，而旧志则在这方面为我们提供了大量的、较系统的历史依据。建国以来，一些单位在整理、发掘旧志中记载的各种自然灾害资料用来为现实服务方面做了许多工作。如中央气象局曾辑录《五百年来我国旱、水、涝史料》；中国科学院地震工作委员会曾编辑了《中国地震资料年表》，1980 年又重新校补为《中国地震资料汇编》。安徽省文史研究馆自然灾害资料搜集组，曾根据安徽历代方志，将安徽省历史上近千年的自然灾害资料进行系统整理，辑成《安徽地区地震历史记载初步整理》《安徽地区历代旱灾情况》《安徽地区蝗灾历史记载初步整理》《安徽地区风雹雪霜灾害记载初步整理》等四种材料。山东省农业科学院情报资料室编成了《山东历代自然灾害志》。湖北省也编写了《湖北省近五百年历史气候资料》。许多县级单位也克服人手少、经费紧的困难，编辑成一批有关自然灾害情况的资料汇编，如浙江省萧山县编成《萧山历代自然灾害表》，象山、义乌、海盐等县志办也汇编了《历代自然灾害资料》。这些资料汇编主要都借助于旧志资料。

这些资料汇编往往在抗灾救灾斗争中能起到立竿见影的良好效果。如安徽省马鞍山市人民政府在 1983 年 5 月发出当年有特大洪水的通知，市志办及时整理、编印了《马鞍山口岸地质构造》《马鞍山历年水文情况》《马鞍山历年崩岸、保圩工程情况》《马鞍山历年水位一览表》《当涂县近千年来水灾记录》等五份资料，在 7 月市委召开的防汛抗洪紧急动员大会上发给各级领导参阅，直接配合了抗洪斗争起到良好作用。分管防汛的副市长赞不绝口地说："这些资料编得很及时、很好，我一直放在身边，对我帮助很大。"

另外有一些单位和个人利用旧志资料对本地区的自然灾害情况进行综合分析和研究，也取得了较大的成绩。

湖南省农业志编写组 1981 年整理的《湖南近三百年干旱发生情况》对 1640 年以来发生的 192 次干旱的类型、间隔时间、发生季节、分布地区进行综合分析，反映了雨量与地热、森林覆盖面积的相互关系，是一份研究干旱规律、生态平衡的有价值的资料。

黑龙江省水利厅水利志编辑室的于凤文撰写了《借鉴历史，资治当今》一文。在文章中根据隋大业八年（612）至清嘉庆四年（1799）期间的一千余年断续资料和嘉庆五年（1800）至 1983 年间一百八十三年的连续资料记载，本着能反映全省旱涝变化趋势为原则，将旱涝分为三级，即旱（偏旱）年、正常年和涝（偏涝）年，将实测降水、径流资料也划为三级，即丰（偏丰）年、平水年和枯（偏枯）年水平，全面分析了黑龙江省旱涝变化的几个特点，即频繁性、普遍性、季节性、区域性、交替性；指出涝旱灾害是影响黑龙江省农业产量的主要自然灾害，在旱涝出现的频率上，涝多于旱。由此提出黑龙江省近期的水利建设应贯彻"突出防涝、立足防旱"的原则，并提供了一些防涝、防旱的具体方法。这为确定黑龙江省农业发展和水利建设的战略布局，提供了可靠的信息。

二、为农业生产建设服务

农业是发展国民经济的基础，这个基础的好坏与否直接关系到国民经济的发展速度和人民生活的提高。中国农业遗产研究室曾从八千多种方志中摘引了数千万字的资料，辑成《方志物产》四百余册、《方志综合资料》一百二十册；上海文物保管委员会曾从方志中辑录了《上海方志物产资料汇辑》。这些资料对利用各地资源、发展农业生产的多种经营颇有参考价值。

河南省鹤壁市志办在及时整理、传播地方信息，发挥地方优势，搞好多种经营方面曾作出了如下的显著成绩：

鹤壁的淇鲫，与黄河鲤鱼齐名，个大美丽，体肥肉嫩，为肴馔珍品，但过去未加保护，群众任意炸鱼、捕鱼，使淇鲫濒临灭绝境地。市长侯协庆从市志办获悉这一信息，立即责成郊区政府发布保护淇鲫、繁殖淇鲫的布告。淇河岸边许沟村所养的鸭子，产蛋奇特，蛋黄外又套一层蛋黄，呈缠丝状，故名缠丝鸭蛋，历史上也曾为贡品。市政府得此信息，立即发出号召，要求大力发展养鸭专业户。

王家汕村，盛产香椿树，约数万棵之多，春季香椿芽香味扑鼻，历来是当地农民的一项重要收入。"文化大革命"中，以粮为纲，香椿树几乎被砍光。市领导了解这一信息，决心大力发展香椿树，并联系加工、出口事项。

郊区龙宫村、龙泉村、前后蜀村盛产桂花，花有奇香，乾隆帝曾加封为"安桂"（原属安阳县地）；大胡村所产的大胡黄酒，酒味甜醇，能防治多种疾病，为民众喜爱的健身酒。市政府知道这些信息后，立即决定郊区成立花卉公司，并酝酿在市中心成立花卉门市部；对大胡黄酒也决定恢复发展大胡黄酒的生产，并作出解决酿酒原料、免征所得税三年的决定。

黔西马历史上号称"爬山虎"，闻名海内，据历史记载，早在宋代就曾在此征选良马，元代曾在此设牧马场，明洪武帝还赐黔西马为"飞越峰"的美称，清代在此开辟了全省最大的牛马市场之一。一直到新中国建立初期，闽、皖、豫、鲁、晋、秦等省都不辞千里来黔西选购种马。后来因措施不当，农村养马者逐渐减少，牛马市场衰落，直接影响人民经济收入。现在，政府大力提倡养马，努力恢复黔西马的特色，村村寨寨都开始养马，为振兴黔西经济开辟了新局面。

另外，安徽省祁门县努力办好《祁门志苑》，提供乡土资料，如关于"祁红"、桐油生产的资料，对该县发展多种经营、搞好经济帮助很大。

萧县县志办为了促进发展多种经营，组织编写了《石榴》《葡萄》《萧艾》《蘑菇》等专题材料，详细地介绍萧县各种传统特产的历史、性能和功用，提供有关部门和单位参考。

1985 年初，贵州省黔西县委和政府决定在宋家沟兴建一个容量为 440 万立方米的附廓水库。两条水渠经过六个区，全长 125 公里。当时的工程指挥部的负责同志参考了《黔西州志》。《黔西州志》记载的山脉、水道均较为详细，这对测量设计颇有好处，结果，工程设计提前完成，水利工程提前开工。

三、为工业生产建设服务

方志在为工业生产建设服务方面所起的作用也是多方面的，如提供矿藏和其他地下资源的信息、情报，发掘、恢复传统工艺产品，节约能源、资金，发展交通运输事业等。

我国的矿藏十分丰富，这在旧志中往往能找到线索。如《玉门县志》记载当地农民称石油为"石脂水"，用来点灯。《续修博山县志》记载当地盛产煤、铁、硫磺等。乾隆《腾越州志》、光绪《腾越厅志》介绍了当地有关火山、地热的情况，已故地质学家章鸿钊曾根据方志资料编成《古矿录》。一些科研部门和图书馆也先后依据方志资料，编成了《中国古今铜矿录》《祖国二千年铁矿开采和锻冶》《四川各地矿藏提要索引》等资料汇编。这是一种利用地方文献报矿的好方法，为地区勘探提供了线索，也因此查明了一批矿藏。

安徽蒙城县小涧区狼山青灰陶器，久负盛名。区编志组的同志在《区志简报》中加以报道，从而取得区委的重视，而县政府也向省有关单位推荐。现在，第一座陶窑已经建成，停产多年的地方名牌产品——狼山青灰陶器即将问世。

浙江上虞县的陶瓷业在古代异常发达，驰名海内。县内民间收藏着许多本县烧制的古陶瓷器皿。故宫珍藏的唐代御用瓷器也有上虞烧制的青瓷器。在唐代，越州窑和邢州窑是南北诸窑的代表，瓷器品位不相上下。唐陆羽在所著《茶经》中比较越、邢两种瓷，说邢瓷类银，越瓷类玉；邢瓷类雪，越瓷类水。意为邢瓷不透明，越瓷半透明，给予越瓷很高的评价。可惜到解放前夕，这一著名的瓷器却早已衰落以至绝灭。解放后，有关部门为发掘、恢复这一产品，查阅了《上虞县志》，从中发现了一些线索，然后根据这些线索进行调查、发掘工作，发现不少古青瓷窑址，其中小仙坊古青瓷窑址陆续出土了一批东汉时代的瓷器。这些古代青瓷器胎质细腻，制作精细，造型优美，线条明丽，釉色光润，而且吸水率、抗弯强度、胎釉结合等均符合现代瓷器的标准要求。这一发现，把中国生产青瓷器的上限提早到一千八百年前的东汉，要比西方早十五个世纪。1983年发掘了四处商代龙窑和一些制陶作坊、工场遗址。考古学家们认为商代龙陶世所罕见，这一发现使中国陶瓷的历史上推了六百年。

为了恢复和发展这一名牌手工艺产品，于五十年代初建立了上虞县陶瓷厂，开始了陶瓷和仿古瓷器的生产，取得了可喜的成就。上虞陶瓷厂注意把古老的传统工艺和现代技术结合起来，所制成的仿古瓷器釉色均匀光洁，青如天，明如镜，薄如纸，声如磬，真是"青出于蓝而胜于蓝"，受到了中外有关人士的高度赞誉。

湖南省《交通志·民运篇》编写组在收集整理资料中，发现五十年代该省曾推广过南县船工曹春生的多桅风帆（当时称为"八面风"）的先进经验。这种"八面风"能巧妙地运用风的不同角度，驾驭各种倒、顺、偏、歪风向。航速在

六、七级的顺风顺水中，和当前机动船舶的航速相差无几。可是，早在六十年代，湖南省的木帆船就完全废弃了这种风帆行驶。经估算，全省民运系统若以三分之一的船只恢复风帆行驶，每年可节油几万吨，节省开支三千多万元，对降低成本、提高企业的经济效益，颇有现实意义。省民运系统采纳了他们的建议，把恢复风帆作为"节能"措施之一，从1982年起，各地均已开始恢复了部分风帆运输。

安徽省全椒县《交通志》编写组在深入调查研究、细心考证古道之后，向省交通厅提出建议，以原来的古道为基础，修筑一条柏油路，可比现在的浦合公路缩短21公里，每年可节省客货运费一千万元左右。这个建议受到省交通厅的重视，并报中央请求批准为国家重点建设项目。

四、为发展商业、外贸事业服务

商业是产品的生产、分配和消费之间的必要的中间环节，是联结工业与农业、城市与农村的桥梁与纽带。我国过去对发展商业不够重视，全国城乡之间、生产与消费之间缺乏一个严密的商业网，给经济的发展和人民的生活带来诸多不便。如湖北竹溪县，据同治《竹溪县志》所载，全县有市集五十二个，旧时的商品生产就在五十二个市集上进行交换与流通；可是到现在，只是在十九个社镇所在地尚有市集，其余的旧集市早已消失，这显然对发展经济、改善人民生活是不利的。旧县志资料可对恢复市集提供历史依据。

山东省淄博市志办曾为外贸局提供历史上当地出口商品的信息：如古代临淄丝织品的外贸情况；西汉齐郡丝织业的兴盛，并经"丝绸之路"远销国外；明代琉璃业的发展与商品出口的情况；建国后，淄博外贸事业的发展变化，主要出口商品在国际市场上的地位和销售情况，包括历年出口商品的品种、数量、收购值及年增长率的系统资料和数据。山东省土产进出口公司准备在淄博市建立出口杏米生产基地，市志办及时提供了山区农业人口、耕地面积、宜林地带面积等资料，为发展该市外贸出口货源，促进山区经济发展，起了一定的作用。

湖北省云梦县盛产棉花，据志书记载，解放前，十之八九的农户都有织布机，生产府布。县城有白布街，乡镇设布行，商旅络绎不绝，府布远销西北高原地区。府布具有贴身、御寒、长途运输不受潮霉等优点，所以深受高原地区人民，特别是回民的喜爱，常用它制帽、绕头、作衣及死后裹身，用量很大。当化纤产品问世之后，府布的销售量锐减。但化纤制品易着火，寒不暖身，暑不散热,不适于高原地带。因此对府布的需求量仍很大。云梦棉纺厂掌握这一信息,继续大量生产 28×28 的云梦府布,结果近 400 万码存布被军工厂(这种布宜于边防军穿用)和高寒地区服装行业抢购一空,还有不少客户闻讯急驰云梦订货,以至供不应求。而另一家织布厂,不借鉴历史,不凭藉信息,不以销定产,盲目生产低档色布,结果造成产品大量积压,近八百名职工只得靠银行贷款生活。这一事实充分证明志书信息的重要作用。

五、为发展第三产业、旅游业服务

近几十年来,发达资本主义国家的产业结构和就业结构发生了巨大的变化,第三产业迅速发展,其就业人数和产值在总就业人数和国民总产值中所占比重越来越大。在我国,第三产业很不发达,其就业人数和产值在国民生产总产值中的比重很低,是一个应值得大力发展的经济部门。旅游业是第三产业中的一个重要组成部分,它包括旅游区为旅客提供服务的旅馆、饭店、出租汽车、公用设施、商店、银行、邮电局、书店、纪念品及生产纪念品的厂家等。近年来,随着世界经济的发展和交通工具的改善,旅游事业得到迅速的发展,许多国家的旅游业在整个国民收入中,约占国民总收入的 30%,有的甚至高达 50%。

我国地大物博,历史悠久,名胜古迹很多。有雄伟壮丽的长城,有劈地摩天气冠群伦的五岳、黄山、峨眉;"上有天堂,下有苏杭",苏州园林,巧夺天工,杭州西湖,仙姿媚态;"桂林山水甲天下,阳朔山水甲桂林"。……这对发展旅游业十分有利。在我国发展旅游业,投资小、见效快,一本万利,大可倡导,以满足人们日益增长的精神消费。而地方志则可为旅游业的开展提供信息,提供详细的导游资料。

近年在浙江桐庐发现的"仙灵洞",被称誉为"瑶琳仙境",为世界上第一流的天然溶洞。乾隆《桐庐县志》记载说:"瑶琳洞,在县西北四十五里。洞口阔二丈许,梯级而下五丈余。有崖、有地、有潭、有穴。壁有五彩状,若云霞锦绮,泉有八音,声若金、鼓、笙、琴、人语、犬声,可惊可怪。……唐宋以来,题词尚存。元末,乡人徐舫避住于此,有瑶琳杂咏一卷。"可惜这段珍贵的史料未能早为今人所用,使瑶琳仙境沉睡多年,真令人遗憾。如果我们普查一下方志中的有关资料,一定能发现、开辟更多的旅游胜地。

贵州省委根据道光《大定府志》上有"黄坪十里杜鹃"的记载,于 1984年初夏,派专家到万县的大桥、普底,黔西县的金城坡、纸厂一带考察,发现了在群山翠岭之中，形成长百余里、宽五里左右的杜鹃林带。这是全国（甚至可说全世界）所罕见的天然杜鹃花园。经报上宣传后，各地游人都来此参观。他们对此赞不绝口，称之为"花园县"，"神仙住的好地方"，现在已经成立管理机构，成为贵州省重点开放的游览区。

方志还能为发展旅游业提供详备的导游资料。我国方志种类很多，其中有不少专门记载名刹、古寺、秀山胜水、宫殿园林有关的风景、事迹、传说、诗赋的专门志书，如孙治的《灵隐寺志》、毕沅的《关中胜迹图志》、赵之璧的《平山堂图志》、云南的《鸡足山志》。这些专志的记载往往是很好的导游资料。在云南的许多方志中设有"种人志"，介绍各族人民的生产、生活、民族风情等情况，如傣族的泼水节、彝族的火把节、苗族的踩花节、傈僳族的刀杆节，都具有浓郁的民族色彩。又如《续修昆明县志》《昆明市志》记载筇竹寺五百罗汉，造型各异，栩栩如生，被誉为"东方艺术宝库中的一颗明珠"；另外还记载了昆明大观楼一百八十字长联，上联写昆明风景，下联述云南历史，情景交融，气势磅礴，称为"海内长联第一佳者"。

发展旅游业，一定要因地制宜、突出地方特色和民族色彩。如在西双版纳开辟旅游点，因当地下湿上热，多建竹楼居住。如果将旅馆建成竹楼形式，既节省投资，经济便宜，又使旅客领略了民族风情。

六、为城市规划和基本建设提供科学根据

广西桂林和浙江杭州在作城市规划时，十分重视地方资料，用方志中的资料作为城市规划的历史根据。浙江仙居县新建茶厂，制定城镇建设规划，特地派人赴县志办查阅资料。广西富川县志办向有关单位提供当地的地质情况和地下水源资料，合理解决了该县泄洪引灌问题，并使全县居民能够引用地下水，解决了用水问题。四川省从旧志中摘录的地震资料，对该省的工业布局、厂址选择、交通建设都起了重要作用。

如果我们不重视、利用方志中有价值的资料，常会给经济工作带来严重的危害，给国家造成不必要的损失。安徽省马鞍山市沿江的恒兴洲口岸，1949年以来经常塌方，上游威胁到马钢工业用水泵房，下游影响了发电厂，1960年，在缺少水文、地质等资料的情况下，贸然在如此危险的地段修建码头，同年12月发生塌陷，使第二建港作业区沉入江底。经济损失十分严重。其实，《当涂县志》对此段江岸演变情况有所记载，并附有地图。恒兴洲江岸是由明清时长江

中的一个小沙洲随着江流演变才成为今日的江岸的。只要查阅县志中的有关资料，完全可以避免这种不应该的经济损失。

上海市的张堰镇，在清代地震十分频繁。据《重辑张堰志》记载，张堰在道光十九年至咸丰五年十七年中，几乎连年地震，甚至一年数震，有记载的大地震达八次之多，地震烈度可达 6 度，距张堰仅十八里的金山卫，设有国家重点工程单位——上海石油化工总厂，但对金山卫附近的地震情况考虑得不够周到。其基本建设理应采取防震措施，否则，一旦发生咸丰年间那样的大地震，就有可能受到严重损失。

七、为各级领导机关制定经济政策、措施和进行经济体制改革起咨询作用

制定一项重要的经济政策和措施，不但需要现实的根据，而且还需深入研究历史状况。在进行改革的今天，有许多重大问题需要解决。地方志在这方面则可发挥其不可低估的作用。

湖南省《农业志》编写组在 1980 年整理编写了一份《湖南历年农作物种植面积和产量》的资料，印发给厅领导和科技人员参考。资料中记载了油菜生产情况：1947 年，全省播植 1054 万亩，产量 959 万担，而解放后的常年面积仅为 200 万至 300 万亩，产量在 200 万担上下。省农业厅于 1981 年分析了历年产量，根据现有条件，制定出种植 900 万亩的计划，可是在召开全省油菜生产会议上，有些同志认为指标太高，难以完成。主管油菜生产的李巨炎副厅长，用《湖南省历年油菜面积、产量》中关于 1947 年的有关数据，说服了大家，意见很快取得了一致。结果 1981 年播种面积 500 万亩，产量 611 万担，1982 年播种 624 万亩，产量 784 万担。

湖南省保靖县贾长岳县长制定农业发展规划时，发现该县油桐在民国时产量达 300 万斤，而解放后则下降到 200 万斤，后查阅到旧志中收录清雍正年间该县的《示劝遍山种桐》文告，述及该县的自然条件适宜种桐，"与民裨益良深……最易培养，不过二三年间取利无穷"。于是即以此旧志资料为依据，进行了实地考察，决定把扩种油桐列为发展农业生产的重要项目，制定了发展规划，使该县的油桐生产得到很快的发展。

四川什邡县的晒烟闻名全省。县委想扩大种植面积，苦无资料数据。县志编委会编写了《什邡晒烟的起源、发展与展望》，其中有 1946 年烟草种植面积

达到 14.8 万亩的数据，于是 1982 年全县种烟面积扩大为 10.7 万亩，产量为 33 万担，增加了农民的收入，全县人均收入超出温江地区各县 48 元。群众高兴地说："金温江，银郫县，不如一个多种经营的什邡县。"

关于木材价格，有人说价格太高，有人嫌价格偏低。1980 年，林业部为了准确判断木材价格高低的问题，便要求生产木材的湖南省提供一份历年木材比价资料。《湖南省志·林业志》编写组接受了这个任务，将修志中所收集的历年木材价格进行汇总，发现现行价格低于解放前，为国家决定适当提高木材价格提供了历史依据。

八、为学术研究提供基础条件

我国利用地方志进行学术研究活动有着悠久的历史和优良的传统。

清初著名学者顾炎武抱着"经世致用"的目的，在整理研究地方志的基础上，撰著了《天下郡国利病书》和《肇域志》两大名著，开利用地方志学术研究之端。其中，《天下郡国利病书》一百二十卷，是顾炎武呕心沥血，博览群书，花费了二十年的心血，努力收集全国各地有关地形、关隘、赋役、水利、交通、物产、农业、手工业、倭寇……等与国计民生有关的资料，于康熙元年（1662）汇编而成的。该书考证精详，征引浩繁，其中征引了一千多部地方志，占全部资料来源的三分之一，实为一部内容丰富的综合性社会经济资料著述。作者撰著的目的在于通过这部巨著提供各地"利病"的情况，希望当政者能关心人民疾苦，赈灾救荒，改革弊政，发展生产，富国强兵。这种美好的愿望在当时当然是不可能实现的。《天下郡国利病书》是顾炎武留给我们的一部重要的历史经济文献，为我们研究明清时期的社会经济提供了许多有价值的资料。

外国学者也特别重视利用我国的地方志开展学术研究，并努力为现实服务。据有关统计，日本现存我国方志四千余种，美国收藏的中国志书已超过五千种。此外，欧洲七国（法、英、意、德、比、荷、瑞典）二十五个单位所藏中国方志二千五百九十种，除去重复，共有一千四百三十四种。这为研究我国古代社会经济状况提供了有利的条件。

美国农林学家施永格，早在二十年代起就参考闽、粤方志研究福桔、广柑的生产规律，成绩显著。英国英中了解协会会长李约瑟主编的多卷本《中国科技史》巨著，内容丰富，征引广博，其中就参考了大量的地方志资料。四十年代，日本人根据《八闽通志》《霞浦县志》和福建其他方志中有关渔业的资料撰写论文，供本国渔业生产参考。日本渔业十分发达，这和他们善于研究中国方志中的鱼类资源，吸取我国劳动人民的经验不无关系。

日本学者十分注重对中国古代社会经济的研究，在本世纪二十年代前，研究的史料主要来自正史、实录、会典等典籍。对于方志却不太重视。后来加藤繁、清水泰次、和田清、仁井田陞等一批学者，改变了过去那种主要依靠正史、实录、会典治史的方法，开始收集、分析方志、文集、家谱、笔记及地方政书中的史料，来研究中国的社会经济状况、经济制度等，取得了可喜的成就。

如加藤繁所著《中国经济史考证》，其中第三卷共引用中国历史书籍、文章三百三十二种，其中引用的方志为二百零四种，占全部引用书籍、文章总数的60%以上。在该书中，加藤繁利用山东省四十六部方志中记载的村镇定期市集的史料，推测出历城、齐东、临邑等十七个县平均每一村镇定期集市拥有七千八百九十五人的大概数字。反映了山东清代社会村镇定期市集与人口关系的大致轮廓。加藤繁堪称为日本学者中利用中国方志研究中国社会经济史的代表人物。

另外还有清水泰次，他的《明代的漕运》《明代户口册（黄册）的研究》《明代庄园考》《论明初苏州府的田租》及专著《中国近代社会经济史》等著作中，引用了大量的方志资料，考证周详、论证严谨，颇受日本史学界的好评。诸如此类的著作、文章还有很多，恕不一一介绍。

和二十年代的日本状况相似，我国在近现代对利用方志来进行经济学术的研究不够重视。解放后，开展了一些这方面的工作，一些国家机构整理、编辑了一批有关经济的资料汇编，如《方志物产》《五百年来我国旱、水、涝史料》等。

在编写教科书时，也注意将方志资料作为历史依据。如《中国近代经济史》所依据的《中国农业历史资料》《中国手工业历史资料》《中国纺织工业历史资料》等书的资料多来源于方志。

1981 年 11 月，联合国粮农组织在福建省厦门市召开近田灌溉拦水工具研究会。我国有十四个省市的代表参加，湖南代表、水利厅工程师彭昌达，利用、参考了农机局省志编写组收集的大量资料，撰写了《湖南历代拦水工具》一文，参加学术讨论，深受与会代表的好评。

"湖南畜禽品种"是省畜牧业兽医研究所的科研课题，又是省农业志的编写内容。省农业志编写组请该所承担科研课题的同志参加编写工作，并交给他们有关的历史资料。1982 年他们既为农业志编写了《畜禽品种和饲养管理》一章，又在调查研究的基础上，写出了一部《湖南畜禽品种志》，获得了 1982 年湖南省科研成果二等奖。

九、结语

新编地方志进展迅速，目前已有相当数量的新志完稿、出版，其余也正在急起直追。到本世纪末，估计新编方志工作应能大体完成。当新志行将告成之际，旧志整理工作必将提到工作日程上。对于旧志，我们一直持批判继承的态度。批判那些竭力宣扬封建统治者功业、宣传封建伦理纲常和一些不恰当的溢美之辞等糟粕部分，而继承的主要是两个方面：一是继承旧志中合理的编纂体例，这在新志编写工作中已起过应有的作用；二是文献资料的继承，这在新志编写工作中曾有征考、纠谬、补缺之效，并有如《湖南地方志中的太平天国史料》《中国地方志民俗资料汇编》等大型汇编的出版；但衡量旧志的资料蕴藏量和使其发挥社会效应方面尚有很大的余地。本文所论述的八个方面问题就是想从经济建设的需要角度来论证旧志资料的重要作用，以期引起学术界，特别是方志学界更多地重视旧资料的整理工作，把它置入研究课题的领域中，把它作为每一部新志告成后的一项重要工程，同心协力地去发掘、整理、汇编、出版，使华夏文化重要宝库之一的近万部旧志能从半沉睡状态中完全苏醒过来，重现光彩，能为当前经济建设提供所需的参考信息，端正人们对我国传统文化的认识，并给以应有的评价。

原载于《中国地方志》1994 年第 1 期

论新编方志的人文价值*

一、前言

中国地方志编修事业的历史源远流长，1949 年以来更是志业繁兴，层峰叠出，有力地推动中国志业的前进，特别是八十年代的第三次修志高潮，志业益形发展，成势不可当之局，成果丰硕，为海内外所称道。十年修志，显见成效：从纵的方面看，上起省区，下至县镇，成书殆逾千种（据一种统计，截至 1993 年 6 月 30 日，公开出版的新编省市县三级志书已达 1379 部，占整个修志计划数的 22.78％）[①]；从横的方面看，既有一地方一区域之综合性通志，也有记一行一业一领域之专业性专志，包容甚广。至于编写体例、内容所涉以及装帧印行尤为百花纷呈，使人目不暇给。中国之为地方志大国，已为世人所共识。

地方志记述着各个地区历史与现状的社会文化现象，即一般所谓的"地情"记述。它既不是自然科学性质的，也不完全单纯是社会科学的，而是有机地结合社会科学与自然科学的知识精髓，体现出人类社会各种文化活动，为人类的发展提供依据。中国历代方志学者无不为方志确立其"资政、教化、存史"的重要意义。这正指明方志旨在推动人类发展，保存和汇集人类文化成果的人文价值。

近年来，新编地方志大量成书，从对其论述体例与内容的所作的初步考察，无不具有浓厚的人文色彩，但也尚难越出资政、教化与存史的概括。比来，应各方所约，撰写序评，遂能较仔细地阅读一些志书；又以多次参加志书审评工作，更多地接触新志。面对盛景，不能不使我始则惊愕，继而欢悦，天公固无负我十万修志大军之十年辛劳。中华文化宝库犹如神灯启库，照见璀璨耀眼之

---

* 本文系 1998 年 11 月在台湾中兴大学举行的"海峡两岸地方志与博物馆学术研讨会"上的学术报告稿——本书编者注。

① 拙著《中国地方志》页 187，台湾商务印书馆 1995 年 9 月版。最近在《天津史志》1999 年第 1 期上发表的郁文讲话中正式宣布说："到 1997 年底出版的志书达三千余部"。

奇观。既入宝山，俯拾碎珍片石，均可见资治、教化、存史之效。

二、新志资政的摭拾

地方志书的资治价值是中国地方志事业的优良传统。宋儒朱熹莅任南康索读志书的故事，早已喷喷人口。清代官颁的《吏治悬镜》第 23 条即有莅官读志的规定。旧志若干名序也多以资治为言，新志映现之资料可供资治之需者颇多。所谓治者，治国也。资者，借助也。资治者，言治国者可借以为助也。

政策为治国之所据，新志载例甚多，摭拾二三，以见一般：

（1）四川《营山县志》因其为各方面领导提供第一手真实可信的资料，备研究县情，决策工作之需而深受领导欢迎。该县县长陈士铮深有所感地说："一卷在手，备之案头，考史实，搞调研，作决策，究事理，有微型档案之便，有省时致用之功。"而该县搞"撤区并乡"即以县志《政区篇》及《人大政府篇》为主要依据，本着立足现实，照顾历史的原则，综合考虑建置沿革，经济流向，地理位置，群众习惯诸因素后，才决定撤消 10 个区，将原来的 68 个乡（镇）并为 31 个乡（镇），使各乡镇都基本具备市场、交通、通讯等基础设施的现实条件和发展潜力[①]。

（2）广西容县为广西著名侨乡，它不仅人数多，活动内容亦丰富多彩。《容县志》记华侨出国原因颇多典型，编纂者既立足于容县，又远远超出于容县；既立足于当代，又远远超出当代。编纂者站在历史的制高点上，甚至结合中外近代史仰视俯瞰，归纳分析，才论辟十足地写出华侨出国的政治原因、经济原因以及远见卓识之士放眼世界，欲展鸿图等多种因素[②]。

（3）河南南阳市于 1987 年编制 1988—2000 年的《南阳市经济社会发展战略规划》时，参考了《南阳市志》所提供的确切而宏博的历史资料和现实信息，乃使其规划建立在比较科学的基础上，对现状作出比较客观的评价，提出可能的发展途径和对策，使人们能明确地捕捉到和把握住本世纪的未来。

经济建设为治国之本，工农业建设尤为核心。新编县志去旧志轻经济之弊，而有较多经济资料可备采择，如：

（1）广西上林盛产煤炭，为发展工业，谋建 1.2 万千瓦火力电厂，选址于王马庄山谷，一切条件都较好，但对大用水量的水源无把握，经查新编《上林

---

① 《营山县志》，李定国主编，四川辞书出版社 1989 年版。
② 《容县志》，容县志编委会编，广西人民出版社 1986 年版。

县志》载称："汇水河全长 36.3 公里，河面平均宽窄 17 米，流域面积 599.5 平方公里，年平均流量 16.2 立方/秒。"据此，汇水河水源完全能满足这一火电厂的用水需要，于是决定在王马庄附近建厂，投资 2000 万元，这将对各项生产起很大的促进作用①。湖北老河口市的锦纶丝厂扩建选址时，颇有争议，影响了进度，后据市志资料，充分论证，很快便确定了厂址。

（2）安徽马鞍山市是华东地区最大的铁矿基地，为全国七大铁矿区之一。《马鞍山市志》的《地理篇》以千余字综合记述矿藏资源，使人了解到铁矿储量 16.35 亿吨，占安徽全省总储量的 57.32%；硫铁矿 2.62 亿吨，占全省总储量的 55.39% 等引人注目的基本数据，加深了对马矿重要地位的认识②。

（3）广西《容县志》有矿毒性水稻土的记载说："位于灵山铁矿附近的铁矿毒田，常被铁矿毒水淹没，聚集矿泥，覆盖了原耕作层，破坏土壤结构，肥力下降而导致减产。"对农田水利环境保护提供了要领。③

（4）云南《潞西县志》对橡胶、咖啡、甘蔗等的种植、加工与购销的具体记述，鲜明地展现出该县发展热带作物的优势④。

（5）安徽《马鞍山市志》"农业篇"第五章"蔬菜生产"第四节分析种植面积与产量对蔬菜供不应求的矛盾说："除菜地持续不断地减少等原因外，与蔬菜基地设置不够科学有关。已形成的蔬菜生产基地，除慈湖、雨山、冯桥等乡土壤适宜种植蔬菜之外，霍里、杜塘等地，土质粘重通透性能差，灌溉不便，种植蔬菜费工费力，产量不高，而小黄洲江心洲及沿江冲击地带，土质肥沃，通透性能好，灌溉方便，适宜蔬菜生长。如能调整蔬菜产地布局，开辟新的蔬菜基地，将会大大提高单位面积产量，缓解城市居民吃菜难的矛盾。"⑤

旅游是一种无烟工业，在国民经济总收入中占有相当比重。我国有若干旅游重点省县，如陕西是历史上十三个王朝建都之地，人文古迹，星罗棋布，自然景观，别具风姿。名山有华岳、终南、太白、弥山和桥山；名水有泾渭汉洛；名城有全国唯一完整保存至今的古城西安；名陵有黄陵、周陵、秦陵、汉陵以及唐十八陵；名寺有法门寺；名塔有大雁塔；名碑有大小碑林；均见记于各地志书。四川乐山、峨眉江油、都江堰等地都是旅游资源丰富之所有。《峨眉县志》

---

① 《南阳县志》，史定训主编，河南人民出版社 1989 年版。

② 《马鞍山市志》，李昌志主编，黄山书社 1989 年版。

③ 《容县志》，容县志编委会编，广西人民出版社 1986 年版。

④ 《潞西县志》，何萍主编，云南教育出版社 1993 年版。

⑤ 《马鞍山市志》，李昌志主编，黄山书社 1989 年版。

记峨眉十景中"圣积晚钟"之钟声说:"铮铮然回响于山林之间",使巴蜀钟王之雄姿,得形神俱见之妙。万方游客当争来一游,而财源亦随之滚滚而来①。

吸引外资亦为经济建设之要务,投资者多不信人言,而往往钟情于方志,设志书载投资环境则一览可得,事将促成。欧洲共同体拟来华投资,特往荷兰一汉学中心查阅中国的新编地方志了解投资环境,确定投资项目,因为他们认为地方志是可靠的。《马鞍山志·大事记》记"八五"期间,"马钢将进行大规模的改造和扩建,形成年产值 400 万吨铁、320 万吨钢的生产规模,同时形成线材、车轮、轮箍、板材、型钢、五氧化二钒煤焦化工等六大系列的名优产品结构",寥寥百余字,对投资者将产生何等重大的吸引力,其社会效益和经济效益,实难估量②。台商郑氏因读《渭南县志》,获得了全面了解,遂向渭南投资5000 万元,建设"世界奇观"景点。

三、方志的教化功能

教化是历来编志的主要目的之一,晋人常璩在其所撰《华阳国志》序中标举出著书的"五善"要求,即达道义、章法戒、通古今、表功勋、旌贤能,基本上是要求发挥教化职能③。元修一统志,其目的是为了"垂之万世,知祖宗创业之艰难;播之臣庶,知生长一统之世";教育臣民,"各尽其力",以求"上下相维,以持一统"④。清代方志学家章学诚说:"史志之书,有裨风教者,原因传述忠孝节义,懔懔烈烈,有声有色,使百世而下,怯者勇生,贪者廉立。"⑤当然,他们限于封建立场和道德规范,只能适用于其所处的时代。新编地方志同样具有教化的价值,只是教化的内容有了根本性的变化而已。新方志承担着对干部和人民进行国情教育的社会职能。国情包括社会与环境、历史与现状各方面。在地方志之外也还有便览、手册、年鉴、大全和百科等方式,但他们不是失之于简,便是失之于难,或局限于年代,只有新方志才是提供国情及省、市、县情的最重要的手段。所以,有人认为:(1)新方志较为详尽地记述了各地的经济建设的情况;(2)新方志详尽记述一地一域文化、教育、卫生、体育……

---

① 《峨嵋县志》,骆坤琪主编,四川人民出版社 1991 年版。
② 《马鞍山市志》,李昌志主编,黄山书社 1989 年版。
③ 常璩:《华阳国志》序,商务印书馆 1958 年版。
④ 元·许有壬:《大元大一统志》序,《圭塘小稿》卷五。
⑤ 清·章学诚:《答甄秀才论修志第一书》,《章氏遗书》卷十五。

各项表现事业发展的情况；（3）新方志融天地人事物于一体；（4）一部近现代的发展史在志书中均有所记述与表现。这四个方面与国情教育的要求相吻合。四川《营山县志》完成后，所发挥的教化作用可说是广达城乡，普及老幼，有的学校把县志当成对广大学生进行爱国爱乡教育的地情教育的教材。

但是，新方志的篇幅一般偏大，动辄百万余字，要求人人通读，势所难能。所以有些地方为了进行教化而以志书为依据，另编教材。浙江青田县在《青田县志》①出版后，在志书的基础上，编写了《青田乡土教材》，把近百万字的县志浓缩成一本18000字的教材，包括插图与作业，现已经浙江省中小学教材审定委员会审查通过，由浙江少儿出版社出版，从1991年开始使用。这部教材共有22课5单元，完全取材于县志，题目也非常吸引人，如"九山半水半分田""人才辈出""明天更美好"等等。陈桥驿教授曾将此教材与县志作过一番对照，认为"材料都出自县志"，但他认为"这并不是一件轻而易举的事，必须下一番很大的功夫"，而肯定了青田县志办所获得的成就②。其他有些地方也有类似办法，如吉林农安县志办根据新编《农安县志》③，编写《农安历史》《农安地理》，受到干部群众和学校师生的欢迎。河北省丰南县志办利用新编《丰南县志》的资料编写出一套县情知识讲稿，先后在八所中学进行了讲授，听讲师生达4800多人。当县广播台广播此讲稿内容时，全县收听者达20余万次，既传播了知识，又进行了教育④。安徽萧县也据县志编写了多种乡土教材，达80余万字，对全县进行了宣传、教育，其中《爱我萧县》一书已定为中学生教材，每年印发3万余册。

四、志书存史的例证

方志以资料为基础，所以储存史料亦为其要务之一。清代方志学家章学诚曾论志对史的作用是可以"补史之缺，参史之错，详史之略，续史之无"。往往今日信志，即可备他日信史之需。新编地方志于创编之始即注重资料之搜集，数量之巨，前所未有，如1984年吉林省搜集资料已达6.4亿多字，全国县一级亦在千万字左右，成为新编县志的坚实基础。新编方志以一当十地选用，增高

① 《青田县志》，陈慕榕主编，浙江人民出版社1990年版。
② 陈桥驿：《陈桥驿方志议集》页19，杭州大学出版社1997年版。
③ 《农安县志》，辛春风主编，吉林文史出版社1992年版。
④ 《丰南县志》，李继隆主编，新华出版社1990年版。

了志书存史的价值，其例比比皆是，摘引一二，以见一斑。

（1）北宋以后，浙江成为全国刻书重点地区，但旧志或失载，或语焉不详，致使此文化史实有所缺憾。《大藏经》是人类文化史上极为罕见的巍峨丰碑，自北宋以来刻有十余部，而余杭一地就刻过两部。余杭县志办将元明时代两部《大藏经》的刊刻情况详记入志，提高了志书的存史价值。《径山藏》是我国所刻十余部《大藏经》中的重要一种，传统的说法是《径山藏》明万历十七年初刻于山西五台山清凉寺，后于明万历二十年迁余杭径山寂照庵续刻。余杭县志办人员经过考证，万历七年紫柏禅师真可初倡缘刊刻时，其地即在径山，即以此入志，纠正了旧志的谬误，提高了新志的学术价值①。

（2）历来史志多不注重艺文著述，仅列其人名书目而已。宋施宿所撰《嘉泰会稽志》卷十六即有藏书专篇，《四库提要》誉之"为他志所弗详"，清庞鸿文撰《常昭合志稿》卷三十二即录藏书家 32 人。新编方志以重经济而轻人文，能为藏书立专篇者盖少。江苏《常熟市志》特立第 22 篇《藏书·著书》，下分四章：①《历代藏书》为常熟私家藏书史，记清至民国 143 人（清占据 101 人），除记其字号生卒外，尚立简况一栏记其藏书特点，立室名一栏记其室名以明藏书处所，旁行斜上，一览可得。②《藏书家简介》，自百余家中择其荦荦大者 15 家，详其始末。③《今存善本书目》，按四部分类著录常熟市现藏善本书。④《邑人著作书目》著录乡人著述，为乡邦储文献之目。有此一编，足补中国藏书文化史之缺②。

（3）少数民族史料，一般较少，新编志书多有补充。云南《潞西县志》在《土司·山官》卷对傣族的"土司集团"及其成员的服饰、饮食、居住、行走等系列的生动具体记述，可看到历史上芒市土司集团的衣、食、住、行文化，如土司喝专门烧制的纯米酒和糯米酒，也喝威士忌、三星白兰地和茅台酒。抗战时期，土司住屋也有沙发、时钟、花瓶和软席双人床等，反映滇缅公路开通后的生活变化。又如记土司统治阿昌族的基层政权称"撮"（相当于乡），"撮"下设"档"，每档由一个较大或几个较小的村寨组成。"撮"设"岳尊"一人，由土司委派由番象山等寨的汉人轮流充当，代土司催收官租、杂派。这些都为民族史的研究提供了史料③。

地区文化的研究是文化史研究中的重要领域，但其资料比较散落，而地方

---

① 《余杭县志》，周如汉主编，浙江人民出版社 1990 年版。

② 《常熟市志》，周如汉主编，浙江人民出版社 1990 年版。

③ 《潞西县志》，何萍主编，云南教育出版社 1993 年版。

志中往往保存一些足资参考的史料，如：

（1）云南《陆良县志》在《概述》和《文化》编中记述了蜀汉爨民入迁陆良与当地民族文化相结合而开创的"爨文化"，并收录有关碑文和考跋，为研究"爨文化"提供了详实的资料，使人们对"爨文化"有较清楚的了解[①]。

（2）安徽《马鞍山市志》记 1984 年在基建施工中偶然发现三国东吴左大司马右军师朱然墓，是八十年代中国考古的十大发现之一。它所记有发掘、墓制和出土文物的资料，在新志中是少有的最新考古全录。又所记 1985 年发掘的邓家山商周古遗址具有三千年前湖熟吴文化特征。志书还设有《湮没文物》专章，不仅记载历代毁弃的古建筑，亦记有民国时曾存在于安徽图书馆或民间的已佚的珍贵文物藏品，使志书成为研究我国江南文化，特别是吴文化的一部重要参考书。另外，有的志书还保存着一些原始文献和珍贵照片，如《青田县志》附录中就全文辑存了宋郑汝谐的《易瓦记》、清吴楚椿的《畲民考》和民初叶正度的《查灾日记》等。志书收录了占全志照片三分之一的 124 帧历史照片，其中如《古县道》《抗日时期碉堡遗迹》等，都有存史价值[②]。

五、新志人文价值之再衍生

地方志既有如上所述那样的资治、教化、存史等重要人文价值，为什么还未能引起重视和发挥应有的作用呢？这不能完全责怪社会对我们不理解和不认识，而应该反责自问：我们究竟如何认识地方志价值和怎样发挥其效用的。这就需要我们认真转变观念，重新认识如何发挥地方志的两种效益。总之，要变被动提供为主动参与。首先，我们要改变地方志的静态存在，不能只等待别人来使用，原封不动地提供，任人采录；而是要使地方志资料变成信息化的动态。认真研究和参与各地区地情研究，把志书中的资料结合现实，适时地发布各类信息，引起领导关注，诱发群众兴趣。

其次，我们要改变志书完成即大功告成的思想。志书完成至多是大功的 80%，还需要面向经济大潮，使志书这一典籍实用化，向社会市场推销自己，用典型效果大力开展宣传工作，组织各种以志书内容为依据的知识竞赛、演讲会和展览会，使志书立体化、全方位地普及于群众，使其从懂得读志书到用志书，则志书自可不胫而走。

---

① 《陆良县志》，艾加茂主编，上海科学普及出版社 1991 年版。
② 《青田县志》，陈慕榕主编，浙江人民出版社 1990 年版。

第三，要积极开展志书二次文献的编纂工作。各地志书一般篇幅偏大，动辄百数十万，不可能人人通读，而且志书本是一种备参翻检之书。所以急需编制一些检索工具和参考用书，即像整理旧志那样，以新志为依据，以地区为单位，汇集所属各县、各行业部门的志书资料编制各种专题汇编和索引目录等，则手此一编，设有所需，即可按图索骥，翻检而得，并能引起人们了解志书和进一步的求读与利用。

第四，编写志书所搜集的史料不可能全部采用，但余料不等于废料，有的是我们限于认识水平，尚未能了解其真实价值，有的是目前尚不需要，而难定日后是否需要。据悉有的县已在考虑修续志的问题，那么对储料备征的问题亦应有所注意，而力求增强我们对余料价值的认识。我们要积极整理余料，并向社会提供应用，使其更好地发挥社会效用。

如能作上述努力，则志书的价值可能会被更好地认识。

从对新志利用的探讨中，也认识到今后续编志书时应注意的问题，特识于文末，以备后来者借鉴。

（1）严格选用入志资料，认真进行校订、考证，尽可能系统、完整，具有可征性。做到事事有来源，字字有出处。

（2）特别注意数字文献，一要全志数字无矛盾；二不要出现离奇的数字，如有部志书相连两年的人口数有几万人的出入，使人难以置信；三不要迷信文献记载中已有的数字，天津汉沽区得到一份地震伤亡人数的文字记载而不盲目相信，又组织专人作实地调查，结果伤亡人数多出几万人，大大地提高了志书的可信度。湖南沅陵县曾编《沅陵县方志数据集》达 10 万字，为编写志书提供一致可信的基本数据，给后人留下了信而可征的依据。

（3）认真编好附录。附录不是蛇尾而是凤尾。有许多有价值的史料和文献，但是，文本一时难以写入，那就应把一些比较系统、完整的资料保存在附录中，尤其要注意金石碑刻文字和遗物遗迹的照片。

六、结论

十年修志，成就辉煌。它已从为少数学者所掌握而走向民间的广泛使用。它有质有量地丰富了中华文化宝库的典藏。它的人文价值也已为各方人士所承认；甚望方志界人士在志书告成的基础上，积极开展宣传，推广应用和参与地情研究，编写二次文献，为读者提供方便，使新编地方志更放光芒，以无负于此十余年十万修志大军的辛劳，也无负修志大国之称。

原载于《海峡两岸地方史志地方博物馆学术研讨会论文集》，台湾省文献学会编，1999 年印行

关于地方志编写工作中的几个问题

近年来，由于工作关系，不断地接触一些从事地方志编写工作的同志，彼此商讨了在编写工作中遇到的若干关系问题。这些问题，我不能、也无力作出圆满的解答，只能谈点个人的浅见。

第一个问题是史与志的关系

史志关系问题是当前地方史志领域中讨论的重要课题之一，是实际工作同志希望得到明确概念的问题。究竟史的标准如何？志的标准又如何？大家都在讲自己的道理。目前主要有几种说法：

有的认为史是竖的，志是横的，即所谓"史纵志横"。

有的认为史是发挥观点的，志是铺陈事实的，所谓"史为史观，志为志实"。

有的认为史是讲究褒贬，而志是没有褒贬的，即所谓"史有褒贬，志无褒贬"。

众说纷纭，莫衷一是。但都不全面和确切，即以所谓有无褒贬而论，就不那么确当。人们对任何事物都有不同的看法，都有褒贬，地方志没有褒贬是不可能的。这可能是出于一种误解。本地人士纂修本乡本土的地方志，总希望把自己的家乡写得美好一点——山清水秀，人文荟萃。这是人之常情，似无足怪。但这不能说是无褒贬。在某些大是大非问题上还是有褒贬的。封建社会的地方志对危及封建统治的反抗活动，都诬称"匪""乱"，而且凡不肯写入地方志的部分实际上就是贬的部分，它本身就意味着一种褒贬。我在《中国地方史志》创刊号上写的一篇《漫话文史资料与地方志》短文中谈过史与志的关系。我认为史与志的关系是同源异体、殊途同归和相辅相成的，没有必要也不可能分得那么清。我的看法可能有点"折中主义"，但事实又确实如此。比如我们现在编写一部县志，在写该县的建置沿革时，究竟是志呢？还是史呢？如说志只是一个横断面的解剖，那么，这部县志只能讲现代了。这个县不管它秦置也好，汉置也好，都可以从学术上加以探讨论证，但终究要从上到下把沿革讲清楚，这难道不是史的进程吗？任何一部志，专门志或行业志都必定有个历史发展过程。人物本身也是一个史的发展，写人物传就要写青年时做什么，中年时又怎样，老年晚节又如何，这不也是一个史的叙述吗？中国历史上有不少史书中也容纳了志体，二十四史就有职官志、艺文志、食货志等等不少专志。所以我说要在编写工作中完全划分志就是志、史就是史，把二者截然分开则既无可能，也无必要。关于史志关系问题，作为学术探讨的课题，尽可以争论下去，暂不作结沦；但在实际修志工作中，完全不必要纠缠于此。我认为在具体工作中应本着一个志经史纬的观点，把史和志二体有机地结合起来，诸体并用，以达到全面准确地反映本地区情况，那就算可以了。

第二个问题是分志与总志的关系

所谓分志与总志的关系就是二者地位如何摆法的问题。我看过一些编志提纲，有不少是行业志——即专门志或称分志。那么这些分志与总志究竟是种什么关系，最后又怎样熔铸成一体？我在湖南等省都讲到过这一点，提了个"总体规划，分头进行"的说法。一个修志办的主要任务我看是总体规划。修志办的在编人员充其量十多个人，要包修志书是不可能的，实际上也包不起来。如写公安志、工业志等等便有许多专门知识不懂，无法着笔。山西的煤炭生产很重要，就需要写煤炭志，那就要请这方面的专门家去写。因此一定要从整体上规划一下，然后大家分头进行。这就产生了分志与总志的关系如何处理的问题。这就有一个"拼盘"与"重炒"的问题。是把鸡鸭鱼肉拼成一盘呢，还是细切细割，炒成三丝呢？显然应以后者为是。从修志来说，要有一个全面观点，要有个统观全局的观点。所以我认为主持总志的机构和人员应该永远保持主动权，要一切为我修志服务，而不是你拿什么，我照收照转。因此，总志对分志要提出规划，这个规划要比较细，比较严，甚至文字、格式等方面都要讲究一些。比如图表如何处理，资料如何汇编，分志向下摸底摸到什么程度等等，都需一一指点。不然的话，将来纂修总志时，下面拿来的分志都是各行其是，五光十色，"各有风格"，到那时你是搞分册汇编呢？还是搞"××通志"或"××县志"呢？其结果是工作被动，都有意见。我认为这一对关系的主要矛盾方面在总志，总志方面要先劳后逸，高瞻远瞩，周密考虑，保持主动，不要放任自流，离题太远。否则，会得到旷日持久，局面不好收拾的结果。

至于分志到底搞到什么程度，达到什么水平才算为总志服务好了呢？我的意见是达到长编水平。所谓长编，从历史家的习惯说，就是初稿。这一点必须明确，那就是说，写分志、写行业志主要就是为修总志"备料"，提供"坯子"，而不是"结果"，不是搞成最后的成品。这个"果"要由总志来结。因此，分志或专门志如果没有一个总体规划在怀，那也不好着笔。每一事物都牵连相关事物，每一人都想把自己承担编写的那部分搞得全一点，因之写农业志的就会讲到林、牧、副、渔，讲到财政、工交。其他志也复如此。到汇总时，就以出现多层次重复而言，仅仅衡量删移就要花大力气了。最近我们八院校合写《方志学概论》，事先还商量过一个大纲（即总体规划），然后分章去写，结果汇总草稿一看，重复甚多，看过油印稿或听过分章讲授的人都反映这个问题：这个老师写的是从头到尾，那个老师写的又是从头到尾。每一章都要自有始末，你说这不对吧，既是独立成章，不能不力求完整。可是把若干力求完整的章汇总一起，就不合榫而成为叠床架屋的重复歧异了。总之，我认为总志与分志的关系是：分志为总志备料，提供"坯子"，总志是在分志初稿基础上，完成统一体系的成稿。

第三个问题是资料与论述的关系

地方志重在资料这一点，大家的认识是比较一致的，但地方志决不等于资料汇编。地方志需要全面反映资料情况，但不是不加任何论述的资料堆砌。地方志的论述应以资料来论述。它与历史文章不同，历史文章可以发表个人见解，地方志则不允许这样，它不能按自己的意见，"成一家之言"，而应该是寓论断于叙事之中，在事实讲清楚的情况下，把你的论点自然地渗透进去，融为一体。

最近时期还出现一种看法认为，既然地方志是资料的全面反映，那么我就有闻必录。这对不对？这种看法是不对的。历史和社会现象是非常错综复杂的，它有主流与支流、本质与非本质的区别。从社会现象中找任何方面的资料或例证都有可能。因此所谓有闻必录实际上是对历史的不负责任，是历史自然主义的表现。比如社会主义有许多新人新事新风尚，有欣欣向荣的社会风貌，这是主流、本质的东西，是社会主义的正面。但是，公安局经常在公共汽车上抓获小偷，社会上仍然有不法分子、投机倒把活动等等，假如都有闻必录，社会主义方志岂不成了大杂烩了吗？反映资料不应有闻必录，而要发掘和叙述历史的真实面目。比如美术家，如果只需做到有闻必录，那么他可以扔掉画笔只需配备一架照相机就可以了。牡丹花很好很美，但牡丹花上落一只绿头苍蝇就不美。

它不能反映牡丹花美的本质。这只需一个拙劣的摄影家或画家用照相机照下，或者用笔照画。这难道就是实事求是吗？这也许实有其事，但决不是我们所求的"是"。一朵很美的花有一只绿头苍蝇，不美，这不是牡丹花的真实，所以反映资料也有观点问题，而观点决不只是发一通议论。比如写某一人物在地方上做了很多好事，但他又有不足之处。这些都有翔实根据，那我们就要经过选择、研究和考虑，分清主次，不作空洞的论述，而以事实作出评论。如果只用某人进步，某人反动，加许多帽子，那不叫议论，不是观点，只是帽子。所以我们要提倡多研究资料，因为县志要让更多的人看，那就要认真地研究资料，根据资料作出翔实可信的论述，写成一部很好的志书。我认为，如果可能，一部好志书还应该附一个资料汇编，就是把修志用的资料，经过筛选，汇编起来，作为附录，既便用者，又备征信。清朝方志学家章家诚的《方志立三书议》里设计了个《文徵》，认为有一部分东西应该作为资料保存起来备考。所以我曾经提出来过，一部志书在资料方面应该"全面反映、储料备征"，"储料备征"就是把你得到的资料择要储存在志书里，等待别人来考证，来取信。

第四个问题是新志与旧志的关系

我认为新志与旧志的关系就是一个批判与继承的问题。对于旧志这一方面，过去有不少研究论文，但仍没有得到足够的重视。自从中央提出整理古籍的要求后，如何对待旧志书的问题便提到日程上来了。近来国内外有些书商以营利为目的大量翻印地方志出售，卖给外国人。外国人非常喜欢地方志，因为这是一种情报来源，可以从中分析情报资料，所以他们非常关心。我国有八千余部地方志，而美国犹他州的一个家谱协会就藏有五千余种，可见他们的热心。我们对古籍的态度不是这样，是采取最有效的使用人力、物力来搞，把其中的好东西拿来作借鉴。旧志对新志有哪些好东西可供借鉴呢？我看有这么两样：

一种是旧志的体例、篇目可供参考。从前编志，凡参加修志的人员，每人需分看一部本地区旧志。旧志的前面一般都有一篇凡例和篇目。凡例讲这部志是如何修的，对意义、目的、步骤和方法都有涉及。当然，它的观点可能是不对的，但是它有些技术性的举例却是可供借鉴的。有些旧志还是比较认真的，当然也有粗制滥造的劣品，我们编新志不妨先把旧志凡例纲目研究研究，取其精华，去其糟粕，比空无依傍终究可以得点帮助。

另一方面是旧志中有许多资料目前看来仍然还有它的参考价值。因此，我们在编修新志以前要对旧志资料先做到胸中有数。对于辨别资料质量的唯一办法，就是比较。不比较就没有是非，没有标准。我们修新志要经得起两个比较，一个是纵的、直的比较，就是与旧志比较，究竟好在哪里？什么叫好，主要有两点：一是纠正了过去的错误，二是增补了过去的缺陷，也就是过去没有的现在有了，过去错了的现在纠正了。另一个是横的比较，就是与同类地区修志情况比较，我们比别人好，别人没有想到，我们想到了，别人不够完整的，我们完整了。有了这两个比较，就可以得出对新志的评价。

我们在编写新志的时候，也许为了某种情况、某个问题，天南海北，查阅资料，访问调查，花费了许多精力，结果旧志中早已有所记载。所以在编新志前首先要摸旧志的底，把有关资料都辑录出来备修新志和其他学术研究参考之用。但是，旧志终究是封建时代的志书，局限性比较大，所以不能盲目崇拜和迷信，而是要以批判与继承的眼光去看待它。我们也不能以为只要懂古汉语就行，这只是起码条件，还不够，要有"明足以决去取"的能力和水平。哪些要，哪些不要，哪些过去被蒙上一层神秘外衣，但确有价值的资料还有待于发掘和重加解释。现在修志条件比以前优越多了，有许多蒙昧不明的资料可以得到科学的解释，但是，在旧志中搞材料，由于知识水平问题也会搞错的，如四川的一部方志中记唐玄宗逃到四川以致"蜀中大震"，这是指人心震动，如把它作为唐朝天宝年间四川发生过一次大地震，那就错了。

我们现在修一部新志，第一条是把旧志的精华都吸收过来，反映到我们新志中去；第二条是我们能够把现状全面反映到新志里面去。如果这样，我们的新志就是成功之作了。如果大家看了我们的新志还不放心，还要去查旧志，那就不对头了。

我认为我们的新志是用新的观点、新的方法和新的材料组成的综合性志书，不是旧志的所谓继续。我们是修新志，不是修续志。

第五个问题是领导与群众的关系

修县志要发动群众，这是编写县志书过程中的基本要求。但如何看待发动群众，如何有领导地发动群众，这就值得我们研究。一个有百十来万人的县，提倡人人关心修县志是对的，而且是有必要的。发动大家关心的目的是要大家来支持和爱护这项工作，不是要百十来万人，人人都来动笔。发动群众与群众运动是两码事。如在打击经济领域里的犯罪活动时要发动群众而不搞群众运动，我认为编地方志也必须遵循这个原则。在实际编写工作中曾出现过这样的情况，听说有一个地方编轻工业志，他们接受了编写任务后，便把任务下达到所属的五百多个工厂，结果五百多个工厂都把厂志送了上来，我们估算了一下，平均每份厂志一万字，五百多万字交上来了。其实，轻工业志在市志中不过一二十万字。在这一二十万字中不可能把五百多个工厂都提到，同时，在这些厂志中，都大同小异地写了各厂的发展史。这作为厂史、厂志是可以的，但作为修专门志和省市志则感到很棘手。所以我认为，领导与群众的关系是领导修志工作的要求教于群众，希望群众提供材料，给予支持，而作为修志领导者要自有主张。修专志也好，修总志也好，自己一定要有主见，这样得有一个调查提纲。至于调查来的情况如何采纳则由编写者来处理，根据修志要求来决定。总之，不要对群众搞一轰而起，其结果实效不大，群众反映也不好。做实际编写工作的同志不能不注意这个问题。

第六个问题是全面与重点的关系

地方志应以资料为根据全面地反映情况，这一点是明确的。所谓全面，主要指一部志书要包括自然和社会各方面的基本情况，资料要尽量搜集齐全。但这又不等于要面面俱到，还要有所侧重。有重点就有特色。宋人范成大为苏州编《吴郡志》就特立园亭一卷，以突出苏州的"池馆林泉之胜于吴中第一"的地方特点。我们从全国的情况来看，最近中国地方史志协会制定了一个工作条例，还附了省、市、县的参考篇目，比较全面，它可供各地参考，预防日后发生五花八门的混乱现象。但中国的地方大，不平衡性明显，若都按统一条例和篇目去搞，可能很全面，却又看不出特色。这就是忽略了有所侧重的问题。各个地方，应当既有全面，又有重点，要有所侧重，反映地方特色。各地在编写工作中应参考全国条例，并从当地实际情况出发，分清主次轻重，进行增删以反映地方特点。对于凡能反映地方特点的条目就应作调查研究的重点，详其所当详也是一种全面。不能所有东西都是重点，结果成了无重点。

第七个问题是人物传编写中的各种关系

人物的问题是地方志中最难办的问题。其中东西都比较客观，而人物问题牵涉较多，就需要多加研究了。首先是立传的问题，什么人立传，什么人不立传，如何立传，以什么标准立传等等。有一种说法是我们不赞成的，即以地位高低为标准，如政权机关地委书记以上，军长师长以上，文教界副教授以上，医务界主治医师以上。这样很好办，只要看看履历表就是了。但这是排队摸底，不是研究工作。修志不能这么办。所以我们在工作条例中建议"不以地位、等级为立传标准"。修志既要反映地方特点，也就要反映地方人物特点。一个人物的特点，就是指他对社会的作用是什么。我们所谓的作用有两点，即正面作用与反面作用。这两点都应该写。过去大家认为只能写正面，不能写反面。地方志正面、反面都要写。它和党史不一样，党史写烈士传，那当然都是正面人物。任何事物有正必有反，这是对立统一的两个方面。所以立传的标准应该是：顺潮流而动，促进社会发展的要立传，目的为的是流芳百世；反之，逆潮流而动，阻碍社会发展的也要立传，目的是让他遗臭万年。这个标准在春秋笔法中早就提出来了，即所谓一字之褒、一字之贬。我们现在新编地方志更应如此。还有生存人不立传一条，是为了不宜过早结论和排除不必要的干扰。比如一个工业劳动模范改进了某项工艺，提高了工作效率多少倍，有卓异贡献，但他尚在世，就不为他立传。不过这个人的事迹可以根据"传事不传人"的原则在工业志中写进去，他整个生平和功绩可以编成资料收藏起来。因为人是在变化的，在世人还有许多改变，立了传将来不好办。人物传里面还有一个国家领导人是否在地方志立传和如何立传的问题，这一点还缺乏研究，思想上不明确，有待于大家共同探讨商榷。还有一种人一生反复较大，那就要实事求是。千秋功过不能以个人意志随意打折扣，既不能以功代过，也不能以过代功。对人物必须实事求是，不能说这个人好就锦上添花，说那个人不好就落井下石。在立人物传中，搞地方志的还有个很重要的任务，就是要努力发掘人物。因为每个人的情况不同，有的人在有生之年发挥作用，得到了社会的重视与评论。有的人在他生前并没有得到重视，在他死后却影响越来越大。编写地方志人物传的宗旨所在就是要评论人物、衡量人物、发掘人物、识别人物。在大人物与小人物的立传问题上，大人物固然重要，但更重要的是写小人物。大人物不大容易漏掉，你不写，他会写，这里不写，那里会写。小人物却易被遗忘，如果地方志再不给予反映，那么这个人就很容易被埋没了。而这些名声不显的人，其有关资料往往会被后世所利用。

上述七个问题只是个人粗浅的看法，希望得到同志们的帮助与指正。

原载于《中国地方志通讯》1983 年第 2 期

我对第二轮修志的一些看法

第二轮修志已开展多年，虽然我因年高体衰，久已淡出志界，但终有过半生的经历，所以还未能忘情，经常涉猎一些有关第二轮修志的信息，也有过一些看法，陆续记录点滴，也曾在某些适当场合，做过几次较有条理的发言，现整理成文，与同道商榷，借抒胸臆。

我认为第二轮修志应当做到三个"新"字。首轮修志一开始也提出三个"新"，就是新观点、新资料和新方法，而二轮修志的三个"新"则是理念新、内容新和编纂方式新。这是需要全面把握的宗旨。

一是理念新。就是要在现有的基础上，提高志书的学术性。提高学术性就是要由依靠史料写志转变为写志是为保存史料。我看过一些第二轮志书，发现他们已经组织开展一些专题调查，并写成书面报告。这些报告就是原始资料，把这些第一手资料写入志中，就有助于提高志书的学术性。学术性不是一个抽象概念，不是高谈阔论，而是要有坚实的资料作基础，是继承传统的创新。对继承传统过去有些误区，认为继承传统似乎就是照搬旧东西，其实传统本身就不是一成不变的，而是随着时代的推进不断发生变化的，它是需要注入时代精神的，是在不断更新的。

在第二轮修志中，如何更好地体现学术性呢？我认为要作多方面考虑。从理论上看，没有理论的行动是盲动，要按照科学发展观，根据国家的法律、法规、政策考察我们志书的内容，是否符合科学规律。说到底，就是看有没有体现实事求是的原则。要批判地继承，总结地创新。

如何实现这些理念，《萧山市志》主编沈迪云先生曾向我说过，要注重四个关系，那就是：一是静态与动态的关系，二是点与面的关系，三是个性与共性的关系，四是写志者与读志者的关系。我同意他的想法。这也是《萧山市志》在第二轮修志中能有较好成绩的原因之一。

二是内容新。志书的生命线就是凭资料说话。在收集资料中应当注重社会调查，这就是点与面的关系，也是文献与田野相结合的问题。第二轮修志应特别强调写出专题调查报告，把这些报告适当地写进志书，或者作为志书的附录，备研究者参考。据我所见，目前全国在修志收集资料中，很少是这么做的。专题报告必须符合实际，不要轻易下结论，搞专题调查，不能鲁莽从事，要有针对性，调查的资料要进行考证，对调查的疑点，不能搞推测猜想。在采录口述资料时，不能仅凭一个人的回忆。有些人口述亲临现场的事，听来头头是道，但也许是"制造"的，或其中有回避的地方，因而这个人的回忆有可能掺入了假话或不准确的内容，不可不注意。对此，应努力做到口碑与文献相印证。写志书是提供一个实证，需要反复地印证，做到信而有征。对收集到的各方面资料，通过精心整理，各有所属。在各条资料后面，可以有标识地写下自己的史识，不要拘泥于史志界限，可以写自己的见解，或不入正文写在注释中，只是注意不妄发议论，不说空话、套话，在这些方面史志是统一的。

三是编纂方法新。在正式写志稿前要编长编，长编就是资料汇编。把所收集的资料按志书门类分别理顺次，要坚持做到"宁滥毋缺"，要给写志稿的人留出思想回翔的空间。编好长编，要从头到尾看是否有阙漏待补，是否有冗赘待删。等长编齐备后，即可写志稿。志稿不能一挥而就，可能写几遍。第一稿可能写得粗糙些，但要较快地把主要论点和资料结合成文，第二稿写得慢些，要精雕细刻，写好后略放一放，再请人评议，要请三种人审读。一是比自己水平高的人，以利于受人指点；二是水平与自己相近的人，可以相互商榷比较；三是水平低于自己的人，测试你写的内容，读者的感觉如何？接受程度如何？对分到各有关部门撰稿的成品要求该部门主要领导看过，实行问责制。经过认真改写的第三稿，要让修志者互改，要排除"自己孩子自己抱"的狭隘观念，不要唯我独尊，摒除自己的稿子别人不能动一字的恶习。互改要建立修改表，把原稿和修改处并列对照，便于终审时确定是非和存档备查。

编纂志稿要讲究文采。首轮修志因为长期未修，人们对志书文字比较生疏，史料散在各方，难以一时归拢，所以文字不太讲究，只注重朴实无华。第二轮修志则要讲究点文采，不能忘记古人所说："言之无文，行之不远"。志书需要有一定的文采。我所说的文采，不是虚构无内容的词藻，也不是多加粉饰性的语词、造句，而是要求字斟句酌，脉络清晰，逻辑合理，笔端常带感情，令人读之有味。

图表是志书的重要组成部分，是数字文献的表现形式。在志书中，有些不便用文字记述的地方，采用图表来表示，显得更真实可信。如灾荒造成的人口减员，占地失地的情况等，用图表表示既能有明显对比，又可避免触动时忌。

首轮修志图表用法单一，数量亦较少；第二轮修志已注意及此，并取得很好的效果，为编纂方法增添部分新内容。

第二轮修志最值得推广的方式，就是增加注释。这是首轮修志少见的做法。我看有些第二轮志书增添了注释，注图表和引文出处，注互见，注异说，注地名今释，注年代考订，注当地俚语方言的解释等等。注文有时很长，内容很充实，有的甚至像一段小考证，可能比写一段志书还费力。这样既不影响志书本身的阅读，又增强了志书的学术含量。

人物是志书中最具活力的组成部分，为志书所不可或缺。其难度在人物的历史评价和收录范围。首轮修志，人物均为已故者，所以有生不立传的规定，为修志者所恪遵。至其入少入多，多依地方名人之多寡，优中选优，以定去取，尚易着手。但第二轮修志则人物多存世，尚未盖棺论定，议论者也多见仁见智，各持一说。现实迫使修志者不得不放弃生不入传的陈规。在行文中，只述其人事功，采取以事系人的做法，对人不作全面结论和颂赞。尤其值得注意的是，千万不要将人物部分写成履历表，将当时当地各级领导小传及照片，编成人物传。我曾看到某省一部县志的人物部分，不仅县的各级领导，甚至本志总编、编委以及一些无所作为的庸吏等等，均入志立传，我看这只能是"秽志"，决不可取。

这些是我最近看过几部第二轮志书后的一些看法，不一定妥当，只供参考，希望得到方家指教。

原载于《中国地方志》2010 年第 1 期

重印《畿辅通志》前言

一

通志是指一省范围的地方志。它大致可推源于宋代王靖《广东会要》及张田《广西会要》之作（《宋史·艺文志》）；但那是合数郡之要为一书，且篇卷甚少，尚无通志的名实。元代即有行省之设，又为纂修《大元大一统志》而命各行省撰送图志，遂为专修省志准备了条件。及至明代，各省多撰省志，其间有名"通志"者如浙江、山东、山西、河南、江西等省；有名"总志"者如湖广、四川；有名"新志"者如贵州；有名"书"者如福建（《闽书》），纂修省志工作可称一时之盛，对清以来的普修通志工作颇著影响。但是，地处冲要的畿辅地区却未闻有志，稽其原因，则因"明代以畿内之地直隶六部，与诸省州县各统于布政司者，体例不侔，故诸省皆有通志，而直隶独缺"（《四库提要》卷六八）。

入清以后，随着社会经济的恢复与发展，编志工作日益受到重视。康熙十一年（1672），大学士卫周祚奉命陈事六条，其一即"请令天下郡邑各修志书，宣付史馆，汇成通志"，其意在为纂修一统志准备材料，所以要求凡山川形势、户口丁徭、地亩钱粮、风俗人物、疆域险要均当涉及。康熙接受了这一建议，便命各地组织人力，纂修通志，并颁发了顺治十八年（1661）纂辑的《河南通志》作为参考模式。二十二年（1683），复由礼部命各省于三月内成书。这种单纯依靠行政手段草率从事、限期完成的做法是难以保证质量的，因而实际奏效甚微，所获成果也不大；但对开展修志风气确有一定的作用。雍正时，吏治振作，各地奉行政令比较认真。六年（1728），曾为此特发上谕，要求各省修志既保证质量，又限期完成。其谕旨称：

著各省督抚，将本省通志重加修辑，务期考据详明，采撷精当。既无阙略，亦无冒滥，以成完善之书。如一年未能竣事，或宽至二三年内纂成具奏。（《清世宗实录》卷七五）

于是，各省通志纷纷进行，其中《广东通志》于雍正九年（1731）首先完成，《贵州通志》最晚成于乾隆六年（1741）。直至清末，陆续重修、创修之作达数十种之多，几乎遍及各省。其中不乏由学者主持而著称于世的名志，如阮元重修《广东通志》、谢启昆重修《广西通志》以及黄彭年的三修《畿辅通志》，都是各具特色并反映一定时期成就的佳作。

二

清代修纂《畿辅通志》凡三次：

初修之议始于康熙十一年大学士卫周祚建议纂修通志之得到谕允。至正式纂修则从康熙十九年（1680）七月开始。它相续在直隶总督于成龙及格尔古德主持下，邀翰林院编修郭棻总其事，至二十一年（1682）四月，仅历十数月而全书告成，得四十六卷，而开雕则在二十二年春。此次修志终因期限匆迫，草率成书，致贻后世以讥评。始而于修雍正志时曾评此康熙志说："旧志则简而不当，其根源见于经史子集者每缺焉，或取诸类书而与本文讹舛，其他则稗官小说为多。"（雍正《畿辅通志》唐执玉序）继而《四库全书》不仅不加著录，更于《提要》中评康熙志"讨论未为详确"，此即指其书既有疏漏，又不谨严。对官修图书作出如此评论，也足见康熙志确有不足，因此乃有雍正重修之举。

重修始于雍正七年（1729）春。当时为备一统志采摭之需又命天下重修通志。直隶总督唐执玉'奉命后即延请原任辰州府同知田易等于保定设局，开始志料采摭工作。其后直督易人，相继由刘与义及李卫领其事，而由翰林院侍读学士陈仪承纂修之任，于雍正十三年（1735）成书一百二十卷并图一卷，即付刊行。这次重修对康熙志作了"广为稽考，订误补遗，著其有征者"的工作。《四库全书》不仅收录此书，更在《提要》中誉其书说："凡分三十一目，人物、艺文二门又各为子目，订讹补阙，较旧志颇为完善。"（《四库提要》卷六八）

三修《畿辅通志》始议于同治十年（1871）末，由直隶总督李鸿章延学者黄彭年等人纂修，至光绪十年（1884）成书三百卷，即刊行问世。黄彭年是当时"博学多通"的史地学者，所著有《三省边防考略》《金沙江考略》及《陶楼诗文集》等。他应聘修志时，还兼主讲莲池书院，所以得在较长时间的安定条件下潜研纂修，再加以借李鸿章权势所能提供的诸种便利，终于能力持卓识、独排众议地完成了一部较前志为善的巨帙。此书在光绪十年初刊于保定莲池书院，后以版毁，又于宣统二年（1910）由北洋官报局据光绪十年本石印，遂得流传较广。1934 年，商务印书馆又据光绪十年本影印精装为八册，并于书后附四角号码索引，极便翻检。以光绪十年（1884）到 1934 年，先后五十年间，如此巨帙的地方志书竟获三次刊印流通，足证其为时所重，而其书之价值也自可见。

民国以后，有人曾对光绪志有所訾议，认为其书"较康雍二志虽称详备，而帐册市簿，成文者鲜，未足当著述之目，识者憾焉"（中国第二历史档案馆藏档）；又以光绪以来，京畿地区变化繁兴，为免资料遗佚，要求及时重修，并推贾恩绂主纂。此事以三万元之财力，经四年之功，完成《直隶省通志稿》二百卷。纂修者以较少财力、较快速度成如此巨著的经营苦心是应受到重视的。纂修者也颇自矜其书说："论者咸谓吾直隶通志，康雍引其端绪，光绪备其资料，至民国始成为完书。"（中国第二历史档案馆藏档）书成因财力匮乏未能及时刊行。稍后虽有人向当时军阀政府申请经费，组织校刊处，准备印行，也未获成效。现除北京图书馆藏有抄本外，尚有个别篇章的抽印本与油印本。

抗战前又有由卢启贤等人纂修的《河北通志稿》四十七卷。此稿记事止于民国二十六年（1937），原藏本六十二册藏湖北省图书馆。散藏各处有部分铅印本，天津市图书馆入藏铅印本二十四卷并附舆图一幅，为十六册一函。

总之，自清初至抗战前，河北省地方志先后纂修五次；但这五种通志中仍当以光绪《畿辅通志》为最善。

三

光绪《畿辅通志》是清季修志的重要成果，也是清代各省通志中的名作，后人曾赞其书说："同光之际，李文忠督直隶最久，特延黄子寿先生总其成，复广罗当时名宿，重事修辑，十年成书，艺林称盛。刊行以后，颇孚时望，为畿辅有志以来之所仅见，即在各省通志中亦且推为巨擘也。"（商务影印本序）

这部志书确乎自有其特色。

首先在编制体例上未沿袭通用的门目体，而是诸体并用，颇类正史纪传体，并参以郑樵《通志》之例，分纪、表、传、略（志）、录等。即帝王用纪、琐细用表、人物用传、纪事用略、宦绩用录，后附以识余。具体分卷是卷一至十五为纪，包括诏谕、宸章、京师、陵寝、行宫；卷十六至四十五为表，包括府厅州县沿革、封建、职官、选举；卷四十六至一八二为略，包括舆地、河渠、海防、经政、前事、艺文、金石、古迹；卷一八三至一九二为宦绩录；卷一九三至二八六为人物列传；卷二八七至二九七为杂传；卷二九八至二九九为识余；卷三〇〇为叙录。这种体例较之分门列目更便于汇聚和保存资料，易于较全面地反映各种情况，它是一种可资借鉴的体例。

其次，这部通志是按照志书的要求而纂修的。史志异同是史志学界长期探讨的问题，但有一点则是多数人比较一致的意见，即志书要求全面反映一地区的自然与社会状况，为各门学科和现实建设积累提供资料，以收"储料备征"的作用。清代方志学家章学诚在《方志立三书议》中曾提出方志要有掌故、文徵部分以汇辑簿书案牍和各体诗文，这是颇有见地的主张。黄彭年主持三修《畿辅通志》工作确具一定的史识。他广搜资料，汇辑成书，为后世保存大量可资参证的资料。尽管同事者如张裕钊、吴汝纶等有所异议，攻其体制为"失纂述之体，贻市簿之讥，篇不成文，无异档册"（商务影印本序），甚至张裕钊竟以辞莲池教席拂袖而去相胁，他也在所不顾，坚持进行。民国以来仍有评论此志为"账册市簿，成文者鲜，未足当著述之目"（中国第二历史档案馆藏档）。所谓"篇不成文，无异档册"，多为文章家抨击史家的惯用语。文章家以"篇自成文，典雅绚丽"自诩；而史家则以"事有来源，语有出处"自矜。二者固各得其用，而地方志则当用史家之法。张裕钊、吴汝纶是当时著名的古文家，黄彭年则是学有专长的史志学家。他们之间的发生歧异正是无可避免的结局，而黄彭年不为异议所动，坚持史法修志正是光绪志能超越前志并为后世提供参证的重要原因。黄彭年在纂修光绪《畿辅通志》上所作的历史贡献是值得肯定的。

第三，这部通志在汇聚和保存河北一省的资料上起到了重要的作用。它所引录的资料都谨严地注明出处。无论是上谕诏旨、名臣奏疏，还是各种著述、属县志书，都于每条资料下注明来源。虽然其中有些图籍至今尚能寻求，但就一省资料而言，采择汇集予人便利之功，决不可泯。即如清初京畿地区旗地旗人为害一端为例，从所录上谕章奏中可知顺治时对圈地有"满汉界限分明，疆理各别"（卷二）的建议；康熙时"旗下凶恶人员并庄头等，纵恶恣行，武断乡曲，有司畏威而不敢问，大吏徇隐而不能纠"（卷一）和雍正时"八旗罢黜之废员及不能上进之子弟，与多事不法之家人，往往潜在其中，结交游手好闲之辈，妄行生事；或好勇斗狠，或酗酒赌博，或与百姓争讼告讦，辗转不休，以致风俗日渐浇漓，难以整理"（卷二），这些弊病可一览而得。又从所引录各县志资料即可知各地民情，如满城县"小民勤本业，而一意种植纺绩"（《满城县志》）；广宗县"男力稼穑、女勤纴织"（《广宗县志》）；钜鹿县"昔称恄诈推掘，今则急上而力农；昔称弹絃跐，今则纺绩而宵作"（《钜鹿县志》）；献县"妇勤于绩，夏月席门前树荫下，引绚声相应，比户皆然"（《献县志》，以上统见《畿辅通志》卷二四〇）等。又如从职官、选举诸表中可约略藉知未入列传的有关人物的简历。

第四，这部通志博采众志义例，斟酌损益，择善而从，此《凡例》已有明确记述。惟艺文一门于经史子集外别立方志一类，"凡直隶统部及府厅州县志书无论是否畿辅人所撰，皆编存其目，取便考查"。使一地文献，收按图索骥之效。这是在纂修志书时注意存志书之目的一种卓识。

正因为光绪志有一定特色，所以在书成后即为时所重；清季又以版毁而由直督陈夔龙再次石印；二十余年后，又以石印本不易多得，而由商务印书馆缩印原本精装八册应世。它的不断重印正说明该志有其一定的需用价值。

四

我国旧志宝藏繁富，据一类统计有八千余种，设再广加按求，或达万种。旧志整理与利用，清初以来就已比较正规地开始，如顾炎武利用方志资料撰《肇域志》与《天下郡国利病书》、徐乾学之编《天下志书目录》，而重印旧志以广流传也在多有。解放后，整理旧志工作除以汇编专题为主之外，尚及目录、提要与索引，皆多著有成效。至于重印旧志则因耗费巨而收益难，未能大量进行；但就以刊印《元一统志》、明《顺天府志》以及《天一阁藏明代地方志选刊》百余种而论，都为保存文献，利用资料提供了方便。不过所刊种数与旧志总量相衡，重印者为数终究不多，致使原有旧志难于保存，而研究者又苦于得书之难。特别是一些使用价值高和某些孤本善刻更需有选择、分缓急地加以刊印，以广利用。即如河北方志而言，据知天津市图书馆就藏有四十余种为他馆所未入藏。这些方志虽不尽是海内孤本，至少也是罕见方志。当然，在重印旧志问题上，也尚有些不同的意见，有的认为旧志需经整理方能重印，而目前又缺乏整理力量；有的认为方志的社会需求量不大，重印要考虑经济效益。因而，要想重印旧志，尤其是篇帙大的地方志，既需财力，又需胆识。河北人民出版社在省人民政府支持下能够克服诸种困难，毅然斥资重印篇幅达三百卷之巨的《畿辅通志》，不能不说是方志学界的豪举，也为学术界的研究工作带来福音。我深愿这一个好的开端能产生系列性的反应，如《浙江通志》初稿、《江苏通志稿》以及海内外的孤本稿都将陆续得到梓行，那将对保存文献，推动方志学的研究作出莫大贡献。

一九八四年十月

原载于（光绪）《畿辅通志》，清·黄彭年主纂，河北人民出版社 1985、1989年版

《萧山县志》序

一

萧山修志，始于明初，直至民国建立，前后凡十数修。民国二十四年刊《萧山县志稿》纂者杨士龙氏曾在其再跋中概括其事说："萧有邑志，宋元以来不详载籍。明永乐间，知县张崇奉敕重订志书，观其序言，前无专书，所谓旧志者，郡志而已（见康熙志遗文门）。厥后，宣德、弘治、正德、嘉靖凡数修辑。远者六十余年，近者仅十余年。明代修订，可谓綦勤。清踵明后，仅康乾间一再修之。厥后，历嘉、道、咸、同、光、宣百五十余年，竟阒然焉。"

自明永乐之始修至清乾隆之成书，历时近三百年而修志达十余次，足以见萧山地方重视修志的传统。可惜乾隆以后一百五十余年，其事没没。民国初建，重有修志之议，前后垂二十余年，方有民国二十四年《萧山县志稿》的问世，历程不可谓不艰辛。继之，乃有先祖裕恂先生于一九四八年艰苦卓绝独力完成《萧山县志稿》十四卷、志余一卷，为旧志之殿。建国后，百事待举，修志工作自当循次而兴。近年以来，四海安谧，政通人和，值盛世修志之会，中国共产党萧山县委及政府烛见修志工作意义之大，毅然定策，拨付专款，调集专材，广搜博采，殚精竭虑，尽五年之功，八订纲目，三易志稿，终于在一九八六年夏完成了《萧山县志》全稿近百万字。从此，一方乡风，展卷可得；鉴往知来，为政者将有所咨考。

二

《萧山县志》是当前修志工作中所涌现的重要成果之一。其业之宏，其功之勤，其效之著，自有志在，不待赘言。若进而言之，这部志书基本上达到指导思想正确，论据充实可信，时代特点突出，地方色彩浓郁，篇目设计合理和文字通畅可读等等新编方志的要求。其超越历来旧志处显然可见。

旧志之修大多由主县政者邀集地方士绅文人，仓卒从事。或计日程功，不顾质量，或迁延岁月，时辍时兴。今志之修则大不然。始有县委与政府认真研究，广征博咨，订立规划；继则广集人才，专业从事；终而从本县实际出发，以实事求是精神，上承前志精华，下聚各方卓见，制纲订目，分口撰写，汇集总纂；复经专人分编，主笔统摄，反三复四，而后完成草稿，即印发各方征求意见，再加审读修订，方提出评审稿。虽时日略延，而敬事慎行的精神保证了新志编修的良好基础。

旧志连篇累牍记及职官、名胜、人物、艺文，而于经济少所涉及。远者如明清两朝八部《渭南县志》仅有食货一门，篇幅甚少；近者如民国二十四年刊《萧山县志稿》三十三卷，人物占十四卷，几近二分之一，而经济仅有四卷，为十分之一略强；因之，一代面貌难以再现。今修县志则增益大量经济内容，即以其大事记而论，建国以来共记400条，而经济大事为146条。经济专篇也较多，而萧邑地处钱江之滨，围垦已成经济要务，新志乃特立专篇。它如乡镇企业，引进开发诸端也莫不标列条举。其意义当与宋范成大《吴郡志》专立园林相比美，使《萧山县志》具有时代和地方的特点。

旧志体例率多因袭，或续前志所缺，或补旧志不足，即成新编，其篇目内容纵有增损也大体相沿。今修县志非续非补，实为创编，上承旧志精华，于篇目取材多所创新，如以大编既难突出重点，又不易概括得宜，乃采小编体制，使问题集中而无畸轻畸重之弊。今志于志首冠以概述，总述全志，钩玄纂要，使一编在览，纵然未读全志，而全县情况，大体了然，此为前志所少见。大事记虽旧志间有，但今志则采编年与纪事本末相结合形式，既能纵贯古今，又能首尾完备，推陈出新，为全志的纲要。它如专志及人物传，都独具匠心，各赋特色。类此均足以见修志者经营的苦心。

旧志成书，或为速求声名，未经详审而草率付印，匆促问世；或以县主易任，集事维艰而束诸高阁，以待后来。其能集硕彦英才，切磋琢磨，务求其精而后付诸枣梨者所见盖鲜。今志之修不仅定稿过程中敬慎其事，即定稿后，犹广邀各方人士来萧集议，其中既有各方面专家学者，又有邻右各县修志者，自理论至实际，自大要至细节，反复商讨推敲，各贡所见，力求确当，甚者如地理篇之涉及专门学术，则有关学者不辞辛劳，亲操笔墨为之删订；各县修志者更能鉴其甘苦，补缺纠缪；主笔于此，既虚怀若谷，倾听意见，复自有主张，知所抉择。众志成城，终纂佳志，为新编县志增一异葩。

三

萧山是我的故乡，而先祖又为最后一部旧志撰者。情切桑梓，固念兹难忘；而克绳祖武，尤感仔肩沉重。所以自县志纂修之始，我即奉故乡之召，于一九八二年六月回县与修志人员交谈修志的若干问题。离乡几近四十年，自然有"少小离家老大回"的万千思绪，虽乡音无改，但时光催人，鬓毛非衰，已呈苍苍。故乡巨变既激励我奋发，而先祖于艰难恶劣年代，以烟纸写志，独力成稿六十万字的精神，更加重我于修志一事义不容辞的责任感，因而遂受县志顾问之聘。数年经历，我贡献不大而受益良多。深感今志之成，当归因于县领导的重视，修志人员的努力，行业部门的合作，各地的支援等等。尤可贵者为一九八六年初夏的评稿会，既有方志工作各级领导人员，又有各方面专家、同行，济济一堂，共商志事，畅所欲言，各抒己见，受惠者已非萧山一志。县委及政府领导不仅严格要求，集思广益，精益求精，更不惜斥资出版，庶无负父老期望，尤愿为全国修志工作起推动作用。

《萧山县志》是一部有特色、有成就的新县志。它的出版将为新县志武库增一瑰宝。我以躬与其盛而深感幸运。缅怀先祖之艰难，不禁泫然，而乐观新志之纂成，又无任欢忻。我籍隶萧山，自当引为自豪。愿故乡青山绿水钟灵毓秀，愿故乡父老接受游子莼鲈之思的情谊。

一九八六年六月于南开大学北村邃谷

原载于《萧山县志》，萧山县志编纂委员会编，浙江人民出版社 1987 年版

《蓟县志》序

蓟县为历史文化名城。自春秋以来即设县置州，世代相沿。境内遍布名胜古迹如独乐晨钟、三盘暮雨以及黄崖雄关，不仅为旧志所盛道，且于今日津门十景中独居其三；而盘山景物尤胜，山秀石怪，林深路奇，洵不愧京东第一山之称，以致清乾隆帝触景而发"早知有盘山，何必下江南"之情。

山川灵秀钟毓古往今来蓟县儿女，各瘁心力，为故土争光添彩。白莲教、义和团之反封建、反侵略固足彪炳史册，而抗日战争、解放战争所建勋业尤为辉煌。类此地灵人杰，势将凝聚于笔墨而载于一方之志。此蓟县修志源远流长之缘由。蓟县修志自明以来先后有州志、县志、山志、园林志殆十数种。志业不可谓不盛。

建国以来，修志事业曾先后三兴其事，而八十年代举国修志，尤称盛举。是时，主事者为推动修志，颇汲汲于作育人才，乃委我奔走其事，遂于 1983 年在苏州、武汉、太原及天津相继举办培训班四期，而天津则于 1983 年 11 月开班于蓟县。华北、西北、东北各地修志人员负笈来学者近二百人，虽历时仅两周，但方志与方志学之基本知识及修志条例已粗得其要。结业后散走四方，而三北志事乃大兴，是蓟县复为北方新志事业之策源地，从而促进蓟县新志之编修。

山川人文不可以无记，而为尤负三北修志策源地之盛名，更不可以不修新志。1985 年，蓟县当轴决策修志，并以李福兴同志总司其事。凡组织人员、搜集资料、拟定纲目、纂修初稿以及人力、物力之周章，福兴同志无不亲与其事而备著辛劳；共事诸君郭新纪、赵学海等同志亦能坦诚协作，昕夕从公，共襄盛业。《蓟县志》历时五年，至 1990 年 6 月，成初稿百余万字，于是名城名志，蓟县之政治、经济、军事、文化以及社会、人物毕具于一编。今后为政者有所借鉴，而地方之文献足征。

我谬膺《蓟县志》顾问之选，自定纲立目至纂成草稿，往返商榷者屡屡，深知成书之维艰。今乐观厥成，欣然色喜。书成众手，瑕疵自所难免，历经审订，当可跻于前列，固无需再加雌黄；顾随读全稿，于新志之编修，联翩浮想，颇有不能已于言者。

新编志书之役，计今四十年，前三十年成效甚微，而近十年则蓬勃腾飞，硕果累累，迄今县志成书问世者已三百余种，其接踵而至者为数尤多。核其所以能疏阻塞、达通途者，诚与主政者之支持有关。志书之成，学术权威仅有助于内容之质量，而行政权威则为志书成败之所系。《蓟县志》始终其事者为资深领导，历届主政者多予竭力支持，而志事之进展遂获顺利。其他各地修志亦多类此。

修志非一朝一夕之功，其成书时之主政者往往被摈于新志下限之外，业绩事功不载志册，而成书问世又在在希求支持，主编者颇有难于措置之憾。此《蓟县志》所以于 1985 年断限之外，别立《1986—1990 年蓟县经济和社会发展纪略》一篇，虽有迁就现实之嫌，但于志书之底成，大有裨益。此既可免下限一延再延，以致牵一发而动全身，又可增补下限后之内容，使志书更趋完备。此未始非权变之措施。

地方志书以资料为依据，似已为方志界所共识，而所谓述而不论乃指不以秉笔者主观意志强作评论，而仍应立足资料，加以分析研究，去伪存真，综合论述，俾读者于叙事中得完整概念；否则或汇集资料，纂成长编；或类次排比，宛若簿册，则有失志书信今传后之主旨。世有谓志无褒贬，实为皮相之论，而未识志书记事之真谛。

志书当力求文字简炼，篇帙适中，若文字冗长，动辄一二百万言，无论人力、物力之虚耗，即读者亦有难以卒读之感，徒失志书备参之效能。但当前志书篇帙，日趋膨胀，我曾多次论及志书良窳，在质量而不在数量。衡以当世所需，百万字足矣，而人微言轻，未能奏效。此又不得不再次吁请修志者珍惜笔墨以造福读者。

为山九仞，功在一篑。一志之良，端在总纂定稿之得力。成稿之后，历经审订，每每众口异辞，要在择善而从。总纂既能虚怀若谷，勇于割爱，又能思虑周详，自有主张，于指导思想、资料基础、叙事论述及语言文字四大端严加比量，精雕细刻，如琢如磨，则良志之信今传后可待，亦无负于数年修纂之劳。

我读《蓟县志》蓝本既竟，触景生情，思绪纷繁，随笔札录，权当一得之愚。适《蓟县志》主编邀我作序，乃濡笔记其遐思，固非拘于一志，或可备后来者采择。言鲁语直，祈知者谅其老悖！

一九九一年三月于邃谷

原载于《蓟县志》，蓟县志编修委员会编著，南开大学出版社、天津社会科学院出版社 1991 年版

《中日地方史志比较研究》序

中国的地方志不仅数量多，而且历史长，虽然学术界对它的渊源有多种说法，但它有二千年的发展历程当无疑问。中国地方志的延续性也很强，几乎各个时代都给它以应有的重视，特别是自宋代方志体制渐趋完备以来，到元明各朝更日趋兴盛，而清代尤为突出，一朝修志总数达 6000 余种，占各朝所修志书总数 8000 余种的百分之八十左右，其年平均量达 20 余种，成果可称丰硕。民国以来，志书之编修仍然绵延不绝。

由于地方志的编修历来都含有官修性质，因而它多与行政层次比附而行，上起于全国的一统志、各省通志，下至于府州县志，旁涉于山川、土司、盐井专志，细及于地方杂记小志，无不成为一地一区之横断剖面。

地方志在国内各地多有入藏，国外也频加搜求汇聚，美、日等国入藏已为数不少，美国犹他州的家谱协会藏有正复本中国方志达 5000 余种，日本所藏仅珍稀中国方志即有百余种之多。目前，中国国家图书馆与著名大学图书馆也不断采取收购旧藏、交换复本、复印照相等方式从海内外搜求志书以充实馆藏。

五十年代以来，中国有识之士，一本盛世修志之义，奔走呼吁，着手其事：一面整理利用旧志，一面搜集资料，试编新志。历二十余年，虽经艰阻，但已粗见成效。迨八十年代，国情大定，地方志事业随之而勃兴，全国各地普遍展开新编志书工作，整理旧志工作也相应推进。十年修志，硕果累累，累计自 1949 年 10 月至 1992 年 12 月，全国已编纂出版的省市县级新方志和其他专志等等共有 9500 余种。迨世纪之末，县县有志之繁盛，当可拭目以待。

中国方志积存之厚与纂修之盛，使历代学者颇多倾注，或身与编纂之役，或论志书之得失，撰述专著，岁积月累，乃有方志专学的建设，屹立于华夏学术之林。类此，皆不能不对近邻日本产生应有的影响。犬井正教授的论文曾有所论及（其文已收入本书，可备参阅）。虽然，日本的撰述趋势，渐近于史，但两国于地方史志的学术沟通，其痕迹已清晰可见。

日本于编修地方史志工作，历来颇见成绩，不仅各地有专门机构发挥指导作用，当地人士及学者专家也多参与其事，征文考献，编纂成书，不遗余力，地方史志著作也不断问世，而从事其间者又颇多知名学者。吾友齐藤博教授学殖深厚，尤以社会史、民众史之研究知名于世，并曾亲自参与地方史志编修之实践，于编修史志之立论与方法，独具卓见，于中华文化亦久有会心，遂有与中华学人共作中日地方史志比较研究之议，乃于中国新著方志之著者中，反复比量，嘤鸣求友，终以各种条件适宜而致书于我，数以鱼雁往还，大致定议。1991 年初，齐藤教授亲临我校，面商细节，签定协议，并盛情邀我任独协大学客座教授，赴该校讲授"中华文化的传递"和"中国方志学概论"二课。1991年 9 月，我应聘赴任独协大学，一面讲学，一面就近与齐藤教授就合作项目交换意见。1992 年 3 月，我任满回国。4、5 月间，齐藤教授与犬井教授来校回访，专诚拜访天津市志编委会及蓟县县志编委会，进行史志编写工作经验交流，并实地考察长城、盘山及清东陵等名胜古迹，又对进一步合作提出了各自的意向，双方共同愉快地度过了这值得怀念的十日访问期。

　　1992 年 9 月正式开展课题组织工作，历时二年，至 1994 年 9 月，中日双方学者的论文基本汇齐，又经过三个月左右双方审定文稿、修正译文的过程，终于完成了全书的编辑工作。所收论文为中方九篇（日文本收七篇）、日方五篇，虽篇数有异而字数相差不多。

　　中国方面的论文大致可以分为三类：一类是从历史学角度论述中国地方志不同阶段的发展史，并评价其记事内容、语言要求、史志关系诸方面。郦家驹、来新夏、谭其骧、傅振伦和林衍经诸教授的论文属于此类。另一类是历史地理学家的立论，如史念海及陈桥驿两位教授的论文即属此类。还有一类是从事修志实际工作者根据长期从事修志实践活动中所获得的经验而加以理论的升华，如杨静琦和费黑二氏的论文便属此类。这九篇论文中陈桥驿与林衍经二氏的文章由于日译工作的延误，没有能够收入日文版，而陈桥驿教授那篇以《慈溪县志》与《广岛市史》比较研究的佳作则又因原文过长，且已由慈溪县志编委会单册印行，所以只选取了部分内容入中文本。

　　日本方面的五篇论文实际上是以第一篇作为主论文。这是由齐藤博教授主持，邀请色川大吉和芳贺登两位教授就地方史与民众史题目进行座谈的记录。这篇文章所讨论的内容远远超出了主题，内涵极为丰富。应该说这是对日本战后史学界现状的概括性描述与评价。他们从自我历史的角度对日本战后四十年代的历史学领域进行了回顾，对历史学界各流派的人物和观点进行真实的介绍和坦率的评价；他们提出了研究和编写地方史的方法——把自己放进去的研究方法，即把自己作为创造历史的主体之一进行分析；他们探讨了民众史和社会史的方向性问题，主张写由于愚昧而被时代愚弄卷进某种浪潮的普通民众。这些观点反映了三位学者独立有识的见解和追求马克思主义的先进精神，某些观点对我们如何去认识某一历史时期的历史现象颇有启发。从学者们讨论之能步步深入和充分表述都显示出齐藤博教授在主持学术座谈时所其备的才华和技巧。大滨彻也教授的论文阐述了市民亲手创造市史的意义，不赞成由教授专家承包编修市志，提出了考察真实情况的方法，利用士兵、农民的私人档案如日记之类进行具体分析，从地方纪念物来认识周围发生的新变化等等观点和见解都是值得借鉴的。不过，某些举例似不甚恰当，如对孩子的教育是使他们向往做士兵和将军，即或战死被祭于靖国神社等等，这使我们了解到日本军国主义者进行侵略战争的社会原因，也提醒我们对这些观点的注意。齐藤博教授的另两篇论文旨在重申地域社会史的发生、发展与意义；论述了地方史编纂法的几种潮流，支持了市民创造市史编写的观点；对专家承包和专家与乡土史家共同编写的方法有一定的看法，并批评把编史作为学术实习的做法。这些都可供我们新编方志时的参考。犬井正教授的论文是以《天津简志》作为研究素材来进行中日地方史志比较研究的，他从中国志书的叙述方法及目的来纵观中国方志影响下的日本方志的传统，对史志关系从名称、用法及叙述内容各方面作了比较研究。这是对中国新编方志给以友好评论的一篇佳作。

在这次合作研究过程中，我非常欣喜地结交了齐藤博教授这样一位异国的良友。齐藤博教授是位性格开朗坦率的性情中人，他喜怒形于色而毫不掩饰自己。他在关键时刻，能明辨是非，仗义执言，全力维护和信任自己的朋友。回忆我在东京独协大学任教不久时，不意竟有同我族类的宵小觊觎职位，见利忘义，勾结某劣生挑衅离间我和齐藤、犬井二教授间的友好关系；但二教授不为浮言所动，力持正义，公开其事，暴露其奸计，面斥其人。而于我则多方慰藉，使友情益臻金石。及中文本将付剞劂，齐藤教授复竭力张罗，终获出版资助金而中文本乃幸登枣梨。齐藤教授的援手之情，不可没焉。

日文本已于6月间由日本学文社正式出版发行，中文本也已交付南开大学出版社印行。在《中日地方史志比较研究》一书中日文本行将合璧的时候，我真诚地向为本课题的完成和本书的出版给以帮助和关心的单位和个人表示感谢。他们是：

日本独协大学对课题研究和成果出版所给予的经费资助；

齐藤博、犬井正二教授在合作研究全过程中的精诚互助和热情关注；

中国天津外国语学院修刚副院长在承担中、日文本中双方论文的中译和日译的互译工作中所付出的辛勤劳动；

南开大学信息资源管理系在执行合作协议过程中所给予的支持；

南开大学地方文献研究室副主任张格副编审在拟定协议、计划进度和处理常务诸方面所承担的良好工作；

南开大学出版社地方志编辑室主任焦静宜副编审在亲赴东瀛策划中文本的出版事宜和担任中文本责编工作中所作出的努力。

此外对所有关心这一课题的师友们，都借此敬表谢意。

这项课题由于双方主编各在一方，有些问题未能及时通报，以致选文标准、编纂体例各方面容有不够完善之处，欢迎读者不吝赐教，以便日后进行国际学术合作项目时能做得更好些，更完善些！

一九九五年十月写于南开大学地方文献研究室

原载于《中日地方史志比较研究》，来新夏、齐藤博主编，南开大学出版社1996 年版

三　图书文献学

中国图书文化的历史价值

中华文化的传递，在正式图书出现以前，除口耳相传外，传递记事方式可分为两个阶段：一是文字产生前所用的结绳、契刻和图画，以实物形象来记录，可是传递困难；二是文字产生后，以甲骨、金石为载体，以文字记事来保存和传递文化，但它们仍然缺少广泛流通的图书应有的功能，仍不是正式图书。

中国的正式图书应以周秦时期的竹木简策为始，其后历经帛书、纸书等等交错和相承阶段。它们承担了两千多年中国文化薪火相传的主要职责，为了明瞭在这漫长行程中中华文化传递的痕迹，就需要比较全面地了解中国的图书文化。

中国的图书文化包含着图书的制作、典藏、整理、流通、编纂诸方面。剖析和阐述这些方面的成就，将会自然地显示中国图书文化的历史价值。

一、中国图书的制作

中国图书的最早专用载体是竹、木，以竹为载体称简策，以木为载体称版牍，也有以木作简称木简的。据文献记载，西周中期已使用，但未见实物。从出土文物看到战国及秦的竹简实物，证明二千年前中华文化的传递已有了正式的专用载体。竹木载体需经过去湿、防蠹以便书写的炮制程序，制成长短不一的简，分别记录着政府法令、学者论述、大事纪要和医方等等。简上的字用笔和墨写的，刀是刊改误处之用。每支简自上至下写二十到四十个字。秦简有正反写和分栏写的。每支简写字不多，所以写一个文件或一篇文章要用许多支简，然后按顺序编起来，用二三道甚至四五道丝绳或麻绳连成"册"。以末简为中轴，向右卷起来保存，这就是一"卷"书。版是木片，有不同规格，三尺长的称"椠"，二尺长的称"檄"，一尺长的称"牍"。宽是长的三分之一，一尺见方的称"方"，宽度狭只能写一行字的称"札"，即木简。战国时多用竹简，汉多用木简。简书在中华文化的保存、传递、奠基诸方面都起过重要作用，从周秦到魏晋一直是典籍的主要形制；但是，由于制作过程繁复，携带流通不方便，收藏占用面积大，编连容易烂脱散落，所以与简书并行的还有帛书。

帛是丝织品的总称。帛书又称缣书、缯书，是一种丝织物，与简书并行使用，所以古书上说："图之竹帛"。四十年代在长沙古墓发现二千三百多年前的帛画，用三种颜色绘成各种神怪形象，还有文字。七十年代在马王堆汉墓中发现大量帛书，约十余万字。帛书质地轻软，书写自由，剪裁方便，能绘图制表，一直与简书并行；但帛价昂贵，所以至终不能完全取代简书，直到纸书出现，它逐渐成为书画艺术品的载体。

简书和帛书一直到东晋末年才被官方正式命令停止使用而由纸书代替。简书和帛书的地位虽然被纸书所代替，但它们传递和保存中华文化的功绩是光照后世的。

纸是中国四大发明之一。它的发明使中华文化的传播摆脱了竹简笨重和缣帛的昂贵而得到顺利的流通。现发现最早写有文字的纸是 1973 年甘肃武威发现的用隶书写就的东汉古纸。纸的改进和发展应归功于蔡伦。他总结和提供了新的造纸原料，改进和推广了新的造纸技术。东汉以来，手写纸书逐渐趋向代替简帛。三国时已较多用纸，帛成为贵重书写材料。晋代用纸更为流行，"洛阳纸贵"的典故证明纸已成商品。公元 404 年桓玄正式下令废简牍改纸书。从此，中华文化的传递进入手写纸书阶段。晋纸宽约一尺，长尺余。把幅度相等的纸黏连在一起，由末尾向前卷，前后加签和轴，形成卷轴式卷子本。二十世纪初在敦煌石室发现从四世纪到十一世纪间手写纸书二万余卷，中国现存万余卷。中国最早的纸书是流存在日本的《三国志》中虞翻、张温、孙权等传的残卷。

从隋到唐前期，手写纸书比较流行。直到九世纪前后，雕版印刷术发明和使用，印本纸书出现，册装形式流行，手写卷轴纸书渐趋落后，但一直未完全取消。雕版印刷的出现，减轻了手写的劳动强度，缩短了成书时间，增大了复制量，降低了错误率，使中华文化的传递与传播加速了进程和覆盖面。

雕版印刷起于何时，说法不一。但一种发明，往往有一个较长的酝酿成熟过程，要截然划定时间比较难。根据文献记载和已见实物，大致可定于唐朝。现存最早雕印品是唐懿宗咸通九年（868）的《金刚般若波罗密多经》，现藏伦敦博物馆，国内最早雕印品是成都发现的《陀罗尼经咒》梵文经本。唐代雕版印书主要是佛经和民间用书。雕印中心在四川、淮南等地。

五代从后唐至后周四代二十一年间曾刻印九经。石晋宰相和凝曾自刻所著书。十国也刻印图书，蜀相毋昭裔出私资刻书流传。

宋为雕版书发展期，刻书范围广，刻书地区多，刻书量大，刻书水平高。从宋建国到真宗初（960—1005）四十余年间，国子监藏版由原来四千块增至十余万块，升达二十多倍。宋初用十二年时间刻成汉文佛经总汇——《开宝藏》，版片共十三万块。宋已有尤袤著《遂初堂书目》为版本目录专著。宋版书成为后世宝藏的珍品。

由于雕版印书出现，装帧也由卷轴向册叶过渡。册装书比卷轴本有易成、难毁、省费和便藏四大优点。北宋装册为蝴蝶装，它以版心线为准，将有字一面内折再把中缝背口粘于包背厚纸中线，展开时犹如蝴蝶双翅，故名。蝴蝶装是由卷轴走向册页的一种形式，也为后世的书册提出了书型的初步规模。元、明流行包背装，改把有字面外折，粘在包背纸上，但不装订，外形与今平装书相似。明中叶后出现线装，即把包背装的封皮从书背截开打孔穿线，装订成册，清代广泛采用，至今已被人误认为线装书即古书的形态，而以线装书作古书代称。线装书的优点在于外观整齐美观，不易散乱，容易改装，便于典藏。线装书是纸书中的一种进步的型式。

印本纸书流行，并不等于手写纸书绝迹；相反地，手写纸书却日益崇贵。手写稿本、钞本、传钞本往往成为珍藏，各朝大型图书也以手钞显示其地位与价值，如明之《永乐大典》、清之《四库全书》等。

不论手写纸书，还是印本纸书，对于传递和传播中华文化都起着重要的作用。中国二千多年纸的历史和一千多年纸书的历史都充分证明中华文化之所以能源远流长和对世界文化作出应有的贡献，确是其来有自。

雕版印刷由于版片笨重，雕版耗时费工、保管需用专库，用久需不时修整，于是活字印刷便应运而生。活字印刷的出现，约在北宋仁宗（1041—1048）时，由名工巧匠毕昇所发明。他用泥制作字模，拼版印刷，比德国人谷腾堡的铅活字早四百多年，可惜只有《梦溪笔谈》的交献记载，没有实物成果，因此曾有人攻击这只是设想，以泥活字不能印书来否定中国的活字发明。直至清道光间安徽一穷塾师翟金生按毕昇方法制泥活字印书多种，方证明泥活字印书的可行性。元代王祯造木活字三万余字印《旌德县志》，六万余字仅用一个多月印成百部，效率很高。明代活字印刷盛行，遍及江苏、浙江、福建、江西、云南、四川，经史子集都有，铅铜木并用而以铜活字著称。清雍正初以铜活字印《古今图书集成》万卷，共一亿六千多万个字；乾隆时以木活字印《武英殿聚珍版丛书》134 种。明代还创造了套印以及饾版、拱花等技术。

雕版、活字、套印技术的发明使用为文化成果的保存和文化遗产的传递都提供了良好的前提。它为中华文化，乃至世界文化的发展都作出了应有的贡献。

二、中国图书的典藏

中国文化遗产丰富，在手写简书阶段，惠施已有"学富五车"之誉，这反映了学者已有私藏；汉武帝藏书"积如丘山"，反映了官藏积累之富。根据古文献推测，周以前可能已有主管藏书人员。正式的机构和人员是周的"藏室"和老子，所藏主要是各国史书，孔子曾去查阅过资料。诸侯国也多有藏书。

西汉惩焚书之失，鼓励天下献书，经过三次大规模征集，藏书量达到13269卷。官藏机构有石渠阁、天禄阁、兰台、石室等。而太史、太常、博士也分别有藏。东汉藏书量比西汉增加三倍，藏书机构有东观、仁寿阁等七处。桓帝延熹二年（159）置中国第一个主管文化典籍事业的正式官方机构——秘书监。

西晋初年馆藏量有二万九千多卷，后战乱丧失。东晋初仅有三千多卷，后经五十余年努力，恢复到三万余卷。南朝梁元帝曾集书十万卷，临亡付之一炬。

隋朝二帝重视官藏质量，征集钞补，选精别藏。唐初由洛阳运书至长安，中途沉没，损失惨重。经过几朝搜求，玄宗时已有八万余卷，设秘书省专管，进行大规模钞校工作，对唐以前的中华文化是一次总结性的检阅。玄宗以后，国情不稳，典籍散乱，唐末官藏已不及万卷了。

宋代注重文化，官藏中心有昭文馆、集贤院、史馆和秘阁四处。藏书总量达6705种73877卷。北宋末年损失殆尽，南宋逐渐恢复。南宋时书院发达，有二三百处，都分别有藏书，成为与官藏、私藏鼎立的三大藏书系统之一，即书院藏书。

明代官藏空前丰富，宣宗时已达二万余种百余万卷，其中刻本十三、钞本十七，可惜政纲不振，管理不善，至神宗时已"十不及一"了。

清朝为编《四库全书》而广泛征书，官藏得到充实，先后建立七阁（南三、北四），南三阁允许士人钞阅，对传播文化起了重要作用。书院藏书初期差，经康熙、雍正两朝的恢复，约增十倍，这些书院都有藏书。

私藏是典藏的另一宝库，周秦时期随着科学兴起而出现私人藏书。孔子等思想家及政论家为讲学和发表政见，都需要参考典籍而可能有私藏，如苏秦第一次游说失败回家，就发箧中书以充实自己，后再度出游即获成功。西汉学者刘向、扬雄都有私藏。东汉蔡邕藏书量更大，已逾万卷。三国魏人曹曾自建石室，称"曹氏书仓"，为私人图书馆之始。西晋学者张华迁居时"载书三十乘"。

范蔚藏书七千余卷，全部对外开放，还供寒士衣食。南北朝学者任昉、沈约所藏均在三万卷左右。

唐朝学者私藏万卷以上者有十五六人之多，吴兢曾为私藏自编《西斋书目》，柳仲郢私藏有质量不同的三种复本。邺侯李泌藏书三万卷，韩愈有诗句颂扬说："邺侯家多书，插架三万轴，一一悬牙签，新若手未触。"有些藏书家吝惜所藏，不允借人，还在书上题语："清俸买来手自校，子孙读之知圣道，鬻及借人为不孝。"其艰辛与用心可以理解，卖固然不好，但出借书还应是一种美德。

宋代私藏较盛，遍及边远和中原，少则数千，多则逾万。藏者多为学术名家，宋敏求藏书三万卷，每书均经三、五校；晁公武藏书二万余卷，自编《郡斋读书志》，与陈振孙《直斋书录解题》并称私家目录中之双璧；叶石林藏书多达十万余卷。

明代私藏集中江浙闽广一带，杨循吉（苏州人）藏书十余万卷。王世贞（太仓人）藏书三万卷，其中宋版逾三千卷。宁波范钦自建天一阁，藏书七万余卷。天一阁嘉靖四十年（1561）建造，距今四百余年，为现存最早最完整的藏书楼，所藏明志 271 种，有 65％已属孤本。天一阁的规制和管理办法至今啧啧人口。

清代著名藏书家，据一种统计有 497 人，占历代总和的一半。很多人都是有学术成就的著名学者，如朱彝尊、黄宗羲、阮元、黄丕烈、卢文弨等。他们在完善自己藏书的过程中，发展了版本学、校勘学、目录学等专门之学，对保护和传播文献都作了贡献。此外，王府、地方衙署、书院、寺庙、书肆也都有藏书。

所有这些典藏设施编织成一整套典藏图书的体系，使中国图书发挥保存文化的功能基本上处于一种相对稳定的局面之中。

三、中国图书的整理

中国是世界上最早正规整理图书并实现分类管理的国家。约在公元前一世纪，汉代著名学者刘向便奉命承担此一重任。分类思想和学术分类更早地出现于刘向之前，如荀子的"同则同之，异则异之"，韩非的"儒分为八，墨离为三"和司马谈的"论六家要指"等，对刘向的分类工作均有重要影响。

刘向父子经过近二十年的努力，终于完成了世界上最早的提要目录和综合分类书目——《别录》和《七略》。这两部目录是把古代分类思想应用于图书整理的成果，它们是世界上最早的图书分类法。

《别录》是刘向按照图书内容性质分成六艺、诸子、诗赋、兵书、术数、方技六类，分由专门人才主持。每书整理编定后写一篇提要，这便成为中国古典目录的主要形式之一。这是刘向对中华文化的重大贡献。刘向在《别录》接近完成之际，约在汉成帝绥和元、二年间（前7年）辞世。他的儿子和第一助手刘歆继承其事业，除完成《别录》外，利用《别录》资料，用了大约两年时间撰成《七略》。这是一部系统的分类目录，使官藏有所统纪，西汉以前的学术文化水平得到一定反映。

《七略》除按上述六类立六略外，在其前加《辑略》。《辑略》具有总论性质而非独立一类，所以中国图书的最早分类法是六分法，比西方分类法早千余年。

东汉著名学者班固受刘向父子影响，将《七略》加以剪裁和编次，写成《艺文志》，列入所撰《汉书》作为专志之一，开创了在史书列目录的先例，形成古典目录学中史志目录体制。《汉书·艺文志》按刘向六分法为六略，下分38种、596家，共13269卷，前有一篇文字不长的总序，概述了汉以前学术、汉初以来典籍收集情况，向歆父子的学术评价及《艺文志》编纂缘由等，成为汉以前的学术大纲。由于《别录》和《七略》早亡于唐、五代之际，《汉书·艺文志》便成为查考古代文献的文字依据，使后世了解古代文化学术的基本面貌和古籍的存亡流传。

魏晋以来，中华文化明显地发展与丰富。佛经传译、五言诗、乐府诗、家谱、方志、起居注和文学批评作品纷纷出现，图书整理工作趋于繁重。魏郑默编《中经》，可能采用四分；西晋荀勖撰《中经新簿》，分甲乙丙丁四部，次序为经子史集，或为郑默遗制。东晋李充正式确定甲乙丙丁即经史子集次序，但尚未直接用经史子集之名。南朝刘宋王俭撰《七志》、梁阮孝绪编《七录》，成为分类中的七分法。

隋统一后，整理图书成绩显著，作了整理、增补、编目等工作。《大业正御书目录》为其代表。唐初编成《隋书·经籍志》。这是正式以经史子集定为类名的四部分类法的现存的第一部目录。它分经史子集四部，下分四十细类。四部分类至此确定，其排列顺序和类名也都为后世所遵循。唐宋以下整理典籍，编制目录率多依此。

宋承五代之后，图书收集整理工作次第展开。仁宗时编定《崇文总目》，共66卷，分4部45类，各类有序，各书有释，共收书30669卷，但元初已无完本，明清仅剩简目。宋代私人整理工作颇值得注意，许多著名学者都做这项工作，除晁公武、陈振孙为私藏编目外，如朱熹之《韩文考异》，周必大等校刻《文苑英华》。

明初搜集图书，南北迁移，直至英宗正统六年（1441）始整理编成《文渊阁书目》，形同登录簿，不分经史子集，以千字文目排列所收古书，收书七千余种。以祁承㸖为代表的一批学者，编制较多的各类图书目录。祁氏更提出整理图书的思想。

四分法影响后世最巨者为清《四库全书总目》。这是一部篇帙巨大、体例较备、内容丰富和具有一定价值而为前所未有的名著。它按四部分类，下分 44 细类（经 10 类，史 15 类、子 14 类、集 5 类），共收书 3461 种，79309 卷；存目 6793 种，93551 卷。各部有总序，各类有小序，各书有提要。它对十八世纪以前的中华文化作出总结性的工作，也使四分法的地位益形巩固。清代私人整理图书工作已达到相当高的水平，都有一套比较切合实际的程序和方法，人才众多，成果累累，为图书文化增加了光彩。

中国的图书整理，从六分到四分，中间还有七分、五分等。这些分类方法在不同时期发生作用，但四分法一直是分类的主要方法。中华文化的丰富遗产正由于它而得到有次序的编排，易于典藏，便于检读，而代代相传，绵延不绝。

四、中国图书的流通

春秋时代国家藏书有范围地开放流通，孔子曾到周的藏书室去查阅各国史书。战国时期，思想活跃，著述流通很快，如秦始皇能读到韩非著作而希望见其人，百家争鸣局面的出现与文化的广泛流通有关。秦简在云梦的发现也说明官方文献的流通。汉代学者间似已交换、借阅。贾谊、司马相如、朱买臣、疏广、扬雄等人都是博览之士，无书不读，当然不能全是个人私藏，而有互相流通的情况。东汉时书肆成为流通文化的一种渠道，如王充"家贫无书，常游洛阳书肆，阅所卖书，一见辄能诵忆，遂博通众流百家之言"。荀悦也是如此。

当时图书流通的手段主要靠钞书，西汉时河间献王曾组织大量钞书，东汉时有专门以钞书为生的佣书人，班超"投笔从戎"的故事即反映了这一现实。魏晋南北朝时，如南齐庾震为营葬父母，钞书"至于掌穿"；南梁沈崇素"佣书以养母"。有些人在钞书过程中充实了自己，成为大学者，如东晋和尚僧肇，早年因佣书，"历观经史，备尽文籍"，后来成为译经活动中的主要人物。有的以钞书致富，如北朝的刘芳因钞书而改变了家庭"穷窘"的处境。

魏晋以来还开展对国外的交流，三国孙吴曾派康泰等人到过柬埔寨，不仅传播中华文化，还把其经过的国家、地区的见闻写成《扶南异物志》传回来。这种中外文化的交流对中华文化发展有融合推进作用，据《隋书·经籍志》著录，当时介绍国外情况的书已有数十种。中华文化较早地传到朝鲜和日本，西晋时《论语》传到日本，南北朝时《千字文》、五经等都经朝鲜传到日本，两国受中华文化影响颇大。

佛经的翻译促进了中国与印巴次大陆的文化交流。当时来中国译经的印巴次大陆僧徒七十多人，中土僧徒去的也有八九十人，其中贡献最大的是东晋的法显。他历时十四载，西行至印度，游历三十余国，写了著名的《佛国记》。这是一本研究印度和南海各地的地理、风俗和宗教的重要资料，已译成英、法等国文字。

唐朝因雕版印书流行，文化交流面较广，传播速度较快。江南、四川一带已刊印一些民间通俗读物流行。唐朝中外文化交流频繁，长安已是国际性城市。交流对象主要是日本、朝鲜和印度等国。日本曾派正式使团十三次来长安，每次百人左右。据日本九世纪末所编《日本国见在书目录》载，当时日本所藏汉籍已达 1979 种，16000 余卷，其中有 3000 卷左右的科技书，如《神农本草》《千金方》等均在此时传入。白居易的诗传入新罗，受到欢迎。唐高僧玄奘、义净等对中印文化交流的贡献也很多。尼泊尔、斯里兰卡和阿拉伯国家都与唐朝有文化交流关系。

宋朝的官私所藏图书都按一定范围开放，官藏图书还定有一套借阅制度。对辽、金、西夏虽采取封锁政策，但仍被高价买走。辽、金、西夏则尽量从宋获得图书以汲取汉文化，他们的翻译汉籍活动很积极，对中华文化的融合有重要作用。

明朝刻书兴盛，在北京、南京、苏州、杭州形成了图书市场。译西书活动以利玛窦为代表而开展，为中华文化增添了新内容，是中西文化融合吸收的开端。明代图书输出较多，派使出访常带有图书作礼物，来访者也被赐赠图书。

清朝前期的市场交流为传播图书的主要方式，私人间的借阅和传钞是有补充作用的。南北二京和苏杭两地仍是图书交流中心，如北京琉璃厂有数十家书肆，学者经常光顾，甚至就近租屋访书，创造了学者间交流的机会，使琉璃厂在近三百年来成为流通图书传播文化的中心之一，私人间也互通有无，一些著名藏书楼成为主要借书对象。

清朝后期，由于西方和日本的思想文化传入，一些来华的西方人士又大量翻译西书，加速了中国与东西方外来文化的交流。私人图书的开放度更加扩大，如浙江绍兴古越楼的对外公开借阅，出现了为社会服务的趋向，文化传播更为迅速。

从古以来，中华民族通过不同的交流渠道与手段，对国内外的各种文化进行吸取、选择和融合，使本身日趋丰富。中华文化的不断完善和更新给图书文化的发展提供了充分的营养，图书文化也以其特有的形式显示中华文化的光辉，保存、传递其优秀成果。

五、中国图书的再编纂

图书的数量随着社会经济文化的发展而日益增多，对弘扬中华文化起到了重要作用；但给收藏、阅览和翻检却带来不少困难，于是从魏晋以来就出现类书、丛书等的再编纂活动。

首先出现的是编纂资料汇编式的类书。最早的类书是魏文帝曹丕敕撰的《皇览》。这部由五经群书辑成的类书，有四十余部千余篇八百余万字，虽全书早已佚（清有辑本），但却开后世官修大书之端。自此以后，类书日益发展，可分为三期：

六朝到唐是创始期。南梁有《寿光书苑》和《华林遍略》，南齐有《四部要略》，北齐有《修文殿御览》，对后世多有影响，然大都限之于汇集辞藻，搜求典实。至唐朝有供为政者参考之需者，如《北堂书钞》《群书治要》，而《艺文类聚》之整篇收录更起到了保存文献的作用。《初学记》篇帙不大，选录较精，检索尤便。

宋是类书的发展期。《太平御览》是宋太宗主持编纂的一部具有百科全书性质的大类书，历时六年余，全书千卷，分 55 部 5426 类，内容包罗万象，有天地人事、州郡职官、礼仪治刑、工艺器物、神鬼妖异等类，引用资料达 1600 余种（一说 2580 种左右），其中十之七八两宋时已流传甚少，是保存宋以前文献最多的一部类书；但引用书名多有错乱异名，误钞难懂等不足之处。另一部千卷大类书是《册府元龟》，成书于真宗朝。它从大量图书中搜集可供政事借鉴的资料而编成。此书由于所用多为常见书，且又不注出处，一直不受人重视，直到近代始被文献学家陈垣教授所注意，认为它所收史书都是北宋前古本，可作补史、校史之用，此书遂增高其使用价值。

明清是类书的兴盛期。明成祖所编《永乐大典》是一部篇帙浩繁的大类书，历时六年，人员 2000 余人，采录典籍 8000 余种，共成书达 22877 卷，3 亿多字。清朝学者从中辑录多种古佚书，而有关农业、手工业、科技、医药诸种有益资料也大量收入，不愧称中华文化的转输宝库。可惜屡遭劫难，今仅存 800 余册。

清朝类书体例之精，种类之多，规模之盛，检索之便，多超越前代。《古今图书集成》当为代表作。《古今图书集成》共万卷，1 亿 6 千多万字，分类比较完备，搜罗比较宏富，又收录整篇整段，并注明出处，成为辑佚、校勘的重要史源；但有抄写脱漏、随意节录之弊。其他如《佩文韵府》《骈字类编》等等，都是便于检索、有利用价值的类书。

类书在保存和传递文化上有着重要作用。人们可以通过一部类书接触到更多的书，并且由于分类钞撮而便于省览检索；但它又因辗转相递而有讹误，因此使用时应注意，类书可作辑佚书的资料来源，但切忌用类书引文而乱改存世古书。

类书是将若干种图书编集在一起的图书再编纂方法，颇便于收藏与利用。南北朝的汇集地记、宋初之刊印开宝藏以及综合性丛书《儒学警悟》与《百川学海》，皆为开端之作。丛书虽起源较早，而明清两代始称盛，包罗闳富，其能跨越前代，驰名中外的，当推至今存世的大型综合性丛书《四库全书》。

《四库全书》创意于乾隆三十七年（1772），经过搜求整理、编次缮定，直至乾隆五十二年全部告成，历时十五年之久。共收书 3461 种 79309 卷，使许多有极高文献价值的珍本秘籍呈现于社会，为后世学者研究古代政治、经济、科技、文化等保存和提供了可贵的资料，对中国传统文化的发扬与传递及许多与整理文献相关的专门学科的发展都有一定的影响。《四库全书》是中国图书再编纂事业中的一项重要成就。

民国以来，丛书较多，主要以《四部丛刊》《四部备要》和《丛书集成》为代表。

丛书的总数无确切统计，1959 年出版的《中国丛书综录》收书 2797 种，尚不包括佛学和新学丛书在内，估计当在三千种以上，其数量不可谓不巨，加以内容收罗宏富，涉及门类广泛，很有参考价值。一部丛书往往汇聚多种图书，比求单刻容易。丛书以类相从，往往能得到同类多种图书，有些所收底本较好亦可用作校勘之需；但也应注意到有些丛书往往追求所收种数或为各书分量平衡而有所删节，所以要明辨使用，趋益避害。

六、结语

中国图书文化的发展过程，并非一帆风顺而毫无险阻。秦始皇焚书就是统治者摧残图书文化的恶例。历代的兵火变乱和改朝换代也都给图书文化造成了厄运，因而有隋牛弘"五厄"、明胡应麟"十厄"的概括，以至清朝对图书的禁锢，都对中国的图书文化产生了消极作用。但是，中国的图书文化在艰难的历程中，对传播中华文化、推动中华文化的发展，启迪人民智慧和开展各国间的文化交流诸方面，无疑都发挥着极为重要的作用，具有不容忽视的历史价值。

一九九二年二月初稿
一九九三年四月增订稿

原载于台湾《政大图资通讯》第 8 期，1993 年

试论《中国古代图书事业史》的
研究对象与划阶段问题

我国是一个文化悠久的国家，图书的出现较早，图书事业已具有二千多年的发展历史，而前人遗留的资料也很丰富。对这样历史悠久、遗产丰富的科学领域进行整理研究、系统论述是完全必要的。因此，编写一部《中国古代图书事业史》将是历史学和图书馆学研究工作中的一项重要课题；但是，在编写这样一部专著前，必须明确这门学科的主要研究对象是什么，以及如何划分它在二千多年漫长的历史进程中的阶段问题。本文试图对这两方面问题作一初步论述，提出浅见，希望得到批评和帮助。

一、研究对象的问题

每一门学科都有它的特定的研究对象，也就是这门学科的范围。规定研究对象（范围）是进行研究的前提。《中国古代图书事业史》既不同于书史，仅仅只是研究图书本身发展的历史；它也不同于图书馆事业史，仅仅只是研究图书馆这一机构及其相关事务发展的历史。它是研究既包括图书本身发展的历史，又包括与图书有关的各项事业的发展史。它是一门研究以图书为中心而包括所涉及的各方面问题发展情况的学科。

既是以图书为中心，那么首先应该明确什么是图书？图书，我国自古就有"河图洛书"的说法。图书浑言之就是指书籍而言；析言之则以文字为表达手段的称"书"，以图画画面为表现手段的称"图"（图画画面在一定意义也是文字）。那么，图书究从何时开始出现？它的最初形态是什么？过去对此的看法和说法并不完全一致。有人认为：从结绳纪事、象形壁画到甲骨文、金文都是图书。这种说法不能说毫无理由；但是，从严格意义上，只能说这些是图书正式出现前的先驱作品。它们为图书的出现准备了条件，起了图书的作用；但不是正式的图书。因为有了文字或图画画面这类直接载体后，还需要有专用的书写材料作为间接载体来加以体现。铭刻金文的青铜器并不是专用的间接载体，所以不能作为图书；甲骨虽是专用的间接载体，但它所记录的内容却是作为档案来保存，没有起到传播各种知识的功用，所以也不能算作正式图书。

我认为：正式图书必须具备如下三项条件：

（1）需加记载的内容

这是图书的最基本条件。它指人们需要记载下来的思想、观点、事项和数据等等。它是一群可供传播的信息或知识单元。它就是一般所谓"言之有物"的"物"，或"言之无文"的"文"。如果没有"物"或"文"，不论载体多好，流传多广，也难称为图书。

（2）一定形式的专用载体

载体指表现和负载各种信息或知识单元的形式和物质。它可分为两种形态：

A. 直接载体：

它指文字或图画画面而言。它把需要记载的内容转换为可供理解和传播的一种载体形态。人们的思想、观点……只有通过文字的组合和图画画面的映现才能表达和传播（通过转辗口述和受方的听觉也能表达和传播，但那是传说和口碑，不能构成图书），有了文字和图画画面便为图书的出现创造了可能；但并非有了文字和图画画面就等于有了图书。

B. 间接载体：

这是指简策、缣帛、纸（现代的胶片、磁带）等等而言。它可以负载文字和图画画面。它和图书的关系极为密切。历史上很注重这一载体。拉丁文中的图书作 liber，西班牙文中的图书作 libero，英文中的近代图书馆作 library 等都与拉丁文中的树皮里层（liber）一字有关。这是因为外国在古代曾经用树皮里层作过间接载体，于是把它的名称用来称图书。

（3）自觉地传播各种知识

这是图书的最重要的功能。如果图书不发挥这样一种功能，那么人类的文化将无法保存和传递，大量的间接知识将永远停留在记录阶段，无从丰富和发展。

如果按这三项条件来看，我国图书的最早形态应是简书——它把人们的思想、观点……通过文字写在竹木上，然后集成书的初级形式，卷成卷子加以流通传播。随后，帛和纸的相继使用也都类此。从而图书和与图书有关的各种事业也得到相应的发展。因此，古代图书事业史的研究对象首先应是图书发展的历史。

图书的出现和发展，自然地产生了聚散和典藏诸问题，而各个时代又由于现实的需要，采取一些相应的措施，如制定政策和法令，设置有关机构和人员等等。这些都构成为图书事业的内容。因此，这些问题也是古代图书事业史的研究对象。

有了大量的藏书而不加整理、编目，则无从发挥图书传播知识这一重要功能。这种整理、编目工作无疑地应成为古代图书事业史的研究对象。

随着印刷条件改进和发展，图书的流通形式在日益变化，图书的纂集工作也相继兴起，使图书事业更为蓬勃兴旺。因此，我们也必须把图书的流通与纂集作为研究的对象。

总之，我认为：《中国古代图书事业史》的研究对象应该包括以下四个主要方面，就是：

（1）图书形态的发展；

（2）图书的聚散、典藏及其相应措施；

（3）图书的整理与编目；

（4）图书的流通与纂集。

二、关于划阶段问题

历史分期问题是历史学研究中多年讨论而尚未取得一致意见的重要问题之一。讨论焦点之一，就是用什么标准分期和以什么事件作为划分的标志等问题。当然，通史和专史的分期问题是应有所不同的。专史应该是从它所专门研究的主要对象来考虑分期问题。图书事业史的主要研究对象既是图书及其有关的各项事业，着眼点就应该放在这一方面。如果说图书的正式出现是简书，而简策有实物可据的是以长沙仰天湖战国墓所发现的竹简为最早，那么，中国古代图书事业史恰恰正处于封建社会这一历史时期内。所以它只是所谓同一历史时期内的划阶段问题。

中国古代图书事业史应该根据什么标准来划分阶段呢？

我认为：它既是史，当然不能完全脱离一般历史的阶段；但是，也不能不考虑它是专史，而应寻求足以划分专史发展阶段的标志。作为中国古代图书事业史来说，图书是它的根本，所以图书形态发展的特点应作为划阶段的主要标志；同时也应考虑整个历史的发展阶段以及围绕图书而展开的各种事业的显著特点进行综合考察，使各个方面能比较和谐地统一起来。

以这样的标志为依据，中国古代图书事业史可以划分为以下几个阶段：

（1）图书事业的创始阶段——秦朝以前

简册的最早记载，见于周人所说"唯殷先人，有册有典"（《尚书·多士》）。甲骨卜辞中的文中也有册字，则此当为可信之说，可惜无实物可证。目前最早的实物是解放初在长沙仰天湖战国墓发现的竹简，而金文中也多见册字。1975年在湖北云梦出土的秦简律令近三十种。所以，我国最早形态的图书——简书在先秦出现当无疑义。简书的正式出现标识着图书事业的开端。

随着简书的正式出现，各项事业随之创始。

商代甲骨卜辞中的"卜""史""御史"等等官名，职责虽不能尽晓，但从周秦的设官推测，可能都与主管图书有关。

根据文献记载，周朝中央政权已建立了具有国家图书馆性质的专门机构——"藏室"，而老子正是"守藏室之史"（《史记·老庄列传》）这类专职人员。老子以外，司马氏、籍氏都是主管图书的世家。各诸侯国也都有"盟府""故府"等具有图书馆性质的专设机构。秦朝更加完善了专设机构：有建筑坚固的藏书处所"石室"，有保存严密的书柜"金匮"，有简书以外的贵重图书"玉版"（已具有善本书意味）（《史记·太史公自序》）。并且设有固定的职官——御史以主管图书。张苍就曾任秦的御史（《史记·张苍传》）。所以说：周秦时已正式建立了主管和领导图书事业的机构和职官，图书事业已成为政权职能中的一个组成部分。

图书分类的正式著述，虽肇端西汉，但分类的概念和使用已在这时开始。《荀子·王制篇》说："以类行杂，以一行万"、《正名篇》说："同则同之，异则异之"等等主张已为分类提出了基本原则。不仅如此，图书也有了初步分类，如楚灵王赞左史倚相"是能读三坟、五典、八索、九丘者"（《左·昭十二年》）。这可能是楚国藏书的分类。鲁国的藏书有御书、礼书……等类。秦除史记、诗、书、百家语外，还有医药、卜筮、种树、法令等类。

这些特点都说明我国古代的图书事业确是创始于秦朝以前。

（2）图书事业的兴起阶段——两汉、魏晋南北朝

两汉是我国图书第一次大集合时期，图书事业也逐渐正规化，成为我国古代图书事业的兴起阶段。魏晋南北朝大体延续两汉成规，平稳发展，是兴起以后走向发展的过渡。这一阶段可分为二小段：

A．两汉：

简书是两汉时期的图书主要形态，汉简的大量出土可为明证。缣帛是辅行

的书写材料,纸的制造也在东汉以后逐渐达到可以代替缣帛作载体的质量水平,为图书和图书事业的发展开辟了物质来源。

汉朝从一开始就注意到图书的搜集工作,"萧何入咸阳,即收秦丞相御史律令图书藏之"(《汉书·萧何传》)。武帝、成帝相继运用政权力量,颁布求书命令,使图书出现了第一次大集合。两汉之际,虽有散失,但东汉光武、安帝、顺帝各代继续搜求,渐复旧观,并略有增加。

大量的聚集图书必须要建立图书机构。西汉的国家图书馆,"外有太常、太史、博士之藏,内有延阁、广内、秘室之府"(《七略佚文》,见《全汉文》卷四一),而帝室藏书有天禄阁。东汉除尽量充实原有的"石室""兰台"外,还辟东阁、仁寿阁集新书,东观则是帝室的藏书处所。两汉的著名学者司马迁、刘向父子、班固、傅毅都是主管图书事业的重要人物。

刘向父子在国家大量藏书的基础上,开展大规模的"校书"——正式的整理编目工作。历经二十余年的辛勤劳作,完成了我国综合目录的开创性著作——《别录》与《七略》,提出了世界文化史上的第一个图书分类法——六分法,为我国图书事业奠定了重要的基础,其影响颇为深巨。班固即以《七略》改编为《艺文志》入于《汉书》,开二千年来史志目录之局。

B. 魏晋南北朝:

这一时期,社会比较混乱,政局变动大,朝代变换频仍,图书必然受到损失,图书事业也受到了摧残;但从总的趋势看,它仍然有所推进。这是一个从奠定基础以后走向发展的过渡阶段。

这时由于著作体裁的增加(如起居注、地方志、族谱、五言诗、乐府、诗文评等),佛经翻译的开始,都为图书数量的增长创造了先决条件。

帛和纸逐渐代替简书成为主要的书简形态。东晋桓玄曾正式下令"用简者,宜以黄纸代之"(《初学记》卷二一)。

各朝都积极进行了求书工作:曹魏的"采掇遗亡",东晋初的"鸠聚"图书,北魏宣武帝的"搜求令足",因此图书数量由晋初(289)的29945卷增至梁元帝(555)时的十万余卷,校之汉代,增长不啻六倍。

在整理编目方面也作出了卓越的贡献。著名学者魏郑默、晋荀勖、李充、宋王俭、梁阮孝绪等亲自进行分类编目工作。他们在刘向父子基础上,提出了四分、七分、九分的分类主张。《中经》《中经新簿》《七志》《七录》以及其他一些目录书相继撰成。四分法对后世影响甚巨,已成为封建社会图书的主要分类法。

这时期不仅有较多的综合目录，而且也开始了专业目录的编纂，晋道安的《综理众经目录》（佚）和梁僧祐的《出三藏记集》就是最早的单行佛录。

图书的纂集工作出现了一部类书《皇览》。这是曹丕于黄初中（220—226）命刘劭等类辑五经群书而成者。

（3）图书事业的发展阶段——隋唐五代至宋辽金元

这是中国图书第二次大集合时期。隋的统一，推动了文化的发展，为唐的发展准备了条件。唐中叶以后雕版印刷的使用，加速了图书事业的前进。五代十国虽有曲折，但对图书事业尚有贡献。宋承五代，图书事业更得到进一步发展，而活字版的发明更是突出的贡献，辽金元各朝亦各有成就。这一发展阶段按其发展情况及其所具特点可分为二小段。

A. 隋唐五代：

隋自统一以后就分道搜访异本，并制定奖励办法。唐自太宗至文宗历朝都有求书活动。唐文宗时四部书聚至 56476 册。

图书典藏较前代有很大改进。隋因搜求到的图书，纸墨书法不佳，乃召工书之士补续残缺，重缮正副，并分库为三品，加以不同装池。唐则分库藏书，文宗至立十二库藏书，并采取染黄及装潢匠署名等等措施以保护图书和提高工艺水平。

专设的图书机构和职官至唐可称完备。由秘书省总掌其事，秘书监为主官，下设整套机构和人员，来推动图书事业的发展。后来虽有损益变动，但大体不出这种规模。

由于雕版印刷开始和纸的普遍使用，使图书逐渐由写本向刊本过渡，增加了图书的数量，扩大了流通。当时民间流传的刊本历书、字书已有流传到日本的。私人也有大量的藏书如柳仲郢的藏书万卷，李泌的插架三万轴。五代自后唐长兴三年（932）至后周广顺三年（953），用了二十一年时间，由政府刊印九经等书，开国家主持刊行图书事业之端。蜀毋昭裔自资刻印《九经》《文选》及《初学记》。石晋和凝自著自写自刻，开私人刻书之风。这些对图书的流通都有一定的贡献。

图书的整理编目工作，隋有《大业正御书目录》。唐贞观时所修《隋书·经籍志》反映了我国图书第二次大集合的成果，是至今现存最早用四部分类的目录书，而开元时所撰的《群书目录》二百卷（佚）为前所未有的目录书巨著。

类书的编纂有《艺文类聚》《北堂书钞》《群书治要》《白孔六帖》和《初学记》都是体制较备、资料丰富的类书，对保存图书资料起了重要的作用。

B. 宋辽金元：

宋自太祖统一后，除将所平各国藏书集中外，还诏募亡书。太宗、真宗也相继求书。国家藏书得到初步恢复。这时，由于雕版印刷的应用，不仅要藏书，而且还要藏版。宋初藏版不过四千而到真宗时达十余万片，内容是"经传正义皆具"，因此，"士庶家皆有之"（《宋史·邢昺传》），增加了图书的数量，扩大了图书流通。元灭宋后，又接收版片，修补刊行。

宋代典藏图书的，主要有国家、私人、书院三大系统。国家的崇文院、秘阁均设有专官，并且允许官员借阅图书。私人藏书家不仅名家辈出如宋敏求、司马光、晁公武、尤袤、陈振孙等，而且个人藏书量多达数万卷。书院由于理学家的讲学论辩，也拥有大量藏书，如鹤山书院多达十万卷，并按制度向院生出借，大大地发挥了图书传播知识的功能。元代则有艺林库、平阳经籍所及秘书监等图书管理机构。

宋代不仅雕版印刷有所发展，而且发明了活字印刷。这是图书印刷的第二次跃进，有利于图书事业的发展。宋代刻印图书之风极盛，不仅国子监刻刊、地方公使库也有刻印、私人书棚也纷纷刻印，出现了汴梁、杭州、建阳、眉山等等印刷中心。图书的形态也逐渐由从简策开始的卷子而过渡到方册，印本也渐趋代替写本的优势。元代的刻书事业不亚于宋代，除在国家有兴文署专管其事外，各地儒学、书院和私学书坊都大量刻书，这对图书事业的发展起了极大的促进作用。

宋代除了官修目录《崇文总目》、各朝《国史经籍志》和正续《中兴馆阁书目》外，私人藏家编目成为这一阶段的特点。尤袤的《遂初堂书目》是我国目录书中著录版本的最早著作。晁公武的《郡斋读书志》和陈振孙的《直斋书录解题》是私家目录的代表作。而郑樵的《校雠略》开创了对目录学的研究工作。

纂集图书的事业也有了极大的发展，《太平御览》《太平广记》《文苑英华》及《册府元龟》都在政府主持下撰成。而新的纂集图书形式——《丛书》开始出现：《儒学警悟》和《百川学海》是最早的丛书。

（4）图书事业的兴盛阶段——明清

明清两朝由于社会经济的发展，图书事业在以前的基础上又有较大的发展而走向兴盛。这是中国图书第三次大集合的时期，也是二千年来封建社会图书事业史的终端。

明太祖灭元以后，除接收元朝全部藏书运回南京外，又下诏求书。清朝的康熙、乾隆也曾下令求书，而乾隆为纂集《四库全书》，动用国家机器从全国各地搜罗图书，使中国的图书进行了第三次大集合，成为图书事业兴盛的显著标志。

图书的印制也有新的进展。明代的套版多色印刷使图书益臻精美。这是继雕版、活字之后的第三次跃进。其精品至今看来犹色彩逼真，栩栩如生。清道光间翟西园复活毕昇泥活字，经三十年自制十万余泥字，并以之印书。不仅艰苦卓绝的精神可敬，而且以实例驳斥了泥活字不能印书的妄说，这是对图书事业的重大贡献。图书的装帧也改用线装，使古籍的装帧从此定形。

明朝的国家藏书处是文渊阁，但成祖将文渊阁藏书拨归内阁，取消了历史上长期存在的国家藏书机构。清初也只是内府藏书。虽然如此，但藏书量大大超过了历代，如 1929 年北平故宫博物院图书馆整理故宫藏书时，尚有近 20 万册藏书。乾隆后期，由于《四库全书》纂成，便在南北修建七阁，成为前所未有的国家图书馆规模，而南三阁允许士子入阁借抄借读，更对发挥图书功能、推进文化发展起了积极作用。

明清藏书事业的特点又在于私人藏书的兴盛。明代著名藏书家有 427 人，清代更盛。这些藏书家不仅收藏、保护了大量图书，而且都是在与图书有关的各种学科如版本、目录、校勘、考订、刻印等方面的专门家，有颇深的造诣，对图书的完善做出了超越前代的贡献，成为我国古代图书事业走向兴盛的重要构成部分。其中如明清之际的毛氏汲古阁几乎把图书的各个环节全部组织起来，进行了萌芽状态的资本主义经营方式，从采购、整理、编目到刻印、发售、流通都各有专工，而且还向读者提供条件，开放阅读。这更是前所未有的一种新事物。

明清两代的目录事业也比较兴盛，明代的国家目录《文渊阁书目》虽后世评价不一，但打破经史子集的四分成规，自立类别，也是图书分类学上的一种革新。私家目录如《百川书志》《宝文堂书目》等，扩大了收录范围，注意到小说戏曲，也不失为一种创见。另外殷仲春的《医藏目录》是专业目录的重要著作。清代的国家目录《天禄琳琅书目》正续编，详记版本年代、刊印、流传、藏弄及鉴赏家采择之由，可称完备的版本目录。《四库全书总目》200 卷，是封建社会图书的总结。它虽有"功魁祸首"的评论，但它是现存份量最大的图书目录巨作。它不仅起到了即类求书的作用，也是一部有一定学术水平的著述。它反映了我国图书事业在兴盛阶段的成果。清代的私家目录成绩尤为突出。它大多出自学者之手，不仅登录图书，而且也融贯了撰者的学术成就。史志目录的补缺，完成了整个封建社会的图书总目，而私人文集中论及图书及其有关事业的零篇单什，尤不可胜数。

在图书纂集方面，明清两代更是迈越前代，照耀来世。明初的《永乐大典》上自先秦，下至明初，收古今图书八千种左右。全书共有 22877 卷，三亿多字，搜罗之富，方面之广，前所未有。而佚文秘典，借以保存，于学术研究尤具莫大贡献。它不仅是我国文化宝藏之一，也为世界文化之瑰宝。清代康熙时的《古今图书集成》万卷和乾隆时的《四库全书》与明朝的《永乐大典》后先辉映，成为我国图书事业兴盛阶段的重要标识。而丛书的大量纂集刊行也是这一阶段不容忽视的一项内容。

总之，明清两代在图书事业上确有重大的贡献。这种兴盛景象在它的发展途中却遭到了资本主义的侵略，加以封建统治政权的日趋腐朽，社会性质有所改变，图书事业也随之遭到了摧残而趋于衰落了。

原载于《学术月刊》1980 年 8 月号

《中国近代图书事业史》绪论

中国近代图书事业是中国古代图书事业的延续，它虽在典藏、整理、编目、流通和编纂等方面仍有不少因对传统文化的继承而延缓自身的发展与变化，但更重要的是它随着历史进程的巨变，无可避免地或多或少地受到了前所未有的各种冲击，终于在其发展、变化的过程中出现不同于古代图书事业而独具的若干特色。

一、历史的新时期

当中国历史进入近代，由于政治历史事件的不断出现和西方势力的不断影响，社会的变化自然从部分而扩及各方。当广大知识分子日益频繁地接受西方文化并谋与本土文化结合的时候，图书事业也被人们置于视野之中，如先进人物林则徐、魏源等努力介绍西方，为近代图书事业注入新的内容；有的改良主义者（如郑观应），则提出了改革藏书体制的见解；大批维新派人物组织学会、读书会等等，以充分发挥图书宣传、启蒙的社会功能；更有一批知识分子承担了移植西方文化的角色，大量翻译西方著作，使图书的种别与数量大大增加。与此同时，外国传教士还借传播西方文化和进行译书活动的同时，也把西方图书馆学理论和操作技术东传过来，如杜威的图书分类法逐步取代中国传统的四部分类法。这些都显示东西方图书文化在日趋融合，而最显著的标志是京师图书馆与浙江绍兴古越藏书楼的建立和向社会开放，使中国的图书馆事业从此由以藏为主走向藏用结合并开始进入以用为主的阶段。这是近代图书事业进入历史新时期最明显的标识。

辛亥革命的爆发，结束了二千多年的封建专制制度，整个社会的各个领域都受到冲击，特别是五四运动前后，新思想的传播和各种思潮的纷纷兴起，又给中国近代图书事业注入了新的血液，赋予它以新的使命，使其成为新事物滋生的沃土。前所未有的具有革命内涵的新型图书馆亦破土而出，中国近代的图书事业被引上一条服务社会和民众的正确发展道路。然而，就在近代图书事业正在顺利前进的途中，日本帝国主义发动侵华战争，陷我国家于兵火之中，生灵涂炭，百业毁灭，中国的近代图书事业承受了空前破坏的厄运，馆舍残败，藏书焚掠，人员散失，其损失之巨难以估计。抗战胜利后，又继之以蒋介石政府发动内战，连年兵火，中国近代的图书事业不能不陷于苟延残喘的境地。它预示着自 1840 年以来的历史时期结束，另一个新的历史时期即将来临。

《中国近代图书事业史》就是要把中国近代图书事业发展过程中所经历的传统文化和西方文化的影响、破土而出的新生气息和无端肆虐的血与火，描绘成一幅引人深思、发人猛醒的历史图卷。它不仅存历史的真实，也对未来提供从一个特定角度论述的借鉴。

二、中国近代图书事业史的分阶段问题

凡史的叙述，必然先要考虑分期和划阶段问题。近代是一个完整的历史时期，但史学界仍有下限究竟止于 1919 年、还是 1949 年的不同意见，中国近代图书事业史之所以下限定在 1949 年，是基于这一百零九年的社会性质未变。如此分期可以比较完整地看到它所经历的奋进、求索和苦难的全过程。

在一个历史时期中还可以划分为若干阶段。中国近代图书事业的发展、变化以及所受到的残害和阻碍都与重大历史事件有着密切联系，所以，《中国近代图书事业史》也就选择重大历史事件和活动作为划阶段的界标。它除了绪论外，大致按事件结合时间划分为九章，即：两次鸦片战争、太平天国、洋务运动、戊戌变法、辛亥革命以前、北洋军阀统治、十年内战、抗日战争、解放战争等九章。这九章不仅体现了重大的政治变化，图书事业的变化也与之大体符合。其中两次鸦片战争与太平天国是在同一时间段内；但是，由于清政府与太平天国是两个性质截然不同的政治势力，它们对图书事业的政策、措施和影响都有各自的特色，所以分别给以专章的论述。在十年内战、抗日战争和解放战争三个时期，由于实际上存在三个战场，所以我们就分为国统区、苏区（解放区）和沦陷区三方面加以论述，以求对该时期有一全面、完整的叙述。

三、从藏书楼走向近代图书馆

藏书楼是中国藏书建设中私藏的主要场所，从汉代以来，藏书楼就已开始

出现，历代相沿不绝，而明清最称鼎盛。进入近代，藏书楼的藏书体制仍在继承发展：前期如曾钊、马国翰、朱绪曾、蒋光煦等人都是拥有数万以至十数万册藏书和较多珍善本书的藏书楼主人，而最为人所注目者则为晚清四大藏书家，即："皕宋楼"的陆心源，"八千卷楼"的丁申、丁丙兄弟，"海源阁"的杨以增、杨绍和父子以及"铁琴铜剑楼"的瞿绍基、瞿镛父子。它们一依传统的藏书体制，对搜求和保护图书起到了重要作用。包括一直延续到民国初年的"嘉业堂"刘氏，它们都在不停地起着保护图书文化的作用。同时，我们也不能不注意到外国教会在向中国输入西方文化的同时，也利用藏书楼的名义建立新的藏书体制进行图书的搜求和典藏，并以西方的图书馆知识影响中国，加速近代图书馆的尽早出现。与此同时，有些接受和吸收西方思想的维新人士也曾提出改革图书馆的意见，如郑观应在其所撰《藏书》一文中，首先揭示历来以藏为主的弊病说："海内藏书之家，指不胜屈。然子孙未必能读，亲友无由借观，或鼠啮蠹蚀，厄于水火，则私而不公也。"继而介绍西方藏书及借阅情况，并提出公开图书将有利于人才的培养，取得"我中国四万万华民必有出于九州万国之上者"的成效，反映了知识界对近代图书馆的渴望。光绪二十四年（1898），京师大学堂成立，其章程第五、七、八各章均有专节论及图书馆的建立、管理和借阅等事，并作了具体的规定，为中国近代高等院校建立图书馆的正式创始。这些新生事物尚难立即为一般人所接受，如京师大学堂建馆之始，甚至无人敢入内阅览。延至二十世纪初，浙江绍兴名流徐树兰父子捐资建古越藏书楼，"以家藏经史大部及一切有用之书，悉数捐入，延聘通人，分门排比；所有近来译本新书及图书标本，雅训报章，亦复购备……一备阖郡人士之观摩，以为府县学堂之辅翼"。它开始了民间藏书楼向近代图书馆的蜕变。古越藏书楼虽仍具有藏书楼的意味，而实际上则已订立章程，公开借阅，具备了近代图书馆的雏型。民国以后，公私图书馆逐渐兴起，而传统的藏书楼虽在私家仍有一些袭用旧名者，但总趋势是在日见衰退。近代图书馆体制则日益发展完备，完成了从藏书楼过渡到近代图书馆的全过程，成为中国近代图书事业中最明显的标志。

四、图书范围的扩大

历代公私藏书多以四部及丛书为主，间有其他，亦为数不多。近代以来，学术门类日广，著作者的视野拓宽，外来文化的不断输入，致使图书的种别与数量大为增加，主要是译书和有维新与革命思想内容的书刊。译书从中国近代史开端时期的林则徐开始。他借助于政治条件的便利，广泛地搜罗翻译人才，大量翻译西书西报；友人魏源主要根据这些材料相继纂成《四洲志》和《海国图志》，开启了研究西方、介绍西方的风气，许多有关西方史地内容的图书相继出现了，如《瀛环志略》《中西纪事》《通商始末记》等即是。洋务运动到戊戌变法时期，译书活动达到高潮，从单纯介绍西方史地知识外，政治、科技等方面尤为集中，如洋务运动的三四十年间，在中外翻译家互补短长的情况下译书近千种。在戊戌变法前夕，维新派人物更推波助澜地把译书活动推进一步，提出了新的译书应"以东文为主，而辅以西文；以政学为先，而次以艺学"（梁启超：《大同译书局叙例》）为原则，但实际上仍以西书为主，如王韬译有《格致西学提要》《普法战纪》等；英国浸礼教派传教士李提摩太在十九世纪九十年代的五六年间共出版了《泰西新史揽要》等译著 30 余种，特别是著名翻译家严复在 1898 年以来的十八年间先后译有《天演论》《原富》《穆勒名学》等八大名著。林纾也翻译了大量的文学作品。据《译书经眼录》的统计，二十世纪的前五年出版的主要译著共 25 类 533 种，约为前六十年译书量的总和，其中译自日本的虽起步较晚，但后来居上，所译图书有 321 种，占全部译书量的 60％强。大量译书的出版为旧有的典藏增添了新的内容。

另一类具有维新与革命内容的图书也风起云涌地出现，最先是太平天国图书，太平军自在南京建立政权以后，就注重出版图书工作，设立刻印图书的专门机构，统一管理，实行"旨准颁行诏书书目"制度，最多列有 29 部。这些革命图书在太平天国失败后，虽多遭禁毁，但尚有流传海外，后经学者抄回者。十九世纪六十年代以后，维新分子大量著书立说，鼓吹改良，冯桂芬、郑观应、王韬、马建忠以及康有为、梁启超等人都著有若干具有维新变法内容的图书行世。二十世纪初，随着资产阶级民主革命的展开，革命书刊盛行一时。邹容的《革命军》，陈天华的《猛回头》《警世钟》，章太炎的《驳康有为论革命书》，白浪滔天的《三十三年落花梦》等等以及明末清初一些反清思想家著作的出版，为图书的典藏又增添了新内容。尤其是报刊的大量编印，除改良与维新两派进行对立宣传的《民报》和《新民丛报》外，尚有其他革命派所发行的报刊更如雨后春笋似地破土而出，如《中国日报》《开智录》《浙江潮》《云南》《晋乘》等等。从此，书、刊成为典藏中相沿至今的两大类别。

第三类是教科书的编印出版。1897 年南洋公学首先编出的《蒙学课本》，是中国近代自编教科书的始创之作，但不甚理想。以后，无锡、上海等地相继自编教科书，但或不合使用，或被迫停止流通而未得发展。1907 年清政府学部编辑出版了《初等小学国文教科书》等数种，因内容守旧，不为社会所欢迎。直至商务印书馆出版《最新教科书》，才使中国的教科书形式趋于完备。商务印书馆在 1904—1906 年间，曾在张元济、高梦旦创议和主持下按新学制编印了《最新初小国文教科书》和《最新小学国文教科书》，风行一时。不久，高梦旦从日本考察归来后，在张元济的支持下，并邀请日人参加，大力开展教科书的编写工作，先后编出高初小需用的国文、修身、珠算、地理、历史、农业、商业等教科书，总名曰《最新教科书》。它从内容到形式都是对旧的儿童读物的否定和革命，体例严整，文字浅近，意义明确，图画精良，并配有教授法，成为形式完备的教科书。这一新生事物不仅对中国近代教育有深远的影响，也为中国近代图书事业作出了贡献。

由于有以上三类为主的图书和刊物的较大量涌现，使图书所涉及的范围扩大，从而为典藏工作开拓了更大的入藏余地。

五、新编目录书的编制

中国图书目录的编制源起甚早，自汉刘向父子编制《别录》《七略》以还，历代无论公私藏书均有目录，其中不乏名作。至清，目录书的数量几为历代目录书的总和。据《清代目录提要》的不完全统计有 380 余种，其中含有不少近代以来的目录。这些传统目录大抵沿袭旧有体制或略有发展，公藏目录的成绩不甚突出，而私家目录则有多方面的成就，有补史志目录、私藏目录、具有目录性质的题跋与读书记等等。其私藏目录中以善本著录最受重视，晚清四大藏书家无不于目录中注明珍善图书，或另编善本专目，如丁丙有《善本书室藏书志》收书 2000 余种，含有宋元明刊本、手稿、精校等书。瞿镛有《铁琴铜剑楼藏宋元本书目》收书 440 余种。其他如道光咸丰时朱绪曾的《开卷有益斋读书志》，清末姚振宗的补两汉、三国艺文志；民国时叶德辉所撰《郋园读书志》《观古堂藏书目》等都是传统目录书中足资参考之作。作为推荐书目的《经籍举要》和《书目答问》为旧学入门提供了方便。目录的形式也由簿录式向卡片式过渡，以适应新的需求。

但是，更值得引起重视的乃是一些具有新形式和新内容的新编目录书的出现。由于东西方图书译入日多，整理这些书籍的工作已被提到议事日程上来，从而产生东西学目录的著作。1889 年，维新思想家王韬首先编撰了《泰西著述考》，收录了从利玛窦到清初来华的传教士所翻译和著作的书籍。继起者为 1897

年 5 月出版的《日本书目志》。这是康有为在甲午战争后中国惨败的刺激下，认识到日本由于引进西书而致强的缘由；但从西方译入，既有文字上的难度，又需披沙拣金地选择，不如从日本译入。于是，他将能促进中国维新变法的日文书籍进行了整理，编为《日本书目志》。全志分为 15 门，门下分为 36 类，有简明叙录。录下著录各书的书名、册数、译者、价目等，其有关杂志则分入各类。另一部名作是梁启超的《西学书目表》。《西学书目表》是梁启超把科学分类与实际应用相结合的一种有创新见解的新目录。梁启超将西书分为西政、西学和杂类等三大类，解决了介绍政治、经济图书的分类和难以归属等实际问题。大类下又分 28 小类，有简要序言，然后著录图书的撰译人、刻印处、本数、价值、识语。识语内介绍书的用途、内容深浅和好坏，并在有的书名边角上附加小圈，以小圈的多少来表示书的重要性。这在杜威十进分类法输入前，它是有革新意义并有一定影响的一次改革成就。后来的《古越藏书楼书目》即在梁氏的西学分类基础上，进而搜求中西书加以混编。《古越藏书楼书目》的编者希图制订一个新旧中西图书都能适用的统一分类表编制法，从根本上打破旧的四库分类法。这对近代图书分类学有重要的启示和借鉴作用。这是近代图书事业在目录分类法上的重要成就。

六、图书制作的新技术

中国图书的制作，自唐宋以来一直使用雕版和活字，大约在十四世纪，雕版印刷术传入欧洲，并得到应用，因为字型不一的实际情况，不断引起印刷技术的改进。1450 年，德国人约翰·谷登堡在德国美因兹市发明了现代铅活字印刷术，很快从此地直接或间接传到欧洲各地和美洲。1796 年，奥地利人亚罗斯·逊纳费尔特发明了石版印刷术。1850 年，出现了石制印刷机；1868 年，以锌版代替石版印刷机，完成了现代印刷技术。从十九世纪中叶始，随着传教士活动幅度的日益加大，西方文明的输入，图书制作量的日增，西方的现代印刷技术必然地被引进和运用。在图书制作上出现了雕版、铅字、石印三者并行的局面，而铅、石印则渐具主要地位。铅印自 1860 年美华书馆创制了华文字模后，便得到进一步的推广，使中国的印刷业走上机械化的道路，给制作大部头图书带来了方便。从 1881 年始，《申报馆聚珍版丛书》《古今图书集成》《二十四史》等大书相继问世，对扩大图书的流通起到极大的推动作用，奠定了铅印图书的地位。与此同时，石印技术也传入中国，并开始应用。1874 年，上海天主教会在土山湾成立了石印印刷部，进行图书的石印，收益较丰。1876 年，英人美查鉴于石印有利可图，便在上海开办了规模较大的点石斋印书局，铅排、石印齐头并进。石印《康熙字典》前后两次印刷达十万部，带来了莫大的利益。该字典印刷清晰美观，体积大大缩小，便于携带查阅，而价格又较廉，为读者所欢迎。1884 年，美查又利用石印技术创办了中国第一份画报旬刊《点石斋画报》，反映了历史和现状，内容精美生动，通俗易懂，颇受社会欢迎，获利丰厚，刺激了石印技术的发展，为近代书刊并存的典藏增加了数量，扩大了范围。各种不同名称的画报纷纷问世，风行一时，直至民国以后被铜版照片所代替，石印图画日趋衰落，而石印文字也以所印科举应用书因科举废除而无人问津。铅印书籍日益价廉物美，印行工艺方便，遂使石印书籍渐被淘汰，铅印书籍乃相沿至今，一直居于主要地位。

随着铅印、石印的输入和推行，图书的用纸由连史纸和毛边纸的单面印改为用洋纸的双面印，装订技术也由折页齐栏线钉变为大张连折的铁丝装订，开始了精装与平装的装订形式。中国的传统装帧艺术开始向新的形式演变，经过了新旧杂陈的过程，直至二十世纪初期以后，精装、平装成为最通行的两种装订技术而相沿至今。这些新型图书，由于内涵丰富，上架典藏方便，储存量易于增多，致使它能以一定的优势占据近代图书馆的绝大面积，改变了近代图书馆的基本面貌。

七、图书的厄运

图书自其创制，厄运一直如影随形，它所遭受的损失也是无法估量的。自商鞅、秦皇开焚书恶例以还，历代屡遭困厄，是以隋牛弘有五厄之叹，明胡应麟有十厄之说，清纂《四库全书》，其禁毁与删略几与著录者不相上下，对中国的传统文化无异是极大的摧残。

近代以来，图书不断遭受外来灾患和内部纷乱的干扰。两次鸦片战争期间，英国侵略军抢掠天一阁，英法联军焚烧圆明园而祸及《永乐大典》。太平军在与清军作战过程中，除战火波及外，由于太平军规定"凡一切孔孟诸子百家妖书邪说者，尽行焚除，皆不准买卖藏读也，否则问罪也"，因此，"所至之地，倘遇书籍，不投之于溷厕，即置之于水火"，遂使东南地区的著名藏书楼如天一阁、知不足斋、瓶花斋、振绮堂等都遭受损失。

二十世纪初期，由于革命书刊的广泛流传，引起了清政府的嫉视，不仅一些书籍遭到查禁的厄运，而且在 1906 年以后，陆续制订了《大清出版物专律》《报章应守规则》《大清报律》等禁令，甚至借题擅兴大狱，查封《苏报》，革命者章太炎、邹容锒铛入狱，终致邹容死于狱中。所有这些禁令和暴行对图书事业都是严重的伤害。

民国时期，连年的军阀混战给公私藏书带来了莫大的灾难，山东海源阁的藏书被军阀士兵愚昧地毁坏，藏书散失，几近荡然。北洋军阀集团复因袭清政府的做法，颁布有碍图书事业发展的各种法规，如《著作权法》《修正审查教科书规程》等多种禁令。从民国元年至民国十七年之间，被禁出版物达 460 种，使图书遭到新的厄运。这种厄运接连不断，特别是抗日战争时期，日本军国主义者肆意毁灭中华文化，以战火、查禁和掠夺等等卑劣无耻的手段和行为来摧残图书。据蒋复璁的《最近中国图书馆事业之发展》一文的估计："'七七'战后，东南各省……图书损失在 1000 万册以上，而且损失的多是战前充实的图书馆。"皮哲燕在《中国图书馆史略》一文中估计，战前大学图书馆藏书近 600 万册，抗战中到 1939 年损失图书约 280 万册，以致使原来藏书充实的大学都无法满足教学与科研的需要，可见损失之惨重。但日本战败后归还所抢掠的图书则寥寥无几，而且大都面目全非了。这是中国人永远不能忘记的创伤！

八、结语

从上述情况看，中国近代的图书事业在其一百零九年的发展历程中的确发生了巨大的变化，它以许多前所未有的新事物区别于古代的图书事业，给历史以崭新的面貌。近代模式的图书馆逐步代替了传统的藏书楼，并且迅速地大幅度增长，不仅为中国的图书事业本身更换了新装，而且由于随着历史进程而注入新的内容，遂使中国的图书事业渐与国际接轨，成为世界图书事业的重要组成部分。纵然它也遭遇过若干厄运，但终于摆脱掉旧有的束缚而迎来中国图书事业的另一个新的历史时期，即以中华人民共和国成立为标志的现代（或当代）图书事业。它不仅将继承和吸取历史遗产的精华，更将灌注符合时代需求而不断前进的新养料，大显前所未有的风采，以达到更具有时代感的高度！

原载《中国近代图书事业史》，来新夏等著，上海人民出版社 2000 年版

中国藏书文化漫论

中国的藏书文化伴随着图书的产生而出现，具有二千多年的悠久历史。它以逐渐完备的藏书机构为保证，以专门收藏家和研究者所建设与藏书文化有关的多种专学为羽翼，并以一种可贵的人文精神为主要支柱，围绕着藏用关系的演化，不断地润泽着全民族，形成一种重要的文化现象，成为中华文化的重要结构之一。虽然，它也无可避免地遭到过若干厄运，但远瞻仍在发展不已的前景，不能不引起人们研究中国藏书文化的发展历程及其相关问题的兴趣。它对当前全面研究中华文化也是一项不容忽视的重要任务。

一、藏书文化的基础——书的起源

藏书文化的先决条件是必须有书，否则一切无从谈起。那么何时才有书？有一种非常流行的说法，认为甲骨、金石文字就是书，甚至在第 62 届国际图联的公开报道中也采用了这种成说。我认为这是对书的功能缺乏足够的认识。我们承认甲骨文和金石文字都是将人的思想言行通过文字、图画记录在专用载体上，并保存在一定的场所，但它们却缺少书的最重要功能。因为正式图书必须具备三项条件：一是用一定符号（文字或图画）所表达的内容；二是有一定形式的专用载体；三是有广泛的移动和传播功能。而最后一项是图书的最重要条件，唯此才能使人类文化得以传播、丰富和发展而形成为一种文化现象，甲骨和金石文字恰恰缺少这一重要功能，因此它们只能是档案，而我国图书的最早形态应是简书。

简书的出现已有二千多年的历史，根据文献记载，西周至春秋已利用加工过的竹作为专用载体，可惜至今尚未发现这一时期的简策实物。而战国时期的竹简早在晋朝就有汲冢竹书的发现。二十世纪五十年代以来则有大量竹简和部分木简的发现，于是简书的形制内容大体清楚。特别是 1975 年湖北云梦睡虎地秦墓中发现千余枚秦文书竹简，证明简书由秦都流传到湖北的事实。简书具备了图书必须能流通的社会功能，确立了简书作为图书起源的不容置疑的地位。简书为藏书文化的开端提供了必需的基础。

"藏书"一词最早似见于《韩非子·喻老》篇，有一名叫王寿的人负书而行，被另一名叫徐冯的人在途中见到，徐冯即问："智者不藏书，今子何独负而行？"于是王寿因焚其书而舞。王寿的藏书量虽然不多，但"藏书"既成为交往用语中的专名词，可见其已是一种比较普遍的社会文化现象。

二、藏书文化发展的保证——藏书体制

可以这样认为，随着藏书的出现，藏书机构也就出现，并在历史进程中逐渐发展完备，即使在战乱动荡的时代也并未忽视，因而它形成一套完整的藏书体制。中国的藏书体制大致可分官藏、公藏和私藏三大系统。直至今日似仍未能超越这三者的范围。

官藏在藏书体制中最早出现，在古代文献中可以看到夏商时期已有类似管理图书的职官；但也不排除这是根据后来官制相比附的可能。不过，到西周中期以来似已有专职管理人员，《左传·昭公十五年》记周襄王对晋大夫籍谈说"女，司典之后也"，乃指籍谈九世祖伯黡掌管晋国典籍并由此得姓而言。这种以所从事的事业为姓氏的事实正反映西周中期已有专司图书的职官，但还不能认为已有官藏机构。真正官藏机构是老子为周王室"守藏室之史"的藏室（《史记·老子韩非列传》）。孔子"西观周室，论史记旧闻"的"室"[①]，估计就是"藏室"的简称。西汉武帝在经过多次求书的基础上，正式建立了官藏机构，分宫廷的内书和政府的外书。内书分藏石渠阁、天禄阁、麒麟阁、兰台、石室、延阁、广内等处；外书则有太常、太史、博士、太卜、理官之藏。东汉则立七大藏书处，有辟雍、宣明殿、兰台，石室、洪都、东观和仁寿阁等。由于藏书文化的发展，东汉政府在延熹二年（159）创建了中国第一个管理图书的中央最高机构——秘书监，正式列入国家职官系列。三国是一个纷争战乱的时代，但魏有秘书、中外三阁，蜀、吴均有东观，都设有固定的职官。这说明藏书文化已成为任何一个政权所必须保存和发扬的一种文化现象。安定繁盛的时代更受到重视，如唐朝除由秘书省统管全面工作外，尚有弘文馆、崇贤馆、司经局、史馆、翰林院、集贤院等藏书和整理藏书的专设机构。宋朝除三馆（昭文馆、

---

① 《史记·十二诸侯年表》。

集贤院和史馆）与秘阁作为国家中心外，还有国子监、学士院和司天监的藏书，宫廷内府则有龙图阁、太清楼和玉宸殿，藏书文化得到极大的发扬。清代虽未设专门官藏机构，但在内府皇帝休憩办公之处如武英殿、懋勤殿、昭德殿、南薰殿、养心殿、昭仁殿、紫光阁、南书房、皇史宬、内阁等处都有不同数量的藏书，而乾隆帝为分藏四库全书所建南北七阁，其规模和布点可称官藏机构之最。

公藏指社会教育、宗教机构的藏书，主要是书院藏书。元代书院比较发达，据一种统计共有 227 所，其中杨惟中、姚枢所建太极书院即选取宋代典籍 8000 余卷作为书院藏书。清朝雍正朝之后，书院发展近 2000 所，许多名人提倡书院藏书，如张伯行在福州创建鳌峰书院，即"出家所藏书，充牣其中"①。阮元在杭州、广州先后创设诂经精舍和学海堂，即将其所编纂与刊行的各种书籍用来充实这两家书院的藏书。这对推动藏书文化起到一定的作用。

私藏几乎与官藏先后出现，在《韩非子·五蠹》篇中已叙及私藏图书之事。战国时的名学家惠施，"其书五车"，私藏数量已不算少。西汉私藏事迹，史传颇有记载。东汉时私人藏书家亦为数不少，如杜林、班固、蔡邕、华佗等皆富有藏书；藏书量也大增，如蔡邕私藏几近万卷。历代私藏事业一直在发展、丰富，显示出很大的成就，如宋代的晁公武、陈振孙和郑樵等人不仅拥有大量私藏而且还对藏书的理论与实践作出贡献，形成社会上比较明显的文化现象，对推动藏书文化的普及与发展起着重要的作用。直至清代，不仅学者大多家富藏书，而且某些富商巨贾亦多以藏书来标榜自身的文化气质，其覆盖所及，几遍全国，特别是东南沿海地区私藏蔚然成风，藏书文化趋于鼎盛。

中国以官藏、公藏和私藏的三大渠道汇聚了古往今来的文化精萃，形成一套完整的藏书体系，为藏书文化构筑了必不可缺的实体间架，并发挥其应有的保证作用。

三、藏书文化与人文主义精神

中国的藏书文化包含着浓郁的人文主义精神，它的核心则是"仁人爱物"。所谓"仁人"便是把书与人的关系紧密地联系起来，使所藏尽量发挥其作育人才的社会功能。从官藏来看，早在老子主管周藏室时，便曾热情地接待孔子来

---

① 《碑传集》卷十七。

查阅百二十国史记，彼此还进行了学术研讨。魏晋时期，国家藏书还曾应读者的借阅要求而赠书，如西晋皇甫谧向晋武帝借书，武帝应求赠书一车。唐宋各代也将官藏作部分开放，如北宋的官藏即向一些官员开放，如因工作需要还可经过一定手续外借。清代尤注重官藏利用问题，在四库全书纂修以前，多位学者就有机会抄录官藏《永乐大典》所收各书，有一些重要而散佚的著作得到抢救，学者全祖望、徐松等都做过抄录工作，而《宋会要辑稿》之类的重要典籍因此得以流传。《永乐大典》还被《四库全书》作为采录佚书的来源之一，使古代文化得到更广泛的流传。《四库全书》修成后，不仅北京文渊阁可有条件地备人参阅，更在南北要地分建六阁，以便各地士人就近抄用，嘉惠士林，保存和普及文化，所尽仁人之心，功不可没。公藏如书院之藏书本以供士子阅读为主旨，自不待言。至私藏之体现仁人之心更为显著。东汉末年学者蔡邕私藏近万卷，当他发现王粲是一位文采斐然的好学之士，虽然其女蔡琰也颇有学识，但他还是要将藏书数千卷赠予王粲以作育人才[①]。宋晁公武之所以能写出一部私家目录名著——《郡斋读书志》，也是得力于他得到四川转运使井度的慷慨赠书五十箧，使晁公武合个人私藏去重后得 24500 余卷，乃录诸书要旨而成书，体现了藏书文化的仁人效果。藏书文化的仁人精神不只局限于汉民族圈，也润泽着周边各民族，并循着文化同化律的趋势发展。辽、金、夏各族以民族文字大量翻译汉籍，与当时各民族的政治民生密切相关，特别值得注意的是公元 1190 年由西夏编成的《蕃汉合时掌中珠》，是汉夏、夏汉的对译字典，在夏字旁注汉字读音与汉字释义，汉字旁注夏字对音和译语，两两对照，极便检阅，对沟通民族的文化交流与融会起了重要作用。元朝也很注重提倡藏书文化，译书有《通鉴》《九经》《贞观政要》等等。其文种之繁，数量之多，范围之广，都已超越前代。尤其是设立秘书监的分监，颇类似图书馆的分馆，也可视作一种流动图书馆。分监原是随着皇帝去上都避暑时带一些备参阅的政书和类书，但因年年如此，也便形成固定的制度。运书既有苇席、柳箱的包装，又有专人押送，并可经过严格的手续在一定范围内流通，这是前此所没有的措施。[②]

有些藏书家为了发扬藏书文化的仁人精神，亲自为人办理藏书借阅，如南齐崔慰祖聚书万卷，邻里少年来家借书，他都"亲自取与，未尝为辞"[③]。有些人如晋范蔚藏书 7000 余卷，"远近来读者恒有百余人"，他不仅提供阅读，还

---

① 《太平御览》卷一六九。

② 王士点：《元秘书监志》卷三。

③ 《南史·崔慰祖传》。

为读者"置办衣食"①。明清两代不少藏书家逐渐树立外借流通的观念，如明末藏书家李如一就持"天下好书，当与天下读书人共之"的观念，所以他"每得一秘书遗册，必赔书相闻；有所求借，则朝发而夕至"②。杨循吉的《题书厨诗》更直抒"朋友有读者，悉当相奉捐"的慷慨气度。许多藏书家都把借阅抄录作为丰富知识、扩大藏书的一种方法，如世学堂纽氏、澹生堂祁氏、千顷堂黄氏、绛云楼钱氏、天一阁范氏等大藏书楼都曾接待著名学者黄宗羲进楼抄书。黄氏也不忘所本，真诚地名其藏书处为"钞书堂"以志来源。黄氏之成为清初大学者未始不得力于此。藏书文化为之大放异彩。

藏书文化的爱物精神首先表现在对图书的爱护上。从汉代开始，就用竹制小箱（箧）将图书分类置放，以免损失破坏。东汉发明造纸术后，使藏书保护得到进一步的发展，如用檗将纸染黄后再用以防蠹③。当时还有一个名叫曹曾的人，家多藏书，他为此修了一个石窟以藏书，称为曹氏书仓。隋朝是藏书文化趋于高潮的时期，炀帝虽是后世所非议的人物，但他爱护图书的心极强而为史籍所称道，如《旧唐书·经籍志》即盛称："炀帝好学，喜聚异书，而隋世简编最为博洽。"甚至博学如宋人郑樵也在其所著《图谱略》中极称"隋家藏书富于古今"。他不仅注意典藏，还对图书的形制爱护备至，曾精选其正御本书写五十副本，分上中下三品，用不同颜色的卷轴分藏书室，并建立起能自动启合的门窗和书橱等设施。唐承隋风，私藏图书超出万卷者已不在少数，而爱惜图书者更非个别。如李泌藏书三万余卷，对经史子集分别标红绿白三色以区别藏书质量。宋代除注重图书形制外表的保护改进外，还对图书的内容进行纠谬正误的校勘工作，由崇文院总管秘阁和内府藏书的整理和校勘，并规定每日日课数量，有一大批著名学者如曾巩、苏颂、黄伯思等都对校订官藏有所贡献，为后世留下重要的经验。学者对个人私藏尤加用心，宋敏求家多善本，颇着意于校书，更利用这些珍本文献著书立说，成为一代著名学者。尤袤著《遂初堂书目》著录图籍的各种版本，开版本学研究之先河。明代范钦精心营建的宁波天一阁，是至今巍然独存四百多年的古代图书馆，在它二百年后的清乾隆帝为《四库全书》建阁存书时，犹命地方督抚绘制天一阁图纸作建阁依据。它不仅拥有七万余册的藏书量，被誉为藏书天下第一家，而且对爱护图书作了多方面的设想，如防火、防蠹、防潮、防散失等等措施，更是蜚声海内外，为世人所称道，充

---

① 《晋书·范蔚传》。
② 钱谦益：《跋陶南村〈草莽私乘〉第二跋》。
③ 刘熙：《释名》。

分体现了藏书文化的爱物精神。其他许多藏书家也多注重图书的装订、刊印和收藏，可见藏书文化精神的普及程度。尤其是对古善珍稀的典籍更视若拱璧，不惜巨资大量地精工传抄，因而有吴抄、文抄、王抄、姚抄、祁抄、谢抄和毛抄等著名抄家，特别是毛抄更是驰名遐迩，后世所谓毛边纸之称就是毛氏抄书的专用纸张。这种一时成风的抄书活动的文化现象，极大地丰富了藏书文化的内涵，应给以充分的研究。清初以来，藏书文化有显然的长足发展，不仅官藏、公藏注重搜求典藏，还由政府组织了工程浩大的《四库全书》的编纂工作，有选择地概括了古代、中世纪以来的中国传统文化，并将抄本分置在自东北至东南的繁盛之地。私藏尤为普遍，几乎是学者无不藏书，藏者无不是学者，区别仅在于数量之多寡。藏书文化的意识已牢牢地树立，藏书文化的精神得到极大的发扬。不少学者为了丰富所藏，不惜移居书市附近，以便捷足先登搜求到佳本善刻，当时声名卓越的学者如王士禛、罗聘、孙星衍和黄丕烈等都在京师旧书集中地附近居住，这无异是推波助澜地使慈仁寺、琉璃厂先后成为最大的藏书文化的中心而历久不衰。学者们在这里交流藏书，传播文化，培育人才，研讨学问，从各方面研究图书，于是版本、校勘、目录和辑佚等专学相继出现，逐渐完善，成为清学的主要部分。不仅如此，若干富商巨贾也被藏书文化的洪流卷进去了。他们毫不吝啬地藏书刻书，养士编书，对藏书文化作出了应有的贡献。由于全社会能从仁人爱物的角度来重视藏书文化而把藏书文化推向了鼎盛。

以仁人爱物为中心而构成的藏书文化，对社会、民族素质的影响很大。但是，近年来由于社会转型期板块移动和撞击的波及，不仅藏书文化的观念逐渐淡漠，而且藏书词汇也在人们特别是青年人的头脑中接近消失，这是一种非常可怕而严重的反文化现象，非常需要我们竭尽全力来提倡和宣传以仁人爱物为中心内容的藏书文化。

四、藏书文化的基本理论

中国藏书文化的基本理论就是围绕着"藏"与"用"的问题而展开的。从整个中国藏书史的发展过程看，"藏"似乎是重要支点，而"用"往往处于一种次要地位，所以"藏书"的概念比较早地形成。藏书一词，千百年来未能动摇。为了藏好书，在单篇传写的时代，首先要收集零散的书加以整理与编纂，孔子是有确实姓名记载的最早的整理与编撰图书的人。他"修旧起废"，将历代遗留下来的档案、文献，整理和编订为诗、书、礼、乐、易、春秋等六大类，为藏书奠定了良好的基础。他在整理古诗三千余篇时，提出了有关藏书文化的最早理论原则，即"去其重"和"可施于礼义"者，按现代话解释，前者是运作标准，后者则是政治标准，二者成为藏书的基本依据。他把诗先按性质分为风、雅、颂三大类，"风"下又按地域分为十五小类，这是藏书二级分类的雏形。他把六艺作为选择藏书标准，所以司马迁说："夫学者载籍极博，犹考信于六艺。"孔子这些片段理论虽不够完整，但却为以藏为主的基本理论奠定了基础，而其影响及于后来。荀况在《王制》中说"以类行杂"和《正名》中所说"同则同之，异则异之"，都为藏书分类提出了指导性原则，为藏书文化的发展和形成作出了重要贡献。

与此同时，"用"对藏书的作用也被学者正式提出。韩非在《三难》篇中说"法者，编著之图籍，设之于官府而布于百姓者也"；又在《五蠹》篇中说："今境内之民皆言治，藏商、管之法者家有之。……境内皆言兵，藏孙、吴之书者家有之。"商鞅在所写《君臣》篇中说"诗书与则民学问"。后来汉武帝为实现其大一统而不断用兵的需要，特命专人从积如丘山的简书中去整理兵书、编制《兵录》等。这些言论和活动都说明藏用的开始结合。

这样就形成了以藏为主、藏用结合的藏书文化基本理论。在近代以前，这一基本理论一直指导着历代的图书事业，特别是藏书活动，甚至近代以来尚在争论着藏与用的关系问题。这一基本理论既对藏书文化的延续发展有保证作用，但也局限了藏书文化的发展速度和涵盖面。

在以藏为主的理论指导下，加以历史上的兴衰治乱的不断交替，所以，藏书建设问题被放在比较重要的位置上。历代都非常注重重建和恢复藏书，如汉代三次全国性的求书活动在藏书史上即占有相当的地位。两汉之际，刘向父子的大规模整理国家藏书，为做好国家图书典藏工作和完善典藏制度树立了典型，其所编《别录》《七略》又为"用"创造了检用藏书的方便。各代相沿都有程度不同的求书活动和相应措施，如唐代不仅建立了完整的藏书机构、组织了较大规模的校书活动，还建立了典藏和利用制度。宋代由于雕版印刷的盛行，政府的注重文化和著名学者的参与，所以特别努力于图书搜集和典藏，如南宋时曾制定多项求书措施，包括求诸著名藏书家、求诸故执政家、求诸旧秘书省长官、检索旧藏书遗留文献、求诸印刷出版业发达地区、求诸战争破坏影响轻的地区、求诸寺庙。政府公开下求书诏，征集私家藏书目以访求遗缺书，充实典藏。

在出版物繁多、品类丰富、出版方式多样、藏书措施逐渐完备的情况下，藏书建设的理论初步形成。那就是生长于两宋之间的学者、藏书家郑樵在其所著《通志·校雠略》中提出的"求书之道有八论"，即即类以求、旁类以求、因地以求、因家以求、求之公、求之私、因人以求、因代以求的八种求书方法。郑樵生于宋代，既能看到唐以前遗留的残简旧篇，又遍观当代公私藏书，总结了当世的图书采访经验和个人的采访体会，写出了"求书八法"，成为中国藏书史上对以藏为主的基本理论所作的一次比较系统的理论概括。

明清以后，藏书事业更为发达，藏书文化以藏为主的理论得到进一步丰富，其最有代表性的是明万历时的大藏家祁承爜及其《澹生堂藏书约》。祁承爜是嗜书如命而拥有藏书十万余卷的大藏书家，自称是"蠹鱼之嗜，终不懈也"。所著有《澹生堂集》《澹生堂书目》和《澹生堂藏书约》等。其中《澹生堂藏书约》是祁承爜在丰富的藏书基础上所形成的有系统的藏书建设理论。此书除前言外，《读书训》和《聚书训》是抄录古人聚书、读书的事迹，《藏书训略》分"购书"和"鉴书"两节，是他对自己平生购书经验的总结，也是古代藏书建设的重要文献。《藏书训略》提出"购书三术""鉴书五法"。"购书三术"即"眼界欲宽，精神欲注，而心思欲巧"。所谓"眼界欲宽"是指要放开视野，"知旷然宇宙，自有大观"，购书时不局限于某一类。所谓"精神欲注"是指养成读书嗜好，即购书者要逐渐移种种嗜好于嗜书。所谓"心思欲巧"是指要多动脑筋，多想办法。祁承爜在郑樵求书八法外，又设想了三种搜求书籍的途径：一为辑佚，二为将某些书一分为二，三为拟待访书目。"鉴书五法"包括"审轻重""辨真伪""核名实""权缓急"和"别品类"等。所谓"审轻重"是指对各类图书之刊刻、亡佚与时代推移的关系给予不同的重视。所谓"辨真伪"是指认真考辨图书的作者、成书和刊刻时代的真伪。所谓"核名实"是指搞清书籍的内容，以不被前人在书名上搞的种种花样所迷惑。关于书籍的名实，他认为有五种情形可予注意："有实同而名异者，有名亡而实存者，有得一书即可概见其余者，有得其散见而即可凑合其全文者，又有本一书也，而故多析其名以示异者。"所谓"权缓急"是指根据实用价值大小，对各类图书给予不同的重视。所谓"别品类"是指做好图书的分类，而分类工作应该"博询大方，参考同异"。祁承爜对藏书的防灾措施也很注意，他要求建造藏书楼"既欲其坚固，又欲其透风"，这一要求直至当前仍为建馆的重要措施之一。但是祁承爜所提出的这套藏书建设理论，有的在实际运作上是行不通的，如主张将某些书一分为二，就会破坏原书的完整性，造成混乱，对藏书文化的发展不利。不过，从总体上看，他所提出的各种命题对藏书文化理论建设还是有着重要参考价值的。

明朝的另一大藏书家范钦则将藏书文化的藏用结合理论作了具体实践。他不仅注重藏书的防蠹、防潮、防火、防散失等防灾措施以完善"藏"的功能，而且还能从"用"出发收藏当代图书。所藏明方志、政书、实录、诗文集等，是研究明代政治、经济、文化科技、人物的珍贵资料，远远超出了只着眼于藏的识见。

清朝前期，在公私藏书日渐丰富、书籍流通日益频繁的情况下，有关图书典藏和流通的理论也有所发展。其代表性著述是曹溶的《流通古书约》（写于明崇祯间，而刊于清）、孙从添的《藏书纪要》和周永年的《儒藏说》。

曹溶是明末清初的藏书家，鉴于战争与水火是书籍散亡的基本原因，而藏书家对所得孤本、善本又进行封锁，使这些书籍都"寄箧笥为命"，以致"稍有不慎，形踪永绝"，曹溶认为这是不爱惜古人劳动的行为，是"与古人深仇重怨"的表现。所以，他撰写了《流通古书约》，提出了在流通中保存古书的主张。他主张"彼此藏书家，各就观目录，标其所缺者。……视其所属门类同，时代先后同，卷帙多寡同，约定有无相易"。然后各藏书家使人将己有人无之书"精工善写，校对无误，一二月间，各赉所抄互换"。并希望有财力的藏书家将未刊布的古人著作"寿之枣梨，始小本，讫巨编，渐次恢扩，四方必有闻风接响以表彰散佚为身任者"，使社会上形成家刊秘籍的风气，对图书的流通与保存有积极作用。但这只适用于藏书量大体相等的藏书家之间的交换流通，范围相当窄，对全国范围内的图书的保存和流通收效甚微。不过，他的流通理论将藏书文化的以藏为主向用的方向倾斜，使藏书文化的基本理论得到一定的充实。

孙从添是清代前期的藏书家，所著《藏书纪要》一卷是关于藏书建设理论的一部专著。全书分八则：一曰购求，二曰鉴别，三曰抄录，四曰校雠，五曰装订，六曰编目，七曰收藏，八曰曝书。这八则总结了传统的藏书理论与技术。孙从添的藏书理论侧重于藏，他对宋郑樵的"求书八法"从另一角度提出了见解。他发展了明人谢在杭《五杂俎》中的求书五难而论求书有六难说："购求书籍是最难事，亦最美事，最韵事，最乐事。知有此书而无力购求，一难也。利足以求之矣，而所好不在是，二难也。知好而求追矣，而必较其值之多寡大小焉，遂致坐失于一时，不能复购于异日，三难也。不能搜之于书佣，不能求之于旧家，四难也。但知近求而不能远购，五难也。不知鉴识真伪，检点卷数，辨论字纸，贸贸购求，每多阙佚，终无善本，六难也。有此六难，虽有爱书之人，而能藏者鲜矣。"他认为抄本胜于刊本，但必须有抄书的严格要求，字样要"笔墨匀均，不脱落，无遗误。乌丝行款，整齐中带生动，为至精而备美。序跋、图章、画像，摹仿精雅，不可呆板，乃为妙手。抄书者要明于义理者，一手书写，无脱漏差误，无破体字，用墨一色，方为最善"。他认为只有这种刊本，才能比刊刻本更为贵重，而为藏书家奉为至宝。这些理论有利于提高藏书的质量。

周永年是乾隆时期的著名藏书家和学者，藏书丰富，学识渊博。曾参与过《四库全书》与《总目》的编纂工作。他在成进士前曾提出过著名的藏书理论《儒藏说》。这一说法是明代藏书家曹学佺所提出，他想以个人之力搜集历来的儒家经典和解经著作汇为一处，以与佛、道二藏相比美，没有涉及保存和流通的问题。周永年的"儒藏说"远较曹说为具体。周永年跳出了历来私人藏书的小圈子，提倡由社会承担起藏书的责任，使藏书为社会服务。他主张将天下图书"分藏于天下学宫、书院、名山、古刹"，让"负超群之姿，抱好古之心，欲购书而无从"的"寒门窭士"使用。但当时的情况恐难实现，所以他又提出一套过渡方案，即由各县之长官、各地之巨族出面倡议，于当地名胜之处建立义学义田，接受藏书家的赠书和捐款。各地义学应将其藏书编为《儒藏未定目录》，互相传抄，使求书者知书籍的存佚情况。各义学则分置活字一副，"将秘书不甚流传者"刊印行世，分而藏之，以使"奇文秘籍，渐次流通"。周永年还亲自购买田地，捐赠藏书，建立借书园来实验自己的主张，为"好学深思之士"创造"博稽载籍，遍览群书"的条件，使许多学人受到感动。儒藏说在社会上产生了影响。可惜效果不佳，而当周永年死后，借书园也随之夭折。但儒藏说却为藏书文化理论丰富了内容，为藏书向公众开放，为藏书楼向图书馆迈进起到先驱作用。

随着历史的进入近代，西方文化的频繁渗透，维新思想的宣传，藏书文化的藏用理论在发生变化，由以藏为主向藏用结合方向发展。十九世纪末，一批维新思想家对以藏为主的藏书思想的弊端表示异议，并介绍国外情况，建议公开藏书以飨公众。如光绪十八年郑观应所写《藏书》一文，首先揭示以藏为主的弊病说："海内藏书之家，指不胜屈。然子孙未必能读，戚友无由借观，或鼠啮蠹蚀，厄于水火，则私而不公也。"继而介绍西方藏书及借阅情况，并提出公开图书将有利于人才的培养，取得"我中国四万万华民，必有出于九州万国之上者"的成绩。这是走向以用为主的重要设想。光绪二十四年，京师大学堂成立，其章程第一、五、七、八各章均有专节论及藏书楼的建立与管理、借阅等事，为近代图书馆的创始。二十世纪初，浙江绍兴名流徐树兰父子捐资建古越藏书楼，"以家藏经史大部及一切有用之书，悉数捐入，延聘通人，分门排比；所有近来译本新书及图书标本，雅驯报章，亦复购备"，"以备阖郡人士之观摩，以为府县学堂之辅翼"①。它虽仍以藏书楼为名，而实则已订立章程，公开借阅，具近代图书馆之初型，使藏书文化的基本理论已完成从以藏为主，经由藏用结合而走向以用为主的趋势。

晚近之世，图书类型有明显变化，在纸书之外，尚有录音带、胶片和光盘等等载体的出现。由于其体积小、藏量大，"藏"的意义相对减弱，与此同时，通过高科技手段如网络化的建设与推广，使文献资源更广泛更便利于应用，而渐渐落脚于"用"，因此，未来藏书文化将在以用为主的基本理论指导下来完善和发展中国的图书事业。

五、藏书文化的厄运

藏书文化随着历代藏书的厄运而延缓其发展。世皆以秦皇焚书为书厄之始，实则此前已有其事。《韩非子·和氏》已言："商君教孝公以连什伍，设告坐之过，焚诗书而明法令……孝公行之。"这一焚书事件发生在秦孝公三年（前359），但《史记·商君列传》中无此记载，《韩非子集释》一书对此解释说："所燔之书不多，故史阙而不载耳。"秦始皇在统一后的第六年，采纳丞相李斯的建议："请史官非秦记皆烧之，非博士官所职，天下敢有藏诗、书、百家语者，悉诣守、尉杂烧之。"于是大量图籍被毁，造成中国图书史上的一次大灾难。以致司马迁在《史记·六国年表序》中深致慨叹说"史记独藏周室，以故灭"，《太史公自序》中又说"秦拨去古文，焚灭诗书，故明堂石室，金匮玉版，图籍散乱"，可见其严重毁坏。两汉至魏晋南北朝，虽各朝多有求书之举，而战乱兵燹不断，致使图籍散乱毁损，于是隋牛弘乃有图书五厄之说云：秦皇焚书为一厄；两汉之交，长安兵起，图书焚烬为二厄；董卓移都，西京大乱，图书燔荡为三厄；刘聪、石勒进兵京华，朝章国典从而失坠为四厄；梁元自焚图书为五厄。有此五厄，图书得而复毁，难以积累而图书文化亦回翔于以典藏为主。至隋更有焚纬之事。谶纬之学，盛于六朝，几与经史并重，甚而为篡夺政权者所利用，刘宋始禁其事。及隋统一，文帝禁之愈切，而炀帝则大举焚纬，于大业元年（605）"发使四出，搜天下书籍。与谶纬相涉者，皆焚之。为吏所纠者，至死。自是无复其学，秘府之内，亦多散亡"。其所作为，几与秦皇相侔。自唐宋以还，书籍数量大增，而兵乱范围益广，图书仍在遭受毁损，致使明胡应麟继牛弘之后而

---

① 《古越藏书楼书目》。

有十厄之论。他在《经籍会通一》综述其事说:"牛弘所论五厄,皆六代之事。隋开皇之盛极矣,未几皆烬于广陵,唐开元之盛极矣,俄顷悉灰于安史。肃代二宗,荐加鸠集,黄巢之乱复致荡然。宋世图史,一盛于庆历,再盛于宣和,而女真之祸成矣。三盛于淳熙,四盛于嘉定,而蒙古之师至矣。然则书自六朝之后,复有五厄:大业一也,天宝二也,广明三也,靖康四也,绍定五也,通前为十厄矣。"①

清初以来,于图书之搜求、度藏及编修颇为注重。至乾隆时,国家藏书比较丰富,于是有纂修《四库全书》之议。《四库全书》的纂修是结合当时正在进行的对明《永乐大典》的辑佚和大规模地征求民间遗书的两项活动同时进行的。它前后共用了十五年时间,完成了一部前所未有的大丛书,共收书 3461 种,793009 卷,分装 36300 册 6752 函。这是中国藏书文化发展到鼎盛时期的重大成果。它对古典文献的保存和流传起了重大的积极作用,各地藏书家累世珍藏的善本书和失传几百年而文献价值极高的珍本秘籍,都因此而化私为公,变零为整,并且还进行了分门别类的系统整理。但是,这项工作是清朝作为思想文化统治手段进行的,因而使该书在收录范围和内容上都存在着严重的问题。如借修书为名,查禁并销毁了大量具有民族、民主思想,价值较高的书籍。据前人估计,修书期间被销毁的图书约在 3000 种左右,几乎与收书量相等,再加以抽毁与窜改,以及执事人员的玩忽,不能不对藏书文化的建设产生消极的阻碍作用。所以,《四库全书》的纂修对于藏书文化应给以"功魁祸首"的评价。

近代以来,图书文化本应随着社会经济的发展而发展,但是,它如同社会经济正常发展遭到扭曲和阻碍那样,也遭到外来的灾患和内部的纷乱干扰。两次鸦片战争时期,英国侵略军的抢掠天一阁,英法联军的焚烧圆明园,以及民国时期连年的军阀混战,无不阻碍藏书文化的正常发展。特别是抗日战争时,日本军国主义者的肆意毁灭中国文化,以战火、查禁和掠取等等卑劣无耻的手段和行为来摧残藏书,据蒋复璁的《最近中国图书馆事业之发展》一文的估计:"'七七'战后,东南各省……图书损失在 1000 万册以上。而且损失的多是战前充实的图书馆。"皮哲燕在《中国图书馆史略》一文中估计,战前大学图书馆藏书约 590 万册,抗战到 1939 年,损失图书约 280 余万册,以致使原来藏书充实的大学都无法满足教学与科研的需要。可见损失之惨重,而战败后归还的则寥寥无几。这是中国藏书史上万万不可忘记的黑色数字,对中国的藏书文化是一

①《少室山房笔丛》卷一。

次极大的破坏。

近几十年来，由于社会经济的迅速恢复，文化事业的得到重视，藏书量激增，藏书设备改善，藏书利用普遍，藏书文化日益受到重视。虽然在"文化大革命"的浩劫中，藏书有所破坏，但由于各藏书单位采取种种迂回手段，如借造反组织封馆方式，尽力减少打砸抢的可能，缩小损失破坏，在很大程度上保护了藏书。八十年代，政治步入正轨，经济获得发展，各项事业逐渐复苏，藏书事业也同样得到明显的迅速发展，各藏书单位增建和兴建馆舍，增大藏书的回收与入藏量，完善藏书设备和逐步走向利用现代科学技术，最大限度地满足读者的需求和利用。在即将到来的新世纪之交，中国的藏书文化在对各种藏书现象的深入研究和综括的基础上，广泛地推行和全面采用新技术，不断丰富藏书量，防止"重机轻书"的倾向。那么，中国的藏书文化将继承和吸取历史遗产之精华，并灌注符合时代需求的新养料，必大显前所未有的光辉！

原载于《中国古代藏书楼研究》，黄建国、高跃新主编，中华书局1999年版

论经史子集

论"十三经"

"十三经"是我国儒家奉为经典的十三部古书的总称。这些古书是：《周易》《尚书》《诗经》《周礼》《仪礼》《礼记》《春秋左传》《春秋公羊传》《春秋穀梁传》《论语》《孝经》《尔雅》《孟子》。其中《周礼》《仪礼》《礼记》又合称"三礼"，《左传》《公羊传》《穀梁传》又合称"三传"。

从西汉武帝"废黜百家，独尊儒术"开始，崇奉孔子学说的儒家逐渐成为我国封建社会占统治地位的学派，它所推崇的古籍成为神圣的经典，以孔子为代表的儒家思想成为封建社会的正统思想。这样，"十三经"对中国的政治、文化学术、道德思想很自然地便产生了极为深远的影响。旧时代的文人学士，不论是为了仕途发展，还是致力于学术研究，都付出了大量的精力，去攻读儒家的经籍。周予同曾在皮锡瑞《经学历史》的序中说："因经今文学的产生而后中国的社会哲学、政治哲学以明；因经古文学的产生而后中国的文字学、考古学以立；因宋学的产生而后中国的形而上学、伦理学以成。"那就是说，倘若对儒家的经籍没有一定的了解，对中国二千多年的经学兴衰演变茫然不知，更难以对中国的古典文学、古代史、哲学史、政治思想史、语言文字学、文献学、民俗学、伦理学等开展研究，也就难以对各学术领域的历史人物做出符合历史发展实际的评价。

皮锡瑞提及的"经今文学"，是指对今文经的研究宣扬。汉代人称当时使用的隶书为"今文"，称战国时六国通行的文字为"古文"。秦始皇焚书坑儒之后，汉人凭记忆口耳相传经书内容，并以隶书记录作为传本，称为"今文经"；后又在孔子住宅墙壁中发现《礼记》《尚书》《春秋》等用篆文书写的，称为"古文经"。于是形成今古文学派。"今文经"和"古文经"不但书写的字体不同，对当时传授的"六经"的解释上以及字句、篇章方面都有出入。现存的《十三经注疏》，多采用古文学派的说法。

　　"十三经"实际上是一个丛书名目，它所包含的十三部书早在先秦时期就有了，直到南宋时期才把它们组织在一起并冠以"十三经"的名称。"十三经"的十三部古书的顺序大体上是按时间先后排列的，最后一本是《孟子》。宋朝理学家朱熹说："《论语》多门弟子所集，故言语时确长长短短不类处。《孟子》疑自著之书，故首尾文字一体，无些子瑕疵。不是自下手，安得如此好？"所以，《孟子》当是殿后之作。从《孟子》成书到《孟子》被列入经书行列，再到有"十三经"名称，大约经历了一千五六百年的时间。

　　儒家经书，最初只有"六经"之说。最早提及"六经"这一名称的是战国时期的《庄子》。不过，那时说的"经"不是指经典，《庄子·天道篇》记述孔子请老聃帮忙将经书藏于周室，而老聃不许，于是孔子对"六经"作了一番解释。《庄子·天运篇》中即引述了孔子给老聃所讲的具体内容说，"丘（孔子自称）治《诗》《书》《礼》《乐》《易》《春秋》六经，自以为久矣，熟知其故矣"，明确地提及"六经"。"六经"在汉以后也称"六艺"。早在贾谊的《新书·六术篇》中就有"《诗》《书》《易》《春秋》《礼》《乐》六者之术，谓之六艺"。西汉末，刘歆撰写《七略》，其中"六艺略"即指"六经"。所谓"六经"，西汉实际上只有五经，缺《乐经》。当时今文家认为《乐》本无经；古文家说有《乐经》，秦焚书后亡。汉时不存《乐经》，所以汉武帝时设有《易》《书》《诗》《礼》《春秋》五经博士（传授经书的教授官），而无《乐经》博士。

　　"五经"之外，还有"三经"之说，但提出"三经"是西汉以后的事，更不是《庄子》提及"六经"之前的说法；且各家所指的"三经"也多不同，如颜师古为《汉书·五行志》作注，认为"三经"指《易》《诗》《春秋》，王安石的《三经新义》是指《书》《诗》《周礼》，而《宋史·艺文志》著录的刘元刚《三经演义》则指《孝经》《论语》《孟子》，所以不能将"三经"视为"十三经"发展的基点。

　　由于汉王朝"独尊儒术"和提倡"以孝治天下"，所以将《孝经》《论语》列入经书，在"五经"的基础上发展为"七经"。但"七经"所指的书目，也有不同。如东汉的"一字石经"是以《易》《诗》《书》《仪礼》《春秋》《公羊传》《论语》为"七经"而没有《孝经》。

　　唐代初年，"三礼"之学受到重视，不仅太宗时魏徵撰《类礼》，高宗时贾公彦撰《周礼》《礼记》二经注疏，而且将《周礼》《仪礼》《礼记》全列入经书，形成"九经"，并以"九经"取士。唐代科举取士，明经科三场考试，先试"帖经"，再"口试"大义，再次才是"答策"，这样就引起学子们对经书的重视。

"九经"经文于唐文宗开成二年刻成,并立石经于都城长安国子监,称为"开成石经"。唐代的"九经"包括《易》《书》《诗》、"三礼""三传",这里还应注意两个问题:一是"开成石经"于"九经"之外,还刻有《孝经》《论语》《尔雅》,所以后代也有称之为"十二经"的;二是后世提及的"九经",在书目上多有变动,如宋刻"九经"白文是《易》《书》《诗》《左传》、"三礼"及《论语》《孟子》;而清刻《篆字九经》则包含《大学》《中庸》《论语》《孟子》而没有《礼记》,没有"三传"而有《春秋》。

五代时,蜀主孟昶时刻有"蜀石经",共十一经。这"十一经"是《易》《书》《诗》、"三礼""三传"和《论语》《孟子》。"十一经"是由"九经"发展到"十三经"的一个重要环节,值得注意的是,此时正式将《孟子》列入经书行列。在"十一经"之外再加上《孝经》和《尔雅》,便合成为"十三经"。

现在"十三经"通行的版本是中华书局影印并附有校勘记的《十三经注疏》,分上、下两册。南宋以前,经文与注疏是分别单行的,到南宋光宗绍熙年间才有合刊本。明嘉靖、万历间都曾刊行。清乾隆初有武英殿本,简称"殿本"(因刻印书籍的机构设在武英殿而得名),是官刻本;后在阮元主持下,根据宋本校勘后重刻。中华书局影印本就是据原世界书局阮刻缩印本影印的,影印前,"改正文字讹脱及剪贴错误三百余处"。现将"十三经"各部经书的注疏者分列于后:

《周易》　魏王弼、晋韩康伯注　唐孔颖达等正义

《尚书》　汉孔安国传(伪)　唐孔颖达等正义

《诗经》　汉毛亨传　汉郑玄笺　唐贾公彦疏

《周礼》　汉郑玄注　唐贾公彦疏

《仪礼》　汉郑玄注　唐贾公彦疏

《礼记》　汉郑玄注　唐孔颖达等正义

《春秋左传》　晋杜预注　唐孔颖达等正义

《春秋公羊传》　汉何休注　唐徐彦疏

《春秋穀梁传》　晋范宁注　唐杨士勋疏

《论语》　魏何晏等注　宋邢昺疏

《孝经》　唐玄宗注　宋邢昺疏

《尔雅》　晋郭璞注　宋邢昺疏

《孟子》　汉赵岐注　宋孙奭疏

　　上述注疏，涉及注、正义、疏、传、笺等名称，笼统地看，这些不同名称反映的意义是一样的，都是注释的意思；但古代所以采用不同的名称，是因各名称还有其特定的含义。如：

　　注，就是注释、注解，用文字对古书中难解的字句加以解释。

　　正义，这是注释经史的另一种方式，唐代开始用正义作书名，表明是对原文作了正确的阐明。

　　疏，是比注更详细的注解，包括对原文的注释和对前人注的注解。疏，单独作为注释名称最初出现于唐代，魏晋时有义疏。

　　传，含有传述意，是阐明经义的传释方式。

　　笺，这种注释方式含有对前人注解订正、发挥、补充的意义。

　　"十三经"是部大丛书，有147560字，内容涉及哲学、政治学、史学、文学、文字学、伦理学等学术领域，再加上浩如烟海的注疏文字，绝不是短期能读完的，而且每个人的情况不同，对"十三经"未必需要全读，读时应有选择。这就有必要对"十三经"的每部书的概况有所了解。

　　《周易》，"十三经"首列《周易》，这是承续了汉代"六经"以《易》为首的传统。《周易》又称《易经》，简称《易》。郑玄讲"《易》一名而含三义"："易简"（执简驭繁）、"变易"（穷究亨物变化）、"不易"（永恒不变）。一说周代人所作，故名《周易》。原本是部占筮书，用以卜测社会和自然的吉凶变化；从其内容的哲理性以及所记载史料的重要性看，实际上是部很重要的哲学、历史著作。

　　《周易》由"经""传"两部分组成。"经"最早可能萌芽于殷周之际，经长期积累而成，其作者认为阴阳相互作用是产生万物和事物变化的根源，所以最基本的符号是"--"（阴）"—"（阳）。由阴阳符号三画重叠，组成八卦（☰[乾]、☷[坤]、☳[震]、☴[巽]、☵[坎]、☲[离]、☶[艮]、☱[兑]），八卦相叠构成六十四卦。每卦有卦辞；每卦又有六爻（yáo），每爻有爻辞。卦辞与爻辞合为经文。"传"，也称"易传"，是战国时期至秦汉之际儒家对《周易》经文的解释，有十篇，又称"十翼"。这十篇传是：彖（tuàn）上下、象上下、文言、系辞上下、说卦、序卦、杂卦。其中，"文言"是对乾坤两卦的解释，不是指与白话相对的文言。

　　《尚书》，单称《书》，又称《书经》，西汉时才称为《尚书》。"尚"即上，《尚书》即古之书。这是我国现存最早的一部史书，是起于上古唐尧、终于春秋初世的上古历史文件的汇编。由于儒家尊崇唐尧、虞舜、夏禹、商汤、周文王

"二帝三王"之道，且相传为孔子所编选，遂被作为儒家经典。《尚书》有"今文尚书"与"古文尚书"之分。西汉时，用当时通行文字隶书书写的 28 篇称"今文尚书"，另外相传汉武帝时在孔家旧宅壁中发现了用六国文字书写的《尚书》，称为"古文尚书"（已佚）。

《尚书》是部最早的史书，其中有些誓词、文告、记述性文字很有文学性，所以也被视作我国古代"散文的开端"。

《诗经》，先秦时单称《诗》，是我国最早的诗歌总集，后来成为儒家的经典。《诗经》于春秋时编成，有诗 305 篇，另有 6 篇有目无诗，是西周初至春秋中叶的作品。诗分风、小雅、大雅、颂四部分。风有十五国风，大部分是各国的民间诗歌，有 160 篇；小雅、大雅合称"二雅"，是西周京城附近一带的乐歌，有 105 篇；颂有周颂、鲁颂、商颂，合称"三颂"，有 40 篇，多是祭祀时的乐歌，也有部分舞蹈歌曲。讲到《诗经》，常提到"六义"这一词语。"六义"也称"六诗"，指的是风雅颂、赋比兴。风雅颂，是从音乐角度区分诗歌的类别的；赋比兴，是指诗作的写作手法。赋是直接陈述，比是譬喻，兴是寄托。但不能看死，并不是一首诗就是一种写作手法，有的诗是兼采几种方法的。

西汉初，传授《诗经》的有鲁（鲁人申培公）、齐（齐人辕固生）、韩（燕人韩婴）三家，他们所传的诗称为《鲁诗》《齐诗》《韩诗》，合称"三家诗"。三家诗是今文诗学，魏晋以后逐渐亡佚，直到清代，佚文才大致搜集起来。"十三经"中所收的《毛诗》，是稍后于三家的鲁人毛亨所传。我们现在所说的《诗经》就是毛氏所传的，所以《十三经注疏》的标目就是《毛诗正义》。《毛诗》是古文诗学。

《周礼》，原名《周官》，王莽时因刘歆奏请将"周礼"列于经，始有《周礼》之名，又称《周官经》。《周礼》按天地、春夏秋冬四时段《天官冢宰》《地官司徒》《春官宗伯》《夏官司马》《秋官司寇》《冬官司空》六篇，内容是周王室的官制以及战国时各国的制度，也掺入了作者的政治理想。据说，王莽改制、王安石变法、宇文泰改官制等都受到了《周礼》的影响。经近人考证，认为《周礼》是战国时代的作品。其中《冬官司空》早已亡佚，汉时补入《考工记》；这是春秋末齐国人记录的手工业技术著作。《周礼》成书晚于《仪礼》，因汉代经学集大成者郑玄尊崇《周礼》，而后世经学家又特尊崇郑玄，所以"十三经"仍将《周礼》置为"三礼"之首。

《仪礼》，原名《礼》，亦称《礼经》，因首篇为《士冠礼》，汉时也称《士礼》，到晋代才称《仪礼》，是古代有关冠礼（祝贺成年的礼节）、婚礼、丧礼、祭礼、饮酒礼、乡射礼（射箭比赛礼仪）、宴礼、朝聘礼（诸侯朝见天子，国君派使臣到别国聘问的礼节）等礼仪要求、程序的汇编，共 17 篇。经近人考证，认为《仪礼》成书当在战国初至中叶间。

《礼记》，是一部对秦汉以前各种礼仪解释、补充的论述选集，本为西汉礼学家传授《仪礼》时选辑的辅助材料，所以原本是"记"，不是经书。这是一部研究我国古代社会、了解儒家思想以及古代文物制度的重要参考书，共有 49 篇。从汉末开始，《礼记》就受到历代封建王朝的重视，其影响后来反在《仪礼》之上。其中像《礼运》《大学》《中庸》诸篇是很重要的哲学论著；《学记》是研究古代教育不能不读的著作；《乐记》是我国较早的音乐论著，论及音乐的本源、美感、社会作用以及音乐与礼的关系等。

《礼记》相传为汉时戴圣所辑编。东汉时，还同时流传着一部由戴德辑的 85 篇《礼记》本（今只存 39 篇），因戴德是戴圣的叔父，从辈分上相区别，戴圣本便称为《小戴礼记》或《小戴记》，戴德本称为《大戴礼记》或《大戴记》。二本又合称《戴记》。

《春秋左传》《春秋公羊传》《春秋榖梁传》，古代学者认为这"三传"都是解《春秋》经的"传"。近人研究认为《春秋左传》是部独立的著作，并不是传《春秋》的。《春秋》是"六经"之一，但自从"三传"列入经书之后，"九经""十一经""十三经"就不再单列《春秋》了，因"三传"都是与《春秋》合刊的。《春秋》是部编年体史书，一说是孔子根据鲁国史书修订而成，所记史实，始于鲁隐公元年，止于鲁哀公十四年，不仅记有鲁国这期间的政治活动、婚丧祭祀以及日蚀、水旱等自然现象，还记有其他各国的大势演变情况。这部记载 242 年涉及春秋各国的史书，只有 1.7 万字。由于文字过于简洁，加之认为孔子修《春秋》字字寓褒贬，于是后世学者便对《春秋》作解释、补充史实、阐发其"微言大义"。这样给《春秋》作传的便有不少，《汉书·艺文志》著录 5 种，但存书传于世并列入经书的只有这"三传"。

《春秋左传》，亦称《左传春秋》，简称《左传》。旧说作者是左丘明，现代学者认为是战国初年编成的。《左传》叙事从鲁隐公元年至鲁悼公，比《春秋》所记的下限要长，长出的这部分称之为"无经之传"。《左传》与其他二传相比较，其主要特点是：着重于叙史事，而不是发明经义的"微言大义"。所以，既有"无经之传"，也有与《春秋》经文相矛盾的传文。另外，《左传》的文字简练而富于文采，记事委曲详明，从动作和内心活动把人物刻画得栩栩如生，不少传文是很有魅力的历史散文。就史学和文学价值而言，《左传》不是《公羊传》

《穀梁传》二传可比的。

《春秋公羊传》，简称《公羊传》，相传战国齐人公羊高传，原为口耳相传，到汉景帝时才成书。与《左传》相较，其特点在于逐字逐句解释《春秋》，着眼于阐述"微言大义"。它的史料价值不高，其作用在于帮助读者了解《春秋》字义，了解先秦时期的礼仪制度等。

《春秋穀梁传》，简称《穀梁传》，相传战国时穀梁赤所传，原也是口耳相传，到西汉时期著成书。与《公羊传》相似，不注重从史实方面解说、补充《春秋》，而在于阐发其"微言大义"。其价值主要在帮助读者了解《春秋》经文字义和儒家思想。

《论语》，东汉时列入"七经"，唐时刻入"开成石经"，是儒家重要的经典，也是我们研究经学、哲学、教育学、伦理学、文学必读的古籍。《论语》产生于春秋末战国初，是孔子的弟子和再传弟子编著的，主要是孔子言行的记录。书名是一开始就有的。

在汉代，《论语》亦有古、今文之分。今文本有《鲁论》（相传鲁人所传）和《齐论》（相传齐人所传）。前者20篇，篇次与现在通行本相同；后者22篇，较《鲁论》多《问王》《知道》两篇。西汉末，安昌侯张禹把鲁、齐二本融合为一而编定，称为《张侯论》。古文本的称《古论》，相传是汉景帝时于孔子旧宅墙壁发现，有20篇。现在通行的本子，基本上是《张侯论》。全书20篇，每篇都是从篇头一两句中摘取两三字命名，如第一篇是《学而》，就是从本篇第一句"子曰：学而时习之，不亦说乎"中摘取的。《论语》的内容丰富，思想深刻，而言词简略，有的词又较含混，加之不同历史时期不同人物根据他们不同需要或不同理解，对《论语》的解析、评价颇不一致，甚至南辕北辙，各执一端，所以在读《论语》参阅各家之说时，应注意那些断章取义、曲解、随意引申的毛病。

《孝经》，作者不详。旧说孔子所作，或说曾子所作，均不足信。近人研究，成书当在公元前三世纪或公元前二百三十年左右，为孔子后学所作。古文本相传为西汉经学家孔安国所注，分18章。唐开元年间，玄宗命诸儒汇集六家说为注，于天宝二年注成并刻石立于太学，《十三经注疏》采用的就是这一注本。

《孝经》宣扬封建孝道，论述以孝治天下，认为孝是"德之本"，孝是天经地义的事，《孝经》分置18章，但在"十三经"中是文字最少的一部，仅1799字。东汉时列为"七经"之一，虽然后来的"九经""十一经"未列《孝经》，但一直受到儒家和历代封建统治者的重视，最后终于归入"十三经"，从此确定了它的经书地位。

《尔雅》，在"十三经"中，这是一部特殊的著作。作为一本专门解释词义的工具书性质的著作，竟被儒家视作经典，这是很有意思的。《尔雅》是我国最早的一部大致按词义系统和事物分类编纂的词典。所以命名"尔雅"，是表明这部书是以雅正之解，释古语词、方言词，使之近于规范。现在通行的本子有19篇，其中《释诂》《释言》《释训》三篇是解释一般词语的，属普通词典性质；其余《释亲》《释宫》《释器》《释鸟》《释兽》等16篇是解各类名物的，具有小百科词典性质。它大体成书于战国末年，是当时一些儒生汇集各种古籍词语训释资料编辑而成，后又经汉代人的陆续增补，才成为现在所见到的《尔雅》，共13113字。

编纂《尔雅》，目的是为了帮助人们阅读包括儒家经书在内的古书，辨识名物。汉武帝"独尊儒术"并立"五经"博士后，从中央到郡县甚至乡聚，广设学校，读经成了当时读书人实现理想、追求利禄的重要途径，《尔雅》便成了儒生们重要的工具书。后来，儒家索性把这部帮助阅读经书的工具书也列为经书了。

《孟子》在西汉时就受到了重视，文帝时置博士，作为经书的辅翼传授，但却是列入"十三经"的最后一部。《孟子》现存7篇，每篇又分上下两篇。篇名是从篇开头的文句中选择几字命名的，如第一篇是《梁惠王章句》，其中"梁惠王"三字就是从本篇第一句"孟子见梁惠王"中摘取的（至于"章句"二字，则是汉代经学家、训诂家用以表示分析古书的章节句读之意的）。《孟子》是孟轲因主张不见用，退而与万章等弟子所撰。内容涉及对人性、政治、教育、修养、处世等方面的论述，主张法先王、行仁政，认为只有仁政才能使"天下之人皆归之"，并提出"民贵君轻"说。《孟子》的思想以及其气势磅礴、感情充沛、善于比喻、长于辩论的文风，对后世的散文家诸如韩愈、苏轼等影响都很大。

这十三部书，在长期封建社会中成为知识分子主要攻读的儒家经典著作，而"十三经"也就成为儒家十三部代表性著作的统称了。

论"二十四史"

（一）

"一部十七史，从何说起？"这是宋朝名臣文天祥被俘后答复元朝孛罗丞相劝降时的反问。"十七史"是指从古至宋以前相连接的十七部史书。文天祥认为，十七史中所记载千百年兴亡浮沉的是是非非不是三言两语说得清的。他这句话不但巧妙地回避了正面回答,而且嘲讽了元朝的胜利也只不过是一种改朝换代,没有什么值得论说的,表示他轻蔑对方的态度。文天祥所说的十七史是宋朝人对以往十七部连贯性史书的统称。宋朝以后,元明清三朝又按照新朝修旧朝史的惯例,编修了自宋至明的史书,清朝又辑录了《旧五代史》和增收了《旧唐书》而合为二十四部,被人统称为二十四史,一称正史。

"二十四史"包含着从《史记》到《明史》的二十四部史书。二十四史在清乾隆四十年以后被正式定名为"正史"。从此,"二十四史"与"正史"成为同义语词了。但"正史"一词却在此以前就已使用。

最早使用"正史"一词的是梁阮孝绪的《正史削繁》94卷,此书虽佚,但见于《隋书·经籍志》著录。唐朝初年编修《隋书·经籍志》,开始在史部设正史类,把《史记》《汉书》这类体例写成的纪传体史书列入这一类。但还没有确定一代仅一史的限制。基本上依体裁划分,只是一种图书分类,而不包含固定某史为正史之意;不过,从《隋志》著录情况看,已略含正统意味,如田融所撰《赵书》十卷是纪传体,但因赵非正统,遂不入正史而屏归霸史类。

唐初修《晋书》,由于唐太宗参加过《宣帝纪论》《武帝纪论》《陆机传论》和《王羲之传论》的历史人物评论工作,于是《晋书》便居18家晋书之首,地位显然高于他籍,开后世于多本中选取一种作一朝史书代表的风气,使正史代表正统的含义进一步发展。但是,刘知幾的《史通》中仍以正史与杂述并举。他所谓的"正史"是指能记录一朝大典的史籍,而以正杂对称,足见正史地位还不是非常尊崇的。

《宋志》沿《隋志》旧例,列正史类于史部之首,并由政府陆续雕版,刊印了正史十七种。

清初修订明《艺文志》的正史类包括纪传和编年二体,打破了历来以纪传体为正史的惯例,同时也证明清初修明史时,正史类尚能随意变更所包含的内容。

清修《四库全书总目》不仅定二十四部纪传体史书为正史,而且还明确规定了正史的神圣地位。它在正史类的小序中说:

> 正史之名,见于《隋志》。至宋而定著十有七。明刊监版,合宋辽金元四史为二十有一。皇上钦定《明史》,又诏增《旧唐书》为二十有三。近蒐罗四库。薛居正《旧五代史》得裒集成编,钦禀睿裁,与欧阳修书并列,共为二十有四,今并从官本校录,凡未经宸断者,则悉不滥登。盖正史体尊,义与经配,非悬诸令典,莫敢私增,所由与稗官野记异也。

从此，正史之名始具特定含义，它既有代表正统政权的意味，又有国定一史的含义。那么，正史究竟为什么如此受到重视？因为它确有超越其他史书的优点，也可以说，正史具有自己的特点。

其一，正史记载的对象是历史上的主要朝代。这些朝代大多是被认为正统的政权，相对具有高于其他史书的地位。

其二，正史主要采用纪传体的编撰方式。纪传体有纪、传、志、表各种形式，便于表达内容。它记载范围较广，涉及政治、经济、社会、文化各个方面，搜集资料也比较丰富，是极便于参考的资料宝库之一。

其三，正史包括从黄帝起到明末止的漫长历程，彼此只有重叠而无间断，上下年代相接，贯通一气，使人从这套书中可以看出古今贯通的中国历史概貌。

有了这三个特点，自然超越其他同时代的同类著述而居于首位了。

正史的编纂者大致可分官修与私纂两种不同情况。司马迁撰《史记》是私撰的一家之言。两《汉书》和《三国志》是经过官方同意由私人撰写的。从隋朝文帝开皇十三年（593）正式明令禁止私撰国史和不准民间评论人物，又加以唐太宗李世民插手《晋书》而题署御撰以后，一代之史的编修工作便成为"人君观史，宰相监修"的官修制度。这种官修史书一般都是后朝为前朝修史。

正史的体制比较完备，以《史记》为例，有十二本纪，写帝王事迹，起大事记的作用；十表，排列错综复杂的史事；八书，记典章制度；三十世家，讲诸侯封国；七十列传，即人物传记。全书130篇，用5种不同体裁，纵横交错地反映了历史，为后世纪传体史书创立了典型。后来各朝史书也有某些变更。如书改称志，表不仅用于记事。也有些体裁不全备的，如《三国志》《梁书》《陈书》《后周书》《北齐书》《南史》和《北史》等7部史书都没有志书；《后汉书》本无表，南宋初熊方曾编过《补后汉书年表》10卷，有一种计算，把熊表计入二十四史的总卷数中。从《三国志》起到《旧唐书》《旧五代史》各史都没有表。梁、陈、齐、周各史虽无志，但四朝典制内容都写入《隋书》志中，而有五代史志之称（此五代指梁、陈、齐、周、隋，惯称前五代，以别于梁、唐、晋、汉、周的后五代）。

（二）

定二十四史为"正史"是清乾隆四十年（1775）以后的事。这二十四部史籍并不是一次汇集，而是随着历史的发展，逐渐增益形成的。

正史最早的合称是"三史"，始见于《三国志·吴书》卷九《吕蒙传》裴注引《江表传》中记孙权劝蒋钦、吕蒙二人读书时所说：

> （孤）至统事以来，省三史、诸家兵书，自以为大有所益。如卿二人，意性朗悟，学必得之。……宜急读《孙子》《六韬》《左传》《国语》及三史。

又《蜀书》卷十二《孟光传》中也说：

> （光）博物识古，无书不览，尤锐意三史。

《隋志》也著录有吴张温所撰《三史略》二十九卷。

此"三史"究指哪三种史籍？

清人王应奎在《柳南续笔》卷四"三史"条中对《史记》《汉书》以外的一史未加肯定而作疑似之词说："马、班而外，其为东观纪欤？抑为袁宏纪欤？谢承书欤？不得而知也。"而王鸣盛的《十七史商榷》卷四二"三史"条则明确指出说：

> 三史似指《战国策》《史记》《汉书》。

这从孙权所说"《左传》《国语》及三史"一语看，《战国策》似乎会单独标出，而不会包括在"三史"之内。如按时代顺序看，孙权所说的"三史"当指《史记》《汉书》与《东观汉纪》而言。

《晋书》卷六一《刘耽传》所说"博学、明习诗礼三史"，《北史》卷三四《刘延明传》所说"延明以三史文繁，著《略记》百三十篇八十四卷"，应皆指《史记》《汉书》及《东观汉纪》。这是魏晋南北朝以前所谓的"三史"。

唐宋以后所谓的"五经三史"中的"三史"，据王鸣盛《十七史商榷》卷四二"三史"条说，"专指马、班、范矣"，乃以范晔《后汉书》易《东观汉纪》，因唐以后《东观汉纪》已失传。

"三史"之后有"四史"之说起于唐，但说法有二：

其一，《隋志》正史类小序特标举《史记》《汉书》《东观汉纪》及《三国志》为"四史"。

其二，《新唐书·选举志》记唐朝考史科目有《史记》、前后《汉书》《三国志》，与现称的"四史"正相合。

继之而有"八史"之名，曾用于道光初日人所编的《八史经籍志》。所谓"八史"指所收录的是汉、隋、唐、宋、辽、金、元、明等八个朝代的经籍志或艺文志等。

"九史"见用于清人汪辉祖所撰的《九史同姓名略》。它指新旧唐书、新旧五代史及宋、辽、金、元、明史。

"十史"之名始见于《宋史·艺文志》子类类事类著录的《十史事语》十卷、《十史事类》十二卷及李安上撰《十史类要》十卷等，各书均佚。此"十史"当指三国、晋、宋、齐、梁、陈、北齐、北周、北魏和隋等10部史书。

"十三史"之名始用于唐，《宋史·艺文志》的集类文史类中著录有吴武陵撰《十三代史驳议》十二卷；史类目录类著录有宗谏注《十三代史目》十卷及商（殷）仲茂的《十三代史目》一卷，史钞类著录有《十三代史选》五十卷，诸书均佚。唐所谓"十三史"似即指《旧唐志》正史类按语中所述《史记》《汉书》《后汉书》《三国志》（《旧唐志》著录《魏国志》等三家）、《晋书》《宋书》《齐书》《梁书》《陈书》《北魏书》《北齐书》《北周书》及《隋书》等13部。

"十七史"之名定于北宋，宋以前正史无刻本，仁宗天圣二年（1024）出禁中所藏《隋书》付崇文院刊行。嘉祐六年（1061）并梁、陈等史也次第校刻，前后垂四十年。它所谓"十七史"指《史记》《汉书》《后汉书》《三国志》《晋书》《宋书》《南齐书》《梁书》《陈书》《魏书》《北齐书》《后周书》《隋书》《南史》《北史》《新唐书》和《新五代史记》等17种史籍。

《宋志》史类史钞类即著录南宋人所撰《名贤十七史确论》一〇四卷。子类类事类即著录《王先生十七史蒙求》十六卷。"十七史"之名，南宋时已颇流行，后世多沿用"十七史"之名，如元胡一桂撰《十七史纂古今通要》十七卷。清人王鸣盛《十七史商榷》一书为清代史学名著。清初汲古阁曾合刻"十七史"，成为当时通行的正史合刻本。

元人在十七史外加上《宋史》称"十八史"，元人曾选之有《十八史略》之作，明人梁孟寅在明撰《元史》完成后，即因《十八史略》而成《十九史略》。《明史·艺文志》还著录有安都所撰的《十九史节定》一七〇卷。

"二十一史"始于明。嘉靖初，南京国子监祭酒张邦奇等请校刻史书，世宗命将监中十七史旧版考对修补，取广东宋史版付监，辽、金二史原无版者，购求善本刻行以成全史。嘉靖十一年（1532）七月成二十一史南监合刻本。万历二十四年（1596）北监又刻二十一史，三十四年（1606）竣工。"其版视南稍工……然校勘不精，讹舛弥甚，且有不知而妄改者"。所谓"二十一史"就是十七史加宋、辽、金、元四史。"二十一史"之名，清代乾嘉时尚沿用。王昶在《示长沙弟子唐业敬》中说：

　　　　史学当取二十一史及明史、刘昫《旧唐书》、薛居正《五代史》，以次
　　浏览。（王昶：《春融堂集》篇六八，嘉庆十二年塾南书舍刊本）

　　王昶所言，实已指"二十四史"，但仍用"二十一史"之名，可见其已为固
定名词，另一位学者沈炳震就以此为名撰著了《二十一史四谱》。乾隆十一年
（1746）还刻行了《二十一史》合刻正史共 2781 卷，分装 65 函。

　　乾隆四年（1780）明史修成后，合前原有的"二十一史"而有"二十二史"
的合称，乾隆十二年（1747）诏书中正式用"二十二史"名称，清代虽有两部
史学名著用"二十二史"之名，但与清官方所指不尽相同：钱大昕的《廿二史
考异》系二十一史加《旧唐书》；赵翼的《廿二史劄记》则于清代官称的二十二
史之外又包括《旧唐书》和《旧五代史》（各与新书合为一史，仍是二十二史之
数），实际上已是二十四史了。

　　清乾隆十二年（1747）至四十年（1775）间曾有"二十三史"之名，即于
二十二史之外复加《旧唐书》，但"二十三史"之称并未流行。

　　"二十四史"几乎已成为正史的同书异名。它是乾隆四十年从《永乐大典》
中辑出《旧五代史》，并由武英殿合二十三史刻行后的定称。不久，《四库提要》
又明确规定此二十四部史籍为正史。从此以后，不经统治者批准，不得增列正
史。正史——"二十四史"的尊崇地位至此奠定。

　　民国初年，柯绍忞撰成《新元史》，北洋政府大总统徐世昌明令列入正史，
遂有"二十五史"之称，后来《清史稿》撰成，也有并称为"二十六史"的。

（三）

　　"二十四史"共有 3259 卷（包含子卷和《后汉书》年表卷数），如再计入《旧
五代史》《新五代史》和《明史》的目录卷数，则总卷数当为 3266 卷，总字数
达 2700 余万字。卷数最多的是《宋史》，有 496 卷；其次是《明史》，有 336
卷（含目录 4 卷）；最少的是《陈书》，只有 36 卷。

　　"二十四史"中各史包含时间最长的是《史记》，上起黄帝，下止汉武，大
约有三千多年。"二十四史"中除《史记》和《南史》《北史》是通史外，其他
都是断代史。

　　"二十四史"中各史间只有重复，没有脱节。它有两种重复，一是人物的重
复，如曹操在《后汉书》《三国志》和《晋书》中都有记及，至于宋、齐、梁、
陈各书与《南史》间，北魏、北齐、北周各书与《北史》间，所记人物的重复

更多。二是时代的交叉重复，如《史记》与《汉书》间，《后汉书》与《三国志》间多有交叉。

"二十四史"的排列次序，历来曾有不同，如《隋志》按朝代兴亡先后为序，自晋以后，排南朝至梁，然后排北朝的魏，又排南朝的陈，再排北朝的周，但《北齐书》未被排入。这是由于唐得政权于隋，隋得政权于北周，而北齐与唐无关联，所以不排入正史。

《旧唐书》采取先北后南，即晋、宋、北魏、北周、隋、南齐、梁、陈、北齐。这是由于唐是由北朝系统而来，所以尊北。至于最后到北齐则是由于唐未列《北齐书》于正史而系后补入的。宋以后的排列是先南后北，这是司马光在《通鉴》中的意见（《通鉴》卷六九）。因为宋是从南方政权接统而来的。这一顺序从此成为定局，再也没有更易。

"二十四史"各史并非都是原来的完本，如《汉志》即著录《史记》一书"十篇有录无书"。宋刻《十七史》时，《魏书》已与《北史》相乱，卷第殊舛，嘉祐五年刘攽等校订《魏书》时，亡佚不完者已 80 卷，《北齐书》仅存 17 卷而以《北史》相补。清刻"二十四史"，《旧五代史》即系辑自《永乐大典》而非原本。

"二十四史"的版本，过去比较通行的基本上有两大系统。

其一是乾隆时官刻的武英殿本，简称殿本。它基本上采用明监本为底本，但质量不甚高，讹文误字、脱页错简、注文误入正文者颇多。如《史记》的《集解》与《正义》《汉书》的颜注就有大量删节，少者几十字，多者近千字。清代还有某些窜改，如刻《旧五代史》便改动了指斥契丹部分的原文。乾隆四十六年（1781）校正《元史》译名时，即在原版剜改，字数不合时，草率剜去上下文，译名也不统一。不过，后出的如同文书局本、涵芬楼本、竹简斋本、开明本"二十五史"多据殿本。

其二是百衲本。它是在张元济主持下，由商务印书馆汇辑较早较好刊本，于 1930 年至 1937 年间陆续印行的合刊本。其中有《史记》等宋刻 15 种；《隋书》等元刻 6 种；明刻除《元史》外，《旧五代史》的大典辑本也应是明本；《明史》则用清武英殿原刊本附入王颂蔚的《捃逸考证》。百衲本因底本刻行较早，错误较少，又未经窜改，所以被认为是佳刻善本，如它的《史记》注文就比殿本多百余条，增补了殿本《齐书》《魏书》《宋史》的缺页。殿本《元史》中的错简、缺文和窜改处也用洪武原刻来恢复原貌。但它影印时因底本模糊而间有描润致误处；又有首尾是原本，而中有自写和凑集的。不过，它仍然胜于殿本。

解放后，中华书局的标点本"二十四史"则是在前人成果基础上进行整理的佳本。其优点是：

其一，选好底本。如《史记》用金陵局张文虎校三家注本刊印。张校考核精审，标点本又校正张本的不妥处。《汉书》用王先谦的《补注》，汇集了唐以后有关著作补颜注，并论各本的得失。《三国志》是用百衲本、殿本、江南局本和活字印本四种互校，择善而从，并吸收清代各家校订。这种不拘一版，不迷信宋本，而从内容正确与否考虑是值得重视的一大优点。

其二，各史都加了标点分段，颇便阅读。对原本有错或应删字，不妄改而用圆括号小字标出，凡增添或改正的字则用方括号标明。这样既保留了原文，又指明了正字，符合校勘原则。对于人、地、书名都有标号。凡长篇文字，低格别起以醒眉目。注文用小字，易于观览。其体制可称完备。

其三，各史均有前言及校勘记，为学习和研究提供了方便。

因此，标点本"二十四史"及《清史稿》是目前最适用的一种较好印本。

（四）

"二十四史"数量如此多，内容如此广，跨度又如此长，研读它是有一定困难的。历来学者为此写过不同体裁的书来帮助人们阅读和学习。这种不同体裁的著述主要有注、补、表、谱和考证等五种。它们始于南北朝，兴于唐宋而大盛于清。

《隋志》小序中说：

> 《史记》《汉书》，师法相传，并有解释。《三国志》及范晔《后汉》，虽有音注，既近世之作，并读之可知。梁时，明《汉书》有刘显、韦棱，陈时有姚察，隋代有包恺、萧该，并为名家。《史记》传者甚微。今依其世代，聚而编之，以备正史。

《四库提要》正史类小序也说：

> 其他训释音义者，如《史记索隐》之类；掇拾遗缺者，如《补后汉书年表》之类；辩证异同者，如《新唐书纠缪》之类；校正字句者，如《两汉刊误补遗》之类。若别为编次，寻检为繁，即各附本书，用资参证。

据此，则注、补、表、谱、考证之体起源甚早，而"以备正史""用资考证"正说明这类史籍对正史的辅助作用，所以清末张之洞撰《书目答问》特为之立一小类，附于正史类后，并注称："此类各书为读正史之资粮。"现分述诸体如次：

【注】 即传注。传就是通过对原作《经》的解释以求传示后世，所以有经传之说。《左传》《诗毛氏传》都有此意。注为注入己意，或称著，即说明之意。传、注本无区别，大抵汉以前多称传，汉以后多称注。《史记》的《索隐》《正义》和《集解》被后世统称为"三家注"。《汉书》从东汉应劭、服虔的《音义》后，陆续有注家，唐颜师古总集南北朝时期二十余家注成《汉书注》，有功于《汉书》，而清末王先谦的《汉书补注》则又为集唐以来六十余家注而成。《后汉书》始有梁刘昭注及唐李贤传注，清末王先谦复有《后汉书集解》之作，甚便读者。至于裴松之的《三国志注》尤著盛名，与《水经注》《世说新语注》并称"名注"。裴注在陈志后一百八十余年，史料比较集中，又经一定刷汰，条件较优。它的注法是条其异同，正其谬误，疏其详略，补其缺漏，引魏晋人著作达 150 余种，今多佚，故裴注颇为后世所重。近人吴士鉴作《晋书注》是《晋书》的注本。

注本还有音义（如萧该的《汉书音义》，有辑本）、汇注（如《史记汇注考证》）、笺释（如李笠的《汉书艺文志汇注笺释》）、校注（如王绍兰的《汉书地理志校注》）、合注（如王先谦的《新旧唐书合注》）、笺注（如王忠的《唐书南诏传笺注》）、补注（如王先谦的《汉书补注》）、集解（如王先谦的《后汉书集解》）等不同的名称和体裁。

【补】 就是《四库提要》所说的掇拾遗阙。宋有钱文子的《补汉兵志》五卷。清代补缺之学甚盛，如侯康的《补三国艺文志》、钱大昕的《补元史艺文志》、郝懿行的《补宋书刑法志》等皆是。这种补体史稿大多自正史记传中及当时著述中辑出有关资料来补足正史所缺。它对了解某一历史时期的典制、艺文等都有裨益。

补体还有校补（如周寿昌的《汉书注校补》）、拾补（如姚振宗的《汉书艺文志拾补》）、拾遗（如钱大昕的《诸史拾遗》）、补脱（如卢文弨的《金史补脱》）、补正（如马君实的《晋书孙恩卢循传补正》）等名称。

【表】 表在《史记》《汉书》中已有，但后起各史未能充分发挥其作用。后世学者多以此体整理正史史料以便省览，表渐成一独立体。如周嘉猷的《南北史表》中包括年表、帝王世系表、世系表等，洪饴孙的《史目表》合编了正史目录。他如齐召南的《历代帝王年表》也颇便翻查，而其中最负盛名的当推万斯同的《历代史表》五十九卷。这是一部很有用的读史工具书。《四库提要》称它是：

其书自正史本纪、志、传以外，参考《唐六典》《通典》《通志》《通鉴》《册府元龟》诸书以及各家杂史，次第汇载，使列朝掌故，端绪厘然，于史学殊为有助。

清初学者朱彝尊为此书所写序中说："揽万里于尺寸之内，罗百世于方册之间。"这一评论可称言简意赅。

【谱】　谱的作用与表相似，但又各得其用，表以系年月为多，谱以类事为主。清人周春的《代北姓谱》《辽金元姓谱》是记北方少数民族姓氏的谱；沈炳震的《二十一史四谱》类编了纪元、封爵、宰执、谥法等四项典制内容；张穆的《顾亭林年谱》虽也以年月为序，而其宗旨却在布列谱主生平行事；《竹谱》《兰谱》是名物谱；《锡山秦氏宗谱》则记家族宗脉支派。因此，谱之为体，在使同类事物，聚而布列，俾便检阅。

【考证】　史籍的考证包括对史籍本身和史籍内容。它既有独成专书的著作，也有散见笔记的杂考。其体宋代甚见发达，如洪迈的《容斋随笔》、王应麟的《汉书艺文志考证》等。清代尤盛，顾炎武的《日知录》开其端，钱大昕、赵翼、王鸣盛等继起，而钱大昕的《廿二史考异》更是考史名作。它对正史中的政治、经济、军事、历史、经学、法律、民族、音训、典制各方面的读书心得加以考证。钱大昕从中年开始著《考异》，七十岁方完成，可称一生精力所注之作，他不仅利用正史本身，又参考了许多史籍，仅订正宋史时即引书达 60 余种。他后来写《诸史拾遗》时又增用了 20 余种。这是考证群史的。还有单考一史的，如梁玉绳的《史记志疑》、施国祁的《金源劄记》。也有考一事的，如杭世骏的《汉爵考》。这类著作是前人花费一定精力的成果，对读正史提供了便利，但大都只就个别文字、事实、名物、地理、典制进行整理、解释和订补。它可以起辅助读史的作用，将研究、著述工作置于坚实可靠的材料基础上，而不能以此代替史学，作为学术的极致。

开明书店《二十五史补编》收印这类著作 264 种。近人东君撰《二十四史注补表谱考证简目》(《古籍整理出版情况简报》)均便于查询。

（五）

"二十四史"是我国通贯古今的一套史书，也是传递我国传统文化的主要渠道之一，在世界史学史以至文化史上都居于当之无愧的领先地位。千百年来，我们的先人从中接受知识和吸取精神力量，我们的民族和国家以有这样大量丰功伟绩的明确记载而感到自豪,所以很有一加翻读的必要,但是,这样一部3000余卷、2700余万字的大书又从何读起呢?如果按日读一卷书计算,大约需要九年之功,这确是一个沉重的负担。其实,在读这样一部大书的时候也还有许多可以省力的地方。在"二十四史"中重点是前四史,这是应该比较详细地阅读的。前四史共445卷,如果每天读一卷,则一年半也可全毕。再者,"二十四史"中有些部分可以略读和缓读,如天文、五行等志比较偏于专史性质,需要具备一定专业知识,可置于缓读地位;年表、月表和地理、职官等志是备检索查考之用的,可作为略读以掌握其查阅方法。"二十四史"还有一些人物和时代相重复的部分,如《史记》和《汉书》间,两《汉书》间,《汉书》和《三国志》间,《南史》和宋、齐、梁、陈诸书间,《北史》和北齐、北魏、北周诸书间,既可以比读两部史书,又因为所记事迹重出,易于熟悉,加速了阅读进度。这一大套史书经过这样的用功步骤,不仅能在读书实践过程中提高阅读能力,培养钻研学术的兴趣,而且还对中国数千年历史的主要史迹能有一个大致的了解,加强对传统文化的选择能力。

附:

二十六史书名、作者、卷数表

书名	作者	内容	总卷数	备注
史记	(汉)司马迁	本纪12、表10、书8、世家30、列传70	130	
汉书	(后汉)班固	本纪12、表8、志10、列传70	120	卷多于篇,唐颜师古作注时以篇长而分上下或下中下卷
后汉书	(宋)范晔	本纪10、列传80(梁代加入晋司马彪续志30)	130	帝后纪分12、列传分38、合志30
三国志	(晋)陈寿	魏志30、蜀志15、吴志20	85	前四书合称前四史
晋书	(唐)房玄龄等	本纪10、卷20、列传70、载记30	130	官修正史之始
宋书	(梁)沈约	本纪10、志30、列传60	100	
南齐书	(梁)萧子显	本纪8、志11、列传40	59	
梁书	(唐)姚思廉	本纪6、列传50	56	
陈书	(唐)姚思廉	本纪6、列传30	36	
魏书	(北齐)魏收	本纪12、志10、列传92	130	纪分14、志分20、列传分96

书名	作者	内容	总卷数	备注
北齐书	（唐）李百药	本纪8、列传42	50	
周书	（唐）令狐德棻	本纪8、列传42	50	
隋书	（唐）魏徵等	本纪5、志30、列传50	85	
南史	（唐）李延寿	本纪10、列传70	80	
北史	（唐）李延寿	本纪12、列传88	100	
旧唐书	（后晋）刘昫	本纪20、志30、列传150	200	
新唐书	（宋）欧阳修	本纪10、志60、表15、列传150	225	
旧五代史	（宋）薛居正	本纪61、志12、传77	150	
新五代史	（宋）欧阳修	本纪12、列传44、考3、世家10、十国世家谱1、四夷附录3	74	
宋史	（元）脱脱等	本纪47、志162、表32、列传255	496	
辽史	（元）脱脱等	本纪30、志32、表8、列传45	116	国语解1
金史	（元）脱脱等	本纪19、志39、表4、列传73	135	
元史	（明）宋濂等	本纪47、志58、表8、列传97	210	
新元史	（近）柯劭忞	本纪26、志70、表7、列传154	257	
明史	（清）张廷玉等	本纪24、志75、表13、列传220	332	
清史稿	（近）赵尔巽等	本纪25、志135、表53、列传316	529	

论诸子百家

　　"诸子百家"之说，早在二千多年前的春秋战国时代就已出现。从先秦到汉初，我国在政治、学术上出现了不少学派，如儒家、道家、阴阳家、法家、名家、墨家、纵横家、杂家、农家等等。各家的代表人物都被尊称为"子"，如孔子、老子、墨子、荀子、韩非子等。据《汉书·艺文志》载"凡诸子百八十九家"。所以浑称"诸子百家"，是举成数而言。"诸子百家"既专指先秦诸子，也包括他们的学说。

　　诸子百家产生于春秋战国时代。那时，各国都想立国称霸，而要立国、称霸，必须得民。要得民，必须讲求治国之道。于是形形色色的政治家、思想家和科学家都纷纷提出见解，宣传游说，各家之说"蜂出并作"，各引一端，舌笔相攻，形成了诸子百家争鸣不已的局面。

　　当时的主要学派大致分为九家：

（一）道家

道家的创始人是老子。老子是个半神话或智慧人物，据说生活在公元前六至五世纪。姓李名耳，字伯阳，谥曰聃，楚国苦县（今河南鹿邑县）人，曾做周藏室之史。著有《老子》，又名《道德经》。

老子是有极大智慧的古代哲学家。他观察了天地万物的变化和社会人事的成败祸福，在《道德经》中以"道"来说明宇宙万物的演变，提出"道生一，一生二，二生三，三生万物"，又说"人法地，地法天，天法道，道法自然"，否定上帝和鬼神的存在。"道"可以解释为客观的自然规律，同时又有着永恒绝对的本体意义。老子认为，一切事物都有正反两面的对立，有对立，才有变动。同时要意识到对立面在一定条件下互相转化，故有"祸兮福之所倚，福兮祸之所伏"及"柔弱胜刚强"之说。他认为一切事物的生成变化都是"有"和"无"的统一，"有无相生"，"有生于无"。这是老子学说的独到见解。他还指出"民不畏死，奈何以死惧之"的论题，以表示对统治阶级的不满与抨击。

老子认识到了事物的对立转化，却以为是简单地循环往复，看不到每一循环的过程是上升的发展，他看到了深刻的社会矛盾，却又错误地认为是智者出现和技术发展的结果。所以他深恶"淫巧"，主张"绝圣弃智"，倒退到"邻国相望，鸡犬之声相闻，民至老死不相往来"的小国寡民的状态。

稍后的著名道家人物是庄子（约前369—前286），名周，宋国蒙（今河南商丘东北）人。著有《庄子》。文章汪洋恣肆，极富想象力，常以寓言故事的形式阐明哲学道理。

（二）儒家

儒家的创始人孔子（前552—前479），是春秋末期伟大的思想家、政治家和教育家。名丘，字仲尼，鲁国陬邑（今山东曲阜）人。为人勤学好问，而学无常师。相传曾问礼于老聃，学乐于苌弘，学琴于师襄。年长，聚徒讲学，从事政治活动。年五十，曾任司寇。后周游列国，推行其政治主张，而终不见用。晚年致力教育，相传他删《诗》《书》，定《礼》《乐》，删修《春秋》。有生徒三千人，著名的七十余人。孔子的言论由他的弟子及再传弟子辑录为《论语》一书。

孔子的社会地位不高，生活接近于庶民，所以能看到民间的疾苦，主张"节用而爱人"，他反对横征暴敛，认为"苛政猛于虎"（《礼记·檀弓》）。在哲学思想上，孔子极力推崇"中立而不倚"的中庸思想。在政治、教育、行为、人伦等各方面都贯穿着这种思想。就是在神鬼的有无问题上，孔子也持中庸的态度，既不肯定，也不否认，而是闪烁其词地说"未能事人，焉能事鬼"，"未知生，焉知死"（《论语·先进》）。这种观点在中国二千年的封建社会里起了一定的积极作用。

孔子在教育上是有贡献的。他首创私学，收授门徒，并主张有教无类、因材施教、教学相长。他自己虚心好学，说："三人行，必有我师焉。择其善者而从之，其不善者而改之。"（《论语·述而》）他有"学而不厌，诲人不倦"的精神，治学态度是"毋固（不固执）、毋我（不自以为是）"（《论语·子罕》）。在学和思的关系上也有精当的见解。对待错误，主张"过则勿惮改"（《论语·子罕》），在学术上他虽主张"述而不作"，但在制定六经时去芜存精，也还是有取舍的，对保存古代珍贵典籍做出了积极的贡献。

孔子的学说中还包含着不少消极保守思想，如为维护贵族等级秩序而主张"君君、臣臣、父父、子子"，反对"犯上作乱"，要实行"民可使由之，不可使知之"的愚民政策，等等。

孔子之学，三传而至孟轲。孟轲（约前 372—前 289），字子舆，邹（今山东邹县东南）人，是孔子之后最著名的儒学大师，战国时的思想家、政治家、教育家。他自任为孔学继承人。著有《孟子》七篇，充分发挥了孔子学说的仁义部分。孟子主张"行仁政"，认为只有"不嗜杀人者"才能统一天下。提出"民贵君轻"，认定残暴的君王是独夫，诛独夫不是弑君。在君臣关系上，说"君之视臣如手足，则臣视君如腹心；……君之视臣如土芥，则臣视君如寇仇"（《孟子·离娄下》）。他承认有先天的"良知""良能"，但也重视后天的教育和自身的修养，要求"富贵不能淫，贫贱不能移，威武不能屈"。孟子大胆发挥孔子及西周时"敬天保民"的思想，成为封建时代最可宝贵的一种政治理论。但他关于"劳心者治人，劳力者治于人"的观点则完全是为统治者服务的。

荀子（名况）虽承儒学，而其思想却有别于孔孟。他批判和总结了先秦诸子的学术思想，对古代唯物主义有所发展。他反对天命和鬼神之说，认为"天行有常，不为尧存，不为桀亡"（《天论》），并大胆地提出人可以"制天命而用之"的人定胜天的思想。在政治上，他主张礼治与法治结合，特别是他"法后王"的思想是对儒学的批判。

（三）墨家

墨家的创始人墨翟（约前 468—前 376），春秋战国之际的思想家、政治家。

相传为宋国人，后长期居于鲁国。他出身于下层，自称"贱人"。曾"学儒者之业，受孔子之术"，后不满于儒学，便另立新说，聚徒讲学，成为儒家的对立学派。墨家以"非命"和"兼爱"的观点反对儒家的"天命"和"爱有差等"说，主张不分贵贱亲疏，"兼相爱，交相利"，"赏贤罚暴"。他"非攻"的思想，反映了广大下层民众反对掠夺性战争的愿望；他"非乐""节用""节葬"等主张是对当权贵族奢侈享乐生活的抗议。他具有"摩顶放踵，利天下为之"的牺牲精神。墨子认为要天下大治"必使饥者得食，寒者得衣，劳者得息"，希望统治者改善劳动者的生活条件和经济地位。在认识论上，墨子提出"三表法"，即以前人经验、实验感知和符合国家人民利益为判断真假是非的标准，比之儒家强调"内省"更为深刻。

墨家的主要著作《墨子》是研究墨学的基本资料。

（四）法家

法家是先秦时期主张法治的重要学派。早期法家的先驱者有春秋时期的齐管仲（？—前645，名夷吾）和郑子产（？—前522，名公孙侨）等人。管仲提出的"仓廪实则知礼节，衣食足则知荣辱"，"四维（礼、义、廉、耻）不张，国乃灭亡"（《管子·牧民》）等思想对后世有深刻影响。子产为郑"铸刑鼎"，公布刑法，整顿田亩，反对迷信，郑国在"诸侯力政"的春秋能立身于晋、楚两大霸国之间，实赖于子产治国有方。

秦国在东周时还比较落后，前361年孝公立，下令求贤。卫国人法家公孙鞅（后因仕秦有功，封于商，号商鞅）应募入秦，实行变法，得到孝公的支持。他重编户籍，奖励耕织，废除贵族世袭特权，奖励军功，推行法治，使秦国迅速强盛起来，终于吞灭六国，建立了中国第一个大一统的帝国。

法家的主要代表人物韩非，吸收了道、儒、墨各家的理论，使法家思想臻于成熟与完善。他是法家思想的集大成者，著有《韩非子》一书。他将商鞅的"法"、申不害的"术"和慎到的"势"三者合一，建立了以"法治"为中心的专制主义的政治理论。这对中国出现中央集权的统一国家是有积极意义的。

（五）阴阳家

阴阳家的学说产生于人们改造自然的活动，由于对天象四时逐渐有所了解而形成了"五行"观念。即以金、木、水、火、土名五星，并用它比附地上万物，即所谓"五材"（金、木、水、火、土五种物质），又以五材相生、相克的关系说明事物的变化。至周，人们开始用阴阳观念来解释四时的更替，后又将自然界和人类社会的复杂现象高度概括为阴（- -）、阳（—）两个基本范畴，并以阴、阳的交错配合来说明万事万物的不断发展变化。

到战国时期，随着这方面知识和经验的不断积累，就产生了以邹衍为代表的阴阳家。

邹衍，亦作驺衍，博学多才，尤长于天文、地理和历法。他把早期阴阳和五行的学说结合在一起，并加以附会扩充，成为阴阳五行理论。著《邹子》49篇，已佚。邹衍依据当时的自然知识和社会经验，对天地起源和政权衍变进行臆测，扩大了人们关于时间和空间的观念，活跃了人们的思维。他据五行生克所造出来的"五德终始"（如水德克火德、火德克金德等）循环论使人们对人类社会的变化及各王朝的盛衰更替形成了一种神秘主义的观念而影响于后世。

（六）纵横家

纵横家，指战国时从事政治、外交活动的一些谋士。虽被《汉书·艺文志》列为"九流"之一，实则不同于其他各家。他们是在春秋战国时期，各国纷争夺取霸权的活动中应运而生的一批人物。他们的言论不乏真知灼见，也很讲究表达技巧，因而颇具说服力。但同时却往往出于个人目的，极尽纵横捭阖之能事，取媚人君，以求显达。其中最有代表性的人物便是苏秦和张仪。

苏秦，战国时洛阳（今河南洛阳东）人，字季子。先后游说于周、秦、赵，都不受欢迎。当时秦势日强，使关东诸国大恐而谋求抗秦之计。苏秦有针对性地创合纵之说，先后说服燕、赵、韩、魏、齐、楚各国。佩六国相印，为约纵长，约定共同御秦之策。因此，"秦兵不敢窥函谷关十五年"。

张仪，魏人。曾受辱于楚，后入秦为相。推行有利于秦的连横策略，即说服六国分别与秦结好，使合纵终告解体。

苏秦有《苏子》31篇，张仪有《张子》10篇，均佚。他们的思想缺乏中心主旨，只为谋求个人功名利禄而投时君所好，在各家思想中最为低下。

（七）名家

名家亦称"刑（形）名家"或"辩者"，是战国时以辩论名实为主要内容的学派。主要代表人物有惠施、公孙龙以及邓析、尹文等。其著作有《邓析子》《尹文子》《惠子》《公孙龙子》等，除《公孙龙子》外，余皆早佚。名家诸子的观点，彼此不尽相同。如惠施代表性的观点是"合同异"。认为从宇宙万物总体来看，万物莫不"毕同"而又"毕异"，任何事物性质上的同异都可以在宇宙这个"大一"的范围内统一起来，这便是"合同异"的理论。它夸大了事物的统一性，但也看到了事物之间差异的相对性，含有辩证的因素，对古代逻辑思想的发展有一定的贡献。公孙龙具有代表性的命题是"离坚白"。认为白而坚的石头，其"坚"与"白"不能同时存在。用眼看，看不到它的"坚"，而只能看到它的"白"，这时"坚"不存在；用手触摸，摸不到石头的"白"，而其能摸到它的"坚"，这时"白"不存在。所以说"坚""白"是分离的。"离坚白"的说法，只强调了两个概念的差异，而看不到二者之间的联系，从而陷入了形而上学。

名家的理论包含着某些辩证的因素，因而有其可取之处。但有些观点则难脱诡辩之嫌，如"鸡三足""白马非马"等。

（八）杂家

杂家是战国末期至汉代初期折衷和糅合各学派思想的一部分学者，具有"兼儒墨、合名法"的特点。代表作是吕不韦主持编纂的《吕氏春秋》。吕不韦（？—前235），原为阳翟（今河南禹县）巨商，因与秦庄襄王交结而任秦相。他组织三千门客汇合先秦各派学说，编著《吕氏春秋》，又名《吕览》。内容以儒、道思想为主，兼及名、法、墨、农及阴阳诸家，故称杂家。西汉时以淮南王刘安为首编纂的《淮南鸿烈》（唐以后始称《淮南子》），虽以道家思想为主，也杂糅了儒、法、阴阳诸家的学说，故列入杂家。《吕氏春秋》和《淮南子》都保存了先秦学术思想中不少有价值的资料。

除上述八家外，还有农家、小说家，合成"诸子十家"。十家之外，还有兵家、医家以及非墨的杨朱学派等。

各家代表人物影响较大的有近百家之数。他们各有一套自以为可以安邦济世的理论，或聚徒讲学，或著书立说，或周游列国、驰说诸侯。一方面大力宣扬和推行本学派的主张，一方面驳斥其他学派的"谬说"，形成了争鸣的局面。加上齐宣王喜文学游说之士，封官赐爵者七十余人，并在齐的稷下设"稷下学宫"，招揽各学派学者教千人，当时驰名的即有淳于髡、邹衍、田骈、接予、慎到、宋钘、尹文、环渊、田巴、鲁仲连、荀况等。他们各抒己见，自由争辩，使当时争鸣的形势呈现出一派繁花似锦、目不暇接的空前繁荣局面。

当时儒家声势甚大，墨子首先起而反儒。他以"兼爱"反对儒家"亲亲有术"的等级制度，以"非乐""节葬"反对儒家的繁缛礼乐和"贪于饮食，惰于作务"的不劳而食的思想。说孔子"盛容修饰以蛊世","其道不可期世","其学不可以导众",对儒学的理论力予批驳。对孔子本人也大加指斥,说孔某剥下人的衣服换酒喝等等。对孔丘弟子也大张挞伐,说"其徒属弟子皆效孔某:子贡、季路辅孔悝乱乎卫,阳货乱乎齐,佛肸以中牟叛,漆雕刑残"等等。

庄子对墨派的学说也不以为然。认为墨子的主张"其行难为","不可以为圣人之道",而墨子的理想必将"求之不得(不能实现)"。

杨朱反对墨子"摩顶放踵,利天下为之",而主张"存我为贵","拔一毛而利天下,不为也",说"人人不损一毫,人人不利天下,天下治矣"。

孟子则极力维护儒学,认为杨、墨之学是对儒学的一大威胁,因而大事攻击。说"杨氏为我,是无君也;墨子兼爱,是无父也。无君无父,是禽兽也"。

农家许行主张"贤者与民并耕而食",抹煞了必要的社会分工。孟子对此痛加驳斥,强调一人不可能兼百工之事,因此也不可能从事农业生产的同时兼治理天下之事。

荀子曾对十二位有影响的人物逐一批驳。认为子思、孟子歪曲了孔子的本意来骗取群众;墨子强调实用、节俭而轻视等级;法家的慎到能制定法规而不能落实,无力治国;名家的惠施、邓析提出一些奇怪论点进行诡辩,也不能用它维护社会伦常秩序。庄子除推崇老子和关尹外,对名、法各家都有所批评。韩非认为当时众说纷纭只能蛊惑人心,从根本上否定了诸子的争鸣,以求法家的独存。

其实,诸子百家各有所长,也各有所短。后世学者做出了比较公允的评价。如《吕氏春秋·不二》和《史记·太史公自序》中都有较详尽的分析和评论。

秦始皇统一中国以后,独取法家思想治国,实行严刑峻法。由于正统儒派的抗争,而造成"焚书坑儒"的惨剧。

儒学经过一番厄运之后,随着秦王朝的覆灭而重新活跃起来。由于它在本质上维护封建统治阶级的利益,加上汉代儒学大师董仲舒的改造,吸收道家哲学及阴阳五行思想,突出宣扬"三纲五常"和"君权神授",更适合统治阶级的需要,所以武帝断然罢黜百家,儒术被捧上了独尊的地位。在以后漫长的封建社会里,统治阶级不断按自己的需要对儒学加以改造,也始终以儒学作为维护统治地位的理论武器。

道家的影响也延续久远。汉初"黄老之治",魏晋的玄学,是道学的显赫时期。特别是到唐初,老子被冠以"太上玄元皇帝"的尊号,在政治上有着相当的影响力。但是,后来标榜的道家,多侧重于"清静无为"的消极方面。道家真正有价值的东西，一方面变成了完善儒学统治术的重要因素；另一方面，如它的哲学思想和美学思想，是作为中华文化的精华得到世代继承的。

法家的思想在秦得到了完善和实现，其中不乏有效的治国之术，所以以后历朝历代都不可能弃而不用。汉代"独尊儒术"，实际却以儒法相表里便是明证。

阴阳五行说，起初有其科学价值，自演变出"五德终始"说之后，再经后世文人不断加工，则变成一种近乎宗教神学的唯心主义理论，统治阶级更利用其"天人感应"的思想作为他们进行合法统治的理论依据。

诸子百家之说，在以后的历史长河中各有其变化和兴衰的命运。但各家之说的关系正如班固所言是"相灭相生，相反相成"。历代统治阶级正是不断吸收各家之长，以完善自己的统治思想，这种思想也便深深影响于人民大众的意识，成为中华文化的重要组成部分。

随着时代的演进，诸子百家的界限益趋模糊。然而对各家思想的研究代不乏人，因而各学派思想的流风遗绪不绝如缕。

儒家既得独尊之位，其著作之流传自是名正言顺。不仅孔子删定的五经，连记录孔子及其学派诸子言行的"四书"也都被官方指定为必读经典。自汉至民国有关阐释《论语》的书约有 300 种之多。其中有名的注疏本有三国魏何晏的《论语集解》、南北朝梁皇侃的《论语义疏》、宋邢昺的《论语正义》、朱熹的《论语集注》、清刘宝楠的《论语正义》和今人杨伯峻的《论语译注》等。《孟子》有名的注释本有东汉赵岐《孟子章句》、南宋朱熹《孟子集注》、清焦循《孟子正义》等。其他如《荀子》《墨子》《庄子》《韩非子》等各家著作，后世也多有注本和研究成果，丰富了中国传统文化的宝库。

对先秦诸子的著作，人们很早就注意收集并开始著录。子书的范围是"自六经以外立说者皆子书也"。也就是说，把儒家以外的诸子学说都列入子部。西汉刘歆《七略》始立"诸子略"一类。《汉书·艺文志》依《七略》之旧将诸书分为十家。晋荀勖编《中经新簿》分甲、乙、丙、丁四部，乙部即收录子书；东晋李充更定甲、乙、丙、丁排次，子书归为丙部。《隋书·经籍志》则正式以经、史、子、集命名四部，千年以来相沿不改，子书成为中国文献一大类别。但后世子部界限日趋庞杂，如《四库全书》将难纳入经、史、集部的书统统归入子部，使子部成了几乎无所不包的大杂烩。除诸子百家之外，天文、算法、术数、艺术、谱录、类书、释家均归子部，共 14 类 25 属，甚至命书、相书、器物、食谱、鸟兽虫鱼、杂事、杂品、异闻、琐语等亦被塞入其中，形成了凌乱不堪的子部。与最初的子书概念已相去甚远了。

秦汉以后，由于诸子各家思想的延续、发展，产生了像汉王充《论衡》、晋葛洪《抱朴子》等一批新的子书，也出现了像今本《列子》《晏子春秋》等一批自称"古本"的伪托之作。这些时人均列入子书。

为便于保存和查阅，明人将子书辑为多种丛书。仅嘉靖年间的诸子丛书就有《十二子》《六子全书》《六子书》等。其后则有明归有光辑《诸子汇函》（收九十三子）、清崇文书局辑《子书百家》（一名《百子全书》）、浙江书局辑《二十二子》《子书二十二种》、民国时五凤楼主人辑《子书四十八种》等。而影响较大的是民国国学整理社辑的《诸子集成》（1935 年世界书局排印本），1958年中华书局重印，近年数家出版社均有影印出版。

论总集与别集

"集"是中国古籍分类四分法中的一大部类。它的类名虽始定于《隋书·经籍志》，但它所著录的文献内容却早已包含在中国第一部分类目录——《七略》之中。《七略》的"诗赋略"中包括诗歌、屈原等赋、陆贾等赋、孙（荀）卿等赋、杂赋五个部分。第一部史志目录班固的《汉书·艺文志》根据《七略》，仍保留"诗赋略"这一类，后来晋《中经新簿》的丁部、梁《七录》的"文集录"、《隋书·经籍志》的"集部"，直到《四库全书》的"集部"都是从"诗赋略"一脉相承而来的。

为什么集部最早以"诗赋略"为类名呢？因为它以收集诗赋为主。诗歌是各种文学样式中最早诞生的一种。古人对诗与歌是有区别的，认为"诵其言谓以诗，咏其声谓之歌"。原始人类的诗歌是口耳相传，商周时代始有文字记载的诗歌。当时的不少诗歌反映了下层民众的喜怒哀乐，一些采诗官便到民间采集供王者"观风俗，知得失"，并将民间诗歌编辑成为最初的总集。我国第一部诗歌总集——《诗经》就是这样产生的。但因汉代将它列为儒家经典，划归"经部"，而未入"集部"。

集中包含楚辞、别集、总集等内容，始于阮孝绪《七录》，以后的图书分类大致历代相沿，如《隋书·经籍志》《古今书录》《旧唐书·经籍志》《新唐书·艺文志》《郡斋读书志》《遂初堂书目》《宋史·艺文志》等都基本相同。《宋志》加文史类，共四类。《明志》去楚辞类，仅剩三类。清《四库全书》则在楚辞、别集、总集之后增加诗文评和词曲二类，共五类。现分述如下。

（一）楚辞

楚辞是战国时代以屈原为代表的楚国人创作的诗歌，是《诗经》以后的一种新诗体。"楚辞"之名不知起于何时，汉成帝时，刘向整理古籍，把屈原、宋玉等人的作品编集成书，定名为《楚辞》，成为一部总集的名称。最早收楚辞入目的是《七略》的《诗赋略》。其中对屈原、宋玉的作品不称"楚辞"而称"赋"，这是因为汉代对楚辞和汉赋一般混称为赋。其实，在文学体裁的分类上，两者是截然不同的：楚辞是诗歌，赋是押韵的散文。

楚辞的代表作品是屈原的《离骚》。伟大的爱国诗人屈原，名平，是楚国一个没落贵族。他忠君爱国，却受到排挤和打击，以至被放逐。在楚国面临危亡的形势下，他渴望竭忠尽智，却"信而见疑，忠而被谤"。诗人忧愁幽思、感慨万端，将其爱国的理想和报国无门的沉痛感情熔铸成了这篇光耀千古的浪漫主义杰作——《离骚》。《离骚》是我国古典文学中最长的抒情诗，它具有深刻的思想性和高度的艺术性，对中国以后的历代文学产生了深远的影响。

盛极一时的汉赋就是在《诗经》和楚辞的影响下产生的一种文体，在当时占有引人注目的地位。班固认为赋是贤人失志之作，当时的著名辞赋家如贾谊、司马相如、扬雄等都是一代名流。

（二）别集

别集起源于何时？一般认为始于东汉。别集的情况比较复杂，其编排体例大致可分为四种：

（1）按诗文分编。如《李太白集》，收唐李白（字太白）的诗与文共 30 卷。其中诗 25 卷、文 4 卷、诗文拾遗 1 卷。

（2）按内容分编。如清阮元的《揅经室集》，将其经类文章、史类文章、子类文章及文诗，分别编排。

（3）按写作年代分编。如《杜少陵集》，按杜甫创作的五个时期的先后顺序编排，即"安史之乱"以前、"安史之乱"时期、入蜀途中、定居成都和离开成都之后。

（4）几种编排法并用。如《曝书亭集》，清朱彝尊撰。其作品按体裁编排，分赋（1 卷）、诗（22 卷）、词（7 卷）、杂文（50 卷），附录乐府 1 卷。其中诗赋按时间顺序编排，杂文又按体裁分为 26 类。

别集，既作为集部的一个类名，又可作某一别集中区别于正集的名称。或用以显示作者专长，如李白、杜甫以诗见长，则将其文刊入别集；或为区别学术观点，如清潘耒《遂初堂诗集》包含诗集 15 卷、文集 20 卷、别集 4 卷，其别集是关于佛教和道家的论述。也有在重刻时将补遗部分称为别集的，如宋陆游的《放翁诗选》前集 10 卷、后集 8 卷、别集 1 卷，其别集是后人所补入的陆游诗作。

在一些别集中常有附录若干卷，将作者的行状、墓志、赞铭等资料别为卷次，附于别集之后。如北宋欧阳修所撰《欧阳文忠公集》，有附录 5 卷，前附年谱，后附行状、墓志、传文等。这些资料对研究作者生平有一定的参考价值。也有的附录附收他人著作，其中又有两种情况：一是附收作者亲属之作，一是编者将自己的著作附刻于他人别集之后，意在附骥。如清徐倬《苹村类稿》，附录 2 卷，收其子徐元正的诗文。

别集的命名五花八门，或用姓名，或用字号，或用官衔，或用籍贯，不一而足。

（1）以作者本名命名。《温庭筠诗集》《诸葛亮集》等。古代人认为直接用作者的名字作集名是一种不太尊重作者的做法，因而在古籍中直接用作者姓名名集的为数甚少。解放后整理出版的一些别集则多以本名作集名。如《柳宗元集》，吴文治等校点，中华书局 1979 年版，全四册。

（2）以作者字命名。如《孟东野集》，撰者是唐孟郊，字东野，故名。

（3）以作者号命名。如宋黄庭坚，号山谷老人，故集称《山谷全集》。

（4）以斋室命名。如清廖燕家有二十七松堂，故集称《二十七松堂集》。清代鸦片战争时严禁论者黄爵滋书斋名仙屏书屋，故诗集称《仙屏书屋初集诗录》，有道光时翟西园泥活字本。

（5）以官衔命名。有以作者初官名集的，如汉班固初除兰台令史，集称《班兰台集》。有以终官名集的，如南朝梁何逊官至水部员外郎，集称《何水部集》。有以谪官名集的，如汉贾谊谪为长沙王太傅，故集称《贾长沙集》。有以赠官名集的，如宋魏野追赠秘书省著作郎，秘书省为汉设掌管图书的官府，而汉代东观为藏书之所，著作郎常在东观，故称魏野的文集为《东观集》。

（6）以谥号命名。宋范仲淹谥号文正，故集名《范文正公全集》。也有以私谥名集的，如元吴莱死后，其门人宋濂等私谥为渊颖先生，故集称《渊颖集》。

（7）以封号命名。如唐颜真卿封鲁郡公，其集名为《颜鲁公集》。

（8）以地名命名的。有的以作者籍贯名集，唐柳宗元，河东人，集称《河东先生集》。有以居住地名集的，如唐陆龟蒙，以其曾住甫里，故集称《甫里集》。

有以别墅所在地名集的，如唐许浑别墅在润州丁卯桥，故名其集曰《丁卯集》。有以所爱之地命名的，如宋陆游在蜀多年，"乐其风土，有终焉之志"，后诏令其东下，"然心未尝一日忘蜀"，故题其平生所作诗卷曰《剑南诗稿》。剑南，唐道名，即今四川剑阁以南、大江以北地区，故用以代蜀。

（9）以时间命名的。以作者撰写作品或编辑成集的时间作为集名，如《元氏长庆集》，唐元稹撰，穆宗长庆年间结集，故名。

此外，还有以集名表志向的，有据典故名集的，有用古文句为集名的。如宋卫泾的《后乐集》，就是取范仲淹《岳阳楼记》中的"先天下之忧而忧，后天下之乐而乐"的名句含义为别集命名的。还有以卦名命名的，宋王禹偁，三次遭贬而作《三黜赋》，集成之后，以《易》卜卦，得乾之小畜卦，因以"小畜"名集。有的一人之集，从不同角度命名，就形成一集多名的现象，如文天祥的集子就有《文山全集》《文山先生全集》《文忠烈公全集》《文丞相全集》《庐陵文丞相全集》《文信国公集》《文山集》《文山别集》《文信国公全集》等名目。

（三）总集

凡诸家作品的综合集称总集。它起源甚早。《诗经》《楚辞》都是早期的诗歌总集。由于《诗》入于经，楚辞又被当作一地（楚地）之作，故均不视为总集。集部的总集究竟始于何书？说法颇不一致。《隋书·经籍志》和《四库全书总目提要》都主张总集以晋挚虞的《文章流别集》为始。

《文章流别集》分集、志、论三种，即《文章流别集》《文章流别志》和《文章流别论》。"集"选文，"志"是目录和作家简历，"论"则评述文章的源流高低。这是很有价值的一部总集，其书虽佚，其论尚散见《艺文类聚》中。

挚虞之后，总集之影响最大者，当推梁昭明太子萧统所编的《文选》（亦称《昭明文选》）。《文选》是我国现存最早的一部诗文总集。它选录了上起周代，下迄梁朝，前后近八百年间的诗文辞赋7万多篇（首）。选录的标准特重文采，"事出于沈思，义归乎翰藻"，就是说，构思深沉、辞藻华丽的作品才能入选。《文选》一书，对后世影响很大，梁萧该著《文选音》开了研究和注释《文选》的先河，从隋代曹宪之后逐渐形成了专门学问——"文选学"。历代注本甚多，而其中最有价值和代表性的要算是唐李善的《文选注》了。李善注《文选》征引群书达1689种，参考资料遍及经、史、子、集及文字、训诂、佛经等，故自来有"淹贯古今"的评价。与《水经注》《三国志注》《世说新语注》合称中国古籍中的"四大名注"。后代编纂文章总集的大都参照《文选》体例。宋李昉编的《文苑英华》所录诗文起于梁末，用以上接《文选》，且其分类编辑，体例也与《文选》大致相同。

《文选》的衡文标准不无片面之处，加之不收经、史、子类，就难免遗漏一些优秀的文学作品。但《文选》在划分文学与非文学的界限方面，认识更进一步，对以后文学的繁荣都具有一定的作用。再则《文选》保存了大量优秀作品，对后代研究从先秦到南北朝的文学发展提供了有价值的材料。

《文选》之后，诗文总集层出不穷，或为全集性的，如《全上古三代秦汉三国六朝文》《全唐文》《全宋词》等；或为选集性的，如《古诗源》《古文观止》等。

总集就其编排特点可分为三大类。

（1）按时代编排。有通代的，如《文选》《文章正宗》等；有断代的，如《唐文粹》《宋文鉴》《明文衡》《清文汇》《全唐诗》《全宋词》以及近期出版的《全宋文》等。

（2）按文学作品体裁编排。有专辑历代同一体裁文学作品的，如《全汉三国晋南北朝诗》《玉台新咏》《历代赋汇》等；有专辑一代某一体裁作品的，如《明诗别裁》《宋诗钞》等；有汇辑各种文学体裁的，如《文苑英华》《唐文粹》等。

（3）按文学流派编排。如《西昆酬唱集》《花间集》等。

因为总集是收集一代或几代文学作品的，特别是全集性的总集，是尽可能求全的，这样就保存了大量的文学资料，对后世研究前代的文学作品提供了比较系统、完备的材料，因而就具有特别重要的价值。许多古典作品因年代久远而残缺不全，可用总集校补，甚至有的别集久已亡佚，却可依赖总集辑佚成书。如唐张说的《张燕公集》，虽有传本，仅25卷，原本30卷，用《文苑英华》互校，补出遗漏的杂文61篇。《四部丛刊》本的《李义山文集》（唐李商隐撰）5卷，是从《唐文粹》和《文苑英华》等总集中辑抄而成的。

（四）诗文评

这一类目的设置始于《四库全书》。论文品诗的书入于本类。对诗文优劣的评论及诗文创作的理论概括，首先散见于六经和诸子著作，虽不乏真知灼见，毕竟是零金碎玉，不够系统和全面。随着诗文作品的大量涌现，才逐渐产生了专门从事文学批评的专论，如魏晋时期曹丕的《典论》、陆机的《文赋》。我国古典文学理论批评的第一部系统专著是《文心雕龙》。

《文心雕龙》，南朝梁刘勰撰。它全面地继承我国一千多年文学理论的成果，系统地总结了自商周至齐梁时期文学创作的经验，建立了比较完整的古代文学理论的体系，对后代文学创作及文艺理论的发展都产生了深远影响。全书分上、下编，各 25 篇，内容可归纳为总论、文体论、创作论和总序四个部分。全书精辟地论述了文学与时代政治，艺术创作与形象思维，文学体裁与风格，内容与形式，继承与批判等文艺理论方面的诸多重要问题，抨击了当时片面追求形式的文风。在我国文学批评史上，第一次把文学发展描写为一个不断运动、变化、发展的过程，并力图揭示其内在联系，这是前无古人的杰出贡献。

稍后于《文心雕龙》的《诗品》，是文学批评的又一部杰作。《诗品》，南朝梁锺嵘撰，是现存我国最早的一部诗歌评论专著。它系统地论述了从汉魏到南朝齐梁时代的五言诗，并将其间 122 个诗人分为上、中、下三品，分品论人，故名《诗品》。又在品第之外，评论诗作之优劣，故又称《诗评》。《隋书·经籍志》著录"《诗评》三卷，锺嵘撰，或曰《诗品》"，后世则只称《诗品》了。《诗品》对不少诗人作了比较具体的分析，指出其创作特色及渊源流别，对诗歌提出了一些原则性的看法，并批评了当时的不良诗风。《诗品》所涉及的一般理论问题，有的至今还有借鉴意义。

唐宋以后，诗文评的著作增多，一类是诗话，一类是诗纪事。

诗话，或评论诗歌、诗人、诗派，或记录言论、轶事，或兼论诗歌创作的原则，是我国文学理论批评和文学史的重要资料。历代诗话著作甚多，但篇幅短小，分散，不便检阅，于是就有诗话丛书的编辑。重要的诗话丛书有 3 部：

（1）《历代诗话》，清何文焕辑。汇刻锺嵘《诗品》至宋、元、明诗话计 27 种。

（2）《历代诗话续编》，丁福保辑。实际是《历代诗话》的补编，收唐、宋、金、元、明诗话 28 种。

（3）《清诗话》，丁福保辑。专收清代诗话，计 42 种。

此外，还有一些重要的诗话，如南宋胡仔纂集的《苕溪渔隐丛话》、魏庆之编的《诗人玉屑》。清袁枚所撰《随园诗话》和近人梁启超所撰《饮冰室诗话》等，也都颇受重视。

诗纪事，是诗文评中的一部分，它兼具诗歌评论与诗歌史料的性质。首先写诗纪事的是南宋计有功，作《唐诗纪事》，收录唐代诗人 1000 余家。在每个诗人名下，或录其诗，或兼及本事，或采集评论，或撮述生平。这样系统地搜集整理工作，对保存一代诗歌文献具有重要的意义，故后代多所仿制，如清厉鹗的《宋诗纪事》，近代陈衍的《辽诗纪事》、陈田的《明诗纪事》等。

评文的论著，如《文章缘起》《文章辨体》《文章精义》《文体明辨》《文则》

《文说》《文概》《文学津梁》《论文集要》等等，或论文体的缘起，或论修辞，或解说体裁，或评论文章的工拙繁简、源流得失等，在文艺理论上都具有参考价值。

（五）词曲类

这是《四库全书·集部》的最后一类。此类之下又分词集、词选、词谱、词韵和南北曲六属。这类著作虽被收入集部，但《四库全书总目》的作者对词曲的文学价值却认识不足，认为"厥品颇卑，作者弗贵"，虽"未可全斥为俳优"，然而只能"附之篇终"。于词分为五类，而曲"则惟录品题论断之词"，其"曲文则不录焉"。

词由诗演变而来，故有"诗余"之称。它始于中唐，盛于宋代。宋代词坛，名家辈出。而自苏轼、陆游、辛弃疾之后，词作展现了新的风貌，打破了以前专写男女恋情、离愁别恨的俗套，为词开拓了新的创作领域。以后历代出现了众多的词人和大量的作品，词的别集、总集也就随之产生了。

词集，收录词的别集。如宋晏殊的《珠玉词》、柳永的《乐章集》、苏轼的《东坡乐府》、李清照的《漱玉词》、辛弃疾的《稼轩长短句》等。

词选，收录词的总集。后蜀赵崇祚编的《花间集》是较早的词总集。以后有宋人黄升编的《花庵词选》、周密编的《绝妙好词》等，明人毛晋编的《宋六十名家词》、陈耀文编的《花草粹编》等，清人朱彝尊编的《词综》、沈辰垣等编的《历代诗余》等，今人唐圭璋编的《全宋词》、胡云翼编的《宋词选》等。

词评类的书有宋胡仔所撰《苕溪渔隐丛话》、张炎所撰《词源》、明杨慎所撰《词品》以及近人王国维所撰《人间词话》等。

词谱、词韵，收录有关填词谱式及押韵的书。唐宋两代没有词谱，至明清两代，词谱著作才逐渐增多。如张綎的《诗余图谱》、清万树的《词律》及清《钦定词谱》等。

曲作为一种新诗体，形成于宋金，大盛于元明。曲有南曲、北曲之分，北曲又有杂剧、散曲之别。杂剧是长曲，有科（动作指示）、白（道白）；散曲则短小而无科白，形式与词相似。元代曲作家可考者200多人，明代曲作家300多人。曲作家最著名的是关汉卿和王实甫，他们的《窦娥冤》和《西厢记》都是脍炙人口的名作。散曲总集有《梨园按试乐府新声》《乐府群玉》（均为元无名氏辑），元杨朝英选辑的《阳春白雪》和《太平乐府》，即所谓"杨氏二选"，明人辑的《盛世新声》《乐府群玉》，陈所闻编的《南北宫词记》，今人隋树森的《全元散曲》、王季思主编的《元散曲选注》等。谈曲谱的书有康熙间的《钦定曲谱》等，谈曲韵的有元周德清的《中原音韵》等。

集部之书，自"诗赋略"开始，就以专收文学性的作品为主。演变为四部的集部以后，依然以文学作品为主要收录对象，但又并非如此绝对。如有的论学记事的个人别集也混杂其间，有的存人存事之作也溷入总集；反之，纯为文学的词曲、小说反而没有得到应有的地位，甚至未被立类。也许在今后图书分类编目的发展过程中能得到妥善合理的解决。

原载于《全国图书馆古籍工作会议论文集》，中国图书馆学会古籍整理与文献保护专业委员会、国家古籍保护中心合编，国家图书馆出版社 2009 年版

中国古典目录学简说

一、目录学概说

目录是目和录的合称。"目"是篇名或书名,"录"是对"目"的说明,把篇名或书名与说明合在一起就是"目录"。

目录有一书目录和群书目录。

一书目录是指一本书的篇名和说明而言。它比群书目录出现得早。古籍中《周易·十翼》的《序卦传》就是最古的一书目录。司马迁《史记》中《太史公自序》后半部分的小序就是《史记》一书的目录。它把每一篇的篇名和全篇的要点顺次排列写成专条。这篇目录成为读全书的钥匙。我们现举出一则示例如下:

> 秦失其道,豪杰并扰;项梁业之,子羽接之;杀庆救赵,诸侯立之;
> 诛婴背怀,天下非之。作《项羽本纪》第七。

这是一条很出色的目录,前八句是"录",概括了《项羽本纪》的全篇内容:一二句是讲秦末纷扰的历史条件;三四句是指明项羽继承了叔父项梁创建的实力;五六句是讲项羽诛杀按兵不动的卿(庆)子将军宋庆,解救了赵国邯郸之困,因而受到诸侯的拥立;七八句指斥项羽杀死出降的秦子婴,背弃了楚怀王的命令,因而遭致天下人的非难而失败。这既叙述了项羽的主要业迹,又评论了项羽的功过是非。同时,作者撰传的意图也表达出来了。最后一句便是称为"目"的篇名。把这样的一百三十条目录集合起来就是《史记》的一书目录。这一目录位于全书的最末,而现在流传本书前的篇目并非原有,乃是后人为翻检方便而加上去的。

一书目录对于检读一本书固很方便有用,但要了解某类典籍有哪些书,某些书的大致情况如何以及怎样找到自己所需要的书等等问题,就必须求助于群书目录。

群书目录是指诸书书名和叙录的总聚而言。它是目录学研究的主要对象。它的出现可能与古代的书写制度有关。从成堆的竹简、木版式的图书到成卷的帛、纸式的图书确是我国书写制度上的变化和进步。但是，竹木笨重、纸帛繁多，翻查都很不便，即使在每卷简、帛图书外端挂上标识，检索也很困难。于是记录书名和图书大致梗概的群书目录便应实际需要而逐渐产生。据文献记载，开始进行部分试探性工作的，应是汉武帝时的军政（官名）杨仆。当时，汉朝的国家藏书由于有较长一段时间的安定和政府的重视求书，所以藏书量已被形容为"积如丘山"。汉武帝为了用兵的需要，曾命杨仆从丘山般的简书中整理出兵书，编制一份军事著作的群书目录，以备选书参考。这本目录称为《兵录》，虽然全佚，难以了解具体情况，但它应被认为是第一部由国家主持编修的专门性目录。

对于图书进行大规模的整理、编目工作应以汉成帝时刘向等所领导的"校书"活动为最早。刘向等经过了二十年左右的辛勤工作，完成了群书目录的开创性著作——《别录》。这是我国历史上最早的综合性目录，可惜原书已佚，现仅存几篇残录。清代学者曾从各书中做过不少辑佚工作。

从刘向以后，目录书的编纂工作相延不断，成为我国图书事业中一项有悠久历史传统的工作。它们是中华民族灿烂文化的一份宝贵遗产。

从刘向以来，虽然在事实上已经开创和进行了目录学的工作，但是，目录学作为一门专学提出来的时间却较晚。过去，曾认为是清代学者王鸣盛在《十七史商榷》中所提出；可是在宋人苏象先所撰的《苏卫魏公谭训》卷四中已有"目录之学"的说法。可见，目录学作为一门专门学问来看待应说是从宋仁宗时就开始了。不过，目录学被大力提倡，广泛应用于治学并有学者专心致力于这一学科，而成为专门之学，还应以清代为它的昌盛期。

目录学既成为专门之学，究竟它有什么用处呢？我认为：目录是用来反映图书内容，便于检寻所需图书的重要工具。把它作为一门专学来研究，在学术本身来说能"辨章学术，考镜源流"，就是说可借此了解某一门学问的性质、内容，并且考查它的流派及发展，得到明确清楚的认识。而对治学者来说则能"即类求书，因书究学"，即运用这种目录知识可寻求到所需要的图书典籍，从而根据这些资料去探究这门学问，起到了研治学术的辅助作用。因而历来为学者所重视。清代学者王鸣盛在所著《十七史商榷》一书中，开宗明义的第一条目下就说：

> 目录之学，学中第一紧要事，必从此向途，方能得其门而入。

在卷七的另一条目下又说：

> 凡读书最切要者，目录之学。目录明，方可读书；不明，终是乱读。

这些见解未免有些偏激夸大，有点绝对化，应该批判他肆意夸大的一面，因为目录学虽可作为研究学问的辅助，但决不是学问的极致。近代目录学家余嘉锡先生曾说：

> 或得一古书，欲知其时代、撰人及书之真伪，篇之完缺，皆非考之目录不为功。（《古书通例》）

此说比较切实平允。

目录学知识不但对于图书本身可以起到"断真伪、定性质、考篇次、访缺失"的作用，而且对治学也有重要的辅助作用。如果致力于文史及图书工作的人能够学点目录学，至少可以收到这样几点效果：

（一）掌握图书的基本情况

我国典籍为数很多，过去就有"浩如烟海""汗牛充栋"的说法，至今尚难有一种精确的估计，多则有说十四五万种者，少也估计有七八万种。究竟近似数若何，目前尚难判断。就拿七八万种来说，为数也不算少。这些大量的图书如果杂乱纷陈，无所部属，那么寻检群书又将多么困难！要是学点目录学知识，不仅能利用已有的目录书以"即类求书，因书究学"，还可以自己动手编制新的目录书以利学者。那些已有的目录书都是过去学者按检群书、分类编次而成，一编在握，可以帮助我们对浩繁的图书知其归属，按检有据，这样运用既久，对于图书的基本情况就可以大致了解和掌握。

所谓基本情况，不外以下三个方面：

（1）各时代的古籍概貌

我国历史上的官修目录，基本上反映了各朝官藏的图书现状，是比较完备的总书目，因而可以从中看到某一时代的古籍概貌，如从《汉书艺文志》的著录中就可以知道汉代的图书总数是 13000 余卷。又如从《汉书艺文志·六艺略》的春秋家后附录史籍中知道有 23 家、948 篇，而从《隋书经籍志·史部》中即知当时存亡史籍已有 874 部、16558 卷，较《汉书艺文志》增加甚多，而且还有了独立的史部，这不就可以了解到史籍发展的概貌了吗？

（2）古籍的归属状况

图书无归属好像士兵无编伍一样，会给求书者带来一定的困难，而目录学知识不仅可以知道古代图书分类的大致情况，而且还能了解各大类下的细类，各类性质如何、包含哪些基本图书。这样，类有所属，书有所归，易于掌握，从而起到"类例既分，学术自明"的效果（宋郑樵：《校雠略·编次必读类例论》）。

熟悉了古籍的归属，又便于在读书过程中增订已有目录书，编撰新目录书，使古籍的基本情况得到补充与丰富。邵懿辰等的《增订四库简明目录标注》就是增订者运用目录学知识而撰成的一部较完备的版本目录专著。

（3）古籍图书的考辨

古籍中撰者有阙名，篇帙有不同，而伪作、伪托更需考定。对于这些方面的考辨，目录学知识是其中重要的一个方面。余嘉锡先生曾提出过目录学对古籍考辨有六项功用，即：

①以目录著录之有无，断书之真伪；

②用目录书考古书篇目之分合；

③以目录书著录之部次定古书之性质；

④因目录访求阙疑；

⑤以目录考亡佚之书；

⑥以目录所载姓名、卷数考古书之真伪。（《目录学发微·目录学之意义及其功用》）

如此看来，目录学知识对于了解图书总的基本情况，确能起到事半功倍之效。

（二）了解图书的本身状况

目录书大都记载了与图书有关的情况，使人们能从中了解到图书的简要内容、存亡残整、良本精刻等等。即以图书的版本为例，有些目录书比较详明地记录了版本，如宋尤袤的《遂初堂书目》、清代官修的《天禄琳琅书目》和邵懿辰的《四库简明目录标注》都著录有版本，不仅可以知道某一图书各个时代的版本和流传情况，而且有的还记有版式、行格，这更有助于对图书的鉴定。清代学者黄丕烈、顾千里、陆心源、丁丙等关于善本书的题跋、书目等目录学著作则便于求读善本精刻。由于学了点这方面的知识，那就可借以博采众本、雠校异同、校勘订误，使图书对学术研究发挥更好的作用。由于对图书本身有了充分的了解还可以为审查史料提供有力的外证材料，如《汉书·艺文志》是登录西汉以前图书的目录书，如果有一部著作据说是先秦作品，但不见于《汉书·艺文志》著录，那么这部著作就有可疑之处而需进一步审订。

因此，图书本身状况的资料对于读书、治学各有关方面如校勘、版本、考证和撰述等等都能有所裨益，而要了解图书本身的状况，只有具备一定的目录学知识，方能知其途径，运用自如。

（三）粗知学术源流

有若干重要的目录书不仅对图书加以分类、编目；而且还在书录中分析和论述了图书源流、学术派别、成就贡献等等；甚至还有目录学家的一己之见，很有点学术史的意味，达到了如清人章学诚所说："辨章学术，考镜源流"的境界。这一境界正是研究目录学的重要任务。我们如果能吸取这些成果，至少可以粗知学术源流。有的图书资料由于年代久远而有遗佚，但往往从目录书中可以略窥轮廓。如《别录》《汉书·艺文志》不仅记载和分类了汉代以前的图书，而且还概要地分析和叙述了学术的源流演变，其中有的图书久已失传也借此能得其大略。有的目录书还录入图书序跋，对于了解图书更有莫大的帮助。序跋文字中往往叙述了图书的主要内容、写作过程、撰者意旨、流传经过和对撰者与图书的评介等等情况，成为人们认识和熟悉某一图书的途径。又如宋晁公武的《郡斋读书志》、陈振孙的《直斋书录解题》、清周中孚的《郑堂读书记》和李慈铭的《越缦堂读书记》等对学术源流、图书价值等都有所论及。

目录学著述中既蕴藏这些与学术有关的资料，如能在掌握目录学知识的条件下，加以充分利用，那就不只限于粗知学术源流了。同时，由于这些丰富知识，对于评论和衡量图书的价值和地位，也就更能有所帮助。

（四）辅导读书、研究

早在汉代，著名学者王充就提倡做通书千篇以上、万卷以下的"通人"，而达到"通人"的途径就是靠目录学知识，他曾说：

> 六略之录，万三千篇，虽不尽见，指趣可知。（《论衡·案书》）

这正说明目录可使人得到读书的门径。

清代目录学家张之洞也提出过"四库全书，为读群书之径"。（《轩语》）

近代目录学家余嘉锡先生也自述："余之略知学问门径，实受《提要》之

赐。"(《四库提要辨证》序录)

这些学者所说的指示门径作用具体体现在小序、题解和附注上。有的目录题解对图书的评论多可供读书与治学的参考。有的目录书在一种图书或一类图书之后往往附以片言只语即涉及读书门径和图书的用途，如《书目答问》正史类注补表谱考证之属下便附注说："此类各书为读正史之资粮"，在李兆洛撰《纪元编》下又附注说："此书最便。"这些附注虽然有些过分和过时，但至少可供参考。有些《读书记》式的目录书还是有相当水平的学术专著，更可以从中了解到他们如何治学，从而取得借鉴。因此，目录学知识和目录书在读书与研究中是能发挥其辅导作用的。

以上四个方面并未能全面概括目录学的效用，而只是几点粗浅看法，借以引起对学点目录学的重要性的初步认识，并能引起探讨目录学和运用目录学知识的兴趣。

二、谈谈目录书

既要学点目录学，就要读点目录书；要读目录书，就应知道有哪些目录书。我国目录学的历史十分悠久，目录书数量也很多，据江辟疆的《目录学研究》一书的统计，自汉魏至明末，共计 151 种，加上孙殿起的《贩书偶记》所著录清以来的目录书 118 种，合计达 269 种。这些目录书可分成多少类呢？清人汤纪尚为清代著名目录家周中孚所撰的《周郑堂别传》中曾说：

> 目录之书，权舆中垒（刘向曾官中垒校尉，意始于刘向《别录》），流派有三：曰朝廷官簿、曰私家解题、曰史家著录。（《桼薖文乙集》下）

这是指主要的三类，实际上还可以多分几类。在此，我略作如下说明：

（1）官修目录：自汉以来，各个朝代常由政府主持进行规模较大的图书整理工作，把政府收藏和搜求到的图书加以整理，即一般所说的"校书"。最后将整理的成果用文字记载下来，编制成目录书，这就是官修目录。刘向在汉成帝时所撰的《别录》便是这类目录书的开创性著作，其后如隋的《大业正御书目录》、唐的《群书目录》、宋的《崇文总目》、明的《文渊阁书目》，最负盛名的是清代的《四库全书总目》。

（2）史志目录：这是指正史中的艺文志、经籍志一类目录书而言。它大多依靠官修目录和私家目录而撰成。《汉书》《隋书》《两唐书》《宋史》和《明史》

等六部正史中都有这类目录书。清代学者又有补撰。日人在文政八年（清道光五年）曾汇集十种正志和补志为《八史经籍志》。这部合刊目录到光绪四年始由张寿荣翻刻流传。此外还有《补后汉艺文志》《补三国艺文志》《后汉艺文志》《三国艺文志》《补晋书艺文志》《补晋书经籍志》等，再加上金建德的《司马迁所见书考》和《清史稿·艺文志》，那就构成了我国自古以来一部完整而正规的图书总目。在史志目录中，《汉志》和《隋志》是出色的代表作。

（3）私家目录：自宋以后，私人藏书日盛，据叶昌炽的《藏书纪事诗》所记，自北宋到清末较著名的藏书家有 1100 家左右，很多都为自己的藏书编制目录，如《郡斋读书志》《直斋书录解题》《也是园藏书目》《千顷堂书目》等。清代有些学者还为别人的藏书编制目录，如清人孙星衍为孙氏祠堂编写书目。还有一种是学者读书时所写的提要或札记，或由自己、或由他人加以分类编成读书记。这是私家目录中学术价值很高的专著，既可以窥见学者治学的门径，也可供后人参证，如周中孚的《郑堂读书记》等都是值得我们仔细研读的目录学专著。私家目录中宋晁公武的《郡斋读书志》和宋陈振孙的《直斋书录解题》最为后人所推重。

（4）专门目录：这是专为某一方面、某一种书或某一种专门用途而编制的目录书。它和综合目录相对应。如释道目录、专书目录和初学目录等等。

释道目录是专记释道二家典籍的专门目录。最早的释家目录是东晋释道安的《综理众经目录》，此书已佚，现存最早的是梁僧祐的《出三藏记集》15 卷。记道家书籍的目录有明白云霁所撰《道藏目录详注》4 卷。

专书目录有一书的引用书目，即把某一书所引的各种用书编成专目，借以考察此书的资料来源，并以此见引书的存佚，如沈家本所撰《三国志注引书目》《世说新语注引书目》和《续汉书八志补注所引书目》（合称《古书目三种》）。还有为某一书编制参考书目录的专书目录，如《史记书录》就是把与《史记》有关的参考书编制成目录，供研究《史记》之用。

初学目录姑且以张之洞的《书目答问》为例。此书是张之洞为应初学者的需要而拟定的，故简要易读，但由于它产生于特定的时代背景而有一定的缺陷和过时之感，在尚未撰作这类新书目前，它还可以作为初学者的入门读物，至少可以熟悉和掌握一部分古籍的基本情况，近人范希曾为它所作的《补正》比原作增订甚多，尤其值得初学者一读。

（5）地方目录：我国的地方志数量很多，估计有 8500 余种，内容丰富，值得重视。有的方志往往载有著录当地人物和与当地有关人物的著述目录，这就是方志目录即地方目录。过去治目录学者对此不甚注意。其实，地方目录不仅可供求书、检书之用，反映地方学术文化发展的状况，而且也可以搜辑、整理地方文献，进而为建立地方文献的体系提供条件，甚至可能从中发掘出重要人物的遗佚著作或非重要人物的有价值著作。有些单独成书的如清吴庆坻的《杭州艺文志》10 卷和孙诒让的《温州经籍志》36 卷，颇有参考价值。

（6）目录学研究专著：自宋以来，在文集和杂著中有关于目录学的论述和见解，其能独树一帜，自成体系的，应推宋郑樵的《校雠略》。郑樵不仅是通史专家，而且还是目录学家。他所撰的《通志》200 卷，是一部通史兼专史名著，其中二十略的《艺文略》《校雠略》《图谱略》等就是他研究目录学理论和实践的成果。继郑樵《校雠略》之后的另一目录学研究专著是清人章学诚的《校雠通义》。他标举宗刘、补郑、正俗的著述主旨，较全面地评价了郑樵的成就与失误，并针对目录学研究和实践工作中的问题提出个人的见解与主张，颇有见地。另外，有近人余嘉锡所著的《目录学发微》，这是撰者长期治目录学的切身体会所得，颇中窍要，是指导初学者窥目录学门径的一部研究专著。

以上从六个方面举出十几种目录书和一些相关著述，并略加说明，它不表明这是对目录书的分类，而只是我主观上认为，如果从这几个方面读这十几种书，也许就可以对传统目录学的发展概况和目录学的基础知识有些初步了解。

目录书的体制：这些目录书的编纂体制归纳起来，基本上是三种不同类型，就是：

（1）部类之后有小序，书名之下有解题。这种体制主要是为了"论其指归，辨其纰谬"，对图书进行全面论述，如《四库全书总目》等。

（2）有小序而无解题。这种体制充分利用小序来"辨章学术，考镜源流"，使读者便于从学术上了解和掌握图书概貌，如《汉书·艺文志》。

（3）无小序无解题，只有书名。这种体制只列书名、作者、卷数；但如果类例分明，也能使读者有清楚的条理，如《书目答问》等。

从这三种不同体制看，古典目录书的基本结构主要是书名、小序和解题。

书名是任何目录都需具备的一项，它反映了图书的基本特征——书名、撰者、篇卷、版本、藏者等。有的较全，有的有缺项。

小序是随着目录书开始纂辑就出现的一项基本结构。它论述某一部类图书的学术源流、演变和特点以便读者提纲挈领，鸟瞰全局。《七略》中的《辑略》是小序体制的开端，《汉书·艺文志》散《辑略》内容入各类，成为后来的小序形式。《隋书·经籍志》正式标举出"小序"之名。

解题也称叙录、书录或提要。它是用来揭示图书主旨和用途，向读者提示门径和提供方便的。它肇始于《书序》。刘向《别录》就以书录为主要构成部分。宋陈振孙采用解题之名，撰《直斋书录解题》。所以这类目录书往往被称为解题目录或提要目录，它由于取材内容和写法不同，可分为三种类型：

（1）叙录体：这是解题目录中最早的体例，它以较多的文字叙述图书主旨内容，间或加以评论，可借此对全书有概括性的了解。

（2）传录体：这是比叙录体内容简略的一种体裁，它往往只为撰者叙其生平而已。

（3）辑录体：这是广泛辑录与本书相关的资料来揭示图书内容并进行评论。

书名、小序和解题是目录书体制基本结构的三个要素。

三、官修目录和史志目录的创造——两汉

《别录》与《七略》

《别录》与《七略》是奠定我国目录学基础的开创性著作。它把我国古代的分类思想应用于图书整理。提出了图书的正式分类法，对二千年来我国的图书事业产生了深远的影响。

《别录》的作者刘向（前 77 年—前 7 年）是西汉后期的大学者，成帝河平三年（前 26 年），他受命"校书"（整理国家藏书），这是一项空前艰巨的任务，但当时确已具备了校书的良好条件：一方面前人已开始做了些图书整理工作，有成果可吸取，如儒家典籍的系统和诸子百家书的系统已逐渐形成，并有杨仆所作的兵书的专门目录，这些都是刘向足资参考的资料。另一方面，当时的社会已有编制一部国家目录的要求，从汉朝建立到刘向生活的时代已有一百七十余年长期统一的局面。又经过汉初武帝和成帝几次大的求书运动，国家集中了大量的图书。武帝的大一统和独尊儒术的政治要求也对学术界产生了重要影响。《史记》是在史学上反映大一统的杰作，图书整理方面也需要这类性质的成果反映。刘向便是在这种可能条件下领导了我国第一次大规模的整理图书运动。他的全部工作可概括为：备众本、删重复、订脱误、谨编次和撰叙录，即如《汉书·艺文志序》里说的"条其编目，撮其旨意，录而奏之"。这些工序基本上符合编制目录书的规律——搜求图书、分工（类）整理、异本校勘、确定篇次、撰写提要，最后把这些工序的全部成果汇编成目录书。刘向的这项工作是对当

时重要文化典籍所进行的一次总结性大整理，清理了西汉政府二百年来所积累的国家藏书。

在刘向的这项工作中，有两点值得注意。

第一，在使用和培养人才方面取得了特殊的成效。繁重的整理图书工作非独力所能完成，它需要合理地调动、使用人才，才能有条不紊地展开工作。刘向采取了专材校书，分工（类）进行的办法，他按照图书内容和性质分成六艺、诸子、诗赋、兵书、数术和方技六种，分别由专门人才主持：刘向主持六艺、诸子、诗赋，步兵校尉任宏主持兵书，太史令尹咸主持数术，侍医李柱国主持方技，这既发挥了专门人才的专长，又自然形成了我国最早的正式图书分类。刘向在调动专家的同时，又能不拘一格地奖掖和培养青年。他拥有一批青年助手，如他的儿子刘歆仅二十六七岁，就担任他的主要助手，掌握全面工作。另参加校书的杜参、班斿（游）、王龚也不过十几二十岁，他们通过学术工作的实践，大多做出了成绩，成长为著名学者。

第二，创制书录，树立提要目录体例的典型。刘向为图书写书录是一项开创性工作，所写的书录是我国文化史上的一份宝贵遗产，可惜绝大部分遗失，只剩下《战国策》《孙卿新书》《晏子》等8篇。过去学者对此颇为重视。余嘉锡先生在《藏园群书题记》序中说：

> 昔者刘向奉诏校书，所作书录，先言篇目之次第，次言以中书、外书合若干本相雠校，本书多脱误以某为某，然后叙作者之行事及其著书之旨意。

这是对刘向所写全篇文字内容所作的全面概括，但我认为真正的书录正文应是指全篇文字的中心部分。从现存的全篇文字来分析，可以分为四部分。

（1）篇目：《晏子》《孙卿新书》叙录前所列篇目是刘向"条其篇目"后的定目，这是书目，不是书录的内容。

（2）工作报告：从文字叙述的开始到"皆定，以杀青，可缮写"一语止，这是刘向"校雠"工作的总结，是向皇帝所上的工作报告，是确定定本的处理说明。

（3）书录正文：在"可缮写"后，有的有"叙曰"字样，然后叙作者生平、著书意旨、学术价值及资治意义等，有的未加"叙曰"，可能是后来佚落。从"叙曰"到"谨第录"或"谨第录，臣向昧死言"一语才是书录的正文。

（4）全书标鉴：在"谨第录"后往往有"左都水使者光禄大夫臣向所校战

国策书录"等字样，这也不属书录正文，这些题字可能起两个作用：一是刘向为清缮者写的工作说明，说明以上是书录，清缮时不要和书的本文相混连；二是作为这部书的标签，是在这一捆青皮简叙录的最外面一简上标明这是什么书的书录。这可看做是这卷简书的笺（标签）。

刘向勤勤恳恳地工作了十九年，在即将完成全部宏伟事业前死去了。他的未竟事业由他的儿子和主要助手刘歆奉命继承。

刘歆（前53年—公元23年）从青年时代就奉命参加校书工作，刘向死后，他担负起总结校书成果，建立系统目录的重任，在已有成果的基础上，花了大约两年时间，撰成了我国第一部系统目录——《七略》。这样，国家的全部藏书有了统纪，学术流派和科学文化水平也得到了应有的反映。

《七略》包括六艺、诸子、诗赋、兵书、数术、方技等六略和六略前的《辑略》。《辑略》是全书的总录。它包括总序和各略的序，说明各类图书内容和学术流派，其余六略则依类著录图书，每书之下都有简短说明。《七略》的内容基本上是节录《别录》的书录而成，六略之下有种，种下有家，家下列书。全目除《辑略》外共为6略（大类）、38种（小类）、603家、13219卷。

《七略》的重大贡献是把我国古代的分类思想具体地运用于整理图书，使西汉前的重要典籍得到了系统的著录，这对古代文化的保存起了重大作用，所以范文澜把它与《史记》并提为西汉时期有辉煌成就的两大著作。

班固与《汉书·艺文志》

东汉的目录事业集中表现在班固所撰的《汉书·艺文志》上，这是我国第一部史志目录。

《汉书·艺文志》是《汉书》的一个组成部分。它的撰者班固是东汉初年著名的史学家、目录学家，他在刘向父子的影响下，继承了《别录》与《七略》的成果，对它加以剪裁、编次，撰成了《汉书·艺文志》，创立了新的目录体裁——史志目录。

《汉书·艺文志》的体制是前有总序，文字虽短，但内容丰富，主要有：

①概述汉以前的学术概况；

②汉初至成帝时的图书事业；

③刘向的校书程序；

④刘歆的完成《七略》；

⑤《汉书·艺文志》的编撰。

这篇总序既是西汉以前的学术史和目录学史的大纲，又表明了《汉书·艺文志》的学术渊源。

《汉书·艺文志》分六艺、诸子、诗赋、兵书、数术和方技等六大类，称为"六略"，下分 38 种，596 家、13269 卷（此家数、卷数不确）。各略均有序，各种除《诗赋略》外也都有序。

书名的著录方法大致有先书名后撰人、先撰人后书名，或仅著书名无撰人、以撰人做书名、以撰人官爵为书名和以撰人加文体等六种形式。

目录之后即记种、家、卷的数目。书名下有的有注、有的无注。所说只是撰人、内容、篇章、真伪和附录等。

《汉书·艺文志》虽是申明以《七略》为主要依据，但也付出了作者剪裁编次的劳动，表现了自己的特色，如调整了去取，改易了文字，变更了属类，删略了一些题解等等。

《汉书·艺文志》的最大贡献在于始创了史志目录一体，使目录成为正史中的组成部分，保存了历代典籍的要略，特别是《七略》自唐以后亡佚，而《汉书·艺文志》至今独存，遂成为征考汉前典籍的重要依据。

四、四分与七分——魏晋南北朝

魏晋南北朝是一个战乱频繁、政局动荡的时代，但它在目录方面也取得了一些成就，特别是在图书分类的研究中，表现得尤为突出。

魏蜀吴三国可以魏为代表。魏秘书郎郑默编制了一部国家藏书目录——《中经》（今佚）。他进行了比较细致的图书分类工作，为两晋以来正式探索图书分类工作起了先导作用。

西晋荀勖的《中经新簿》

荀勖出身于西晋著名的世家，在西晋时担任过许多显赫的官职，他在文学、音乐、目录学等方面都有很高的造诣，为时人所推重。晋武帝泰始十年（274），荀勖领秘书监时，和中书令张华合作，进行了一次大规模的图书整理工作。武帝太康二年（281），荀勖奉诏整理编次汲冢书，并专为汲冢书编制了一份国家目录，把汲冢书收列为国家藏书。

荀勖还以郑默《中经》做主要依据，编制了一部综合性的国家藏书目录，即《中经新簿》。梁阮孝绪的《七录》序说它是四部分类。《古今书最》说它收四部书 1885 部、20935 卷（道宣：《广弘明集》卷三），而《隋志》序则较详细地记述了各部所收的图书内容和体制。

根据上述记载，《新簿》的情况是：

荀勖《新簿》系据郑默《中经》而作。它既据《中经》所录之书，也不可避免地参考了《中经》的分类。它既标《新簿》，就包含改编之意。二者相因之关系，诸书所载俱同。所以郑默《中经》对荀勖《新簿》的分类是有贡献的。

《新簿》共分四部，由于有《七录》序和《隋志》序的记载，可略知其每部内容，虽史籍已独成部类，但甲乙丙丁的次序为经子史集，与后来经史子集的次序略异。

《新簿》的体制是登录书名、卷数和撰人，并有简略的说明，可是没有很好地继承刘向写书录的传统，缺乏对图书内容的评述和论析。但其可取之处在于记录图书的存亡，这对后来查考图书存佚流传和借此进行图书真伪的考辨，都起了提供资料依据的作用，而且也开后来目录书著存亡的先例。

总之，荀勖《新簿》在分类、解题等方面虽有不足之处，但它对目录学的发展增加了一些新的内容，起了一定的推动作用。

东晋李充确立四部顺序

李充字弘度，江夏（今湖北安陆）人。东晋的文学家、书法家和目录学家，历官至中书侍郎。他曾在晋穆帝永和二年后的若干年内，主持整理图书和编制《晋元帝四部书目》。此时距晋元帝时已有二十余年，因李充编目所据者乃元帝时所"鸠聚"的图书，故名《晋元帝四部书目》。

李充所编之目，由于图书数量较少，仅 3014 卷，"遂总没众篇之名，但以甲乙为次"（《隋书·经籍志》序），即只有四部，而不立各书的类名。他的四部分类虽和荀勖相同，但次序有所变更，清代学者钱大昕曾说："至李充为著作郎，重分四部：五经为甲部，史记为乙部，诸子为丙部，诗赋为丁部。而经史子集之次始定。"（钱大昕：《元史艺文志》序》）

李充的四部分类编次方法，一直为后世沿用，所谓"自尔因循，无所变革"（《隋书·经籍志》序），正说明它在目录学发展史上的贡献。

王俭与阮孝绪的七分法

刘宋后废帝元徽年间，著名目录学家王俭主持撰成《宋元徽四年四部书目》（《元徽书目》）和《七志》两部目录书，前者是国家目录，后者是私人撰目。《七志》的成就远远超过《元徽书目》，它不仅开私人编目之先，而且还为目录事业增添了新的内容。

《七志》的体制，在分类上改变了李充的四部分类法，参考了荀勖的《中经新簿》；而主要依照刘向、刘歆父子的分类法，只是略改《七略》部名。《七志》仿效《七略》在卷首写列九篇条例作为各部小序，《隋志》序评论这九篇条例"文义浅近，未为典则"。因本书已佚，难定是非。尽管如此，王俭恢复刘向、刘歆父子辨章学术这一优良传统的贡献是应予肯定的。但他却没有很好地继承书录的良规，所谓"不述作者之意"正是其不足之处，不过他尚能"于书名之下，每立一传"（《隋书·经籍志序》），开创了书目解题体制中的传录体，仍不失为有所创新。

总之，《七志》虽有类例不明、论辨不足等缺点，但它的私人编目、著录今书、创立传录等为前人所无，这是王俭在目录学研究上的一大成就。

阮孝绪（497—536），南梁著名的目录学家，他于梁武帝普通四年（523）仲春，独力完成了《七录》这部极有特色的私人目录。此书久佚，但所幸《广弘明集》卷三保存了《七录》序和所附的《古今书最》，使后人不仅得知《七录》的基本概况，而且还对梁以前的目录事业略得轮廓，成为古典目录学中的重要参考文献，根据《七录》序可以知道该书的基本体制和成书缘由。

《七录》的体制主要参酌刘歆《七略》和王俭《七志》而自定新例。全目分为内外篇：内篇有《经典录》《纪传录》《子兵录》《文集录》《伎术录》等五录，外篇有《佛法录》《仙道录》等二类。共为 2 卷，收书 55 部，6288 种，8547帙、44526 卷。《七录》在编撰过程中，曾得到友人刘杳的无私帮助。

《七录》的特色和主要成就是：

（1）《七录》的编目条件和过去不同。前此的目录书多是就国家藏书撰成的。即使如王俭的《七志》虽属私人目录，但也是在编《元徽书目》时进行的，又有主管图书的职权便利，所以使用图书方便。而阮孝绪则是一个被称为"文贞处士"没有政治地位的普通学者，因而不具备这些条件。他只能根据一些私人藏书家目录和官目来整理编目，经过官私目的对校，发现官目"多所遗漏，遂总集众家，更为新录"。这说明《七录》继承和总括了前人的目录成果，是比较完备的综合目录，开启了研究前人目录之先河，摆脱了单纯登录藏书的局限。

（2）《七录》在分类上有所创新。它从图书数量的现实出发，又把史籍从附属地位提到独立部类上来，专立《纪传录》，同时在部类之下又分细类，推动了分类学的发展，对后世的分类有重要影响。

（3）《七录》"总括群书四万余，皆讨论研核，标判宗旨"，介绍了作者事迹和图书的流传情况。虽然《隋志》总序批评它"剖析辞义，浅薄不经"，但我们不能不看到阮孝绪是在既少藏书，又无助手的条件下，力争恢复刘向、刘歆父子书录传统所作的努力，精神可嘉，其成就是值得肯定的。

（4）《七录》的七分和类名是经过一定研究而确定的，它不像王俭名为《七志》，实为九分那样牵强。它把根据文德殿五部目录体例的图书分做五录列为内篇，而以佛法、仙道作为二录列外篇，既表明列佛道于附录的含义，又确为七分，名实取得一致。

（5）《七录》所收书 44000 余卷，较之文德殿书目所收 23000 余卷，增加几近一倍。在南北朝这样一个动乱时期，阮孝绪能在较差的条件下，独力完成这样一部搜罗比较完备的图书目录，确是古代目录事业中的重大成就。

北朝的目录事业

北朝的北魏是汉文化程度较高的朝代。孝文帝迁都洛阳后，曾派人检查图书缺少的情况，编定《魏阙书目录》一卷，索书于南齐，南齐藏书本不繁富，而北魏尚向它借缺书，则藏书之少可想而知。《魏阙书目录》是北魏惟一见于著录的一部目录。

北齐在文宣帝天保七年时曾命樊逊等十一人"校定群书"（《北齐书·文苑传》），但史传不载编目之事。唐刘知幾在《史通》中提到北齐时，有宋孝王曾撰《关东风俗录》，记北齐邺下之事，书中有《坟籍志》，记当代著作，开后世地方目录之先声。

北周明帝时，也曾"集公卿以下有文学者八十余人于麟趾殿，刊校经史"（《周书·明帝纪》），但未闻有编目之事。

五、官修目录和史志目录的发展——隋、唐

隋唐时期，我国出现了相对稳定的局面。社会经济有所恢复，文化事业也得相应的发展。隋朝虽立国日浅，确也做了不少工作。文帝、炀帝两朝都进行官修目录的编撰，而炀帝时编成的《大业正御书目录》9 卷尤有价值，所谓正御书是炀帝指派学者柳从国家藏书 370000 卷中整理精选出的 37000 余卷图书，并为之编目。私家目录则以许善心所撰《七林》为著名，可惜已佚而难知其详。隋朝的这些工作，为唐代的目录事业做了铺路和过渡的工作。

《隋书·经籍志》

《隋书·经籍志》，旧题魏徵撰，实际上还有李延寿和敬播二人，它成书于唐初，是继《汉书·艺文志》后的一部重要史志目录。《隋志》主要依据隋、唐时国家藏书，并参考它以前的有关目录书而编成。

《隋志》虽列入《隋书》，但它包括了梁、陈、齐、周、隋五代官私书目所载的现存图书。

《隋志》的材料依据，在《总序》中曾概括说："远览马史班书，近观王阮志录"。它远受《汉志》影响，近承《七录》绪余，又参考前代目录，对唐以前的图书状况进行了一次总结。《隋志》在各部、类之末都仿《汉志》例写序，简要地说明诸家学术源流及其演变，各类小序都分别说明与《汉志》的继承关系。《隋志》和《七录》的关系尤为明显，《隋志·总序》是目录学文献中的重要篇什，其主要内容即据《七录叙目》和隋牛弘的《五厄论》。《隋志》的体例也据《七录》而有所损益。

《隋志》对前此诸目均搜集整理加以著录，列为《史部·簿录类》。并将前此诸目的见存书汇为一编，合条为 14466 部，有 89666 卷。这是《隋志》会聚旧目的部、卷数。撰者对这些又删去了"文义浅俗，无益教益者"，附入了"辞义可采，有所弘益者"（《总序》），实收了 6518 部，56881 卷，并明载其数于志目。

《隋志》的收录以撰人卒年为断，凡隋义宁二年（即大业十四年，公元 618 年）以前者收录，唐初始卒者一概不收。

《隋志》按经史子集分类。四部分类，虽始于魏晋，但现存以四部分类的目录书，则当以《隋志》为最古。但是细察《隋志》的分类，并非是严格的四分。因为它后面还附有道、佛二录，实际上是六大类。在部下分类，计经 10 类、史 13 类、子 14 类、集 3 类、道 4 种、佛 11 种。类下著书。佛、道只计部数，不著书名。在四部中值得注意的是史部。史部不仅有了独立的部类，而且还有了部类的名称。这是史籍发达、史籍增多的必然结果。史部 13 细类，通计亡书有 874 部，16558 卷，比《汉志》的 23 部，948 篇增加了几十倍，可见我国图书事业的发展状况。

《隋志》值得注意的一个特点是记存佚。如称梁有、宋有或亡，并以夹注的方式依类附入亡佚书目。小计除子部外，又通计之书，佛、道二录则计残而未计亡书。小计中尚记残缺，但有遗漏未计者。

《隋志》的著录体例是列书名及卷数为项目，而以撰人为注，对撰人不评介而只叙其时代官衔，间或注明书的内容真伪及存亡残缺，其著录也有错误处。清季沈涛所著《铜熨斗斋随笔》中有考证多则，如卷五《晋诸公赞》《氏字误衍》《杨承庆》，卷七《李文博理道集》及《历代三宝记》等则皆为对《隋志》著录的正误。

历代学者对《隋志》评论不一，毁誉相参，直至清代方为学者重视，其专门著述主要有 3 种。即：

（1）《隋书经籍志考证》13 卷，章宗源撰。

（2）《隋书经籍志考证》52 卷，姚振宗撰。

（3）《隋书经籍志补》4 卷，张鹏一撰。

章、姚、张三书均见开明《二十五史补编》（四）。

《群书四录》和《古今书录》

唐代的官修目录以唐玄宗时编撰的《群书四录》为最著名。这是开元初年在唐玄宗的亲自过问下，屡易编者，终于在开元九年撰成的一部官修目录，全书 200 卷，内容繁富，可称是有书录以来的一部巨著。但由于篇幅巨大，成书仓促，必然存在着一些缺点。但这些缺点在一般官修目录中也在所难免。而这部目录能在短期内完成收书 2000 部、40000 卷的编目工作，确属不易，仅以其篇卷之大不能不使它在目录学史上占应有的历史地位。

《古今书录》40 卷，是唐玄宗时的目录学家毋煚所作，他曾参加过《群书四录》的编撰工作，可能由于官修目录未能很好地吸取他的建议而自撰了《古今书录》。此书在宋以前已佚。但它的书序被《旧唐书·经籍志》抄录而幸存下来。这篇书序内容丰富，是研究古典目录学的重要参考文献。从这篇书序中得知：《古今书录》每部有小序，每书有撰人名氏及解题。全书共 45 家，3060 部，51852 卷。更重要的是此书序深刻地阐述了目录学的作用。

五代十国目录工作的衰落

五代十国目录著作甚少。十国仅从《通志艺文略》著录中知有《蜀王建书目》一卷。五代则后晋刘昫所撰《旧唐书·经籍志》影响尚存，为五代目录事业增色不少。它主要取材于《古今书录》，体制规仿《隋志》，所录为开元盛时之书。开元以后著述则未收入。《旧唐书·经籍志》是正史目录中的一种，在保存目录学资料方面颇有功绩。

六、私家目录的勃兴和目录学研究的开展——宋、元

宋仁宗时，命王尧臣、欧阳修等人编撰《崇文总目》66 卷。它把所收的 30669 卷图书分为 4 部 45 类。原来类有小序，书有提要，可惜南宋后都被删去，仅存书名。明清时只剩简目，清学者钱侗等曾为辑佚 5 卷。

宋代十分注重修撰"国史"，而每种国史都有《艺文志》。有《三朝国史艺文志》《两朝国史艺文志》《四朝国史艺文志》及《中兴国史艺文志》等四种，今虽已亡佚，但从其他记载中尚能略知大概。这些目录都是类有小序，书有解题，各志相承而不重复。它虽以国家书目为主要依据，似有官修目录的性质，但它终究附于各朝国史，仍应列入史志目录。它在目录事业发展史上开创了官修当代史志目录的先例。

史志目录有欧阳修所撰《新唐书·艺文志》，它著录图书 3277 部，52094 卷，在记录唐代藏书及唐人著录方面比《旧唐书·经籍志》完备。它在分类编次上有所改进，如废除以部类为"家"而以学术流派分类；非将霸史、偏史合一而删去霸史类名；列笔记杂著于史部杂史部类等等。这对后来《国史经籍志》《校雠略》等目录学著述都有影响。

《郡斋读书志》和《直斋书录解题》

《郡斋读书志》的作者晁公武，为官多年，藏书丰富。他大约在五十岁任荣州太守时开始编撰《郡斋读书志》。后有衢州袁州两种刊本。

《郡斋读书志》按四部分成 45 类（袁本作 43 类），每部有总序，各书对作者、全书主旨、学术源流、篇第次序等都按不同情况，写成提要，可供后世考订典籍所借资。

陈振孙是宋代继晁公武之后的另一位卓有贡献的目录学家。他聚书四十余年，藏书 5 万余卷。在晚年耗费了二十年的时间，仿《郡斋读书志》的体例，撰成《直斋书录解题》56 卷，著录图书 3096 种、51880 卷，与南宋官修目录所著录相差不及万卷。

《直斋书录解题》原按四部分类并有小序，明初亡佚。今本从《永乐大典》辑出 22 卷，直接分为 53 类目，但综观编次，仍存四部顺序。它对所著录各书都叙明卷帙，并评论作者，创制解题体裁，并开始以解题名书。它的解题内容涉及甚广，有评论人物，评论图书价值，介绍内容与取材，记述撰述时间及版

本等方面。这些资料对后人研究古代学术及典籍都有重要的参考价值。所以《四库全书总目》对 22 卷辑本给予了极高的评价。

《郡斋读书志》和《直斋书录解题》不仅在宋代卓著声名，也堪称私家目录的双璧。

此外宋代尤袤的《遂初堂书目》也是值得注意的私家目录。此目只有书名，不撰解题，但记录各种不同版本，成为我国最早的版本目录著作。通行本缺卷数与撰者，《四库提要》认为是传写者所删削，而非原本脱漏。

郑樵对目录学的研究

对目录学的专门研究始于宋代，而卓然成家的当推郑樵（1104—1162）。他著述繁富，但留传后世的仅剩几种，其传世之作是《通志》200 卷。这是一部通史兼专史的名著，而其中的二十略专史最为人所推重。二十略中的《艺文略》《校雠略》《图谱略》《金石略》等"四略"就是郑樵研究目录学理论和实践的成果，其中《校雠略》的影响尤巨。

郑樵《校雠略》对类例、著录和提要三方面反复阐述了自己的观点。他特别强调类例的重要性，把图书分类问题提到学术高度来论述，提出了"类例既分，学术自明"的著名论点，发挥存书与明学的两大作用。他创编了《艺文略》来表达其创新图书分类体系。《艺文略》分 12 类、100 家、371 种，突破了过去分类的束缚。同时类、家、种的三级类目也使图书归属更接近合理。

郑樵在著录方面主张通录古今，不遗亡佚，全面记有和兼录图谱、金石。他的编目不仅取材于旧目，更着重采录今书，以求编制一份通录。他对于撰写图书提要曾提出"泛释无义"的原则，反对那种不顾实际需要而无区别地从形式上加以全面撰写。他所写的提要主要包括介绍作者、图书篇卷名称及评论内容等方面。

郑樵的精于类例（分类），不遗亡佚（著录）和泛释无义（提要）等论点，不仅体现了他个人的特殊见解，也体现了宋代目录学研究的新水平。

元代的目录事业

元代对图书典籍的编目工作不够重视，现所能见到的国家书目仅有至正二年王士点、商企翁合撰的《秘书监志》中有《书目》2 卷，此目无书名、卷数，实际上它只是秘书监的一份图书清单，而不能算作一部正规的国家书目。

史志目录有一部《宋史·艺文志》。它依据宋的各朝艺文志而撰成，但缺乏很好的剪裁编次，所以谬误甚多，而度宗咸淳以后尚有缺略。因而它被《四库提要》认为是史志目录中最丛脞者。

马端临所撰的《文献通考·经籍考》是一部别具特色的目录学名著。马端临（约 1254—1323）以二十年的时间撰成《文献通考》348 卷。《经籍考》76卷是其中的一部分。它主要依据晁公武的《群斋读书志》和陈振孙的《直斋书录解题》二书，并博采公私目录及有关著述，分书辑存。《经籍考》各类有小序，各志有解题。其解题是博采众说，汇聚群籍加以排比辑列的辑录体形式。这种辑录有关众说于一书之下，既便于检读，又能保存遗佚，确可以起到"览此一篇而各说具备"的作用（姚名达：《中国目录学史》）。它是提要目录中重要的辑录体流派。

七、古典目录学的昌盛——明、清

明清时期，古典目录学由元代颇为缓慢发展的阶段过渡到昌盛阶段。

明初虽注意到"求书"，但未能顾及"校书"，直到英宗正统六年（1441）始由大学士杨士奇等建议对国家藏书登录编目，遂编成明代的国家图书目录《文渊阁书目》。这部书目是国家藏书登录簿性质。全目不分经史子集而以藏书的千字文排次为序，自天字至往字，凡二十号，共五橱，共贮书 7297 神，其卷数也按此分号编为二十卷。这部目录虽多被后世学者讥评为疏陋，但因它是明代现存的一部官修目录，对于考校当时的图书状况和保存遗佚书资料等还是有一定的参考价值。其他尚有作为史志目录的焦竑所撰《国史经籍志》。这部书目特别注重分类，其有关分类的论述有足供参考之处。但能代表明代目录学水平的仍应归于私家目录。

私家目录的丛出

明代的私家藏书比较兴盛，而藏书家又大多撰有目录，形成私家目录丛出的局面。它们大体上以藏书目录及专科目为主。

藏书目录数量较多，其著名的如：

（1）《百川书志》二十卷　高儒撰

高儒字子醇，自号百川子，涿州人，他是一个武人而藏书甚富。他以六年时间，整理考索私藏，三易其稿，写成此目。全目以四部分类，下列九十三门，收书近万卷，每书都有提要。他的特点是在史部之下收录了小说、戏曲之类，反映了撰者已突破传统的收书规范，而这一突破却为古典文学的研究提供了重要资料。

（2）《红雨楼书目》四卷　徐燉撰

徐燉字惟起，更字兴公，闽县人，藏书 3 万余卷。仿《通志·艺文略》及《通考·经籍考》体例撰成《红雨楼书目》4 卷。它著录文艺图书较多，如卷三子部传奇类收元明杂剧和传奇 140 种。它所收明代集目也较多，其《明诗选》部分更详注作者履历，足有关明代文艺的有关资料。

（3）《澹生堂书目》　祁承爜撰

祁承爜字尔光，山阴人。是明末浙东的藏书世家，聚书达 10 万余卷，编成《澹生堂书目》。此目原写本未分卷，采用表格式，清人邵懿辰谓其书可分为 47 卷。它虽按四部分类，而其下细目多有新意。它为便于检索，采取分析著录与互见著录的方法，对同书而卷册版本有所不同，则以又字另著一条；对上下或正续编著作则分条著录；其成目后续收各书皆续附各类之末，因而，它并非简单的登录簿而是自有其例的。

其他藏书目如《赵定宇书目》《晁氏宝文堂书目》和《万卷堂书目》等都是独具特色的著名目录书。

明代私家目录的另一类是专门目录。它虽不如藏书目录繁盛，但也是很具特色的，如周弘祖撰《古今书刻》2 卷可称代表作。周弘祖，湖广麻城人，嘉靖时进士，曾官福建提学副使。上编载各直省所刊古籍，下编则录各直省所存石刻，故名书刻。它实际上是出版目录和金石目录的混合体。它保存的版刻资料为考求版刻源流及图书存佚提供方便。其他如讲医籍的有殷仲春所撰《医籍目录》、讲明传奇的有吕天成所撰《曲品》二卷，都含有专科目录的性质。

明代虽有私家目录的丛书，但还只是古典目录学昌盛期的前期，而真正使古典目录学达到昌盛，应该说是清朝。

四库全书总目提要

清朝由于康雍乾三朝社会经济的较快恢复，学术文化得到相应发展，目录学的运用多为学人所掌握，同时，由于清朝推行文化专制主义，目录学又成为可以直接避免知人论世的避风港，更推动了目录学走向昌盛。

清朝不仅目录学著作的数量超越前代，即从编制体例、收录范围、体裁多样和内容价值各方面看，也都显示出一种总结前代、开启后来的特色。诸多著述中最有成就的便是《四库全书总目》（简称《四库提要》）200 卷。它是清乾隆朝纂辑《四库全书》的相连产物，是篇帙巨大的一部官修书目。全书按四部分类，计经部十类、史部十五类、子部十四类、集部五类。全目共著录图书 3461种、79309 卷，存目 6793 种、93551 卷，有 401 部无卷数。在编写体例上，部有总序、类有小序、书有提要。它的提要大多定稿于著名学者之手，如由戴震、邵晋涵、周永年和纪昀分任经史子集专典，而由纪昀总其成。这些提要的内容不仅"叙作者之爵里，详典籍之源流，别白是非，旁通曲证"，而且还"剖析条流，斟酌古今，辨章学术，高挹群言"（余嘉锡：《四库提要辨证》序录），对十八世纪以前的学术进行了一次总结。有的提要后还有案评，主要说明分类归属的移动理由，是研究图书分类的资料。因此，《四库提要》可以说是一部篇帙巨大，体例较备、内容丰富和具有一定学术价值而为前代所未有的目录学名著。这不仅是清代目录事业上的一大成就，也是古典目录学领域中的一大成就。

清朝鉴于《四库提要》篇幅过大，又简编了《四库全书简明目录》20 卷。它虽然精简了总序和小序，但有些子目仍附有简短的案语，颇便翻检。官修目录同时编制繁简二本，也是前代所无的创举。

《四库提要》因是官修，所以清代学者对它以颂扬为主，如目录学家周中孚评论说：

> 窃谓自汉以后，簿录之书，无论官撰私著，凡卷第之繁富，门类之允当，考证之精审，议论之公平，莫有过于是编矣。（《郑堂读书记》）

后世学者也有些评论，而比较允洽的当推余嘉锡先生的意见。他认为《四库提要》"就其大体言之，可谓自刘向《别录》以来，才有此书也"，"《提要》之作，前所未有，足为读书之门径，学者舍此，莫由问津"。同时，他也指出《提要》的不足之处是仓卒成书、取材范围不广，对许多重要目录书未能善加征引，立论有纰缪处，缺少版本项目等等。因而后来出现一些对《提要》进行补正的著述，如补其不足的有《四库撤毁书提要》《四库未收书提要》《清代禁毁书目》《清代禁书知见录》和《增订四库简明目录标注》等；其订正缪误的有《四库提要辨证》及《四库全书总目提要补正》等等。这些书都对研究《四库提要》有益。

约与《四库提要》同时，乾隆、嘉庆两朝还相继完成了《天禄琳琅书目》正续编。它记录版刻年代、刊印、流传、庋藏、鉴赏和采择都较详备，是为版本目录学奠定基础的重要著作之一。

目录学研究的开展

清代目录学的研究主要表现在目录的编制、理论的阐发和相关学科的发展等三个方面。

清代的编目工作除了《四库提要》所取得的卓著成就外，很突出地表现在私家目录的撰著上。一些著名的藏书家，同时也是学者。他们已经不满足于收藏、著录和鉴赏，而是从各个方面研究图书，像撰写专著那样撰写书目，如钱曾（1629—1702），字遵王，自号也是翁，江苏常熟人，是清初"见闻既博，辨别尤精"的版本专家。他曾据私藏编制《也是园藏书目》《述古堂书目》和《读书敏求记》等三种书目，其中《读书敏求记》收录藏书中精华部分 634 种，专记宋元精刻，对书的次第完缺、古今异同都加标明和考订，不仅是一部有很高学术水平的版本目录学专著，也开启了后来编纂善本书目之端。

清代有些学者在传统目录体裁外，还用其他形式撰写目录性质的专著。他们从研究学术入手，随读书和研究，按书写成读书记来表述个人心得与见解。经久积累，便撰成有相当学术水平的著作，如周中孚的《郑堂读书记》和朱绪曾的《开有益斋读书记》等都为学术界所推重。有的学者通过对图书鉴定研究后加以题跋，这些题跋汇编成书就形成题跋式书目，如著名藏书家黄丕烈的《士礼居藏书题跋记》和《荛圃藏书题识》都是这方面的专著。

清代专科目录的编制有了显著的发展，朱彝尊的《经义考》就是这方面的名作。朱彝尊字锡鬯，号竹垞，浙江秀水人，是清初经学、史学、文学、目录学各方面都有成就的学者。所撰《经义考》300 卷是历经多次修订刊印的一部经学专科目录。《经义考》不仅注明图书的存、佚、阙或未见，又按书汇辑有关序跋、传记及评论等参考资料，成为辑录体提要目录中空前巨著。同时代的学者就赞誉这部目录书是"非博极群书，不能有此"和"微竹垞博学深思，其孰克为之"（《经义考》毛奇龄、陈廷敬序）等语，而其影响及于国内外，日本学者所撰《医籍考》和章学诚的《史籍考》都受到它的重要影响。

在目录学理论研究上当以章学诚为代表。章学诚字实斋，浙江会稽人，是乾嘉时期的史评家与目录学家。他除以多年心力撰著过《史籍考》（咸丰六年稿毁于火）外，着重探讨研究了目录学的有关理论。他虽然不同意目录学的专名而标举校雠学，并为自己的专著命名为《校雠通义》，但他所研究的问题仍然是目录学领域中的问题。《校雠通义》一直被后世学者公认为目录学专著，书中标举宗刘（向）、补郑（樵）、正俗（说）的著述主旨。他评价了郑樵在编目分类上的卓识，也提出了对郑樵某些论点的不同见解。章学诚以揭示图书内容为出发点来研究目录学，标举出"辨章学术，考镜源流"的宗旨。他把神圣不可侵犯的"六经"看做古代典章制度的记录，按图书资料提供使用；他把编撰目录提到学术高度来对待。他认为写类序的工作是：

> 著录部次，辨章流别，将以折衷六艺，宣明大道，不徒为甲乙记数之需。(《校雠通义》内篇一《原道》)

他又认为写提要的工作是：

> 推论其要旨，以见古人之所言有物而行有恒者，则一切无实之华言，牵率之文集，亦可因是而治之，庶几辨章学术之一端矣。(《校雠通义》内篇一《宗刘》篇)

总之，他把撰著目录看作为探求图书内容，以备研究学术源流的工作，而非编排登录的单纯技术性操作。他主张在"辨章学术，考镜源流"的思想指导下进行目录工作。他认为图书资料主要是为学术研究作"聚粮"和"转饷"的后勤工作。他的这种主观上强调目录应该以为学术研究服务为主要任务的观点，比过去那种只在客观上起了为学术研究服务的作用，确是一种突破，而成为清代目录学研究中的一大成就。

随着目录事业的发展，若干有关学科如分类、校勘、版本、考证诸学也多兴起而成为专学，从事学者，为数甚多，人才之盛，前所未有。即如分类，当时四部分类已成定例，而著名学者孙星衍为其宗祠所编《孙氏祠堂书目》则不依四部分类，直接分为十二属，在改变图书分类上有它的创新意义。在校勘学方面，除享有盛名著的顾炎武、戴震和段玉裁等大力倡导，提出过具体要求和方法外，卢文弨和顾千里是专精校勘的魁杰。卢文弨"家藏图籍数万卷，皆手自校勘"(钱大昕：《卢氏群书拾补序》，见《潜研堂文集》卷二五)。顾千里不仅在国内"以精校雠名"(冯桂芬：《思适斋文集序》，见《显志堂稿》卷二)，而且日本学人也誉之为"清代校勘学第一人"(神田喜一郎：《顾千里年谱》)。他们的校勘成果都是目录书中重要的著录资料。他如黄丕烈之精于版本，钱大昕之深于考证以及其他学者在这些有关学科方面的成果都为清代目录学提高到学术研究水平作出了应有的贡献。

八、近代以来对古典目录学的研究

历史进入近代以后，古典目录学虽然没有过去兴盛，而且由于西学传入，西学书目的编制和西方图书分类法的介绍等等，使古典目录学渐渐失去"独尊"地位。不过，在研究工作方面，它仍有不少值得称道的成果，大致可概括为以下几个方面：

（1）史志目录的补志

清代前期做了不少补志工作，取得了良好成绩。近代仍续有所补，如姚振宗的《后汉艺文志》《三国艺文志》，曾朴的《补后汉书艺文志》以及吴士鉴、文廷式和秦荣光三家的《补晋书艺文志》等。其中尤以姚氏二志为最著声誉，他不名其书为补，一则表示自视所作为创作而非补缺；二则无视前期补志的钱大昭、侯康、顾櫰三诸家而自命为一家。梁启超曾特论二书特色有五点，并誉其书为"清代补志之业，此其最精勤足称者也"（《图书大辞典簿录之部》，见《饮冰室文集》专集第十八册）。史志目录经过清前期和近代的补换，大致已可构成一部完整的综合目录。

（2）丛书目录的编制

综合目录虽始于宋，但至明清，特别是清以来始有显著发展。清嘉庆时对丛书所收诸书已感难于搜检，于是有顾修首创编录丛书之目，辑录宋元以来 261 种丛书，编成《汇刻书目初编》10 册，成为第一部丛书目录。近代以来又续编多种，著名的有光绪时朱学勤、王懿荣的《汇刻书目》20 册，收书 567 种。1918年李之鼎增订的《增订丛书举要》收书 1605 种。他们都采用分类排列法。1928年沈乾一编辑的《丛书书目汇编》收书 2086 种，改为字顺排列，比较方便。但是这些丛书目都没有子目索引，因此只能利用它了解某一丛书中收多少种书和所收何书，而无法检寻某书或某人著书是否在丛书内。1930 年前后，金步瀛编《丛书子目索引》收书 400 种，施廷镛编《丛书子目书名索引》收书 1275 种，改正了过去的缺点而有利于检书了。丛书目录是在丛书发展的客观基础上出现的一种新型综合目录。

这方面不容忽视的就是燕京大学引得编纂处所进行的编纂引得工作，这对图书的检索和利用提供了极大的方便，其中《艺文志二十种综合引得》是对史志目录的一项综合研究工作。

（3）地方文献目录

地方文献目录始于宋人高似孙的《剡录》（剡，浙江嵊县）。清代前期所撰方志多有艺文、经籍之志，而单行地方文献目录则以近代吴庆坻《杭州艺文志》10 卷和孙诒让《温州经籍志》36 卷为最著。它不仅便于求书检书，反映地方文化发展状况，而且还能借此发掘出重要人物的遗佚著作或非知名人物的重要著作等等。

（4）初学目录

目录学对于初学者来说，颇有难于入手之苦。《四库全书简明目录》应说是最早的一部古典目录学初学读物。近代以来，又有张之洞于光绪初年所写《书目答问》。此书简要易读，过去学者多受其益。如近代目录学家余嘉锡先生自称，他的学问"是从《书目答问》入手"（陈垣：《余嘉锡论学杂著序》）。此书虽因所处历史时代而有所局限，遂有一定缺陷和过时之感，但姑且用作熟悉和掌握一部分古籍的基本情况，尚属可用。近人范希曾为此书《补正》，增补订正甚多，尤便初学，而其书更得广泛流传。

（5）新编目录

近代还有许多目录学家一依古典目录书的体制新编私家目录多种，丰富了古典目录学这一领域的库藏，如近代四大藏书家——海源阁、铁琴铜剑楼、皕宋楼、八千卷楼所撰私藏善本书目录。邵懿辰《四库简明目录标注》的广搜异本。杨守敬《日本访书志》的求书海外。孙殿起《贩书偶记》的补续四库书目。罗振玉《敦煌鸣沙山石室书目》的反映新的图书情况。陈垣先生《中国佛教史籍概论》对所收三十五种书籍都略按成书年代分类介绍，对各书书名、略名、异名、撰人略历、卷数异同、版本源流、内容体制、史料价值等均加分析叙述，无异是一部具有很高学术水平的释家目录。还有为配合某种大书的刊行而相应地编制该大书的书目，如商务出版《四部丛刊》《丛书集成》，中华出版《四部备要》后，便有《四部丛刊书录》《四部备要书目提要》和《丛书集成初编目录》等书目，提供版本、著者、卷目等项资料，而《丛书集成初编目录》前所载《百部丛书提要》介绍所涉及诸丛书内容，编者和编印历史等，尤有参考价值。所有这些，都是依照旧体裁而有新内容的新编书目。

（6）目录学研究专著

古典目录学的研究方向，大体不外二途：

一种是对古典目录学名著的研究，如姚振宗的《隋书经籍志考证》和余嘉锡先生的《四库提要辨证》可称这方面卓有贡献的两大名著。余先生所著经始于光绪二十六年而辍笔于 1952 年，先后历五十余年，数易其稿，乃成此"一生精力所萃"之作（《四库提要辨证》序录）。二书篇帙繁富，功力至深，是古典目录学研究中可珍贵的学术遗产。

另一种是对目录学学科本身的研究。这方面著作较多，而以汪辟疆的《目录学研究》与余嘉锡先生的《目录学发微》为最著。汪著引证详实，论列详明，于少所依傍之际，创写此书，实为难能。余先生所著对历来目录书体制、源流以及历代目录书类例沿革等皆阐述甚详，是一部很有价值的目录学专著。

一九九六年一月修改旧稿

原载于《古典目录学研究》，来新夏、徐建华主编，天津古籍出版社 1997 年版

谈谈古典目录学研究中的几个问题

一、目录学的正名和古典目录学的研究对象

目录学从西汉刘向父子创始以来，一直在坚实的学术研究基础上发展，事实上形成一门专学，并在北宋初年有了"目录之学"①的专称。看来不存在什么"正名"问题，不过从宋郑樵以来却一直不承认这一专名。郑樵的名著《校雠略》虽专论图书搜求、整理和编目等事，但不取目录之名。清初学者全祖望在《丛书楼书目序》中曾力贬目录学的地位说：

> 今世有所谓书目之学者矣，记其撰人之时代，分帙之簿翻，以资口给。即其有得于此者，亦不过以为捋撦獭祭之用。②

乾嘉时学者章学诚则标校雠学以否定目录的存在，甚至说"乃谓古人别有目录之学，真属诧闻"③。

清季学者朱一新也认为目录无需作为专门之学。他说："甲乙簿为目录而目录之学转为无用。多识书名，辨别版本，一书估优为之，何待学者乎？"④

近人张舜徽氏承郑、章诸说又加以发挥。他主张用校雠大名统目录小名。他更进而申言目录不能自立为学，而应置目录、版本、校勘诸学共统于校雠学之下⑤。

郑、章以来诸说，虽各有所见，但是，这些说法都是先对校雠、目录赋以己意，然后再加抑扬，故难以服人。近代目录学家余嘉锡先生曾从正名角度表示了异议，指出郑、章、朱等人概念上的不确切。他说：

---

① 苏象先：《苏魏公谭训》卷四。
② 《鲒埼亭集》卷三二。
③ 《章氏遗书》外集卷一《信摭》。
④ 《无邪堂答问》卷二。
⑤ 《广校雠略》卷一。

据《风俗通》引刘向《别录》，释校雠之义，言校其上下得谬误为校，则校雠正是审订文字。渔仲、实斋著述论目录之学，而目为校雠，命名已误。朱氏之说非也，特目录不专是校雠版本耳！①

余先生之说颇得刘向原意。因此，目录学自可独立成学，固无需代以校雠学之名。其理由是：

（1）所谓"校雠"，刘向《别录》早有明确解释说：

一人读书，校其上下，得其谬误为校；一人持本，一人读书，若怨家相对为雠。②

刘向的这段解释说明校雠是指校勘文字、篇卷的错误。这是刘向整理图书工作的一道工序，不能表明全过程。郑、章诸家之说实是弃刘向所释原意，复借此自立新意以废目录学之名。

（2）郑、章诸家不从目录学实际考察而强以己意赋目录学以特定界说。他们认为目录学是"书目之学"，只不过是"记其撰人之年代，分帙之簿翻"，"多识书名，辨别版本"而已，不细察目录应包括哪些具体内容和经过哪些程序所撰成。如果目录学诚如诸家所赋界说，那实在可以不称为目录学。实际上，刘向早已为目录学的定义作了概括说明，那就是"条其篇目，撮其旨意，录而奏之"，然后"别集众录"而成书。那就是说，全部目录工作要经过整理篇次、校正文字、辨明学术、介绍梗概、撰写书录，最后把全过程的成果集中反映为目录。全部工作过程既用目录之名来概括，那么对所以达成最后成果的各个环节的研究活动总称之为目录学，又有何不可呢？

（3）张舜徽氏认为"举其学斯为校勘，论其书则曰目录"，所以主张称校雠学而不称目录学。这一点也难苟同。因为"书"毫无疑义地是全部治学活动的文字总结。既然承认集中反映全过程的书能称"目录"，那么，如上所述，为完成目录书而展开的全部治学活动又为什么不能称为目录学呢？

因此，目录学不特其名足以成立，即其学也实有可资研究而应成为独立的专门之学。

古典目录学则是目录学的一部分。它指目录学的古代部分，也就是过去所谓的传统目录学。文学可以有古典文学之称，则目录学的古代部分似乎也可称

---

① 《目录学发微》一。
② 《昭明文选》《魏都赋》注。

之为古典目录学。

古典目录学的时间断限是从目录事业兴起的汉代为上限，直至历史进入近代以前为止。也可以说，它大体上就是指中国封建社会的目录学。因此，古典目录学是以中国封建社会的目录事业、目录工作和目录学研究状况为其主要对象。它不涉及现代目录事业的发展变化、目录工作的革新和目录学基本知识的应用诸问题。

中国封建社会的目录工作，大部分和历代校书运动和官修制度相联系。因此，古典目录学有必要探讨和论述历朝的有关措施和所兴办的某些事业。

中国封建社会的目录工作，历史悠久，创造和积累了一些经验，纂集了大量的目录和目录学专著，从而不断出现一些在目录工作和目录学研究方面作出贡献的目录学家。因此，也有必要对这方面情况加以概括和总结。

古典目录学从一开始就不是单纯技术性的图书登录工作，而是从学术研究的角度入手。这一优良传统形成了相沿下来的一套工作程序，即从广搜异本、比勘同异、改定是非、类次归属、撰写书录到编制目录。这一全过程牵涉到分类、版本、校勘、考证等若干相关学科。因此，也要研究这些学科的源流、发展、基本方法和可资借鉴的经验，并加以概括和论述。

这些都是古典目录学的研究范围。

二、近代以来对古典目录学的研究

古典目录学的研究工作大致开始于宋。王应麟的《汉书艺文志考证》是对历史遗产的订补。郑樵的《校雠略》则是一种理论性探讨的著作。明胡应麟的《经籍会通》也不失为重要研究著作。清代前期，研究风气特盛而成绩尤著，它主要表现在有质量专著的涌现，相关学科领域的开拓和专才辈出等方面。历史进入近代以后，古典目录学虽然没有前期兴盛，而且由于西学传入，西书书目的编制和西方图书分类法的介绍等等，使古典目录学渐渐失去"独尊"地位。不过在研究工作方面仍然还有不少值得称道的成果。这里，仅仅作些不甚完备的概括以窥一斑。

（1）史志目录的补志

这项研究工作盛于清代前期，取得了良好的成绩。近代以来，陆续有所补志。姚振宗的《后汉艺文志》《三国艺文志》，曾朴的《补后汉书艺文志》以及吴士鉴、文廷式和秦荣光三家的《补晋书艺文志》等。古典目录书中的史志目录原有缺朝，经过陆续补空后，就可构成中国古代一部完整的综合目录。

（2）丛书目录

丛书一般认为始于宋《儒学警悟》[①]，明清两代有很大发展，近代又续有所增，最新估计当在三千种以上[②]。在这样浩繁的书群中去搜检一二种需用的书，实在不易。嘉庆时有顾修首创编录丛书之目，辑录二六一种宋元以来丛书，编成《汇刻书目初编》十册。这是第一部丛书目录。其后续编者有多人，著名的有光绪时朱学勤、王懿荣的《汇刻书目》二十册，收书五六七种。1918 年李之鼎增订的《增订丛书举要》，收录了一六〇五种丛书。他们都采用分类排列法。1928 年沈乾一辑的《丛书书目汇编》收书二〇八六种，改分类编排为字顺排列，检索比过去方便。这些初创的丛书书目有一共同缺点，就是都把子目列于各丛书之下，没有子目索引。因此只能利用它了解某种丛书中收有多少种书和收了些什么书，而无法检寻某书或某人著书是否已收入丛书，并收在何种丛书之内。针对这种缺点，1930 年前后，金步瀛编制《丛书子目索引》收书四百种，施廷镛编制《丛书子目书名索引》收书达一二七五种，把丛书子目的编制工作大大地推进了一步。解放后，上海图书馆集合了全国四十一个图书馆的馆藏二七九七种，编制了一部体制较备、规模较大的《中国丛书综录》。它包括《总目分类目录》《子目分类目录》《书目索引》《著者索引》和《全国主要图书馆收藏情况表》等多种内容。它不仅可从丛书书名、子目书名、丛书性质和著者姓名等方面检索所需图书，而且还是一部联合目录，可以借助附录知道丛书的藏者。

（3）地方文献书目

方志是我国重要的文化遗产之一。数量很大。最近重编地方志综录时，统计约有八五〇〇余种。内容包罗万象，丰富多彩。有的方志中就有当地人物和与当地有关人物的著述目录，即方志目录。方志目录以宋人高似孙的《剡录》（浙江嵊县）开其先河。清代前期的方志中已多有艺文、经籍等门类。近代以来，单行地方文献目录迭出，著名的如吴庆坻的《杭州艺文志》十卷和孙诒让的《温州经籍志》三六卷等都极有价值。其中收录每有为公私目录所摒而本身又确有价值、久遭沈埋者。这些目录的创编不仅为求书、检书提供方便，而更重要的在于反映了地方学术文化发展的状况，为建立地方文献体系提供条件，发掘出

---

① 这是通行的一种看法。友人涂宗涛曾说"从刻版制印问世的丛书来看，我国最早的丛书，当推佛家于赵宋初（971—983）所刻之《开宝藏》，共收佛家经典一千余部，远比《儒学警悟》（1201）为早。"此说甚有新意，录此供参考。

② 《中国丛书综录》不计佛学、新学丛书在内已有 2797 种。

重要人物的遗佚著作或非知名人物的重要著作等等。

（4）初学目录

古典目录书数量颇多，门类又较广，对于初学者来说，颇有难于入手之苦。近代以前，《四库全书简明目录》可以算是一部为初学者而编的入门课本，至十九世纪末任四川学政的张之洞为应初学者的要求，在缪荃孙的帮助下，写定了《书目答问》一书，内容简要易读，也尚有新意。过去许多目录学家曾受其益，如余嘉锡先生曾自称他的学问"是从《书目答问》入手"①。这部书虽然由于其产生的时代背景而有较大的局限，有一定的缺陷和过时之感，但在尚无这类目录前，姑且用它来供初学者作入门读物，至少可以热悉和掌握一部分古籍的基本情况，作进一步钻研的阶梯。近人范希曾为它作过《补正》，增补订正甚多，使该书质量有很大提高，更便于初学。

（5）新编目录

近代以来有许多目录学家一依古典目录书的体制新编了很多种私家目录，丰富了古典目录学的库藏。这里未能殚述，只举几个例子说明：

清代以来学者多注重图书版本，对宋元善本尤为推重，于是有所谓"版本目录学"之说，而善本书目更为数甚夥，清代前期的汲古阁、传是楼及百宋一廛等善本书目固已人所共知。即近代以来，也纷起丛出，如《海源阁宋元秘本书目》《铁琴铜剑楼宋金元本书影识语》《皕宋楼藏书志》《善本书室藏书志》《滂喜斋宋元本书目》《宋元旧本书经眼录》及《双鉴楼善本书目》等。近年来正在进行编撰的《中国善本书总目》规模体制更是超迈前人。还有一些"广搜异本"的目录，如邵懿辰的《四库简明目录标注》，莫友芝的《郘亭知见传本书目》等。而杨守敬的《日本访书志》能注意到海外版本，尤有贡献。

有的则所著目录可称前代目录的续篇，使目录纂辑工作不致中断，其功甚著。如老书业人员孙殿起的《贩书偶记》就是一部补充和延续四库著录的版本目录学专著。

有的比较敏捷地反映了新的图书情况，十九世纪末年发现的敦煌石宝藏书，罗振玉便较快地编写了《敦煌鸣沙山石室书目》。这也是前代所未做过的。

有的学者所撰学术专著实际上也是一种目录，如陈垣先生的《中国佛教史籍概论》，本为抗战时期所撰讲稿，主要讲述六朝以来研究历史所常参考的佛教史籍。但陈先生对所收三十五种书籍都略按成书年代，分类介绍。对各书书名、

---

① 陈垣：《余嘉锡论学杂著》序。

略名、异名、撰人略历、卷数异同、版本源流、内容体制、史料价值等均加分析叙述，无异是一部具有很高学术水平的释家目录。

有的为了配合某种大书的刊行而相应地编制该大书的书目，如商务出版《四部丛刊》《丛书集成》；中华出版《四都备要》后，便有《四部丛刊书录》《四部备要书目提要》和《丛书集成初编目录》等书目，提供版本、著者、卷目等项目的资料，而《丛书集成初编目录》前所载《百部丛书提要》介绍所涉及诸丛书内容、编者和编印历史，尤有参考价值。

例证尚多，不再列述。

（6）目录学研究专著

自宋以来的文集和杂著中有不少关于目录学的论述和见解，其能自成体系，以研究心得撰成专著者，以宋郑樵《校雠略》与清章学诚《校雠通义》为最著。近代以来，研究专著颇称兴盛，大体上可属二类：

一类是对过去古典目录学名著的研究。姚振宗的《隋书经籍志考证》和余嘉锡先生的《四库提要辨证》是这方面卓有贡献的两大名著。二书篇帙繁富，功力至深。姚氏自称："吾于此书，多心得之言，为前人所不发，亦有驳前人旧说之未妥者。……取裁安处之间，几经审慎而定，订正疑异之处，数易稿草而后成。"[①]余先生也自述其书经始于光绪二十六年而辍笔于 1952 年，先后历五十余年，数易其稿，乃成此"一生精力所萃"之作[②]。余先生散在杂志报章的论文，解放后汇编为《余嘉锡论学杂著》，其中有许多是研究古典目录学的佳构，是可宝贵的学术遗产。姚、余二氏之外范希曾的《书目答问补正》也是很有贡献的著作。《补正》以三年辛勤，独力补正全目，做到"条理清楚"，可见其"用功至勤"[③]，可惜范氏早岁谢世，未能更臻完备，但即此也对后学有莫大的裨益。

另一类是对目录学这一学科本身的研究。这方面的著作也较多，而以汪辟疆的《目录学研究》和余嘉锡先生的《目录学发微》为著名。《目录学研究》1943年初版，其序中自称全书内容是：

　　索录略之渊源，条分合之得失，与夫汉魏六朝间官私著录之钩稽，宋元明清后丛书类别之更定，所谓目录学之最繁难最重要者，略已灿然备

---

① 姚振宗：《隋书经籍志考证》后序。

② 《四库提要辨证》序录。

③ 《书目答问补正》重印本柴序。

具。①

其言虽不无自诩，但引证翔实，论列详明，于少所依傍之际，创写此书，实较难得。余嘉锡先生所著《目录学发微》也是创作较早而又较有系统的名著。书中对目录书体制、目录学源流、历代目录书类例的沿革等阐述甚详，是一部很有价值的参考用书。

这方面还有许多其他著作，如姚名达的《目录学》和《中国目录学史》，刘咸炘的《目录学》，杜定友的《校雠新义》，蒋伯潜的《校雠目录学纂要》，郑鹤声的《史部目录学》和张舜徽的《广校雠略》，虽有些立论尚可商榷探讨，但都能各成一说，使目录学的研究工作得到程度不同的推动。

这方面不容忽视的就是燕京大学引得编纂处所进行的编纂引得工作，这对图书的检索和利用提供了极大的方便，其中《艺文志二十种综合引得》是对史志目录的一项综合研究工作。

以上只是举例式地做些说明，并未能很完备地对这一时期的研究工作加以概括和说明。

三、对古典目录学研究趋势的看法

如上所述，近代以来对古典目录学的研究确是取得了一定的成绩，但是，这些研究工作与我国丰富的古典目录学遗产相衡量，却还颇不适应，而很有必要把古典目录学的研究工作向前推进一步。我对这门学科原来所知有限，而又长期荒疏，所以难以提出可供参考的设想；但又考虑这门学科也还应当提倡和拓展的，所以不揣固陋，谈点个人的管见。我以为这门学科研究趋势似应从整理、研究、撰写和刊印四方面入手。现就此略加说明如次：

（1）整理目录学文献

文献资料是研究工作的必要依据，因此要开展好研究工作，首先要进行文献资料的基本建设。古典目录学除了专著成书可即类求书外，还有丰富的资料散在各书，如：正经、正史、类书、政书、诗文别集以至笔记杂著中都所在多有，则较难一索而得。如果能组织一定人力，以一定的时间从二十四史有关纪传中辑出一套资料，再从宋元明清笔记杂著中辑出一套资料，分门别类，汇成《古典目录学资料类编》，则大有裨于学者。又如《书目答问》一书，在范氏《补

①《目录学研究》1934 年初版序文。

正》外，不仅有江人度《书目答问笺补》（光绪刊本），叶德辉《书目答问斠补》（《江苏省立苏州图书馆馆刊》第三期），而海内还有很多批注本，如余嘉锡先生就有用四五种颜色过录于书头的各家批校本；我曾经眼过天津藏书家刘明扬，目录学家邵次公、高焜曾等人的批注本，而在各图书馆所藏不知名的批注本则无法计算；若能汇聚诸家批注资料，再补入各古籍的后印版本，辑录有关评述，仿《增订四库简明目录标注》例，辑为《书目答问汇补》①，则不仅对《书目答问》这一有一定影响的书目作一总结，便利学者，也为日后纂集专科古籍目录《新经义考》《新史籍考》作初步的准备和探索。又如文集杂著中的散见资料更亟待整理辑录。这项工作不妨分朝代进行，如先辑《清人文集中目录学论文汇编》，它与资料类编有所不同，因为清人文集中有许多是成篇谈目录学问题的，不是片断资料。如钱大昕《潜研堂文集》中的《经史子集之名何昉》，黄廷鉴《第六弦溪文钞》的《爱日精庐藏书志序》，潘耒《遂初堂文集》的《请广秘府书籍以广文治疏》，刘毓崧《通义堂文集》的《黄氏书录序》……还可以例举很多。许多论文中多评述源流，阐明见解，几乎都是足资参考的文献，如能尽数年之功，分册成书，不特是目录学研究之福音，亦不失为整理清人文集之一法。

（2）研究目录书和目录学家

过去对于古典目录学著述和学者做了一些研究，但大多集中在汉、隋二志和四库总目等著名作品及向歆父子、郑樵和章学诚等著名学者上。即使在这些方面也还有不少的研究余地。如《别录》《七略》的源流、体制、成书、辑本和评价都尚待总结。《隋志》序是篇好作品，但也还有可订正诠释之处。《四库提要》经余先生所辨证者仅四百余条，也还可续作《辨证》。此外如朱彝尊所撰《经义考》在国内外都有颇大影响，但一直没有进行全面研究评论，而明清以来大量的私家目录除了若干翻印时有些简短说明外，也缺乏深入综合的研究。对目录学家的研究方面显得更为薄弱，如：司马迁的《史记》中虽没有《艺文志》，但其《太史公自序》的小序实是史籍一书目录之始，有目有录，言简意赅很有研究和借鉴的价值，至于散在全书的目录学资料尤比比皆是，今人金德建所写《司马迁所见书考叙论》对此进行爬梳整理，有筚路之功；但进而研究《史记》的目录学贡献及太史公的目录学思想则尚有待，而三家注中所引《别录》资料也有可资参考者。牛弘是隋代大目录学家，其"五厄论"是论古代图书聚散的名篇，当时影响很大，对于这一学者就应研究。宋代两大目录学家晁公武、陈

---

① 《书目答问汇补》（全二册）已于2011年4月由中华书局出版，来新夏、韦力、李国庆汇补，120万字——本书编者注。

振孙所著《郡斋读书志》与《直斋书录解题》是学术界公认的私家目录双璧，但对晁、陈二人，除陈乐素所撰《直斋书录解题作者陈振孙》一文搜采颇备外，其他或相因，或短什，缺乏对这二位名目录学家的全面评论。有些不甚知名的目录学家更没有很好的发掘和表彰。阮孝绪及其《七录》，在目录学史上占了显著的一页，但对《七录》作出崇高牺牲的刘杳却淹没无闻。刘杳其人，阮孝绪《七录序》末特表述其人其事说：

> 通人平原刘杳从余游，因说其事（写七录事）。杳有志积久，未获操笔，闻余已先著鞭，欣然会意。凡所抄集，尽以相与，广其闻见，实有力焉。斯亦康成之于传释，尽归子慎之书也。①

这种"凡所抄集，尽以相与"，以助成别人著述的高尚格调，实使后之垄断资料，秘而不宣者赧颜。这样的学者即在叙及《七录》时都被抹煞，更谈不到去专门研究，而刘杳不仅具记于此，《梁书》《南史》都有专传，实在应该撰文表彰。

有的学者有著作也往往被忽视，如清代道咸同时期的山西耿文光，既是藏书家，又是目录学家。我看到过他所著《目录学》《苏溪渔隐读书谱》和《万卷精华楼书目》，像这样的目录学家也可根据其著述进行研究。

又如叶德辉、罗振玉等人对目录学这一领域有一定贡献，但其政治立场上反动，应该如何既不讳其失德，又不以人废言地加以评述也是值得研究的课题。

（3）撰写新的古籍目录

撰写有关古典目录学的专著是一项很重要的工作，但需要资料基础、撰写岁月，而且这种工作比较受到重视，将会得到一定的安排与推动的。我认为目前应该大力提倡和拓展的领域是吸取古典目录书中的优点编制古籍目录。解放以来，这方面有一定的成绩，如《史记书录》《红楼梦叙录》都就有关专书写成参考性的提要目录。而由国家主持、动员全国力量纂辑的《中国善本书总目》工作的意义尤为重大，不仅是摸清底数的空前创举，也是向世界昭示中华文化的有力武器。另外如重编的地方志联合目录也是有价值的目录。不过，这项工作仍然还有许多待举的方面，如专科目录的撰集就是应该著手的研究工作，清初朱彝尊的《经义考》至今还是受到很大的重视。难道不可以从中取法吗？乾嘉以来，章学诚等学者先后进行，陆续完成的《史籍考》，不幸稿毁于火，难道

---

① 《广弘明集》卷三。

我们就不可以重纂吗？个人力量有限，一时聚集人力也有困难，那又为何不化整为零呢？我曾按照自己的设想，对清人年谱进行一次摸底，经眼检读达八百种、一千余卷而辑成《清人年谱知见录》①六卷，如果有更多的人能分门别类撰辑这类专目，那么积以时日，奠定基础，日后只需统一条例，平衡编制便可用较短时日纂成《史籍考》（或名《史籍总目提要》）之类的巨著。这就如刘歆有《别录》可据，则《七略》便易于见功。如此，则先可得分类专目之用，终获部类总目之效。这实在是研究古典目录学值得拓展的园地。

还应该编纂一部古典目录书的目录。过去汪辟疆写过《汉魏六朝目录考略》，现在是否可分段写《唐宋目录考略》和《明清目录考略》，最后即可合编《历代目录考略》，实际上便为古典目录书作一总结。

（4）刊印古典目录学书籍

近代以来，刊印工作在不断进行，道光时日人辑刊的《八史经籍志》，光绪时海宁张寿荣即加翻刻。宣统二年罗振玉辑印的《玉简斋丛书》即收刊明清私家目录八种。1936 年开明书店印行的二十五史补编中即收印了若干种史志目录的补志，并且还把姚振宗的古典目录学专著集印为《快阁师石山房丛书》。其他书局坊间印本也所在多有。解放后，刊印工作有很大发展。史志目录和明清私家目录多种都已重印，《四库全书总目》和《增订四库简明目录标注》不仅重印，还增添了新内容，提供了新资料，有利于研究工作。在专著方面清周中孚的《郑堂读书记》、清叶昌炽的《藏书纪事诗》、叶德辉的《书林清话》、汪辟疆的《目录学研究》、姚名达的《中国目录学史》和余嘉锡先生的《目录学发微》《四库提要辨证》等书都得到重印，其他还有一些不再列举。但是，这种刊印工作还有可改进之处。其一，刊印古典目录学书籍应尽力做好加工，不仅要标点、说明，最好能有专论。附录有关资料，编制索引，有的更应加相当注释，以应实际需要。其二，有计划的重印一些传本比较难得而有价值的专书，有的可以独立成书，如姚振宗的《快阁师石山房丛书》已很难搜求，甘肃有一位同志研究姚振宗，通省搜求未得，这种书就应加工重印。有的可把同性质类型的书，编印为《丛刊》，如编列《卢抱经先生年谱》《黄荛圃先生年谱》《校经曒自订年谱》《顾千里先生年谱》《臧在东先生年谱》《可读书斋校书谱》《苏溪渔隐读书谱》等为一《丛刊》，则可提供清代版本目录学与校勘学的参考资料。其中如《可读书斋校书谱》就是钱泰吉二十七年的校书纪录，很有价值。另外公私所藏未刊

---

① 《清人年谱知见录》后易名为《近三百年人物年谱知见录》（56 万字）于 1983 年 4 月由上海人民出版社出版，增订本（110 万字）由中华书局 2010 年 12 月版——本书编者注。

书目有些还有参考价值的也可有选择加以刊印并汇聚一起编为《书目丛刊》，也很便于使用。

上述四点看法，只是想到写到，并不全面，也不成熟。读书未遍，妄加雌黄，本为学者大忌，但愚者千虑，或有一得，若借此而获商榷教正，则对古典目录学之研究或能少有裨益。

原载于《南开史学》1980 年第 2 期

论《四库全书总目》

一、编撰《四库全书总目》的条件

在清代前期的各种官修目录中，对当时和后世都产生了很大影响的是乾隆中期编修的《四库全书》时的相连产物——《四库全书总目》。

《四库全书总目》有二百卷。在它以前，只有唐代的《群书四部录》是二百卷，可惜此书早佚，无从两相衡量，而后此亦尚未出现篇幅如此巨大的著作。所以《总目》从篇幅上说当是独一无二的一部目录学巨作。

乾隆以前，随着社会藏书的日渐丰富，反映社会藏书情况的目录学著作也大量涌现，目录之学成为一时的显学。乾隆三十七年正月，乾隆皇帝下诏征求民间遗书，不久，又决定编纂一部企图囊括古今一切主要著述的《四库全书》，并将征求民间遗书的活动在全国普遍展开，使国家藏书量在很短的时间里急遽上升，因此，由政府主持编撰一部反映当时国家藏书情况的目录的时机也就成熟了。

《四库全书总目》虽是编修《四库全书》的相连产物，但是编撰该书的准备工作，却在清政府决定编修《四库全书》之前已开始。为了对社会全部现存文献进行摸底，早在乾隆三十七年正月乾隆皇帝的求书谕旨中便指令各省督抚"先将求到各书叙列目录，注系某朝某人所著，书中要旨何在，简明开载，具折奏闻"（《四库全书总目》卷首）。而后不久，安徽学政朱筠在上给皇帝的奏折中也要求清政府"先定中书目录，宣示外廷，然后令各举所未备者以献"。在同一奏折中，他还建议乾隆皇帝仿效汉朝以来各朝校书旧例"诏下儒臣，分任校书之选，或以《七略》，或准四部，每一书上，必校其大旨，叙于本书首卷，并以进呈"。后由军机大臣讨论通过，经乾隆皇帝批准，决定将所征集之全部图书"详细校定，依经、史、子、集四部名目，分类汇列，另编目录一书，具载部分、卷、数、撰人姓名，垂示永久"（《办理四库全书档案》）。所有这些，都为《四库全书总目》的编撰作了必要的准备并为之制定了大致的编撰原则。

　　乾隆三十八年二月，"四库全书馆"于翰林院正式成立，于是这部决定编修的国家目录便随即纳入了编纂《四库全书》的轨道，由"四库全书馆"统一领导。在各纂修官之间的分工上，也不再划分《全书》编纂和提要编写的此疆彼界，而是采取了分片包干、一人负责到底的工作方法，对于各书之校勘、考证、提要之撰写以及根据该书内容价值而预拟的应刊、应抄、应存目三种意见等项工作，统由一人专负其责。这种两书结合编修的方法，不但有着节约人力、财力的好处，而且对于一些专门人材才能的发挥和两书质量的提高，也都起到很大作用。

二、纪昀与《总目》的编撰

　　《四库全书总目》虽然和《四库全书》一样由乾隆皇帝第六子永瑢等领衔修撰，但实际上的负责人是当时四库全书馆的总纂官纪昀。纪昀（1724—1805）字晓岚，一字春帆，晚号石云，河北献县人，乾隆十九年进士，历任翰林院编修、侍读、侍读学士、兵部侍郎、礼部侍郎、左都御史、兵部尚书、礼部尚书、协办大学士等职。纪氏学识渊博，"于书无所不通"（江藩《国朝汉学师承记》）。为乾、嘉期间之著名学者。乾隆中期以后，曾多次主持各种官修书籍的纂修工作并积累了丰富的修书经验。四库馆初开，乾隆皇帝特简其为总纂官，主持《四库全书》及《四库全书总目》的纂修工作。纪昀之外，不少参加提要编写工作的纂修人员也都是当时的著名学者。如戴震为当时著名的经学家，皖派领袖；邵晋涵精于史学；周永年对子部书籍很有研究，并且精于校勘之学。由于《四库全书总目》在编写过程中集中了各方面的专门人材并由总纂官纪昀对之作统一的体例划一和文字润色工作，故四库馆开以后，各书提要的编撰工作不但进展极快，而且在质量上也"粲然可观"。至乾隆三十九年七月，编撰就绪之各书提要已在万种以上。皆将"各书原委，撮举大凡，并详著书人世次爵里，可以一览了然"（《办理四库全书档案》乾隆三十九年七月二十五日谕旨）。为了进一步提高该书质量和方便士子治学，根据乾隆皇帝指示，乾隆三十九年七月以后，提要纂修人员又进行了在收入《总目》各书之下加注版本来源和编撰《四库全书简明目录》的工作。乾隆四十六年二月，《四库全书总目》初稿竣工。因为其中一些类目排列次序不符合乾隆皇帝的想法，遂又发下改订。在改订中，由于《四库全书》收书范围的变化，《四库全书总目》著录的内容亦有所变动。

　　在《四库全书》于乾隆五十四年完成时，《总目》也经较大的修改和补充而写定付梓。乾隆五十八年由武英殿刊出，并开七阁收贮使用。五十九年，浙江省布、按二司因该书初印，份数甚少，无法满足读者需要，乃与士绅合作集资，根据文渊阁所藏殿刊本翻刻，六十年刻成。从此，《四库全书总目》遂在全国范围流传。由于南北七阁书并非一次抄成，各书部卷数不全相同，《总目》后出其部卷数与七阁所藏亦有小异。这部目录学著作是集中各方面的专才所撰成，如戴震、邵晋涵、周永年都分别承担了经史子各部类的提要撰写工作，而以博闻强记的纪昀总其成。这些学者都为清代目录学的成就作出了巨大的贡献；但后人评论中颇有欠公允者，如清季的李慈铭曾述其事说：

> 总目虽纪文达、陆耳山总其成，然经部属之戴东原、史部属之邵南江、子部属之周书仓，皆各集所长。……今言四库者，尽归功于文达，然文达名博览，而于经史之学实疏，集部尤非当家。（李慈铭《越缦堂读书记》）

这是李慈铭的一偏之见，难称允洽。耳山后入馆而先没，固不待言，即纪昀对总目的综合平衡、润饰文字之功实不可泯。这里不妨先引述纪氏的同年友和四库馆同僚朱珪的论断。朱珪在为纪昀所写的墓志中写道：

> 昀馆书局，笔削考核，一手删定，为全书总目，寰然巨观。（朱珪《知足斋文集》卷五）

又在祭文中写道：

> 生入玉关，总持四库，万卷提纲，一手编注。（朱珪《知足斋文集》卷六）

而纪昀也屡屡自言亲与总目之事的情况说：

> 余于癸巳（乾隆三十八年）受诏校秘书，殚十年之力始勒为总目二百类，进呈乙览。（纪昀《诗序补义序》《纪文达公遗集》卷八）
> 余向纂《四库全书》，作经部诗类小序。（《周易义象合纂序》同上）
> 余校录《四库全书》子部，凡分十四家。（《济众新编序》同上）
> 诗日变而日新，余校定四库，所见不下数千家。（《四百三十二峰草堂钞序》同上）

即此数证，纪氏戮力总目之劳已可概见。即使纪氏未亲撰提要，其综览全局、斟酌体例、综合平衡、润饰文字也足以有功于学术，为清代目录事业作出了较大的贡献。但与此同时，他特别在检查明清之际著述的违碍方面则起了维护封建统治的恶劣作用。

根据乾隆皇帝历次对四库馆臣编撰提要所作的指示，这部为数二百卷的《四库全书总目》在刊行时被分成了两大部分：第一部分是乾隆皇帝规定编入《四库全书》中的各书即历次谕旨中提到的应刊、应钞各书的提要，这两类提要作为著录内容列于《总目》各类之前；第二部分是提要的撰写者根据乾隆皇帝规定而判为应存目录诸书，这一部分书籍因未被收入《四库全书》，故而其提要也只以存目的的形式列于《四库全书总目》各类之末。据统计：《四库全书总目》著录之书为三四六一种，七九三〇九卷；存目收录之书为六九七三种，九三五五一卷，（有四〇一部无卷数），共计收书一〇二五四种，一七二八六〇卷（此据《四库全书总目·出版说明》，中华书局 1965 年版）。王重民据周中孚《郑堂读书记》卷三二《钦定四库全书总目》下，依文渊阁著录的数目统计，凡著录图书一〇二三一种，一七一〇〇三卷（内《四库全书》著录三三四八种，七八七二六卷，《存目》著录六七八三种，九二二四一卷）。基本上将乾隆以前尤其是元代以前的各种主要著作都一一作了介绍，因而，该书是中国古代各种官修目录中收书最多的一部目录书。

三、《四库全书总目》的编纂体例

《四库全书总目》的编纂体例具载卷首凡例中，其有功学术，有重要参考价值者在于序、录。全书按四部分类，计经部十类、史部十五类、子部十四类、集部五类。共计四部，四十四类，其具体分类如下：

经部：易、书、诗、礼、春秋、孝经、五经总义、四书、乐、小学。

史部：正史、编年、纪事本末、别史、杂史、诏令奏议、传记、史钞、载记、时令、地理、职官、政书、目录、史评。

子部：儒家、兵家、法家、农家、医家、天文算法、术数、艺术、谱录、杂家、类书、小说家、释家、道家。

集部：楚辞、别集、总集、诗文评、词曲。

在一些收书较多内容又比较复杂的类目之下，又细分若干子目，如礼类下分周礼、仪礼、礼记、三礼总义、通礼、杂礼书；地理类下又分总志、都会郡县、河渠、边防、山川、古迹、杂记、游记、外记；谱录下分器物、食谱、草木鸟兽虫鱼。形成一个条理分明的三级分类体系。

《四库全书总目》的分类在传统四部分类基础上，根据图书事业发展的实际情况，对其中的细类划分进行了必要的损益和更动，从而使其更加合理和完善化。

首先，《四库全书总目》在编修过程中，考虑到唐代以后尤其是宋代以后图书事业发展的实际情况，从而增设了一些新的细类。如唐朝刘知幾所著之《史通》，是一部著名的历史编纂学的史籍。但直至宋初，此类著作甚少，难以另立细类，故《新唐书·艺文志》著录在集部文史类。而宋代以后，此类书籍日渐增多，已经具备独立立类的条件，因而《四库全书总目》于史部增设史评一类，收录了《史通》及与之相关的著作。又如唐杜佑所撰《通典》是一部研究典章制度的重要图书，但在《新唐书》中著录在子部类书类，直到《四库全书总目》始归入政书类。又如南宋袁枢的《通鉴纪事本末》，是当时史学发展中出现的新体载。元修《宋史》时，因此类书籍甚少，无法独立立类，而强著于史部编年类。但自明朝以后，继起之作甚多，成为史书编修中的一种主要体载。《四库全书总目》特于史部正史、编年之后增设纪事本末一类，所有这些，都使图书馆分类进一步完善化了。

其次，《四库全书总目》在编修过程中，在对旧有目录中的有关细类及其所收书籍进行了普遍考察的基础上，也在部、类的安排上作了必要的调整。以该书之细类划分而言，如诏令、奏议，原分为二，《新唐书·艺文志》以诏令入于史部，《文献通考》以奏议附于集部。四库馆臣却考虑到其事关国政，史料价值较高，因将两者加以合并，入于史部；又如子部之名家、墨家、纵横家，书籍甚少，各自立类，过于琐碎。四库馆臣因仿黄氏《千顷堂书目》例，将其合为杂家一门。以具体书籍而言，如《笔阵图》《羯鼓录》皆分别由经部小学、乐两类改隶子部艺术类；《孝经集灵》《穆天子传》《山海经》《十洲记》《汉武帝内传》《飞燕外传》等书，旧皆分入经类和史部起居注、地理、传记等类；《四库全书总目》却以其事涉荒诞，史料价值不高，而均改隶子部小说类。其他各书根据内容而改隶部、类者更是所在多有。经过对旧有目录的这样一番改造，使得该书在细类安排以及在细类之下的具体书目的安排都更加合理化了。

再次，《四库全书总目》在编修过程中，对于各部类之下的细类排列次序，也经过了慎重的思考。以子部各类排列为例，历来的目录学家对于农家、医家，多不加以重视而"退之以末简"。而《四库全书总目》却以"农者，民命之所关；医虽一技，亦民命之所关"（纪昀：《济公新编》序，《纪文达公遗集》九卷）。故于儒、兵、法三家之后，升农家居第四，医家居第五，从而使其不但在细类划分和书籍安排上更为完善和合理，而且也使各细类之间的内部联系更加紧密和系统。全书四部四十四类，类目清晰，繁简得体，使学者览一类而知一类之源流，读全书而穷古今著述之大端，显示了图书分类对学术研究的巨大指导作用。

明代以后，图书分类很不统一，尤其是国家目录没有起到应起的指导作用，而《四库全书总目》以四部分类，很快统一了当时的图书分类，如范氏后人编制《天一阁书目》、著名藏书家张金吾的《爱日精庐藏书志》等目录基本上依四部分类。清代后期的著名目录如丁丙的《八千卷楼书目》和瞿镛的《铁琴铜剑楼书目》等也是亦步亦趋，不敢稍越。直到张之洞编《书目答问》始立丛书大类而为五分，但仅附丛书类于四部之末，四部体系依然保存。及至梁启超《西学书目表》则置四分于不顾而径行新分类，四部分类法被打破，但其余响一直未泯。

《四库全书总目》具备部有总序、类有小序和各书有提要等完备的传统编目体制。它的提要不仅"叙作者之爵里，详典籍之源流，别白是非，旁通曲证，使瑕瑜不掩，淄渑以别"，而且还"剖析条流，斟酌今古，辨章学术，高揿群言"（余嘉锡：《四库提要辨证》序录）。清末一些目录学也多对提要给以肯定，如缪荃孙说："考撰人之仕履，释作书之宗旨，显征正史，僻采稗官，扬其所长，纠其不逮，四库提要实集古今之大成。"（《丁氏善本书室藏书志序》）对十八世纪以前的学术进行了一次总结。有的在提要后还加有案评，主要说明分类归属的异动理由，是研究图书分类的资料。因此，《四库全书总目》可以说是一部篇帙巨大、体例较备、内容丰富和具有一定学术价值而为前代所未有的目录学名著。这是清代目录事业上的一大成就。

由于《总目》篇幅过大，乾隆三十九年又命纪昀另撰简编了的《四库全书简明目录》二十卷，款目以文渊阁《四库全书》为据。乾隆四十六年前后全书修成。乾隆五十年馆臣赵怀玉回乡省亲，私录一份在杭州刻行，《简明目录》先于《总目》四年问世。《四库全书简明目录》虽然精简了总序和小序，但有些子目仍附有简短的案语，颇便翻检。国家目录同时编制繁简二本，也是前此各代所没有的创举。

四、关于《四库全书总目》的评论

《总目》由于是清朝的官书，所以清人著作多偏重揄扬，周中孚的《郑堂读书记》可为代表。周记说：

> 窃谓自汉以后，簿录之书，无论官撰私著，凡卷第之繁富，门类之允当，考证之精审，议论之公平，莫有过于是编矣。

《四库全书纂修考》的作者郭伯恭则称赞《总目》"多至万余种，评骘精审"。这些评论对其不足之处涉及似少，余嘉锡先生在精研提要的基础上对《总目》作出了超越前人的评论。他既从总的方面肯定《总目》的成就说：

> 就其大体言之，可谓自刘向《别录》以来，才有此书也。

> 汉唐目录尽亡，《提要》之作，前所未有，足为读书之门径，学者舍此，莫由问津。

同时，他又具体指明《总目》的缺点说：

（1）时日急迫，未能从容研究，仓猝成篇。取材范围不广，如经部多取之《经义考》、史子集部多取之《通考·经籍考》。

（2）许多重要的目录家著作未能善加征引，如"隋唐两志，常忽不加察；《通志》《玉海》仅偶一引用；至宋、明志及《千顷堂书目》，已惮于检阅矣。

（3）撰写提要时由于"绌于时日，往往读未终篇，拈得一义，便率尔操觚"，以致立论多有纰谬。

（4）各书仅记某官采进，不著板刻，以致同一书因全书与总目所据版本不同，而所言互不相应。（余嘉锡：《四库提要辨证》序录）

这里，必须指出《总目》在加强封建文化专制主义方面是发挥了它的功能。如对经世学与考据学即持鲜明不同的态度，《日知录》是清初思想家顾炎武讲求经世致用之学的名著，考证精详乃其余事，所以其弟子潘耒写序时特加指明说：

> 如弟以考据之精详，文辞之博辨叹服而称述焉，则非先生所以精此书之意也。

《总目》对《日知录》的全面评价则是"引据浩繁而抵牾者少"，并指斥潘序说：

> 炎武生于明末，喜谈经世之务，激于时事，慨然以复古为志。其说或迂而难行，或愎而过锐。……潘耒作是书序乃盛称其经济而以考据精详为末务，殆非笃论矣。

即此一例，可见其余。

五、与《四库全书总目》有关著述

后来与《四库全书总目》有关的著述，大体不外二类。

一类是补其不足的，有：

（1）《四库撤毁书提要》，乾隆五十二年发现李清、周亮工、吴其贞、潘柽章等人所撰《南北史合注》《闽小纪》等十一种书中有诋毁清朝字句，于是就从全书中撤除，但官中尚留存副本，有九种书书前仍有提要。1965 年中华书局印行《总目》时就把发现的九种书提要附印书后，题为《四库撤毁书提要》。

（2）《四库未收书提要》（《研经室外集》）五卷，嘉庆中浙江巡抚阮元组织人员编写。《四库全书》修成之后，在整个社会上层整理文献热潮的推动下的一些世所罕见的善本、孤本又陆续问世，阮元在抚浙期间，提倡汉学，留意文献，因而先后征集到四库未收之书一百七十三种，并仿《四库全书总目》的体例，每一书都撰有提要，进呈给嘉庆皇帝。为此，嘉庆皇帝特于养心殿之宛委别藏储存这部分书籍。在组织学者编写各书提要时，皆先从采访之处查清版本来源并邀请当时知名学者鲍廷博、何无锡等鉴定，然后再由阮元修改。故这部分书籍的提要价值不在《四库全书总目》各提要之下。道光二年，阮元的儿子阮福将这部分提要编为五卷，题为《揅经室外集》，收在《揅经室集》后面并刊印行世。1965 年，中华书局据以影印，并附于《四库全书总目》之后。

（3）《清代禁毁书目》附《补遗》，姚觐元编。此目所录图书三千余种，数量几乎和四库所录的书相等。此可补四库所不足，也可见当时摧毁文化之烈。

（4）《清代禁书知见录》，孙殿起编。此目记被清代查禁未入四库而后来仍能见到的图书。

（5）《增订四库简明目录标注》二十卷，邵懿辰编、邵章续订。此目系据简目逐书"分别本之存佚与刻之善否"。邵章又附各家眉批，成为版本目录的重要著作。

另一类是正其谬误的，有：

（1）《四库提要辨证》二四卷，余嘉锡撰。此书为撰者毕生精力所萃之作，征引繁富，考证精详，为读总目的重要参考书，可惜仅得四九一篇，有待后人的续作。

（2）《四库全书总目提要补正》，胡玉缙撰、王欣夫辑。此书辑录清人至近人校订《四库提要》错误阙漏之处，凡订正书籍二千三百余种。

一九八八年八月重写稿

原载于《河南图书馆学刊》1988 年第 4 期

清代考据学述论

考据并非清代所独有。它萌芽于对历史文献的致疑，肇端于汉代学者的整理文献典籍。自汉以来，考据一直为历代学者用作整理历史文献的一种技能或方法。直至清代，考据成为一种专门之学①，作者蜂起，著述丛出，而称一时的"显学"。它随着历史发展的要求而出现各具特点的不同发展阶段。本文只就其渊源、发展与特点诸问题略作述论。

一

考据一称考证，是历来学者所普通使用的一种整理历史文献的技能或方法。它可能起源于对文献的致疑。如儒家学派的子贡就怀疑过有关纣的罪恶记载说："纣之不善，不如是之甚也，是以君子恶居下流，天下之恶皆归焉。"②子贡怀疑纣没有像文献记载上所说的那样坏，只是由于他干了点坏事，于是许多罪名就加到纣的身上。它启示了对文献记载进行考信的想法。

孟子对典籍中所记武王伐纣的战况也认为不完全可靠。他说："尽信书不如无书，吾于《武成》取二三策而已。仁人无敌于天下，以至仁伐不仁，而何其血之流杵也。"③孟子直接指出《尚书·武成》篇这一文献典籍中描写武王伐纣战况的"血流漂杵"是夸大，只能相信十分之二三。这种思路就是考据方法中的理证法。

有所怀疑，就要思考探求，就要考据，所以考据工作便由此而兴始。

考据方法正式用于整理历史文献当自汉始。自秦火以后，图书文献荡佚颇多。汉兴，若干重要典籍有所谓今古文之分。其中古文多为壁藏，各家解释，众说纷纭，为了各求其是，便需要进行考据。司马迁在撰写《史记》时就感到

---

① 《清史稿》卷四八六《汤球传》："汤球……从（俞）正燮、（汪）文台游，传其考据之学。"
② 《论语·子张》。
③ 《孟子·尽心》。

说法不一的难于处理，如说："百家言黄帝，其文不雅驯，荐绅先生难言之。"①
这是司马迁对有关黄帝的各种不同文献资料加以考据后所作的结论。司马迁为
此首次提出了要以儒家经典作为考据文献的指导标准，那就是："夫学者载籍极
博，犹考信于六艺。"②

东汉王充在所撰《论衡》一书中，有《书虚》《儒增》《艺增》和《语增》
等多篇，例证古书的不信实。这比司马迁所涉及范围为广，考据工作更趋具体。
郑玄是东汉末年以毕生精力用考据方法整理文献典籍的著名学者。郑玄一生的
主要学术功绩就在这方面，所以《后汉书·郑玄传》论赞中就专门标举此事作
为评论郑玄这一历史人物的主要内容。范晔在论赞中说："汉兴，诸儒颇修艺文。
及东京学者，亦各名家，而守文之徒，滞固所禀，异端纷纭，互相诡激，遂令
经有数家，家有数说。章句多者，或乃百余万言。学徒劳而少功，后生疑而莫
正。郑玄括囊大典，网罗众家，删裁繁芜，刊改漏失，自是学者略知所归。"

郑玄的这种考信工作是对经学进行的一次较大规模的整理。它奠定了儒家
经典的权威地位，同时也对后世产生了重要的学术影响。清代乾嘉学者所谓的
考据学就是以"郑学"为旗帜；又由于郑玄是东汉人，更以"汉学"高自标榜。

晋朝由于古文尚书亡佚，出现了伪古文尚书，加以有了新的地下发掘如汲
冢竹书之类，更是各说纷杂，莫衷一是，为以后考据学的发展提供了课题。由
于当时距离某些古籍时间日远，文辞立意较难理解，于是逐渐兴起了古籍注释
工作，即所谓"义疏之学"。

唐代学者把过去各家对儒家经典不同的文字和解释重加研究。有的自认为
寻求到了一种正解解释，即既能发挥前人见解，又合于时代需要，这就是所谓
"正义"，如孔颖达的《周易正义》；有的重新用文字解释旧注，设法疏通各说，
以求所谓"是"，便称为"注疏"，如贾公彦的《仪礼注疏》。另外如陆德明的《经
典释文》，据其自序说是"古今并录，经注毕详，训义兼辩"之作，因而被《四
库全书总目》推为"研经之士终以是为考证之根底焉"③。但当时盛行的还是
自南北朝即已开始的"义疏之学"，因而"义疏之学"便被后世称为"唐学"。
"唐学"在考据方法上比"汉学"有发展，那就是由以正文字"是非"为主到以
正立说之"是非"为主。

宋代学者认为唐人采用众说解经是驳杂，所以力排义疏，主张不引经据典

---

① 《史记·五帝本纪》。
② 《史记·伯夷列传》。
③ 《四库全书总目》卷三三《经部·五经总义类》，《经典释文》条。

而简化诸说，要求"不役心于文字，直阐发乎精神"。朱陆分别主张"格物致知"和"六经皆我注脚"，主张从众说中悟出一种自认为较好的说法，于是便成为与"义疏之学"不同的"义理之学"，进而大谈"性理"和"道"，所以又称为"理学"或"道学"。由于它昌盛于宋，后世又称它为"宋学"。但是，尽管如此，考据方法仍被一些学者所运用，如晁公武、陈振孙的考订图书，欧阳修、赵明诚夫妇的考录金石，郑樵、王应麟的征考文献，甚至朱熹也撰著考异之作。①考据方法依然不废。

明承"宋学"绪余，提倡理学，经宗朱学，朱注成为科举考试的敲门砖。王阳明等继承了宋学中的陆派，又参入禅学，崇尚空谈，学者可不必多读书，考据之学见衰。明学末流形成的这种不甚读书袖手空谈的坏风气，不仅脱离学术实际，进而脱离社会实际而流于空疏。即使如此，在一部分学者中还在运用考据的方法，如胡应麟的《四部正讹》三卷，"皆考证古来伪书"②之作。

由汉至明，考据方法在学者手中不绝如缕地运用。它在曲折发展过程中有所丰富。明季学术虽流于空疏，但却为清代考据学的勃兴提供了一项必要的前提。

二

清代考据学是在考据方法源远流长发展基础上，针对明季学风空疏的时弊而兴起。它有着不同特点的不同发展阶段，大致可分为清初、乾嘉时期、道咸时期和清季四个阶段。

清初是清代考据学的发轫期，其有开创之功的是顾炎武和黄宗羲。他们目睹明学空疏之弊，大声疾呼，提倡"经世致用"与"博学以文"。他们首先批判了宋明理学的无根柢。顾炎武主张经学即理学，认为没有什么独立的理学。他说："古今安得别有所谓理学者。经学即理学也。自有舍经学以言理学者而邪说以起。不知舍经学则其所谓理学者，禅学也。"③黄宗羲也"尝谓明人讲学，袭语录之糟粕，不以六经为根柢，束书而从事于游谈"④。在顾、黄诸人的大力倡导下，于是就经学本身追古求是之风日甚，竭力主张大读唐以前古书以穷经，

---

① 朱熹以《阴符经》虽为唐李筌所伪托，"然以其时有精语，非深于道者不能作，故为考定其文"，撰《阴符经考异》一卷；又对《周易参同契》，"凡诸同异，悉存之以备考证"，而撰《周易参同契考异》一卷。

②《四库全书总目》卷一二三《子部·杂家类》七，《少室山房笔丛》条。

③ 全祖望：《顾亭林先生神道碑》，《鲒埼亭集》卷一二。

④《清史稿》卷四八〇《儒林传》一。

带动了许多学者向风而起。乾嘉学者汪中所说："（清代）古学之兴，顾炎武开其端。"①这正反映了这一历史真实情况。顾、黄之学之所以被称为"古学"，是对"宋学"的一种攻击。古学家抨击用朱注猎取功名是世俗之学，所以标榜自己是"古学"而称对方为"俗学"②。

顾、黄考据范围涉及甚广。《清史稿》称顾炎武的博涉是："炎武之学，大抵主于敛华就实。凡国家典制，郡邑掌故，天文仪象，河漕兵农之属，莫不穷究原委，考正得失。"又称黄宗羲是："上下古今穿穴群言，自天官、地志、九流百家之教，无不精研。"顾炎武还自称以"旁搜博讨，夜以继日"的精神来"抉剔史传，发挥经典"③，并主张"采铜于山"④，涉猎于最原始的资料。

顾、黄不仅博涉，而且还提出了一套比较完整的考据方法。如顾炎武即曾自述其考据方法说："列本证、旁证二条。本证者，《诗》自相证也；旁证者，兼之他书也。二者俱无，则宛转以审其音，参伍以谐其韵。"⑤这段话具体提出了考据的三种基本方法，即除本证、旁证已明标其目外，最后所说的以"宛转""参伍"之法来审音谱韵，实际上就是一种理证法。本证、旁证与理证构成考据方法的基本内容。他还提出"读九经自考文始，考文自知音始"⑥的考据门径，成为后来考据学家所遵循的从声音、训诂以求经义的入门手段。不仅如此，顾炎武还把书证与物证，即文献与实物紧密结合起来考察。《清史稿》本传曾记其事说："所至之地，以二骡二马载书，过边塞亭障，呼老兵卒询曲折，有与平日所闻不合，即发书对勘；或平原大野，则于鞍上默诵诸经注疏。"⑦这种方法更有异于前代学者键户读书，袖手论学的空疏之弊。

顾炎武还反对孤证。主张必须以足够的原始论据来求得确当的解释。他的学生潘耒就推重其事说："有一疑义，反复参考，必归于至当；有一独见，援古证今，必畅其说而后止。"⑧近代学者梁启超也称道这一方法说："论一事必举证，尤不以孤证自足，必取之甚博，证备然后自表其所信。"⑨这种赞誉也说明

---

① 《清史稿》卷四八一《儒林传》二。

② 黄宗羲尝谓"不为迂儒，必兼读史，读史不多，无以证理之变化；多而不求于心，则为'俗学'"。（《清史稿》卷四八〇《儒林传》一）

③ 顾炎武：《金石文字集序》，《亭林文集》卷二。

④ 顾炎武：《与人书》十，《亭林文集》卷四。

⑤ 顾炎武：《音论·古诗无叶音》，《音学五书》。

⑥ 顾炎武：《答李子德书》，《亭林文集》卷九。

⑦ 《清史稿》卷四八一《儒林传》二。

⑧ 潘耒：《日知录序》。

⑨ 梁启超：《清代学术概论》。

了清代考据学的初期确是植根于博而考信征实的。

顾炎武的治学范围、治学精神和方法等方面都对清代考据学有着重要影响，特别是他所提出的一套考据方法，即使乾嘉时期以考据学自相标榜的"大师"也没有像顾炎武概括得如此完整。更值得注意的是顾炎武的考据不是为考据而考据，而是为了"经世致用"，所以他和黄宗羲等人就在讲考据的同时也讲义理，没有标榜汉宋门户，后人评论他们兼采汉宋是符合事实的。这一点正是清初考据学与乾嘉考据学不同的分水岭。那些自立"汉学"门户的乾嘉学者虽然承认"国朝诸儒究六经奥旨与两汉同风，二君实启之"①的事实，而吸取顾、黄的许多精华部分，但却没有把顾、黄推到清代考据学开山的地位而采取了排斥压抑的态度。江藩的《汉学师承记》是树立汉学门户的公开宣言，全书八卷，赞誉了"汉学"家的学术成就，而对顾、黄始则置其传记于第八卷，抑于书尾以示非学统所在，继而公然抨击"两家之学，皆深入宋儒之室，但以汉学为不可废耳，多骑墙之见，依违之言，岂真知灼见者哉！"②

尽管如此，但在顾、黄影响下，学术界确是出现了一批从事历史文献典籍考据纂辑的学者，如马骕的治古史、胡渭的治地理、阎若璩的治古文尚书、梅文鼎的治算学……他们解决了学术上长期疑难的问题，做出了重要贡献，成为向乾嘉考据学过渡的桥梁；不过，他们也产生了某些消极影响。即以阎若璩而论，所著《古文尚书疏证》经过博征详考，根据充足的证据，解决了长期未决的伪古文尚书问题，成为"古学"的代表作，为清代考据学奠定了基础。这是值得肯定的一面。但是，阎若璩提出的"一物不知，以为深耻，遭人而问，少有暇日"口号，不仅有高自标榜之嫌，而且也引导后人走向烦琐细碎，如他自称竭二十年之力始知"使功不如使过"一语出处、考明张良在鸿门宴上的座次和自署杂考之作为《碎金》等等，正足以说明他已经失去了顾炎武等"经世致用"的精神，趋向于烦琐，对乾嘉考据起到了消极的引导作用。

乾嘉时期的考据学是清代考据学的第二个发展阶段，也是清代考据学成为"显学"的年代。它以惠栋、戴震为其代表，大张"汉学"旗帜，正如江藩所夸示那样：

> 经术一坏于东西晋之清谈，再坏于南北宋之道学。元明以来，此道益晦。至本朝三惠之学盛于吴中；江永、戴震诸君继起于歙。从此汉学昌明，

① 江藩：《汉学师承记》卷八。
② 江藩：《汉学师承记》卷八。

千载沈霾，一朝复旦。①

这一阶段已经由清初考求经义的经世致用发展到借穷经证史来抬高汉学，崇古求是。考据领域也从单纯字义、训诂及辨伪的考订发展到对典章制度、天文历法、地理金石、氏族年齿、名物故实……几乎无所不考的地步。以惠栋为代表的一批乾嘉学者提出了以汉人许慎、郑玄为师，揭橥"墨守许郑"的口号，建立师承家法。由于他们主要崇拜郑玄，所以称为"郑学"。郑玄是东汉学者，所以又标榜称"汉学"。他们标举考据学作为本学派的特色，所以又被加上"考据学派"的恶谥；由于他们处在乾嘉时期，又称为"乾嘉学派"。正是在这一阶段才把汉学、考据学派和乾嘉学派赋予了同一内涵意义。至此，以考据为主要方法的"汉学"达到勃兴的鼎盛阶段，所谓"自乾隆中叶以后，海内士大夫兴汉学而大江南北尤盛"②和"乾隆以来，家家许郑，人人贾马，东汉学烂然如日中天矣"③的种种评论皆系指此。

乾嘉考据学之大盛而被目为一派的原因。一方面正如梁启超所分析那样："因矫晚明不学之弊，乃读古书，愈读而愈求真解之不易，则先求诸训诂名物、典章制度，于是考证一派出。"④另一方面则是现实政治方面的原因。自康、雍以来，许多学者怵于文网周密、大狱迭兴，便在文化专制主义的残酷压力下，以古音古训来追求古经籍的解释与说明，认为借此可与现实不甚关联而明哲保身。乾嘉时期统治者在意识形态统治方面既感到前此单纯高压并非最好良策，而在较长一段时间内可能已发现考据一道可从阴柔方面达到统治的目的，因此有意识地推波助澜，提倡这种学术，遂使考据学弥漫一时，成为学术领域中具有重要甚至优势的地位。而在社会生活方面的原因则是由于康、雍、乾以来较长期安定繁荣的温床，使这一批学者能够安然恬适地沉迷于故纸堆中，使之成为得以存身的政治避风港。

考据学派兴起，名家辈出。虽然他们都在"汉学"的旗帜下，但因各人学殖不同、致力不同而互有小异，称大宗者是吴派与皖派。其特点，即如近人章炳麟所说："其成学著系统者，自乾隆朝始。一自吴、一自皖南。吴始惠栋，其学好博而尊闻；皖南始戴震，综形名，任裁断，此其所异也。"⑤

---

① 江藩：《汉学师承记》卷一序。
② 魏源：《武进李申耆先生传》，《魏源集》上，页三五八。
③ 梁启超：《清代学术概论》。
④ 梁启超：《清代学术概论》。
⑤ 章太炎：《清儒》，《章氏丛书》中篇检论。

吴派是指以惠栋为首一派学者。他们的治学态度是"谨守家法，笃信汉儒"。它的中心宗旨是求古，而汉学最近古，所以惟汉最好。这种风气的开创者惠栋曾明确地表示："古字古言，非经师不能辨……是以古训不可改也，经师不能废也。"他把汉儒的解经抬到与经平行的地位。他说："汉儒通经有家法，故有五经师。训诂之学，皆师所口授，其后乃著竹帛。所以汉经师之说，立于学官，与经平行。"①

因此，吴派的特色就是"凡古必真，凡汉皆好"②，开启了一派学者求古而不问是非的风气。对于这种学风当时已有所评议。《四库全书总目》中曾指出说："（惠栋）其长在博，其短亦在于嗜博；其长在古，其短亦在于泥古。"③皖派传人王引之更是直截了当地指出："见异于今者则从之，大都不论是非。"④说明当时人也不能完全接受这种盲目崇尚汉儒的方法。

吴派的传人以王鸣盛为代表。王鸣盛是乾嘉学派中与钱大昕、赵翼并称清代三大史家之一。王鸣盛曾"从惠栋问经义，遂通汉学"⑤，但一直自承与惠栋处于半师半友关系中。他是吴派中的死硬派。他一力主张尊郑，把郑玄推到宗师的地位。他说："两汉经生蝟起，传注麻列，人专一经，经专一师。直至汉末有郑康成，方兼众经。自非康成，谁敢囊括大典，网罗众家，删裁繁诬，刊改漏失，使学者知所归乎？"⑥他为了阐扬郑学而撰《尚书后案》，并在序中自述其著述宗旨说："《尚书后案》何为作也？所以发挥郑康成一家之学也。"同时人杭世骏为此书撰序时也特为表述其扬郑之功是：

> 钻研群籍，爬罗剔抉，凡一言一字之出于郑者，悉甄而录之，勒成数万言，使世知有郑氏之注，并使世知有郑氏之学。⑦

王鸣盛迷信汉儒的程度可谓胜于惠栋，他在《十七史商榷》自序中特别表明说："治经断不敢驳经……经文艰奥难通……但当墨守汉人家法，定从一师，而不敢他徙。"王鸣盛的这一表述恰恰正是吴派汉学的特点和弱点所在。

皖派则有异于吴派。这批以戴震为首的学者不盲目迷信，有致疑精神，提

---

① 惠栋：《九经古义·述首》。
② 梁启超：《清代学术概论》。
③ 《四库全书总目·经部·春秋类》。案：经部主要由戴震裁定，这也代表戴的思想。
④ 王引之：《与焦理堂书》，《王文简公集》卷四。
⑤ 《清史稿》卷四八一《儒林传》二。
⑥ 王鸣盛：《刘焯刘炫会通南北汉学亡半其罪甚大》，《蛾术编》卷二。
⑦ 杭世骏：《尚书后案序》，《通古堂文集》卷四。

倡"不以人蔽己，不以己自蔽"①。作为皖派开山者戴震在当时即被某些学者目为考据学的"集大成者"②。戴震的皖派在治学方法上有与吴派相近之处，也是从文字、训诂入手。戴震自承其学是"仆之学不外以字考经，以经考字"③，主张"一字之义，当贯群经，本六书然后为定"④。但这只是戴震的起步点。他不像吴派那样墨守一家，而是"研精注疏，实事求是，不主一家"。他比惠栋的吴派要迈前一步。他的求古训是因为"古训明则古经明，古经明则贤人之义理明，而我心之同然者，仍因之而明"⑤。戴震进一步提出了考据的目的是为了"闻道"，就是在弄清经义之后要进而探索经义的思想内容。他含蓄地批评了吴派的不"闻道"。他说：

> 君子务在闻道也。今之博雅能文章、善考核者，皆未志乎闻道，徒株守先儒而信之笃。⑥

戴震所谓的"考核"即指考据，"道"即指义理，二者加上文章就与姚鼐所标举的词章、义理、考据三端并重之说相合。这也可见皖派的门户之见不深。不过戴震对这三者的关系不是等观，而是有手段与目的之分，他的学生段玉裁明确地指出了他这一点说："义理者，文章、考核之源也。熟乎义理而后能考核、能文章。"⑦

皖派以理为根本，为达到这一根本方求古经古训，然后以文章表达己意。这样，就不致流入"异学曲说"。这是皖派的特点所在，也是他遭到当时某些人非议之所在，如翁方纲一面肯定戴震考订的功力，一面又讥刺他兼顾义理的缺陷说："近日休宁戴震，一生毕力于名物、象数之学，博且勤矣，实亦考订之一端耳。乃其人不甘以考订为事而欲谈性道以立异于程朱。"⑧恰恰相反，戴震被非议之点正是他对清代考据学有贡献的一点，也正是他对后世影响胜于惠栋之处。

戴震的学术为段玉裁和王念孙父子所继承。段玉裁撰《说文解字注》是文字学上的不刊之作，不仅是许慎的功臣，也为考据学的发展树立了界碑。段玉

---

① 戴震：《答郑丈用牧书》，《戴震集》卷九。
② 江藩：《汉学师承记》卷七，《清史稿》卷四八一《儒林传》二《汪中传》。
③ 陈奂：《说文解字注》跋。
④ 戴震：《与是仲明论学书》，《戴震集》卷九。
⑤ 《清史稿》卷四八一《儒林传》二《戴震传》。
⑥ 戴震：《答郑丈用牧书》，《戴震集》卷九。
⑦ 段玉裁：《戴东原集》序。
⑧ 翁方纲：《理说》，《复初斋文集》卷七。

裁虽在音训考据上有卓著的成就，但他并不满足于此。他曾检讨过自己的学术道路是："喜言训故考核，寻其枝叶，略其本根。老大无成，追悔已晚。"①段玉裁深悔自己忽略了追求义理这一本根。这种追悔说明乾嘉后期的考据学家已有意识地消除汉宋门户的痕迹，自以考订文字为枝叶，而以得其义理为本根。

王念孙父子是皖派汉学的另一支劲旅，近代学者章太炎曾高度评价其在清代考据学史上卓越的学术地位说："高邮王氏以其绝学释姬（周）汉古书，冰解壤分，无所凝滞，伟哉千五百年未有其人。"②章氏评论虽有过誉之嫌，但王氏父子在考据方法上比前人有所丰富，梁启超曾为之归纳为六步，即注意、虚己、立说、搜证、断案、推论③。王念孙治学谨严细密，善于发现古代文献典籍中的义例，如借郑玄"笺《诗》注《礼》，屡云某读为某"而揭明假借之体例，转而以此体例使疑难问题涣然冰释。他所撰考据学名作《读书杂志》涉及古史诸子、汉碑，考订了衍脱讹误者有四千余条。其细密周详为当时学者"叹其精确"④，以此作"足以破注家望文生义之陋"⑤。其所以能有此成就者，主要在于不墨守一家，而能在广征博收的基础上以己意求得经义。但是，正由于他的博征达到了"一字之证，博及万卷"⑥的绝对程度，遂使后人广搜至于烦细而流于琐碎，造成识小遗大的后果。其子王引之在家学的基础上更有所发明。王引之对吴派的墨守大肆抨击，他主张对经籍文献的解释要广搜博采、独立思考。他在其名著《经义述闻》序中就借父训自明宗旨说："说经者期于得经意而已。前人传注不皆合于经，则择其合经者从之。其皆不合，则以己意逆经意，而参之他经，证以成训，虽别为之说，亦无不可。必欲专守一家，无少出入，则何邵公之墨守见伐于康成者矣。"⑦《经义述闻》虽自称是述庭训之作，但主要由王引之条理阐述，可称为高邮王氏的代表作。当时学者对此书评价颇高，如阮元说："凡古儒所误解者，无不旁证曲喻而得其本义之所在，使古圣贤见之，必解颐曰：吾言固如是，数千年误解之，今得明矣。"⑧甚至作为汉学对立面的宋学健将方东树也首肯此书说："高邮王氏《经义述闻》实足令郑（康成）朱（熹）俯首。

① 段玉裁：《朱子小学恭跋》，《经韵楼集》卷八。
② 章太炎：《訄书》·《订文第二十五》附正名杂议。
③ 梁启超：《清代学术概论》。
④ 王引之：《石臞府君行状》，《高邮王氏遗书》。
⑤ 卢文弨：《与王怀组庶常论校正大戴礼记书》，《抱经堂文集》卷二〇。
⑥ 阮元：《王石臞先生墓志铭》，《揅经室续集》卷二之下，道光三年文选楼刊本。
⑦ 王引之：《经义述闻序》，《王文简公文集》卷三，成丰丁巳刊本。
⑧ 阮元：《王伯申经义述闻序》，《揅经室一集》卷五。

汉唐以来，未有其比。"①王引之的另一名作《经传释词》对虚字训诂甚为精辟，至今犹为整理文献典籍的重要工具书。他如阮元的《经籍籑诂》和一些学者的笔记杂考都作出了考订文字、诠释名物以利便翻检的贡献，可为后世所批判继承。乾嘉考据学在这方面的成就是应予肯定的。

乾嘉考据学的后期在日趋烦琐，往往为一事一字寻求繁复的证据，使研究课题离实际问题愈来愈远。甚至严立壁垒，走向绝对化。嘉庆末年刊行由江藩所撰的《汉学师承记》就公然自立门户，党同伐异，高自位置，以致引起宋学家的极大反感。姚鼐是较早发动攻势的宋学家。他直诋汉学为"穿凿琐屑，驳难猥杂"②，并标举学问三端来对抗考据学派的专重考据，他说："余尝论学问之事有三端焉：曰义理也、考证也、文章也。是三者，苟善用之则皆足以相济；苟不善用之，则或至于相害。"③

比姚鼐更为尖锐而旗帜鲜明的则是姚的弟子方东树。他撰著《汉学商兑》一书以对抗乾嘉考据学派。他在《辨道论》一文中大声疾呼地攻击乾嘉考据学说："以六经为宗，以章句为本，以训诂为主，以博辨为门，以同异为攻，不概于道，不协于理，不顾其所安，鹜名干泽，若飘风之还而不偟。亦辟乎佛，亦攻乎陆王，而尤异端寇仇乎程朱。今时之敝，盖有在于是者，名曰考证汉学，其为说以文害辞，以辞害意，弃心而任目，刓敝精神而无益于世，用其言盈天下，其离经畔道过于杨墨佛老。"④

方东树的攻击虽有门户之见，但基本上切中考据学派的弊病，所以产生了一定的社会影响。以致在汉学家内部也出现了异议，其中以焦循为最突出。焦循是戴震皖派的学者。他不仅熟于诸经文字训诂，而且还崇拜《孟子字义疏证》而成为戴震义理部分的继承者，成为乾嘉后期学者中综核形名的通人。他公开攻击考据学派，反对各立门户。他抨击当时某些考据学者是奴仆主势"以欺愚贱"，慷慨地陈说：

> 循尝怪为学之士，自立一考据名目，以时代言，则唐必胜宋，汉必胜唐；以先儒言则贾孔必胜程朱，许郑必胜贾孔。凡郑许一言一字皆奉为圭璧，而不敢少加疑辞。窃谓此风日炽，非失之愚即失之伪，必使古人之语言皆佶屈聱牙而不可通，古人之制度皆委曲繁重而失其便，譬诸懦夫不能

① 方东树：《汉学商兑》卷中之下。
② 姚鼐：《安庆重修儒学记（代）》，《惜抱轩文后集》十。
③ 姚鼐：《述庵文钞录》，《惜抱轩全集》文集四。
④ 方东树：《辨道论》，《考槃集文录》卷一。

自立，奴于强有力之家，假其力以欺愚贱。究之其家之堂室牖户未尝窥而识也。若以深造之力求通前儒之意，当其散也，人无以握之，及其既贯，遂有一定之准，其意甚虚，其用极实，各获所安，而无所勉疆，此亦何据之有。古人称理据根据，不过言学之有本，非谓据一端以为出奴入主之资也。据一端以为出奴入主之资，此岂足以语圣人之经而通古人声音训故之旨乎？循每欲芟此考据之名目以绝门户声气之习。①

焦循甚至还在《家训》②中对考据风气表示了深恶痛绝的态度以垂诚子孙。

焦循当时号称"通儒"。他的这些激烈之词，固然有其偏激之处，但至少反映乾嘉考据学已暴露出遭人抨击的弊病了。这些弊病也被其他学者所看到，即如章学诚曾批评当时标榜考据而"疲经劳神于经传子史"的"博雅君子"，指斥这些人是"俗儒"，并讥笑这些考据学家"如生秦火未毁以前，典籍俱存，无所补辑，彼将无所用其学矣"③。

所有这些指陈都在一定程度上反映了乾嘉考据学已在日益暴露其弱点并正由全盛走向衰落。清代考据学将有待注入新的养料而延续其生命。而历史正提出了新的课题，遂使考据学进入了道咸时期。

道咸考据学是在乾嘉考据学日见衰微的情况之下代之以兴并自具特色的。它的特色的形成是由于当时的现实社会正在发生明显的变化。封建社会的各种险象已在日益暴露，内而政治腐败，阶级矛盾趋向尖锐；外而周边不靖，强敌觊觎，所以有些学者既不满汉学家的琐屑考订，也不赞成宋学家的高谈性理，而是要在古经传中"寻先圣微言大义于言表之外"，谋求对现实问题发表见解。河工、漕运、盐政的三大弊政，海防、塞防的危机，对这些学者提出了新的课题。这些学者证古论今，反对猥杂烦琐，力求恢复清初"通经致用"的传统。他们利用今文经学的公羊学说来论政，提出改革某些制度的设想，还有不少人研究地理，特别是西北地理和边防建设的研究。这样，研究的对象超出了乾嘉考据学的范围。这种新特色首先表现在以庄存与、刘逢禄为代表的常州今文学派身上。"其为学务通大义，不专章句"④。继之而起者是龚自珍。龚自珍是段玉裁外孙，自幼亲炙汉学，有一定功力，后又承庄、刘今文经学公羊义的传统，公开对汉学的名称表示异议，对江藩的《汉学师承记》提出了"汉学"之名有

---

① 焦循：《与王引之书》，《焦里堂先生年谱》嘉庆三年。
② 参见《国粹学报》第五期。
③ 章学诚：《文史通义·博约中》。
④ 《清史稿》卷四八二《儒林传》三《刘逢禄传》。

十不安，其中如"若以汉与宋为对峙，尤非大方之言，汉人何尝不谈性道"、"宋人何尝不谈名物训诂？不足概服宋儒之心"，及"国初之学与乾隆初年以来之学不同"①诸条尤具卓识，直破江藩汉学门户。至此，考据方法又复不为一派所专擅而为一般学者所普遍运用。因此，汉学的衰落并不等于考据学的衰落，直至清季，考据方法仍为学者所运用。

清季运用考据方法而取得成绩的学者以俞樾与孙诒让为最著，但他们比道咸时学者似乎又从"通经致用"退回到整理诠释文献典籍路上去了，如俞樾提出了"治经之道，大要在正句读、审字义、通古文假借，三者之中，通假借为尤要"②。他所撰的《群经平议》《诸子评议》及《古书疑义举例》大都未出乾嘉学派规范，其中以《古书疑义举例》最有成就和影响。俞樾自称此书"使童蒙之子，习知其例，有所据依，或亦读书之一助乎？"③近人张舜徽也极称其书说："至其融贯群籍，发蒙百代，足以梯梁来学，悬之日月而不刊者则为《古书疑义举例》一书，实千古之奇作，发凡起例，祛惑释疑，裨益士林为最大，自在群经、诸子平议之上也。"④继俞书后者，有刘师培、杨树达、马叙伦及姚维锐诸人仿其体例而作补续，益可见俞书之影响了。

孙诒让比俞樾前进一步，他不仅在诠释名物训诂上有成绩，而且以西方文明比附古代典制，虽有牵强，但它借古证今为改良运动提供托古改制的资料尚不失通经致用的客观效果，至于对整理文献典籍则颇为自负，其名著《墨子间诂》一书解决了二千多年难以通读的典籍，因而得到其前辈俞樾的称赞说："整纷剔蠹，擿无遗，旁行之文，尽还旧观，讹夺之处，咸秩无紊，盖自有墨子以来，未有此书也。"⑤

清代考据学至俞樾、孙诒让殿后而告一段落。

三

如上所述，清代考据学是有其不同的发展阶段，不能以乾嘉考据学代替整个清代考据学。清代考据学在整理、诠释历史文献与典籍方面是有贡献的，其

---

① 龚自珍：《与江子屏笺》，《龚自珍全集》第五辑。
②《清史稿》四八二《俞樾传》。
③ 俞樾：《古书疑义举例》序。
④ 张舜徽：《清人文集别录》卷十九。
⑤ 俞樾：《墨子间诂》序。

若干成果是可以被我们继承的。乾嘉学派垄断考据方法标为自己的特色，视考据为学问之极致，日趋支离烦琐，脱离实际，这是应该批判的一面；但不能因此而完全否定考据方法。重要问题在于如何看待清代考据学的地位和作用，那就是既尊重和善于利用清人的考据成果，也不陷入乾嘉学派那种识小遗大的烦琐泥沼之中。

原载《南开学报》（哲学社会科学版）1983 年第 3 期

试论传注

一

历史文献中的文字音义、典制名物往往由于时代距离、社会变易而形成某些理解上的阻碍，以致有难以读通读懂的困难，因而影响到整理和研究工作。遇到这种困难除了求助于一些已汇集解书之义于一编的工具书如《尔雅》《说文解字》和《经籍籑诂》等书外，利用那些随文释义的旧注新疏也是一条比较简捷的通途。这些旧注新疏习惯上统称为传注。

传注的出现无疑早于工具书，因为工具书的内容多采自传注。传注的出现是社会需求的自然产物。由于古代文献随着时间的推移而疑难日增，极需给以解释，疏通文义以便流传。这种解释经义的活动大约始于春秋战国之际，当时为了阐述儒家经典的大义而有解经的"传"。所谓"传"是指通过这种阐述可使儒家经典的意旨传之广远。《春秋》三传便是"传"体的代表作。三者虽名同而又各有侧重——左氏补事实，公穀析义例，而其共同目的均在发挥经义奥秘。汉代以后，对古代文献（经和传）的阅读又有新的困难，于是又出现"注"体，对儒家经典著作进行较广泛的专门性解书工作，如西汉初毛亨的《毛诗故训传》便是由"传"向"注"发展的过渡。东汉的马融、郑玄对诗书易礼等儒家经典进行了普遍作注的工作，使儒家思想得以广泛流传，特别是郑玄更从专注经文向兼释注文方向发展，如为《毛诗故训传》作笺，这就大大地开拓了传注领域，出现了名色众多的体例，往往一经而有多注，或集诸家注于一书。这些对文词音义进行诠释的传注数量日益增多，遂造成众说纷纭，莫衷一是的局面，所以唐朝就有自众说中裁取一说以统一思想的"正义"体。它以孔颖达的《五经正义》为代表。另有些学者对旧注进行解释即称为"疏"，如贾公彦的《周礼疏》《仪礼疏》等。这就是所谓的义疏之学。至宋由于理学影响，注疏又多偏重发挥义理，注意阐述思想内容，如朱熹的《四书章句集解》，但也未完全忽略训诂释义①。

传注自南北朝以后又不再局限于随文释义而另有以增补事实为主的形式，相继出现了为后世所羡称的所谓四大名注，即宋裴松之的《三国志注》、北魏郦道元的《水经注》、梁刘孝标的《世说新语注》和唐李善的《文选注》。他们所注内容已超越本文而自成为重要的文献源。清道咸间学者许宗衡在《复王小秋书》中曾说："裴松之注《三国志》，刘孝标注《世说新语》，皆补原书所不载，辞旨雅训，不失魏晋风规。"（《玉井山馆文略》卷五）这种以增补事实为主的注体对后世影响很大，如清初学者刘继庄曾有意为《水经注》作注说："古书有注复有疏，疏以补注之不逮而通其壅滞也。郦道元《水经注》，无有疏之者，盖亦难言之矣。予不自揣，蚊思负山，欲取郦注从而疏之，魏以后之沿革事迹，一一补之。有关于水利农田攻守者，必考订其所以而论之，以二十一史为主，而附以诸家之说，以至于今日。后有人兴西北水利者，使有所考正焉。予既得景范、子鸿以为友，而天下之山经地志，又皆聚于东海，此书不成，是予之罪也。"（《广阳杂记》卷四）

刘继庄是清初有思想有功力的学者，他对于作疏的方法、目的以及疏的重要性等论述反映了有清一代学者的一种看法。更有如阮元等人视注疏为治学根本，他说："窃谓士人读书当从经学始，经学当从注疏始。空疏之士，高明之徒，读注疏不终卷而思卧者，是不能潜心研索，终身不知有圣贤诸儒经传之学矣。"（《十三经注疏》序）

这些著名学者的倡导正是清代新疏丛出的原因之一。另一位学者钱大昭还提出过注经、注史的不同做法说："尝谓注史与注经不同。注经以明理为宗，理寓于训诂，训诂明而理自见。注史以达事为主，事不明，训诂虽精无益。"（《清史稿》卷四八一《钱大昭传》）

钱大昭所谓注史、注经二体实际上就是随文释义和补充事实的不同。言二体各有侧重则可，若断然立一鸿沟则未免沾滞，因为注史"达事"固然重要，而何尝不需"明理"；注史应以补充史实为主，但也不得摒训诂而视为无意，更何况诸经又何一不是历史文献。即以胡三省注《资治通鉴》而言，虽对天象、地理、典制、史实考辨精详，但其音义也为后世所称，二者无所偏废，自成佳注。

---

① 朱熹在所著文中多次提及传注的重要性，如"本之注疏，以通其训诂"（《论语训蒙口义》序）；"其文义名物之详，当求之注疏，有不可略者"（《论语要义目录》序）；"余所编礼书内，有古经阙略处，须以注疏补之，不可专任古经而直废传注"（《答余正父书》）。

正由于一些学者的重视，所以清代的注疏之学大盛，其涉及范围之广，搜检用力之勤，的确超越前代。学者或疏旧注，或撰新解，都能总括前人成果，做出重大贡献。其中如早期王念孙的《广雅疏证》和晚期孙诒让的《周礼正义》都堪称有所发明的力作。清代学者注史之作也不少，如惠栋的《后汉书补注》24 卷，彭元瑞、刘凤诰合撰《新五代史补注》74 卷。有一人而成多种者，如王先谦之撰《汉书补注》百卷、《后汉书集解》90 卷、《续志集解》30 卷，而周寿昌为史注作补尤称卓出，先后成《汉书注校补》56 卷、《后汉书注补正》8 卷、《三国志注证遗》4 卷，均称精博。《汉书注校补》一书之作，不仅熟读《汉书》，丹黄遍纸，即书稿也经十有七易而告竣，功力之勤，概可想见。

不仅如此，清代的学者还进行了旧注的纂辑、研究工作，为后学提供了极大的方便。阮元主持纂集的《经籍籑诂》便是卓著声誉的代表作。《经籍籑诂》几乎将唐前旧注搜罗殆尽。它不仅将散见诸籍的汉唐旧注汇辑起来，取得了"展一韵而众字毕备，检一字而诸训皆存，寻一训而原书可识"（《十三经籍籑诂》王引之序）的效果，使该书具有"经典之统宗，诂训之渊薮，取之不竭，用之无穷者矣"（《十三经籍籑诂》臧镛堂序）的价值。

注疏之事自秦汉传注，中经晋唐义疏，下迄清代新疏，数量至多，吴枫氏曾据《四库全书简明目录》统计，一部《易经》，汉魏注本凡 3 种，唐人注本凡 4 种、宋人注本凡 56 种、元人注本凡 23 种、明人注本凡 24 种、清人注本凡 46 种，共计 150 余种（《中国古典文献学》第 74 页）。沈文倬氏据清人钱泰吉的统计，《十三经》正文，除去篇名，共有 647500 多字，而它的各式各样的解释书，已散佚的不计，现存的要有一万多种，论字数，估计有四五百倍（《传·记·注·音·疏》，《光明日报》1963 年 1 月 27 日）。大量的注疏对解释历史文献无疑将是有力的借助。

古来传注多自写一书，经注分离，读者不便，东汉马融撰《周礼注》乃合经注为一，学者称便；但唐宋义疏仍不与经注相杂，而有单疏单注之刻行，直至南宋绍熙后始合刻并附音义，如世传南宋九行本《十三经注疏》，于是诵习整理者可不别求翻检了。

二

历来传注名目各异，综括殆达十余种，择要说明如次：

（一）传　传是传述。传述之意，即通过这一解释方式将使经义能传之久远。

汉人称《易大传》为传体之始。有的虽同名为传，但解书主旨不一。如左氏、穀梁、公羊均为春秋作传，统名春秋三传，但左氏主以事实明经义，而公、穀则重在辨析义例。有的因解书方式不同而有其名，如毛亨解诗乃依文释其字句，遂名其所著为《毛氏故训传》。他如《尚书大传》乃离经文而别立新说，《韩诗外传》则因"杂引古书古语，证以诗词，与经义不相比附，故曰外传"（《四库全书总目》）。

（二）注　注义于经如同注水开通水道阻塞，以比喻其疏通文辞，所以称之为"注"。一说借此解释可著明经义也称为"著"，也有异写为"註"的。传注可以作为解经之体的浑称，但过去将它析言为二，如说"博释经义，传示后人"称传，"约文敷陈使经义著明"称注；一说汉以前释经称传，汉以下则称注；一说"必亲承圣旨，或师儒相传"称传，"直注已意"则称注。实际上，传注二体没有太明显的区别，都是解释经义的体例，不过传之始起当早于注。从东汉至魏晋，注被广泛用作解经之体，如残存的马融《尚书注》，贾逵、服虔《左传注》和完整的郑玄《三礼注》等皆是。

（三）记　记与传同时并起，皮锡瑞在《经学历史》中曾说："孔子所定谓之经，弟子所释谓之传，或谓之记。"它大抵是指后学者记经所不备，兼载经外远古之言来赞明经义，即所谓"共撰所闻，编而录之"，如《大戴礼记》《小戴礼记》便是集七十子后学者解礼经之说，有的学者也有将自己所著题作记的，如许慎于所著《说文解字》署称："汉太尉祭酒许慎记"，则系自谦之意。也有传、记联用的，如刘向的《五行传记》。

（四）说　说是解说之意，起源颇早，与传、记相辅而行，其主旨在称说经文大义而不详名物制度。它大多是七十子之徒所发挥的议论，所谓"弟子展转相授谓之说"（皮锡瑞：《经学历史·经学流传时代》）。西汉时学者多好以此体解经，如《诗》有《鲁说》28卷、《韩说》41卷；《孝经》有《长孙氏说》二篇，《江氏说》《翼氏说》《后氏说》《安昌侯说》各一篇并单名《说》者三篇。这些书后多亡佚不传，书名具见《汉书·艺文志》。后世也有沿用此称的，如清惠栋撰《礼说》以说明古音义。

（五）微　微指精微、隐微。所谓"释其微指"（《汉书·艺文志》颜师古注），即发掘出经义中不被人注意处，因名此体曰"微"。《汉书·艺文志》有《左氏微》《铎氏微》《张氏微》和《虞氏微传》诸书的著录。后世有以"微"之名论微言大义之作的，如清人魏源有《诗古微》等作。"微"又有"隐"意，唐司马贞作《史记索隐》即袭"微"意而以"隐"为名。

（六）训　训即"说释"，以通俗语言解释难懂文字的意思，它和"诂"联用为"训诂"或称"诂训"，又称"训解"或"训说"，其义皆同。东汉高诱注《淮南子》，除《要略篇》外，其余篇名下皆加一"训"字，即解释之意。

（七）诂　诂一作"故"，乃以当时语言解释古代语言，《汉书·艺文志》著录有《鲁故》《齐后氏故》《齐孙氏故》和《毛诗故训传》等，颜师古注称："故者，通其指义也。"后世也有以"诂"名书者，如清洪亮吉有《左传诂》，孙诒让有《墨子间诂》。故、训与传、说并存而有所不同。清人黄以周说："故、训者，疏通其文义也；传、说者，征引其事实也。故、训之体，取法《尔雅》；传、说之体，取法春秋传。"（《儆季杂著·史说略》卷二）

（八）解　解是判析词义使经义更明的方式，其始见于韩非的《解老》和荀子的《解蔽》。汉人用此注体多称解谊或解诂，如服虔的《春秋左氏传解谊》、贾逵的《左氏传解诂》，至晋何休仍以此名其书称《春秋公羊传解诂》。后世汇总众说以释义的有称"集解"者，如魏何晏的《论语集解》即"集诸家之善，记其姓名，有不安者颇为改易"（《论语注疏》序）。晋杜预言《春秋经传集解》为"聚集经传，为之作解"（《春秋左氏正义》疏文）。史书中有宋裴骃的《史记集解》乃广收有关史记音义，证明经义而成，为注史开一新例。

（九）笺　笺原指标识简书内容小竹片，后衍变成对经义抉发隐略，表示己意的一种注法。郑玄开始有《毛诗传笺》。后世往往作为注家署书名的一种谦称，实已与注释无异，所以有"笺释""笺注"一类的书名。

（十）章句　章句的原意是"离章辨句，委曲枝派"。汉代所谓章句是指括其大旨以附一章之末的解书体例，所以也称"章指"，类似后世的"讲章"前言或说明。其实这种既解释字词，又串讲大义的方法，一些传注也有采用的，不过，传注简明而章句烦杂。

除了上述十体外，还有诠、释、学、证、问、难、论和音义等等名称和体裁。所有这些都是从汉开始学者随文释意的各体。它们对于整理历史文献都起到阶梯的作用。但由于古注比较简略，又因时间的不断推移，以致后人阅读文献仍有困难和政治上的某种需要，于是六朝以后又兴起一种"义疏之学"。

（一）疏　它是经的补充。注水于物仍不能通，因此要进而疏浚以求畅通，这就是疏的立意。它既解释经义，疏通经义，又解释前人所注内容。疏的基本体例是以一种注解为主，再采录其他有关注释；但基本与注不相忤者。如皇侃的《论语义疏》即以何晏集解为主，而后对"于何集无妨者，亦引取为说，以示广闻"（梁皇侃《论语义疏》自序）。一般是疏和注要保持论点一致，即历来所谓的疏不破注，所以后世往往注疏联称，如《尔雅注疏》即晋郭璞注、宋邢昺疏。

（二）正义 唐初由于过去解经之作过于繁杂和政治上统一思想的需要，所以就要修所谓《五经正义》。正义之体，清学者黄承吉曾有所阐释说："正义者，盖谓正前此之疏义，即前所云，诸书之名为义者，非空义也。其名奉诏更裁，意在不甘居赞，定名曰正，则必先有委弃前疏之心，故其例必守一家之注而不衬，然后可以进退众义而不复更举其人。"（《春秋左氏传旧疏考正序》，《梦陔堂文集》卷五）

其目的是制定一种官方学说。它以一种原注为据，如诗以郑玄毛传笺、春秋左传以杜预集解为据而加以引申发明。但不能自立新说。正义一称义赞，如孔颖达《五经正义》在唐书本传作《五经义赞》。

正义是奉命修订，与注疏之为私撰有所不同，但二者作用相类，都是为解释经义传注，所以后人把这种体例称为"义疏"，宋以后甚至即将"义疏"作为一种注体，如清代学者郝懿行即撰有《尔雅义疏》。

三

旧注新疏对于历史文献的整理究竟有什么作用呢？

首先，它可以疏通文字，以备查考。注疏文字内容主要在辨字、注音、释义、校勘方面，也即指一字的形音义。辨字是从字的形体去识字。如通假字、古今字、异体字、繁简字；注音是了解如何读和读音变化的问题。注疏中的读音方法主要有譬况（采用近似音字，附注发音方法）、读若（采取同音字或近音字）、直音（注同音字）、反切（用上字声母、下字韵母及声调拼音）、如字（按本音读）。读音变化因有时音随义转或特殊读法而不能不注意。如说还可读成悦、税、脱，古人要求比较严格，如"有朋自远方来，不亦说乎"，一定要读悦表示喜欢。这种音随义转即所谓"破音异读"，它是注疏中的释音内容。另有些特殊读法也要通过注疏来读（如吐谷浑的谷读 yū，阿房宫的房读 páng，郦食其读历异基）。释义主要是释词意和文意。词意即字义，包括本义、引申义、古义、今义、方言义、复语义等等，往往需借助注疏；文意则串讲段意，分清句读等等。至于校勘则注明衍、脱、讹、夺以及错简、注入正文等以助理解文字。

其次，历史文献中还有名物、典故的障碍和事实的不够充分需借助于注疏。《资治通鉴》是历史文献中的名作。但其中涉及的象纬推算、地形建置、制度沿革、名物典制都需靠胡三省注为阶梯。裴松之引书 134 种，对《三国志》中凡"寿所不载，事宜存录者，则罔不毕取以补其阙。或同说一事而辞有乖杂，或出事本异，疑不能判，并皆抄内以备异闻。若乃纰缪显然，言不附理，则随违矫正，以惩其妄。"（《上三国志注表》）这一注释体例表明裴松之是从补充史事，保存异说，订正错误几方面着手，与单纯疏通文字有别，成为注疏工作中另一重大流派。其后，刘孝标注《世说新语》随文施注，引经史杂著 400 余种，诗赋杂文 70 余种，成为考案史实的名作。这些注释内容不仅有便于了解和整理原作，更超出原作范围给后人以更多知识。这些著作已不仅是注疏之作而是一种与原作相辅并行的新作了。

第三，注疏还是辑佚的资源。辑佚工作是整理历史文献工作中力求恢复古代书籍的一项重要手段。历史文献由于各种厄运，佚亡甚多，如五代以前集部大多依靠辑本。辑佚工作始于晋，宋明继之而大盛于清。辑佚的资料来源有不少即采自注疏，如清人马国翰所辑《玉函山房辑佚书》共辑佚 617 种，成为清代辑佚大家。其书采择群书"广引博征，自群经注疏、音义，旁及史传类书，片辞只字，罔弗搜辑"（《匡源序》）。可见注疏、音义是辑佚的主要依据了。

第四，传注可作研究注者思想与学术的原始依据。这是先师陈垣先生沦陷时期杜门读通鉴胡注时对注中所蕴藏的思想内容加以研究后的发明。陈先生认为胡三省"其忠爱之忱见于《鉴注》者，不一而足"，于是辑其精语七百数十条二十余万言，分二十篇，"表而出之"。陈先生别辟蹊径，充分利用《鉴注》材料，写成《通鉴胡注表微》一书，不仅使"身之生平抱负及治学精神均可察见"，而且也发抒了陈先生自己的爱国思想。这是把传注的运用提到一个更高的层次。

四

那么，我们究竟应该如何对待并运用这些大量注疏呢？

一是尊重注疏。注疏虽然是解释和补充原作的作品，但其所耗费的精力与劳动并不低于著作，甚至其难度时或超过原作。清人杭世骏是深知注疏甘苦的一位学者。近代文献学者多好引杭说以证明其难度。杭世骏在《李太白集辑注序》中说："作者不易，笺疏家尤难，何也？作者以才为主，而辅之以学，兴到笔随，第抽其平日之腹笥，而纵横曼衍以极其所至，不必沾沾獭祭也。为之笺与疏者，必语语核其指归，而意象乃明；必字字还其根据，而证佐乃确，才不必言；夫必有什倍于作者之卷轴，而后可以从事焉。"

他在《李义山诗注序》中又说："诠释之学，较古著作者为尤难。语必溯源，一也；事必数典，二也；学必贯三才而穷七略，三也。"（《道古堂文集》卷八）

这可以看出注疏之难，正由于有这些难才使后人在整理和阅读历史文献时得到有阶梯之易。当然，这些注释也可能有某些失误和疏漏之处，这正是后人加以完善的地方而不应过分苛求古人。唯有尊重注疏的辛劳才能很好去依靠它和利用它。

二是对旧注和新疏应如何对待的问题。旧注一般指汉注，是距古代文献较近的一种解释，所以一般比较简要，宋朱熹曾指出过这一点说："汉儒注书，只注难晓处，不全注尽本文，其辞甚简。"（《朱子语类》卷一三五）

其所以"其辞甚简"的原因主要是时距近，窒碍难通处少；可是因此使时距远的后世难以琢磨理解而需要有新解。于是有晋唐的义疏和清人的新疏。这样就形成汉注、唐疏和清新疏三个不同层次。如何运用这三种不同层次，过去一些学者普遍认为汉注近真，如阮元即以时距远近加以解释说："圣贤之道，存于经。经非诂不明。汉人之诂，去圣贤为尤近。譬之越人之语言，吴人能辨之，楚人则否；高曾之形体，祖父及见之，云仍则否。盖远者见闻，终不若近者之实也。"（《西湖诂经精舍记》，《揅经室三集》卷七）

钱大昕更抨击晋宋之忽视传注而肯定汉注的近古价值说："汉儒说经，遵守家法；诂训传笺，不失先民之旨。自晋代尚空虚，宋贤喜顿悟，笑问学为支离，弃注疏为糟粕。"（《经籍籑诂》钱大昕序）

近代学者张舜徽也认为应从汉注入手，而后唐疏、清新疏。他说："参考旧的解释，首先必须钻研汉注。看注尚不能透彻时，再求之唐人的疏，注疏都不能弄清楚时，再寻究清人新疏。"（《中国古代史籍校读法》，第 54 页）

张氏之说从愈接近古代的解释愈能得其真意来说不无道理，但既然求之汉注唐疏不得解而终将寻究清人新疏，似未免曲折迂回。若为初学入门仍以从近及远，由浅入深为宜。那么，何不即从新疏入手，因为一则清代学者善于总括前人成果，注释也较谨严；再则清代与今人相距近则阶梯易于攀登；三则清代学者的注释方面广和类型多，尤便于寻究。有此数善，从清人新疏入手又何不可。

当然，我们对于近现代的传注也应给以应有的重视，尤其是一些汇注更为整理文献提供了有利条件。如《三国志》虽已有著名的裴注，但近人卢弼却遍搜前此诸家注释，考证抉择而撰《三国志集解》一书，成为至今最详尽的汇注本。

三是无论旧注新疏由于整理者水平之不同,不可能全部符合需要从而解决问题,而间有难通的地方,这就需要自己动手应用辞书和其他参考书,把难懂的地方注明,把不足地方补充。前人有许多注疏往往都是在自己动手作注的情况下完成的。由于参考书多也就使干枯内容通过注而生动起来,如《水经》原来是记全国大小水道137条,比较死板枯燥,但经郦道元参考多籍,将各水道的变迁、流经地区的城邑建筑、山川名胜和沿革等一一注明,使注大大超过原作价值,甚至把注视作另一种新的著作。有些人读了多种不同的注疏,便费力把它们搜集起来汇编在一起成为补注或汇注,颇便于翻查。当然,我们利用原有注疏在尊重、使用和增补的同时,还要具备抉择、纠缪的能力,有些旧注可能失误那就要纠正,有些由于刊刻而使正文降为小注或小注溷入正文,也应辨识,俞樾的《古书疑义举例》中有多则论及注与正文关系,可参读。有些史书中有作者自注即入正文的,如司马迁行文多有此例,《史记·李将军列传》有句说:"士卒亦多乐从李广而苦程不识。程不识,孝景时以数直谏为太中大夫。为人廉,谨于文法",下程不识后文应是自注缀连本文。

五

为便于了解传注,介绍数种如次。

(一)《春秋左氏传旧注疏证》,清人刘文淇与子毓崧、孙寿曾相继纂辑的未完稿,止于鲁襄公五年。刘氏世代攻研左传,颇有造诣,因感汉注亡佚,于是以数世之功搜求汉儒贾逵、服虔、郑玄等人旧注为据,又博采先秦至唐典籍及清人研究成果撰写疏证,凡《左传》中典制、名物、天文、地理、鸟兽、虫鱼均加注释。稿虽不全,但它不仅是研究《左传》的重要参考书,也可见旧注新疏的面貌。

(二)《三国志注》,刘宋裴松之撰。本书与史汉注不同,重点在补充史料。据《廿二史考异》载其引书140余种,而《廿二史劄记》则作150余种,实际已在二百种以上。裴注主要是对原书进行了补其缺漏、条其异同、正其谬误与论其得失。注文远过本书,所引诸书今多不存,对保存史料,颇有价值。清代学者又有大量的补注工作,分量最大者为赵一清《三国志注补》65卷,他如梁章钜《三国志旁证》、潘眉《三国志考证》和杭世骏《三国志补注》等,而近人卢弼的《三国志集解》搜集考证材料甚丰,是现有最详尽的注本。

(三)胡注《资治通鉴》,宋元间人胡三省尽三十年之力,为我国编年史《资治通鉴》作注。胡氏凡遇原书一难字即注音义，取宏用精，对《通鉴》进行补充、纠正和考证，并指明本书互见处，所引资料皆注出处。胡注在前四史旧注不尽可采而晋后诸史又均无注的情况下，隐居著述，成此巨著，实为难得。它不仅对《通鉴》本书有助，而且对研究晋宋以来诸史也有很多启发。尤可贵者，胡三省不仅注事，并借此发挥思想，抉摘隐微，陈垣先生特撰《通鉴胡注表微》以彰其事。

各种注释为数甚多，仅举二三例以说明，整理历史文献务当善于利用注疏。

原载于《社会科学战线》1987 年第 4 期

清人年谱的初步研究

一、年谱缘起及其在史籍中的地位

年谱是史籍中的一种人物传记，但它和一般传记有所不同。它是以谱主为中心，以年月为经纬，比较全面细致地胪述谱主一生事迹的一种传记体裁。所谓"叙一人之道德、学问、事业，纤悉无遗而系以年月者，谓之年谱"①。它杂糅了纪传与编年二体，并从谱牒、年表、宗谱、传状等体逐渐发展演变而自成一体②。

年谱作为一种专用体裁，过去学者大多认为始于宋。所谓"年谱之作，肇始宋代"③、"年谱之作，权舆于宋，唐人集有年谱，皆宋人为之"④等说，皆指此而言。核之年谱实际，确可成为定论。宋代出现一批以韩愈、柳宗元、范仲淹、欧阳修、朱熹等人为谱主的年谱，便是明证。

元明二代，年谱继有所作，而到清代则得到了极大的发展。年谱的兴起和发展主要原因有三：

其一，后人为了研究前代文人学者的作品与学说，便按年月排次谱主事迹，寻求作品与学说形成的时代背景和发展痕迹。清人杭世骏的《施愚山先生年谱序》⑤、尹壮图的《楚珍自记年谱序》和近人胡鸣盛的《陈士元先生年谱》的识语中⑥对此都有比较详尽的论述。

其二，年谱是为了补充国史、家传的不足和订正其错误而作。国史、家传对于一个人的生平事迹只能择要叙列，其次要的或者在当时被认为无足轻重的行事往往缺略，有的还由于记载传闻的歧异而有记述舛误之处，更有的人在当

---

① 朱士嘉：《中国历代名人年谱目录》序。
② 章学诚：《刘忠介公年谱》序。
③ 吴怀清：《李二曲先生年谱》序。
④ 归曾祁：《归玄恭先生年谱》跋。
⑤ 《道古堂文集》卷五。
⑥ 《北平图书馆馆刊》第三卷第五号。

时还够不上列入国史、家传的资格，而后来却日益为人所重视，并有记述其事迹的必要。这样，年谱便应客观实际的需要而担负起补充和订正国史、家传的任务。清初史学家全祖望在《施愚山先生年谱序》中曾说："年谱之学，别为一家。要以巨公魁儒事迹繁多，大而国史，小而家传墓文，容不能无舛谬，所借年谱以正之。"①清季孙诒让在《冒巢民先生年谱序》中对这一点作了更为详尽的发挥。

其三，年谱的纂辑，如出于自编多半是个人或炫其"功业"，以求传世；或鸣其困塞，以博取同情。如为子孙或故旧所编，或颂扬祖德以标榜门庭；或胪列事迹以志景仰②。尤其是遭遇坎坷的人，往往想把自己的"遭逢之坎坷，情志之拂逆"，"告诸天下后世以祈共谅其生平"。二者"荣悴虽殊"，而"自鸣则一也"③。

由于上述三点，年谱被大量制作，年谱数量随之而日益增多，逐步由附庸而蔚为大国，从而在史籍中取得了应有的地位。

年谱在古代目录中，未见著录。它见收于目录书以《郡斋读书志》为最早。其后，各种目录多加著录，如国家目录的《四库全书提要》史部传记类中就收录有《孔子编年》《杜工部年谱》及《朱子年谱》等，如史志目录的《明史艺文志》史部谱牒类中就收录有《二程年谱》《朱子年谱》和《蔡忠惠年谱》等，如私家目录的明陈第《世善堂书目》谱系类就收录有《陶靖节年谱》等。但是，它们都没有取得专类专目的独立地位。近人田洪都认为年谱之有专目始于清人张之洞的《书目答问》，他说：

> 自张之洞著《书目答问》移谱录于史部，分书目、姓名年谱、名物三类。于是年谱始有专目，学者得以分门而求。④

田氏此说，不甚确切。因为在明代祁承㸁的《澹生堂藏书目》史部中便在传记类外别有谱录类，而谱录类下就有《年谱》专目，收录了《韩文公年谱》至《伍宁方年谱》等多种。清初钱曾的《述古堂书目》史部中更有《年谱类》的专类，收录了《圣师年谱》至《吴文正公年谱》等多种。它们都比《书目答问》早几百年。所以，可以认为：年谱从明清以来已在史籍中由附属于传记类、

---

① 《鲒埼亭集》卷三二。
② 孙若蕖：《华野郭公年谱序》。
③ 吴庄：《花甲自谱》序。
④ 《中国历代名人年谱目录》序。

谱系类之下，而逐渐自成专目专类，取得了独立类目的地位，成为史籍分类中的一个组成门类。这种独立地位正反映了年谱所达到的发展程度。

二、清人年谱总情况的分析

（一）范围和数量

《清人年谱知见录》中收录的清人，主要指三部分人：一部分是生于明而卒于清顺治元年以后的人，不过那些虽卒于清却一直没有直接在清政权下生活（如刘宗周、张煌言等人）或流亡于国外的人（如朱舜水、释隆琦等人），则未列入；一部分是生于清卒于清的人；第三部分是生于清而卒于辛亥以后的人，他们在清朝末年有不少活动。收录这部分人为便于完整地了解有关清代的情况。但从断限来看，这部分人便列为附录。包括这三部分人在内的所谓"清人年谱"，据各家著录约略综计，当有八百余种，一千余卷。据 1941 年出版的李士涛编《中国历代名人年谱目录》，凡著录谱主九百六十四人，谱一千一百〇八部，即使后来有所增加，但最低估计，以"清人"为谱主的"清人年谱"数量当占总年谱量的一半以上。所以，年谱的制作，在清代确是一个大发展的时期。年谱在清代之所以得到大发展，除了前述三点外，清代学术文化的发达也给予了一定的影响。清自顺治入关建立政权之后，历经康、雍、乾三代的恢复发展，已达到了所谓"盛世"的阶段，学术文化各方面都在前人基础上取得了新的成就。为了配合学术研究，年谱作为一种研究对象也得到了较快的相应发展，尤其是乾嘉时期考据学的发达更起了一定的促进作用。顾廷龙先生在《中国历代名人年谱目录》序中所说："乾嘉之际，竞尚考据，而编纂年谱之业遂蒸蒸日上，至今有甚而不衰。"正说明了这一点。

在学术文化发达的同时，也出现了另一反面现象，就是文化专制主义也在日益加强，文网日密，文字狱迭兴，钳制愈严，忌讳愈多，所以一些人对撰述反映整个史事的著作心有疑虑；于是有的人就选择一个人的生平来借以论列史事，以求避免触犯忌讳。这也使年谱的制作量有所增加。所以康、雍、乾三朝的年谱数量又占"清人年谱"中的绝大比重。

但是，清代作谱之风如此之盛更重要的是有它的社会原因。整个清代经历了封建社会末期和半封建半殖民地社会。它无论是阶级结构、等级关系，或是社会风尚等都起了相应的变化。年谱的谱主已不像过去那样只限于文人学者和达官显宦。商人、买办凭借自己的经济力量，不再讳言自己出身低微和持筹握算的"贱业"；贫苦知识分子也可以操笔自记生平来抒发不遇的愤慨；身怀奇艺绝技的人也有人为他们撰谱；民族资产阶级也多津津乐道他们发家致富的道路；而妇女、方外也有人肯为他们写谱。这些都是由于社会的变化给他们开了方便之门。年谱的范围必然随之而扩大。

这批数量不少的"清人年谱"，从它所涉及的人物、编者、表达形式、编制体例和刊行流传等方面看，都比过去有所发展而具有一定的特点。清人徐嘉曾对几种"清人年谱"作过评论①，但十分简略，不足以窥见"清人年谱"的全貌。现就我所检读过的近八百种"清人年谱"，从上述几个方面略作分析和概述。

（二）谱主

"清人年谱"谱主范围之广实为前代所不及。过去涉及的范围在数量上有所增加，过去未涉及的范围又有所扩大，从这近八百种的年谱谱主看，大致包括如下各种类型人物。

1. 官僚军阀

上起军机大臣、大学士，下至州县官吏各级类型都有涉及。如军机大臣、大学士有张玉书、朱轼、蒋攸铦等谱，尚书、侍郎有宋荦、祁寯藻等谱，各省督抚有范承谟、毕沅、邓廷桢等谱，提督、总兵有杨遇春、葛云飞等谱，部曹有孙宗彝、顾予咸等谱，司道有韩锡胙、宋鸣琦等谱；府州县官有胡具庆、林愈蕃等谱，学官有焦袁熹、莫与俦等谱，状元有彭定求、王仁堪等谱，湘淮军阀有曾、左、李、胡等谱，明臣降清者有洪承畴、钱谦益等谱，近代军阀有袁世凯、段祺瑞等谱，近代政客有徐世昌、梁士诒等谱，汉奸有汪精卫、王揖唐等谱，幕友食客有林希祖、史悠厚等谱。

2. 文人

清代刊行诗文集较多，许多专集往往于刊行时附入自撰或他人所编的年谱，有些则是编谱者为研究谱主作品而编的。所以，文人年谱在"清人年谱"中数量较多。如诗人有吴伟业、袁枚、陈衍等谱，古文家有侯方域、方苞等谱，词人有纳兰性德、厉鹗等谱，剧作家有尤侗、孔尚任等谱，小说家有蒲松龄、吴敬梓等谱，通俗文学家有屠绅、陈端生等谱。

---

① 《裴光禄年谱》后记。

3. 学者

清代对过去的各种学术领域都有所继承和发展，出现了不少学者。他们有的自撰年谱，有的由友生或后学为了研究某些学者的学术造诣和成就而纂辑年谱，所以清代的学者年谱为数也颇不少，如思想家有顾、黄、王直至康、梁、谭等谱，理学家有李光地、汤斌等谱，经学家有阎若璩、孙诒让等谱，史学家有全祖望、钱大昕等谱，文字学家有段玉裁、朱骏声等谱，金石学家有王昶、吴大澂等谱，校勘学家有卢文弨、顾千里等谱，目录学家有张金吾、姚振宗等谱，地理学家有徐松、杨守敬等谱，数学家有梅文鼎、李善兰等谱。

4. 艺术家

一些有成绩的书画家和有特殊技能的艺人也有人为他们编纂专谱。如画家有王时敏、石涛等谱，书法家有包世臣、郭尚先等谱，鉴赏家有周亮工谱，棋手有范西屏、施定盦谱，评剧艺术家有成兆才谱。

5. 商人

这些人有的是由官绅和高利贷者转化而来的近代民族资本家，如张謇、荣德生等；有的是靠帝国主义经济势力发家的买办商人，如徐润、许鋐等；有的是经营米、丝、盐等业的巨商，如高鑅泉、周庆云等；有的是金融资本家，如谈丹崖等；还有的是商业中的从业人员，如曾任司账的周憬。

6. 和尚

这些人有的是明亡前后遁迹为僧的，如函昰、今释等；有的是在佛学上有相当造诣的名僧，如读彻、见月等；有的是清末与民主革命活动有关的僧人，如曼殊、弘一等。

7. 妇女

为妇女立谱始于清。她们有的是当时和后世的有名人物，如董小宛、吴宗爱等；有的只是人子为母撰谱以申所谓"孝思"的，如尹会一母李氏、王先谦母鲍氏等。

8. 明遗民

清初有一批忠于明朝的"遗民"，他们有的隐居不仕，如邢昉、万泰、傅山等；有的继续从事反清活动，为万寿棋、阎尔梅等。由于他们都从事讲学和著作的活动，并大多有专集行世，所以有门人或后人为他们编谱。

9. 其他

除上述各类人物外，还有一些不太为人注意的人物，如在科举上仅有最低的秀才功名而以教读、作幕为业的，如张朝晋、张焕宗等人；有的一生只是设塾教读，如潘天成等；有的从事秘密道门活动，如李龙川；有的一生碌碌，毫无足述的，如蒋曾燻。这些人也都有自撰或他人所编的年谱行世。在附录部分还收有资产阶级革命家孙中山、章炳麟和陈少白等人的年谱。

（三）编者

陈乃乾的《共读楼所藏年谱目》按不同的编者分年谱为四类，即：甲、自撰类，乙、家属所撰类，丙、友生所撰类，丁、后人补撰类。"清人年谱"的编者也没有超出这四种情况：

1. 自撰类

自撰年谱约始于明。如魏大中有《廓园自订年谱》一卷，郑鄤有《天山自叙年谱》一卷。清初王崇简、尤侗等人也都有自订年谱。清季张謇《啬翁自订年谱》序中说："自订自謇始"，似不够确当。

自撰年撰有三种不同情况：

（1）谱主手订：如李世熊的《岁纪》、荣德生的《乐农自订行年纪事》等。

（2）谱主口述，他人笔录整理：如《魏敏果公年谱》由谱主魏象枢口授，子学诚等编录；《病榻梦痕录》由谱主汪辉祖口授，二子继培、继壕笔记。

（3）谱主自订，后来由子孙、亲属、门人或其他人补注、校订和续编：如吴省钦的《白华年谱》是乾隆四十五年时所手订，卒后其子敬枢于嘉庆十五年又续补而附刊于《白华后稿》卷首。王士禛的《渔洋山人自撰年谱》即由小门生惠栋加以补注。杨岘的《藐叟年谱》即由弟子刘继增辑续谱。钱大昕的《竹汀居士年谱》即由其曾孙钱庆曾校注和续编。

2. 家属所撰类

所谓家属包括家族和亲属。其中子为父撰的占绝大多数，如王开云为其父王文雄编《王壮节公年谱》、王代功为其父王闿运编《湘绮府君年谱》等；有弟为兄撰的，如王士禛为其兄士禄编的《王考功年谱》、王廷伟为其兄王廷儁编的《芥岩先生年谱》等；有侄为伯父编的，如张继文为张穆编的《先伯石州公年谱》；有孙曾为其祖辈编的，如张穆为其祖张佩芬编《先大父泗州府君年谱》、邓邦康为其曾祖邓廷桢编的《邓尚书年谱》、查慎行的外曾孙陈敬璋为其编《查他山先生年谱》、钱陈群的来孙钱志澄据陈群曾孙钱仪吉的残稿为陈群编《文端公年谱》；有子为母撰的，如尹会一为母李氏编《尹太夫人年谱》；有婿为外舅编的，如戴正诚为郑文焯编《郑叔问先生年谱》。

3. 友生所撰类

所谓友生指门人及朋友等而言。其中门人编撰的较多，如董秉纯为全祖望编《全谢山年谱》、段玉裁为戴震编《戴东原先生年谱》；有友人所编的，如王永棋为胡宝瑛编《泰舒胡先生年谱》、钱玄同为刘师培编《左盦年表》；有幕客为府主编的，如韩超的门客陈昌运为其编《南溪韩公年谱》、李续宾的门客傅耀琳为其编《李忠武公年谱》。

4. 后人补撰类

这一类年谱的谱主大多是文人学者。由于后人研究他们的生平和成就而补撰，如缪荃孙为地理学家徐松编《徐星伯先生年谱》、李俨为数学家梅文鼎编《梅文鼎年谱》、黄云眉为史学家邵晋涵编《邵二云先生年谱》，刘盼遂为文字学家段玉裁编《段玉裁先生年谱》。甚至日本一些汉学家也为清代某些学者补撰年谱，如铃木虎雄为诗人吴伟业编《吴梅村年谱》、小泽文四郎为经学家刘文淇编《刘孟瞻年谱》等。

（四）表达形式

"清人年谱"的表达形式归纳起来有四种：

1. 文谱

就是用文字来叙述谱主的一生事迹，这是绝大部分年谱采用的形式。有的是按年为次顺叙而下；有的则按年以大字为纲记事，以双行小字附注资料和出处，或低格另起详记事情原委；个别有用韵语缀连成篇的，如金之俊的《金息斋年谱韵编》。

2. 表谱

这就是年表。它们有的为了简化谱文，改编已有年谱为年表，如金荣改编《渔洋山人自撰年谱》，就是用年表的格式分栏简记自撰年谱的内容；有的则是直接编为年表，如吴芳吉的《白屋自订年表》、黄涌泉为费丹旭编的《费丹旭年表》。因为年表主要也是年经月纬来记事的，所以它应是年谱的一种表达形式。

3. 诗谱

有的年谱是用诗的形式来综述一生事迹的。它虽然不如文谱的详尽、表谱的简明，但它也多是按年顺次叙述的，如万廷兰的《纪年草》，每年作诗一首，然后低一格附一段记事；苏履吉的《九斋年谱诗》四十首，以诗记一生经历，然后在诗下用双行小字记事。这些诗谱实际上是诗文结合体，以诗为纲，以文为目，而且多为自撰。

4. 图谱

这是用图画形式来表述一生事迹的。如尤侗的《悔庵年谱》后所附的《年谱图诗》就是把他一生事迹中"摘其大者，绘为十六图，各缀小诗，志其本末"（尤侗识语）。这是诗图的结合，用作正谱的大事提要。梁金为檀萃编的《默庵先生寿谱图》是谱主七十岁时门人"略述平生綦迹，以当年谱，凡十六幅，总三十二图。首尾两幅著引及同事诸生姓名，共十八幅"[①]。麟庆的《鸿雪因缘图记》也是有图有记的，据其子崇实说："是书乃吾父生平际遇与夫游历山川得意者，皆制一图，图各一记，手自著作。尝谕实弟兄曰：此即我之年谱而别创一格。"[②]

（五）编制体例

顾廷龙先生在《中国历代名人年谱目录》序中曾对谱例详加考论，归为四类，颇称全面。"清人年谱"也按不同情况分别采用，无甚歧异与争论。其略有异义者只在繁简问题上。宗稷辰主张年谱取材宜简，不应"夸多斗靡"[③]。王永祥则主张应"不避繁烦，详为节录"[④]。繁简之争所由起是因为"繁者每失于芜，简者又嫌于漏"[⑤]。实际上，这只是各执一端。是繁是简，完全应该根据谱主情况和年谱刊行形式而定。梁启超的"附见的年谱须简切""独立的年谱须宏博"的说法[⑥]，不失为一种通达之见。

一般年谱在选材体例上应包括这样一些内容，即：①谱主字号、里贯、生卒和得年；②谱主科名、仕历或经历；③谱主的"功业"；④谱主的创作成就和学术造诣；⑤当代大事；⑥交游及有关人物的生卒、简况；⑦家事；⑧恩宠和哀荣；⑨附录。各谱随情况不同，或者包括全部，或者缺略数项。但，这是指一般"通谱"内容而言。"清人年谱"中尚有只选择谱主一生中心事业为主干，与中心事业无关的人和事概不阑入，或仅简略提到。这些年谱可称为"专谱"，如嘉道时校勘学家钱泰吉自道光七年至咸丰三年间任海宁训导二十七年，日以校书为务，门人唐兆榴遂据所校书册尾所记文字编成《可读书斋校书谱》。这一专谱既可见谱主一生精力之所注，又著录了所校各书的版本，有裨于版本目录

---

① 《谱序》。
② 崇实：《惕盦自谱》道光三十年条。
③ 黄炳垕：《黄黎洲先生年谱》跋。
④ 《焦里堂先生年谱》凡例。
⑤ 吴骞：《初白先生年谱》序。
⑥ 梁启超：《中国历史研究法补编》。

之学。清末目录学家耿文光，一生贩书、藏书、校书、读书。他自撰《苏溪渔隐读书谱》就是把"校书之法、读书之记、藏书之目，合而为一者也"。这类"专谱"对专门学术领域的研讨较之一般"通谱"尤为有用，是"清人年谱"中的一种佳例。

"专谱"之外，还有一种"合谱"。"合谱"和"合刊"不同。"合刊"是一种流传方式，就是把有关人物的年谱合刊在一起便于流传，每人仍保持单谱的地位，分刊仍可单行。"合谱"则是编纂上的体例，它把有关人物合编成一个谱。有父子合谱的如王念孙、王引之父子的《高邮王氏父子年谱》；有夫妇合谱的如郝懿行、王照圆夫妇的《郝兰皋夫妇年谱》；有同工一技合谱的如棋手范世勋、施绍闇的《范西屏施定盦二先生年谱》。过去，梁启超很提倡这种合谱。他曾说：

> 从前有许多人同在一个环境，同做一种事业，与其替他们各做一部年谱，不如并成一部，可以省了许多笔墨和读者的精神。[1]

当然，"合谱"必须具备适合的条件。"同在一个环境"固然必要，但更重要的是"同做一种事业"。不过这种条件究是少数，所以，年谱仍以单谱为大宗。

（六）刊行与流传

"清人年谱"的刊行与流传方式有四种：

1. 稿本

这包括谱主自订年谱的稿本和他人补撰追著的稿本。谱主自订年谱稿本所记多为耳目见闻和身经其事，又以尚未刊行，未遑修饰，所以多得实情。天津人民图书馆所藏何葆麟的《悔庵自订年谱》稿本所记民国二年张勋、冯国璋等入南京后的暴行，颇称具体。但也有一些稿本内容毫无意义，如南开大学图书馆所藏蒋曾燸的《延秋山馆自订年谱》稿本，其人碌碌，记事也一无足采。他人补撰的稿本，有的是补撰前人所无者，有的是前人已有而又别撰或增订者。这类稿本多半是编者的未定待刊稿，内容和文字均有待于订正。王汉章所编《刘继庄年谱初稿》《纪晓岚年谱》《盛意园先生年谱》和《天南遯叟年谱》等稿本都藏于天津人民图书馆。陈乃乾所编《黄九烟年谱》《重编汤文正公年谱》等见于《共读楼所藏年谱目》，著称"稿本待刊"。以后各年谱目录多据陈目辗转著录，但入藏情况不详。有的稿本见于著录而确知原稿已佚的，如王兆符编的《方

---

[1] 梁启超：《中国历史研究法补编》。

望溪年谱》，据苏惇元所编的《方望溪先生年谱》的自序和戴钧衡序中都明确指出王编"今皆无传本""世亦绝未之见"。有的稿本因别有抄本和刊印本，则价值就相对降低些，如方濬师编的《随园先生年谱》，据著录除稿本、抄本外，还有大公报、大陆书局二种铅印本和《近代名人年谱丛刊》本。有的稿本还是未完稿，如上海图书馆所藏张焕宗的《张秋岩年谱》稿本，据其自序说，当记至乾隆四十三年（六十岁）止，而实际上仅记至乾隆二十九年（四十七岁）。

2. 抄本

有传抄和清抄。有的是据稿本传抄，如北京图书馆藏《襄勤伯鄂文端公年谱》四卷就是旧抄本。上海图书馆所藏李锺文的《十年读书之庐主人自叙年谱》就是许氏涵芬楼传抄本。有的很像清稿本，实际上是清抄本，如北京图书馆藏贺培新编的《水竹村人年谱稿》和叶伯英的《耕经堂年谱》便是。《水竹村人年谱稿》封面里有注称："原空格者照空，有朱圈者皆空格，凡注皆双行"。这个注说明它在格式上和所据本有所不同，可证它是抄本。《耕经堂年谱》因我原藏有一本（后遗失），曾和北京图书馆相核，其纸张、字迹、行款、格式、分卷、装订完全一样，可证它是谱主定稿后请书手多抄几份送人的传抄本。

3. 油印本

一般说来，油印本多半是基本上已成定稿，但还准备征求意见加以充实补订，所以油印分发；有的或是没有得到刊行的机会，先小量油印保存以免散失。油印本有的是刻写油印，如王焕鏐为陶澍编的《陶文毅公年谱》；有的则是打字油印，如《黎元洪年谱资料》。有的年谱并非原编者所印发，而是后人印发，如法式善编的《洪承畴年谱》，决非当时油印，而是后人因洪是清初重要的反面人物，但又不值得正式刊印，于是便打字油印加以流传。有的谱主虽不甚重要，但谱中却记录了不少史料，如赵守纯的《雪鸿山馆纪年》，中山大学图书馆藏有稿本。谱主在江苏道府县作幕多年，办过捐输，在浙江作过知县，本是个微不足道的人物，但在《纪年》中却记了一些与太平天国、小刀会和金钱会有关的资料，可供参考，但没有大量刊行的必要。所以，1958 年广州古籍书店即据稿本油印复制，供专业人员使用。

4. 刊印本

正式刊印的清人年谱有写刻本（如《渔洋山人精华录笺注》所附《渔洋山人自撰年谱》）、木刻本（绝大部分是木刻本）、木活字本、铅印本和石印本等。这些刊印本有四种不同的流传形式。

（1）单行本：刊印的年谱自成一书、独立流传的称为单行本。它们有的由谱主自己或家族印行的称家刻本或家印本。也有由别人和书店印行的如赵光的《赵文恪公自订年谱》是光绪十六年家刻本；陈驯蛰为唐中立编的《博斋先生年谱》就是民国十七年成都复真书局刊本。

（2）合刻本：把刊者认为谱主事迹相近或相似的几种谱合在一起刊行而仍各自成谱的称合刻本。如《归顾朱三先生年谱合刊》就是把归有光、顾炎武、朱柏庐三人的单谱合刊在一起。

（3）书本：清代丛书盛行，有些就收刊多种年谱，如《嘉业堂丛书》中就有查继佐、阎尔梅、顾炎武、查慎行、厉鹗、瞿中溶、李兆洛、徐同柏、张金吾等人的年谱。其他如《畿辅丛书》《山右丛书》等也多收有年谱。

（4）附刻附印本：有的年谱并不单行，而是附在其他专集、宗谱和报刊里。其中以附在诗文专集者为多，如《陈星斋年谱》（陈兆崙）就附刊在《紫竹山房诗文集》中；《述庵先生年谱》（王昶）就附刊在《春融堂集》卷首。解放后出版的诗文集也常附入年谱，如《郑板桥集》就附有《郑板桥年表》，《蒲松龄集》就附有《蒲柳泉先生年谱》。附刊在宗谱中的年谱一直不甚被人注意，实则往往收有有用的年谱。如《毗陵庄氏族谱》卷十二的《庄恒自叙年谱》，谱主庄恒是明朝遗老，所记为遗老生活和家世陵替状况；同卷的《胥园府君年谱略》是乾隆时任过广东布政使的庄肇奎的年谱。又《毗陵唐氏家谱》中有《清大司马蓟门唐公年谱》，谱主是康雍时期的刑部尚书唐执玉。《华亭王氏族谱》中有王兴尧的《遂高园主人自叙年谱》和王清瑞的《鹤间草堂主人自述苦状》二种。至于报刊上发表的年谱大多是辛亥以后人所作。这批年谱虽然散见各处，但可利用报刊索引等工具书去求书。

三、"清人年谱"史料价值的估计

对于"清人年谱"的史料价值，总的估计有二：一是对清代八九百个人物的生平提供了必要的资料，使原有传志的人物在材料上得到了丰富，没有传志的人物在事迹方面填补了空白；二是为论史、证史提供了若干有关的史料。

年谱是一种人物传记，它记述了一个人物的生平事迹和某些评论。"清人年谱"也不例外，有些重要历史人物的传志比较简略，如记仕历，或有重点的选记，或只记最后官阶、最高官阶；而年谱则记其仕历的逐步过程，并记及宦海浮沉中错综复杂的矛盾关系，可以借此了解到这一人物在政治集团中的地位和派系关系。有些镇压人民的刽子手，传志只能综括其所谓"勋业"，而年谱则能见其镇压手段的阴鸷毒辣和镇压反抗的全过程。至于一些文人学者的年谱，大多是经过撰者研究探讨，比达官显宦年谱的单纯排比事实，更为有用。它可以借此了解谱主进学的程序、用功的标准、遗著佚作的梗概、师友的渊源和生徒传授的关系等等。对于一些湮没无闻而确有贡献的人则可因谱而传，如评剧创始人之一的成兆才，本不为人所知，但经撰者钩稽成谱，使人们对这一民间艺术家的生平和贡献就能有所了解。所以有人曾誉年谱为"最得知人论世之义"①。由于清人年谱所包括的既有重要人物，也有微不足道的人物，所以，它的使用价值较高。

"清人年谱"中的人物生平还可用来校核某些有关人物生平的书籍。我曾用年谱校姜亮夫编的《历代人物年里碑传综表》清人部分，结果校出一人两载之误、名号缺误、年龄生卒缺误、籍贯缺误及出处、编者、书名缺误等达五十余条。

但是，在借助年谱来了解人物生平事迹时，必须注意一个问题。因为年谱大多出于子孙和门人、朋友，他们对谱主的评论不能不有所虚美；即使是时代相隔的后人，也多是由于钦敬其人其学，方为撰谱，而不能不有所偏爱。因此，人物生平事迹或评论往往均须特别考虑。其中最能作为典型例证的莫若《是仲明先生年谱》。谱主是仲明名镜，康熙至乾隆间人。其门人张敬立据是镜日记编谱，叙谱主修身、讲学、论道诸事。如仅从年谱记事看，则谱主一生俨然为一"醇儒"；但考之其他著作，则此人甚不齿于时人。阮葵生的《茶余客话》卷九有《是镜丑态》专条，揭露是镜的丑行，并评论他是"诡谲诞妄人也，胸无点墨，好自矜饰，居之不疑"。董潮的《东皋杂钞》卷二记是镜为其胞弟告发不法之事三十余款。段玉裁的《戴东原先生年谱》中记是镜被东原鄙弃，甚至拒绝和他讨论学问，并致书讥讽。江瀚的《石翁山房札记》卷九更指出《儒林外史》中的权勿用"即指仲明"，可证此谱为不足征信。

"清人年谱"除了对了解人物提供一些资料外，还蕴藏着一些可供证史论史的史料。对于这部分史料大致可作如下三种情况的估计：

一是年谱记事琐碎平庸，人与事都不足述，即使有点与史事有关的记载，也大多支离破碎，不能超出其他记载的范围而有所补益，如清初的王崇简是一个由明入清、碌碌平庸的官僚，他的《自订年谱》记本人和诸子的仕历及家事，无史料可供采择。又如嘉道时的杜受田是一个无所建树、尸位素餐的官僚，卒

---

① 孙德谦：《古书读法略例》。

后，其子杜翰等记其仕历及所受恩宠荣哀以代行状，也没有什么可用的史料。这一类年谱数量较少。

二是年谱记载的资料可与其他记载相互印证、补订。有些方面比其他记载丰富和具体，涉及的问题也较多。这部分年谱数量较多。这里略举几个方面的例证来说明：

1. 关于制度和政策

《蒙斋年谱》（田雯）记康熙前内阁中书的不为人重视；《易斋冯公年谱》（冯溥）顺治十七年条记派汉官考察满员一事，康熙五年条记议派大臣二员在各省督抚衙门旁设署考察督抚而遭反对一事，都和官制有关。

《孙宗彝年谱》（孙宗彝）顺治十三年条记高邮地方按房征役的苦累状况是"倾家丧命，年年有之，惟有献房于豪家或拆屋逃去，以避差徭。"顺治十八年条记高邮地方按田、按丁征役的苛烦，而丁差尤苦的情状，可见清初徭役制的残民。

《漫堂年谱》（宋荦）、《范忠贞公年谱》（范承谟）、《楼山省身录》（王恕）等记康雍乾时的江南漕运，与漕运制度有关。

《仁庵自记年谱》（魏成宪）道光元年条记山西丁徭合办事，与田赋制度有关。

《陈洛勤公年谱》（陈鹏年）、《栗大王年谱》（栗毓美）等所记多与河工有关。

《介山自订年谱》（王又朴）、《先水部公年谱》（许惟枚）等所记多与盐政有关。

《述庵先生年谱》（王昶）、《海梁氏自叙年谱》（杨国桢）等所记多与铜政有关。

《开封府君年谱》（孙孟平）、《拗庐氏自编年谱》（童以谦）、《惜分阴轩主人述略》（周憼）等记太平天国在安庆、嘉定、无锡等地推行乡官制度之事。

《容庵弟子记》（袁世凯）记新建陆军的建制与扩展等事。

2. 关于人民的反抗斗争

《阿文成公年谱》（阿桂）、《沈端恪公年谱》（沈近思）、《德壮果公年谱》（德楞泰）、《忠武公年谱》（杨遇春）、《王壮节公年谱》（王文雄）、《罗壮勇公年谱》（罗思举）、《弇山毕公年谱》（毕沅）、《韩桂舲手订年谱》（韩崶）……等谱都记有与台湾朱一贵、林爽文起义，各少数民族起义、川楚教军大起义、天理教起义和棚民反抗等有关的资料。

《独学老人年谱》（石韫玉）嘉庆八年条所附《教匪始末》记川楚教军事较

详，其中记有白莲教分土地的号召，谱后所附《竹堂治谱》则有与啯噜会及其他秘密结社有关的记载。其他如《黄昆圃先生年谱》（黄叔琳）之记无为教，《思补老人手订年谱》（潘世恩）、《穉圭府君年谱》（周之琦）之记江西编钱会都有参考价值。

《吴文节公年谱》（吴文镕）、《裕庄毅公年谱》（裕泰）、《张制军年谱》（张亮基）等谱所记鸦片战争后湖北崇阳钟人杰起义资料，颇可补清方官书及疆臣奏疏的不足。

3. 关于社会经济

《敬亭自记年谱》（沈起元）、《病榻梦痕录》（汪辉祖）等记乾嘉时米价、田价、木棉价及银钱比价的具体数字比一般记载为详。

《病榻梦痕录》（汪辉祖）记乾隆五十一年苏、皖、鲁等地的具体灾情是"流丐载道""尸横道路"、死人"埋于土，辄被人刨发，刮肉而啖"。《牧庵居士自叙年谱》（赵怀玉）记嘉庆十八年直隶、山西、山东、河南等省旱灾的具体情状是"几至易子而食"，"市中竟有以人肉为卖者"。都使我们可以想见当时社会经济残破之甚了。

《吴文节公年谱》（吴文镕）、《绳其武斋自纂年谱》（黄赞汤）都详细地记述了鸦片战争后，由于五口通商使旧交通线上的运输工人和某些相应行业的人员失业的情况，以及这种情况将对社会秩序所产生的后果。

《马端敏公年谱》（马新贻）、《崇德老人八十自订年谱》（曾纪芬）等记太平天国失败后，封建剥削制度恢复和发展的具体事例。

4. 关于文化

《蒲松龄年谱》《孔尚任年谱》《洪昇年谱》和《吴敬梓年谱》对研究文学名著《聊斋志异》《桃花扇》《长生殿》和《儒林外史》等书的创作情况、流传和评论等都有所裨助。

《纪晓岚先生年谱》（纪昀）、《查他山先生年谱》（查慎行）、《澄怀主人自订年谱》（张廷玉）、《雷塘庵主弟子记》（阮元）等都较详细地记述了《四库全书》《佩文韵府》《续文献通考》《康熙字典》和《经籍籑诂》等书的纂辑过程。

《张力臣先生年谱》（张弨）所记为梓板写书事，可备清初精刻本的书林掌故。

《仪卫轩年谱》（方东树）记清代前期汉宋学之争颇详。

《卢抱经先生年谱》（卢文弨）、《黄荛圃先生年谱》（黄丕烈）、《校经廋自订年谱》（李富孙）、《顾千里先生年谱》（顾广圻）、《臧在东先生年谱》（臧庸）、

《可读书斋校书谱》（钱泰吉）等记清代版本目录和校勘学等资料颇备。

《查东山先生年谱》（查继佐）、《吕留良年谱》（吕留良）、《查他山先生年谱》（查慎行）、《南山先生年谱》（戴名世）、《张文恪公年谱》（张泰开）记清代庄廷鑨、吕留良、查嗣庭、戴名世、胡中藻等文字狱案始末颇详。

5. 关于重大历史事件

《雅园居士自叙》（顾予咸）记有清初"哭庙案"的资料。

《李文襄公年谱》（李之芳）、《平南王元功垂范》（尚可喜）、《范忠贞公年谱》（范承谟）、《陈恪勤公年谱》（陈鹏年）等书都记有"三藩事件"的资料。

《海梁氏自叙年谱》（杨国桢）、《梦庵居士自编年谱》（程庭鹭）、《葛壮节公年谱》（葛云飞）、《兰史自订年谱》（王锡九）、《稀龄追忆录》（黄恩彤）等书所记有与鸦片战争史事有关者。

《张文襄公年谱》（张之洞）、《吴兴周梦坡先生年谱》（周庆云）中记有戊戌变法时期"东南互保"的情况。

这类年谱中虽然有些可供采择参证的史料，但也必须注意到其中许多年谱或出自订、或出子孙及友生之手，不免有夸大炫耀的成分，如徐广缙的《仲升自订年谱》就掠取群众反进城抗英斗争之功为己有，林绍年编的《张制军年谱》说"湘军之发现"始于张亮基，都不符事实。有的年谱甚至还为谱主的污行曲加讳辩，如金鹤冲编的《钱牧斋先生年谱》（钱谦益）就有意为谱主的降清辩解，其跋中竟称："先生当危亡之际，将留身以有待，出奇以制胜，迄无所成，而为腐儒所诟詈，亦先生之不幸。"并以此观点搜集资料，恣意论列。又如严璩编《侯官严先生年谱》为其父严复参加"洪宪帝制"反复辩护。类此都应该详审事实，严加剖析。有些年谱摘引奏疏、著作甚多，固便于翻检，但如所据原书有刊印传本，则应追本求原去检核原始材料，以尽量避免传讹之误。

三是年谱所记资料为他书所未及，有助于论证问题使其更加全面、更为有力，有的其至还能解决存疑的问题。这类年谱的数量也较少。择要举例如次：

（1）《赵客亭先生年谱略》（赵于京）康熙四十八年条记河南卢氏棚民反抗斗争情况甚详。南山棚民的反抗，清人著作多有论及；但河南棚民的反抗尚不多见。

（2）《冯旭林先生年谱》（冯春晖）道光三年条记山东临清马进忠起义甚详。此次起义虽为时不过三个月，但声势遍及河北、山东，立"天心顺"年号，设大将军、军师、尚书等官职，最后遭到惨杀和处刑的有五百余人。这是李文成起义失败后的一次较大起义，其他著述中尚不经见。

（3）《文文忠公自订年谱》（文祥）咸丰三年二月条记太平军克金陵后，北京的"阖城钱铺于二月初同日关闭……任京职者纷纷告假出都"。同年九月条又记太平军北伐至天津时，"内外城均设严防，京官甚有不待请假即仓惶出城者"。于此可见革命声威之盛和京城震惊的具体情状，为其他记载所不及。

（4）《余孝惠先生年谱》（余治）咸丰三年至同治三年间各条，记谱主先后撰写《劫海廻澜文》三卷、《公侯赞》《劝农同胞案》《英雄谱》《绿林铎》《皇恩歌》《亲恩歌》《解散歌》等反动诗歌戏曲，并绘《江南铁泪图》四十二帧到处劝捐，大肆攻击革命，妄图从思想上瓦解和破坏革命。谱主竟因此而由附生被保举为训导加光禄寺署正衔。此可为地主阶级对太平天国革命进行反动的思想斗争的实例。

（5）《恬退老人自订年谱》（许鈝）光绪元年条则记谱主父春荣始为布贩，同治五年就开设了大丰洋布号，成为洋布商。光绪二十四年条记春荣已于光绪十六年由洋布商出任德华银行华经理，成为金融买办，而谱主则先后入英商有利、汇丰及德华银行供职，成为金融买办的候补者。由此可见一个普通布商如何转化为买办的具体发展痕迹。

（6）《乐农自订行年纪事》（荣德生）是一部民族资本家的发家史，记荣家由经营钱庄，进而经营面粉、制米、纱厂各种企业的过程，可以看出一个高利贷者如何转化为民族资本家的具体过程。

（7）《鹤间草堂主人自述苦状》是嘉道时人王清瑞（一名王清亮）的自谱，附刊于《华亭王氏族谱》中，因此未被人注意。此谱道光二十二年六月条下自注说："余辑《溃痈流毒》一书。"谱后所附姚椿一诗的自注中也说："君辑《溃痈流毒》一书，详载唉夷反复事。"此可解决一直不知《溃痈流毒》一书辑者为谁的疑问。

关于"清人年谱"中可供证史论史的史料，大致如上述估计。至于各谱的史料所在，在《清人年谱知见录》一书的各篇书录中都有简略说明。

四、《清人年谱知见录》[*]的纂辑

《清人年谱知见录》是有关史籍某一门类的目录书，也是便于人们检索利用的工具书。它是我在一种想法的支配下开始纂辑的。我在实际的教学和科研工

---

[*]《清人年谱知见录》于出版时易名为《近三百年人物年谱知见录》，由上海人民出版社于1983年4月出版，增订本于2010年由中华书局出版——本书编者注。

作中常常见到人们为了论史、证史而需从浩繁史籍中搜集资料时，往往都是人自为政，穷年累月、孜孜不倦地去检读爬梳，不禁使我想到为什么不能由一部分人对大量的史籍分门别类地清查一下底数，然后把结果写成报告，再编制相应的工具书，给别人提供些不走重复道路的便利呢？为什么要人人都从头做起呢？

有了这种想法，我便想亲自实践一下这种设想是否行得通。于是我从史籍中选择了"清人年谱"这一门类来作试探。我一面检读，一面根据目录学的要求，每读一谱，便写一篇书录。每篇书录除记谱名、编者、卷数、版本、著录情况、谱主事略、编纂缘起和藏者外，还增著了谱内有无可供采择的史料和涉及哪些史料这一内容。每篇书录少则二三百字，多则千字左右，文字力求简要划一。经过多年的工作，我检读了"清人年谱"八百余种，约一千二百余卷。每种年谱都是随读随写书录，又先后为了修整体例、划一文字、增补内容和重写散失部分，曾三易其稿，终于纂辑成五十余万字的《清人年谱知见录》六卷。

《清人年谱知见录》分为六卷。前五卷是书录，以朝代顺序为次，按书录数量作了均衡性的分卷，即：卷一、明清之际，卷二、顺康雍，卷三、乾隆，卷四、嘉庆至光绪，卷五、辛亥以后卒者。第六卷分为二部分：一部分是附录一《知而未见录》，就是把那些见于目录书著录或其他著述中提到，但原谱尚未经眼的，仅注出处，未写书录，以待访求和续编。另一部分是附录二，有五种索引，即：一谱主索引、二编者索引、三谱名索引、四谱主字号别名谥法索引、五主要资料索引。前四种是便于从各方面检索人物和年谱书，后一种则是把谱中涉及的主要资料按问题排列，以便使用者按图索骥，求得原谱①。

我通过对史籍这一小门类——"清人年谱"的试探性检读，感到这种做法可以使别人得到方便，节省精力。因为从年谱的书录中不仅可对原谱的基本情况有所了解，而且在必要时还可利用它按需要去求读原谱；对那些无太大用处的年谱，看过书录后便不必再浪费精力和时间去翻读原谱。从而我联想到：如果对史籍的每个门类或小目类都有人分别去清查一下底数，并把结果写出报告，编制一些工具书，那么，人们在搜集资料工作上就不需要人人都从头做起，而是已有少数人为多数人摆好了"梯子"，或者说做了"铺路石子"的工作。

这种"梯子"或"铺路石子"的工作，过去陈援庵先生曾经感叹说："兹事

---

① 后附入《近三百年人物年谱知见录》的仅为两种，即谱主索引与谱名索引。

甚细，智者不为，而不为终不能得其用。"①我从初步实践中体会到，这种做法不仅可以开拓目录学研究的实践领域，而且将使更多的学术工作者把主要精力用于剖析史料、论证史事、发现问题、扩大研究领域，使学术研究能更快地向前发展。

我的这一粗浅而有点不切实际的想法，愿作为愚者之见提出来，希望得到批评和指正。

原载《南开大学学报》（哲学社会科学版）1979年第3期

①《中西回史日历》序。

年谱编纂法的探讨

年谱是纪传与编年相结合的一种体裁。它创始于宋，发展于元明，而兴盛于清。据一种统计，它的数量约三千余种（近二千谱主，有一谱主而多谱者）。由于它比一般传记搜罗资料丰富些，编纂形式灵活些，又以年为序，便于检用，所以年谱之体一直沿用不衰。年谱不仅可作传记阅读，而且还可备研究人物者作资料来源之一，其成效可"补国史家乘所不备而加详焉"①。近年以来为人写谱者日益增多，甚至有为生人撰诸者（如《曹禺年谱》）。各种年谱的编纂体例不尽一致，似乎也无须强求一律。因此，我不拟对已出诸谱妄加雌黄，仅以我所撰《林则徐年谱》为例，略陈臆说。

一、确定主旨

年谱之作首当确定主旨，即确定其编纂的主要内容。过去一些年谱撰者常自述其撰谱主旨称：

> 年谱之作，所以著其人之生平，道德学问致力先后之所在，与其造诣之所成就，而世系源流、师友传授，因并著焉。②

这一主张是指学者年谱而言，即凡撰学者年谱应记生平、修养、学问、师承及交游等，也即学者年谱应以学行为主旨。有人更具体指明学者年谱的主旨有三，即：

> 进学之次弟，用功之标准，一也；遗著散失，务有梗概，二也；至于师友渊源，生徒授受，苟有湮没不彰者，必备书其人其事以征附骥益显之

---

① 方东树：《望溪先生年谱序》见《仪卫轩文集》卷五。
② 牛兆濂：《清麓年谱》序。

义，三也。①

如果谱主一生平庸，难有功业学行可记，只是宦迹家世的流水簿而无主旨，那么，这类年谱也就毫无意义了。前人曾指陈其事说：

> 年谱之刻，由来尚矣。位至宫保上卿，率有年谱行世，而细考其中，无一嘉猷，裨益朝野，何异老树既枯，令笔者记其某年出土，某年发花叶，某年颓废乎？夫人之所以可传弗朽者，以德以功而虚名奚与焉！②

这段评论虽语言尖酸，但却有力地抨击无主旨的一批年谱，使人不能不在著手编纂时予以重视。清代学者杭世骏对年谱有过较深研究，曾正面简要地指出编纂年谱的主旨要求说：

> 必其德业崇闳，文章彪炳，始克足以当此，未有以草亡木卒之人而可施之以编年纪月之法也。③

我在编撰《林则徐年谱》时首先考虑对林则徐这样一位著名的近代历史人物应如何确定编谱的主旨。魏应麒编《林文忠公年谱》的主旨在于阐扬鸦片战争中的林则徐，这固然是林则徐的主要业绩，但尚未能概括林则徐的一生。从宏观上考察，林则徐不仅是具有远见卓识的爱国者，还是封建社会里的一名有所作为的政治家，因此，必须以此为中心线索来贯串全书。这就是所谓确立主旨，然后无论资料搜集、论述考辨都能有所依归而不致使年谱成为漫无涯涘的流水簿。

二、撰者

前人曾论述年谱撰者说：

> 年谱之作始于宋人。其手著者如杨椒山自订年谱，堵文忠公年史尚已。此外或出门人故旧，或成于后裔及异代人之手。④

陈乃乾编《共读楼所藏年谱目》也按不同编者分年谱为四类，即甲、自撰

---

① 唐受祺：《尊道先生年谱》跋。
② 李玉铉：《寒松老人年谱序》。
③ 杭世骏：《施愚山先生年谱》序。
④ 王步瀛：《赵慎斋先生年谱》序。

类，乙、家属所撰类，丙、友生所撰类，丁、后人补撰类。这四类撰者各有短长，如子孙撰谱，"其间不无溢美之处，甚至假手于人，尤非纪实之道矣"①。对友生撰谱则耽心"同时文士，生不同道，谬托相知，传闻失实"②。但有人认为上述二种人与谱主时代接近，容易得真，所谓"或出自贤子孙之纂述，或出自门弟子之甄综，去世近而见闻真，诠次自易"③。有人反对自订年谱而赞成由后人撰谱，并曾举例说：

> 如李、杜、韩、苏皆有年谱冠于诗文集首者，大都后人钦其道谊文章，历序其生平，证以诗文年月汇集成编，以备千秋考镜，初未有出诸自记者。④

清代学者杭世骏则认为不同撰者可使用不同的编纂方法，他说：

> 或出自贤子孙之编纂，或出自门弟子之甄综，或出自私淑诸人者之考证。⑤

编纂、甄综和考证虽指编纂法的不同，但也寓品骘价值的高下，从中可看到杭氏正以后人撰谱为诸种撰者之最佳者。即以林则徐年谱为例，前有其子林聪彝所撰《文忠公年谱草稿》传钞本，姑不论其是否假托⑥，即其内容也颇简略疏漏，于鸦片战争时行事不著一字，显系有所忌讳。其后，魏应麒于民国二十四年撰《林文忠公年谱》时，虽也是后人为前人撰谱，但因那时有关史料如《道光朝筹办夷务始末》及谱主的日记、手札等尚未发现和刊布，以致因征引史料不足而使内容贫乏。及至我编撰《林则徐年谱》时，由于谱主的奏稿、日记、书札等多已刊布流传，而具备了参证条件，使谱主行事得以完备。后人撰谱更以时代久远，人际关系已无牵涉，即使有存世者也多为五六世孙，他们论及谱主也如论及一般历史人物而无所避讳。后人撰谱还可得资料繁多便于考辨求真之利，于还谱主历史真貌极为有益。

---

① 孙玉庭：《寄圃老人自记年谱序》。
② 汪嘉孙：《容甫先生年谱》序。
③ 吴怀清：《二曲先生年谱序》。
④ 尹壮图：《楚珍自记年谱自序》。
⑤ 《罗总戎年谱序》，见《道古堂文集》卷五。
⑥ 林则徐纪念馆副馆长杨秉纶、林则徐后人林家溱、林子东均对《草稿》表示怀疑。愚意以为托名之作。

三、资料的搜集与考辨

年谱应以丰富资料为依据，所以良谱多注重广泛搜集资料，顾廷龙在为《中国历代名人年谱目录》撰序时曾说：

> 王懋竑撰《朱子年谱》乃取文集语类条析而精研之，更博求所述诸儒之绪论，师友之渊源与夫同志诸子争鸣各家之撰著，曲畅旁通，折衷一是。
>
> 那彦成撰《阿文成公年谱》则独详于宦迹，奏疏、谕旨关系大者无不备载，可以补国史之未详。

由此可见，编谱应广泛采择资料以系生平行事，但搜集须得其法。我在编纂《林则徐年谱》时，分几个层次搜集资料。首先从谱主自身资料入手，如林则徐的奏稿、日记、手札都是反映人物的最原始资料，撰谱时可从这些资料中钩辑与谱主一生重大活动有关涉而可备征考的资料。其次，应搜集前人所撰的谱主谱传，这可收补缺订讹、增益完善之效。再次，搜集与谱主有关人物的著述与谱传，从中爬梳与谱主行事有关的资料。再次，搜集谱主所处时代及其行踪所至地区的官书、地志、杂著及诗文集中的有关记载。再次，搜集后人（包括中外人士）对谱主的论述评价。资料既有文献记载、口碑传录，也有遗迹实物、金石铭刻以及图像照片等等。《林则徐年谱》就是通过这几个层次搜集资料，仅文献记载达二百余种，即使有些资料虽其内容不甚重要，但却为稀见物，那也不能忽视，如福州发现的刘家镇墓志铭及兰州发现的唁函刻石等实物，虽与林则徐事迹关系不大，但确为林则徐手书，并且林的书法也有一定造诣，所以也应搜集以开拓读者研究视野。

大量资料基本集中后，重要的在于考辨资料的真伪价值，去粗取精，去伪存真，即使琐细末节也应考辨。如道光二十年四、五月间，林则徐曾致函唐鉴贺其就太常寺卿职。函中有"戚世兄南宫之喜，闻者莫不欣忭……两令甥又共题名，洵为盛事……"经采择考证资料知道函中所谓"戚世兄"名戚贞，"两令甥"乃指唐鉴的外甥黄兆麟和黄倬兄弟。这封信的写作时间一说道光二十一年正月，一说道光二十年四、五月间，经反复考核而以后者是。又如林妻郑淑卿卒年，历来沿用魏应麒《林文忠公年谱》所订为道光二十八年十月十九日，后据新发现的海源阁所藏林则徐致杨以增手札，确定为道光二十七年十月十五日，一改陈说。这些虽是末节，但对编纂一部年谱来说确是不容忽略的，更何况有关重大活动的资料就必应严加考辨和甄选，以树立和增强年谱的可信性程度。

四、知人论世

余嘉锡师曾认为年谱"于辨章学术最为有益"①。胡鸣盛在《陈士元先生年谱》识语中更对年谱有益于学术问题详加论析说：

> 乙部各类，叙述个人之学行，提纲挈领，条理清晰，实以年谱为之最。学者探讨先贤学术，诵其年谱，纵不能洞悉精深，亦可略识统系。著述者流，有鉴于此，举凡先贤之湮没未彰，或著述渊博而不易研究，亦皆乐为撮要提纲编纂年谱，以诏天下后世。②

年谱有益于学术的作用确实存在，但我认为年谱更重要的作用在于知人论世。前人对此曾有所论及。孙德谦在《古书读法略例》中曾将此订为一例，说：

> 有宋以后，年谱盛行，如鲁訔、洪兴祖辈，文则韩愈、柳宗元；诗则陶潜、杜甫诸家，自此皆有年谱传于世，此最得知人论世之义。

近代经学家孙诒让为《冒巢民先生年谱》撰序时也说：

> 年谱之作，虽肇于宋而实足补古家史之遗缺，为论世知人之渊薮，不信然与？

清人宋稷辰为应《黄黎洲先生年谱》撰者黄炳垕之请而阐明年谱的社会作用时也说：

> （年谱）取其言行之大节，师友之结契，际遇之轗轲，行踪之经历，有足见性情学问者，编而入之，使后人得以论人知世已耳！

年谱虽不若传记对人可用直接评按加以臧否，但其知人论世的方法值得注意。它将人置于一定的"世"（社会、历史条件）内，使人在与"世"结合的叙事中寓对人的论断。一个人通过年谱的知人论世往往获得始料不及的历史地位与效果，如清代学者张穆撰《顾亭林年谱》颇著声名后，并未继续编纂与顾亭林地位相埒的黄宗羲的年谱，反而编纂以考据见长而气节不及顾黄的阎若璩，

①《目录学发微》四。
②《北平图书馆月刊》第三卷第五号。

后人以知人论世之义对张穆此举表示诧异，并著之于文字说：

> 予颇怪石洲（张穆）既为顾谱而不为黄谱，乃纂辑及于阎潜邱。潜邱虽考据有声，其大节果足视亭林耶？毋亦籍隶太原，石洲遂有香火之情耶？一唱百和，耳食之徒遂于报国寺顾祠之旁复创阎祠以为之配。噫！其有当于知人论世之为乎？①

一谱之撰，可以立祠，历史定评，于此可见。张穆或未料及知人论世的影响有如此之大。张穆失于谨慎，遂贻笑于人。

《林则徐年谱》之撰，既着重于谱主所处时代背景，又征引世人评论来论断林则徐的为人。如道光十二年六月初八日，林则徐接任江苏巡抚，由于过去曾在江苏任官，颇得民望，所以接任时"列肆香烟相属，男妇观者填衢，咸欣欣然喜色相告曰：林公来矣！"②这段资料既记及苏州人民欢迎林则徐的场景以"论世"，也使人看到林则徐之得民望以"知人"。又如道光十九年十一月十一日，林则徐在广州天后宫接待英国遇难船只杉达号船员 15 人，进行各方面的了解。这段资料说明林则徐勇于违反封建礼制，同时也体现了林则徐区别一般公民和鸦片贩子的策略思想。这些例证说明年谱之可以知人论世。

五、附录

年谱资料或内容重复，或词嫌累赘，或仅备参证，或轶闻琐事，一时难以全部甄选入谱而弃之又不无可惜之处。因此不妨采用在谱尾增入附录一体的保存资料。此法前人久已使用，如苏惇元编《张杨园（履祥）先生年谱》后即附录《编年诗文目》《未列年谱书目》《节录诸家评论》、邵懿辰撰传和苏惇元撰《谒墓记》等，使未能入谱资料得以储存。又如清乾嘉学者郝懿行夫妇均为学者，近人许维通为撰《郝兰皋夫妇年谱》，并于谱后除附录《郝兰皋先生著述考》及《王安人瑞玉著述考》外，还附有兰皋八世祖《郝康仲先生著书目》及兰皋父《郝梅莘先生著书目》，为郝氏家族的学术提供了备考资料。我在撰《林则徐年谱》时，并未视附录为狗尾或附庸，而是作为规划全书编纂中的一个重要组成部分。《林则徐年谱》共有附录四种：

一为《谱余》，这是为编写《林则徐年谱》搜集而未收入本谱的资料，有一

---

① 谢章铤：《课馀偶录》卷三，见《赌棋山庄集》。
② 冯桂芬：《林少穆督部师小像题辞》，见《显志堂稿》卷一二。

定的参证价值或可供谈助者，共分五类：第一类是未收入《文钞》的文章、联语等逸文；第二类是逸事；第三类是为林则徐所写的题跋、挽文、挽诗、挽联及祠堂记等；第四类是对林则徐的评论；第五类是与鸦片战争有关的文献。这些资料大都采自笔记杂著，为人所少涉及者。

二为《林则徐出生时有关人物简况》，凡出生在林则徐以前，难以系入本谱，而日后又和林则徐发生各种关系的人物，择要录入，略述其简况，借以明林则徐的人际关系。

三为大事索引年表，按年择系大事，注明书页，以便检索。

四为征引书目，有林则徐的著作和手迹、林则徐的传记、与林则徐有关人物的年谱、官书奏议、地方志、诗文集、资料汇刊、笔记杂著、近人著作、外人著作及近人论文等共达 229 种，既增加征信程度，又可供读者按图索骥。

如此五端，年谱的编纂体例大体完备。

原载于《辞书研究》1989 年第 3 期

清代笔记与《清人笔记随录》

一、说笔记

笔记之体，始于汉魏，兴于唐宋，盛于明清。笔记的特点，内容为"杂"，形式为"散"。故历代著录多入杂家与小说家。

《隋志》入《风俗通义》于杂家，入《世说新语》于小说家。《宋志》入宋祁《笔录》（《四库全书总目》子部杂家类四著录《笔记》三卷，即此书）于杂家，入释文莹《湘山野录》于小说。《四库全书总目》于杂家、小说家之下，又分多属，如杂家类入《容斋随笔》于杂考之属；入《梦溪笔谈》《居易录》《池北偶谈》于杂说之属；入《韵石斋笔谈》于杂品之属；入《钝吟杂录》于杂编之属；而《天香楼偶得》《天禄识馀》则存目于杂考；《冬夜笺记》《筠廊偶笔》则存目于杂说。其小说家类，"凡里巷间谈词章细故者"，如《清波杂志》《癸辛杂识》等均属于记录杂事之属。他如《今世说》《陇蜀余闻》则存目于杂事之属；《板桥杂记》《簪云楼杂记》则存目于琐语之属。后此著录大体遵四库成规。

笔记的类别，据刘叶秋《历代笔记概述》一书，大致分为三类：即小说故事类、历史琐闻类和考据辩证类，尚未摆脱混同笔记与小说的痕迹。又王多闻在其笔记杂说中分为杂记、杂说和杂考等三类。则已摒除志怪及传奇等小说家言而存笔记之真实含义。

历代笔记数量尚无确实查考，而清代笔记数量，则确已超越前代。《听雨轩笔记》跋中曾云："康熙间，商丘宋公漫堂、新城王公阮亭，皆喜说部。于是海内名士，人各著书。今汇集于《昭代丛书》初二两集者，不下数百种，较之前明百家小说已倍蓰矣。"若再增入其他丛书收录本及单行本，则其数量必相当可观。所谓笔记至清而极盛，信然！

这些笔记虽体例不一致，价值有高下，但有论有叙，或庄或谐，各有所取。更由于笔记多是作者兴之所至，随笔而写，情意率真，较少做作，故多清新可读。有的甚至是脍炙人口的上乘佳作。尤为可贵的是其中保留了若干真实的历史资料，可补正史之不足。这样一笔数量众多、内容丰富的文化遗产，理应受到人们，尤其是清史研究者的重视，并作为重要的史源加以开发利用。

二、说清代笔记

清代笔记既有较长发展的历史基础，更有大量的储存可供开采，可惜相沿为传统观念所宥，视笔记为丛残杂书，使它长期遭受漠视。即使有读者，也不过以之作遣兴谈助，而真正作为史源大量采撷者，尚不多见。这笔遗产究其蕴藏量若何，一时尚难做出近似估计。但仅就我历年经眼的近四百种清前期笔记中，可供论述史事的史料，殆过千条以上。我曾据此撰文五篇（《清代前期的商业》《清代前期的商人和社会风尚》《清代前期地主阶级结构的变化问题》《清代前期江浙地区的饮食行业》《从〈阅世编〉看明清之际的物价》）。除此之外，还有许多涉及各个方面的有价值史料，特摘取若干条，以作例证。

1. 政治史料

清朝入关建政后，对东南汉族缙绅地主，采取裁抑政策，屡兴大狱。哭庙、奏销、通海诸案，无不对此而发。王家桢《研堂见闻杂记》、董含《三冈记略》、叶梦珠《阅世编》及陈鸿《莆变小乘》等均有所记，如顺治十八年"奏销案"起，部文至闽，"钱粮欠二两者，绅衿解京定罪"（海外散人《榕城纪闻》）。康熙初除严刑追比外更辱及人身，江苏长洲县令彭某制纸枷、纸半臂，"使欠粮者，衣而荷之，有损则加责罚"（褚人获《坚瓠四集》）。雍正时仍在汇追旧欠，"凡系旧家，大抵皆破"（黄印《锡金识小录》）。

清代吏治腐败，残民以逞，苛索勒征等事，笔记记其为害之烈独详。姚元之《竹叶亭杂记》、屈大均《广东新语》、徐昆《遁斋偶笔》、王应奎《柳南续笔》、杨光辅《淞南乐府》、许仲元《三异笔谈》等，无不有具体记述，足备史征。

典制为政治生活中要务，其掌故细节，非求之笔记不可。王士禛《香祖笔记》、彭邦鼎《闲处光阴》、昭梿《啸亭杂录》、福格《听雨丛谈》、陈康祺《郎潜纪闻》及《燕下乡脞录》、英和《恩福堂笔记》、继昌《行素斋杂记》、方濬师《蕉轩随录》等等，均有较多有关典制条目，为一般政书专著所不及。

2. 经济史料

土地所有制为封建经济的基础，欲知占有土地之巧取豪夺手段及经济地位之升降等细节，即需从笔记中求索。黄印《锡金识小录》、叶梦珠《阅世编》记置田弃田之心态变化。王家桢《研堂见闻杂记》、谈迁《北游录》等论世家之沦落。

物价是经济生活中的重要问题，一些记载失之于笼统，往往多作"物价腾踊"等文人之笔，而笔记中则记载具体，颇可采择。叶梦珠《阅世编》记清初上海、华亭、南汇等县十余种生活必需品和手工艺品的物价极细，并以比较各年的价格升降，来论断顺、康时期的土地和民生状况。农业经济中商品经济的发展趋向，在王士禛《香祖笔记》、阮葵生《茶馀客话》、柴桑《京师偶记》和钮琇《觚賸》等笔记中均有所记。关于手工业经济的记载当推屈大均《广东新语》为最，范围既广，描述亦详。举凡铸铁、酿酒、制陶、织葛及制纸诸业，均有详细记载。许多特种手工业常被漠视，而风土笔记中保存甚多。如周生《扬州梦》记扬州漆器、周亮工《闽杂记》记福建五种工艺绝技皆是。

3. 社会史料

社会各阶级、阶层生活状况与社会风尚，其他著述多言及地主与农民之大者，而于城市居民则一般言之不甚确切。笔记中则明载其具体情况，如佚名《燕京杂记》记京师开业医生，范祖述《杭俗遗风》记杭州锡箔工、缝洗工、厨司、埠夫等，李斗《扬州画舫录》记厨行承办宴席情况，尤为具体详尽。顾禄《清嘉录》记苏州穷苦居民，无一技之长，常在玄妙观为人"装水烟为生，逢人支应，以些少钱回赠之"。

游民为重要社会问题，一般注意穿州过县游民群活动，而于其谋生方式则较少注意。严如熤《三省山内杂识》记川楚边界棚民生活方式颇详。李斗《扬州画舫录》、顾禄《清嘉录》等记扬州、苏州等地说唱、杂技、优伶、娼妓、地棍、流氓、乞丐、驿卒等游民层的营生。至于社会风尚，随着社会经济状况的变化而与前有所不同。董含《三冈识略》记绅商关系的变化，张宸《平圃杂记》之记生活俭奢变化等。

4. 文化史料

考据辩证类笔记是清人笔记中大宗，这些著作都是学者考订文字、注释名物之作，对文献研究提供了方便。沈涛《交翠轩笔记》《铜熨斗斋随笔》及《瑟榭丛谈》等作都是考订古籍及读书杂录。另有一种是兼及传闻掌故与社会生活的杂考之属，如高士奇的《天禄识馀》、王应奎的《柳南随笔》正续、梁恭辰《池上草堂笔记》、毛祥麟《墨馀录》等对事物原始，方言俗语，小说戏剧，均有涉及。至于社会一般文化生活，如戏班、戏园、伶人等逸闻往事，则多自笔记中搜求。梁绍壬《两般秋雨盦随笔》之记京师四大戏班，张昀《琐事闲录续编》之记伶人余三盛，甘熙《白下琐言》之记南京戏班艺人之绝技，陈作霖《炳烛里谈》之记南京戏园，倪鸿《桐荫清话》之记广州戏园等。

上述四方面的史料，仅为掇拾示例，借以明笔记史料之价值，用以诱发学者挖掘此一遭漠视之史源，非敢妄言笔记史料地位之超越其他。

三、说《清人笔记随录》

我少时好读杂书，其间以读笔记为大宗。因其内容为杂，形式为散，既可以其涉及广阔而开拓眼界，又可以其各自成段，篇幅不长，便于随读随放，而得怡然读书之乐。每读一种，辄以小笺考其撰者生平，录其序跋题识，括其要点卓见，论其评说得失，甚者摘其可备论史、谈助之片段，时有所获，不禁瞿然而喜。固非若读正经、正史之需正襟危坐，全神贯注，久而乃有肩山石压之苦。我以专攻于有清及近代史事，乃于课余，不时浏览清人笔记，历时十年，时读时辍，积数当在百余种之谱。二十世纪五十年代之初，执教南开大学，口讲指画，间引笔记史料，颇增课程情趣，乃决意整理散笺成文，以求广为人用。又经十年，整理提要近百余篇，其有关学术、典制、人事、风情、传闻、异说、物产、奇技，无所不包，几如身入宝山，目不暇给。文稿装成二册，敝帚自珍，视若珍宝。不意"文革"之火骤起，各种积稿尽付一炬，痛心疾首，情难自已！深惟手脑尚健，残笺幸存，遂默祷上苍，誓以有生之年，重整成书。1970 年代之初，奉命躬耕津郊，乡居四年，每于农隙，整理残缺，次第恢复旧稿，先后再成《近三百年人物年谱知见录》《林则徐年谱》二书，并新撰《古典目录学浅说》。1980 年代之初，国运振兴，百事入轨，遂于公私猬集之余，再次修订各稿，并获梓行。1980 年代之末，乃着手重修笔记提要之作。并以《北游录》一篇居首，以谈迁重纂《国榷》之志自勖。

旧箧所存随手札录之笔记残笺，尚有百余种。其中以清人笔记为主，而以清前期者为多。其纯为谈奇说怪，因果劝诫之作，如康乾时史震林所撰《西青散记》四卷，主要记仙子临坛乩语，多荒诞不伦；乾隆时沈起凤所撰《谐铎》十二卷，所记不外因果报应，善善恶恶之说；同光时宣鼎所撰《夜雨秋灯录》三集共十二卷，内容多说因果报应，神怪诡异，歌场奇遇，娼女韵事等，均与征史论事无补，虽有成稿，亦皆屏而不录，尚得百种有零。于是略循向、歆遗规，每种一文，记述撰者生平，内容大要，有关序跋，备参资料，版本异同等。其一人多种，皆附一人名下，全书所收作者，上起生于明而卒于清者，下止生于清而卒于民国，而需其所著成于清者。排次以撰者生年为序，其难定确切生年者，则列于有具体生年者之后，而以姓氏笔画为次，俾读者能按人求书，因书究学。至世纪之末，旧稿并新增，整理成篇者，达二百有零，约近五十万字。若待竭泽而渔，势所难能。且年登八秩，体力就衰，一时难有增益。于是近一年之力，通阅全稿，详加编订。因所记均为清人，而体例又为随手札录成篇，故定名曰《清人笔记随录》，谋付剞劂，一以了五十余年经营之愿，二以供学人翻检之需。如天假以年，定当依次撰文，续编成书，仿容斋遗意而将以二三编为序，则此编当可膺"初编"之实。

历年翻读笔记，时见有可备证史之社会经济史料，颇足征信。乃随手札录，积存若干。及《随录》编成，窃惟所录史料未可货弃于地，遂去芜删繁，辑成《清人笔记中社会经济史料辑录》，赘于《随录》之后，或可备使用者节劳增寿，亦不失学以为人之道。

是书着手之始，中华书局何英芳女士与崔文印先生，曾频予鼓励，并面约此稿。迫本世纪之初，书成之际，又得柴剑虹先生大力推动。惟当时中华书局当轴醉心时尚，传统旧学一时尚难入选。转瞬二年，人事变幻，旧规重光，《随录》乃得古籍二部冯宝志主任青睐，入选计划。老友崔文印先生，复自承责编之任，助成其事。

南开大学校友、南京师范大学学报编辑部副主编陆林先生于百忙中为通阅全稿，多所订正。老友戴逸教授高年事烦，为本书撰长序，均感厚谊。区区拙作，乃承多方相助。特致谢意！

四、一点自纠

从事著述，总希望自己的著作完美无缺，能给人以裨益；但往往在成书以后，又不断发现错漏，引致自己的无尽悔意，始知古人不轻付枣梨的谨慎。《清人笔记随录》尽数十年积累之功，垂暮之年，整理成书问世，内心喜悦，难以言喻。而各方鼓励之词，益增快慰。直谅多闻之友，虽时有指疵摘瑕，亦多婉转陈说。持书循读，确有字句错讹谬误之处，心怦怦然，而最不可谅者，则为叙事缺漏与论述悖迕。静夜深思：个人得失事小，贻误后来事大，若隐忍不发，希图蒙混，则中心愧怍，而有负读者，遂决然举二例以自纠。

其一：《永宪录》条（页 248），原著录萧奭著。有友人指出当作萧奭龄，并告以此为李世瑜学长在《有关永宪录的几个问题》（《中国历史大辞典通讯》1983 年第 3 期）中所披露。该文称：北京大学图书馆藏有原为李盛铎保存的抄本，内容比中华书局印本多出十几万字。作者名为"萧奭龄"，印本题作"萧奭"，有脱字。此为我读书未遍之病。

其二：《南江札记》条，页 261，我写了如下一段文字："札记卷四《辩后出师表》之非伪，与时人伪作之说相歧。今人卢弼《三国志集解》引何焯非伪之说，即为《南江札记》之文。何氏不注邵氏之说而以为己说。卢氏博学，何能未读《札记》而为何焯所欺"。此段文字大误，何生于 1661 年，而邵氏则生于 1743 年。何先邵后，相差八十余年，而我妄凭记忆，错下结论，以致后先颠倒，混淆是非。我于平日多次告诫学生：勿恃记忆，应勤于翻检。而自己高年成书，记忆本已减退，而我未能身体力行，着笔时仍不能细加查对，贸然论事，致铸大错，以深感汗颜。不意有友人竟以此条誉我读书之细，实令我无地自容，幸有他人指出此段文字，生年颠倒，论述有误，应删除其说。此不仅为自己有误，更以己误而厚诬何、卢先贤，则罪疚更深。

即此二例，使我深感学问之道，万不可掉以轻心，少有疏懒，即铸大错，更不得以高年目眇为自辩，特自纠如上，并向读者致歉。

二〇〇五年八月挥汗写于南开大学邃谷，时年八十三岁

原载于《社会科学战线》2006 年第 1 期

关于《溃痈流毒》的几点考证

一、缘起

几十年前，我在一所高校教"中国近代史"，"鸦片战争"是该课的第一讲。我除了以（道光朝）《筹办夷务始末》为主要依据外，还想有更多以前未多涉及的史料。1954 年，《中国近代史资料丛刊·鸦片战争》六册由神州国光社正式出版，我购得后详加批阅，在第三册（页 337—352）我读到《溃痈流毒》"选辑本"。又在第六册《书目解题》中，找到《溃痈流毒》的提要，对该书有了初步了解。但有若干疑点。当时只留下一点简要的记录，加上连年坎坷，这事就此搁置。直到本世纪初整理旧物时，偶然发现这些记录，于是先把它写成一则《溃痈流毒》的简单提要，收入我所著的《清人笔记随录》中。接着我了解到传本除《选辑本》外，美国国会图书馆和上海图书馆都有藏本。2005 年在北京参加古委会召开之会议，与美国国会图书馆的居蜜博士相晤，谈及《溃痈流毒》一书。居蜜博士慨然允以全书复印本相赠，并邀我整理点校，正式出版，我即允诺。未几，即自广西师范大学出版杜转来美国国会图书馆所藏《溃痈流毒》复印本，并附有该书提要目录。憾以公私丛杂，未能及时着手，以致该书置之高阁，几近遗忘。直至 2014 年春，整理旧藏，始发现该书尚延搁未著一字，愧对旧友！现虽年逾九十，神疲目眊，而复印稿亦己字迹模糊，进行尚有困难，惟既承诺于前，何可爽约？乃决定以垂暮之年，尽生前二三年之力，完成整理点校工作，以报老友。

二、辑者

读一本书首先要知道作者的姓氏、籍贯、学历、仕历、著述，更希望了解写这本书的缘由。我最初读《溃痈流毒》"选辑本"，作者署"不著辑人"，只在第一条后著"鹤间识"三个小字；其《书目解题》亦题"不著辑人姓名"，惟提要称："文件后常有鹤间评语，亦称鹤间居士，当系辑者别号。"此说不准确，"选辑本"仅有二处"鹤间"字样，而非"常有"。后偶检道光后《华亭王氏族谱》，见附有《鹤间草堂主人自述苦状》一卷，系王清瑞自谱。其中道光二十二年条记称："六月，和议成，逆夷兵船始退出。"其下以双行小字自注称："余辑《溃痈流毒》一书，详载始末。"又《自述苦状》后附姚椿长诗一首，中有句云："《溃痈流毒》谁所为？嗟尔载编空激切！"其下有双行小注称："君辑《溃痈流毒》一书，详载唉夷反复事"，则《溃痈流毒》之辑者，当为《自述苦状》之谱主无疑。

据《自述苦状》所记，谱主王清瑞，字辑之，后改名王清亮，字慕筠，初号省斋，又号心萱，自号鹤间草堂主人，江苏青浦人，乾隆五十三年（1788）生，无卒年。《自述苦状》记至道光二十七年（1847 年，六十岁）止，谱主一生以游幕为生，曾纳赀任河南南阳县丞。其《自述苦状》记一生失意遭遇较多。所书自号与"选辑本"所署"鹤间识""鹤间曰"等名号正相吻合，则《溃痈流毒》辑者当可定为王清瑞即王清亮。后我据此为《溃痈流毒》写成提要一则，收入《清人笔记随录》（中华书局 2005 年版，页 354）中。美国国会图书馆居蜜博士也将辑者生平写入提要，特别是披露我发现辑者为王清亮一事。居蜜博士尚以无卒年为不足，又查阅到陈澹然所著《江表忠略》卷十五所记王清亮生平事迹称：

> 王清亮者，青浦人也，官南阳典史，岁饥作糜饲饿夫，为梁惠行道，囚病躬治焉。既归，青浦陷，望阙叩头，仰药死，于时清亮已七十矣。（页10b）

居蜜博士据《江表忠略》享年七十下推，定其卒于咸丰七年（1857）。为近一步证实，我又检《松江府续志》卷二十五《古今人传》本传云：

> 王清亮，字慕葛，青浦人，官河南南阳典史，筑南关白河石坝，建桥以便行旅。岁饥煮粥活饥民。南阳俗：幼孩将死，父母举刀斫之，谓恶其再来也。清亮请邑令严禁，俗乃革。复将弃死孩埋之。致仕归，居佘山，终岁不入城市。与姚椿、何其超交最契。咸丰十年五月，贼陷郡城，从容作《绝命诗》一章，端书数纸，分贻友人，乃沐浴表冠，望阙叩首，仰药死，年七十三。

此记卒年有异，一作七十，一作七十三，究以何者为近实？观二书所记，

《松江府续志》所记比较具体，且有太平军攻入府城年月，对其卒年七十三，语意肯定可信。而《江表忠略》所记卒年有揣测语气，可理解为七十多岁之意。我意当以七十三为享年，而不取《江表忠略》之说。

如此，《溃痈流毒》辑者生平，可得其大概矣。

三、传本

我所见《溃痈流毒》传本有三。最早是 1954 年见到神州国光社版《中国近代史资料丛刊·鸦片战争》第三册中的"选辑本"，据第六册《鸦片战争书目解题》称此本是"张元济先生托人自日本抄回，捐赠上海合众图书馆"者，共四卷。原藏合众图书馆，今转藏上海图书馆。托人抄回说不确，因我曾在上海图书馆读过《溃痈流毒》传抄本，该书首页前半面空白页上即有日人内藤虎亲自用毛笔题识云：

> 原本系京都府立图书馆所藏，余尝语汪穰卿舍人，以其有益鸦片战役史事。穰卿欲任印行，余为录副二分，未成而穰卿即世。后以一分贻罗叔言参事，今以一分奉赠菊生先生，先生能为我印行此书以成穰卿未竟之志乎！

> 庚午九月　虎

"虎"为日本在华大量淘书之"学者"内藤虎次郎，庚午当为 1930 年（民国十九年），穰卿为汪康年字，维新派人士，曾主编《时务报》。穰卿卒于宣统三年（1911），则内藤抄书当在穰卿去世前后。后以一份赠罗振玉（字叔言）。又以一份赠张元济先生，即题识之庚午年。"沪本"首页大题前有张元济先生题识一行：

> 书为日本内藤虎次郎所赠，恐今后无以慰两死友之望矣。菊生

菊生为张元济先生字，此书即内藤庚午年（1930）所赠。大题下脚钤有三颗藏章，一为"上海图书馆藏"小型方章，一为"合众图书馆藏书印"长方形小章，二者皆为阳文，最下一颗是"张元济印"阴文方章。此书为纸捻四眼装，共四册，每册一卷，以元、亨、利、贞为序，册各一卷。简称"沪本"。

2005 年我在京与美国国会图书馆居蜜博士相晤，谈及《溃痈流毒》一书，居蜜博士慨然允赠全书复印本，是传本中最完整者，即"国会本"。尤可贵者，

为所附来该书提要目录。该传本书尾也有内藤虎题跋，但内容与"沪本"不同。
"国会本"题于明治四十五年（1911），"沪本"则题于民国十九年（1930）。"国
会本"内容清楚，为赠罗振玉者；"沪本"内容仅言为符汪康年生前愿望而赠张
元济者。兹录"国会本"内藤跋全文，以与"沪本"题识对照云：

> 此书六册，清国传抄本，藏于京都府立图书馆。盖鸦片乱时，鹤间居
> 士者汇录公牍而成，与《中西纪事》《英夷犯境见闻录》各书可互相发明矣。
> 前数年余佣书手抄录二通，今以一通奉叔言先生赐存为幸。内藤虎
>
> 明治四十五年二月

内藤二题识，显然不同。"国会本"跋文交代清楚，言此书原为中国藏本，
后被日本掠取或淘取，入藏在日本京都府立图书馆，共为六册，系明治四十五
年前，即清末，佣书手所抄。所抄有二通，即以其一赠罗振玉，另一通未著下
落。"沪本"题识称，内藤虎曾为汪康年欲印行该书而于清末民初为录副二分，
未成而穰卿（汪康年字）逝世，乃以一通于明治四十五年（1911）2月赠罗振
玉，1940年9月14日入藏美国国会图书馆，或即罗藏本，即今存全貌之"国
会本"，后经二十年，另一通又于庚午九月（1930）赠张菊生先生（元济），求
其出版该书以实现汪康年希望印行该书之意愿，但"沪本"目录为四册四卷，
与"国会本"跋尾明言六卷六册相异。内藤虎既言同时传写二本，何二书有卷
数不同，而"沪本"题识又不言卷册数。可能赠罗本即"国会本"，为全书。而
赠张元济先生本即"沪本"则为选抄本，故"沪本"题识只能含混言之。由此
断定，"国会本"与"沪本"非同一内容，亦非同时抄录二本，内藤虎于此又施
其狡狯矣。

据上所述，《溃痈流毒》共有四种传本：

1. 入藏日本京都府立图书馆，即内藤于"国会本"跋尾所云"此书六册，
清国传抄本，藏于京都府立图书馆"者。我未获见此本。

2. 美国国会图书馆本（简称"国会本"），原系内藤虎于1911年抄赠罗振
玉者，为六卷本。1940年9月14日入藏美国国会图书馆，疑即罗振玉藏本。
2005年居蜜博士赠我此本复印本，为完整本。

3. 上海图书馆藏本（简称"沪本"），我曾在该馆见过此本，前有内藤卷首
题识，自言与赠罗本同时抄写，但检阅其目录，则为四卷四册。题识中更明言，
原为应汪康年欲印行之求，而在汪逝后传抄二部，分赠罗振玉与张元济先生。
二书跋同出一人之手，而所言相异如此之大，不知内藤是何用意。而丛刊第六

册《鸦片战争书目解题》则称"此书中土久无传本，为日本人内藤虎藏，有抄本。多年前，张元济先生托人自日本抄回，捐赠上海合众图书馆，于是中国复有其书"。内藤及张元济先生二题跋均言为内藤所抄赠，当非虚语，《解题》所云"托人自日本抄回"之说纯为臆测信笔之言，不足为据。

4. 1954 年神州国光社版。中国史学会编印《中国近代史资料丛刊》，其第一辑《鸦片战争》第三册即据"沪本"选辑，仅有文件及附录等共十件，而其第六册所收之《鸦片战争书目解题》所据为合众图书馆藏本，即"沪本"，解题著称"此书凡四卷，共收有关鸦片战争的文件 102 件"不知何据。

四、编次

我所见传本有："国会本"最全，"选辑本"最简，而各本编次又有所差异。

1. 京都本应是美国国会图书馆传抄所据底本，二本当相同。"国会本"提要著录：六册，线装，1 函 6 册，卷各为册，每册一卷。叙其编次甚详云：

> 卷一含《鸿胪寺卿黄爵滋请严塞漏卮以培国本疏》等奏折 10 篇，时间为道光十八年闰四月。卷二含林、邓、怡合奏《英夷呈交鸦片，虎门、海口会同验收折》等奏折 14 篇，时间为道光十九年前后。卷三含护广督怡良奏《师船奉撤归营被夺及英夷又有枪船寻衅折》等奏折 16 篇，时间为道光二十一年前后。卷四含钦差裕谦又奏《防堵情形折》等奏折 6 篇。《谢伊里布、琦善及各省督抚旨》等谕旨 5 篇。另附录杂记、书信、日记等若干则。奏折及谕旨时间为道光二十一年前后。附录则稍早。卷五含《林尚书家信摘录》《粤东感事十八首》、闽督颜伯焘奏《逆夷闯入厦门折》等奏折 15 篇，时间为道光二十一年前后，卷六含浙江巡抚刘韵珂奏《乍浦夷船全数退出折》等奏折 12 篇，《谕琦善、奕经、文蔚革职闭门思过旨》1 篇，附录书信、传记、诗文若干则。全书之末有内藤虎跋文。

合计提要中所著篇数为 79 篇，加所附杂记、日记、书信数 38 则，共 117 篇则。

2. "沪本"基本情况前已述及，兹不赘述。该本四册四卷，编次以元、亨、利、贞为序，经查目录，卷一奏折 13 篇，附记奏折 1 篇。卷二奏折 28 篇，杂记 8 则。卷三谕旨 5 篇，奏折 13 篇，附录 5 篇。卷四奏折 19 篇，附录 11 篇。总和 73 篇。

3. 选辑本,《中国近代史资料丛刊·鸦片战争》第三册页 337—352,共 16
页,不分卷分册,仅选辑 10 篇,亦非奏折与谕旨,而多系各本中附录文件,但
有较高史料价值。又第六册收《鸦片战争书目解题》一则,系据"沪本"所写。
言此书所录文件云:

> 书中所录以上谕、奏折为主,约居全书十分之九。此等奏折除少数例
> 外,俱已见《筹办夷务始末》,但《筹办夷务始末》所有奏折俱经删节,此
> 犹存其全文,足资参考。奏折以外附录之文件,极为有用。今择要收入本
> 书。

所言近实,可资参考。

五、结论

综上所述,写《溃痈流毒》提要一则,以代结论。

《溃痈流毒》 清王清亮(原名王清瑞)辑,原稿本未见。另有美国国会六
卷本、上海图书馆四卷本及《中国近代史资料丛刊·鸦片战争》"选辑本",均
为传抄本。各传抄本所收文件及编次均有差异,当以美国"国会本"为最佳。

撰者王清亮字辑之、慕筠,号省斋、心萱,自号鹤间居士,江苏青浦人,
纳赀任河南南阳典史,多行善政。致仕归,居乡不入城市。咸丰十年,太平军
陷青浦,仰药死,年七十三岁。鸦片战争时曾辑录有关文件,成《溃痈流毒》
一书,可供研究者所需。其《族谱》中,载有《鹤间草堂主人自述苦状》一文,
即撰者自谱。《松江府续志》及《江表忠略》均有传,记其生平。

《溃痈流毒》所收为鸦片战争时奏折、谕旨及杂录等文件,多未经删节,有
参考价值。以美国国会图书馆六卷六册本为完整本,国内有复印本,另上海图
书馆有四卷四册本与"国会本"所收文件有差异。另"选辑本"选篇甚少,难
餍读者需求。

提要一则,仅择其要,是否有当,尚祈读者教正。

原载于《中华读书报》2014 年 2 月 26 日

一部域外珍善汉籍的流传图史

——题《美国图书馆藏宋元版汉籍图录》

　　几年前，北京大学古文献研究中心的几位同事，选定了一个科研题目——到美国调查国会图书馆以及六所高校图书馆馆藏的宋元版汉籍，并摄其书影，编成一部《美国图书馆藏宋元版汉籍图录》，为学界人士增一津筏。与此同时，邀我担任该项目的学术顾问。我虽在青年时代攻读过"版本目录学"这门课程，但后来的几十年，这门学问几乎近于被禁锢，其珍善本图书多以不是理由的名目被"专藏"，难以借阅。因经眼者日少，遗忘者日多，所以乍闻其事，有点惶恐，不敢应允；但参与者多为熟识旧友，又是在同一杆大旗下共事的同仁，难以推却，只好应诺，内心则以"顾我则笑，问道于盲"自解。

　　图录是著述的一种体裁，在书文化的传承中有一定地位，传说中的"河图洛书"颂赞图书优美曰"图文并茂"，1973 年在长沙马王堆出土文物中的汉初长沙国深平防区的地形图、驻军图和城邑图等，都以"图"居主要地位。随着文字逐渐发达，图遂渐退于次要地位，成为文字的陪衬，以致沦于附庸地位。上世纪末，已故林申清先生所撰《宋元书刻牌记图录》（北京：北京图书馆出版社，1999 年），使读者目见珍善图书牌记款式，图录一体渐为人所瞩目。近年以来，以"图录"形式出版的专书渐多，如《灵兰集萃——中华珍贵医药典籍展图录》（北京：国家图书馆，2011 年）就是一部收录六十多种珍贵医药典籍书影的图录。特别是在国家古籍保护中心的组织与推动下，"图录"的出版似乎有了上升趋势。特别是古籍，除了以再造古籍的方式增加珍善本古籍的数量以便利读者外，为了人们能经眼古籍的真面目，各省、市多编印图录性质的专书，如山西的《珍贵古籍名录图录》收书八十八种，天津的《馆藏珍贵古籍图录》（北京：国家图书馆，2012 年）收书三百余种，皆以收录珍善古籍书影为务，使千里庋藏，如置案头，岂非快事。惟所遗憾者，其所录仅限国内，而流传域外者则只能望洋兴叹而已。晚清黎庶昌出使日本时，曾以两年之功，搜求流日汉籍，刻书二十六种，成《古逸丛书》二百卷，携之归国，时称盛事。近年，严绍璗先生成《日藏汉籍善本书录》（北京：中华书局，2007 年）、范邦瑾先生撰《美国国会图书馆藏中文善本书续录》（上海：上海古籍出版社，2011 年）及沈津先生撰《美国哈佛大学哈佛燕京图书馆中文善本书志》（桂林：广西师范大学出版社，2011 年）等多种著作问世，利便学者不浅，但均为以文字记录之书录而少图录。北京大学古文献研究中心诸同仁，有鉴于此，乃定议派专人亲赴美国调查，著成《美国图书馆藏宋元版汉籍图录》一书，以补缺项。

《美国图书馆藏宋元版汉籍图录》以图录为主，并附简要说明，既开未有之局，又能亲见原书面貌，二美俱，令人兴奋。我循读全稿，可得五点：

其一，撰著队伍为团队与单兵相结合方式。其事首由安平秋教授统筹规划，指挥全局，以曹亦冰教授为主编，亲临其事。又由卢伟、杨海峥、顾永新诸先生分别负责各馆。如此，既能互通声气，相辅相成；又可专注一点，不受牵制。遂成顺利推进之势，此或可为组织集体项目所借鉴。

其二，调查搜寻范围较广。本书调查对象为美国国会图书馆及哈佛大学哈佛燕京图书馆、普林斯顿大学葛思德东亚图书馆、耶鲁大学东亚图书馆、柏克莱加州大学东亚图书馆、哥伦比亚大学东亚图书馆、芝加哥大学东亚图书馆等六所大学图书馆，共搜得美国所藏宋元汉籍一百四十三种（除宋、元版外，其中尚有辽、金本各一种），几近全部（有某书著录较此多十八种），可称搜罗殆尽。

其三，书影摄制，精致明晰。图录重在书影，而书影又以选书页为首要工作。本书各类书影，无残缺页，而所选多为首尾页及两卷衔接页，则版式、大小题、藏章、牌记、刻工、书法等项，均可一览而得。一页之摄，必刷多张，以备优选，是以图录无模糊失真之虞，得信而可征之效。

其四，图录所附说明，文字简约，所述甚备而不夺图录主位，可见编者字斟句酌之功。通过说明可知图录之版式、版框长宽、行格、图书流转、藏章、装帧和海内外收藏处、版本异同等项，使读者如见原书。这些说明对版本校勘、珍稀本、遗佚本状况，考察名人鉴定等，均有重要参考价值。

其五，征引繁富。本书非仅以调查所得成书，而是对每幅图录均统观原书，参阅海内外有关版本之名家名著，如陆心源、叶德辉、傅增湘、王重民、屈万里、李际宁、沈津、严绍璗及居密等人有关专著，均有涉及，既增加本书的学术含量，更便于读者利用。

上述五点，不过为我一得之愚。进而言之，这本图录所产生的更大影响，在于开拓"图片文献"的新道路。这些图录不仅可存真，并编成一本珍善本汉籍照片集，更重要的是它将成为一种"图片文献"的应用体现，能与"文字文献""数字文献"鼎立为三。以我陋见，这就是一部域外珍善汉籍的流传图史。它摆脱了以图片从属文字的陈规，对历史诠释具有独立价值。

　　本书编纂诸君，历六年辛劳，成此图录。这一图录将成为以图为主阐释版本流传史的首创之作，亦对在中国文史学界，建立"图片文献学"有所启迪。我于本书，忝陪末座，无所建树。惟望古文献研究中心以此为起点，对日本、欧洲等域外所藏宋元汉籍，相继做更多编制图录工作，并逐步建立"图片文献学"这一独立学科，达到"以图解史"的目的，我将以余年翘首以待。

　　　　二〇一二年初伏三日挥汗写于南开大学邃谷，行年九十岁

　　原载于《美国图书馆藏宋元版汉籍图录》，曹亦冰、卢伟主编，中华书局2015年版

四　其他

为"智者不为"的智者

——为陈垣师写真

我在入辅仁大学前就读过陈垣师的《史讳举例》等专著,用过《二十史朔闰表》。虽然对著者心向往之,但一直没有瞻仰风采的机会。真没有想到,当我升入大学二年级时,竟然有幸面受当时学术界号称二陈(另一是陈寅恪先生)之一的陈垣老师的教诲。那时,陈垣师已年逾花甲,但依然精神矍铄。我应算是他的晚期弟子,在学期间先后听过陈师讲授"中国史学名著评论""中国佛教史籍概论""史源学实习"等课程。

陈师学问的广博深厚,久为学术界所公认。他自谦是"专重考证,服庸嘉定钱氏"。这只是表明他从乾嘉清学入手,具有坚实功底,而并非其学问的极致。从他在抗战时期的一些著作看,可以证实他是从专注文献达到阐发思想的高度的。他的短篇札记,如《书全谢山与杭堇浦论金史第四帖子后》《书全谢山先侍郎府君生辰记后》等篇,都是借题发挥来表达爱国之情的。他在四十年代所写《明季滇黔佛教考》和《南宋初河北新道教考》二书,明言道佛,实抒胸怀。而于字里行间可约略得其微言,如前篇说:"明季中原沦陷,滇黔犹保冠带之俗",后篇更慷慨其词说:"呜呼!自永嘉以来,河北沦于左衽者屡矣,然卒能用夏变夷,远而必复,中国疆土乃愈拓愈广,人民愈生而愈众,何哉?此固先民千百年之心力艰苦培植而成,非幸致也。"1957 年,陈师在为二书重印所写后记中就明确地揭示出写二书的真实意图。写滇黔佛教是为表彰明末遗民的爱国精神,民族气节;写南宋初河北道教是因河北相继沦陷,自己又备受迫害,所以要阐扬这些抗节不仕的道士,以表明自己隐于教会大学的隐衷。这才是陈垣师"专注考证"的真谛所在,而最为集中表达这种真谛的专著莫过于《通鉴胡注表微》。陈师辑胡注精语七百数十条,撰为二十篇,借胡三省的概叹议论,抒自己肺腑的爱国热诚。此书之成,虽示后学以考证抉微的窍要,实则为陈师的一部思想专著。

陈师不仅是位大学问家,更是一位大教育家。他以大学校长之尊,仍然像普通教授一样，担任几门课程，达到现在一般教师满工作量的标准。他教学极其认真，一丝不苟，而且深谙教学方法。他授课时不像有些知名学者那样，天马行空，不着边际，也不炫奇逞博，使学生感到高不可攀；而是踏踏实实，循循善诱，使学生由浅及深，自然地走进学术之门。当时一些有名教授不大喜欢批改作业，陈师则认真仔细地批改，他曾在我的一篇作业上批改过几个错别字，其中有一个"本"字，我不经意地在一竖下面随手往上一勾，陈师就在这个字旁打了个叉，并加眉批说："本无勾。"时经半个世纪，我每写"本"字时，还格外注意，犹如陈师仍在耳提面命。他布置作业只发一张红格作文纸，多写不收。我曾耍过小聪明，在一行格内写成双行小楷，结果被发回重作，并告诫我：只有能写小文，才能放开写大文章。陈师还和学生一起写作业，然后把自己的和学生的作业并贴在课堂墙上做比较性示范，使学生们不仅仅叹服陈师功底之深厚，也从中学到如何写考据文章的法门。

大学者往往不屑做为他人服务的学问，包括像编工具书这样的重要工作。甚至有些号称学者的人还以编工具书为小道，不仅不屑为，还歧视甘为人梯的学者。陈师则不为俗见所扰，他把"工具"提到与"材料""方法"共为治学三大要件的高度，深刻地指出"兹事甚细，智者不为，不为终不能得其用"的道理，足以振聋发聩。以他这样一位智者，甘愿去为"智者不为"之事，实在难得。他更身体力行地亲手编制过《中西回史日历》和《二十史朔闰表》等嘉惠几代学者的大型工具书。这种精神也影响了他的学生。就以我为例，我的一点微不足道的学识，视陈师的学术造诣诚若小溪之望大海，唯独于工具书一道，我一直奉行师教不缀。我曾历时二十余年，中经艰难的年代，重写被毁手稿达数十万字，终于撰成《近三百年人物年谱知见录》，呈献于学术界，虽不能达到陈师水平的高度，但自以为唯此一点，尚可称无负师教。

陈师待人诚信可敬，对学生要求严格，但并不疾言厉色。我在大学四年中只有一次惹他老人家生气。那是一年迎新会，我因是班长而主办会务。有一位同学名徐福申，是徐树铮之孙，人很聪明，摹仿能力很强。当时为我们授课的有许多位知名学者，他们在课堂上都各有方言口头语和某些习惯动作。徐福申和我就夸大摹仿这些，编成一段相声演出，其中也包括陈师漫步讲台，以手抓须的习惯动作，结果引起哄堂大笑，我和徐福申为此得意非凡。不料第二天，我俩被传唤到办公室，受到了陈师一次严厉的批评，大意是以嘲弄别人取乐是不道德的，何况是老师，不懂得尊师是做不好学问的。我们知错认错，又分别向有关老师道歉，才算过了关。陈师虽然严厉，但从不抱成见，对我们这类不安分的学生也不视为朽木不可雕，照旧教诲不倦。事隔五十多年，我每当想起这件事，总感到对那些浇灌我们成长的恩师们所做的恶作剧而深深愧疚。

在临毕业那年，我把读高中时在陈师《史讳举例》一书影响下仿作的《汉唐改元释例》一文的文稿恭恭敬敬地用墨笔小楷誊清，诚惶诚恐地送请陈师审正。他没有计较我过去的调皮行为，同意我把它作为毕业论文的初稿。我在陈师的亲自指导下认真修改，终于成为被陈师认可的一篇毕业论文。我一直非常珍惜此文，曾手写两个副本。所以，虽经"文革"之火，仍然幸存一稿。直到四十多年后，在陈师诞辰110周年纪念会上，我才原样不动地作为一个曾经耗费过老师心血的学生习作奉献给陈师，后来又承会议收入纪念文集，留下了师生情谊的可贵记录。

为了纪念大学这段我一生中最值得留恋和怀念的历程，我利用一次送作业的机会，送去一把洒金笺扇面，要求陈师赐字以作纪念。就在毕业论文口试那天，陈师告诉我到他的兴化寺街寓所去谈谈。我遵嘱到后，陈师指点了一些读书、治学的方法，临别时，从案头拿起经我要求而写好的扇面给我做毕业纪念。我当时对这位年近古稀、声名卓著的老师如此用情非常感动。回家以后，展读内容，发现这是陈师自己所写的一段小考证，全文是：

> 曾南丰《徐孺子祠堂记》引《图记》言：晋永安中于孺子墓碑旁立思贤亭，至拓跋魏时，谓之聘君亭。孺子墓在江南，与拓跋氏何涉？南丰盖以此语出《水经注》，元文"至今"，故改为至拓跋魏时。然《水经注》文本引自雷次宗《豫章记》。所谓"今"者，指宋元嘉间也。南丰文有语病，不能为之讳。

全文虽然只有106字，但却使我感到陈师用心之深，不仅可从中领会到读书、治学的门径，还很有针对性。因为我在青年时读书的最大毛病是贪多图快，对先贤盲目迷信。陈师在授课时曾多次指出读书要能疑、致思、得理，而我却改进不大。这次临别赠言又是一次言教。曾巩是唐宋八家之一，有深通目录学之称，无疑是个大名家，但名家也有错的时候。陈师从拓跋魏的辖境与孺子墓在江西的矛盾中，始而疑曾文有误，进而思其致误之由，终而得其正确之理。他并不盲目迷信名人而为之讳。陈师读书、治学之绵密谨严，于此可见。这一赠言对我后来的读书、治学确是起了座右铭的作用。出乎意料的是，在此扇面恰恰满了二十周岁的时候却险遭不测，幸而被埋压在抄家翻乱的书堆中而残存下来，直到扇面三十周岁的时候，我方有机会请人把它装裱出来，作为我的重要财宝而珍藏。

几十年的岁月飞快地流逝，陈师为"智者不为"的智者形象在我的心上却更为清晰、高大。我多么企盼有更多像陈师那样的大学者肯于做为"智者不为"的智者，尽心竭力地去做些"兹事甚细"的研究撰著工作，让我们的学术研究摆脱每一次都从零起步的艰辛，让莘莘学子在进入学术之门时"能得其用"。

原载于《教师博览》1997年第2期

鹤发童颜亮尘师

——记张星烺老师

1942 年 9 月，我考进北平辅仁大学历史学系，在报到入学的那一天遇到的第一位名师就是张星烺（亮尘）先生（1888—1951），因为他是史学系系主任，选课单必须到他办公室去请他签字。他鹤发童颜，慈眉善目，边审核选课单，边用他那副江北口音（江苏泗阳人）问点我的简况，面上总是带着一丝笑意。他的一头白发，据说中年时就已如此，有一次他乘胶济铁路从济南到青岛，满车装的是山东军阀张宗昌的大兵，虽然蛮横无理，东躺西卧，占了若干空位，一般旅客也不敢轻易冒犯，但这些大兵看到亮尘师须发皆白，面色红润，气度不凡，可能以为是哪位权势者的尊翁，居然让座位给他，其实那年亮尘师尚不满四十岁。后来陈垣（援庵）师曾调侃他：“鹤发童颜，连张宗昌的大兵都被感动了。”（台静农：《辅仁大学创校点滴》）他虽然苏北口音，初听有些听不懂，但亲切的问语常常使学生紧张的神经很快地松弛下来，原来想象中高山仰止的大学教授，并不那么高不可攀，就是如此平易的普通人。

亮尘师是位有传奇色彩的名人，据说他是理科出身，1906 年公费留美后，先后在美国哈佛大学和德国柏林大学学习化学和生理化学，研究多肽合成，是我国第一个生理化学的留学生。当时他的论文就见载于德国著名的生理化学杂志上。亮尘师的父亲张相文先生是著名地理学家和中国地学会的创始人之一，家富文史藏书，使他有机会浏览家藏。以他的聪颖天资，加以家学的长期熏陶和相文先生的教导，为他奠定了文史方面的深厚基础。他中年时因生活劳累患肺结核病，在岳父王舟瑶家养病。王是清末一位经学大师和教育家，藏书数万卷，亮尘师浸润其间，而勤学不疲。他利用从国外搜集积累的资料和中国史料进行比较的研究方法，树立了自己研究历史的方向和道路，选择了中西交通史为一生的专攻领域。但令人惊异的是，他同时仍然掌握着深厚的化学知识，据辅仁大学校史的明确记载：他在 1928 年还在北师大兼授高等有机化学。甚至在讲历史课时也常融通文理，据高年级学长说，有一次他把我国古代发明的火药和现代火药相比时，信手在黑板上写了许多化学反应式，详细解释，让听讲的文科生不禁瞠目相对。他更以他的自然科学知识开辟了对正史《五行志》的研究，指导过多篇这方面的毕业论文。这是在对正史研究中很少涉及的领域。

亮尘师是一位抱有科学救国理想的爱国者。辛亥革命后，他毅然放弃国外良好的学习、研究条件，尽倾私蓄，购买图书、仪器和药品，满怀热情地回国。但等待他的是失望和无奈。在此后的十余年里，他只能为生活奔波于各地，从事各种并不完全符合个人志愿的职业，以谋取升斗。直到上世纪二十年代中期他才在北京安定下来。1927 年，他应陈垣校长之邀，出任新开办的辅仁大学史学系教授与第一任系主任，并开设中西交通史这门有创新意义的课程，引起了史学界的重视，清华、北大、燕大、师大等校纷纷相邀讲授此课程。中西交通史的研究成为一时风气。从此，他把后半生的精力，全部贡献给学术研究和培育后辈的事业上，直至他在上世纪五十年代初离开人世止。

亮尘师具有深厚的中外文史方面的造诣和多种语言基础，在历史学领域中就发挥了他的这种优势，致力于中西交通史的研究。他的这项研究起步甚早，1922 年至 1926 年间，他在青岛四方机车厂担任化验室主任时，白天工作，晚间整理资料，编写书稿，终于完成百余万字的《中西交通史料汇编》初稿和《马哥孛罗游记导言》，并于 1929 年作为辅仁大学丛书第一种正式出版。使读者可以一览上起上古，下至明代，东起葱岭以西、印度，西到欧洲、非洲这一广阔地域同中国交往的历史，为研究中西交通史的学者提供了丰富的研究资料。

《中西交通史料汇编》是亮尘师运用比较研究方法所获得的成果，在当时中国史学界还是少有的，因此一直受到中外学术界的重视，英国学者李约瑟在其所著《中国科学技术史》中曾多次引用。1962 年，台湾曾将《中西交通史料汇编》列入《中国学术名著》第五辑中出版，并不断再版。上世纪八十年代初，我的南开大学同事、马可波罗研究专家杨志玖教授在写有关马可波罗论文时，《中西交通史料汇编》是他案头常备用书。杨教授生前曾多次与我谈及亮尘师对中西交通史研究的开创功绩，极力推崇《中西交通史料汇编》这部巨著的学术价值。尤其值得我们学习的是，亮尘师在编纂这部巨著过程中的虚怀若谷的治学态度。他与其他学者多有所探讨，特别是与陈垣老师的相互切磋，更体现老一辈学者间的文人相亲的品格。在《陈垣来往书信集》（上海古籍出版社，1990年 6 月）中就收有亮尘师 1924 年 12 月至 1926 年 12 月两年间给援庵师的十七封信，其内容都是有关中西交通史中问题的质疑与探讨。《中西交通史料汇编》出版后，亮尘师仍然不断增补史料，修订内容，准备在一定积累之后重加修订。

可惜亮尘师离世过早，未能及时增补完成。而所积存的大量资料亦在"文革"浩劫中全部散失，造成无法弥补的损失。

亮尘师一生除了担任繁重的教学任务外，还夜以继日地孜孜于学术研究工作。他写了大量文理兼通的论文，发表在《辅仁学志》《燕京学报》《清华周刊》《华裔学志》《禹贡半月刊》和《中德学志》等著名学术刊物上。据其哲嗣张至善教授列目统计达五十篇之多。亮尘师的学术著作除《中西交通史料汇编》外，尚有《欧化东渐史》《马哥孛罗》及译著《马哥孛罗游记》与《历史地理基础》，均由商务印书馆出版，其中《欧化东渐史》在 1934 年、1938 年多次出版。2000年，又由张至善教授等略加修订校正重排出版，并附入《三百年前菲律宾群岛与中国》及《马哥孛罗》二文，成为"商务印书馆文库"之一种，为研究中西交通史入门必备用书。

亮尘师以其勤奋力学的精神，一生从事教学与研究，是一位桃李满门、德业双馨的教师和学贯中西、识兼文理的学者，为当世所推重，为后学所景仰。我有幸得亲沐春风，音容笑貌，至今犹在记忆，而世间传述亮尘师者颇罕，乃略存其生平学行，或恐未能尽其义，至祈知者有所补订。

二〇〇七年四月写于南开大学邃谷

原载于《中华读书报》2007 年 6 月 20 日

追忆"读已见书斋主人"

——记余嘉锡老师

一个人一生中会遇到许多老师,他们以毕生的精力教学生知识与做人之道,为自己的学生奠定一生事业的基础,给以深远的影响。过去把老师排在"天地君亲师"之列,说明在给自己生命的父母之外,就是给我们以事业通衢的老师,所以学生有自称"受业"的说法。有的老师甚至成为自己一生事业的依傍,使你终生难忘。余嘉锡先生便是我的一位受业师,我曾从季豫师攻读目录学,并以之传授学生。时隔六十余年,他的音容笑貌一直深存于心中,而追忆往事,犹历历在目。

上个世纪四十年代初,我刚刚步入大学殿堂时,较早接触到的一位著名学者,就是目录学家余嘉锡先生。余先生字季豫,是湖南常德人,生于清光绪十年正月(1884年2月9日),幼承家学,博通经史。光绪二十七年,他以十八岁的少年而中乡试,成举人。曾任清吏部文选司主事,遭父丧即离开仕途,从事教育活动。1928年离开家乡,入居北京,在辅仁大学等校任教授。虽生活多有曲折,但终以文章学术自显。1942年,季豫师以辅仁大学国文系主任出任文学院院长,而我就在这一年考入辅仁大学史学系。我就读于史学系,是因同舍高年级学友对部分名教授的介绍,从而对季豫师产生仰慕。当时允许跨系跨院选课,所以就跨系选修了季豫师为中文系开设的"目录学"课程。季豫师除"目录学"外,还开设过"古籍校读法""《世说新语》研究""古今著述体例"等课程。我还有幸旁听"《世说新语》研究",旁征博引,颇开思路。

季豫师持身谨严,衣著简朴,不苟言笑,授课时操湖南乡音。"目录学"课程,虽指定《目录学发微》和范希曾《书目答问补正》为课本,但他授课时却手不持片纸,依《补正》编次,逐书侃侃而谈,如数家珍,使人若饮醇醪,陶醉于这门形似枯燥而内涵丰富的学术领域之中。季豫师诲人不倦,亲自批改作业,虽一字之误也都给以改正,至今我所保留的课堂笔记中还留有季豫师的亲笔批语。如我在听课时误将孙子十家注记为清人,季豫师即在清人旁划一墨叉,并在眉端写"十家注皆宋以前人"的批语。季豫师还向学生直率地表达自己的看法。我在整理课堂笔记中有时也羼入自己的意见，如在《目录学用书》一题下，擅增一语说："近人姚名达有《目录学年表》《中国目录学史》。但仅系言目录学发展经过，非言目录学本身之书也。"这是我批评姚著的委婉之辞，借以自炫读书之勤。季豫师审阅我的笔记至此，则对学术批评义正词严，毫不留情。他将此语上下用墨笔勾去，并在眉端加批说："姚某之书大抵剽窃余之《目录学发微》，改头换面。余以其不足齿数，故未尝一言及之。该生自以意窜入此数句，余所不敢与闻也。"充分体现季豫师的耿介性格。

凡遇有问学，季豫师虽无长篇大论，但一点一拨，即可祛除迷雾。我读《目录学发微》，系季豫师所著，对目录学的意义、功能、源流、体例、沿革等都能条分缕析，精辟论述，文字也条畅可读，毫无窒碍。但读《书目答问补正》，则久久不得其门，但又怵于季豫师的威严，问学不敢贸然登门，就到平日较多接近的柴德赓先生家求教。柴先生告诉我要注意书中一些小注，并说季豫师不喜欢闲谈，但不拒绝学生质疑，鼓励我到余府登门问学。当年季豫师住在兴化寺街，离我的宿舍很近，但还是酝酿了两三天，才鼓足勇气去叩余府的门。季豫师衣冠整洁地端坐在书桌前，让我坐在旁边的凳子上，问了问读书情况和存在的问题。季豫师命我从书架上取下《三国志》，找到"读书百遍，而义自见"的语句，谆谆教导我，读书要多读几遍，自然能悟出道理来。季豫师嘱我再通读一遍，多注意字里行间，并以姓名、著作为序，反复编三种索引，即可掌握其七八。就在这年的暑假，我遵师教试作，果如季豫师所言，大有收获。开学后，我送呈三种索引，季豫师微露笑意，给以肯定，激励我立志攻读目录之学。我恪遵师教，广泛涉猎有关目录之书，目录学终成为我终生学术事业的一部分。

季豫师对学生要求甚严，从不取悦学生，令人有不威自严的感受。我当时是靠奖学金读书，所以很注重个人考试成绩，大二那年，我各课都是 A，惟独目录学得了个 B。我思量再三，终于走向中文系办公室，正好季豫师在处理公务。我惴惴不安地、极其委婉地、以求教方式求老师指出不足。季豫师一眼看穿我的"别有用心"，略有愠色地指着成绩单说："我读了一辈子书，也只有半个 B，你得了一个 B，还不知足！"我无言以对，只能惶恐地退出。后来高年级学友告知季豫师的最高分是 B，我深悔自己的孟浪。但季豫师对学生还是深注感情的，1946 年 6 月，我即将毕业离校，季豫师曾应我的请求，在暑热天气，为我书写一副隶书的大堂联，笔力遒劲，字体完美，成为我收藏的珍品，可惜在"文革"浩劫中，与所有书画同付一炬，使我抱憾终生。季豫师不仅是严师，在家中也是严父。据说季豫师在家从无衣衫不整的时候。余逊先生是他的长子，当年已四十多岁，学问很渊博，已是我们系的秦汉史讲师，但在季豫师面前总是侍立在侧，有客人时，也是经季豫师命坐才坐。季豫师每天还为余逊先生规定窗课。

季豫师并不像一些学者那样以杂乱自喜，而是字必恭楷，行必矩步。藏书井然有序，随用随还原处，这对学生也是一种身教。他博学而不猎奇，曾自题书房名"读已见书斋"，语虽平淡而意义深远。这是针对当时有些人的矜奇夸秘，以获读人所未见的孤本残篇为荣的时弊而发。人所未见书本身有一定的珍贵价值，但若只以标榜和垄断奇书为独得之秘，而弃常用书于不读，那就如陈垣老师所批评的那样："舍本逐末，无根之学"。所以季豫师用读已见书来表示对时弊的不屑。但是读已见书谈何容易，中国的已见书数量大，门类广，敢以读已见书名书斋，亦可以想见季豫师的自信，而从其著作中又可看到他是如何从已见书中博观约取的。要想做到读已见书，纵然皓首穷经，也颇有难度。但它确是启示后学的一种读书门径。我反思自己，几十年的学术生涯，正是遵师教在这条学术道路上努力奋进，只是自愧没有完全做好。

季豫师著作宏富，著有《目录学发微》《四库提要辨证》《〈世说新语〉研究》及《余嘉锡论学杂著》诸作，而以《四库提要辨证》一书最为学术界所推重，被人尊为近代古典目录学大师。《四库提要》由清代目录学家纪昀总纂，是中国古典目录学名著，季豫师非常推崇此书的学术价值。他不仅自承"余之略知学问门径，实受提要之赐"，并认为《四库提要》是"自《别录》以来，才有此书"。但他对提要的不足之处，也持一种客观公正的态度。他萃一生之精力，完成《四库提要辨证》二十四卷四百九十篇，并以这部"掎摭利病而为书"的著作，承担了纪氏诤友的重任。这部书对研究中国古代的历史、文学、哲学及版本目录学等，都极有参考价值。季豫师即以其精深的学术造诣于1947年被选为中央研究院院士。1950年起任中国科学院语言研究所专门委员。抗战初起，季豫师深惧《四库提要辨证》手稿散佚，"乃取史子两部写定之稿二百二十余篇，排印数百册，以当录副"。1937年到1952年，季豫师又增写二百六十余篇，并依提要原目次重加编定，于1958年由科学出版社出版。1980年，中华书局又改正错字，标点重排，装成四册出版，流传行世。其他有关著作也先后问世，如1950年重印《古籍校读法》（未完稿），改名为《古书通例》，1983年出版了由周祖谟教授整理的《世说新语笺疏》等。

1956年2月11日，即乙未年除夕，季豫师以久病辞世，享年七十二岁。

呜呼！哲人其萎，天夺我师！如果允许学生向老师进私谥的话，我愿尊为我奠定学术基础的余嘉锡老师为 "读己见书斋主人"，而把读己见书作为终身的治学指南，时时鞭策自己，不断地力行，并将以继续发展古典目录学为己任，庶无负于季豫师对我的身教与言教！

一九九六年存稿
二〇〇六年修订增补于南开大学邃谷

原载于《文汇报》2006 年 9 月 1 日

范老的"二冷"精神

——记范文澜老师

　　1949 年 9 月初，我正在华北大学接受南下工作的培训，班指导员胡一真通知我："系主任尚钺同志找你谈话。"我应命而往，已有几位同学先到。尚钺同志满面带笑地告诉我们："范文澜同志的历史研究室要从学员中挑选几人去学习近代史，条件是旧大学历史专业毕业，有较好业务基础，现在经过审查挑选，你们七人入选，请你们明天到研究室报到。祝贺你们！"第二天，我们七人就到了东厂胡同研究室，办公室为我们办了应有的手续，并通知说：下午全室大会，范老接见你们。室里对范文澜同志习惯称范老，我们也从此改称范老。大家安顿好住处后，便兴奋地等待着，倚在自己的被垛上，闭目养神，似乎都在想像这位闻名已久的马列主义史学家的形象和风范。

　　全室大会，除了我们新来的七人以外，还有十几位原来已在室工作的老同志。主持会议的是支部书记王南，他发表了一小段欢迎辞后，就发干部登记表，解说填法。在我们填表的时候，范老已经悄悄地进来。他高高的个子，五十多岁，眼睛有点毛病，含着笑向大家打了招呼。大家鼓掌欢迎后，范老就开始讲话，带着浓厚的绍兴口音，旁人听起来很吃力，我则一字不遗地听进去了。

　　范老这天没有讲什么闲话，只是反复讲了"坐冷板凳"和"吃冷猪肉"的问题。范老可能从我们的眼神中，看到对"吃冷猪肉"有点困惑，便操着绍兴官话，又比较详细地阐述了"吃冷猪肉"的道理。原来过去只有大学问家才有资格在文庙的廊庑间占一席之地，分享祭孔的冷猪肉。范老以此用意勉励后学——只有坐冷板凳的人才能成为大学问家。我们把范老这两句话概括成"二冷精神"并以之作为自己的终身座右铭。几年之后，可能这位谨言慎行的老先生感到"吃冷猪肉"有为孔夫子捧场之嫌，便改提为"板凳宁坐十年冷，文章不写半句空"，虽文字不同，而寓意未变。

　　范老教导我们"二冷精神"，没有止于言论，更重要的乃在身教。在从师范门的岁月里，范老自居前院，终日坐在落地玻璃窗下的书桌前攻读，兼着监督学生不乱上街，以养成"下帷苦读"的习惯。每当我们想偷偷溜出去，从他窗前经过时，范老总是手不释卷，笔不停挥，我们只好羞愧地缩回去。久之也就不再心猿意马，而惯于坐冷板凳了。

范老对于学生既严格又关注，他多次交待办公室要安排好学生的生活。我们住在后院一排西晒的宿舍里。有一次范老来检查学习情况，发现宿舍内的人虽挥扇不已，仍然满面汗津津的。当年尚没有什么祛暑用具，他就嘱咐办公室架设遮阳设备，从此就不再感到燥热了。但对于学术则是严格要求，他为我们分配指导老师，确定学习方向。当时室里人员只分两级：在室工作多年，有一定资历和成绩的，如刘大年、王南、荣孟源、刘桂五等，都是研究员；新来的几人都是研究生，都师从范老，而由范老指定一位研究员为专职指导教师，荣孟源先生就被指定为我的老师。1950年初，为了第二年纪念太平天国起义百年，组织全室写文章。我就在荣孟源先生指导下，选定《太平天国底商业政策》这一题目，孟源先生为我开了基本书目，我又搜求了一小批参考书。有些书从未读过，如《马恩论中国》《大众哲学》等等。我的文章经过自己多次修改后，孟源先生又最后作了一次修改，成为定稿，然后送给范老审定。范老找我谈过一次，给予鼓励，并修改了几处。1951年，这篇文章经过室里编委会审选，收入由三联书店出版的论文集中。这是我学习马列主义后的第一篇论文。后来又收在2002年6月出版的自选集《邃谷文录》（南开大学出版社）中。这一年，我又根据范老要求，写了《美帝侵略台湾简纪》，也经过范老审阅后，成一本4万字的小册子，并选了一章在《人民日报》发表。1951年8月，由历史教学月刊社印行（天津知识书店出版）。

范老培养学生从根上下手，我们七人报到后的转天，就安排我们整理室里收缴和移送来的北洋军阀档案。这批档案是未经整理过的原始历史档案。杂乱无章，稍一翻动，就尘土飞扬，又无相应的卫生措施，工作艰苦，但无一怨言。经过四个月的努力，袋装档案文件已按形式分为：私人文件、公文批件、电报、电稿、密件、图片和杂类等，分别扎成无数捆上了架。继而将对档案进行史料分类整理。人员有所增加，地点也搬到干面胡同一所宽敞的院落中，工作条件也大为改善。就在工作转阶段的时候，室里集中了几天，学习理论和有关北洋军阀的书籍。范老也在这时与大家座谈过一次。他慰问了大家的辛劳，讲了整理档案与研究工作的关系等等。其中有一段话我印象深刻而终身受益，大意是：从档案中搜求资料如披沙拣金，确实很艰难，但这是研究工作"从根做起"的重要一步。只有这样，才能基础广泛而扎实。从此，"从根做起"的教诲就深植于我的头脑之中，并不时向后辈讲起。

随着整档工作的进行，我渐渐地积累了两册黄草纸本资料，同时也阅读了大量有关北洋军阀的著述。眼界逐渐开阔，钻研问题的信心也日益增强，并了解到这方面的研究还没有很好地开展。以往一些著作，多半过于陈旧，而且数量也不甚多，而新著又几乎没有，有关论文也只是零星短篇。因此，我发现北洋军阀的研究确实是一块有待开发的用武之地。

经过一年多的努力，整档工作已接近尾声。我对北洋军阀这一近代政治军事集团从兴起到覆灭，已有了一个大致轮廓。对错综复杂的派系关系，也掌握了基本脉络，奠定了我一生以绝大部分精力致力于北洋军阀史研究的基础。从1957年初撰《北洋军阀史略》起，陆续增订成《北洋军阀史稿》和《北洋军阀史》等三书，又编辑了一套三百余万字的《北洋军阀》资料（《中国近代史资料丛刊》之一种）。经过五十余年的不断钻研，终于为北洋军阀史领域填补了空白。我自幸小有所成，未辜负师教。我更铭记范老当年对我的启迪和"领进门"的师恩。

范老是早期马克思主义史学家之一，他以大半生的精力从事《中国通史》和《中国近代史》的研究与撰述。其受众之广与影响之大，为其他同类著述所难并论。1979年4月，中国社会科学院近代史所为了纪念范老逝世十周年，编选了《范文澜历史论文选集》，共收文十七篇。分为四组：关于中国古代史，关于中国近代史，关于历史研究的方法和对资产阶级历史学的批判，关于中国经学史、思想史的专题研究。刘大年先生在该书序中认为，集中所收论文有三个重点，一讲近代史，二论述中国历史研究中的理论问题，三是关于以经学为中心的中国文化思想史的述评。二者说法略异，但都未能包括范老的全部学术，而只是"选集"而已。抗日战争前，范老曾以乾嘉学风，掌握朴学方法，撰写了多种阐释传统文化的著作，它们是《正史考略》《群经概论》《文心雕龙注》《水经注写景文钞》等书，虽然有人贬称曰："那些著作的内容，不外乎清代朴学家们反复搜求、讨论的内容。"但是周恩来总理却对这些有功力基础的著作，给以以公允的评价："（五四运动时的范文澜同志）他就专门研究汉学，学习旧的东西。但是范文澜同志一旦脑子通了，对编写中国历史就有帮助，就可以运用自如。"（《人民日报》1978年10月8日）因此范老的著述既有马克思主义的观点，又有优秀传统文化的功底，令人读起来有坚实深厚之感。现在流行的一些范老的著作和论文，远远不能显示范老的学术全貌。我非常期盼近代史所能尽快筹划并着手《范文澜全集》的编纂，以嘉惠后学。

原载于《文汇报》2007年4月23日

忆念青峰师

——纪念柴青峰先生百年

柴德赓先生（1908—1970），字青峰，浙江诸暨人，是我进入北平辅仁大学史学系后第一位为我讲授中国史专业课的老师。青峰师当年所授课程名"中国历史纲要"。这门课程是将中国历史上各种典制分门别类、融会贯通、纵横交错所组成的一门专业基础知识课。它横列朝代、帝王、方域、谥法、封爵、舆地、科举、都城等门类，纵述各类古往今来之嬗替沿革，使受众对历朝历代重要典制具知立体全貌，示后学以读史门径，对研读中国历史有提纲挈领、上下贯通之效。

青峰师是中年老师中学生最喜欢接近的一位。他对学生的学业颇为关注，无论是他所授的课程，还是其他老师所授课程，设有疑难，向其请益，他都不分畛域，尽其所知，倾囊相告，尤其对老辈学者所授课程更是竭力辅导。一些初入大学的学生，往往为一些老辈知名学者声名所慑，不敢轻易动问，往往一遇困惑，就去学校附近的青峰师家求助。在节假日，柴府常是学生满座，柴师母陈璧子夫人也时来招呼，令人如沐春风。我读大一时，初选余嘉锡（季豫）先生"目录学"课程，季豫师指定阅读《书目答问补正》，经过认真研读仍不得要领，就在一个风沙日，走谒青峰师寓所请教。青峰师不仅详加解说读《补正》的必要，传授他当年研读该书的经验，并将其所藏贵阳本《书目答问》相借，又谆嘱与《补正》本比勘校读，以了解版本异同，扩大视野。我遵嘱细读，果有收益，从此迈进"目录学"门槛，成为日后学术进业方向之一。当时我心存感激，特在自己的《书目答问补正》卷尾以墨笔记其事云：

> 癸未三月二十七日，京师尚有风沙，走柴青峰先生寓，借其贵阳雕版之《书目答问》，返舍手校著述姓名略，正其纰谬，补其不足，竣识于后。
>
> 三十二年弢盦来新夏识于邃谷寄舍

青峰师是陈垣（援庵）老师得意弟子之一，长年随侍座右。他与当时辅仁大学文学院中周祖谟、启功、余逊三位中年老师，均以学识渊博，文字优长，为学生所仰慕，有"陈门四翰林"之美誉。青峰师无论教学与研究都谨守陈门严谨缜密之家法。当年我曾亲见其撰写《谢三宾考》一文之全过程。他搜求史料之广，考辨论题之精，以至反复修订成文之认真，处处体现援庵师的治学精神。至于日常行事亦惟援庵师所命是从，当时虽有人嫉妒、讥议，而青峰师不为所动，执弟子礼益恭。1955 年，青峰师由北师大历史系主任调任江苏师院历史系主任，合家南迁。虽以支援兄弟院校为说，但人多知青峰师有难言之隐，而为免援庵师受人事安排之困扰，毅然成行。师生情重，古道可风。对我来说，亦是一种极好的身教。

青峰师是位极具才华的史学家，文采、口才、书法均为学生所称道。他一生致力于学术，留下若干有价值的史学论文和专著《史籍举要》（北京出版社，1982 年 6 月）都是极见功力、有裨后学的著述。可惜天夺英才，方达下寿，遽尔谢世，赍志以殁，岂不痛哉！我籍隶萧山，与青峰师故乡毗连，负笈辅仁时多有请益，时作乡谈，备感亲切。今值青峰师百岁冥诞，本应撰阐述学术专文以祭，奈以撄疾卧床，精力难济，追忆六十年前往事，益增感念，略言青峰师二三事以志怀念，不恭之处，尚祈青峰师谅之！

岁次丁亥（2007）初夏学生来新夏敬述于天津总医院病房，妻焦静宜笔录，时年八十五岁。

原载《光明日报》2007 年 4 月 30 日

七十年师生琐碎情

——纪念启功老师百年冥诞

1942 年秋，我考入北平辅仁大学史学系，得到当时齐聚在辅仁大学的多位名师的教诲，如陈垣、余嘉锡、张星烺、朱师辙等。他们大多是高年硕德，为我所仰止；但因年龄的阻隔，大多只维持一种敬而不亲的师生关系。独有一位正在壮年的老师启功与学生融洽无间，性格又很幽默，平易近人。他比我大十一岁，教大一国文，尚是讲师职称；但他的书画造诣与成就，已是名满故都。一个偶然机会，我与启功老师相识，他也像待其他年轻人一样，命我周日可到他在学校后门外黑芝麻胡同的家去做客聊天。每周日，总有不少年轻人在启先生家聚集，绝大多数是来请教画法、画技的。启先生善谈，说古道今，有时兴至，谈到午时，启先生就留饭，饭后继续谈。我初去启府，怕打扰过甚，常是隔周去一次，有时提前辞去，不常蹭饭。后来走熟了，就每周去启府，经常蹭饭。

我去启先生家渐多，对启先生的家人也逐渐熟悉。启先生的家庭很简单，上有寡母和姑母。她们历尽艰辛，抚养幼年失怙的启先生成长。启母是一位慈祥和善的老人，对青年学生颇多关注，她不辞烦琐地随时为学生们缝连补绽。姑母因未嫁丧夫，终身陪伴寡嫂，性格豪爽直率，像个壮汉子，家人和我们都亲昵地叫她"虎二爷"。她见到我们举止失当时都当面指斥改正，有时甚至骂两句轻量级的话。我棉袍罩有三个多月未洗，大襟上有饭嘎巴和一些污渍，大概让她老人家看不过，就大骂我"懒虫"，愣从我身上扒下来，为我洗熨晾干让我穿上走，我情不自禁地向老人鞠了一躬，眼里滚动着泪珠，老人拍拍我肩膀说："注意点儿卫生！"

启师母是一位时带微笑而不多说少道的温顺女子。尤其是启先生与学生们交谈时，师母从不插话。启先生没有子女，一家四口过着恬静和谐令人羡慕的日子。每逢周日，总要多开一桌饭，而且都是美食。启老太太总说学生们吃食堂，油水少，该调剂调剂生活。十几口人的饭，统由师母一人承担，两位老人从旁协助，让这帮年轻人得到家的温暖。饭食都很好，饺子、面条、米饭，交替供应，让我们尽量饱餐。有一次，启先生十分高兴地宣布说，大家都别走，今天吃煮饽饽。我以为饽饽就是窝窝头，暗自思量今天可能吃不到美食，不知启先生为什么如此高兴。等到上饭桌，却是几大盘三鲜饺子，原来"饽饽"在满洲话中就是饺子，旧式结婚，夫妇在洞房中吃子孙饽饽就是吃饺子，吃时房外有童子问："生不生？"明明是煮熟的饺子新郎必须按事先的排演，连声说"生……生！"以示多子多孙的吉兆。

启先生周围的年轻人，多是向启先生学画的，有求画稿的，有请改画的，启先生逐一满足他们的要求，并借此讲些画理、画技以及文史界的掌故轶闻。我虽不学画，但亦侧坐旁听，丰富了许多文坛见闻。渐渐我对书画也兴趣日增，但自知资质不够，未敢贸然陈请。直到升入大二的某一天，我在无其他人在场的时候，鼓足勇气向启先生提出想学画的要求。启先生当即毫不迟疑地同意收我为弟子，并从抽屉里拿出几张元书纸，画些枯枝、山峦和简单的皴法，让我回去练习。并嘱我每天摹写《黄庭经》和《乐毅论》小楷各一页。启先生作画稿时，潇洒自如；而我临摹时，愈画愈不像，手亦不听指挥。经过两周，始略见近似。启先生看过我的习作后，又动笔改了几处，使我原来的丑陋画面稍见生气！光是一些枯枝与山头我就画了三个多月，虽然画稿的内容有所丰富，我的习作也有些进步，但我一直不满意自己的进度，甚至有些厌烦地画不下去了。后来我曾按启先生的扇面样本，摹写过两个扇面，虽勉强成画，但连自己都不满意，启先生看后，用笔略加点染改动，才大致像个初学者的习作。我的这两件习作，又在1943年冬在天津"启功个人画展"上夹带进去，居然被不识货者因有"启功补笔"字样而购去，我得到足够两个月饭钱的报酬，当时非常喜悦。直到晚年，我愈想愈后悔当初卖掉两个扇面的蠢事，否则留存至今，当是多么珍贵的纪念品啊！

我学画一年多，虽然增长了一些画学知识，但画技一直进展不大，自己对成功信心不足，也担心消耗启先生的精力。终于有一天，我提出不再学画的要求，启先生似乎也看出我缺乏信心，只是不好中断，现在既然我提出要求，启先生略加沉吟，没有任何责怪语言，就微笑地答应了。这次辍画行为是我一生最大的遗憾。我固然难以成为名家。但如掌握一定的画法，亦可作为陶冶身心的渠道，不负启先生当年教诲之劳。我虽辍画，但启先生和二位老人依然热情呵护，我也照常每月去一二次向启先生请教文史知识。直到1946年我大学毕业由京返津止。

1949 年，全国解放，我进华北大学接受南下培训。不久，留该校历史研究室工作，还能不时去启府串门。1951 年，我分配到天津南开大学历史系任教，两地分隔，事务繁忙，只能在有事去京时，顺路去探望一下。当时政治运动频繁，有点假期，不是学习就是政治运动，人际交往自然日少。虽然经历过一次政治大变动和历年的政治运动，但启先生依然保持原有的幽默豁达性格。对人直率坦诚，随意谈笑。他不善周旋于人事漩涡，竟然误蹈陷阱，在 1957 年被戴上"派属右"的帽子，蜷居于西直门里小乘巷陋室，深居简出，潜研学术，但对故人却交往如旧。我每到北京，总留出时间到启府小坐，而启先生每见必邀我到附近餐厅饱餐一顿，笑谈往事而不涉当代是非。

1960 年，我因接受政治审查而被挂起来（内控），个人行动有某些不便，又不想写信相告，以免被小人见缝插针，因此与启先生的来往几乎隔绝。"文化大革命"时期，更不待言。直至上世纪七十年代末，社会恢复正常，师生间又开始比前更亲密的交往。1978 年，当启先生获知我落实政策被启用后，不时在见面和通信中常说"王宝钏寒窑十八年，终有这一天"（见《启功书信集》）。既贺且慰，令人感动。我暗自一算，从 1960 年通知接受政治审查，到 1978 年落实政策，整整十八年。足见启先生关注之细，用情之深。

启先生对自己的遭遇亦持一种淡然的态度，《启功韵语》中的许多语词就是明证。也许，我能遇事不惊，也是在启府几年间的熏陶所致。我感谢老师和他的两位老人平和处世的身教。启先生由于少年孤露，中年坎坷，对富贵利禄早就视如敝屣。他是民国元年生人，自称姓启，从未以清室贵胄自炫。启是清宗室的谱序，"溥毓恒启"是最后四个字，启功是名字，如果他能在启功名字上冠以"爱新觉罗"字样，据说作为满族代表人物可能被安排在相当高的位置上。

启先生早年诗书画皆有极高的造诣，但从五十年代后，他即以书法名，很少画作。我曾问过启先生左右的人，据说启先生有求必应，字比较简单，而画太费时间，所以回应书法多。但据我所知，启先生对求字虽然有求必应，但也有拒写的时候，如有某权贵曾以现金来买字被拒；有无聊之人屡次求字，被启先生写信拒绝。他曾给我讲过有人设宴，说是请他吃饭，旁边却准备好笔墨纸张，席间一定要请启先生当场挥毫，启先生对经办人说，你准备饭，我吃；你准备纸笔，我可以写。那你要准备棺材，我就得躺？惹得满座哄堂，经办人赧颜而退，启先生终席未写一字。

启先生生性豁达，好谈笑，但仔细体会又多含哲理。他给学生讲"猪跑学"，并解释说，没吃过猪肉，还没见过猪跑吗？用以启示学问不仅要贯通，还要旁通、横通。他为了婉拒无聊的来访，就写了"大熊猫病了"的门帖，希望人们照顾呵护，让人无奈而退。1996年夏，我去北京探望，启先生执意要我和他挤在一张二人沙发中坐，忽然问我："今年多大岁数？"我很诧异，因为他比我大十一岁，这是几十年前就已熟知的，但不知今天是什么意思，就回答说："七十三"。他突然哈哈大笑说："你七十三，我八十四，一个孔子，一个孟子。七十三、八十四是个坎儿，这一挤碰，把咱俩都挤过坎儿了。这不值得笑吗？"说罢，又大笑，我也领悟到其中的道理，跟着大笑。真想不到七十多岁的老学生又一次受到八十多岁老师破除世俗观念的教育！

2002年夏，我八十初度。亲友们为我祝寿，当时启先生已九十周岁，久已不大动笔，知道后还特用硬笔为我写贺诗一首，并托柴剑虹师弟专程送津，令我惶恐不已。诗是这样写的：

> 难得人生老更忙，新翁八十不寻常。
> 鸿文浙水千秋盛，大著匏园世代长。
> 往事崎岖成一笑，今朝典籍满堆床。
> 拙诗再作期颐颂，里句高吟当举觞。
>
> 壬午三春拈句奉祝新夏教授八旬大庆
> 启功再拜时年九十目疾未瘳书不成字

这首诗中的匏园，是先祖的别号，先祖曾著有《匏园诗集》。启先生喜读先祖诗，故在其诗中推崇先祖学术，并激励我奋进，令人感动。

2012年是启先生的百年冥诞，与启先生有过七十年师生情的我，在思念中想写点纪念文字。大面上的事已经有不少人写过，但许多日常接触中的琐碎细事，未必是人所共知。历史是由若干细节组成，而日常的琐碎，常常是深情流露的地方。因就记忆所得，写这些琐碎细事，并将此文临空焚告老师：他的老学生在思念他！

二〇一一年岁暮写于南开大学邃谷

原载于《人物》2012年第1期

我的学术自述

　　1923 年的夏天，我出生在江南名城杭州的一个读书人的大家庭里，父叔常年谋食四方，家中事无巨细都由祖父主持。祖父来裕恂是清末秀才，曾从师于晚清国学大师俞樾。二十世纪初留学日本弘文书院学习教育。在日本期间，曾在同盟会主办的横滨中华学校任教务长。回国后经蔡元培介绍加盟光复会，在家乡从事新式教育的劝学工作。辛亥以后，他摒屏荣华，依然在教育部门和各类学校任职。他一生潜研学术，寄情诗词，笔耕不辍。所著有《汉文典》（有清光绪商务印书馆刊印本、1993 年有南开大学出版社注释本）、《匏园诗集》、《萧山县志稿》（以上二书已由天津古籍出版社出版）、《中国文学史》和《易经通论》等多种。我七岁以前，一直随侍于祖父左右，生活上备受宠爱。但祖父对我的教育却很认真，非常严格地对我进行传统文化的蒙学教育，以三、百、千、千的顺序去读，去背诵，还为我讲解《幼学琼林》和《龙文鞭影》等蒙学书，为我一生从事学术活动奠定了入门基础。祖父就是我的第一位启蒙老师。我七岁那年，因父亲供职天津，即随母北上。我依依不舍地离开了祖父，以后虽然再未和祖父生活在一起，但是他仍然不时写信来，指导我读书和修改我的习作，直到他高年辞世为止。

　　我从小学到大学遇到过不少良师，他们都从各个方面给我日后的学术道路以重要的影响。二十世纪的三四十年代，我先在南京新菜市小学读高小时，级任老师张引才是一位刻苦自学、博览史籍的好老师，他常和学生一起，讲述有益于学生的历史故事。这些知识的灌输，无形中奠定我日后攻读历史的根基。后来我到天津一所中学读书，有一位年轻的国文老师谢国捷，曾在辅仁大学专攻哲学，是史学家谢国桢的六弟。安阳谢氏，家富藏书。谢老师又很慷慨倜傥，师生间十分契洽，因此我得以借读谢氏藏书。谢老师还常和我谈些治学方法和经验，鼓励我写文章。我的第一篇史学论文《汉唐改元释例》初稿就完成于此时。此文后来在陈垣老师的直接指导下，经过多次修改，终于成为我的大学毕业论文。

二十世纪四十年代初，我就读于北平辅仁大学，有幸亲受业于陈垣、余嘉锡、张星烺、朱师辙、柴德赓和启功、赵光贤诸先生之门，他们都为我日后走上学术道路耗费心血，特别是他们谨严缜密、求实求真的学风，成为我一生努力追求的方向。可惜我资质驽钝，虽全力以赴，至今未能达到师辈的标准，而深感有负师教。当时正处于日寇侵华的沦陷区，老师们坚贞自守的爱国情操，更是一种无言的身教。

我大学毕业时，正是抗日战争胜利的第二年——1946年，人们的心情都很兴奋，以为可以报效国家，有所作为。孰知事与愿违，政府的腐败令人大失所望，我无可逃避地像许多人一样，走上一条毕业即失业的道路，虽然经过亲友的帮助，曾在一家公司谋得一个小职员的工作，但为时不久，公司倒闭。又赋闲了一段时间，才经读中学时一位老师的介绍，到一所教会中学去教书。当时，解放战争已临近全面胜利的边缘，天津的解放指日可待，我也直接或间接地接受一些革命理论和思想的灌输，热切地期望着新生活的来临。

1949年1月，天津解放给我带来了从未有过的欣悦。在革命洪流的冲击下，我积极投身于新的革命工作。不久，经民青驻校领导人的动员，我和另一位同事张公骃被保送到华北大学去接受南下工作的政治培训。于是，脱去长袍，穿上用紫花（据说是一种植物）煮染过的粗布所缝制的灰制服；不惜抛去优厚的工薪制，而去吃小米，享受大灶供给制。一股唐·吉诃德的革命热情产生着革命的冲动。为了和旧思想、旧习俗等旧的一切割断，做个新人，我们又学习那些先行者改名换姓的革命行动，偷偷地商量改名问题。张兄想今后要在革命大道上奔腾，就利用名字中骃字的马旁，改名马奔。我则用名字的最后一字"夏"与"禹"相连而改姓禹，又大胆地以列宁自期，取名一宁，暗含着彼一宁也，我一宁也，也许有一股将相宁有种乎的傲气。张兄一直沿用马奔这个革命名字，我则幸亏以后又恢复了原姓名，否则"文化大革命"中这将是一条大罪状——居然敢以列宁自期。政治培训期满后，张兄南下到河南，我则被留在华北大学的历史研究室，师从范文澜教授，做中国近代史研究生。从此我就从古代史方向转到近代史方向，并在范老和荣孟源先生指导下写出第一篇学习新观点的文章——《太平天国底商业政策》，作为太平军起义百年的纪念。

当时历史研究室的主要研究工作就是从整理北洋军阀档案入手。这批档案是入城后从一些北洋军阀人物家中和某些单位移送过来的藏档，没有做过任何清理和分类。这批档案有百余麻袋，杂乱无章，几乎无从下手，每次从库房运来几袋就往地下一倒，尘土飞扬，呛人几近窒息。当时条件很差，每人只发一身旧紫花布制服。每天工作时就带着口罩，蹲在地上，按档案形式如私人信札、公文批件、电报电稿、密报、图片和杂类等分别打捆检放到书架上。因为每件档案都有脏污之物，要抖干净就会扬起尘土，整天都在暴土扬尘中过日子，所以每天下班，不仅浑身上下都是土，就连眼镜片上都厚厚地积了一层灰尘。同事们看着对方鼻孔下面一条黑杠，往往彼此相视而笑，但从没有什么抱怨。在整理过程中，因为急于想闯过这个尘土飞扬的阶段，工作速度较快，所以除了知道不同形式的档案和记住一些军阀的名字外，几乎很难停下来看看内容，只能说这是接触北洋军阀档案的开始而已，还谈不上什么研究。

大约经过两个多月的时间，清理麻袋中档案的工作告一段落，为了进入正规的整理工作，研究室集中十来天让我们读一些有关北洋军阀的著作。我虽是历史专业出身，但在大学时除了读过一本丁文江的《民国军事近纪》外，所知甚少，就乘此阅读了一部分有关著述。下一阶段的整理工作主要是将初步整理成捆的档案，按政治、经济、文化、军事四大类分开。每个人把一捆捆档案放在面前，认真阅读后，在特制卡片上写上文件名、成件时间、编号及内容摘要，最末签上整理者的名字，然后分类归架。因为看得仔细，常常会发现一些珍贵或有趣的材料，我便随手札录下来。同事们在休息时和在宿舍里，彼此都能毫无保留地交谈心得，既增长学识，也能引起追索的兴趣，有时便在第二天去追踪原档，了解具体内容。前后历经半年多的整档工作，虽然比较艰苦，但却不知不觉地把我带进了一个从未完全涉足过的学科领域，北洋军阀史的研究成为我一生在历史学领域中的中心研究课题。

1951年春，范文澜老师应南开大学历史系主任吴廷璆教授之请，同意我到南开大学任教。从那时至今已整整越过半个世纪。我可以毫无愧色地说，我把一生的主要精力都奉献给了南开大学。我在南开大学从助教做起，历阶晋升至教授。在新的岗位上，我除了坚持科研工作外，又开始新的教学生活。我到校不久，由于吴先生奉命赴朝慰问，他承担的中国近代史教学任务便落在我的肩上，我夜以继日地突击备课，在吴先生离校时披挂上阵，未曾想到竟然一举成功，受到学生的欢迎。吴先生凯旋后，看我已能胜任，也就让我教下去。从此，中国近代史就是我教学工作中的主要项目。此外我还教过中国历史文选、中国通史、古典目录学、历史档案学、鸦片战争史专题和北洋军阀史专题等，同时我仍然坚持北洋军阀史方面的研究，继续搜集整理有关资料。到南开大学的第二年——1952年，我在《历史教学》杂志上连续发表了题为"北洋军阀统治时期"的讲课记录，虽然还不太成熟，但从此正式进入了北洋军阀史研究的程序。

不久，我在荣孟源和谢国桢二先生的指派下，受命筹划《中国近代史资料丛刊·北洋军阀》的编撰工作，搜集了较多的资料，可惜由于人事变迁而中断，虽有微憾，但却意外地接触了不少有关北洋军阀的资料，为日后撰写《北洋军阀史略》作了必需的准备。1957年，我在荣孟源先生的推荐下，应湖北人民出版社之邀，撰写了新中国第一部力图用新的观点和方法系统论述北洋军阀史的专著——《北洋军阀史略》，引起了海内外学者的注意。日本学者岩崎富久男教授曾译此书，并增加随文插图，易名为《中國軍閥の興亡》，先后由日本两个出版社出版，成为日本学者案头用书。二十世纪六七十年代我因接受政治审查和下放农村劳动四年，虽然正常的研究工作中辍，但我仍然悄悄地搜集资料，阅读有关书籍。直到七十年代末，我的政治历史问题才解决，落实了政策，重新开始正常的研究工作。1983年，由于社会稳定，文化需求与日俱增，湖北人民出版社又邀约增订《北洋军阀史略》，我也以能重理旧业，兴奋不已。于是，出其积累，补充史料，增订内容，与人合作撰成《北洋军阀史稿》。九十年代前后，有关资料较多出现，于是在上海人民出版社的邀请下，与我的学生们共同编纂了有300余万字的《中国近代史资料丛刊·北洋军阀》，从而接触了大量资料，开阔了视野，丰富了知识，终于和几位多年合作的学生，在二十世纪末完成了百余万字的《北洋军阀史》。这部著作不仅得到学术界同行们的认同和肯定，还荣获教育部颁发的"第三届中国高校人文社会科学研究优秀成果"二等奖。我自认为在这一领域中已完成自己应尽的职责。我也乐观地自信在这一领域内，至少在一段时间内不会重出同一题材的著述。此外，我还在中国近代史领域中的其他方面进行学术研究工作，撰写了一定数量的论文，后来大部分编入《中国近代史述丛》和《结网录》两本书中。

二十世纪六十年代前后，编修新方志的推动者梁寒冰先生，多次动员我参与其事，我一则被寒冰先生的盛情所感，再则我的祖父曾在极困难的条件下独力修成一部70余万字的《萧山县志稿》，我理应克承祖业，为新编地方志尽一份力。于是在寒冰先生领导下，开始全国修志的筹备工作，并以河北省丰润、霸县等地为试点，开展修志工作。正在顺利推进之际，"文化大革命"的风波陡起，我和寒冰先生在不同单位都因发起修志而被扣上"举逸民"的罪状，并从我家中抄走有关修志的文件和资料，作为罪证。但我们的修志志向并未因此而稍减，我还在被批斗之余和被监管的日子里，读了一些方志学的著作。七十年代末，灾难的十年终于过去，迎来了改革开放的新时期。拨乱反正，百业俱兴。我和寒冰先生亦以极大的热情重新发动全国性的修志工作，我承担了初期培训和组织修志队伍的工作。1983年春，在华北、西北、中南、东南四个大区先后举办了四个培训班，讲授修志基本知识，并在讲课的基础上，由我主持编写了第一本修志教材——《方志学概论》。与此同时，我也对方志学进行较为深入的研究，写出了一些论文，并应邀到一些地方去演讲。1991年9月，我应日本独协大学之邀赴日，与该校齐藤博教授合作进行日本文部省科研项目"中日地方史志比较研究"。1993年夏，我承曾供职过的南开大学出版社的盛情，出版了《志域探步》一书，作为我七十岁的纪念。不久，我又应台北商务印书馆之约，对《志域探步》作了全面增补和修订，撰成《中国地方志》一书，成为我在方志学领域中一部有代表性的著作。

命运往往拨弄人，十年动乱终于走到了尽头，一切又归于平静、正常。我也从二十世纪六十年代以来那种百无是处的处境中解脱出来，问题结论了，政策落实了，我的聪明才智似乎又被重新发现，有了新的价值。八十年代前后，当我临近花甲之年，一般人已在准备退休，而我却方被起用，迎来了一生中唯一的"辉煌"瞬间。我在一两年内先后荣获了校务委员、校图书馆馆长、校出版社社长兼总编辑、图书馆学系系主任、地方文献研究室主任等诸多头衔，校墙外面的虚衔，也如落英缤纷般地洒落到头上来。但历尽坎坷的我始终保持清醒状态，视这些"荣华"如过眼烟云。一方面，兢兢业业做好各项本职工作，力求改进，以无负委托；另一方面，坚持不懈地立足于学术研究工作的基本点上。于是，我结合新的事业，又转向于图书文献学领域的研究。在这公务十分繁忙的十多年中，我主持和参与编写了《中国古代图书事业史》《中国近代图书事业史》《图书馆学情报学档案学简明辞典》和撰著了若干专门性论文，开辟了我学术研究工作的第三个领域。1993年10月，我应美国俄亥俄大学图书馆馆长李华伟博士之邀担任该馆顾问，负责该馆海外华人文献研究中心资料征集工作。2002年春，美国华人图书馆员协会根据该会每年从世界华人图书馆从业人员中，经考察其工作业绩与学术成就而提名评选一人授予"杰出贡献奖"的规定，我以对中国高校图书馆事业的发展和国际交流工作中的成绩以及优异的学术成果而被授予2002年度"杰出贡献奖"，为我国获此殊荣的第二人（十年前北京大学图书馆馆长庄守经教授首次获此奖项）。

综观自己的大半生，都是在笔耕舌耕的生活中度过。我从二十世纪四十年代开始撰写文章，并在报刊上发表。最近从旧报上发现好几篇中学时代写的文章，如《〈诗经〉的"删诗"问题》《桐城派的义法》《清末的谴责小说》和《邃古楼读书笔记》等，还写过一些随笔散文。这种笔墨生涯一直延续六十年而不辍，撰写了多种学术著作，代表了我致力学术研究的三个方向。历史学方面主要有：《林则徐年谱新编》《北洋军阀史》《中国近代史述丛》和《结网录》等，方志学方面有：《志域探步》《中国地方志》和《中国地方志综览》等，图书文献学方面有：《中国古代图书事业史》《中国近代图书事业史》《古典目录学》《近三百年人物年谱知见录》和《古籍整理散论》等。这些著述中有些曾遭遇过不幸的厄运。如我因为要使中国近代史的教学内容有点新意，就努力开发新史源。曾集中精力，历时十年，本着专攻一经的精神，读了八百多种近三百年的人物年谱，每读一书，辄写一提要，积稿达五十余万字，又经修改成定稿十册，不幸于"文化大革命"时被抄走，发还时仅余二册，幸草稿和部分资料尚在，乃于七十年代下放务农之暇，重加整理，再一次写成定稿，题名为"近三百年人物年谱知见录"，共 56 万字，于 1983 年由上海人民出版社出版。我以十年时间读一种史料，终于对近三百年的人物、史事轮廓获得了大体了解，这或许也是一种不幸中的大幸，因为在颇为恶劣的氛围中，只有专攻一经才能修复不平的心境，并完整地掌握某一学术领域的基本内容。也许这是我在无奈中摸索到的一条治学门径。

随着时间的推移，在前一世纪的最后十几年里，我渐渐感到自己的社会职责尚有所亏欠。我虽然在教学与科研工作上尽了一份力，但那个圈子很狭窄，忽略了更广大的民众对文化的需求。我没有尽到把知识回归民众的责任，于心有愧。于是不顾圈子里朋友们的"不要不务正业"的劝告，毅然走出象牙之塔，用随笔形式把知识化艰深为平易，还给民众，向民众谈论与之所共有的人生体验来融入民众，同时我也想用另一种文字风貌随手写点遣兴抒情之作，给新知旧雨一种求新的感觉。写来写去，积稿日多，在九十年代竟然连续出版了《冷眼热心》《路与书》《依然集》《邃谷谈往》《枫林唱晚》《一苇争流》和《来新夏书话》等七种小集。而在新世纪之初我又结集出版了《且去填词》《出枥集》《只眼看人》和《学不厌集》等四种，我的一位早期学生戏称我是"衰年变法"，我亦甘愿受之而不辞。

当我日益靠近八十岁的时候，我的早期学生们倡议编撰我的全集，作为八十岁的纪念。我感谢他们的不忘师生旧情，但亦有两点个人想法。一是只能出选集不能出全集，因为世上没有绝对的"全"，"全集"只能说大致已全，否则就无所谓"佚文""补编"，等等。如果说"全"，那就必然细大不捐，良窳并存，一个人一生所作得意成功之作应是小部分，而更多的是败笔或尚欠完善，以往已损耗了他人的精力，那么在重新审视编订时，就应尽力选取自己的代表作和有用于人的作品来补过。再则，"全集"意味着到此为止，而我则笔意尚浓，无意封笔，所以以出选集为好。二是选集不能假手于他人，而必须自选。因为陈垣老师早年间曾说过："要出个人集子，最好自选。"他老人家认为自己对自己的文字最有数，自己对自己的学术思路和脉络最清楚，自选易于去取，可以减少各篇间的重复处。于是我就在 2001 年初开始搜集选编，并自定了几条选编标准：（1）所选必须自己认为"尚可"者；（2）所选必须是亲手写作者，主编著述不收，合作著作选入自己亲手撰写的章节；（3）尽量避免重复内容；（4）尽量保持原发表时的文章原貌，仅改正语词错讹和表达不清处。于是我搜集了自 1940 年至 2000 年的六十年间所写的近 700 万字的文字，包括论文和专著，并根据我的编写原则，从中选出了 160 余万字，分编为四卷，前三卷是我所致力的学术方向，卷一是历史学，卷二是方志学，卷三是图书文献学，卷四则是我晚年所写的随笔。编成之后，即命名曰《邃谷文录》，由南开大学出版社于 2002 年 6 月正式出版，作为我八十初度的纪念。虽然在仔细检读中，仍然发现有个别错讹和小有重复处，但《邃谷文录》终究是我一生学术工作的正式记录，也是对我的学术工作做出评价的基本依据。2002 年，南开大学历史学院得校友范曾之助，有刊印《南开史学家论丛》之议，第一辑收资深教授八人，我幸登签簿，乃就历史学、方志学、文献学三方面，选录论文三十余篇，成《三学集》一书，由中华书局出版。全书 40 余万字，或可备识者知我学术之简要焉。

目前我虽然已年逾八旬，但依然在舌耕笔耘的漫长道路上走着。最近我又完成了五十余万字的《清人笔记随录》一书。这是对清人所撰二百余种笔记所写的书录，体例一依《近三百年人物年谱知见录》。《清人笔记随录》书稿早在二十世纪五六十年代已粗具规模，不幸痛遭"文化大革命"劫火，直至九十年代，我以书稿虽亡，手脑犹在的立志，重新纂写，终以十年之功完成定稿，使之与《近三百年人物年谱知见录》并成为我致力"为人"之学的证明，也为清史研究工作做出应有的贡献。国家清史编纂委员会以其书有一定学术价值并可供编纂新清史的参考而列入《清史研究丛刊》，交由中华书局正式出版。如果天假我年，尚有余力，我将在无怨无悔的恬静心态下，回顾自己的一生，实话实说，写一部图文并茂，有二十余万字的自述——《烟雨平生》，以明本志。

二〇〇四年四月中旬修订于南开大学邃谷寄庐，时年八十二岁

原载于《南开学人自述》第一卷，南开大学校史研究室、《南开学人自述》编辑组编，南开大学出版社 2004 年版

我的书斋——邃谷楼

"邃谷楼"是我沿用了半个多世纪的书斋名，但并不是我最初的书斋名。

我从十六七岁开始认真读书以后，总想有间自己专有的书房，但是由于家境不甚富裕，我和祖母同住在一间卧房内。祖母很疼爱我，理解我，知道我想要个专用的读书处，所以尽量缩小自己的地盘，让我能在栖息之室中划出一个角落。这个方不逾丈的角落里，除一张小床外，只能安放一张二屉桌和一个仅有四层的小书架，这就是我书斋的胚胎。既是书房，不可以无名，便用一小条宣纸，亲笔写了"蜗居"二字，作为我的第一个书斋名贴在床头上，并且自我解嘲地以为我这个读书人已经有了自己的专用书斋了。

十八岁那年，家境稍好，全家搬进一座楼房，租住了有三个居室的一层楼，依然不太宽敞，难以给我一个单间。但是，我发现楼层间斜竖着的楼梯较宽较高，形成了楼梯底下一间约有 8 平方米的梯形小屋：我忽发奇想，便向父母申请这间小屋，得到了入住的批准，于是我离开一直宠爱我的祖母而搬入"新居"，一张木板单人床塞进楼梯的低层，进出需要爬进爬出。这养成我后来不爱随时往床上躺的习惯。在楼梯下的高层部分，不仅可以直立伸腰，还能从上到下挂一幅书画。小黑屋这头有高度的地方，可以一横一竖地置一桌一架，床板的外端便是座位。我非常知足，因为我已从"蜗居"爬出来，虽然"新居"需终日点灯像深谷那样昏沉，但是，我终究能在自成一统的天下里，颠倒昼夜，随心所欲地运作，成为读书生涯中的一大乐趣。有了独有的书斋，自然应该有个能登大雅的斋名。我从昏沉的楼梯底下苦思冥想到幽暗的深谷，又把平淡的深字换成比较深奥的邃字，而且这间黑屋是占有从楼下到楼上的空间，至少有点楼味，于是便果断地定名为"邃谷楼"。一年之间，我读书写作于此，颇有所获，我感谢邃谷楼的恩赐。我日益需要有一篇像样的文字来阐述邃谷楼的立意，于是，在一个秋风送爽的夜晚，我操笔撰成《邃谷楼记》一篇，反复阐说斋名的寓意。日后虽在文字上对它略有更易，但主旨不变。我非常珍惜我读了几年古文后用文言体写就的这篇处女作，所以我要把它的初稿存档于此。其文曰：

非谷而曰谷，何也？惟其深也。无楼而曰楼，何也？惟其高也。惟高与深斯学者所止焉尔。邃谷楼者，余读书所也。沉酣潜研，钻坚仰高，得手书而体乎道，邃然而自适焉。晦翁朱氏诗曰："旧学商量加邃密"，朱氏之为是诗也，时方与象山辨致知格物之同异，称商量且以邃密为言，喻其深也。今余以邃名谷，又以邃谷名楼，盖以示致学端倪而专攻史学之志略尔！古有愚公谷，以人名谷者也；人而以愚名，又以愚公名其谷，是以反朴之意为寄耳！战国有王诩者，居鬼谷，因号鬼谷子，终其身传九流之学，当时人丐其余润，即以其术鸣于世，后之人奉为大匠焉。隋季之王通，论道河汾，遂铸十八学士，厥功益宏矣。唐有李愿者，隐盘谷，其后复有司空图者，居王官谷，皆负高士之志者。宋诗人黄庭坚，号山谷，亦以谷自况其胸襟者，皆以虚谷之怀蕲乎深造者耳！余既以读史为治学入德之门，无中外古今，演绎也，抽象也，悉不得离乎邃密之意而自勖以虚谷之怀，由是得窥班马刘章之毫末则幸矣！余居北既久，颇缔交燕赵之士，得有同道数人，共聚于邃谷楼，后抵掌高论，相与驰骋于典籍，辨析其异同；或促膝谈往，旧事复资于谈柄，斯余所以踌躇而满志也。章氏实斋称史所贵者义也，而所具者事也，所凭者文也，固已为治学者立大纲矣。余性不敏，而学谫陋。其事粗知，其文则未，其义则以愈远矣！今而后深自勖于其事以期其贯通，于文则务其质朴，于义则宗之于求真求实。若是，于学方庸或可得，而邃谷之称亦庶几无负，余又焉得不勉乎哉！

这虽是我的一篇"未冠"之作，但一生以它为座右，而至今犹自视为可共一生的佳什。我曾不顾书法的拙劣，用墨笔把它写成斗方挂在书斋的墙上，并在左右配以朱熹的"旧学商量加邃密，新知探求转深沉"联语。我的书斋似乎已是融合得很好的浑然一体了。

尽管我的书房随着岁月的推移、藏书日增和职业的需要而逐渐有所改善，从小黑屋到亭子间，从亭子间到书房兼卧室，又从两用书房到有单独功能的书斋，并配备了电脑之类的现代化文具，至此可以说已颇具规模了。但是，我却一直怀恋着那间三角形的黑屋子，因为我的第一篇学术随笔《佛教对白话文的影响》（原文已佚，仅记题目）和日后作为我大学毕业论文的《汉唐改元释例》初稿都产生在这里。这间黑屋子也是我走上漫长的学术人生的第一间书房，所以我常常向一些熟悉的朋友戏称这是我的"龙兴"之地。

我的书斋，不管在哪个时代、改善到哪种层次，总有一些少年伙伴、中年朋友和老年至交不时相聚，或校正文字，渐成专著；或谈往忆旧，随登笺簿。后来专著大多成稿，并相继问世，唯随札一直散乱无绪。"文革"时期，这些随札也未逃脱被任意撕毁和焚烧的厄运。迨勇士凯撒，我心神慌乱地收拾烬余，幸存什五，乃贮之敝箧而无暇顾及。八十年代以来，公余之暇，整理寸简片纸，重读随札，回首前尘，平生知己半为鬼，而生者也垂垂老矣。黯然神伤，遂退居邃谷楼中，将残札逐篇删定编次。近年又就读书一得，怀旧念故，阅历世态，感悟人生诸方面，时有随录，共得随笔数百则，始则择刊报端，继而编次成书，用以问世。综计一生，在邃谷楼中著书近三十种，成文数百篇，虽非金玉，终当敝帚。反顾既往，邃谷楼中抵掌促膝之情景，历历难忘，往事如新。兴念及此，又何可忘三角形黑屋书斋为我一生致学肇端之功？特成一文，借以见人间沧桑云尔！

原载于《我的书房》，董宁文编，岳麓书社 2005 年版

蹭戏

——劝业场怀旧

"七七"事变以后，我家从北站附近的新大路，搬到法租界绿牌电车道教堂前益德里居住。过一个街口是我读书的旅津广东中学，再过几个街口就是1928年兴建、驰名海内的劝业场。劝业场所在的地名叫梨栈，是法租界的繁华中心，甚至可以说是天津的繁华地带。它矗立在绿牌电车道另一尽头，和现在的金街交叉成一个主要街口。这十字路口的四角，除了劝业场占一角外，其他三角是演电影的光明社、接待八方来客的交通旅馆和周转金融的浙江兴业银行。在当年看来，都是高楼大厦，特别是劝业场，斜角度地面对街中心，华世奎书写的劝业场匾额金光闪闪大字，气势非凡。场内百货杂陈，各种游乐场所如台球地球，影剧杂耍，无所不有。游人如织，摩肩擦背，真是个充满魅力的游闲消遣胜地。劝业场离我家和学校是一眼看得见的距离，所以我们这些中学生常常在下午课后三五成群结伴去闲逛，每周总去两三次。我们都是初中生，囊中只不过有几个饼饵钱，所以对洋广杂货、金银首饰没有兴趣，而是直奔高楼层去看游乐场所，我和几个好京剧的小学伴，最喜欢去的是到天华景听蹭戏。

天华景是劝业场六楼的一处游乐场，常年演出的是由高渤海组织的稽古社小科班，一茬齐的小演员，十几岁的年纪，演戏非常认真，功底也很厚实，剧目多是大戏。有好几齣戏出自名师亲授。他们的姓名都以华字结尾，如武生徐俊华、蔡宝华，花脸贺永华，武丑张春华等等，都是观众熟悉和钟爱的演员。他们的戏码也往往排在压轴和大轴上。而我们下午放学后，正能赶上看大轴戏。票价虽不太贵，但也不是我们中学生所能长期负担的。所以只能在场口扒着丝绒门帘遥望几眼。有时轮流由一个人买票进去看戏，其他人就在场口扒着看，等散场后由入场的人向大家绘声绘色地讲述一番，过过戏瘾。过了十天半个月，收票的老大爷看我们痴迷的模样，可能出于怜悯之心，特别关照我们说，悄悄进去，别说话，找个空座坐下，好好听。从此，我们几个人就在老大爷的呵护下，可以在大轴上场时偷偷溜进去，当时称为"听蹭"，我们足足听了两年多的蹭戏。

我很喜欢看稽古社小演员的戏，除了演技纯熟外，还可以看到成人演员身上难以看到的清纯。有好多戏演得很有情趣，如拾玉镯、三岔口、四杰村、夜奔等，看起来很逗乐。尤其是张春华的偷鸡、盗甲、酒丐、盗银壶等，真是神乎其技，身手不凡，给人以美的最大享受，难怪他日后成长为武丑行中的名家。有两次听蹭是至今难忘的情景：一次是剧场不仅座无虚席，连过道和入口处都有站着听的。老大爷轻轻告诉我们，今儿个是尚和玉老板演艳阳楼，楼上下满贯，你们进去溜边儿站，别惹事。尚和玉是当时名武生，艳阳楼又是他的拿手戏。这次演出还有教学的示范作用，一招一式，无不中规中矩，几个亮相动作，精美之至，令人叹为观止。另一次是 1939 年 8 月 19 日（旧历七月初五），为了应景七巧节，天华景排演了"牛郎织女"，海报上还标示"真牛上台"，我为了好奇又去蹭戏，刚溜进去就听到场外人声沸腾，观众亦纷纷起座，只听"来大水"的叫嚷声。等出了劝业场，就见路上已有没脚面的水，还不断从蓝牌电车道方面继续有洪水急速流来。我赶紧拔腿往家奔跑，身后紧跟着水声，等到了我家胡同口，已有四五层沙包垒起来防水，迈过沙包堤，我才发现后背已被汗水湿透，这是我最后一次蹭戏。这年我初中毕业，自认为已是大人，不好意思再去打扰老大爷了。

我蹭戏不纯是娱乐消遣。每次听完回家，头等大事就是找出家中已被翻掉书皮的《大戏考》来对照剧情，日积月累，我对京剧剧目所知渐多，剧情也很熟悉。这对我日后谈史说戏打下了基础。当我后来主修历史专业以后，常喜欢拿戏中的主要情节和史实对照，分辨几真几假，如有所得，就写成片段小文。多年以后，我和几位同道，把这些篇什集成一书，题名为《谈史说戏》，先后由北京出版社和山东画报出版社出版，颇得佳评，这不能不归功于多年前那段蹭戏的经历。

上世纪五十年代以来，劝业场的游乐场所大都停办，稽古社的小演员们也都长大，各奔东西。剧场亦难乎为继。一晃半个世纪过去，世纪之交劝业场历经改革调整，百货部分大为改观，而游乐部分尚难顾及。直至本世纪之初，重新恢复"八大天"之举，才被提到议事日程上来。天华景的场地虽已装修，也不断有演出聚会，我亦曾参与过两次，但终究缺乏稽古社时代那种亲切。我期待有识之士能重组一个小科班，边学边演，早日展现为京剧培养人才，为民众提供休闲，为劝业场重焕光彩的情景。

原载于《今晚报》2008 年 6 月 10 日

闲话读书

　　如果从识字始，便算读书，那我至今已经读了八十年书了。在书海中翻腾这么长时间，说没有可说的经验或窍门，容易被人怀疑为不说实话，欺瞒后学，甚至是学问上的吝啬鬼，但我确实说不出什么成本大套的读书法，也不会开连自己都没有读过的书目，更不愿故作高深，侈谈经验，把后学说得云山雾罩，反而让人望书却步。因此，每当有学生或晚辈问起我如何读书时，我总是说些片言只语的闲话，也很少写这方面的专文。既承相约，只能回想一些曾讲过、说过和写过的话，略加条理，以答客问的形式说些有关读书的闲话。各人情况不同，还是因人而异为好，不要生搬硬套。我的闲话，仅供参考。

有人问我读书是如何入门的？

　　我很幸运，七岁以前，在祖父身边生活。祖父是位饱学之士，既有深厚的国学根底，又是清末的留日生，学识渊博，著述阅富，家中也有些藏书。我从小生活在这样的环境中，对书容易有好感。祖父除要求我读《三字经》《百家姓》《千字文》等蒙学书外，还用《幼学琼林》为课本，讲许多有趣的历史故事，诱发我的读书兴趣，逐渐养成读书习惯，所以我读书不是挨手心打出来的。如果见书就头痛，那是读不好书的。我常听长辈用"学海无涯苦作舟"来教育子弟苦读，但我认为应改成"学海无涯乐作舟"。所以读书的起步要乐于读书。整天愁眉苦脸，如坐针毡，那是读不好书的。

有人问我如何走上书山？

　　走上书山要循序渐进，不能一口吃个胖子。读书要有步骤，最好能有名师点拨。我读小学时有位张老师，针对我喜欢历史，就要我读历史故事书。高中时教语文的谢老师要我细读前四史，教我作读书笔记，并说即使日后这些笔记都无用，也是一种练习。后来我才逐渐理解这种"磨刀不费砍柴功"的道理。我最得益读书的环境是在读大学阶段。我是上世纪四十年代初在北平读大学的，当时正是日本帝国主义疯狂侵华并发动太平洋战争的时候。北平的大学不是改变性质成为敌伪大学如伪北大，就是与英美有关而被封闭如燕京大学，只有辅仁大学因为是德国教会主办的，德国是轴心国，与日本是盟友，自当给点面子。所以辅仁成为一所形式上独立的教会学校。于是无论老师，还是学生，都向往入辅仁。许多知名学者纷纷应聘，执教于辅仁。但他们很少专门谈自己的读书法和读书经验等，而多是以自己的行事影响学生，让学生从他们的身教中受益，如陈垣老师布置作业，让学生同读一种书，同作一篇读书札记，陈老师自己也用同一种书写同一篇示范性小文，张贴在课堂上，由学生自己观摩比照，揣摩如何读书，引导我们怎样读书有得，以此培养学生的读书、查书习惯。可惜后来再也见不到这样的老师！要学会从老师日常言行中去领会怎样读书。

有人问我书该怎样读，怎样处理速度和数量问题？

书该怎样读，是很难说清的。速度与数量看似有矛盾，实际上可以统一。首要的问题，读书要立足于勤，要有持续不断的韧性，不要三天打鱼、两天晒网，要能坐冷板凳，不能坐不住。范文澜老师曾说过"板凳宁坐十年冷"，坐冷板凳说起来容易，做起来很难，要有决心。冷板凳坐几天容易，坐一辈子就非有坚韧不拔之志不可，许多大学问家都是坐冷板凳坐出来的。汉朝的董仲舒，不论后世有什么不同评价，但他无疑是大学问家。他的学问怎么来的？主要是"三年不窥园"。三年之久，能不出书房，而且都不偷偷地掀开窗帘窥视一下窗外的风光。可想到他是多么专心致志地读书。董仲舒尝引古训"临渊羡鱼，不如退而结网"以自律。"临渊羡鱼"是一种浮躁，揣手坐在水边为得鱼者大声叫好，羡慕人家的成绩，结果满载而归的是人家，自己空耗精神，蹉跎岁月，只落得双手空空，一事无成。"退而结网"则是坐在又硬又冷的板凳上，默默地结网，终究结成一面大网，能够从心所欲地捞鱼。我很敬佩这条古训，就以此语作为座右铭，悬之案头。

其次，要懂得分类读书。有的书是经典名著，这类书用以奠定基础，都需细读、精读，不要图速度。前人有句害人的话，说"一目十行"，这可能有益于速度，但浮光掠影，扎不稳根基，一生都难补救。因此，凡是要细读、精读的书，应该是"十目一行"，要专注精力，细嚼慢咽。基础稳了，速度自然会快，速度快了，数量自然会增。有的书则只需浏览，掌握其大致内容，如类书、杂书和前四史外的各史（专攻某时代者除外），其中某些部分等需要时再细读。有的工具书必须要熟练掌握使用方法，用时方能得心应手。分类读书可增加速度和扩大数量，但细读、精读的书一定不要图快求多。

有人问我读什么书好？

当然要读好书，尤其是青少年时期，更需要多读些好书，多接受些正面知识，以培养分辨良莠的能力。但读书万不可采取封闭性态度，设立若干禁区，而应较广泛地阅读，对于所谓反面的东西，或者大家评论不好的书，亦不要排斥，不要人云亦云，随着别人脚步走。只要自己加强辨识能力，就应无所顾忌，只要这部书持之有故，言之成理，也可从中找到某些合理部分，为己所用。或者还会从不同方向对自己有所启示，以减少或避免别人犯过的错误。至于那些低级鄙俗，甚至淫秽下流、不堪入目的书，还是节约有限生命为好，不做无谓牺牲。

至于什么书算得上是好书，我的理解是指三种书：一种是必须精读、细读的经典原著，一种是后来有价值的著述，一种是有丰富内容的杂书。古人多从原著入手，现在离经典原著时代较远，理解诠释困难较大，所以可从有价值的专著起步，踩在前人肩膀上攀登。以文史为例，我以为最好从清人著述起步，清人张之洞在《輶轩语·语学》中有过一段很中窾要的话说：

> 读书一事，古难今易，无论何门学问，国朝先正皆有极精之书。前人是者证明之，误者辨析之，难考者考出之（参校旁证），不可见之书采集之。一分真伪而古书去其半，一分瑕瑜而列朝书去其十之八九矣。且诸公最好著为后人省精力之书：一搜补（或从群书中搜出，或补完，或缀缉）；一校订（讹脱同异）；一考证（据本书据注据他书）；一谱录（提要及纪元地理各种表谱）。此皆积毕生之精力，踵累代之成书而后成者。故同此一书，古人十年方通者，今人三年可矣！

张之洞这段话确是经验之谈，我曾依此而行，确有事半功倍之效。如先读《廿二史考异》《廿二史劄记》和《十七史商榷》三书，再去读正史各书，确实可得津梁之助。

从有价值著述入手是可以的，但要深入到一个专业领域，还需要回归经典原著。古人从经典原著出发，从小读四书五经，读前四史和《资治通鉴》，可从经典原著中发现问题，提出自己的阐述诠释。今人不具备这些条件，但当深入研究时，必须回归经典原著，如专攻文学，除读后人的研究成果外，要读《诗经》《楚辞》、唐诗、宋词；如攻史学，除读名家著述外，必须读前四史和《资治通鉴》等，这些是母乳，要健康成长，应该吃母乳。他人的心得体会是他人的心得体会，那是奶妈的乳汁，终差一层血脉关系。至于一些杂书，其中有许多具体细节可启发思路，提供例证，也有一些有趣味的掌故琐闻，能愉悦身心，调节读书节奏。

有人问我如何进入专业领域？

我想讲一个切身体验的例子。我在大学读历史专业时，重点放在汉、唐这一段，读过《史记》、两《汉书》和两《唐书》，后来师从范文澜老师读研究生，他让我转攻中国近代史。我在大学没有系统读过几本中国近代史的书，也没有听过有关中国近代史的课程（旧大学的通史和断代史课程多断至清初），对近代史可谓知之甚少，如今分配我转攻中国近代史，真不知从何入手。看了一些旧的近代史著作，仍然找不到门径。在一次给范老送资料的机会，我贸然地向范老请教入门途径的问题，范老很温和地让我坐到对面说："你是援庵先生的学生，应该懂得'专攻一经'的道理。"我惭愧地回答："我的近代史知识很浅薄，不知选哪部书去读。"范老想一想对我说："你就从读三朝《筹办夷务始末》入手，要随读随写笔记，以便日后使用时翻检，笔记可以不太追求文字的严整。"当时我根本不知三朝《筹办夷务始末》是何书，但又惶恐得不敢再问，唯唯而退。于是我向指导我学习的荣孟源先生请教，才从资料室借到此书。我特地买了较正规的笔记本来写读书笔记。三朝《筹办夷务始末》我连续读了一年半，写了三大本读书笔记，每朝一册，可惜在"文革"时，被愚昧的"勇士"们扔进火堆里烧掉，只剩下道光朝那一本，因被压在乱书堆下而幸存下来。至今有时抚读，犹感黯然，一面怀念师恩，一面惋惜我当年的辛勤，未能保留全璧。但从残留的这一册笔记中，还可以想见当年的读书痕迹。

我在笔记本的首页，记下全书的进呈表（相当一般书的序）和凡例，为的是便于了解和阅读全书。这就养成我以后每读一书必先读序跋、前言和凡例的习惯。这种习惯很重要，人们往往忽略这些，每读一书，常把序和凡例翻过去，直接进入本书。须知各书的自序常是作者凝聚全书精粹之作，凡例亦是全书的统率，前人常说发凡起例，是说明凡例对一书的重要性。如读《史记》就应该先读《太史公自序》，认真一读，就全部掌握《史记》作者的情况和《史记》的基本内容，再读本书，就势如破竹，很容易通读全书。当然有些捧场者的他序，则可不读。如果一本书的自序不认真，则这本书也不会是好书，可以不去读它。因为作者对自己的门面都不顾，怎会顾读者？现在这类不负责任的书不少，要有所警惕，慎重选读，不要枉费精力。读书也要读目录，因为这是全书的总括。

我在读《筹办夷务始末》的笔记中，把原书的出处作了详细的记录，把内容作了简短提要，以便日后需用时翻查。后来我又读了《清季外交史料》，使近代史事，上下贯穿。经过如此认真细读后，我对中国近代史的重要史实脉络，大体清楚。再读其他有关著述，就深感便捷。有时还能触类旁通，知道许多近代的历史人物及其观点论述，引发我去读更多的书。这样日积月累，自然充实和提高了自己，从而，中国近代史就成为我终身从事的学术工作。从这一实践过程看，"专攻一经"不仅有奠定基础之效，且能由此延伸博览，令人有可能迈入学术殿堂。可惜这种看来繁难，实为捷径的方法，并不为一般学人所接受。

有人问我怎样才能读书有得？

我觉得只有八个字，就是"博观约取"和"好学深思"。这两句古语是相连的，只有"好学"才能"博观"；只有"深思"才能"约取"。好学就是勤学，无论在什么条件下，都要有读书习惯，特别是困顿时，更应坚持不懈，才能走向博览群书，才能使知识源源输入；但博涉不是囫囵吞枣。对书的内容要深思，以定去取。不妨大胆地说，无论什么书都不是没有水分的，深思就是挤掉水分，所以称为约取，即把一本书读薄，而取其精华。在深思过程中，就会发现问题，这就是一般所说"致疑"，有疑才会不断追根究底，即所谓"勤思"，疑而后思，思而后得。所得即使是片段，也是非常可贵的，应该及时记录。因为人的记忆是有限度的，日久淡忘，人所难免，所以要勤记勤写。聚沙成塔，片段可以成篇，多篇可以成书。这种积累，对读书生活也是一种磨砺，因为读书易而随时记录读书心得难，因此必须要有韧性战斗的精神。

有人问我读书究竟是为人，还是为己？

我说这二者并不矛盾，读书既可使自己愉悦，增加自己的知识库存，增强自己的文化素养，也可使自己享受有内涵的日常生活。但读书的最终目的，还是为人。自己读书有得时，就应该公之于众，贡献于人。我曾经在一篇文章中讲过这样一段话：

> 读书是为积累知识，但却不能只入不出。而要像蚕那样，吃桑叶吐丝，要为人类文化添砖添瓦。有一位名人，读了一辈子书，知识渊博，但身后没有留下一本书，一篇文章，甚至一条笔记，这是精神生活中的极大浪费。这是个极端自私的个人主义者，他把汲取知识像打扑克那样作为个人的一种享受，或者说他是一个贪婪者，在尽兴地占有前贤的遗产而吝不以自己所得与人。鲁迅一生之所以伟大，学识渊博，固不待言，但更可贵的乃是他那种吃草挤奶的精神。无论什么人都应该将咀嚼吸取到的知识酿成香甜的蜂蜜，发之于言论、文章来奉献给当代人，或以之哺育下一代人。学以致用才是读书的真正目的。

我曾用几十年读书所积累的资料，撰成《书目答问汇补》与《近三百年人物年谱知见录》（增订本）二书，既凝聚了自己几十年的读书所得，也为他人担当起铺路石子的作用。这就是读书既为己又为人的明证。

有人问我"衰年变法"是怎样一种转变？

我从六十岁以后即上世纪八十年代以后，确是写了不少随笔，我的学生戏称我是"衰年变法"，我未表示异议。"衰年变法"一般指书画界人士，蕴积多年，晚年书画作风大变，以求另辟蹊径，更上层楼。听说国外有些科学家五十岁以后，当在专门领域中已有所成就，往往向普及知识的道路转变，也是一种"衰年变法"，我虽称不上学有所成，但知识回归民众的行为却给我很大的启示。所以我就从专为少数人写学术文章的小圈子里跳出来，选择写随笔的方式，贡献知识于社会。我写随笔的最终目的不过是：观书所悟，贡其点滴，冀有益于后世；阅世所见，析其心态，求免春蚕蜡炬之厄；知人之论，不媚世随俗，但求解古人故旧之沉郁。本着这样的想法，二十多年来，在许多旧友新知的鼓舞推动下，我以广大民众能接受的文字，写了数百篇随笔，把知识大量回归民众，初见"衰年变法"的成效。从上世纪九十年代开始，我已先后出版十几种小集，这些成果都从读书而来，颇让我有一种自我超越的感觉，让我适时地回归到依然故我的纯真境界里。我把这些成果视为我读书的最大收获。没有以前读了不少书的积累，是难以厕身于学者随笔之列的。

有人希望我对读书生活作一简练的概括

我只能赠君十六字，即"立足于勤，持之以韧，植根于博，专务乎精"。但这是我一生的读书体会，不一定适用于他人。要有成效还靠自己摸索和领悟，还靠自己在读书生活中发掘。

原载于《南开大学报》2008 年 9 月 26 日

"文人相轻"与"文人相亲"

　　建安文学是中国文学史上的辉煌丰碑，而作为众望所归的领袖是三曹，但居其中的曹丕则为其父曹操、弟弟曹植的光芒所掩，显得有点黯然。可细究一下，曹丕却干了两件为父与弟所不能及的大事。一件是曹操已经权侔天子，帝位唾手可得，但总是羞羞答答，不肯冒夺位之大不韪。曹丕则在政治上雄才大略，敢作敢当，一举易汉为魏，从汉天子手中把江山拿过来，成魏、蜀、吴三足鼎立之势，开魏晋六朝的局面，并追封曹操为太祖武皇帝，让老爸足足过了把死皇帝的瘾。第二件事是在文化上的创见，他是文学评论家，写了专著《典论》，可惜已佚，只剩下论文一篇，成为千古名作，这篇"典论论文"过去在世界书局所编高中国文课本中就选入过，所以我在六十多年前就把"文人相轻，自古而然"这句话深深印入脑海，后来也常听人说"文人相轻"的故事，但首揭文人此一劣根性的，则是曹丕。他总结前世，又垂教后来。也只有曹丕读的书多，结识的文人也多，才能洞察文人这一痼疾。可惜他未能寻求到病源，以致千数百年痼疾得不到医治，更难获根除，终成中华文明不可救药的恶劣基因。

　　"文人相轻"的例子很多，随手就能拈几个。在曹丕以前，如李斯与韩非都是荀子的学生，因秦王欣赏韩非的才华，李斯由妒生恨，终以政治手段将韩非迫害致死。班固因看不起司马相如和扬雄，视他们论颂汉德的文章不是"靡而不典"，就是"典而不实"，于是自己动手写了"典引篇"以述叙汉德，炫露自己。在曹丕之后，如晋嵇康之冷淡钟会，不与相交，唐卢照邻之耻居杨（炯）后。宋明以后，下至于清，各树门派，成为群体相轻，各以所长，攻其所短。文人相轻之风日烈。晚清有个李慈铭，相轻者已非个别对手，只要大致翻翻他的几十册《越缦堂日记》，被讥评斥骂的对方，已是比比可见。但是他们都是对具体人的相轻，并没有像曹丕那样，宏观地予以概括，而重新重视这一口号的，则是近代大文人鲁迅。

　　鲁迅一生在文人圈子里生活，当然最为关注有关文人的事，他的许多文章都有或多或少臧否文人的语句，特别是在他生命最后年代里，似乎异常重视"文人相轻"这一口号。1935 年,他连续写了七篇论文人相轻的文章,反复讲这件事。鲁迅确是目光犀利,不同凡响,对曹丕的"文人相轻"的口号有重大的突破。他在《五论》一文中,认为"相轻"之说只是站在旁边看文人轻来轻去斗的第三者,而真正卷入窝里斗的只有"被轻"和"轻人"两种。他还提出三种"轻"之术:一种是自卑,一种是自高,一种是"只用匿名或由'朋友'给敌人以批评"。其中自高似是曹丕所界定的一种,即"各以所长,相轻所短",那就是"轻"有其必然,有非被"轻"不可的必然。至于自卑和只用匿名,则似是后来的发展。鲁迅的《七论》和其他一些文章,看起来是在批评"文人相轻"这种文人痼疾,不过他也借此"轻"了一大帮子,如轻周作人是"老京派",轻魏金枝的"无是非",轻林语堂的把晚明小品"点破了句",轻邵洵美"有富岳家,有阔太太,用陪嫁钱,作文学资本",轻施蛰存为"洋场恶少"等等等等,看来"文人相轻",贤者不免。

不管是曹丕还是鲁迅,看到说到的都是"文人相轻"的陋习,而忽略了文人还有"相亲"的美德。在史书和传说中,文人相亲的故事有很多。羊角哀与左伯桃、管仲与鲍叔牙相亲的故事,早已脍炙人口。曹丕虽然大论"文人相轻",但读他的《与吴质书》,足见其思念之深,相亲之厚,令人欣羡不已。李白一句"桃花潭水深千尺,不及汪伦送我情",成为千古传诵的友情名句。宋朝的欧阳修与王安石在政治观点上不同,但欧九很推重介甫的文才,写了一首诗,表达了极深的友情,诗云:"翰林风月三千首,吏部文章二百年。老去自怜心尚在,后来谁与子争先?"既有推重,又有慰藉!

"文人相亲"不能只理解为感情上的亲密无间,而更重要的是能互补互帮。前些时候,听说演员黄宏帮竞争对手改歌词,一时传为美谈。其实,早在南朝梁时,有一位目录学家阮孝绪,是一位无钱无势的处士,耗费心血,历尽艰难,在编一部反映当时文化积累和成果的名为《七录》的目录书;当时另有一位入《梁书·文学传》的刘杳,是个"自少至长,多所著述"的名人,曾撰《古今四部书目》草稿;当刘杳获知阮孝绪正在编撰《七录》时,就毫不犹豫地把自己抄记的资料和草稿,全部赠与阮孝绪,以助《七录》成书。后来阮孝绪在《七录序》中也表达出感谢之情,刘的不隐秘所得,阮的不负重托,充分体现"文人相帮"的风范。明清之际的文学家侯朝宗,很多人都知道他和李香君"桃花扇"哀艳悱恻的韵事,而对其文学成就则知之尚少。侯朝宗的古文创作在当时已是名满天下,与三魏、钱谦益等,并有文名。他之所以能如此,与他和不甚知名的好友徐恭士交往切磋有关。康熙时名公宋荦所撰《筠廊偶笔》所记侯朝宗求教事，极为动人。记云：

> 侯朝宗以文章名天下，睥睨千古，然每撰一篇，非经徐恭士点定，不敢存稿。一日灯下作《于谦论》，送恭士求阅，往返数次。恭士易矣字、也字数处，朝宗大叹服。时夜禁甚严，守栅者竟夜启闭不得眠，曰："侯公子苦我乃尔！"此事余曾向汪钝翁、王阮亭言之，共为称快。钝翁常与人曰："闻牧仲（宋荦字）谈朝宗事，令人神往！"

汪琬、王士禛均为当时著名文学家，知宋荦所言非虚语，方在士人间传说。侯、徐设非"相亲"，何得如此切磋文字？侯能真心求教，徐能不吝赐教，毫无芥蒂，足以见二人之绝非"相轻"矣。

文人之不能相亲，多在自视甚高，而目无余子。其学殖深厚自持谦抑者，多能见人优长，自知不足。遂日益相亲。若顾炎武，当时后世，无不推为学术巨擘。他曾为表明尊重他人，严以律己之志，自著《广师篇》，与当代学人一一衡量，其文说：

> 夫学究天人，确乎不拔，吾不如王锡阐；读书为己，探赜洞微，吾不如杨雪臣；独精三礼，卓然经师，吾不如张尔岐；啸然物外，自得天机，吾不如傅山；坚苦力学，无师而成，吾不如李容；险阻备尝，与时屈伸，吾不如路安卿；博闻强记，群书之府，吾不如吴任臣；文章尔雅，宅心和厚，吾不如朱彝尊；好学不倦，笃于朋友，吾不如王宏撰；精心六书，信而好古，吾不如张弨。

王锡阐、傅山、吴任臣、朱彝尊等人都是当时一流学者，至今犹在学术史上占有重要席位，顾炎武在这篇《广师篇》中，以人之长，校己之短的谦抑态度，迥然有别于以己之长，攻人之短的"文人相轻"的恶习，而表现出一种"文人相亲"的气度。这就无怪乎晚清时人陈康祺把此文引入其所著《郎潜纪闻》卷八，并按其事而感叹云："今乡里晚学，粗识径途，便谓朋辈中莫可与语，志高气溢，宜其尽矣！"这段话应称确评。"文人相轻"者流，读《广师论》得不愧恧？

《广师论》对后来有一定影响，顾炎武的学术后辈刘逢禄曾仿其文意撰《岁暮怀人诗小序》，其文曰：

> 敦行孝友，励志贞白，吾不如庄传永；思通造化，学究皇坟，吾不如

庄珍艺；精研易礼，时雨润物，吾不如张皋文；文采斐然，左宜右有，吾不如孙渊如；议论激扬，聪明特达，吾不如恽子居；博综今古，若无若虚，吾不如李申耆；与物无忤，泛应曲当，吾不如陆劲闻；学有矩矱，词动魂魄，吾不如董晋卿；数穷天地，进未见止，吾不如董方正；心通仓籀，笔勒金石，吾不如吴山子。

陈康祺将此文又引入其所作《燕下乡脞录》卷五，似有针砭时弊之含义。我今不惮烦地引录顾、刘二文入篇，实以当今"文人相轻"之风，不仅未杀，且更炽烈，或张扬环顾，旁若无人；或偶有不洽，即飞短流长，攻击谩骂，甚者对簿公堂，赤膊上阵，已由"相轻"进而"相敌"。苟能以顾、刘为鉴，共相切磋，互为补益，直谅多闻，则自可得顾、刘之遗风。

至于以个人心血所聚，毅然倾囊相授，以促成事业，如刘杳之赠稿与阮孝绪者，近代亦有其例。如林则徐与魏源，交谊甚笃，林则徐在赴戍途经镇江时，会见魏源，二人同居一室，对榻倾谈，谈战局，谈未来。林则徐把自己积累的《四洲志》材料，全部交给魏源，希望他编撰成书。魏源不负所托，终于撰成影响及于海外的名著《海国图志》。这是多么令人神往的金石相契的交情！可惜这些故事比谈"文人相轻"的少得多，因而削弱了改变文人陋习的作用。"文人相轻"与"文人相亲"，虽只是一音之转，但其效应则大不相同。"文人相轻"自从曹丕概括性提出来以后喊了千多年，而"文人相亲"则一直没有人站在高处，振臂一呼，像曹丕针砭"文人相轻"那样，对"文人相亲"的美德，倡之导之。

"文人相亲"的口号终于在 2003 年初春，由一位高层领导在两次学术性集会上，一再呼吁，希望文人学者们从"相轻"走向"相亲"。"文人相亲"的事实，虽然古已有之，但像曹丕那样正面而响亮地总括出"文人相轻"那样的警策语还没有。不意在新世纪兴办大的文化工程之际，竟能完整地提出"文人相亲"这一口号，对针砭积弊陋习具有重要作用，更是医治文人痼疾的良方。至少提示文人学者们朝这个方向走。当然做起来并不容易，掌握分寸也很难。例如"相亲"是否还能争论和驳议？我想不仅应有，而且应有一种相互补益的"相亲"，而不再攻人所短，炫己所长，甚至涉及人身。我曾经遇到过两个自认为是"文人相亲"的实例：邵燕祥和朱正是我的两位好友，大家很谈得来，如从人际关系看，足称得上是"相亲"，但在文字商榷上，则都能实事求是，对事不对人地相互切磋。邵燕祥曾写过一篇《读来新夏的随笔》，写得很亲切，但是对我写的《张东荪其人其学》一文中的一番议论，提出了质疑。我在文中说："张东荪一再强调'说自己的话',从个人操守来说;无可厚非。但如果不考虑特殊条件和客观现实,不深入体会历史的陈迹和世态变化,往往会因此贾祸……"我的这番话使燕祥"久久陷入深思",他非常直率地批评我分析张东荪之死因,"归结到不识时务,咎由自取",并指出这个问题"怕是一个知识分子或无权者,在'特殊条件和客观现实'面前,如何自处的问题",这段话可以说直戳了我的灵魂深处。它提示了两个问题,一个是"文为心声",文字总是反映一个人的人生经历,燕祥是中过阳谋的,我则是漏网者,所以我对"以言贾祸",没有他那样有很深的"切肤之痛",因此就站在旁观者的立场上,说得很轻巧。另一个问题显示我仍然陷在"心有余悸"的怪圈中,总尽量把话说得平稳圆通些。朱正在一篇题为《身后是非谁管得》的文章中,曾对我在《王先谦的功过》一文中涉及的叶德辉,一方面肯定叶的学术成绩,同时也提出了他"在乡里又多行不义","所以在大革命时期受到应有的惩处"。接着,朱正笔锋一转,引述毛泽东在中共八届十二中全会闭幕会上讲的一段话说:"对于这种大知识分子,不宜于杀。那个时候把叶德辉杀掉,我看是不那么妥当。"接着他认为我"也会有这样的想法的,可是处在老百姓的地位,怎么好非议革命政权的作为呢?只好把话说到多行不义,罪有应得这个分寸上"。最后他揭示我的内心说:"我们读书,看到书里没有说到什么,就以为作者见不及此。其实在很多情形下,是他有所顾忌,不便说出来吧!"这几段话包容了直谅多闻的"相亲"内容。知我者朱、邵,信不诬也!这正是君子爱人以德的切磋,是我理想中的"文人相亲"。我真希望我们的"文人相亲"口号能落到这样的实处,而不停留在口号上,更不要在"文人相亲"的大旗下,走向世俗的"相安无事"才是!

原载于《东方文化》2003 年第 6 期

润笔与稿费

润笔今称稿费，系爬格子人应得的劳动报酬，其源甚早。有人说始于春秋战国，据说几条干肉的"束脩"就是稿费之肇端，我以为"束脩"是指学费而非稿费。我在读清人卢秉钧的《红杏山房闻见笔记》的卷十八曾见到所记润笔起于汉，司马相如传中可能有所记载，但是翻遍《史记》《汉书》的《司马相如传》，虽收有《子虚赋》《大人赋》等，却无受赠撰《长门赋》的故事。又查《汉武本纪》也只有元光五年七月"皇后陈氏废"的记事，于《长门赋》也了无一字。后在《乐府诗集·解题》中始见有比较完整的记载说：

> 后退居长门官，愁闷悲思，闻司马相如工文章，奉黄金百斤，令为解愁之辞。相如作《长门赋》，帝见而伤之，复得亲幸。

这当然是笔很重的润笔费，体现了文人和文章的价值。相沿到隋，以财乞文似已成习，及读《隋书·郑译传》载一故事言，郑译被隋高祖封爵沛国公，位上柱国，并立即命内史令李德林作诏书，当时在座的另一重臣高颎戏说"笔干"，译答言："出为方岳，杖策言归，不得一钱，何以润笔？"一要一拒，引得高祖大笑。润笔之风，至唐尤盛，史传笔记多有所记，略择数端，以见一斑。

李邕前后所制，凡数百首，受纳馈遗，亦至巨万，时议以为自古鬻文获财，未有如邕者。

刘禹锡祭韩愈文云："公鼎侯碑，志隧表阡，一字之价，辇金如山。"

皇甫湜为裴度作《福先寺碑》，度赠以车马缯采甚厚，湜大怒曰："碑三千字，字三缣，何遇我薄邪？"度笑酬以绢九千匹。

白居易作元稹墓志，元家谢以奴仆、舆马、绫帛、银鞍及玉带之物，价当六七十万，为谢文之赘。白顾念元白友情，再三拒收，不得，乃以之布施香山寺。

……

看来，唐朝已将润笔视为当然，润笔数字相当高昂，不论亲疏，都要付酬，而且还能争多论少。但也有拒收润笔者，如裴均死，其子持万缣诣韦贯之求铭，贯之自："吾宁饿死，岂忍为此哉！"又泸州刺史柳玭善书，东川节度使顾彦晖请批书德政碑，曰："若以润笔为赠，即不敢从命。"宋人洪迈于《容斋续笔》卷六《文字润笔》条除记唐朝旧事外，又称"本朝此风犹存，唯苏坡公于天下未尝铭墓"，可见宋仍有其事。直至近代，龚自珍曾有诗云："著书都为稻粱谋"，虽非直接润笔，但既可用著作换钱，就颇近于当前以书抵稿费，再由作者自己去卖书换钱的意味。

民国以来，除书画作品仍有润笔之说，在一些书画店公开挂"笔单"外，其他卖文者所得酬金则称为"稿费"。"五四"以后，以鲁迅为代表的作家文人不少成为专业作者，以稿费作为主要生活来源，或赡妻养子，或求学深造，则其数额当不菲薄。有些出版家还肯预付稿费，帮作者安排生活。有的稿费还不低，聂绀弩编《中华日报》的副刊《动向》时，对鲁迅的文章不足千字按千字计，每篇 3 元（一般千字 1 元）。一个月写万把字可得稿费 30 元，足能维持三口之家的生活。但是有些也在稿费上算计作者。鲁迅投稿，编者计算稿费时将全部标点扣除，后又约稿，鲁迅乃以通篇无标点文章交付，编者难以断句，又求教于鲁迅，鲁迅笑道："标点固需费事也，何不算稿费？"成为一段稿费趣事。

五十年代，旧章率多兴革，稿费制度一仍旧贯，千字之文所得，于家用不无小补。1956 年，我应湖北人民出版社之约撰写我的第一本学术著作《北洋军阀史略》，言明千字 10 元，预付稿费 500 元，相当我半年工资，并且约定交稿后如不能出版，预约金不可退，亦可谓宽厚矣！六七十年代，知识和知识分子一落千丈地贬值，稿费被加上资产阶级法权的帽子而废除，也就无需再谈论它的多少高低了！八十年代，百业俱兴，稿费制度得以恢复，爬格子的人们颇为之雀跃，因为他们的劳动价值得到承认。随着物价特别是书价涨幅的过快过高，稿费显然偏低。即以我 1956 年所写第一本书《北洋军阀史略》与我 1996 年所编《林则徐年谱新编》的稿费收入核计，若与各买赠书百册的支出相比，前者仅占稿费的 3％，而后者则高达 20％，以致难以买书送人。如果再有以书抵稿费或言明出书无稿费等苛例，则作者更为狼狈不堪，既会被不明内情者羡慕，以为大有收入，又往往为了"以文会友"，不得不自掏腰包买书送人。年前稿费曾有上调喜讯，但又闻系建议性意见，而由出版社自行酌定。但不论如何，还是只听楼梯响，爬格子的人们正在翘首企盼有人下来。纵使所调不高，至少尚可得到一点点精神上的慰藉！

原载于《光明日报》1998 年 3 月 12 日

说"三正"

春天来了，天气暖了，身体也感到增加了些许活力，便想读书遣闷。随手从书架上抽出一册商务版《国学基本丛书》中清人陈奂著的《诗毛氏传疏》来读。书自动张开，原来夹着一张已经黄脆的小笺，是我几十年前用小行楷写的读《诗·七月》篇的札记，字迹已经模糊，还有脱落缺损的地方，乃重加缮正。《七月》描写了劳动者全年的劳动和生活过程，它细腻地刻画了剥削的残酷：既要献手工业制品，又要献狩猎物，更要为剥削者服力役，妇女还要经常担心遭受监工者的任意污辱。

这首诗充斥着劳动者的悲苦、怨恨、诅咒、愤怒、控诉、反抗的各种情绪的发泄，具体反映劳动者啼饥号寒、缺衣少食的现实生活。从诗作者写诗的对比手法中，强烈地反映出劳动者辛勤劳作而贫苦冻饿，剥削者则富足闲暇、饱暖淫逸。这些都易于读懂读通，唯独诗中记事的历法却是一大障碍。从对现实生活的描述和月份记述相校核，凡称月者为夏历，即现在使用的旧历。凡称日者为周历。周历比夏历早两个月。

据《汉书·律历志》载，周以前有过黄帝、颛顼、夏、殷、周、鲁等六种历法。不过黄帝、颛顼及鲁三历，材料少而不一致，难信。只有夏、殷、周三历可信。夏、周二历是先秦时广泛使用的历法，《七月》中就是周、夏两历并用的。

夏、殷、周三历的不同点是以北斗七星的斗柄指向的方位为正月而定。如：

夏正建寅，即以初昏时斗柄指向寅的方位（指向东北偏东）为正月；

殷正建丑，即以斗柄指向丑的方位（指向东北偏北）为正月，殷历正月为夏历十二月；

周正建子，即以斗柄指向子的方位（指向正北）为正月，周历正月为夏历十一月。

斗柄又称斗杓，指北斗星五至七的三颗星，就是大勺子的把儿。斗建是斗柄左转移指之辰，即阴历的"月建"；夏历正月指寅，即称"建寅"。

这三种历法都以正月所建方位为差异，故又统称为"三正"。

北斗星图及北极星

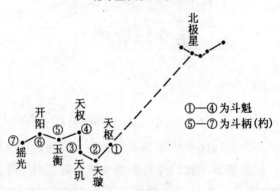

《七月》中怎见得是夏、周二历并用呢？可从诗中记事检举数例。诗中叙事明标者，自四月至十月，共七个月。这七个月所记的自然现象和劳动生活与夏历的次序完全符合，如"五月鸣蜩"实为夏历五月，若是周历五月则为夏历三月，何得有蝉鸣？可见凡明标月者可视为夏历。在这七个月外，诗中又有"蚕月条桑"之句，"蚕月"者，夏历三月也，正条理桑树准备养蚕之时。《礼记·月令》云："季春之月，后妃齐（斋）戒，亲东乡躬桑，禁妇女毋观，省妇使，以劝蚕事。"又《礼记·祭义》云："及大昕之朝，君皮弁素积，卜三宫之夫人、世妇之吉者。使人蚕于蚕室。"郑注："大昕者，季春朔日之朝也。"季春朔日即三月初一，是可证"蚕月"当为夏历三月也。除三月至十月的八个月在诗中已按月次叙事外，尚有十一、十二、一、二等四个月没着落，而诗中却有一之日至四之日的叙事。其叙事正可填补所缺四个月的空白。

所谓一之日者，意即一月的那些日子里，证之诗中记事，所谓一之日至四之日均为周历月份。诗云："一之日觱发。"传曰："觱发，风寒也。"孔颖达《正义》曰："仲冬之月，待风乃寒。"又诗云："一之日于貉。"《尔雅·释天》："冬猎曰狩"，所谓冬者，冬月也，即十一月也。《礼记·月令》："仲冬之月，有能取蔬食、田猎禽兽者，野虞教导之。"是"一之日"为周历之一月，而为夏历之十一月。

所谓二之日者，指周之二月又而所叙之事正在夏之十二月也。诗云："二之日栗烈。"传曰："栗烈，寒气也。"又诗云："二之日凿冰冲冲"，《周礼·天官·凌人》曰："岁十有二月，令斩冰。"《礼记·月令》谓季冬之月，"命取冰，冰已入"。

所谓三之日者，指周之三月而其行事则为夏之正月也。诗云："三之日于耜。"于耜，整修农具也。《夏小正》正月曰："农纬厥耒""初岁祭耒"，言年初整修农具活动，正合夏历正月行事也。诗又云："三之日纳于凌阴。"凌阴者，冰室也，即用冰之室，亦夏历正月之行事也。

所谓四之日指周之四月即夏之二月。诗云："四之日举趾。"传曰："民无不举足而耕矣。"又云："四之日其蚤，献羔祭韭。"蚤、早相通，出冰室中所藏羔韭等年菜。《月令》仲春之月"天子乃鲜羔开冰"，仲春之月正夏历二月。

据此，一之日至四之日均指周历一至四的四个月里那些日子，正是夏历十一月至转年二月，其行事亦与夏历实情正合。然则，为何用周历之日记事？《古今律历考》卷四曰："变月为日，言是月之日也。"即指这个月里的那些日子。以此四之日补足所缺的四个月，则一年之劳动生活情态完备矣。由此可见，《七月》中是夏、周二历混用的。

又怎见得周历之日是夏历之月？

《七月》第一章载："二之日栗烈。无衣无褐，何以卒岁？""二之日"是周历二月，"已"是年后，没有如何过年的问题。所以此"何以卒岁"是指"当如何过这个夏历的年呢"，是周历二月与夏历十二月正合。

《七月》第五章载："十月蟋蟀，入我床下……嗟我妇子，曰为改岁，入此室处。"夏历十月，蟋蟀可入床下，但无"改岁"之举，而夏历十月为周历十二月，则正当改岁之际，则此改岁之事为周历之岁。

那么，同一诗篇为何二历并存呢？《七月》从其词句不连贯、次序不全顺来看，不是一篇独立创作，而是一种农谣的编纂。人们习惯谣谚，不轻易改变内容，保存流传既久的原样，所以才有二历并存的混用。

三正对照表

三正 月建	夏正建寅	殷正建子	周正建丑
寅	正	二	三（三之日）
卯	二	三	四（四之日）
辰	三	四	五
巳	四	五	六
午	五	六	七
未	六	七	八
申	七	八	九

续表

三正 月建	夏正建寅	殷正建子	周正建丑
酉	八	九	十
戌	九	十	十一
亥	十	十一	十二
子	十一	十二	正（一之日）
丑	十二	正	二（二之日）

原载于《中国典籍与文化》2011 年第 3 期

民国趣联

联语是一种文体，可用较少文字表达各种不同感情，婚丧喜庆，时有所见。精练隽永，为人所爱。但有一种并无受者指向，而是运用这一体裁，嘲讽世事，戏弄谑趣。民国初年，这类联语或辗转人口，或见诸报端，亦可备了解当时社情之一隅。当年曾抄存若干，略举数则，供夏日愉悦。

民国元旦，袁世凯完成集权于一身的大业，特授意京内外大举庆祝。北京举行提灯会时，用彩色电灯缀成"尧天舜日"之大牌坊。不意狂风大作，天气骤寒，人人为之扫兴。京师警察厅又挨户劝贴春联，以表示歌舞升平之气象。内三区住户清宗室世洵在大门悬一素联称："得过且过日子，将死未死国民"，警厅无如之何，唯代其洗刷而已。

袁世凯任大总统后，为修清史，特立国史馆，聘学者名流王闿运为馆长。王时已年登上寿，晋京前有人相劝说："您这么大的年纪，干吗还想做官？"王答曰："做官是世界上最容易的事，这么大年纪，只能干这么容易的事。"此老勘破世情，庸官俗吏，不过承上启下，划诺批文，做些例行公事，所以是最容易的事。迨袁氏于实行帝制时，各方纷纷劝进，王闿运独撰一联云："民犹是也，国犹是也，无分南北；总而言之，统而言之，不是东西。"联意是民国不要分南北，总统不是东西，对帝制表示不满，似有反袁意向。但民间相传，王闿运曾上劝进电，或曰这份电文，是他的弟子杨度冒名伪作的，确否有待考证。

袁世凯称帝，上海镇守使郑汝成拥戴最力。后郑汝成被刺死，筹安会头目杨度为联挽之曰："男儿报国争先死，圣主开基第一功。"及帝制失败，护国军拟惩办首祸，杨度等急辞参政院职，拟逃亡国外，遂有人仿前联，改作一联赠杨度曰："男儿误国争先窜，圣主坍台第一功。"直使杨度等无地自容。

袁世凯称帝，民间反袁情绪高扬，有人以离合体撰上联征对曰："或入园中，推出老袁还我国。"广征下联，久无应者。后有人以袁自悔口气撰下联曰："余行道上，不堪回首是前途。"离合或、袁、余、首四字成下联，时称巧联。

袁世凯称帝，首举护国义旗者蔡锷。蔡锷字松坡，又名艮寅，湖南人。上海南洋工学毕业，曾被袁世凯软禁北京，后设计逃离赴滇，领导护国运动。帝制失败，任四川督军，年仅三十六岁。不久得喉疾赴日本福冈医院治疗养病身亡，举国为之悼惜。及灵枢回国，各界挽者甚多。袁世凯次子袁克文赠联云："国民模范，军人表率；共和魂魄，自由精神。"对蔡极加推重。策进地方自治会赠联上联曰："叹往年碌碌彼昏，滇都督夺君根据，经界局枉事羁縻，将军忽霖雨飞天，半载中射虎躯蛇，摧灭燕京新帝制。"下联是："看沪地纷纷儒竖，劝进时以寇称公，共和后始知人杰，执事应灵风假我，一扫此城狐社鼠，廓清海上腐妖氛。"滇都督指唐继尧。经界局是袁世凯安置蔡锷的机构，主管丈量土地。另有一名谢强公者赠联，上联曰："郑延平秀才封王，公今秀才作大将军。彼一辈纷纷劝进之奴隶，对此能无愧色？"下联曰："贾太傅短命名世，君又短命称海内外。看举朝碌碌苟安皆长乐，岂非虚度年华！"郑延平指郑成功，被明封延平郡王。贾太傅指汉贾谊，曾任长沙王太傅，长乐指五代冯道，历事四朝六帝，自称"长乐老"。这副长联，古今对照，气势磅礴，可称佳联。

这些联语的制作时间与作者，已难确切考定，仅得其大要而已。但这些联语的内容，却能反映当时一些世事和社情。每当茶余饭后，为小辈讲说往事，则足资谈柄。

原载于《中老年时报》2009 年 8 月 17 日

我也谈谈随笔

——《2000 年中国最佳随笔》序

一

韩小蕙女士从 1998 年开始接受辽宁人民出版社之邀,选编当年随笔成集的任务后,至今已历时三年。第一年也即 1998 年该选集的序,由小蕙亲自执笔,把 1998 年的随笔风景浏览了一遍,洋洋洒洒地写了一大篇,高屋建瓴,指点江山,不仅给随笔以恰当的评论,还对随笔作家按一般与个别、男与女、长处和不足诸方面作了分析解说,有胆有识,持论应称公允。尤其最后一部分对随笔作家的分类,真让人有一种斯人也而有斯言也的感受,她把随笔作家分为三类:第一类是散文赶不上随笔,第二类是随笔写不过散文,第三类是散文、随笔写得不分高下。我有幸与张中行、金克木和周汝昌诸老并列为第一类的四条汉子,就我而言,对照实际,倒也心服。小蕙的那篇序实有供研究中国当代随笔史的参考价值。

1999 年的序,小蕙采用了当代随笔队伍的排头兵中行老的一篇成作。中行老不愧为大家,大笔勾勒,字不过五百,言简意赅,字字珠玑,把自己的随笔观说得一清二楚。他要求:写随笔一是内容要有情有识;二是结构随着思路走,要如行云流水而自成条理;三是语言以清灵为好。他认为写随笔要达到心如止水,不用力,不求不同凡响的境界,而要达到这种境界,则一是学识,二是修养。中行老话不多而立意深远明确,文章本身就是一篇随笔的范文。

时至 2000 年岁末,选集又将成书,小蕙这回把写序这一重任委托给我,使我十分惶恐,因为前有一老一少写出来的一短一长的序,把该说的话都说够说透了,我几乎已是卑之无甚高论。但从学写随笔以来,一直对随笔的缘起、定义、界说、写法、境界、功能等等都因一片模糊而深感困惑。如果通过写这篇序而略获条理,也未始不是好事。于是不辞浅陋,冒昧承担。我和中行老都是小蕙点过名的,中行老居四人之头,我则在四人之尾,正应了"虎头蛇尾"之讖。这篇序是否能写好，成败固难逆料！

二

我学写随笔主要从八十年代开始，但第一篇试作却在半个世纪之前。这件事早已遗忘，只是最近托人查阅旧报资料，发现我在 1942 年 9 月发表过一篇《跷辫子说》，解说家乡言死是跷辫子的来源，这算是我的随笔处女作吧。后来很少写这类文章。再后来谨言慎行，不愿因文字招来某些无谓的灾祸，更不着一字了。八十年代以来，由于精神枷锁颇能自我解脱，即使说点错话，也能受到宽容，于是常把我读书、行路的事写下来成为一篇篇随笔。我读的书除了用文字写成的书外，还读了大千世界芸芸众生的无字书；我走的路不仅指地理概念的路，也包含拖着沉重脚步，跌跌撞撞走过的人生道路。历年所得，文达数百，集成六种。虽然有了点实践经验，但尚难升华到理论高度，有些问题还不是很明确，于是一面逢人而问，一面广搜众说，粗加爬梳，或可备人参读。

也许由于好读史籍，往往对事物喜究其原委，所以先想到随笔的缘起。有人在文章中说：蒙田是随笔的鼻祖，其说未免笼统。把四百多年前的法国人拉来当中国随笔的祖先，实令人心有不甘。按舒展先生的说法，如果是有名有实，宋朝洪迈的《容斋随笔》比蒙田至少早三百多年。这一体裁一直传递下来，至清蔚为大观。许多文人学士都有写随笔的爱好，名目各有不同，清初诗人王士祯是高官显宦，学坛泰斗，就写了多种随笔，如《池北偶谈》《香祖笔记》《居易录》《古夫于亭杂录》和《分甘余话》等等，内容文字都很好，值得一读。嘉庆道光时的梁章钜也写了不少随笔，如《枢垣纪略》《归田琐记》和《退庵随笔》等等。而纪晓岚的《阅微草堂笔记》更是脍炙人口的一部随笔。可见中国本是有悠久历史传统的随笔大国，何必数典忘祖，硬拉个洋人来当鼻祖呢？还是阎纲先生说得好，"蒙田是西方随笔的祖师爷"（《学者随笔》序，北京师范大学出版社 1999 年版）。

随笔的定性问题，一直众说纷坛，莫衷一是。我在读高中时，曾从谢国捷先生处借过距今八百余年的宋洪迈所写的《容斋随笔》五种，卷首有洪氏于宋淳熙七年（1180）所写弁言一则，开宗明文地说："余老去习懒，读书不多，意之所之，随即记录，因其先后，无复诠次，故目之曰随笔。"十年前，我在读清嘉道时人陆以湉的《冷庐杂识》序时，曾见有一段关于随笔的比较明确的定义说："暇惟观书以悦志，偶有得即书之，兼及平昔所闻见，随笔漫录，不沿体例。"

这段话说的是，随笔内容是观书、阅世之所得，随笔的文字是随着思路率性而作，随笔的文体是不受传统规矩约束的。近几年，许多文人学者都发表过长短不等的见解，我也比较注意各家之说。记得1995年随笔趋热的时候，《光明日报》于3月8日在文化周刊开了随笔专版，集中发表了若干作家学者对随笔的短论警语，很有看头。主持人韩小蕙的版头缘起中，总括了当时随笔的总貌说："这批随笔，多以文化、哲学的参悟为其底蕴，对当前的社会经济大变革、世态人心的升降沉浮，以及现代人的形而上与形而下的双向生存困惑等等，进行了广泛而深入的思考与咀嚼"。她还从社会意义、文体革新、作者队伍的扩大和艺术审美等角度来分析兴起和发展的原因。他如张中行、金克木、李国文、钱理群、邵燕祥诸先生都有精辟的高论。张中行先生主张"笔随思路走"。金克木先生主张"笔随人而写，看来随意，实在费心"。李国文先生认为随笔"无论浓妆淡抹，无论甜酸苦辣，一是得有点看头，二是能让人看下去"。钱理群先生非常明确地提出："随笔是从心底里涌出来的。它所要述说的，是刻骨铭心的个体生存体验，是只属于自己的'个人的话语'"。邵燕祥先生则规定了随笔的境界是"我手写我口，有感而发，从心所欲，信笔由之，不蹈袭，不做作。行欲其所当行，止于其不得不止，真正的'下笔如有神'——这就是名副其实的随笔境界"。后来又读了舒展先生一篇名为《关于随笔的随笔》的长文。舒先生文章中有一些颇多启发的论点，如"随笔是文学样式中的好杂种"，"随笔的灵感源泉是自由和自然"，"古文和外语好、国学根底深厚的人，写出的随笔淡而有味，触处生春"，"随笔大家没有一个是随大溜的盲从者"，"中国随笔长河是世界随笔大河中的一条重要干流"等等。舒展先生还特别指出，在随笔"这一巨大矿藏中，将会发现大量有历史价值、文学价值、审美价值和消遣价值的各种稀世珍宝。其中有一条金矿脉，若隐若现，那就是随笔的思想价值"（《学者随笔》，北京师范大学出版社1999年版）。他更指出鲁迅的《随感录》和巴金的《随想录》是中国随笔思想价值的精华所在，为随笔后学提出了范本。郭宏安先生曾在一篇题为《随笔与随笔习气》（1995年8月30日《光明日报》）文章中写过一段十分深刻的话说："如果您没有鲜活的思想，没有独特的解说，没有新颖的表达，没有个人的笔调，没有经过先使自己感到'头疼'的思考，您不要写随笔。"我很赞成这类警策之语，非尝其甘苦，难得作此言。这些意见对于随笔的有关理论问题都有所阐述，有力地驳正了当前一种流行看法即："随笔乃日常生活中随时随地不假修饰率性而作的零星短文"。所有这些，对于我这个学写随笔的人都给予了条理性启示。

为了开阔视野，我在写过多年随笔的朋友指点之下，于 1987 年读了人称随笔鼻祖蒙田的《蒙田随笔》选译本（梁宗岱等译）。十年以后，又读了《蒙田随笔全集》，确实很有感受。适当其时，我从《中国商报》上读到叶蓓先生写的《正襟危坐读随笔》（1997 年 9 月 12 日）一文，他说："读一读《蒙田随笔全集》，才知道随笔也不是随便写的。作为一个爱读随笔的普通读者，我斗胆想建议我们的随笔作者随时翻阅一下蒙田随笔，写出点提神的东西来，写出点有趣得让人正襟危坐的东西来。"这番议论对蒙田随笔的评价颇高，而提神、有趣两点，确也是写随笔时应当遵循的信条。我也曾正襟危坐地"啃"过《蒙田随笔全集》，深讶蒙田读书之多，思考之深，也许因为我的悟性差，底蕴薄，读得非常吃力，就像当年学习马列主义时读列宁的《哲学笔记》那样，屡屡废卷而兴高山仰止之叹。我确实感到这样的随笔可望而不可即，对于学写随笔的人也许会望而却步。但我有一种朦胧的想法，随笔是不是要让人如此费力去读？蒙田随笔究竟有多少人能比较轻松地从头到尾地读一遍？蒙田随笔是随笔，还是哲理性的著述？时辍时读，历时年余，我终于读完《蒙田随笔全集》，不可否认得到很多教益，但对用历史故事和传说来诠释自己便是随笔的最高境界，还是难以领悟，总觉得蒙田写的是哲人的哲理，在结构和文字上都陈义过高，总不如密切关注当代社会生活并迅速做出反应的随笔易于为人接受。有幸在读《1998 中国最佳随笔》时，读到季羡林前辈一篇名为《漫谈散文》的文章，有一段论蒙田散文的议论说："蒙田的《随笔》确给人以率意而行的印象。我个人认为在思想内容方面，蒙田是极其深刻的，但在艺术性方面，他却是不足法的。与其说蒙田是一个散文家，不如说他是一个哲学家或思想家。"这段不长的议论，解答了我对蒙田随笔的困惑。

三

八九十年代，特别是九十年代，随笔写作成为文坛一大景观。我也就在这一年代溷迹于随笔界。当时的动机，一是读了一辈子书，有许多信息应当还给民众，过去写的那些所谓学术性文章，只能给狭小圈子里人阅读，充其量千儿八百人，对于作为知识源泉的民众毫无回馈，内心有愧，而且年龄日增，也到回报的时候了，于是不顾原来圈子里朋友们的"不要不务正业"的劝告，毅然走出象牙之塔，用随笔形式把知识化艰深为平易，还给民众，向民众谈论自己与民众所共有的人生体验来融入民众。另外我还有一种羞于告人的动机，我想向师友们呈现另一种文字风貌，随手写点遣兴抒情之作，摆出点轻松洒脱的姿态。我的学生不无谏诤之意地说我是"衰年变法"，我也欣然接受。写来写去，积稿日增，在九十年代连续出版六种小集。与我情况大体类似的一些旧识也多纷纷投身于此业，出版者便用一顶"学者随笔"的大帽子把我们这些"随笔新秀"罩进去。用意未可厚非，也形成一定气候，但并不十分理想。我曾对自己所写的几百篇随笔以学术随笔的尺度来"回头看"过，反思过，确如陶东风先生在《关于学术随笔的随笔》一文中所批评那样："既无学术又不像真正的随笔，既无逻辑也无灵性，既不严谨也不潇洒。……它们常常既不能给我以诗意的痛快淋漓，又不能给我以学术的严谨缜密"。他认为："写随笔应当越随意越好，越自由越好，越酣畅越好。天马行空，无拘无束，主观主义，乃至自我中心越好。"而随笔应该是"自己心目中那些充满了智慧与灵性却从不掉书袋，也不受学术规范制约的真正随意之笔"（《中华读书报》2000年5月10日）。学术随笔要达到这一境界，确乎很难，所以，当前以"学术随笔"命名的随笔似乎还不多见。对于"学术随笔"，我仅读到过中国青年出版社出版的《二十世纪中国学术文化随笔大系》，其中分两系列收集了过世与存世学者大师们的学术随笔。对其中几位大家，我曾粗粗浏览一下，只对陈垣老师那一集比较用心地通读全书，认为并不如陶先生所评那样，如陈老早年所写的《释奴才》《放胸的说帖》《牛痘入中国考》，晚年所写的《柬埔寨始通中国问题》《佛牙故事》以及史学方面的《耶律楚材父子信仰之异趣》《记吕晚村子孙》《顺治皇帝出家》等篇，无不叙事谨严有据，文笔条鬯清新，是文史融合的佳作，今世固不易求。今人似颇有自知之明，遂多以"学者随笔"命名，九十年代中期大炒特炒的也正是这类随笔，于是《当代中国学者随笔》《京华学者随笔》《历史学家随笔丛书》以及一些具有学者身份的人所写的随笔，成为一时的热门趋势。"学术随笔"与"学者随笔"是两回事，前者以质量定，后者以身份定。陶先生的文章如易题为《关于学者随笔的随笔》，倒是值得重视的一篇针砭时弊的佳作，足以引起我们这些拥有学者身份而正在学写随笔者的思考！

九十年代，"学者随笔"集大量出版上市，无疑是件大好事，因为它从一个侧面说明我国读者的阅读兴趣在不断变换与扩大，但若把"学者随笔"与"作家随笔"（如从大散文角度说，也可称之为"作家散文"）分成为楚河汉界般的两大类，甚至无根据地夸张"学者随笔"将取代"作家随笔"，我对此并不赞同。因为一则在历史上作家和学者都属于文人学士一类，二者的界限并不十分清楚，都是文化人做文化事。再者，中国文化市场大得很，各文化层次的读者都有，现在和将来都会有众多读者喜欢"作家随笔"的，也会有众多读者喜欢"学者随笔"的，所以二者是无需严分畛域的。不过，"学者随笔"的快速发展势头和迅速挤进随笔市场的问题，却很值得思考。

我对上述问题曾经有过一定的思考，认为首先应该从社会思潮的发展变化来看这个问题。换句话说，说"作家随笔"衰微也好，说"学者随笔"兴起也好，都是社会思潮的反映。改革开放前期，随着国门的打开，特别是随着我国从政治社会向经济社会的过渡与发展，多数民众被压抑多年的激情终于有了爆发的机会，这就为以激情创作为主要特点的作家提供了很大的用武之地。从八十年代至今依次兴起的伤痕文学热、报告文学热、纪实文学热以及作家随笔热等等，无一不是这种社会思潮的反映。然而，随着我国社会主义市场经济的最终确立并稳定发展，文化的回归已日益成为大众的期盼，以平实深刻有哲理和令人回味为主要特点的"学者随笔"，得到越来越多读者的喜欢，也就在情理之中了。

近十年来，"学者随笔"如日中天，正以其强劲的势头在扩大市场其占有额，但也有一大问题，即只看学者身份，不顾随笔本身体裁特点。中国学者为数不算少，但真正能按随笔要求写出随笔的人数并不多，有一部分正在转向学写随笔。如果不加节制地开发这块领地，那么，拿出来的作品就不是随笔而往往是学术短文，难于为大众所接受，而日趋尴尬。随笔是一种很适合大众阅读口味的文学作品，理应得到健康的发展，把随笔作家按身份分为两类，或扬此抑彼，或扬彼抑此，都不是最佳道路。我认为作家学者化和学者作家化是最为理想的道路，现在看来，我国的作家和学者在素质上是有所不同的，各自的优势也很突出。作家在激情思维和生动有趣的表达方式上很有优势，而学者在深层思想、对文化的独特思考与见解上又很明显。如果能将这两者很好地结合起来，那中国的随笔不仅质量能更上一个档次，而且其资源也将源源不断。但要走好这条路非经过一段艰难的行程不可。大量阅读古今中外的优秀图书是众多作家的必修课，而改变自己久已习惯的晦涩难懂、脱离民众的行文方式，则应引起广大学者的重视与改进。我们应当充满信心地相信，"作家随笔"与"学者随笔"业已存在并将继续发展的竞争态势，不仅为彼此融合创造了极好的条件，也已预示了这一结合已成功地走出了第一步。这本选集正是体现这样一种融合。

四

写序难，为选集写序更难，为随笔选集写序尤难。因为我既乏深厚的学问根底，又无光彩靓丽的文笔，更没有写随笔的经验积累，只是一个学写随笔的资浅作者，如何敢面对如此众多文坛学苑的大家名家，指手画脚，激扬文字？但是既想无负于朋友的委托，又想借机清点自己对随笔的思路，所以就写下这篇意在书外的序。序中阐述了我对随笔的某些有待探讨的问题的看法，也不知道说清楚没有？目的只是求教，缩短自己学写随笔的过程，并用以向主编交差。

我常戏称小蕙为"选家"，的确如此，她应该说是一位有经验的选家，前后已编选过二十几本散文和随笔的选集，逐渐以其选编的严肃性和高质量，赢得了散文界及广大读者的信任与尊敬。但是，网罗是否净尽，选择是否精当，常是选家难以避免的问题，那就需要各方面的谅解和指正。我希望小蕙尽全力编好这本选集，我更希望读者喜欢这本选集。

二〇〇〇年十二月一日

为《2000 年中国最佳随笔》作序，写于南开大学邃谷

原载于《2000 中国最佳随笔》，韩小蕙选编，辽宁人民出版社 2001 年版

读《关于罗丹——熊秉明日记择抄》的札记

　　读书是一种文明的享受,尤其是高年以后,读书更是适合打发日子的方式。近十年来,我经常遁缩在书斋——邃谷之中,或正襟危坐,或半倚半卧,持一本自己喜欢读的书静静地读,确能给人以温馨宁静的舒适。我每年约略计算,能这样读上一二十本书,平均每个月一两本,自以为还说得过去,没有虚度光阴。每年所读书中总有几种让人不能匆匆一过,而时有流连忘返的感觉。2002年就有两本这样的书,那就是旅法学者熊秉明先生的《中国书法理论体系》和《关于罗丹——熊秉明日记择抄》(以下简称《关于罗丹》)。

　　这两本书是2002年国庆时,天津教育出版社一位小友李勃洋特地送我度假日的。由于是一种特型书,又是旅居异国多年的学者所写,不能不引起我对这两本书的特别关注。利用七天长假,我先读了《中国书法理论体系》。作者熊秉明先生是已故著名数学家熊庆来先生的哲嗣,旅法多年,从事艺术研究和教育工作,《中国书法理论体系》是他对中国丰富纷杂的书法遗产进行精心研究梳理后而撰著的。我喜欢书法,但不懂书法。可是读完这本书后,感觉它给了我很多知识,而把全书总括成八个字:"条分缕析,追根究底",并用此八个字为题,写下一篇书评。我认为这本书最引人入胜之处是把书法的理论归结到哲学的高度,形成全书的主线,把许多人物及其观点都错落有致地挂在这条线上,引导读者只能一气读下去而难以释卷。他所征引的资料是经过反复咀嚼、精心熔铸后,一气呵成地写下来的,一如行云流水,了无窒碍。不久这篇书评发表在2002年10月16日《中华读书报》。勃洋把全文传真给熊秉明先生。据他告知,熊先生很高兴,并说熊先生将在2003年春天来津,届时当安排一次会晤。我也非常高兴地期待着能与同一年龄段的新知促膝畅谈。

　　接着我又继续读熊先生另一本题为《关于罗丹》的著作。这本书真是非常特异,它的命题极其严肃,是对艺术大师罗丹的研究,但它的体裁却是非常随意。它是从熊秉明1947—1951年间的日记中摘抄出来的。以往学者不少人有写日记的习惯,他们常把自己读书所得札录进日记,给后来人很多的启迪。但读书札记混在日常生括和人际交往种种杂事的记载之中，需要从中选择，诸多不便，于是有人为之整理辑录。晚清的学者李慈铭一生写了大量的日记，题作《越缦堂日记》，后来有人从中辑出读书札记部分，成《越缦堂读书记》二巨册，由中华书局正式出版发行，极利读者。但尚未曾见过作者自己从自己的日记中摘抄出专题内容而成书的，《关于罗丹》正是这样一本著作。这样一种写作方法充分证明：一是作者写日记的态度是严肃认真的，不是随手一写，而是博涉多书又深思熟虑后写的；二是作者具有深厚的学术底蕴，在日记中反映了他很强的学术自信心；三是作者很有思辨能力，从他随手所写的日记中片片段段辑出来就是一篇有中心内容的小文章。所以这本书较之前一种，对我更有吸引力，更急于从中获取教益。

我是正襟危坐地读这书的，书中精辟的语言和极富哲理的论点，确如宗璞对该书的评论："许多书的归宿是废纸堆，略一浏览便可弃去。部分书的归宿是书柜，其中知识可以取用。有些书的归宿则在读者的灵魂中，这书便是那样。"我想只要读过此书的人都会承认，宗璞所说应是确评。读这书很有点参禅的味道，有些精彩段落，读来颇类机锋，可得会心一笑，或俯首自省。可惜只读了一半，因台湾汉学研究中心"地方文献研讨会"相邀，只好搁置，等回来再继续研读。

我从台湾回来后，不得不处理案头积累的报刊函件，等到杂事基本落定，准备继续读《关于罗丹》时，忽闻熊秉明先生猝然逝去的噩耗，不禁懵然，难抑痛悼之情。近几年，不时收到一些老友的讣告，总要黯然神伤几天，有一种"平生知己半为鬼"的感怀；但他们总还是谈过心，交流过思想，有所过往的朋友。至今还没有一位我因读其书，心仪其人而缘悭一面，就猝然而逝的朋友，这更增添了我无尽的悲思。读前半本《关于罗丹》时，沉浸在激情和欢欣之中，真是一有所获，瞿然而喜，还随手写了点札记。但读后半本时，则心情异常沉重，虽然我们未谋一面，但在字里行间，却时不时映现出作者深邃的凝思和睿智。我艰难地读完这后半本，并没有札录下更多的东西，头脑中只是一片空白。春节晤面的期待，将永远成为难以填补的遗憾！

熊先生之所以能在日记这种连续性的编年体中写出对罗丹艺术的完整阐扬和诠释，那是因为作者对罗丹有过一个较完整的主旨认识。他说："到了罗丹手里，雕刻忽然变成表现思想的工具，个人抒情的工具……变成诗，变成哲学，变成自由的歌唱。罗丹给了雕刻以思想性，也给了雕刻以新的生命。"作者在日记中都以这样的标准来衡量罗丹的成就。

作者完全有学识和能力写有关罗丹的学术专著，但是他却以日记的形式写片段小文的原因，在该书的前言中已有所说明。他认为罗丹的作品已混融进他思想感情曲折发展的历程之中，这使他无法作一篇较客观的评述，因而他从旧有的日记中摘抄有关内容，加以增删整理，成为一部"我中有你，你中有我"的作品，提供给读者。这既可了解罗丹，又能了解"一个中国艺术学生二十世纪四十年代、五十年代在欧洲学习经过的记录"。

作者不是随意记日记而是有意写日记，他费尽苦心去架构，既想不失当年的原貌，又想让读者更多地了解自己，更便于阅读，当写成书时，他曾做过某些不失原意的修订，也加过一些今注；更在每年前从该年日记中摘取精彩片段作为短短的小序，给读者一把读本年日记的锁钥。作者在书中不仅写罗丹的艺术，也写罗丹的生活；不仅写同道朋友，也写罗丹的婚姻和恋人；不仅写罗丹艺术在当时的价值，也写这些艺术创造所产生的巨大社会影响。

在 1947 年的小序中，作者摘引了 10 月 3 日的一段日记，那天午后，作者在图书馆里读了诗人里尔克给他妻子的信。诗人说罗丹"他是一切，绝对的一切"，作者不仅以"他是一切"作为这天日记的标题，还进一步对此加以诠释说：

> 所谓"他是一切"，那意思是说罗丹用了那么多千变万化的雕像，给我们看人世可悲可喜可歌可泣可爱可怖的种种相，并且让我们看见生命的真实和艺术创造的意义。在罗丹的双手和塑泥的接触中，里尔克看见创造的进行，创化的秘密，神的创造的实证，于是懂得诗的意义和诗人的使命。

这一诠释是对罗丹艺术成就的高度概括，是全书主旨的所在。而对读者更是有一种导读的启示。

1948 年和 1949 年这两年的日记是作者论述罗丹最丰富的两年。1948 年的日记主要在阐述罗丹艺术作品的魅力和影响力，他在小序中说：

> （罗丹的雕刻）让人走进静观、冥思，邀人细看每一细节的起伏，玩味每一细节所含藏的意义。也因此能激发那么多诗人、文学家写下那么多文字，到现在仍然从世界各地吸引那么多年轻的以及年老的人来俯仰徘徊。

因此，在这一年的日记中，作者不仅写下了罗丹步入艺术殿堂的起始，并记述了罗丹为纪念他的心灵导师而创作的第一件作品《艾玛神父》。作者在这一年的日记中多方面论述了有关罗丹艺术与学识的小专题，如《罗丹的美学》《罗丹的文章》《罗丹的重要性》《罗丹和布尔代勒》等等，作出若干精彩的剖析。

如对罗丹美学的评论，作者曾引用了希尔特、黑格尔等人的美学观，来和罗丹相比较；又以肯定的态度引述了罗丹在其遗嘱中的美学观点："对艺术家来说，一切都是美的，因为对于一切存在，一切事物，他的深刻眼光都能把握'特征'，也就是把握从形象透露出来的内在的真理，这真理就是美。"明确指出罗丹认为具有"特征"、具有外部和内在的真实的作品才是美的的观点。在《罗丹的文章》这一小题下，作者引述了几篇对罗丹文章不理解甚至歪曲的立论，竭力为罗丹洗刷，并在这一小题后加了今注，引征了里尔克和歌德、榭岱等人的正面论述，并对罗丹是否读书做出自己的论断："我们可以说罗丹读书并不是为了博学广记，而是中国古人所谓求'受用'。他所读的书可能并不多，也无系统，但是他所读的都吸收为生命的一部分，成为艺术创造的泉源与土壤"，这是对有争议的问题的一个恰如其分的裁断。这一年的日记中还对罗丹若干雕刻作品进行评断。如对《地狱之门》这幅人们议论纷纷没有定论的作品，就给以评定说："《地狱之门》给人以庞杂纷乱的感觉，但有一点是可以肯定的，《地狱之门》成为后来罗丹创造的主要泉源，许多作品都从这里脱胎。"作者认为罗丹雕刻生涯起步期的作品《青铜时代》是"自我意识的诞生"，而"他的风格也正是谨慎的、严密的，似乎还有迟疑的，带着虔诚坚定的信念，带着'行为迟'的不安，而'动刀甚微'。表现的手法和表现的主题如此水乳交融。我想老年的罗丹就再作不出《青铜时代》来，只有少壮的雕刻家的手和心，才能塑出如此少壮生命的仪态和心态"。在这一年所选的最后一篇日记中，作者评论罗丹那件尚处在未完成状态的作品《夏娃》，并以之与维纳斯相比照。作者没有接受维纳斯的纯美和诱惑性，而是钟情于夏娃那种宗教恐惧塑造的形象。他写下一段能震动人们心灵的话说：

　　　　我实在更爱夏娃型的女体、母体。我疑心自己已经成熟，过早地成熟。否则为什么不爱少女新鲜而轻盈的躯体呢？为什么爱一个多苦难近于厚实憨肥的躯体呢？罗丹的夏娃绝不优美。有的人看来，或者已经老丑。背部大块的肌肉蜿蜒如蟒蛇，如老树根。我爱她的成熟，像爱一个母亲，更像爱一个有孕的妻子……多丰满厚实的母体，我愿在这个世间和她一同生活并且受苦。

　　作者不仅写下这段话，还在书里三见《夏娃》图片（第80、83、155页）。他以二十五六岁的青年，能这样认识什么是真正的美，确如他自己所说，"已经成熟"了；而和他几乎同龄的我，当年肯定是欣然接受维纳斯那纯真而浮泛的美，借以满足眼睛的享受。直至几十年后，自己的躯体也因历经风雨坎坷，像个老树根的时候，才逐渐醒悟过来，接受作者在第二年所作的申论，也才懂得什么是心灵的享受。

1949 年的日记，我认为可以看出作者对罗丹艺术有了更成熟的理解和体验，作者留下了难以例举的见解，让人回味和咀嚼。他在这一年日记中所选的第一篇题名《肉体》的小段中，明确地阐述了《夏娃》的意义。虽然"罗丹的《夏娃》，不但不是处女，而且不是少妇，身体不再丰圆，肌肉组织开始松弛，皮层组织开始老化，脂肪开始沉积，然而生命的倔强斗争展开悲壮的场面。在人的肉体上，看见明丽灿烂，看见广阔无穷，也看见苦涩惨淡，苍茫沉郁，看见生，也看见死，读出肉体的历史与神话，照见生命的底蕴和意义。"这段话和三见的《夏娃》青铜塑像给了我对美的醒悟。

这一年的日记还论到罗丹的爱情生活。罗丹带着看自己作品的神情，观察和爱抚女舞蹈家邓肯的周身，使邓肯难于自持而逃开，但事后又追悔，在自己的自传中写道："怎样的可惜啊！多少次我后悔这幼稚的无知，使我失去一个机会，把我的童贞献给潘神的化身——有力的罗丹！艺术和生命都必定会因而更丰富。"罗丹的爱情魅力是多么令人心摇，因此，迦蜜尔·克劳岱尔才甘于为罗丹付出多么伟大的不幸。他们的恋爱对"罗丹的艺术创作当然有很大的影响"，因为罗丹的"许多双人小组像，是从他们的爱中诞生的"（1949.10.28）。罗丹有许多由男女裸体组合的双人小组像，如《永恒的偶像》《亚当和夏娃》《爱的遗失》《诗人和女神》等等，作者对这些世俗不愿多所涉及的话题作了非常有趣的剖析：

> 这样一组一组的双人群像，可以说都是描写性的吸引，爱的七巧图，肉体的缱绻，人的生存本能的相追逐。他们是被恶魔所诱动呢，被神所召唤呢？可怜而又神圣的游戏，羞耻而又严肃的游戏。我们可以想像在深夜，茫茫尘世，人们躲躲藏藏地在密室里进行，雕刻家好像把那些屋顶都揭开来，像顽童揭开大石，显示蚁穴的内景，而他以神的心展示出人们所不敢正视的爱的诸相。（1949.11.1）

多么深邃的揭示，让人无法不从心的底处透漏出丝丝的诡秘笑意！罗丹是受益了，但那个"就为了爱，而且歌唱这一个情人而烧毁了自己"的女人，即为塑造罗丹像而献出一生的克劳岱尔，得到的却是分手的悲剧，以至神经错乱，在疯人院里度过了最后的三十年。她留下一座有力地刻画罗丹的特征和性格的艺术杰作。"在这塑像上，她的雕刻家的高度技巧，融合了一个女人炽热痴迷的爱。从这里，我们可以懂得她后来的心碎、怨恨和疯狂。"（1949.11.2）罗丹无疑是有负于克劳岱尔！

　　1950、1951 年的日记，作者继续论述罗丹的交往、作品、性格和生活，但最引人关注的是作者透露了故国之思，在 1950 年 2 月 26 日所写题为《回去》的那段日记中，他和自己的朋友熙民谈论了一整夜是否回国的问题。那时正是新中国建立不到五个月的时候，一切除旧布新的信息都激动着海外每一个赤子，几乎人人都在思考回国的问题，作者和他的朋友一整夜的讨论归结到两个焦点上，那就是"该现在回去呢？还是学成了再回去呢？"这恐怕是当年海外赤子所共同思考的问题。而作者似乎因乡思的引动而准备回去，并写下了他的决定说："我将走自己的路去。我想起昆明凤翥街茶店里的马锅头的紫铜色面孔来，我想起母亲的面孔，那土地上各种各样的面孔……那是属于我的造型世界的。我将带着怎样的恐惧和欢喜去面临他们。"这是多么赤诚的游子之心啊！但也不能否认他还稍有疑虑。讨论一直持续到第二天早上七点钟，作者在进行一些户外活动后，他"一进屋子，便拉上窗帘，倒头睡去"。虽然他的躯体在当天正午醒来，但是他的心却沉睡着未能支配自己的行动。心的沉睡可能带给他无数不同的梦境，他的梦是"十年一觉扬州梦"的三倍，三十二年的"巴黎梦"终于醒来，他以《今注》的形式回答了那一整夜讨论的问题，《今注》说：

　　　　也许可以说，醒来时已经 1982 年。翻阅并重抄这天的日记时，三十二年过去了。这三十余年来的生活，就仿佛是这一夜谈话的延续，好像从那夜起我们的命运已经判定，无论是回去的人，是逗留在国外的人，都从此依了个人的才能、气质、机遇，扮演不同的角色，以不同的艰辛，取得不同的收获。当时不可知的，预感着的，期冀着的，都或已实现，或已幻灭，或者已成定局，有了揭晓。醒来了，此刻抚今追昔，感到悚然与肃然。

　　虽然这段话有点隐晦含混，但这是七十岁老人深藏三十多年的心声。他只是把看到听到的现实有意推入梦境，而醒来后的"悚然与肃然"，可能年轻的一代有点摸不到头脑，但凡是同步伐走过来的人都能懂得和理解。

　　熊秉明先生终究是受过中华文化熏陶的人，他熟悉这块土地上人们的读书习惯，特在书尾编制了一份简明的《罗丹年谱》，以便读者的查阅。与此同时，我也很感谢这本书的责编和设计者。他们以自己的学识和素养，超越了时尚编辑们那种不负责任的随意，而是耗费心力，制作精品，为作者鸣锣开道，为读者提供美的享受。

熊秉明先生虽然年逾杖朝，但从他的文字和思路来看，他尚有深邃的宝藏等待发掘和展现，尚能为中华文化增添库藏。我也从读其书而谋一晤其人。孰意天公妒人，未能如愿，竟成难以弥补的缺憾。我很难把所有的读书札记都写入本文，但只从这些选用的日记片段中，或许能有助于读者对罗丹和作者有些了解，也算我悼念作者的一份心意。

原载于《博览群书》2003 年第 4 期

兴建天津邮政博物馆刍议

　　近几年，常有机会到海外访问，每到一地，东道主总是安排参观博物馆。如对当地风土人情了无所知又急于获知当地的社情概貌时，这是一条非常便捷的渠道。无论美、日、加等国，还是港、台、澳地区，我每到一地首先是参观博物馆，几已成为习惯。其中尤以日本的博物馆（或称历史资料馆）给我的印象尤深。我在日本滞留的半年多时间内，真让我对博物馆有星罗棋布的感觉。除了东京有国家级的博物馆之外，到有名的横滨就有横滨港博物馆，可以看到开港的历史和海港贸易交通等状况。到东京附近一个小城草加市博物馆，就看到这个小城的发展和不同时代人们的生活方式。到日本三大名胜之一的宫岛，就有町立宫岛历史民俗资料馆，展示当地的生活生产、文化习俗等，有的还保留原型。我曾向日本的几位学者请教，得到的答复几乎相同。他们说：日本战前只有 150 座博物馆，大发展是在二战"战败"以后，一次是四十年代后期，为了振作民族精神，恢复国力，用历史来教育国民；再一次是在七十年代前后，日本经济迎来发展高潮，地方上有实力，于是市、町、村各级地方政府都兴建有地方特色的博物馆，保护地方文物，反映地方文化，因而博物馆的数量大增。根据日本博物馆协会的调查，截至 1986 年 3 月，日本有各类博物馆 2499 个。这些博物馆不仅陈列文物，还是所在地区居民和青少年聚会和受教育的场所，更是全面反映这一地区和城市文化特色的标志。在国内也有不少城市抓住足以反映当地突出特色的文化点兴建专门博物馆，作为这座城市的文化标志，如杭州的茶叶博物馆、泉州的海外交通博物馆等等。

　　天津是被列为历史文化名城之一的大都会，但一直未能选定足以作为这座城市文化标志的"点"。实际上不是没有，而是因为日常习见而被忽略。从天津若干行业和事业来考察，天津邮政从它的全部经历看，无疑是有资格充当这座城市文化标志的一项事业。它是中国近代邮政的发祥地，1878 年（清光绪四年）3 月间，清政府决定在北京、天津、牛庄（营口）、烟台、上海五处试办新式邮政，而以天津为中心。3 月 23 日，天津首先建起海关书信馆，即最早的天津邮局，居五处试办邮政之先。这是中国近代邮政的起步点。1896 年（光绪二十二年）改成为大清邮政。1911 年（宣统三年）正式脱离海关而由邮传部管理。在建海关书信馆的同时，1878 年 7 月，在天津首发中国第一套邮票，一套三枚，票值为 1、3、5 分银，因主图为蟠龙戏珠，故称大龙邮票，从此中国就有了自己的邮票。清末天津使用的邮票已有蟠龙、跃鲤、飞雁等七种图案。建国后的人民邮政与天津有关的邮票就有多种，如 1954 年的塘沽新港票、1963 年的天津泥人张彩塑票、1978 年的杨柳青年画票、1984 年的引滦入津纪念票、1995 年的第四十三届世乒赛纪念票等。无论从历史还是现状看，天津在中国近代邮政史上都居于首要地位，也是足以代表一座城市的文化标志。

这一文化标志不是纸上谈兵地放言空论，而是有大量的史实文献和实物资料可证。天津邮政部门的某些人士应该说是一些值得称道的有心人。他们从较早的时候就默默无闻地采访、搜集有关天津邮政的史料和实物，日积月累，至今已有相当数量文献和实物的积累。他们为了让更多的人了解天津邮政的历史地位和显示天津作为历史文化名城的真实内涵，异常艰苦地在内部挤出几十平方米的场所，开辟一处小小的展室。我曾有幸参观了这个展室，真令人惊讶，在这里可以看到初创时期李鸿章等人筹划时的批示和信函、邮工的号坎、邮政行业的老用具、海内外的往来邮件，特别使人兴奋的是以天津为中心，动用包括步行、挑担、推车、骡车和跑马等等交通手段，通往全国各地的邮路，充分证明天津的都市地位及文化层次。一座历史文化名城有这样现成的文化标志而未能尽早启用，总让人感到是一种遗憾。何况我所见仅仅是藏品的一部分，仓库中还有难以展示的大量储存。这不等于是货弃于地而亟待开发吗？

天津邮政既有近代邮政发祥地的光荣历史，又有大量文献实物的积存，在卫城、老街先后消失的情况下，无疑它已是天津独一无二的文化标志，应当充分地加以展示，这将获得深远的社会效应，而且，"大清邮政津局"的遗址至今犹矗立于解放北路与营口道的交口处，更是难得的地利，以"故物还故居"，二美并，将为天津文化标志更增色彩。我寄居天津七十馀年，久已视天津为第二故乡，日企其兴旺发达，有见于此，略陈刍议，祈望有关领导部门协调各方，顾全大局，为消除文化名城有文化沙漠之讥，早日于"大清邮政津局"遗址兴建"天津邮政博物馆"，俾市民视此为荣耀，充实业余文化生活；津门子弟可于此接受传统文化教育。老朽馀年，犹得目睹盛事，岂非幸事！

原载于《今晚报》2000 年 11 月 11 日

天津科学技术馆落成碑记

　　天津科学技术馆建馆之议，酝酿盖久。一九九一年七月开始筹备，次年金秋奠基，年底兴工，历时两载而告成。爰叙其始末而为碑记曰：

　　夫科学技术为立国之本，培育人才乃兴国之源。津门地滨渤海，拱卫京师，人文荟萃，百业繁兴，称中华三大名城之一；惟于普及科技知识，启迪青少年智力之所，犹付阙如。科学技术界人士竭诚吁请；有司广采众议，排除疑难，拨付专款，勘选馆址；社会各界捐资献物，各尽心力；受命从事者栉风沐雨，夙兴夜寐而不辞劳瘁。群策群力，使此近二万平米之巨构，终底于成，岂不伟哉！

　　斯馆也，其形类桥，如筑科技之津梁，开后学之通途，寓意至深。主体大厅设十四展区，展示科学技术成果：声光力电磁，靡不涵盖；基础理论、高精技术，乃至家居科学皆所包容。展品三百余件乃集科技界精英之智慧，其内容之丰富为全国冠。尤可贵者，所展非若其他博物馆、展览会之仅供参观，而更欢迎参观者之参与，不仅可抚之摸之，且能亲加操作，身体力行，诱发兴趣。大厅之翼分设讲习室若干，可供宣讲讨论，普及科学知识，补课堂教学之不足。此固寓教于乐，潜移默化之良策。人才辈出，指日可待。大厅之顶载一球体，中设全天域球幕电影，置身其中，恍若身临其境，上下亿千年，尽收眼底；纳须弥于芥子，一览而得其全。津人何幸，耳目为之一新！

　　斯馆也，美轮美奂。无论设置，抑其功能，置之全国首列，当无愧色，即较之海外，亦足与之颉颃。中华民族之聪明睿智可于此昭示，而科学技术之兴市建业，亦殷殷在望。语云：众志成城。观斯馆之兴建，信不诬也。

　　创业固不易，而继起者尤艰。斯馆之建成，乃开科普之先，而日后之经营维护犹有待焉。科技长河，源远流长。自今而往，不仅需时加关注，使其日新又新，永不失首列地位，亦当呵护维持，更使其蒸蒸日上。尤有进者，莘莘学子、黄童稚儿理应珍惜前人之苦心孤诣，视此为知识沃土，自育成材之地，以无负于父老之厚望。今乐观斯馆之落成，乃胪述既往，以励来兹。

萧山来新夏撰文
天津科学技术馆立
一九九四年九月

此碑文镌刻于天津科学技术馆

天津大悲禅院沿革记

津门古刹大悲禅院，位城北西窑洼，其始建年代，文献无稽。清顺治、康熙间，天津守备使曹斌捐俸筑寺，学者秀水朱氏彝尊过津，应请为撰《大悲院记》，叙其规模，室仅三楹，尚属草创，距今殆三百余年矣。初祖世高，以儒生皈依佛门，立意以大悲济民，为禅院奠传世之基。高师与津门文士诗文唱和，频有交流，于是儒佛二家，相融相通，赋大悲以新意；香火称盛，为诸方所崇仰。康熙八年，重加修葺，事载县志。其后谱牒散佚，世系断续。一九四零年，倓虚法师来津弘法，与津门居士多所谋划，醵金拓建庙宇，复兴院事。自一九四二年迄一九四七年竣工，禅院规模，大致底定。其间于一九四五年住持等慈法师偕津门居士自京迎玄奘顶骨来院供奉。一九五零年始惠文法师主持院事，兴建纪念堂以阐扬玄奘、弘一二祖大德。中经深山法师，旋由宝菡法师继任，乃与天津佛教协会共相擘画，重谋兴复扩建。世纪重开，宝菡法师以年事日高，乃委其事于智如法师。智如法师少年向道，复勇于任事，秉承宝菡法师意旨，奔走僧俗，筹募经费，鸠工庀材，不遗余力。近年建成大雄宝殿，宏伟辉煌，肃穆庄严。继之应配殿庑，亦先后落成；故物遗存，复善加移建。两得其宜，众庶欢欣。伏维大悲之名，于今世亦启迪多多。佛家曰大悲心者，乃欲拔一切众生苦者也。若有力者能关心民间疾苦，时怀若己饥己溺之心，亦大悲之心也。众生苟能耳闻大悲之名，心仪大悲菩萨之德，进而激发大悲之心，喜见人间生佛，则大悲禅院不啻津门之灵山也。行见津河映照，佛光焜耀。朝诵夕呗，僧众得佛祖遗泽滋润；顶礼膜拜，信者蒙上苍庇佑厚福。浙东下士，寄籍沽上，敬作碑记，叙其沿革。至祈世世僧俗众生，备加护持，则大悲声名，远被海宇四方；德音世传，永为丛林胜地；慈航普渡，更为津民增无边福祉焉。

萧山来新夏撰文
二零零五年春大悲禅院立

此碑文镌刻于天津大悲禅院

附　录

著名历史学家、方志学家、图书文献学家——来新夏

来新夏（1923—2014），浙江萧山人。1942 年考入北平辅仁大学历史学系，师从陈垣、张星烺、余嘉锡、启功诸名师，在抗战最艰苦的条件下，发愤读书，连续四年以优异成绩获得一等奖学金而得以完成学业。1946 年大学毕业后，曾在天津担任中学教师。1949 年 1 月天津解放，被民青组织保送到华北大学第二部学习，从此参加革命工作。同年 9 月分配至范文澜先生主持的历史研究室读研究生，主攻中国近代史。1951 年奉调到南开大学，由助教循阶晋升为教授。曾同时担任南开大学校务委员会委员、校图书馆馆长、图书馆学系系主任、南开大学出版社社长兼总编辑。1992 年被评定为享受国务院特殊津贴专家。生前任教育部古籍整理研究工作委员会地方文献研究室主任、北京大学中国古文献研究中心兼职教授。社会兼职有中国近现代史史料学学会名誉会长，中国地方志学会学术委员、全国高校图书情报工作委员会常委、文渊阁本《四库全书》学术委员会委员、北京大学《儒藏》精华编编纂委员会顾问、天津地方志编纂委员会顾问、美国俄亥俄大学图书馆顾问等。

来新夏主要从事历史学、方志学和图书文献学研究，他治学严谨，功底深厚，研究成果宏富，且多为开创之作。如《北洋军阀史略》《古典目录学浅说》《方志学概论》《天津近代史》《中国古代图书事业史》《中国近代图书事业史》等都是新中国成立后相关学科的第一部著作，并由此开启了学术研究的新领域。来新夏的每一项研究都具有很强的持续性和精益求精的探索性，如《北洋军阀史》《林则徐年谱长编》《近三百年人物年谱知见录（增订本）》《清人笔记随录》《书目答问汇补》等著述都历经几十年不断修订增补，日臻完善，始终保持学术领先地位，因此以"纵横三学，自成一家"享誉于学界。其学术成果曾先后获得教育部颁发的第三届全国高校人文社会科学研究优秀成果奖历史学二等奖、中国图书馆学会第二届图书馆学情报学学术成果奖著作一等奖、中国图书馆学会优秀科研成果特别奖、2011 年度全国优秀古籍图书奖一等奖、国家科委颁发的科技情报成果三等奖、天津市社科优秀成果奖荣誉奖以及日本文部省国际交

流基金奖等多种奖项，并多次被列入世界名人录。鉴于来新夏"在图书馆领导期间的卓越业绩以及在学术领域取得的众多优秀成果和推动中外国际交流所做出的努力"，经过世界各地图书馆人的提名评选，美国华人图书馆员协会特授予他 2002 年度"杰出贡献奖"，这是新中国建立以来我国被授奖的第二人。

来新夏一生以教书育人为职志。自 1951 年始在南开大学历史系任教，其间，曾开设多门专业课程，作育大批优秀人才。"文革"结束后，1979 年在南开大学分校独力创办图书馆学专业，1983 年在总校筹办图书馆学系，并于 1984 年秋开始招生，翌年即获设硕士点，为当时全国该学科五个学科点之一。由于业绩卓著，1984 年被评为天津市劳动模范。来新夏重视培养人才，并提倡"通才"教育，曾同时招收历史学和图书馆学专业研究生。他选拔严格，指导认真，热情扶植和奖掖人才成长。他重视教学工作，且擅长课堂教学，1985 年获南开大学教学质量奖一等奖。1989 年被评为天津市高校系统优秀教师。他在教学实践中开创了图书文献学领域"三史合一"的新课程模式，成为本学科教学的范例。他根据专业发展趋势提出了人才培养"三层楼"制模式，是改革开放后我国图书馆学教育思想库的重要来源之一，从而成为图书文献学人才培养"南开模式"的创立者。

来新夏是开创新中国地方志编修事业的积极推动者和实干家，他参与制定条例，培训全国编志骨干，并深入基层，对地方志编纂的具体工作深究细研，其亲自指导过的全国 200 余部新修志书中有 50 余部佳志获国家或省部级奖。他在实践中认真研究方志学理论，并撰著多种相关著述，为建立中国新编方志学体系和方志事业的发展作出了卓越贡献。

来新夏一生笔耕不辍，有学术专著 30 余种面世及古籍整理多种，其中北洋军阀史、古典目录学等著述被译介到日、韩等国。他晚年尤以学术随笔著称，用学术随笔的形式把知识化艰深为平易，以"反哺民众"，成文 800 余篇，结集 30 余种，实现了"有生之年，誓不挂笔"的志愿。

《南开学术名家志》，见《南开学报》（哲学社会科学版）2014 年第 3 期

来新夏先生著述提要

孙伟良编著

编　例

1. 《来新夏先生著述提要》所收之来新夏先生著述，均为绍兴孙伟良"来新夏民众读书室"所藏。

2. 提要所收条目，涵盖来先生所撰写、辑述、翻译、主编、校点之著述，凡 140 馀种。

3. 提要所收来先生著述，出版日期截至 2019 年 6 月，撰写采取编年体，以见先生一生之学术脉络。

4. 提要涉及之来先生著述，以公开出版物为主要对象。此外，酌情所收若干种著述，如《中国近代史参考资料》《中国图书文献选读》及《文献整理十论》，系先生在南开大学历史系、图书馆学系教学时所编教材，《北洋军阀与日本》等数种，是先生曾应日本独协大学之邀任客座教授期间，为研究生授课时校方所印的资料。

5. 相同书名之著述，例如《古典目录学浅说》《北洋军阀史》《谈史说戏》等，在不同出版社出版的，从图书在版编目（CIP）数据因素考虑，视为不同版本而分别作条目。

6. 提要条目内容，由著录项和"提要"两部分组成，著录项包括书名、责任者、出版者、出版年月、字数、印数、定价，以及统一书号或国际标准书号，原则上以所见图书原有款项著录。

7. 提要撰写不拘程式，因书而异，长短不一，间或有书话痕迹，以体现成书背景。

目 录

正 编

001 美帝侵略台湾简纪（1951）

002 第二次鸦片战争（1956）

003 北洋军阀史略（1957）

004 美国是武装干涉苏俄的积极组织者与参与者（1958）

005 火烧望海楼（1960）

006 中國軍閥の興亡（1969，日文）

007 古典目录学浅说（1981）

008 林则徐年谱（1981）　林则徐年谱（增订本）（1985）

009 近三百年人物年谱知见录（1983）

010 方志学概论（1983）

011 中国近代史述丛（1983）

012 北洋军阀史稿（1983）

013 结网录（1984）

014 社会科学文献检索与利用（1986）

015 文献整理十论（1987）

016 天津近代史（1987）

017 谈史说戏（1987）

018 中国古代图书事业史概要（1987）

019 中國軍閥の興亡（1989，日文）

020 中国古代图书事业史（1990）

021 古典目录学（1991）

022 中国的年谱与家谱（1991）

023 薪传篇（1991）

024 明耻篇（1991）

025 北洋军阀与日本（1992）

026 清代前期的商业、商人和社会风尚（1992）

027 《中华文化的传递》讲授提纲（1992）

028 《中国方志学概论》讲授提纲（1992）

029 志域探步（1993）

030 薪传篇（1993）

031 中国的年谱与家谱（1994）

032 古籍整理散论（1994）

033 中国地方志（1995）

034 冷眼热心——来新夏随笔（1997）

035 林则徐年谱新编（1997）

036 路与书（1997）

037 中国的年谱与家谱（1997）

038 依然集（1998）

039 枫林唱晚（1998）

040 邃谷谈往（1999）

041 来——南迁萧山的来姓（1999）

042 一苇争流（1999）

043 来新夏书话（2000）

044 中国近代图书事业史（2000）

045 北洋军阀史（2000）

046 千年不灭的荣光（2001）

047 且去填词（2002）

048 来（2002）

049 邃谷文录（2002）

050 出枥集（2002）

051 三学集（2002）

052 古典目录学浅说（2003）

053 古籍整理讲义（2003）

054 学不厌集（2004）

055 只眼看人（2004）

056 清人笔记随录（2005）

057 邃谷书缘（2005）

058 书文化的传承（插图本）（2006）

059 皓首学术随笔·来新夏卷（2006）

060　谈史说戏（2007）

061　邃谷师友（2007）

062　80 后（2008）

063　来新夏说北洋（2009）

064　中国图书事业史（2009）

065　访景寻情（2009）

066　书前书后（2009）

067　中国古典目录学（2009，韩文）

068　交融集（2010）

069　中国的年谱与家谱（2010）

070　来新夏谈书（2010）

071　谈史说戏（2010）

072　近三百年人物年谱知见录（增订本）（2010）

073　砚边馀墨（2011）

074　依然集（2010）

075　来新夏说北洋（2011）

076　书目答问汇补（2011）

077　北洋军阀史（2011）

078　北洋军阀史（2011）

079　北洋军阀史（2011）

080　林则徐年谱长编（2011）

081　书文化九讲（2012）

082　不辍集（2012）

083　来新夏随笔选（2012）

084　中国古代图书事业史（2013）

085　古典目录学（修订本）（2013）

086　书之传承　时间里的图书史（2013）

087　立身之本　知耻才能做人（2013）

088　邃谷序评（2013）

089　旅津八十年（2014）

090　目录学读本（2014）

091　古典目录学浅说（2014）

092　书卷多情似故人（2015）

093　说掌故　论世情（2015）

094　问学访谈录（2015）

095　邃谷四说（2015）

096　评功过（2016）

097　辨是非（2016）

098　述见闻（2016）

099　北洋军阀史（2016）

100　谈史说戏（2016）

101　古典目录学浅说（2016）

102　混乱中的行走：来新夏说北洋（2018）

附　编

001　中国近代史参考资料（1957）

002　第一次国内革命战争史论集（1957）

003　程克日记摘抄（1958）

004　中国农民起义论集（1958）

005　阅世编（1981）

006　中国图书文献选读（1984、2010）

007　鸦片战争史论文专集续编（1984）

008　闽小纪　闽杂记（1985）

009　清嘉录（1986）

010　天津风土丛书（1986）

011　中国地方志综览（1949—1987）（1988）

012　中国近代史资料丛刊·北洋军阀（1988—1993）

013　史记选（1990）

014　外国教材中心工作研究（1990）

015　图书馆学情报学档案学简明辞典（1991）

016　萧山县志稿（1991）

017　河北地方志提要（1992）

018　中华幼学文库（第一辑）（1995）

019　中日地方史志比较研究（1996）

020　清代目录提要（1997、2007）

021　古典目录学研究（1997）

022　史记选注（1998）

023　一扫蛮烟　清气长留——近代禁烟诗文选读（1998）

024　天津通志·旧志点校卷（1999、2001）

025　天津大辞典（2001）

026　历代文选·清文（2001）

027　名人文化游记（国内卷）（2002）

028　名人文化游记（国外卷）（2002）

029　林则徐全集（2002）

030　老资料丛书（2004）

031　天津建卫六百周年丛书（2004、2012）

032　清代科举人物家传资料汇编（2006）

033　阅世编（2007）

034　清嘉录（2008）

035　十里长街读坎墩（2008）

036　天津历史与文化（2008）

037　史记选（2009）

038　中国地方志历史文献专辑·灾异志（2010）

039　清代经世文全编（2010）

040　中国地方志历史文献专辑·金石志（2011）

041　中国地方志文献·学校考（2012）

042　天津历史与文化（2013）

043　萧山丛书（第一辑）（2014）

044　萧山丛书（第二辑）（2015）

045　萧山丛书（第三辑）（2017）

正　编

001　美帝侵略台湾简纪（1951）

来新夏编著。2.5 万字。天津历史教学月刊社 1951 年 8 月出版，知识书店发行，印行 5000 册。定价：2800 元（注：旧币）。

　　来新夏，1946 年夏毕业于北平辅仁大学历史学系，获文学士学位。回津后曾任教于新学中学。1949 年 1 月天津解放，被所在中学的"民青"组织保送到华北大学第二部学习，同年 9 月被分配到由该校副校长、著名马克思主义史学家范文澜主持的历史研究室作研究生，从事中国近代史研究。1950 年华北大学历史研究室改为中国科学院历史研究所第三所（后又改为近代史研究所），范文澜任所长。是年 10 月抗美援朝战争爆发后，工作于该院的来新夏投身于口诛笔伐之行动，开始撰写《美帝侵略台湾简纪》一稿，经范文澜先生审阅后同意出版。该书的材料，起自 1945 年日寇投降，下迄 1950 年止。5 个章节的标题均摘自伍修权在联合国安理会控诉美国武装侵略台湾的发言中的语句，其中第一章和第四章的内容，曾在《光明日报》及《人民日报》刊登过。

002　第二次鸦片战争（1956）

　　来新夏编。1.1 万字。通俗读物出版社 1956 年 1 月第 1 版，第 1 次印刷，印行 35000 册。定价：9 分。

　　书号　　0575

　　1955 年 9 月，北京通俗读物出版社为农村读者编写中国近代史丛书，每册万字左右。来新夏先生接受《第二次鸦片战争》一题，月馀完成交稿。

　　本室藏本题有"为农民写书，此为试笔。来新夏　二〇〇七　10"。

003　北洋军阀史略（1957）

　　来新夏编著。11.2 万字。湖北人民出版社 1957 年 5 月第 1 版，印行 25000册。定价：0.50 元。

　　统一书号　　11106·32

　　1951 年春，来先生执教于南开大学历史系。到津第二年，他的讲稿《北洋军阀统治时期》在《历史教学》杂志 1952 年 8 月号至 10 月号上连载。1956 年伊始，学术界提倡"百花齐放，百家争鸣"。在此环境下，经荣孟源先生推荐，湖北人民出版社邀请来先生撰写一部关于北洋军阀的书稿。

　　此书是解放后在国内出版的第一部以历史唯物主义观点和方法来考察北洋军阀集团的兴衰变化、探求其成败兴亡的内在联系的著作，堪称为新中国史学工作者在这一领域的拓荒之作。

004 美国是武装干涉苏俄的积极组织者与参与者（1958）

苏·别辽兹金著。来新夏、魏宏运、吴琼译。15.5 万字。三联书店 1958 年 3 月第 1 版，北京第 1 次印刷，印行 2600 册。定价：0.70 元。

统一书号 11002·185

北京市书刊出版业营业许可证出字第 56 号

1952 年底，南开大学要求来先生领衔主持翻译俄文著作《美国是武装干涉苏联的积极组织者与参与者》，以巩固教师的俄文学习成果，兹事进度稍显缓慢，后经出版方三联书店再请专家审改，始达出版水平。本书根据苏联国家政治书籍出版局 1952 年增订第二版译出，译文略有删节。

005 火烧望海楼（1960）

"河北戏曲丛书"之一。来新夏、张文轩编剧。5.9 万字。百花文艺出版社 1960 年 2 月第 1 版，印行 5000 册。定价：0.32 元。

统一书号 10151·149

来新夏先生对京剧情有独钟。1959 年 6 月至 7 月，应天津市京剧团之邀，为国庆十周年献礼，以近代史上 1870 年发生的震惊中外的"天津教案"中心事件为根据，来先生与天津京剧团张文轩先生合作编写了反映中国人民反洋教斗争的历史剧《火烧望海楼》剧本。9 月在天津中国大戏院公演，著名武生厉慧良（1923—1995）导演并主演，红极一时。10 月赴京献演，获文化部优秀作品二等奖。

006 中國軍閥の興亡（1969，日文）

编著者，来新夏。译者，岩崎富久男。发行者，矢贵升司。印刷者，奥村正雄。发行所，东京都中央区日本桥蛎鼓町 1—12 株式会社桃源社。昭和四十四年（1969）二月十日印刷。昭和四十四年二月十五日发行。定价：750 日元。

译者岩崎富久男为日本明治大学教授，他在研读来新夏《北洋军阀史略》时认为："该书能够准确把握当时的社会、经济以及经济、外交等情况，加以犀利的分析，完全具有名著的水平。"

《中國軍閥の興亡·前言》中，岩崎富久男认为同时代还有陶菊隐《北洋军阀统治时期史话》的大部头著作，"为该领域的研究留下了很大的成绩"，然系统性的介绍以《北洋军阀史略》为最早，翻译此书也基于这个原因。在为日译本定书名时，考虑到读者未必都是专门的研究者或学生，应尽量避免常人陌生的"北洋军阀"一词，于是书名改为《中国军阀的兴亡》。

岩崎富久男教授在日译本前言大意说："关于本书作者来新夏先生，译者眼下没有任何信息，诸如其履历、现在就职于什么单位、从事什么工作等，可以说一无所知。现在中国正值'文化大革命'，很多著名学者有的作为'资产阶级学术权威'，或作为'反党修正主义者'正在遭受着严厉的批判，而来先生的情况又是如何呢？我无从得知。……我希望今后两国在文化、学术上的交流紧密起来，同时也祝愿先生在研究的道路上继续努力奋斗。"

《中國軍閥の興亡》策划室桃源社，为了帮助读者理解，随文增加了 28 幅图。书末附有人名索引，涉及历史人物 204 个。

007 古典目录学浅说（1981）

"中华史学丛书"之一。来新夏著。15.6 万字。中华书局 1981 年 10 月第 1 版，北京第 1 次印刷，印行 13000 册。定价：0.74 元。

统一书号　11018·982

本书共 4 章。第一章概说，讨论目录和目录学的严格定义，探讨目录和目录学的发生与发展，介绍各种不同类型的书目。本章还详细讨论了古典目录学的体制，以及我国古典目录"辨章学术，考镜源流"的特点。第二章从目录学史的角度，勾勒了我国从两汉到清代目录学的发展概貌，揭示了我国图书分类从六分法到经、史、子、集四分法的形成，并评介了历史上具有代表性的书目。第三章介绍了与古典目录学相关的学科，主要介绍了图书分类学、版本学和校勘学。最后一章展望了古典目录学的研究趋势以及前瞻设想。

1970 年，来先生被下放到南郊区太平村公社翟庄子大队插队落户，农耕之馀仍学习不辍。于 1973 年开始撰写《古典目录学浅说》，翌年 3 月成 10 万馀字初稿。1976 年调回南开大学历史系。1978 年 3 月，来先生在历史系开设"古典目录学"课程，后根据在南开大学、天津师范大学等校历史系、图书馆学系等讲授目录学纲要的基础上经多次修订扩充而成。

《古典目录学浅说》出版后，立即赢得学术界一片赞誉。其中中华书局资深编辑崔文印发表于《读书》1983 年第 1 期《古典目录学津逮》一文，评价最为全面允当。文章开头即对《浅说》的学术意义作了定位："我国古代目录学的成就，除解放前姚名达先生写过一本《中国目录学史》外，解放后还没有人做过系统的介绍。南开大学来新夏先生的新著《古典目录学浅说》的出版，无疑填补了这一空白。"《古典目录学浅说》1984 年获天津哲学社会科学优秀成果资料书三等奖。

008　林则徐年谱（1981）　林则徐年谱（增订本）（1985）

来新夏编著。34.6 万字。上海人民出版社 1981 年 10 月第 1 版，第 1 次印刷，印行 7150 册。定价：1.65 元。

统一书号　11074·466

二十世纪五十年代初，来先生在魏应麒所撰《林文忠公年谱》的基础上进行补订。六十年代初，应中华书局赵守俨之邀，审读广东中山大学历史系所编《林则徐集》全稿后，遂编纂成《林则徐年谱》稿。"文革"中，原稿被毁。七十年代中期重加纂辑，于 1980 年冬定稿，翌年正式出版。

由于《林则徐年谱》被列入 1985 年召开的"林则徐诞辰二百年纪念学术讨论会"的出版规划，于是来先生又进行了修订：其一是增补了新资料。其次是扩大征引范围，在原有参考文献资料的基础上，增多 60 种，总计达 220 馀种。其三是订正部分失误。再是增写了大事年表索引。

《林则徐年谱》增订本字数为 45.6 万字，仍由上海人民出版社出版，其版权页为"1981 年 10 月第 1 版，1985 年 7 月第 2 版，1985 年 7 月第 2 次印刷，印数 7,151—12,150"。增订本定价：4.25 元。

009　近三百年人物年谱知见录（1983）

来新夏著。56 万字。上海人民出版社 1983 年 4 月第 1 版，印行精、平装本 32000 册。定价：2.20 元。

书号　11074·442

二十世纪五十年代，来先生为中国近代史教学而关注清人年谱，历经寒暑五六，终成八百馀篇书录，近五十万字。不意遭散失之厄运，十册手稿仅存二。1970 年，先生到津郊学农，工馀仍孜孜不倦于年谱残稿恢复工作，1975 年完成未刊稿《清人年谱知见录》。"文革"结束后，来先生撰《清人年谱的初步研究》一文于 1979 年 7 月参加在太原召开的中国图书馆学会成立大会，并刊于《南开大学学报》（哲学社会科学版）1979 年第 3 期。《清人年谱知见录》，在上海人民出版社正式出版时，以体例特色，易名为《近三百年人物年谱知见录》。

该书收录了自明清之际至生于清而卒于辛亥革命之后的人物年谱 800 馀种，包括自谱、子孙友生编谱、后人著谱，以及校书谱、诗谱、图谱、纪年诗、年表、合谱、专谱等。每一年谱著录谱名、撰者、刊本，并注明各年谱专目中著录情况，记载谱主事略（即谱主姓名、字号、籍贯、生卒年、科分、仕历、荣哀及主要事迹与特长），还增录相关史料，简述年谱编著原由、材料根据及编者与谱主关系等。南开大学教授冯尔康先生在其著《清代人物传记史料研究》（商务印书馆 2000 年版）中说："《知见录》是一部研究性的著作，全面分析了近三百年人物年谱的总体特色和每一部年谱的具体特点，又是一部信息量很大的工具书。需了解清人年谱必须很好利用这部书。"

《近三百年人物年谱知见录》1984 年被评为天津哲学社会科学优秀成果资料书二等奖。1989 年获中国图书馆学会优秀科研成果特别奖。

010　方志学概论（1983）

高等院校教学用书。来新夏主编。22 万字。福建人民出版社 1983 年 8 月第 1 版，第 1 次印刷，印行 3800 册；1984 年 3 月第 2 次印刷，印行 10550 册。总计 14350 册。定价：1.20 元。

书号　7173·586

是书系统论述了方志的起源、发展，介绍了古、近代学者对方志学的研究，并重点阐述了新方志的编写要求和方法。书后附有自民国时期以来至 1982 年 7 月为止的方志学重要书目与部分论文目录。

1981 年 11 月，来先生受中国地方史志协会委托，邀集安徽大学、宁夏大学、福建师范大学、苏州大学、辽宁师范大学、贵阳师范学院、杭州师范学院以及南开大学等八院校有关人员参加编写，并先后在其主持的方志学研究班上试用，又经梁寒冰、傅振伦等专家审定，由来先生作最后一次修改后定稿。

该书是建国以来第一本通论性的方志学著述。方志学家魏桥认为"《方志学概论》一书，简明扼要，深入浅出地阐明了方志的基本概念、发展简史、编纂要领等，对当时方志事业沿着正规道路前行起到不可磨灭的指导作用"。

011　中国近代史述丛（1983）

来新夏著。31.2 万字。齐鲁书社 1983 年 9 月第 1 版，第 1 次印刷，印行 5200 册。定价：1.85 元。

书号　11206·71

该书收录了来先生从五十年代至八十年代在近代史方面的论文和一组读书笔记。其中六十年代至七十年代处于动乱，无法从事学术撰述活动，因而"述丛"大多是来先生五十年代十年间的学术研究留痕，如《中日马关订约之际的反割台运动》《南昌教案》《关于第二次鸦片战争后中外反动势力结合的问题》《同盟会及其政纲》《鸦片战争前后银贵钱贱的情况和影响》《反清的秘密结社》《〈天朝田亩制度〉是农民革命的纲领》诸文。其中《太平天国底商业政策》则是来先生作为范文澜的研究生，在导师指导下于近代史方面的处女作，署名"禹一宁"，原载于华北大学历史研究室编、三联书店 1950 年 11 月版《太平天国革命运动论文集》。

012　北洋军阀史稿（1983）

来新夏主编。36.4 万字。湖北人民出版社 1983 年 11 月第 1 版，第 1 次印刷，印行 7300 册。定价：2.05 元。

统一书号　11106 · 162

《北洋军阀史稿》既是《北洋军阀史略》的发展，又是一次重新改写。在篇幅和内容上作了某些充实和改动。并附有"大事年表"和"北洋军阀人物小志"，方便读者检索利用。民国史专家孙思白教授（1913—2002）读完《北洋军阀史稿》后，把它与《北洋军阀史略》作比较认为有四点不同：第一，补充和运用了已刊的档案、未刊的资料和译稿；第二，吸取了回忆性文章和近年来的研究成果；第三，对若干问题作出了新的分析和论断；第四，丰富了若干具体情节内容。并称该书是"民国史研究领域中一个良好的开端"，"它将为后来的研究者起着提携与带头的作用"。

013　结网录（1984）

来新夏著。21.7 万字。南开大学出版社 1984 年 10 月第 1 版，第 1 次印刷，印行 7000 册。定价：1.55 元。

书号　11301 · 5

该书是来先生 1980 年至 1984 年间所写有关清史方面论文和札记的选集。文章包括《清代前期的商业、商人与社会风尚》《清代前期江浙地区的饮食行业》《鸦片战争前的地主与农民》《清代康雍乾三朝官方整理古籍例目》《清人北京风土笔记随录》等。书名《结网录》，乃源自《汉书·董仲舒传》所引古人格言："临渊羡鱼，不如退而结网。"

014　社会科学文献检索与利用（1986）

来新夏、惠世荣、王荣授编著。23.1 万字。南开大学出版社 1986 年 8 月第 1 版，至 1988 年 11 月第 4 次印刷，印数达 19000 册。定价：2.95 元。

ISBN　7-310-00064-1

1979 年，来新夏先生创办了南开大学分校的图书馆学专业，1983 年又组建了校本部的图书馆学系。为了加强图书馆学的教材建设，来先生组织编写了一套专业课程——"图书馆学情报学系列教程"。这套教材共出版 11 种，为全国 10 馀所大学所采用，并获得南开大学优秀教材建设奖。《社会科学文献检索与利用》为"图书馆学情报学系列教程"之一，系应教育部关于高校开设"文献检索与利用"课的要求而由来先生主持编写。该书被全国多所高校作为公共课的通用教材，并获得国家科委颁发的科技情报集体成果三等奖。

015　文献整理十论（1987）

来新夏著。油印稿。纵 25.5 厘米，横 18 厘米，174 页。南开大学图书馆学系 1987 年 1 月印。

"十论"者：《论分类》《论正史》《论目录》《论版本》《论工具》《论句读》《论校勘》《论考据》《论传注》《论类书与丛书》。

来先生将历年整理历史文献的讲稿和笔记，成此油印本，为研究生"文献整理"课使用。后略加修订，增入附录一篇，定名为《古籍整理讲义》，收录于南开大学出版社 2002 年版来新夏自选文集《邃谷文录》。

016　天津近代史（1987）

来新夏主编。28.9 万字。南开大学出版社 1987 年 3 月第 1 版，第 1 次印刷，印行精、平装本计 50000 册。定价：平装 2.50 元，精装 3.75 元。

ISBN　7-310-00013-7

1985 年冬，万里委员长视察天津时，向李瑞环市长建议："天津近代史是中国近代史的一个缩影"，可组织人员编写一部《天津近代史》。尔后中共天津市委、市政府选定南开大学图书馆馆长、出版社社长兼总编辑来新夏任《天津近代史》主编。

《天津近代史》是在"征求意见稿"的十三章基础上，整合为十二章。该书参考了近 200 种图书资料，包括天津地方志书、前人诗文专集、专著和政书、外国人著作译本及近年来的科研成果，对自第一次鸦片战争前后至五四运动前夕天津近代历史中政治、经济、文化诸方面进行具体分析和系统阐述，并对若干重要史事和历史人物作出较恰当的评论。

参与《天津近代史》编写的人员还有林开明、张树勇、黄小同、娄向哲、林文军和王德恒。书法家启功先生为该书题签。

017 谈史说戏（1987）

来新夏、姜纬堂、马铁汉、李凤祥、商传等著。22.1 万字。北京出版社 1987 年 10 月第 1 版，第 1 次印刷，印行 2000 册。定价：2.30 元。

ISBN 7-200-00037-X

书号 11071·482

这是一本通过经典京剧而介绍历史的通俗读物，在介绍剧情和具体内容的同时，运用丰富的历史知识，详细考证了整个剧目的人物、情节和背景知识，在肯定其艺术真实的同时，也指出了其中的以戏为实、牵强附会之处。全书 57 篇文章，来先生撰《文昭关》《赠绨袍》《萧何月下追韩信》《王昭君》《战宛城》《长坂坡》《群英会》《定军山》《刮骨疗毒》《空城计》《汾河湾》《贵妃醉酒》《贺后骂殿》等 13 篇。

018 中国古代图书事业史概要（1987）

来新夏著。4.9 万字。天津古籍出版 1987 年 10 月第 1 版，第 1 次印刷，印行 3000 册。定价：1.90 元。

ISBN 7-80504-022-2

本书内容包括：图书与图书事业；图书事业的创始阶段——周、秦；图书事业的兴起阶段——两汉、魏晋、南北朝；图书事业的发展阶段——隋、唐、五代；图书事业的兴盛阶段——宋、辽、夏、金、元；图书事业的全盛阶段——明清。按上述中国古代图书事业的发展阶段划分，介绍了各个时期中国图书事业的发展概况，研究各个时期图书形态的发展，图书的聚散、典藏及其相应措施，图书的整理与编目，图书的流通与纂集四个方面。

来先生把书史、目录学史、图书馆史这三方面的研究综合为图书事业史，既可避免重复，使体系完整，又可改进教学。书前置图 31 幅，以达"左图右史之效"。版本目录学家顾廷龙先生题书名。本书为日后编纂《中国古代图书事业史》之大纲。

019 中國軍閥の興亡（1989，日文）

编著者，来新夏。译者，岩崎富久男。发行者，深见兵吉。印刷所，サンワード企划。制作所，越后堂制本。发行所，光风社出版（东京都文京区关口1—32—4）。平成元年（1989）十一月二十日印刷。平成元年十一月三十日发行。定价：1500日元（不加税为1456日元）。

ISBN　4-87519-017-4

来先生的《北洋军阀史略》，经日本明治大学岩崎富久男教授翻译成日文，易名为《中國軍閥の興亡》，于1969年由桃源社出版。该书成为日本学者研究中国军阀的一部重要参考用书，但久已绝版，故日本光风社于1989年11月再版印刷，并加副题"其形成发展与盛衰灭亡"。

《中國軍閥の興亡》初版中，译者坦陈并不知道《北洋军阀史略》著者来新夏先生的任何信息。十馀年后，才知道来先生是天津南开大学教授。1982年夏，岩崎富久男携带家人赴南开大学拜访了来先生，并将《中國軍閥の興亡》面呈来先生，至此，来先生才知道该书被翻译介绍到日本之事，非常高兴，热情款待了岩崎富久男及家人。故此，在新版《中國軍閥の興亡》中，添加了作者简历："来新夏，中华人民共和国南开大学历史系教授。历任图书馆长、图书馆系主任（学部长）等职。作为中国历史学界的重镇而活跃。"还有是译者简历："岩崎富久男，1931年生于东京。东京大学大学院硕士课程修了，曾任财团法人东洋文库研究员，现任明治大学教授。研究方向为中国文学，发表有论文《聂耳小传》《冼星海的一生》等。"

020　中国古代图书事业史（1990）

来新夏等著。26万字。上海人民出版社1990年4月第1版，第1次印刷，印行平装本2500册，精装本1000册，合计3500册；1991年7月第2次印刷，印行平装本1500册，精装本500册，合计2000册。两次印刷总计5500册。定价：平装9.20元，精装13.60元。

ISBN　7-208-00745-4

这是一部将中国图书史、中国目录学史和中国图书馆史三史合为一体的学术著作，基本内容是以图书为中心而涉及与图书有关的各种事业，包括搜求、典藏、管理、整理和编纂等。来先生发表于《学术月刊》1980年8月号《试论〈中国古代图书事业史〉的研究对象与划阶段问题》一文，是论述《中国古代图书事业史》主旨的最原始提纲。后以这篇论文为基础，撰写了近4万字的《中国古代图书事业史讲话》，在《津图学刊》1985年第1期至1986年第2期上分6次予以连载。后经删订增补，是为天津古籍出版社1987年版《中国古代图书事业史概要》，再在《概要》的基础上成为《中国古代图书事业史》。

《中国古代图书事业史》为周谷城主编之"中国文化史丛书"之一种。来先生为本室所藏精装本跋曰："图书馆学教育原设图书馆史、目录学史及书史，以致向歆父子多次见于课堂。余病其繁复，乃创三史合一之说，定'图书事业史'之名，以概括三史而祛重出之弊，并著为一书，由上海人民出版社印行。问世后颇得佳评，至今近二十年，肆间久未获见。伟良自网上求得，因缀数语以记其事。来新夏识于天津　二○○八年五月　时年八十六岁"。

021　古典目录学（1991）

高等学校文科教材。来新夏著。19.6 万字。中华书局 1991 年 3 月第 1 版，北京第 1 次印刷，印行 2000 册。定价 3.10 元。

ISBN　7-101-00720-1

本书是国家教委"七五"教材规划用书，全书共 7 章，除第一章绪论、第七章结束语外，中间的五章系按历史发展顺序，有重点地论述了历代著名的古典目录和有成就的古典目录学家，使读者能对古典目录学获得比较完整而系统的认识。全书引用原始资料较多，论必有据。对时贤论著中的不同论点除撷取附入外，并多断以己见，以开启读者思路。书前以《我与〈书目答问〉》一文代序，向读者自陈致力于古典目录学的途径，或可备读者参酌。书后附参考书目提要，收录近、当代学者的主要论著，特别介绍了台湾学者的专著多种。另附《汉志》《七录》及《隋志》代表性的三序作为阅读文献，以节省读者搜求之劳。资深图书馆学专家顾廷龙先生评定说："此作广征博引，深入浅出，叙述简要，议论平实，颇多创见，足为研究古典文献及传统目录学者入门之阶梯。"

022　中国的年谱与家谱（1991）

来新夏、徐建华著。任继愈主编的"中国文化史知识丛书"之一。5 万字。山东教育出版社 1991 年 10 月第 1 版，第 1 次印刷，印行 14700 册。定价：1.90元。

ISBN　7-5328-1304-5

鲁新登字 2 号

该书详述年谱与家谱两种史体的起源、发展与演变，体裁与体例，史料价值和编纂方法等，使读者能对这两种重要而被忽视的史体有一完整的了解，作为进一步研究与探讨的基础。来先生撰年谱部分。

023　薪传篇（1991）

"中华文化集粹丛书"之一。来新夏著。12.6 万字。中国青年出版社 1991 年 10 月北京第 1 版，山东第 1 次印刷，印行 10000 册；1992 年 5 月山东第 2 次印刷，印行 10000 册；1995 年 2 月河北第 5 次印刷。定价：4.55 元。

ISBN　7-5006-0986-8

（京）新登字 083 号

中国青年出版社编辑部约请海内外的著名学者专家共同撰写的"中华文化集粹丛书"共 15 篇，计 19 册。

《薪传篇》分两部分阐述，上篇：从图书产生前的口传记事和图书产生后的简帛纸书说到图书的收藏、分类与流通等环节，以使人们了解中国传统文化传递的一条主干道；下篇：从启蒙读物和经史子集说到类书、丛书、方志、佛藏、道藏以及兄弟民族文献，以使人们了解中国传统文化的几个主要汇聚点。

目力所限，笔者仅知悉《薪传篇》的初印本是 10000 册，翌年再次印刷，"印数 10,001—20,000 册"，即又印 10000 册。而所藏 1995 年第 5 次印刷，未标注印数；第 3、第 4 次何年印刷及印数均不详。

024　明耻篇（1991）

"中华文化集粹丛书"之一。来新夏著。14 万字。中国青年出版社 1991 年 10 月北京第 1 版，山东第 1 次印刷，印行 10000 册，定价：4.90 元；1993 年 7 月湖南第 3 次印刷，"印数 20,001—24,500 册"。即止于第 3 次印刷，印数已达 24500 册。想到《薪传篇》有第 5 次印刷，《明耻篇》的最终印数，亦不敢臆想。

ISBN　7-5006-0978-7

（京）新登字 083 号

"耻"，一直是我国文化中流传久远、并倍受重视的行为准则之一，历代都继承着"重耻"的传统，把"明耻"视作知人论世的准则，而"无耻"则是使人羞愧的唾弃之辞。《明耻篇》收录了古代"无耻"与"明耻"人物的故事，以教育激励广大读者。本书插图为天津新蕾出版社郭占魁先生绘制。

025　北洋军阀与日本（1992）

来新夏著。抽印本。16 开，22 页。此是日本明治大学"学术国际交流参考资料集"之一，序号 170。1992 年 1 月 25 日发行。

1991 年秋，来先生应日本独协大学之邀任客座教授。是年 11 月 27 日，应明治大学教授岩崎富久男教授邀请，来先生为该校研究生讲演《北洋军阀与日本》，兼及"近年来中国学者对此问题的研究"。本文即就中国学者对此问题研究的简要评述：一是日本对华政策与北洋军阀。二是直、皖、奉三派军阀与日本。三是军阀混战与日本。四是北洋军阀集团首脑人物与日本。将来先生的讲演稿译成日文的是明治大学菱沼透教授。

026　清代前期的商业、商人和社会风尚（1992）

来新夏著。抽印本。32 开，32 页。此文副标题为"清人笔记之研究"。原载日本独协大学经济学部编《独协经济》第 58 号、第 1 页至第 32 页，1992 年 3 月 25 日印刷，3 月 30 日发行。

1991 年 9 月至次年 4 月，来先生应聘日本独协大学客座教授，在学术交流期间发表此文。清代前期是指朝清于 1644 年建立全国性政权起，至 1840 年鸦片战争前的近二百年这一历史时期。本文以清人笔记为主要资料依据，论证了中国封建社会晚期资本主义经济的萌芽已经比较明显地在各个经济领域中出现和滋长。文末之参考文献达 140 种。

027　《中华文化的传递》讲授提纲（1992）

来新夏著。抽印本。32 开，26 页。此文刊载日本独协大学经济学部编《独协经济》第 58 号、第 173 页至第 199 页，1992 年 3 月 25 日印刷，3 月 30 日发行。

来先生在日本任客座教授期间，向日本几所大学的研究生以"中华文化的传递"为题作了连续性的讲座，此即讲授提纲。本提纲内涵丰富，共含八题：1. 序论；2. 从口碑到纪事；3. 中国典籍的制作；4. 中国典籍和整理；5. 中国典籍的收藏与流通；6. 中国典籍的再编纂；7. 中华文化的蒙学教育；8. 中华文化的主要汇聚点。后在此基础上，经充实而成《书文化的传承》一书，于 2006 年由山西古籍出版社出版。

028　《中国方志学概论》讲授提纲（1992）

来新夏著。抽印本。32 开，15 页。此文刊登在日本独协大学经济学部编《独协经济》第 58 号、第 201 页至第 216 页，1992 年 3 月 25 日印刷，3 月 30 日发行。

此讲授提纲系来先生为独协大学研究生授课所用，包括五个专题：1. 方志与方志学；2. 历代方志的编纂；3. 历代方志学的研究；4. 新编地方志的基本情况；5. 旧志的整理与刊行。后在此基础上，著有《中国地方志》，台湾商务印书馆 1995 年出版发行。

029 志域探步（1993）

来新夏著。15.8 万字。南开大学出版社 1993 年 9 月第 1 版，第 1 次印刷，印行 2000 册。定价：7.00 元。

ISBN 7-310-00617-8

（津）新登字 011 号

《志域探步》是著者当时近十年参与地方志编纂与研究活动中所写的文章与发言稿，比较集中地反映了来新夏先生对地方志编纂与研究的一些见解和观点。1993 年是来先生七十初度，也是先生曾供职的南开大学出版社十年社庆。来先生以文字自寿，乃以《志域探步》作纪念。

030 薪传篇（1993）

来新夏著。台湾书泉出版社 1993 年 9 月初版一印。定价：200 元。

ISBN 957-648-271-2

是书版权页的"出版声明"："本书业经作者暨北京中国青年出版社同意，授权本公司在台合法印行。若有侵害本书权益者，本公司当依法追究之。特此声明。（原丛书名：中华文化集粹丛书）。"

台湾版繁体字本《薪传篇》，书前置文学博士龚鹏程的推荐序《风雨中的鸡鸣》及台湾版序；附录《薪传的故事》，是止于清末的中国历代图书事业之大事纪要。

031 中国的年谱与家谱（1994）

来新夏、徐建华著。任继愈主编"中国文化史知识丛书"之一种。台湾商务印书馆股份有限公司 1994 年 2 月初版第 1 次印刷，2000 年 8 月初版第 3 次印刷。定价：140 元（台币）。

ISBN 957-05-0846-9

台湾版"中国文化史知识丛书"分九辑，每辑 10 种，合计 90 种。《中国的年谱与家谱》列第 39 册。本书详述年谱与家谱两种史体的起源、发展与演变，体裁与体例，史料价值和编纂方法等，内容依据翔实，概括比较完整，文字流畅可读，使读者能对这两种重要而被忽视的史体有一完整的了解，作为进一步研究与探讨的基础。

032　古籍整理散论（1994）

来新夏著。13.5 万字。书目文献出版社 1994 年 6 月北京第 1 版，北京第 1 次印刷，印行 800 册。定价：6.00 元。

ISBN　7-5013-1082-3

本书收录了来先生编写的关于古籍整理方面的论文 8 篇，分别论及了有关古籍整理的分类、目录、版本、句读、工具、校勘、考据、传注等问题。它是根据南开大学图书馆学系 1987 年 1 月的油印稿《文献整理十论》增删而成。

033　中国地方志（1995）

来新夏著。20 馀万字（版权页未标字数）。台湾商务印书馆出版发行，1995 年 9 月初版，第 1 次印刷。定价：新台币 240 元。

ISBN　957-05-1168-0（平装）

应台湾商务印书馆之约，来先生对所著《志域探步》作了全面增补和修订，撰成《中国地方志》一书。全书共分六章，对方志与方志学的源流、类别特征、历代方志的编纂，方志学的发展与现状，地方志之整理与利用以及新方志的编纂诸方面，均有专章论述，并展望了今后的发展趋势。

《中国地方志》是来先生在方志学领域中一部有代表性的著作。

034　冷眼热心——来新夏随笔（1997）

"当代中国学者随笔"之一。来新夏著。20 万字。东方出版中心 1997 年 1 月第 1 版，第 1 次印刷，印行 10000 册。定价：16.00 元。

ISBN　7-80627-117-1

此为来先生第一本结集成书之随笔集。辑录的 83 篇随笔作品，主要内容包括三个方面：其一，为有关传统文化与治学之道的申说。其二，辑录作者有关社会人生、世态、世情以及当今世界流弊的所思所感。再是通过对中国历史上一些零星人物、史事以及与作者有关的师友的记述。

035　林则徐年谱新编（1997）

来新夏编著。67.9 万字。南开大学出版社 1997 年 6 月第 1 版，第 1 次印刷，印行精、平装本 3000 册。定价：平装 35.00 元，精装 38.00 元。

ISBN 7-310-00964-9

《林则徐年谱新编》在香港回归之际得以面世，是南开大学出版社 1997 年工作的重点工程之一。自 1985 年《林则徐年谱》增订本出版以来，有关谱主的奏牍、日记、信札、诗文、题字不时被发现，其他诗文集、笔记、方志及民间收藏的有关资料也时有所见。于是来先生重加编订，遂成《林则徐年谱新编》。《新编》的附录中，收录了林则徐的逸文、逸事，为林则徐所写的诗文，对林则徐的评论，以及鸦片战争有关文献和林则徐手札史料摘要。《林则徐年谱新编》由林则徐基金会赞助出版。启功先生为书名题签。

036 路与书（1997）

"老人河丛书"之一。来新夏著。16 万字。中国青年出版社 1997 年 7 月第 1 版，第 1 次印刷，印行 5000 册。定价：10.10 元。

ISBN 7-5006-2447-6

中国版本图书馆 CIP 数据核字（96）第 25383 号

（京）新登字 083 号

本书 51 篇随笔分作四卷，系自来先生二十世纪八十年代初至九十年代所写随笔作品中所撷选，既有读书所得、历史掌故，也有世态评议、旅踪记痕，正如其序所言："我读的书除了用文字写成的书外，还读了大千世界芸芸众生的无字书；我走的路不仅指地理概念的路，也包含拖着沉重脚步，跌跌撞撞走过的人生道路。"

037 中国的年谱与家谱（1997）

来新夏、徐建华著。"中国文化史知识丛书"之一。8.3 万字。商务印书馆 1997 年 12 月第 1 版，北京第 1 次印刷，印行 3000 册；2006 年 12 月北京第 4 次印刷；2007 年 7 月北京第 5 次印刷。四印本、五印本均未标注印数。定价：10.50 元。

ISBN 7-100-02426-9

"中国文化史知识丛书"的前身有 110 个专题，涉及历史文化的各个方面，由商务印书馆、中共中央党校出版社、天津教育出版社、山东教育出版社联合出版。现由编委会对类目重新加以调整，确定了考古、史地、思想、文化、教育、科技、军事、经济、文艺、体育十个门类，共 100 个专题，由商务印书馆独家出版。每个专题也由原先的 5 万多字扩大为 8 万字左右，内容更为丰富，叙述较前详备。徐建华与导师合作的《中国的年谱与家谱》，承担家谱部分的撰写。

· 2006 年 12 月北京第 4 次印刷本《中国的年谱与家谱》，列入文化部、财政部 2006 年度送书下乡工程。

038 依然集（1998）

"当代学者文史丛谈"之一。来新夏著。21 万字。山西古籍出版社与山西教育出版社联名出版，1998 年 2 月第 1 版，太原第 1 次印刷，印行 5000 册。定价：12.50 元。

ISBN 7-80598-0217-1

"当代学者文史丛谈"之一种。来先生以"江山依然风月，人生依然故我"为题的《依然集》，分为四卷：卷一"蜗居寻墨"，为治学宏观之见；卷二"寒斋积土"，专论笔记与志书；卷三"流风余韵"，致力品评历史人物，怀念先贤；卷四"随看云起"，为随意所作，心得之言。

039 枫林唱晚（1998）

"学识走笔·大学生文库"之一。来新夏著。17.2 万字。南开大学出版社 1998 年 10 月第 1 版，第 1 次印刷，印行 2000 册。定价：11.00 元。

ISBN 7-310-01120-1

"学识走笔·大学生文库"之一种。《枫林唱晚》全书分五卷，计 50 馀篇，是一部感怀人生、忧思环境、讲述治学之道的哲理性文集。在《枫林唱晚》序中，来先生热情洋溢地写道："我热爱生活，也留恋人生，我要像枫树那样，总能浸润在火红火红的生活中。"并以此激励跨世纪的莘莘学子，将热爱祖国山河文化、关心祖国前途命运并为之奋斗作为人生的最大乐趣，反映了作为教育家的来新夏先生的高尚情怀。

040 邃谷谈往（1999）

"说文谈史丛书"之一。来新夏著。17.5 万字。百花文艺出版社 1999 年 3 月第 1 版，第 1 次印刷，印行 4000 册。定价：14.50 元。

ISBN 7-5306-2759-7

《邃谷谈往》为"说文谈史丛书"第二辑之一种。《邃谷谈往》收来先生的随笔 75 篇，厘定为六卷。

041 来——南迁萧山的来姓（1999）

"百家姓书系"之一。来新夏、来丽英著。3.5 万字。新蕾出版社 1999 年 4 月第 1 版，第 1 次印刷，印行 3000 册。定价：4.50 元。

ISBN 7-5307-2105-4

1998 年春，天津新蕾出版社策划出版百家姓书系，特邀来先生撰《来》姓一书，先生承诺后即与族人来丽英共襄其事。

始迁祖来廷绍（1150—1203），河南开封府鄢陵人，宋绍熙四年（1193）进士，曾任直龙图阁学士。嘉泰二年（1202）出知绍兴府，未到府治而卒于萧山祇园寺僧舍，其子遂居萧山长河，繁衍生息，汇为长河大姓。来氏家族世代耕读，甲第繁盛。据《萧山来氏家谱》载，明清两朝出过进士 21 人，武进士 3 人，举人 39 人，武举人 18 人，故有"无来不发榜"之谚。明、清及民国初期，来氏一族前后出仕 387 人，在 22 个省任职，长河"三石六斗芝麻官"之说即源于此。浙江人民出版社 1987 年版《萧山县志》载，"全县有来姓 16000 馀人，长河一地即达 5000 馀人"。来新夏先生系来氏大支二十六世，幼年在故乡陪侍祖父来裕恂先生并接受启蒙教育。

042 一苇争流（1999）

"历史学家随笔丛书"之一。来新夏著。20 万字。广西人民出版社 1999 年 5 月第 1 版，第 1 次印刷，印行 5000 册。定价：15.00 元。

ISBN 7-219-03965-4

（桂）新登字 01 号

"历史学家随笔丛书"之一种。《一苇争流》共 59 篇文章，以"管窥蠡测""往事如新""还看今朝""激扬文字"大体分类。先生在序言中自陈："环视丛书诸家作者近百，济济多士，正罄其所学，出以美文，亦犹百舸之争流；反顾自我，不过一苇，惟小舟固不甘于目送百舸，于是奋起一蒿，以小舟而跻于百舸，争流向前，庶乎渡江有望。时书方成册，尚无以名之，遂以'一苇争流'为名以明志。"

043 来新夏书话（2000）

"文献学研究丛刊"之一。来新夏著。25 万字。台湾学生书局出版发行，2000 年 10 月初版。

ISBN 957-15-1027-0（平装） 定价：新台币 350 元

ISBN 957-15-1026-2（精装） 定价：新台币 420 元

本书是来先生在自己的"书话"类文章中选出 86 篇结集而成，认为"凡是与书有关联，不论是述说书的本身，还是写由书引发出去的论辩，都可以属于'书话'圈圈之内"。内容分藏书、读书、论书、书序、书评以及书与人等六卷。通过这些"书话"类文章谈论了中国藏书文化，探讨了读书的心得与感悟。展示了来先生的学术成果、学术见解和学术思想。

044 中国近代图书事业史（2000）

来新夏等著。30.5 万字。上海人民出版社 2000 年 12 月第 1 版，第 1 次印刷，印行 5100 册。定价：24.00 元。

ISBN 7-208-03610-1

中国版本图书馆 CIP 数据核字（2000）第 59926 号

此书与《中国古代图书事业史》相衔接，形成一部比较连贯的中国图书事业通史。本书论述了鸦片战争时期的图书事业（1840—1860）、太平天国的图书事业（1853—1864）、洋务运动时期的图书事业（1860—1890）、戊戌变法时期的图书事业（1890—1900）、辛亥革命以前十年的图书事业（1901—1911）、北洋军阀统治时期的图书事业（1912—1926）、十年内战时期的图书事业（1927—1936）、抗日战争时期的图书事业（1937—1945）以及解放战争时期的图书事业（1946—1949）。《中国近代图书事业史》为来先生带领弟子历经十年而成书，其亲撰《绪论》统领全书，高屋建瓴，更称点睛之笔。

《中国近代图书事业史》获中国图书馆学会第二届图书馆学情报学学术成果奖著作一等奖。

045 北洋军阀史（2000）

来新夏等著。上、下册，102 万字。南开大学出版社 2000 年 12 月第 1 版，第 1 次印刷，印行精、平装本 3000 册（套）。定价：平装 85.00 元，精装 95.00 元。

ISBN 7-310-01517-7

中国版本图书馆 CIP 数据核字（2000）第 86793 号

来先生在编辑《中国近代史资料丛刊·北洋军阀》时接触了大量新的史料，进一步拓宽了学术研究的视野，感到有必要对《北洋军阀史稿》进行重新修订，成为真正意义上的通史性著述。于是先生与他的学生焦静宜、莫建来、张树勇和刘本军搜集资料，分头撰写专稿。日本学者水野明和贵志俊彦等也应邀参与了一些章节的探讨。

《北洋军阀史》是一部完整记述北洋军阀集团兴起、发展、纷争、衰落和覆灭的通史性专著，上起 1895 年袁世凯小站练兵，下迄 1928 年张学良东北"易帜"。全书分七章，一、绪论；二、北洋军阀集团的兴起（1895—1912）；三、北洋军阀集团的发展及其统治地位的确立（1912—1916）；四、北洋军阀集团的派系纷争（1916—1920）；五、北洋军阀集团的派系纷争（1920—1924）；六、北洋军阀集团的衰落（1924—1926）；七、北洋军阀集团的覆灭（1926—1928）。书后有附录一"大事年表"、附录二"北洋军阀人物志"（478 人）及附录三"参考书目提要"（177 种），提供人们进一步研究的参考。

《北洋军阀史》一书问世后，北京大学张注洪撰文《北洋军阀史研究的硕果》（《博览群书》2001 年第 12 期）认为："它史料基础丰厚，理论分析深入，结构严密合理，文字表达清晰"，"可惜目前学术界这样肯下功夫而又确具学术质量的史书仍嫌太少"。2007 年，福建师范大学中国近现代史专业廖德明撰硕士论文《来新夏与北洋军阀史研究论探（1949—2006）》认为："来新夏在新中国北洋军阀史研究中作出了突出贡献，他是北洋军阀史研究的开拓者和推动者，具有自己独特的史学研究方法。来新夏的学人风骨和治学精神值得我们学习继承；而他的治学方法、史学思想则是个硕大的宝库，我们有必要通过研读他的著作，挖掘这个宝库。"

《北洋军阀史》一书在 2003 年获教育部颁发的第三届全国高校人文社会科学研究优秀成果奖历史学二等奖。

046　千年不灭的荣光（2001）

来新夏著。台湾文字复兴有限公司 2001 年 1 月初版一印。定价：199 元。
ISBN　957-11-2291-2

是书末附出版声明："本书业经作者暨中国青年出版社同意，授权本公司在台合法印行。若有侵害本书权益者，本公司当依法追究之。特此声明。（原丛书名：中华文化集粹丛书）。"台湾版《千年不灭的荣光》文字内容，依据中国青年出版社 1991 年版《明耻篇》。

047　且去填词（2002）

"学人随笔丛书"之一。来新夏著。18.2 万字。天津古籍出版社 2002 年 1

月第 1 版，第 1 次印刷，印行 3000 册。定价：14.80 元。

ISBN 7-80504-832-0

中国版本图书馆 CIP 数据核字（2001）第 075853 号

《且去填词》是来先生 1999 年至 2001 年所写随笔的结集，集中多角度阐述中国古文化传统内涵，且也有月旦人物、评骘世态的惊人之语。

"且去填词"是宋朝柳永的故事。先生在《且去填词》的后记中说：我认为宋仁宗要柳永"且去填词"是看中了柳永的长处，让他扬长避短，是善用人才。我真期望各行各业的精华，各尽各力，发挥有特长的一面，"且去从政""且去写小说""且去建造""且去发明""且去教书""且去这个""且去那个"……那就都有可能像"且去填词"的柳永那样，成为一代词宗。我也总想让"且去填词"一语有一个浅显通俗的诠释，让更多人理解。想来想去都不恰当。忽然有一天清晨楼下有人为争早点摊位争吵起来，有位天津老乡陡地发出响亮的一声："该干嘛，干嘛去！"击退了对方。这不正是对"且去填词"最准确、最贴切的诠释吗？

048 来（2002）

"百家姓书库"之一。来新夏、来丽英著。5.2 万字。陕西人民出版社、远东出版（新加坡）公司 2002 年 4 月第 1 版，第 1 次印刷，印行 10000 册。定价：8.00 元。

ISBN 7-224-06176-X

（陕）新登字 001 号

此书为天津新蕾出版社 1999 年版 3.5 万字数《来》姓一书的增订本，并附录了百家大姓图腾始原、宋代百家姓即郡望和现当代 100 家大姓排行。

049 邃谷文录（2002）

来新夏自选文集——《邃谷文录》，上、下册，175.4 万字。南开大学出版社 2002 年 6 月第 1 版，第 1 次印刷，印行精装 1000 册（套）。定价：160.00 元。

ISBN 7-310-01710-2

中国版本图书馆 CIP 数据核字（2002）第 005774 号

《邃谷文录》所收论文和专著，是来先生自 1940 年至 2000 年的六十年间（由于众所周知的原因，六十至八十年代的学术研究工作几近停顿，形成二十年空白，实际是四十年）全部 700 馀万字著述中选辑的。全书分四卷，即历史学卷、方志学卷、图书文献学卷和杂著卷。书前先生以《烟雨平生》为题，自述八十岁以前的人生历程。书后编制有《自订学术年谱》，以使读者了解来公的学术经历。《邃谷文录》封二采张大千"白头红叶图"为背景，署"恭祝恩师来新夏教授八十华诞　邃谷弟子敬贺"。

050　出枥集（2002）

"名家心语丛书"之一。来新夏自选集——《出枥集》，19 万字。新世界出版社 2002 年 6 月第 1 版，第 1 次印刷，印行 6000 册。定价：18.00 元。

ISBN　7-80005-772-0

中国版本图书馆 CIP 数据核字（2002）第 035395 号

列新世界出版社"名家心语丛书"第三辑。书前特设祝寿专页："谨以此书献给来新夏先生八十华诞"。是集多为来先生 2000 年至 2002 年所写的随笔，记录了先生的心路历程及人生感悟。其中卷一《不悔少作》为先生高中时在报刊上发表的短文 6 篇和读书笔记 42 则，为六十年后第一次面世。

051　三学集（2002）

"南开史学家论丛"之一。来新夏著。43 万字。中华书局 2002 年 9 月第 1 版，河北第 1 次印刷，印行 1500 册。定价：32.00 元。

ISBN　7-101-03300-8

中国版本图书馆 CIP 数据核字（2002）第 010254 号

《三学集》的著者来新夏先生一生致力于学术的三个方面，即历史学、方志学与图书文献学，此为"三学"；一生治学则持一种"学习、学习、再学习"的态度，至老不辍，也可概括为"三学"，故名之为《三学集》。

《人民日报》2003 年 4 月 25 日载："4 月 12 日，南开大学历史文化学院在京举行'南开史学家丛书'研讨会。来自国家图书馆、中国社会科学院、北京大学、清华大学、中国人民大学、北京师范大学、南开大学等单位的 50 多位专家学者参加了研讨会。与会者认为，这套丛书体现了二十世纪我国新史学的学术渊源和发展历程，展示了老一辈史学家的杰出成就与贡献。"

郑天挺、雷海宗、杨志玖、来新夏等"并为史界巨子，南开名师"。"南开史学家论丛"第一辑八种，即郑天挺《及时学人谈丛》、雷海宗《伯伦史学集》、杨志玖《陋室文存》、王玉哲《古史集林》、杨生茂《探径集》、杨翼骧《学忍堂文集》、来新夏《三学集》以及魏宏运《契斋文录》。

052 古典目录学浅说 （2003）

"国学入门丛书"之一。来新夏著。16 万字。中华书局 2003 年 10 月北京新 1 版，北京第 1 次印刷，印行 4000 册；2005 年 8 月北京第 2 次印刷，印行 5000 册。两次合计印刷 9000 册。定价：14.00 元。

ISBN　7-101-03675-9

中国版本图书馆 CIP 数据核字（2002）第 093880 号

本书内容包括：目录学概说，介绍了目录与目录学、古典目录书的类别、古典目录书的体制与目录学的作用；古典目录学著作和目录学家，论述了两汉官修目录与史志目录的创始、魏晋南北朝古典目录的"四分"与"七分"、隋唐五代官修目录与史志目录的发展至五代目录工作的衰落，评述了目录学历史发展中的重要目录学著作和著名目录学家；古典目录学的相关学科，对古典目录学的相关学科如分类学、版本学、校勘学等相关学科作了较详尽而具体的论述；第四章古典目录学的研究趋势，提出了古典目录学领域研究的前瞻设想。本书可作研习古典目录学和了解国学的入门读物。

053 古籍整理讲义（2003）

"名师讲义丛书"之一。来新夏著。28.9 万字。鹭江出版社 2003 年 11 月第 1 版第 1 次印刷；2006 年 2 月第 2 次印刷。未标印数。定价：20.50 元。

ISBN　7-80671-225-9

中国版本图书馆 CIP 数据核字（2006）第 013050 号

二十世纪六十至八十年代，来先生曾授课的讲义，油印为《文献整理十论》。后名之《古籍整理散论》，由书目文献出版社出版，但印数极少。此作在收入于来新夏自选集《邃谷文录》中，名《古籍整理讲义》。2002 年春，鹭江出版社拟将《古籍整理讲义》纳入"名师讲义"丛书中，于是来先生又增饰篇章：将原《论正史》易为《论"二十四史"》，新撰《论"十三经"》《论诸子百家》《论总集与别集》《论地方志》《论佛藏与道藏》。书末附先生在日本独协大学开设《中华传统文化的传递》讲座时的讲义。

中华书局编审崔文印曾撰文《匠心独具——读来新夏〈古籍整理讲义〉》评介说："这部《讲义》确实有画龙点睛之功，是来先生大半生学术经验的真传。"

054 学不厌集（2004）

来新夏著。此为"来新夏学术随笔自选集之《问学编》"。24 万字。海峡文艺出版社 2004 年 7 月第 1 版，第 1 次印刷。未标印数。定价：15.00 元。

ISBN 7-80640-975-0

中国版本图书馆 CIP 数据核字（2004）第 046379 号

是书收录文章 68 篇，共分"学术管窥""书山有径""撮其指要""书海徜徉""儒林观风"五部分。其中《关于编纂新〈清史〉的体裁与体例》《新编〈儒藏〉三疑》《敦煌百年三笔账——纪念敦煌经卷发现 100 年》等文章，反映了来先生对重大学术课题的深入思考，因此评论界认为："作者深渊的学术功底，严谨的治学态度，坦然的学术胸襟以及斐然文采，使这本学术随笔集有着相当的份量，值得关注。"

055 只眼看人（2004）

来新夏著。"来新夏随笔选《人物编》"。15.5 万字。东方出版社 2004 年 10 月第 1 版，第 1 次印刷，印行 5000 册。定价：18.00 元。

ISBN 7-5060-1738-5

中国版本图书馆 CIP 数据核字（2003）第 088364 号

2003 年 4 月，"非典"肆虐，来先生乃闭门书斋"邃谷"，就历年所作，选三十馀人分近代和近当代人物，厘定成稿。翌年正式出版。

书名《只眼看人》颇显俏皮，或许有误解来公狂傲者。先生自序略叙缘由：双眼分工，一只眼看古人，一只眼看今人。何者看古人？何者看今人？答曰，两只眼均患白内障，已动手术一只，拨开云雾，用以看古人；未动一只，蒙蒙胧胧，用以看今人。"只眼看人"尚有一义，双眼平视，不易聚焦，若掩一眼仰视，则天色清亮，颇能一眼看穿也。

056 清人笔记随录（2005）

"国家清史编纂委员会·研究丛刊"之一。来新夏著。50.2 万字。中华书局 2005 年 1 月第 1 版，第 1 次印刷，印行精、平装本 3000 册。定价：46.00 元。

ISBN 7-101-04241-4

中国版本图书馆 CIP 数据核字（2004）第 036355 号

国家清史编纂委员会为完成清史编纂工作而出版了研究丛刊、文献丛刊、档案丛刊和译著丛刊，其任务是及时编辑出版清史专题研究的最新学术成果。清代笔记为研究清史极重要的资料，早在 1991 年 4 月，来先生撰文《清人笔记的史料价值》刊于《九州学刊》4 卷 1 期进行了专论。《清人笔记随录》是来先生札录所经眼清人笔记二百馀种之成果。所收 140 馀人笔记作者，上起生于明而卒于清者，下止生于清而卒于民国，每种一文，记述撰者生平、内容大要、有关序跋、备参资料和版本异同等。书后附《清人笔记中社会经济史料辑录》。戴逸先生为之作序。

057 邃谷书缘（2005）

"书林清话文库"之一。来新夏著。23 万字。河北教育出版社 2005 年 5 月第 1 版，第 1 次印刷。未标印数。定价：25.00 元。

ISBN 7-5434-5787-3

中国版本图书馆 CIP 数据核字（2005）第 036895 号

《邃谷书缘》60 篇文章，以读书、读志、读人列为三卷，卷一是读书所写书序、书评以及感受；卷二是有关方志的序评；卷三是一些读书人与书的逸闻轶事。实为书林增掌故、益见闻。

058 书文化的传承（插图本）（2006）

来新夏著。15 万字。山西古籍出版社 2006 年 6 月第 1 版，第 1 次印刷，印行 2500 册。定价：38.00 元。

ISBN 7-80598-730-0

中国版本图书馆 CIP 数据核字（2006）第 030592 号

为揭示中华传统文化薪火相传的途径，来先生把历年谈话记录分篇整理，1991 年由中国青年出版社以《薪传篇》出版。同年到日本讲学，以"中华传统文化的传递"为题，向日本几所大学的大学院生作了连续性的讲座。2004 年春，向天津图书馆古籍研究生班再一次讲授这一专题。2005 年春，应天津电视台之邀，在该台的科学教育栏目，参用这份讲义，作了连续性播讲，获得好评。不久，山西古籍出版社总编辑张继红欲将这份讲义出版。于是来先生重加修订，增加了彩图 137 幅，乃取书名为《书文化的传承》。

是书在 2006 年被《中华读书报》评为"年度图书之 100 佳"之一，上海外国语大学陈福康教授在配发的短评中认为："作者跳出传统目录学、图书馆学的讲课框框，从中华文化传承的角度，对绵延数千年的中国'书文化'作了梳理。

该书见解精辟，要言不烦，虽是一本小书，却展示了大学问家的功力。"2007年，《书文化的传承》又获第三届"国家图书馆文津图书奖"推荐奖。

059 皓首学术随笔·来新夏卷（2006）

来新夏著。25万字。中华书局2006年10月北京第1版，北京第1次印刷，印行4000册。定价：32.00元。

ISBN 7-101-05108-1

中国版本图书馆CIP数据核字（2006）第034323号

《皓首学术随笔》由中华书局邀约八十岁以上学者季羡林、任继愈、何满子、黄裳、吴冠中、吴小如、来新夏、戴逸等八人，各自成卷。

《来新夏卷》以72篇文章厘定为九卷：卷一"管窥蠡测"，为对历史研究及编纂的个人认识与学术观点；卷二"书山有径"，述个人治学道路与体验；卷三"撮其指要"，为学术性著述所写的序言；卷四"激扬文字"，为学术性著述所作的书评；卷五"口讲指画"，为公开讲演、采访问答；卷六"旧事如新"，为谈论掌故，追述往事；卷七"吹疵摘瑕"，为自纠和评说论辩；卷八"流风馀韵"，为仰慕先贤及怀旧思念文章；卷九"镂之金石"，为天津名胜古刹所撰之碑文。末附《我的学术自述》。

060 谈史说戏（2007）

来新夏、马铁汉主编。18万字。山东画报出版社2007年1月第1版，第1次印刷。印行6000册。定价：24.00元。

ISBN 7-80713-395-3

中国版本图书馆CIP数据核字（2006）第092112号

中国悠久的历史孕育了大量脍炙人口的戏剧经典，因其固有的历史元素，它们在满足人们戏剧欣赏需求的同时，又在一定程度上起着历史知识普及的作用。然而，在合理的艺术加工之外，附会、误读、曲解历史的现象也十分普遍。因此需要将史事记载和戏中情节加以阐释、分辨，以更益于戏剧的发展和历史知识的传播。本书的旨趣正在于此。

山东画报出版社出版的《谈史说戏》，由来先生与马铁汉、姜纬堂、李凤祥、商传共同参与撰稿，中央民族大学美术系邓元昌教授手绘插图。所述62出京剧，来先生撰文15篇，较初版又增写了《哭秦廷》《连营寨》。再版《谈史说戏》置来先生《序言》一篇，略述出书缘由。

是书主编之一著名戏曲研究家马铁汉，是来先生早年学生，1959 年南开大学历史系毕业。随后考入中国戏曲学院导演系研究生班，毕业后长期从事戏剧编导工作。本书为其师生契治合作三十年的写照。

此版《谈史说戏》，添置黑白、彩色各 6 幅，共计 12 幅的如马连良、陈少霖、李少春等名家饰演京剧的剧照。

061　邃谷师友（2007）

"远东瞭望丛书"之一。来新夏著。22.8 万字。上海远东出版社 2007 年 8 月第 1 版，第 1 次印刷，印行 5100 册。定价：24.00 元。

ISBN　978-7-80706-490-9

中国版本图书馆 CIP 数据核字（2007）第 097705 号

"邃谷"是来先生的书斋，由顾廷龙先生题额。《邃谷谈往》《邃谷文录》《邃谷书缘》等，已经用扎实的学问和洋溢的才情展露了邃谷楼的独特风情。来公乃史学大家，已至耄耋之年，却依然诺守"师道既尊，学风自善"。是书为追思怀念陈垣、余嘉锡、张星烺、范文澜、柴德赓、启功、顾廷龙、郑天挺、孙思白、吴廷璆等十馀位已逝的师友所作，该书还附录篇目"友人眼中的我"，包括南开大学教授刘泽华的《从往事说来公的学术韧性》、中国社会科学院文学研究所研究员张梦阳的《晚景能否来新夏》、《光明日报》史学版主编危兆盖的《从东厂胡同开始的故事——来新夏与北洋军阀史研究》以及中华书局编审崔文印的《匠心独具——读来新夏〈古籍整理讲义〉》等 7 篇文章。

062　80 后（2008）

"老橡树文丛"之一。来新夏著。15 万字。北方文艺出版社 2008 年 9 月第 1 版，第 1 次印刷。未标印数。定价：26.00 元。

ISBN　978-7-5317-2288-5

中国版本图书馆 CIP 数据（2008）第 038070 号

《80 后》，是来先生八十岁以来五年内所写文章选辑之随笔集，刊载于《文汇读书周报》2008 年 6 月 20 日《我的〈80 后〉》一文云："书初名《八十以后》，但颇想追求时尚，所以又借用时下年轻人计算出生年代的方法，改题书名为《80 后》。"是书几十篇随笔，类分五卷。卷一是先生口述历史简编；卷二是对古人及已故师友的评说；卷三，从藏书楼谈到图书馆；卷四的"序评书话"，有自序、他序和评论；卷五中，谈及先生的书房、笔名、闲章等等。

063 来新夏说北洋（2009）

"大家说历史"之一种。来新夏、焦静宜著。17 万字。上海科学技术文献出版社 2009 年 1 月第 1 版，第 1 次印刷，印行 5000 册。定价：19.80 元。

ISBN 978-7-5439-3728-4

中国版本图书馆 CIP 数据核字（2008）第 174062 号

《说北洋》主要是说清末民初一个军事政治集团的兴衰和它掌握政权的历史。前有总说，概述一下北洋军阀的总貌；继有分说，选择九个专题，每题一篇，大体按时间顺序编次。书末附录，一是著者谈与北洋军阀史的研究及其治学历程；二是提供 63 种参考书目提要，供读者进一步研究的需要。还随文插入三十馀幅历史图片，旨在继承我国左图右史的文化传统，让读者得到图文并茂的感性效果。

064 中国图书事业史（2009）

"专题史系列丛书"之一。来新夏等著。39 万字。上海人民出版社 2009 年 4 月第 1 版，第 1 次印刷，印行 3250 册。定价：定价：42.00 元。

ISBN 978-7-208-08170-3

中国版本图书馆 CIP 数据核字（2008）第 156011 号

本书描述了周秦至近代的我国图书事业发展的历史。全书不仅仅限于图书的编纂、典藏，还包括图书的刊印、流通、目录学研究，以及近代图书事业的兴起和发展。

2006 年秋，上海人民出版社拟将该社于 1990 年出版的《中国古代图书事业史》、2000 年出版的《中国近代图书事业史》两书合一为《中国图书事业史》，列入该社的"专题史系列丛书"中。在征得原著者来新夏先生的同意后，又由原两书责任编辑虞信棠约请另一编辑毛志辉，共同对原两书进行重组合一。经删订整合，成为《中国图书事业史》，用以反映自古代至新中国成立以前中国图书事业悠久历史进程的一部通史。

065 访景寻情（2009）

"学人屐痕文丛"之一。来新夏著。16.8 万字。岳麓书社 2009 年 5 月第 1 版，第 1 次印刷，印行 5000 册。定价：20.00 元。

ISBN 978-7-80761-183-7

中国版本图书馆 CIP 数据核字（2009）第 048709 号

"读万卷书，行万里路"，一直是自古以来熔铸文人学者的两大途径。出自文人学者之游记，使人广其见闻，亦能起到发挥人们追索知识和开拓思路的效能。《访景寻情》是二十世纪八十年代以来先生在国内学术研讨、甚且越洋交流所到之地见闻的随笔集。

066　书前书后（2009）

"花园文丛"之一。来新夏著。是书为《来新夏书话》续编。14 万字。山西出版集团·三晋出版社 2009 年 8 月第 1 版，第 1 次印刷。未标印数。定价：30.00 元。

ISBN　978-7-5457-0107-4

中国版本图书馆 CIP 数据核字（2009）第 119164 号

本书 36 篇文章，分四部分："藏书与读书""为自己的书写序""为朋友的书写序"及"书评"，收录有《漫话古籍的保护与研究》《议论文化游记》《红楼何止半亩地》等文章。

专与博、冷与热、学与用是我们在治学中经常面临的问题。作为一位横跨历史学、方志学、图书文献学的学术大家，来新夏先生研究领域之广泛、成就之突出，在学术界中是很少见的。《书前书后》的序言，是刊载于华东师范大学历史系学术刊物《历史教学问题》2008 年第 1 期上的《纵横"三学"求真知》一文，是南开大学历史学院博士生夏柯、厦门大学历史学系教师刁培俊博士对来先生的访谈录。来先生口述万馀字的读书经历以作《书前书后》代序，显得极为厚重，而对于后学敬仰前贤的严谨治学方法，又显得颇为实用。

067　中国古典目录学（2009，韩文）

著者，来新夏。译者，朴贞淑。韩国京畿道坡州市韩国学术情报 2009 年 9 月 4 日出版。

ISBN　978-89-268-0252-6　定价：25000 韩币。

译者朴贞淑，女，1977 年生，毕业于韩国启明大学中国文学系，获文学硕士学位。2005 年就读于南京大学中文系中国古代文学专业，以《〈文选〉东传韩国之研究》为题，攻读博士学位。针对韩国学术界对文献学不够重视的现状，朴贞淑拟翻译中国学者的相关著述至韩国，最后选定来新夏《古典目录学浅说》一书。2008 年 7 月，朴贞淑致函来先生，要求韩译《古典目录学浅说》，并附其导师张伯伟教授的推荐信，并恳求来先生赐序一篇。来先生有感于朴贞淑为中韩文献学领域之沟通交流有所贡献，慨然赠序，时在 2009 年 2 月 10 日。

《古典目录学浅说》译成韩文时，书名作《中国古典目录学》，封二数行文字，介绍译者的概况：朴贞淑，韩国启明大学教授，主要论文除了博士学位《〈文选〉东传韩国之研究》外，还有《中国城隍神的考察》《南朝乐府神弦歌和城隍信仰》《中国古代的莫愁考察》《中国域外汉籍研究的意味和我们的课题》等。《中国古典目录学》封二导语大意说："译者把此书看作研究目录学的指南针，所以不辞辛劳翻译了这本书，希望能为中韩目录学交流作出贡献。"

068　交融集（2010）

"观澜文丛"之一。来新夏著。20 万字。岳麓书社 2010 年 1 月第 1 版，第 1 次印刷，印行 5000 册。定价：25.00 元。

ISBN　978-7-80761-256-8

中国版本图书馆 CIP 数据核字（2009）第 115393 号

《交融集》分七卷：卷一"管窥"，是来先生对学术和现实生活中的见解和与他人对一些学术问题的商榷；卷二"访谈"，是先生接受媒体对学术和现实生活的答问，应答颇多随意；卷三"个案"前缀以"林则徐"的 8 篇文章，是先生编写学术专著《林则徐年谱新编》的"副产品"，读罢，会对这位伟大的历史人物有文化血脉上的亲近感，也更直接、更强烈地触摸到林则徐的一颗深邃伟岸而又高贵的灵魂；卷四"述往"是先生对古今先贤的亮点用随笔的形式展示；卷五"谈故"，顾名思义，当是谈说历史掌故；卷六"点评"，则是对书的评论，或言谓之读书笔记；卷七"序跋"，是先生为友人所撰序言和题跋。

069　中国的年谱与家谱（2010）

"中国读本"之一。来新夏、徐建华著。11 万字。中国国际广播出版社 2010 年 7 月北京第 1 版，第 1 次印刷。未标印数。定价：22.00 元。

ISBN　978-7-5078-3147-4

中国版本图书馆 CIP 数据核字（2009）第 230768 号

来先生与弟子合著的《中国的年谱与家谱》，自 1991 年面世的 5 万字数，经逐步修订，由数家出版社多次出版，至今本已达 11 万字。

070 来新夏谈书（2010）

"大家谈丛书"之一。来新夏著。21.3 万字。南开大学出版社 2010 年 8 月第 1 版，第 1 次印刷。未标印数。定价：40.00 元。

ISBN 978-7-310-03537-3

中国版本图书馆 CIP 数据核字（2010）第 151677 号

年届九秩的来公，为向公众表达对读书的思考和实践，从所写数百篇关乎藏书、读书的散文随笔中，选出 50 馀篇成《来新夏谈书》。是书记述著者对藏书文化的认识和对藏书楼、藏书家的评论，并谈读书的理念和方法，以及对读过的书所写的序评。其中的代序——《藏书·读书·治学》一文再次强调"藏书—读书—治学"这条学术链，值得细细品读。

071 谈史说戏（2010）

来新夏、马铁汉主编，来新夏、马铁汉、姜纬堂、马铁汉、李凤祥、商传撰稿。邓元昌绘图。18 万字。山东画报出版社 2010 年 8 月第 1 版，第 1 次印刷，印行 10000 册。定价：21.00 元。

ISBN 978-7-5474-0056-2

中国版本图书馆 CIP 数据核字（2009）第 204008 号

此书由山东省"乡村阅读"工程暨农家书屋建设协调领导小组办公室编，列入"农家书屋"工程书系。

072 近三百年人物年谱知见录（增订本）（2010）

来新夏著。110 万字。中华书局 2010 年 12 月北京第 1 版，第 1 次印刷，印行精装本 3000 册。定价：148.00 元。

ISBN 978-7-101-07238-9

中国版本图书馆 CIP 数据核字（2010）第 015971 号

2005 年 1 月 8 日下午，来新夏先生在南开大学新闻中心应"缘为书来"网站之约，与网友对话。有问："来先生最满意的个人著作是哪一部？"答曰："是《近三百年人物年谱知见录》，它给了很多人方便。"

《近三百年人物年谱知见录》初版于 1983 年，上海人民出版社印刷发行。此次增订本分为十卷，前八卷为书录，按年代编次，卷九为知而未见录，卷十谱主、谱名、编者、谱主别号索引。所著录者，除卷九，均为编著者经眼。增订本较之原编有五大优点：其一，扩展内容。原书收叙录 778 篇、谱主 680 人，新增 803 篇、572 人。增加了谱主别名和字号索引。其二，增添版本著录多家；一些稀见稿本、抄本多注其藏家，以便用者求书。其三，重分卷次，改六卷为十卷，完善了编纂体例。其四，增补订正，内容不独增加，而且有许多重要订正。其五，指引史料，以省却研究者翻检之劳，亦增加了此书的资料价值。

本书为全国高等院校古籍整理研究工作委员会资助项目。

073 砚边馀墨（2011）

"纸阅读文库"之一。来新夏著。12.9 万字。内蒙古教育出版社 2010 年 10 月第 1 版，2011 年 4 月第 1 次印刷，印行 7500 册。定价：22.00 元。

ISBN 978-7-5311-8112-5

中国版本图书馆 CIP 数据核字（2010）第 196234 号

内蒙古教育出版社策划原创随笔系列"纸阅读文库"，第一辑八种参与者有流沙河、龚明德、张阿泉等。张阿泉函邀来先生加盟第二辑，于是先生集未结集之篇而成。书分上下两卷，卷上"阅世篇"，记人间百态，略寓针砭；卷下"读书篇"，为各方校读文稿之序跋。书稿初名《说长道短》，后改《砚边馀墨》。

074 依然集（2010）

"当代学者文史丛谈"之一。来新夏著。21 万字。山西出版集团·三晋出版社（原山西古籍出版社）2010 年 12 月第 2 版，2011 年 2 月第 1 次印刷，印行 5000 册。该书由山西古籍出版社、山西教育出版社于 1998 年 2 月出第 1 版，第 1 次印刷 5000 册。定价：24.80 元。

ISBN 978-7-80598-217-5

中国版本图书馆 CIP 数据核字（2010）第 228192 号

075 来新夏说北洋（2011）

"大家说历史"之一种。来新夏、焦静宜著。17 万字。上海科学技术文献出版社 2011 年 2 月第 1 版，第 1 次印刷。未标印数。定价：25.00 元。

ISBN 978-7-5439-4766-5

中国版本图书馆 CIP 数据核字（2011）第 009519 号

076 书目答问汇补（2011）

来新夏、韦力、李国庆汇补。上、下册，120 万字。中华书局 2011 年 4 月第 1 版，北京第 1 次印刷，印行精装本 3000 册（套）。定价：268.00 元。

ISBN　978-7-101-07840-4

中国版本图书馆 CIP 数据核字（2011）第 022425 号

二十世纪四十年代初，来新夏先生就读北平辅仁大学历史学系，师从余嘉锡（季豫）先生治目录学，深感"书目是研究学问的起跑线"，即着手为《书目答问》编制人名、书名和姓名略人物著作三套索引。六十年代初，仿《四库简明目录标注》之例，搜求各家批注，为《书目答问》做汇补工作。嗣后，来先生历数十年之功，访求当世诸家批校稿本及清季以来刊印之本，遵照各家成果取得之先后，于同一条目之下，一一胪列，复加按语，始成《书目答问汇补》一书。《书目答问汇补》共收录了十三家补正成果，多为民国时期和当代名家。包括王秉恩贵阳刻本、江人度笺补本、叶德辉斠补本、伦明批校本、孙人和批校本、范希曾补正本、蒙文通按语、刘明阳批校本、韦力批校稿本、赵祖铭校勘记、邵瑞彭批校本、高熙曾批校本及张振佩批校本，堪称是一部结集性的书目成果。

清代学者章学诚说，研究目录学的目的，在于"辨章学术，考镜源流，即类求书，因书究学"，《书目答问》做到了这一点。《书目答问汇补》则更进一步，将清代学术成果进行了增补、品评和总结。

《书目答问汇补》一书为全国高等院校古籍整理研究工作委员会资助项目。

077 北洋军阀史（2011）

来新夏等著。上、下册，100 万字。中国出版集团东方出版中心 2011 年 5 月第 1 版第 1 次印刷。未标印数。定价：75.00 元。

ISBN　978-7-5473-0320-7

中国版本图书馆 CIP 数据核字（2011）第 057790 号

本书是一部专门研究和完整记述北洋军阀集团兴起、发展、纷争、衰落和覆灭的通史性专著。上起 1895 年袁世凯小站练兵，下迄 1928 年张学良东北"易帜"。它是几位著者在多年研究北洋军阀史、编纂北洋军阀史资料丛刊的基础上，并适当地吸取国内外学者的研究成果而撰写成书的。全书资料丰富，结构严谨，论述完整，条理清晰，观点鲜明，文字流畅，是一本研究中国近现代史尤其是北洋军阀史的重要学术著作。

《北洋军阀史》初版，由南开大学出版社 2000 年 12 月第一版，因版权到期，又由东方出版中心出版。

078　北洋军阀史（2011）

"中国文库"之一。来新夏等著。上、下册，103.7 万字。中国出版集团东方出版中心 2011 年 9 月第 1 版，第 1 次印刷，印行 4500 册（套）。定价：90.00 元。

ISBN　978-7-5473-0395-5

中国版本图书馆 CIP 数据核字（2011）第 124275 号

"大凡名著，总是生命不老，且历久弥新、常温常新的好书。"《北洋军阀史》被列入"中国文库"第五辑之"史学类"。"中国文库"主要收选 20 世纪以来我国出版的哲学社会科学研究、文学艺术创作、科学文化普及等方面的优秀著作，是中国读者必读、必备的经典性、工具性名著。"文库"自 2004 年起出版，每辑约 100 种。列入第五辑"史学类"的尚有章太炎《国故论衡》、钱穆《国史大纲》、连横《台湾通史》、张星烺《欧化东渐史》等 12 种。先生能与这些已故的学界巨擘比肩而立，足见其学术地位之崇高。

079　北洋军阀史（2011）

"中国文库"之一。来新夏等著。上、下册，103.7 万字。中国出版集团东方出版中心 2011 年 9 月第 1 版，第 1 次印刷，印行精装本 500 册。定价：120.00 元。

ISBN　978-7-5473-0394-8

中国版本图书馆 CIP 数据核字（2011）第 124280 号

080　林则徐年谱长编（2011）

"晚清人物年谱长编系列"之一。来新夏编著。上、下卷，86 万字。上海交通大学出版社 2011 年 9 月第 1 版，第 1 次印刷，印行精装本 1500 册（套）。定价：260.00 元。

ISBN　978-7-313-07651-9

中国版本图书馆 CIP 数据核字（2011）第 153723 号

《林则徐年谱长编》是国内首部完整辑录晚清政坛重要人物林则徐生平资料

的年谱长编。《林则徐年谱》初编本征用各种图书资料 170 种，增订本在原有基础上又较广泛地扩大了检读范围，达 229 种，新编本增至 271 中，而今之长编本更达 287 种。文献征集包括奏折、文录、诗词、信札、日记、译编、旧谱等大量第一手资料。有些文献是第一次公开发表。书中对谱主有关资料、事迹多有考证，并引述学界最新成果。先生以望九之年、耗三年之时成此大著，令人肃然起敬。

《林则徐年谱长编》是上海市"十一五"重点图书，上海文化发展基金会图书出版专项基金资助出版。

081 书文化九讲（2012）

来新夏著。15 万字。山西出版传媒集团·三晋出版社（原山西古籍出版社）2012 年 2 月第 1 版，第 1 次印刷。未标印数。定价：48.00 元。

ISBN 978-7-5457-0486-0

中国版本图书馆 CIP 数据核字（2012）第 000332 号

2005 年，来先生应山西古籍出版社之邀，撰《书文化的传承》一书，以浅近语言讲述古籍文化之传承。该书出版不二年即售罄，时当国学复兴，古籍收藏炽热，再版此书，恰逢其时，为符专题讲述书文化之意，易名为《书文化九讲》。

082 不辍集（2012）

来新夏著。商务印书馆 2012 年 4 月第 1 版，北京第 1 次印刷。未标字数与印数。定价：56.00 元。

ISBN 978-7-100-08870-1

中国版本图书馆 CIP 数据核字（2011）第 282454 号

2012 年 6 月，是来先生九十初度暨从教六十五年。故从八十岁至九十岁十年间所写的随笔中，选编数十篇成结集出版。先生曾有"有生之年，誓不挂笔"之豪言壮语，故用"笔耕不辍"之意而名《不辍集》。

本书分编为六卷，依次为：议论、书序、书评、人物、谈故、忆往。附录《一襄烟雨任平生》为来先生口述历史之蓝本。所选各篇，均有深意，尤其是《我的故乡》一文，由衷表达了来先生这位九旬游子对故乡的无限深情："我有幸是这方土地的子孙，我以萧山人视为自己的光荣。我永远思念我的家乡，永远眷恋我的家乡！"

083　来新夏随笔选（2012）

来新夏著，赵胥主编。朴庐书社出品。2012 年 5 月印行。

来先生自 1997 年出版第一本随笔集《冷眼热心》，迄今已有十数种。其随笔情感真挚、语言丰富，知识性、抒情性、叙事性兼容。雅俗共赏的随笔，以致来先生的"粉丝"是不胜枚举，中央美院赵胥先生居其一。

《来新夏随笔选》是为庆贺来新夏先生九十大寿而精编的随笔合集，撷选了来先生几十年间创作的各种类型随笔 136 篇，以问学篇、书序篇、书评篇、讲谈篇、掌故篇、阅世篇、吹求篇序次。封面题字谢辰生，封二孙熙春篆刻"萧山来新夏教授九十初度暨从教六十五周年纪念"。

084　中国古代图书事业史（2013）

"20 世纪中国图书馆学文库"丛书之一。来新夏等著。版权页在"20 世纪中国图书馆学文库"丛书之《叙录》册。国家图书馆出版社 2013 年 2 月第 1 版，第 1 次印刷，未标印数。丛书定价 6800 元。

ISBN　978-7-5013-4297-6

中国版本图书馆 CIP 数据核字（2012）第 045381 号

由吴慰慈任专家委员会主任委员所策划的"20 世纪中国图书馆学文库"，以 1909～1999 年期间我国出版的图书馆学著作，包括图书馆学基本理论、资源建设、分类、编目、读者服务、文献检索等共 101 种著作，装为 94 册，另《叙录》1 册。《中国古代图书事业史》列"文库"第 63 册。本文库由人天书店资助出版。

《中国古代图书事业史》据上海人民出版社 1990 年 4 月第 1 版排印（原书所附图未排印）。

085　古典目录学（修订本）（2013）

来新夏著。26 万字。中华书局 1991 年 3 月北京第 1 版，2013 年 5 月北京第 2 版，2013 年 5 月北京第 2 次印刷。定价：28.00 元。

ISBN　978-7-101-09166-3

中国版本图书馆 CIP 数据核字（2013）第 015785 号

修订本《古典目录学》，在 1991 年初版的基础上，增加了第七章"古典目录学的相关学科"，即分类学、版本学、校勘学概说。本书共有八章，除第一章绪论、第八章结束语外，中间的六章系按历史发展顺序、有重点地论述了历代著名的古典目录和有成就的古典目录学家，以及与古典目录学相关的学科，使读者能对古典目录学获得比较完整而系统的认识。

086 书之传承：时间里的图书史（2013）

"名家文化讲堂"之一种。来新夏著。11 万字。天津出版传媒集团天津教育出版社 2013 年 5 月第 1 版，第 1 次印刷。未标印数。定价：19.00 元。

ISBN 978-7-5309-7349-3

中国版本图书馆 CIP 数据核字（2013）第 069859 号

为了说明中国传统文化的保存、流传，在这套"名家文化讲堂"丛书中专立了《书之传承：时间里的图书史》，意在从图书发展角度说明传统文化的薪火传递。书之篇章、文字，仍如中国青年出版社 1991 年版《薪传篇》。

087 立身之本：知耻才能做人（2013）

"名家文化讲堂"之一种。来新夏著。10 万字。天津出版传媒集团天津教育出版社 2013 年 5 月第 1 版，第 1 次印刷。未标印数。定价：18.00 元。

ISBN 978-7-5309-7350-9

中国版本图书馆 CIP 数据核字（2013）第 069607 号

"耻存则心存，耻忘则心忘。"《立身之本：知耻才能做人》一书从两千多年的历史长河中，选择 45 个人物于 10 馀万文字之中，提供给人们一面可资借鉴的"人镜"。书之篇章、文字，仍如中国青年出版社 1991 年版《明耻篇》。

088 邃谷序评（2013）

"开卷书坊"丛书之一。来新夏著。13.3 万字。上海辞书出版社 2013 年 6 月第 1 版，第 1 次印刷。未标印数。定价：30.00 元。

ISBN 978-7-5326-3878-9

中国版本图书馆 CIP 数据核字（2013）第 057057 号

《邃谷序评》分三卷，收录来先生为他人写的序、为自己著作的序，以及书评共计 55 篇文章。先生在三十多年里写了百馀篇序，而指导新编方志几十年，又作为两百馀部志书的顾问，因而志书序的篇幅占一半以上。为他人写序涉及学术著述、随笔散文和古籍整理等。

089　旅津八十年（2014）

来新夏著。31.5 万字。南开大学出版社 2014 年 1 月第 1 版，第 1 次印刷。未标印数。定价：56.00 元。

ISBN　978-7-310-04386-6

中国版本图书馆 CIP 数据核字（2013）第 302706 号

《旅津八十年》讲述了来新夏先生在天津生活、工作八十年间记录下来的有关天津的人和事的文字。全书共分五卷，分别是天津史事、天津回忆、天津碑刻、天津的人、天津的事。本书又是一部包含了二十世纪三十年代至今，天津人情风物、事件起落、风云变幻、历史变迁的重要资料性著作。书末附录《旅津八十年记事》，内容较丰于先生此前所撰《自订学术简谱》。

《旅津八十年》于 2014 年 4 月列书香中国·第四届北京阅读季"中国好书榜·人文类"。"中国好书榜"是"百道网"聚合国内外几百个来源的图书评论和推荐书单数据，结合选书专业组书店探访求证和样书翻阅过滤而成，是一个综合性的中国好书榜中榜。有评论曰：《旅津八十年》以丰富的内涵记述了天津的人文史事，展示了一位年逾九旬学者的学术功力和人生情怀。

090　目录学读本（2014）

"当代大学读本·国学基础系列"之一。来新夏、柯平主编。62.1 万字。上海交通大学出版社 2014 年 2 月第 1 版，第 1 次印刷。未标印数。定价：58.00 元。

ISBN　978-7-313-10768-8

中国版本图书馆 CIP 数据核字（2013）第 317473 号

作为当前国内最完备的目录学综合读本，《目录学读本》系统展现了中国古典目录学的概貌、发展和突出成就，揭示了中国古典目录学思想和文献精华，评析了中国古典目录学的重要主题、人物与著述。为培养当代大学生对古典目录学的兴趣，该书采用了"叙述＋原典＋叙述"体系，体现了"三读"特色，即导读、解读、研读：在为读者精选目录学阅读材料的基础上，指明目录学的学习要领与方法，引导初学者入门，启发他们展开更深入的探索与研究。

作为老一辈目录学家的优秀代表，来先生出任《目录学读本》主编，负责总策划、撰写第一章并全书统稿。

091 古典目录学浅说（2014）

"大家小书"之一。来新夏著。17 万字。北京出版社 2014 年 7 月第 1 版，第 1 次印刷。未标印数。定价：28.00 元。

ISBN 978-7-200-10661-9

中国版本图书馆 CIP 数据核字（2014）第 111271 号

《古典目录学浅说》简要地介绍了目录学的兴起、类别、体制、作用、发展脉络，及其相关学科的关系，最后谈古典目录学的研究趋势。"中华史学丛书"之一《古典目录学浅说》1981 年初版于中华书局；2003 年新版列入"国学入门丛书"。因版权到期，现由北京出版社出版，来先生再有增饰。

092 书卷多情似故人（2015）

来新夏著。18.7 万字。上海人民出版社 2015 年 3 月第 1 版，第 1 次印刷。未标印数。定价：38.00 元。

ISBN 978-7-208-12759-3

中国版本图书馆 CIP 数据核字（2015）第 010077 号

来先生从七百余篇随笔中精选，辑为"来新夏随笔自选集"，共三册，《书卷多情似故人》为其一种。书前置有赵胥《文心史记——略谈来新夏先生随笔》，叙述了来先生的随笔类型与随笔特点。《书卷多情似故人》50 篇文章，厘分为"知人""读书"，是来先生说读书，论识人，为读书人传授继绝学、读万卷书的不二法门。

093 说掌故 论世情（2015）

来新夏著。16.5 万字。上海人民出版社 2015 年 3 月第 1 版，第 1 次印刷。未标印数。定价：35.00 元。

ISBN 978-7-208-12760-9

中国版本图书馆 CIP 数据核字（2015）第 009925 号

《说掌故 论世情》为"来新夏随笔自选集"之一种。共收录 60 篇文章，厘分为"掌故""论世"。来先生笑谈掌故与世情，思接千载，传递人生幸福达为先的豁达。

094 问学 访谈录（2015）

来新夏著。22.5 万字。上海人民出版社 2015 年 3 月第 1 版，第 1 次印刷。未标印数。定价：48.00 元。

ISBN 978-7-208-12761-6

中国版本图书馆 CIP 数据核字（2015）第 010078 号

《问学 访谈录》为"来新夏随笔自选集"之一种。共收录 54 篇文章，厘分为"问学""谈往""访谈"，是来先生谈学问，讲治学，深味大学者超然独特、虚怀若谷的老庄精神。

095 邃谷四说（2015）

"百家小集"书系之一种，来新夏著。14.9 万字。广东人民出版社 2015 年 8 月第 1 版，第 1 次印刷。未标印数。定价：35.00 元。

ISBN 978-7-218-10099-9

中国版本图书馆 CIP 数据核字（2015）第 091292 号

广东人民出版社总编辑卢家明，曾点校出版来先生祖父来裕恂所著《易学通论》，2014 年初又赴津门，约请来先生编一本自己的随笔集，列入正在出版的"百家小集"书系，先生慨然应允，于是将撰于 2011 年至 2014 年间 56 篇文章编成一集，并以启功先生赠诗首句"难得人生老更忙"为书名。后列入该社"百家小集"时因本随笔集文章旨在说事、说人、说己、说书，乃被改名《邃谷四说》。广东人民出版社并加推荐辞为："忆往论今，一代文史大家来新夏生前绝唱：纵横历史、目录、方志三学；五十六篇随笔知人论世见微知著；不忘初心，尽显纯朴书生本色。"

096 评功过（2016）

"古今人物谭"丛书之一。来新夏著。商务印书馆 2016 年 3 月第 1 版，第 1 次印刷。未标字数与印数。定价：定价：42.00 元。

ISBN 978-7-100-11126-3

中国版本图书馆 CIP 数据核字（2015）第 049759 号

在人类历史的长河中，人物是一个永恒的主题。来先生述人物，分别编有《明耻篇》及《只眼看人》等二种，两书出版甚早，已在市肆难求。适有商务印书馆编辑丁波，约请来先生普及古今人物事迹，乃将前述两书中选用若干篇，益以新作，合成"古今人物谭"丛书。丛书共三册，每册约在十万字左右，开本小巧，便于读者携带与阅读。第一册名《评功过》，为古代部分，即自上古至鸦片战争前的清朝止，文凡 35 篇。

097 辨是非（2016）

"古今人物谭"丛书之一。来新夏著。商务印书馆 2016 年 3 月第 1 版，第 1 次印刷。未标字数与印数。定价：48.00 元。

ISBN 978-7-100-11127-0

中国版本图书馆 CIP 数据核字（2015）第 049762 号

"古今人物谭"丛书第二册名《辨是非》，为近代部分，是活动于 1840 年至 1949 年间并卒于 1949 年的人物，文凡 27 篇。

098 述见闻（2016）

"古今人物谭"丛书之一。来新夏著。商务印书馆 2016 年 3 月第 1 版，第 1 次印刷。未标字数与印数。定价：40.00 元。

ISBN 978-7-100-11128-7

中国版本图书馆 CIP 数据核字（2015）第 049758 号

"古今人物谭"丛书第三册名《述见闻》，所收为卒于 1950 年后的人物，文凡 24 篇。

099 北洋军阀史（2016）

来新夏等著。上、下册，100 万字。中国出版集团东方出版中心 2016 年 5 月第 2 版，第 1 次印刷。未标印数。定价：95.00 元。

ISBN 978-7-5473-0961-2

中国版本图书馆 CIP 数据核字（2016）第 090651 号

本书是来新夏先生等人北洋军阀史研究的重要成果，也是目前国内唯一一部专门研究和完整记述北洋军阀集团兴起、发展、纷争、衰落和退出的集大成之作。《北洋军阀史》的初版，是南开大学出版社 2000 年 12 月第 1 版，后版权到期，改由东方出版中心 2011 年 5 月第 1 版，此次东方出版中心的再版，图书在版编目（CIP）数据标为"第 2 版（修订本）"。

100　谈史说戏（2016）

来新夏、马铁汉主编，来新夏、马铁汉、姜纬堂、马铁汉、李凤祥、商传撰稿。邓元昌绘图。18 万字。山东画报出版社 2016 年 6 月第 1 版，第 1 次印刷。未标印数。定价：36.80 元。

ISBN　978-7-5474-1848-2

中国版本图书馆 CIP 数据核字（2016）第 091542 号

此本《谈史说戏》，文字一仍山东画报出版社 2007 年 1 月第 1 版，唯删去原版 12 幅名家饰演京剧的剧照。

101　古典目录学浅说（2016）

"大家小书"之一。来新夏著。17.7 万字。北京出版集团公司北京出版社 2016 年 7 月第 1 版，第 1 次印刷。未标印数。定价：49.00 元。

ISBN　978-7-200-12069-1

中国版本图书馆 CIP 数据核字（2016）第 076979 号

2014 年"大家小书"出版面世，为国家新闻出版广电总局首届向全国推荐中华优秀传统文化普及图书，多是一代大家的经典著作。2016 年，北京出版社"大家小书"编委会重新规划出版"大家小书"，书目增至 122 种，来先生的这部《古典目录学浅说》仍列其中。

102　混乱中的行走：来新夏说北洋（2018）

"大家说历史"之一种。来新夏、焦静宜著。17 万字。生活·读书·新知三联书店 2018 年 9 月第 1 版，第 1 次印刷。未标印数。定价：36.00 元。

ISBN　978-7-108-06254-3

中国版本图书馆 CIP 数据核字（2018）第 054540 号

《来新夏说北洋》一书，由上海科学技术文献出版社 2009 年 1 月第 1 版、2011 年 2 月第 1 版，出版过两个版本。本次三联书店的版本，易书名为《混乱中的行走》，而以"来新夏说北洋"为副题。新版将原书的附录一"我和北洋军阀史研究"移到书首作"代序"，原附录二"参考书目提要"仍为附录。

本书是北洋军阀史研究的重要成果，以专题形式记述了北洋军阀集团兴起、发展、纷争及至覆亡的过程。本书以资料丰富、论述简明为其特色。

附 编

001　中国近代史参考资料（1957）

来新夏编。油印本。线装，上、下册。纵 25.3 厘米，横 18.4 厘米，309 页。南开大学历史系中国史第三教研组 1957 年 1 月刊印。

1951 年春，来先生应南开大学历史系主任吴廷璆先生之邀，到南开大学任教。不久，吴先生奉命赴朝鲜慰问志愿军，于是将所授的"中国近代史"课程交来先生代授。吴先生回校后经考察，认为这门课的教学效果很好，遂正式决定将所授的"中国近代史"这门课全部由来新夏先生承担。来先生在南开大学执教整整超过半个世纪，从助教做起，循阶晋升至教授，在历史系曾开设过"中国近代史""中国历史文选""中国通史""古典目录学""历史档案学""鸦片战争史专题"和"北洋军阀史专题"等课程。油印本《中国近代史参考资料》，内页作"中国近代史教学大纲"，是来先生为教授"中国近代史"课程自编的教学用书，分三编 18 章，所授课时为 125 小时。

002　第一次国内革命战争史论集（1957）

来新夏、魏宏运编。10.8 万字。湖北人民出版社 1957 年 12 月第 1 版，印行 11500 册。定价：0.48 元。

统一书号　11106·45

本书包括论述第一次国内革命战争的文章十篇，大都是侧重于史实的叙述和分析。内容可分三类：第一类，是概述第一次国内革命战争的某些问题，共四篇；第二类，是叙述某一事件或某一情况，共五篇；第三类是一篇揭露美国这一时期对华政策的文章。另附录本时期大事简记，供读者参考。

003　程克日记摘抄（1958）

来新夏辑注。现存天津历史博物馆的程克日记三册，系 1956 年从程克（1878—1936）在天津的家属所捐出的函电文档中发现的。日记从民国十三年（1924）11 月 6 日起到十五年（1926）阳历元旦止。程克在民国十三年任北洋政府内务总长，是年 9 月辞职，隐居天津。十年后一度出任天津市长。日记中所记是第二次直奉战争以后，直、皖、奉、国民军之间的复杂关系，有助于了解北洋军阀间之关系和北京政变后京津一带的情况。

《程克日记摘抄》刊登于中国社会科学院近代史所编辑的《近代史资料》杂志（1954 年创刊）1958 年第 3 期（总第 20 号），科学出版社 1958 年 6 月出版。本期定价：0.60 元。

004 中国农民起义论集（1958）

李光璧、钱君晔、来新夏编。34.5 万字。三联书店 1958 年 7 月第 1 版，北京第 1 次印刷，印行 6000 册。定价：1.50 元。

统一书号 11002·211

北京市书刊出版业营业许可证出字第 56 号

新中国成立后，历史研究工作者对农民起义进行了研究并发表了若干论文，后历史教学月刊社编辑为《中国农民起义论集》，由五十年代出版社 1954 年 8 月出版。李光璧、钱君晔、来新夏感到论集内容有进行重编的必要，以便于教师和史学工作者参考，于是删去旧集论文一篇，新收论文 12 篇，共收录有关学者论文 26 篇，所涉及的时间跨度上起秦末，下迄民国初年。

论集中有邓广铭《试谈晚唐的农民起义》、杨志玖《黄巢大起义》、张政烺《宋江考》、漆侠《有关隋末农民起义的几个问题》、郑天挺《宋景诗起义文献初探》等。收录来先生撰《试论清光绪末年的广西人民大起义》和《谈民国初年白朗领导的农民起义》二文。

005 阅世编（1981）

"明清笔记丛书"之一。清·叶梦珠撰，来新夏点校。16.1 万字。上海古籍出版社 1981 年 6 月第 1 版，第 1 次印刷，印行 8100 册。定价：0.74 元。

统一书号 10186·271

《阅世编》涉及明清之际以松江为中心的这一地区的自然、政治、经济、文化、风俗、人事等方面情况。全书共 10 卷，分为水利、田产、学校、科举、士风、赋税、食货、交际、纪闻等 28 门，记述颇称详备，亦有资料价值。本书据 1934 年"上海掌故丛书"本点校出版。

先生曾撰《从〈阅世编〉看明清之际的物价》一文，载《价格理论与实践》1981 年第 5 期。

006 中国图书文献选读（1984、2010）

图书专业试用教材。来新夏、张文桂编。油印本。纵 25.3 厘米，横 18.5 厘米，上、下册。上册 212 页，下册 113 页。南开大学图书馆学系 1984 年 6 月印。

1984 年初，来先生被任命为南开大学图书馆学系主任兼校图书馆馆长。旋获教育部批准，招收第一届学生。为使学生能接触原著，来先生与古汉语老师张文桂先生编选了《中国图书文献选读》，作为古汉语教材和图书事业史的参考文献。《中国图书文献选读》从文史典籍中，选出了四十馀篇与中国图书事业有关的旧籍文献，对某些词语进行简注，帮助学生阅读，从而提高学生阅读文献的能力，充实有关图书事业的知识。

007 鸦片战争史论文专集续编（1984）

"中国历史研究丛书"之一。来新夏、焦静宜编，署名宁靖编。41.2 万字。人民出版社 1984 年 11 月第 1 版，北京第 1 次印刷，印行 6800 册。定价：2.55 元。

书号　11001·727

三联书店于 1958 年出版《鸦片战争史论文专集》，选辑中华人民共和国成立后到 1957 年底止全国报刊发表的有关两次鸦片战争的文章。其中载有来新夏先生的《鸦片战争前清政府的"禁烟问题"》和《第一次鸦片战争对中国社会的影响》二文。

本书是《鸦片战争史论文专集》的续编。所收文章的时间范围自 1958 年至 1984 年。在此期间，全国各报刊发表的有关文章计 400 馀篇，本书从中选录了 23 篇。为方便查阅检索，书后附载《鸦片战争史报刊论文索引》，其中著录来先生有关文章 6 篇。

008 闽小纪　闽杂记（1985）

"八闽文献丛刊"之一。来新夏校点。21.9 万字。福建人民出版社 1985 年 8 月第 1 版，第 1 次印刷，印行 2150 册。定价：2.00 元。

书号　11173·100

《闽小纪》四卷，河南祥符人周亮工（1612—1672）撰。《闽小纪》是清代较早记述福建地方风土、人情、物产、工艺、掌故的杂著。是书原有四卷本、二卷本和一卷本。此点校本以康熙间赖古堂刊四卷本为底本，并参读了两种二卷本，作了一些校补。

《闽杂记》十二卷，清·施鸿保撰。鸿保乃浙江钱塘人。曾在江西、福建等地作幕，而在福建为时尤久。《闽杂记》则是记其在闽见闻的杂著。

来先生校点以上古籍，准备有年。例如在《中州今古》1983 年第 5 期上即发表《周亮工和他的杂著》。

009　清嘉录（1986）

"明清笔记丛书"之一。清·顾禄撰。来新夏校点。14.1 万字。上海古籍出版社 1986 年 5 月第 1 版，第 1 次印刷，印行 6000 册。定价：1.15 元。

统一书号　10186·639

清嘉道时苏州府吴县人顾禄所撰《清嘉录》，是一部记载苏州地区风俗、节令、掌故的清人笔记。全书十二卷，每月一卷，以时令节序、民间活动、俗谣农谚为题，叙述地方风土人情。援引经籍志史、诗词歌咏等群书数百种，对民俗习尚、岁时节物一一加以溯源和考证。为清代风土杂著中之上品。

来先生曾在《图书馆杂志》1983 年第 2 期发表《清人笔记随录——〈清嘉录〉》，后将此文修订，作为校点本的《前言》。

010　天津风土丛书（1986）

来新夏主编。1985 年 4 月，来先生主编"天津风土丛书"。旨在通过介绍天津历史风貌的乡土资料，以保存地方文献。本丛书为六册，含旧籍 9 种。来先生撰有总序一篇，置于各册之首。翌年 5 月，"丛书"各种相继完稿，交由天津古籍出版社陆续出版。

《津门杂记》《天津事迹纪实闻见录》，书号　11330·10，定价：1.35 元。

《敬乡笔述》，书号　11330·9，定价：1.20 元。

《梓里联珠集》，书号　10330·7，定价：1.20 元。

《天津皇会考》《天津皇会考纪》《津门纪略》，ISBN　7-80504-052-4，定价：1.70 元。

《沽水旧闻》，书号　11330·8，定价：1.35 元。

《老天津的年节风俗》，ISBN　7-80504-254-3，定价：1.65 元。

011　中国地方志综览（1949—1987）（1988）

来新夏主编。76.16 万字。黄山书社 1988 年 10 月第 1 版，第 1 次印刷，印行 5000 册。定价：14.00 元。

ISBN　7-80535-080-9

这是一部全国性地方志资料兼工具书作用的综合汇编与著述。对自 1949 年至 1987 年间，编纂新志的历年大事、成果、理论研究现状、旧志整理情况、社会服务、台港方志动态以及建国以来地方志各种研究参考资料进行了全面记述。

《中国地方志综览（1949—1987）》由于信息完备，极大地推动了全国第一轮地方志的编纂工作。傅振伦先生评论《中国地方志综览（1949—1987）》："此书使读者足不出户庭而能窥方志论述之全豹，问世之日，必能洛阳纸贵，不胫而走，嘉惠士林，检寻良便。"

012　中国近代史资料丛刊·北洋军阀（1988—1993）

"中国近代史资料丛刊"之一。来新夏主编。上海人民出版社出版。《北洋军阀》书名为郭沫若所题。本丛书共五册：

《中国近代史资料丛刊·北洋军阀》（一），ISBN　7-208-00234-7，77.5 万字，1988 年 8 月第 1 版，第 1 次印刷，印行 1500 册。定价：16.30 元。

《中国近代史资料丛刊·北洋军阀》（二），ISBN　7-208-00683-0，58.9 万字，1993 年 3 月第 1 版，第 1 次印刷，印行 1500 册。定价：25.00 元。

《中国近代史资料丛刊·北洋军阀》（三），ISBN　7-208-00684-9，74.3 万字，1993 年 3 月第 1 版，第 1 次印刷，印行 1500 册。定价：30.50 元。

《中国近代史资料丛刊·北洋军阀》（四），ISBN　7-208-00938-4，62.6 万字，1993 年 4 月第 1 版，第 1 次印刷，印行 1500 册。定价：26.40 元。

《中国近代史资料丛刊·北洋军阀》（五），ISBN　7-208-01046-3，63.6 万字，1993 年 4 月第 1 版，第 1 次印刷，印行 1500 册。定价：26.80 元。

《中国近代史资料丛刊·北洋军阀》第一至第四册系按北洋军阀的兴亡历程分四个阶段，并围绕各阶段中的几个重要问题分别选编，第五册则包括军阀人物传志、大事记、书目提要等工具性资料。全书主编来新夏，负责编辑体例、选材取舍和审定全稿，并编选第一册、第四册；焦静宜编选第二册、第五册；第三册的编选者是张树勇。

1988 年这套资料汇编第一册出版后，受到学术界的关注，莫建来在《民国档案》1994 年第 3 期撰文认为，这套资料汇编的出版，对北洋军阀史研究者提供了极大的便利，对于北洋军阀史研究的开展无疑具有重要的推动作用。

013　史记选（1990）

"中国史学名著选"之一种。来新夏主编。26.2 万字。中华书局 1990 年 2 月第 1 版，北京第 1 次印刷，印行 2500 册。定价：3.20 元。

ISBN　7-101-00408-3

郑天挺主编的"中国史学名著选"是为高等学校历史专业课程"史学名著选读"编选的，拟编选《左传》《史记》《汉书》《后汉书》《三国志》《资治通鉴》六种选本。1983 年 9 月，中华书局邀约来新夏先生点校注释《史记选》，南开大学历史系孙香兰、王连升等参与编选。

014　外国教材中心工作研究（1990）

来新夏主编，国家教育委员会条件装备司编。16.9 万字。南开大学出版社 1990 年 6 月第 1 版，第 1 次印刷，印行 500 册。定价：10.00 元。

ISBN　7-310-00353-5

本书是为纪念国家教育委员会创建外国教材中心十周年而编辑出版的论文集，反映了我国 13 个外国教材中心创建十年来所取得的成绩，并对如何进一步办好外国教材中心作了探讨。

015　图书馆学情报学档案学简明辞典（1991）

来新夏主编。89 万字。南开大学出版社 1991 年 1 月第 1 版，第 1 次印刷，印行平装本、精装本共计 8000 册。定价：平装 13.50 元，精装 16.50 元。

ISBN　7-310-00284-9

本辞典收录内容包括图书馆学、情报学、档案学的名词、术语、著名人物、重要著作、事件和组织机构等方面的条目共 4222 条。国内在世人物及其著作一般不收。附录中还列有"中国出版的图书馆学情报学档案学专著一览表（1949 年 10 月至 1986 年 12 月）""中国图书馆学情报学档案学刊物一览表""中国图书馆学情报学档案学专业设置一览表""常见机构术语缩略语一览表""各国标准化组织一览表""ISO 各技术委员会名称及其创立年代一览表"等内容，可备查阅。

1986 年初，"图书馆学情报学系列教程"之一的"理论图书馆学教程"审稿会于广州中山大学召开，与会者南京大学、南京工学院、兰州大学、中山大学、内蒙古大学、内蒙古电视大学、华中师范大学、中国人民解放军空军政治学院、湘潭大学、湖南大学、湖北省高校图书情报工作委员会并南开大学等12家单位，乃有合力编纂图书馆学情报学档案学辞典之创议，并推南开大学图书馆学情报学系为主编单位，时任系主任的来先生对辞典自确定体例、选录词条、审定书稿以至成书问世，一直主持其事，并为辞典撰序。

016　萧山县志稿（1991）

来裕恂著，来新夏点校。80万字。天津古籍出版社1991年10月第1版，第1次印刷，印行500册。定价：40.00元。

ISBN　7-80504-251-9

二十世纪八十年代，《萧山县志》（浙江人民出版社1987年出版）的编辑人员于浙江图书馆发现来裕恂先生解放前个人所修《萧山县志稿》的未刊手稿，计十四卷及志馀一卷。萧山修志自明永乐始，后凡十数修。末次官方修志为民国二年（1913）至二十四年（1935）修成刊行之《萧山县志稿》，其下限在清宣统末年（1911）。而裕恂先生之稿本，下限是民国三十七年（1948），民国期间萧山阙史由此得全。尤其值得称道的是，在解放前所修的旧县志中，其下限在1948年者，全国廖廖无几。此稿之珍贵，可见一斑。鉴于裕恂先生此手稿系海内孤本，由萧山市地方志编委会与南开大学来新夏教授共同商定整理出版，由来裕恂长孙来新夏整理校点。来先生自资印行500册，分赠修志单位。

017　河北地方志提要（1992）

来新夏主编，河北省地方志编委会办公室、南开大学地方文献研究室编。45.5万字。天津大学出版社1992年12月第1版，第1次印刷，印行1500册。定价：13.60元。

ISBN　7-5618-0424-5

（津）新登字012号

1981年7月，中共中央发出了"关于整理我国古籍的指示"。1982年5月，中国地方志协会召开旧志整理工作座谈会，制定1982年至1990年中国地方志整理规划，来先生亲与其事，不仅草拟规划，并且身体力行。

《河北地方志提要》体例，一依古典目录之成规，记书名、作者、卷数、版本、作者生平、编纂缘起及著述意旨之外，于每一书末署藏书单位，以利读者搜求。提要收录河北省编纂年代截至1949年的现存方志563种，考虑到天津市与河北省的特殊关系，故附录《天津地方志提要》《天津地方志佚志录存》，收录天津现存地方志 28 种、佚志 14 种。来先生为本书作了序。

018　中华幼学文库（第一辑）（1995）

来新夏主编。70 馀万字。南开大学出版社 1995 年 9 月第 1 版，第 1 次印刷，印行 4000 套。"中华幼学文库"（第一辑）为五册，各册定价：《三字经》9.80 元，《百家姓》7.00 元，《千字文》10.00 元，《千家诗》11.20 元，《杂字》12.00 元。

ISBN　7-310-00795-6

"中华幼学文库"第一辑收录的为《三字经》5 种（涂宗涛编校）、《百家姓》6 种（陈作仪编校）、《千字文》11 种（张格编校）、《千家诗》4 种（马光琅编校）、《杂字》4 种（高维国编校），均为不同历史时期、不同内容代表作的最佳版本。该书还以简繁字体对照为特色，使其适应当前"用简识繁"的社会需求，同时为海外侨胞和港澳同胞认识简体字提供了方便。来先生为"中华幼学文库"撰写总序。

019　中日地方史志比较研究（1996）

来新夏、齐藤博主编。27.1 万字。南开大学出版社 1996 年 1 月第 1 版，第 1 次印刷，印行 1200 册。定价：38.00 元。

ISBN　7-310-00873-1

1991 年 9 月，来先生应聘任日本独协大学客座教授，为研究生讲授"中国文化的传递"和"中国方志学概论"二课，聘期至次年 4 月。期间，与该校齐藤博教授合作进行日本文部省科研项目"中日地方史志比较研究"。《中日地方史志比较研究》便是中日两国著名学者联合研究的成果汇总，"它既标识着中日地方史志学者学术合作研究的开端，也反映了当代两国地方史志的研究水平"。书前有来先生撰序言。

是书收入中方论文 9 篇，日方 5 篇。天津外国语学院修刚教授承担中、日文本中双方论文的中译和日译的互译工作。日文本《日中地方史誌の比較研究》，1995 年 6 月 30 日新灯印刷株式会社第 1 版印刷，学文社发行。日文本 ISBN 4-7620-0594-0。陈桥驿、林衍经的文章由于日译工作的延误，未能收入日文版。

《中日地方史志比较研究》的出版，引起学术界的关注。如台湾知名学者林天蔚研读后，撰文《中日地方史志合作前景广阔——读来新夏、齐藤博〈中日地方史志比较研究〉》，发表在《江苏地方志》1996 年第 4 期，认为"中日史志的比较，恐以此书为首"，此书"不但有其学术价值，更且兼特殊历史意义"。

来教授与齐藤博教授的这个国际合作项目，获日本文部省国际交流基金奖和天津市社科优秀成果奖荣誉奖。

020 清代目录提要（1997、2007）

主编来新夏，副主编朱天俊、罗友松。37 万字。齐鲁书社 1997 年 1 月第 1 版，第 1 次印刷，印行 1700 册。定价：31.50 元。

ISBN 7-5333-0468-3

该书资料来源主要是北京图书馆（现国家图书馆）、北京大学图书馆、中国科学院图书馆、南开大学图书馆、天津市图书馆、上海图书馆、复旦大学图书馆、华东师范大学图书馆、苏州市图书馆、南京图书馆以及南京大学图书馆等。共收录清人所编目录 380 馀种，包括经、史、子、集、佛、道、金石等门类。目录提要详于篇卷、版本、流传、编辑缘起、编撰经过、收录特点、类目沿革、后世影响及后人续补等。书前置来先生所撰序一篇，书末附著者索引与书名索引。

《清代目录提要》由齐鲁书社 2007 年 1 月重印，即"1997 年 1 月第 1 版，2007 年 1 月第 2 次印刷"。定价：39.00 元。未标印数。此版增徐建华为副主编。

ISBN 7-5333-0468-3

中国版本图书馆 CIP 数据核字（2007）第 018693 号

021 古典目录学研究（1997）

来新夏、徐建华主编。22.8 万字。天津古籍出版社 1997 年 3 月第 1 版，第 1 次印刷，印行 1000 册。定价：25.00 元。

ISBN 7-80504-558-5

本书为国家教委人文社会科学规划项目，是有关古典目录学若干专题的论文专集，内容包括 4 篇：第一篇中国古典目录学简说，第二篇目录学家与普通目录的研究，第三篇专科目录研究，第四篇特种目录研究。撰稿者尚有南炳文、黄立新、谢灼华、罗友松、白化文等。

022 史记选注（1998）

"中国古典名著普及丛书"之一。来新夏、王连升主编。37.9 万字。齐鲁书社 1998 年 4 月第 1 版，第 1 次印刷，印行 5000 册。定价：19.00 元。

ISBN 7-5333-0570-1

来先生曾主编注释过《史记选》，是为高等学校历史专业课程"中国史学名著选读"而编选的，由中华书局出版。齐鲁书社为使世人更多地关注中国传统文化，熟悉祖国文化典籍，而组编了这套包括《史记选注》在内的"中国古典名著普及丛书"。由于本丛书是面向社会各层次的带有普及性质的读物，故《史记选注》与原《史记选》，无论在选篇方面，抑或注释方面，都有较大区别。

023　一扫蛮烟　清气长留——近代禁烟诗文选读（1998）

"中华活页文选"（成人版）1998 年第 30 期，为《一扫蛮烟　清气长留——近代禁烟诗文选读》，来新夏讲解。2.4 万字。中华书局 1998 年 10 月第 1 版，第 1 次印刷，印行 50000 册。定价：0.90 元。

ISBN　7-101-01966-8

十九世纪三十年代，鸦片烟毒已蔓延全国。烟毒之危害较兵燹匪患更甚，水旱灾荒更百不及其一，高居各种社会问题之首。清政府于道光十九年（1839）出台《钦定查禁鸦片章程》，对"栽种罂粟造制烟土"者，惩处以充军、杖流，却形同虚设。清朝政府本身对种植罂粟时禁时弛，以致社会发生动荡，势将危及王朝统治。

本辑所选诗文 15 首，作者都是清嘉庆、道光年间人，均与禁烟运动有关。一部分是描写鸦片对社会和人体的危害，劝告吸烟者的醒悟；另一部分主要阐述严禁观点，记录禁烟活动以及抒发个人情感。禁毒戒毒，对当下社会仍有现实意义。

024　天津通志·旧志点校卷（1999、2001）

来新夏、郭凤岐主编，天津市地方志编委会办公室、南开大学地方文献研究室编。上、下卷。上卷为上册，247.7 万字，南开大学出版社 1999 年 10 月第 1 版，第 1 次印刷，印行 1500 册；下卷为中、下册，288 万字，南开大学出版社 2001 年 6 月第 1 版，第 1 次印刷，印行 1500 册。

上卷　ISBN　7-310-01259-3　定价：460.00 元。

中国版本图书馆 CIP 数据核字（1999）第 17131 号

下卷　ISBN　7-310-01551-7　定价：500.00 元。

中国版本图书馆 CIP 数据核字（2001）第 19969 号

1982 年中国地方志协会召开了旧志整理工作座谈会，并制定了《中国地方志整理规划》；1984 年、1985 年先后召开了三次全国性旧志整理会议；1985 年下发的《新编地方志暂行规定》中，把组织整理当地旧志资料作为编修新方志的任务，为下届续修志书积累资料。是年，来新夏先生就提出了整理天津旧志的意见。然由于诸多原因，此项工作没有着手进行。1996 年来先生再次提及此事，时任天津市地方志办公室主任郭凤岐亦萦怀于旧志整理，于是一拍即合，即由天津市地方志办公室同南开大学地方文献研究室开始策划运作。

整理旧志工作初定名为《天津旧志丛书（点校本）》，最后确定为《天津通志·旧志点校卷》，分为上、下卷，厘定两册。上册收康熙《天津卫志》、乾隆《天津府志》、光绪《重修天津府志》，于 1999 年出版。下册拟收录乾隆《天津县志》、同治《续天津县志》、民国《天津县新志》、民国《天津政俗沿革记》、民国《天津志略》、道光《津门保甲图说》、民国《说磐》、民国《杨柳青小志》、民国《志馀随笔》。

当下册清样稿展示为长达 1800 馀页，卷帙实在过于浩繁，显然不便于读者，于是分为中、下两册。列入中册的是乾隆《天津县志》、同治《续天津县志》、民国《天津县新志》，其馀列在下册。

《天津通志·旧志点校卷》为全国高校古籍整理研究工作委员会直接资助项目。

025　天津大辞典（2001）

来新夏、郭凤岐主编，天津市地方志编修委员会办公室编。285.1 万字。天津社会科学院出版社 2001 年 3 月第 1 版，第 1 次印刷，印行 2000 册。定价：480.00 元。

ISBN　7-80563-876-4

中国版本图书馆 CIP 数据核字（2000）第 73347 号

《天津大辞典》辞条 1 万馀，记载了天津自明朝永乐二年（1404）至 2000 年近 600 年的历史和现状，囊括了天津的地理、社会、经济、政治、文化、科技、政法、军事、民情、风俗等方面的内容，是天津地情资料书中最贴近现实的一部书。该书的特点是内容实，每一个重要辞条都经过了反复核查，纠正了以往书籍记载和口头流传中的诸多差误；其次是权威性高，许多情况是修志人员亲自到实地进行调查，是准确无误的第一手资料；再是方便使用，全书辞条排列以笔画为序，还有以音序排列的目录索引，查阅方便。

026　历代文选·清文（2001）

"历代文选丛书"之一。来新夏、江晓敏选注。22.1 万字。河北教育出版社 2001 年 5 月第 1 版第 2 次印刷。未标印数。定价：17.60 元。

ISBN　7-5434-3886-0

中国版本图书馆 CIP 数据核字（2000）第 35011 号

历代文选共八种，是为《先秦文》《两汉文》《魏晋南北朝文》《唐文》《宋辽金文》《明文》及《清文》。

来先生治清史有年，于清文颇多接触，深感其内容丰富，证理写景均平实可读，曾有意辑一选本。1999 年春，河北教育出版社李自修编审邀约主编《清文选》，乃欣然应约。嗣后，与女弟子江晓敏共成其事。《清文》对 81 位清代人物的 100 篇文章作了选注。所选精粹散文，涉及面广，内容丰富，文笔绝妙，具有较高的文学性与艺术性。书中除原文外，均附有作者简介以及较为详尽的注释，便于读者检读理解清代文献。

027　名人文化游记（国内卷）（2002）

来新夏、韩小蕙主编。41 万字。新世界出版社 2002 年 1 月第 1 版，第 1 次印刷，印行 5000 册。定价：30.00 元。

ISBN　7-80005-641-4

中国版本图书馆 CIP 数据核字（2001）第 069107 号

是书收季羡林、吴冠中、戴逸、冯骥才、葛剑雄、余秋雨等 33 位名人的 77 篇游记。来先生以《议论文化游记》一文作代序，并收录游记 6 篇：《钱江潮》《太鲁阁留踪》《吐鲁番纪行》《黔行纪游》《娘子关揽胜》及《平遥古城》。

另一主编韩小蕙，毕业于南开大学中文系，为《光明日报》原领衔编辑、"文荟"副刊主编。

028　名人文化游记（国外卷）（2002）

来新夏、韩小蕙主编。38.8 万字。新世界出版社 2002 年 1 月第 1 版，第 1 次印刷，印行 5000 册。定价：28.00 元。

ISBN　7-80005-642-2

中国版本图书馆 CIP 数据核字（2001）第 069108 号

作为《名人文化游记》"国内卷"姊妹篇的"国外卷"，收 29 位名人的 59

篇游记，作者有宗璞、曹聪孙、乐黛云、邵燕祥、资中筠、杨天石、刘心武等。来先生以《议论文化游记》一文作代序，并收录游记 3 篇：《美国两瞥》《五月的温哥华》及《走进日本》。

029　林则徐全集（2002）

林则徐全集编辑委员会编，来新夏、陈胜粦、杨国桢、萧致治主编。377.4万字。海峡文艺出版社 2002 年 10 月第 1 版，第 1 次印刷。未标印数。定价：800.00 元。

ISBN　7-80640-701-4

中国版本图书馆 CIP 数据核字（2002）第 070983 号

国家重点图书"九五"规划项目《林则徐全集》，集中反映了林则徐各个时期的重要的活动和思想，是研究中国近代社会和林则徐不可或缺的历史文献。《林则徐全集》分奏折、文录、诗词、信札、日记、译编六卷，共十册。

2003 年 12 月 25 日，代表当今中国出版最高奖项和出版成就的第六届国家图书奖在北京颁奖，《林则徐全集》获提名奖。

030　老资料书（2004、2005）

"老资料书"，是指来新夏主编、天津人民美术出版社出版的中国古代艺术书籍精选《明刻历代列女传》《清拓五百罗汉像》《清刻历代画像传》《清刻观音变相图》《清刻红楼梦图咏》，中国古代绘画技法书籍精选《清版点石斋丛画》，民国时期艺术书籍精选《民国版雀巢人物画稿三千法》。

《明刻历代列女传》　ISBN　7-5305-2411-9，天津人民美术出版社 2004 年 1 月第 1 版，第 1 次印刷，印行 3000 册，定价：140.00 元。

中国版本图书馆 CIP 数据核字（2003）第 112832 号

《清拓五百罗汉像》　ISBN　7-5305-2408-9，天津人民美术出版社 2004 年 1 月第 1 版，第 1 次印刷，印行 3000 册，定价：99.80 元。

中国版本图书馆 CIP 数据核字（2003）第 112827 号

《清刻历代画像传》　ISBN 7-5305-2409-7，天津人民美术出版社 2004 年 1 月第 1 版，第 1 次印刷，印行 3000 册，定价：52.00 元。

中国版本图书馆 CIP 数据核字（2003）第 112834 号

《清刻观音变相图》　ISBN 7-5305-2912-9，天津人民美术出版社 2005 年 6 月第 1 版，第 1 次印刷，印行 3000 册，定价：24.00 元。

中国版本图书馆 CIP 数据核字（2005）第 037342 号

《清刻红楼梦图咏》 ISBN 7-5305-2911-0，天津人民美术出版社 2005 年 6 月第 1 版，第 1 次印刷，印行 3000 册，定价：22.00 元。

中国版本图书馆 CIP 数据核字（2005）第 037343 号

《清版点石斋丛画》 ISBN 7-5305-2410-0，天津人民美术出版社 2004 年 1 月第 1 版，第 1 次印刷，印行 3000 册，定价：68.00 元。

中国版本图书馆 CIP 数据核字（2003）第 112833 号

《民国版雀巢人物画稿三千法》 ISBN 7-5305-2914-5，天津人民美术出版社 2005 年 6 月第 1 版，第 1 次印刷，印行 3000 册，定价：21.00 元。

中国版本图书馆 CIP 数据核字（2005）第 037340 号

来先生为《老资料书》所作序——《旧貌新颜传书香》申明"老资料书"立意是发掘文化资源，推动古旧书轮回，保存和普及传统文化。从各方面搜求底本，时间断限自明迄民国，基本上按原格式线装形式，图文全部不动，不加整理，版式或有缩印，装帧略赋新意。

031 天津建卫六百周年丛书（2004、2012）

来新夏主编。天津古籍出版社 2004 年 8 月第 1 版，第 1 次印刷，印行 3000 册；2012 年 7 月第 2 次印刷。未标印数。此丛书共八册，为：

《天津的城市发展》 郭凤岐编著，ISBN 7-80696-032-5 定价：12.00 元。

重印：ISBN 978-7-80696-032-5 定价：18.50 元。

中国版本图书馆 CIP 数据核字（2004）第 073871 号

《天津的人口变迁》 陈卫民编著，ISBN 7-80696-033-3 定价：9.80 元。

重印：ISBN 978-7-80696-033-2 定价：14.50 元。

中国版本图书馆 CIP 数据核字（2004）第 073873 号

《天津的方言俚语》 李世瑜编著，ISBN 7-80696-031-7 定价：11.00 元。

重印：ISBN 978-7-80696-031-8 定价：16.50 元。

中国版本图书馆 CIP 数据核字（2004）第 043837 号

《天津的园林古迹》 章用秀编著，ISBN 7-80696-030-9 定价：14.80 元。

重印：ISBN 978-7-80696-030-1 定价：22.50 元。

中国版本图书馆 CIP 数据核字（2004）第 041914 号

《天津的邮驿与邮政》 仇润喜、阎文启编著，ISBN 7-80696-034-1 定价：13.80 元。

重印：ISBN 978-7-80696-034-9　定价：16.50 元。

中国版本图书馆 CIP 数据核字（2004）第 073872 号

《天津的九国租界》　杨大辛编著，ISBN 7-80696-027-9　定价：11.80 元。

重印：ISBN 978-7-80696-027-1　定价：18.00 元。

中国版本图书馆 CIP 数据核字（2004）第 041913 号

《天津的名门世家》　罗澍伟编著，ISBN 7-80696-028-7　定价：11.00 元。

重印：ISBN 978-7-80696-028-8　定价：17.00 元。

中国版本图书馆 CIP 数据核字（2004）第 041930 号

《天津早年的衣食住行》　张仲编著，ISBN 7-80696-029-5　定价：12.00 元。

重印：ISBN 978-7-80696-029-5　定价：18.50 元。

中国版本图书馆 CIP 数据核字（2004）第 041915 号

2004 年 12 月 23 日是天津设卫筑城 600 年的纪念日。2003 年春，来先生邀约津沽名流学者，相与咨谋，共同编撰《天津建卫六百周年丛书》，以为文献积存之祝，共立八题，计近百万字。各册均有随文插图。来先生撰总序一篇，置于各册之首。

032　清代科举人物家传资料汇编（2006）

“国家清史编纂委员会·文献丛刊”之一。来新夏主编。学苑出版社 2006 年 12 月北京第 1 版，北京第 1 次印刷。未标印数。16 开精装，100 册，另索引 1 册。定价：60000.00 元。

ISBN　7-5077-2623-1

中国版本图书馆 CIP 数据核字（2005）第 127555 号

《清代科举人物家传资料汇编》是一部收录清代一万一千个科举人物硃卷兼及家族主要人员传记资料的大型工具书。硃卷是指清代考中举人、进士的士子自行刊刻的试卷。本书具备的功用，一是查找清代科举人物的传记资料，包括姓名、字号、中的科名、受业师等资料；二是查找科举人物家族中每一位主要成员的传记资料，包括姓名、字号、官职、著述、族系关系等基本情况；再就是充当家谱使用。作为资料宝库的“汇编”，其学术价值可为研究者各需所取。

033　阅世编（2007）

“清代史料笔记丛刊”之一。清·叶梦珠撰，来新夏点校。17 万字。中华书局 2007 年 9 月第 1 版，北京第 1 次印刷，印行 4000 册。定价：20.00 元。

ISBN　978-7-101-05717-1

中国版本图书馆 CIP 数据核字（2007）第 080771 号

此书曾列入"明清笔记丛书"，由上海古籍出版社于 1981 年出版。后来先生略有修订，由中华书局列入"历代史料笔记丛刊"之"清代史料笔记"予以出版。

034　清嘉录（2008）

"清代史料笔记丛刊"之一。清·顾禄撰。来新夏点校。14.1 万字。中华书局 2008 年 6 月第 1 版，北京第 1 次印刷，印行 4000 册。定价：32.00 元。

ISBN　978-7-101-06158-1

中国版本图书馆 CIP 数据核字（2008）第 068820 号

《清嘉录》一书，曾由上海古籍出版社列入"明清笔记丛书"于 1986 年出版。后来先生略有修订，并较初版增《后记》一篇，改为中华书局重版。

中华书局将《清嘉录》与顾禄另一著作《桐桥倚棹录》合为一书出版，列入"历代史料笔记丛刊"之"清代史料笔记"。《桐桥倚棹录》的点校者是王稼句。

035　十里长街读坎墩（2008）

来新夏主编。19.5 万字。杭州出版社 2008 年 9 月第 1 版，第 1 次印刷。未标印数。定价：38.00 元。

ISBN　978-7-80758-079-9

中国版本图书馆 CIP 数据核字（2008）第 049498 号

坎墩地处杭州湾南岸。明代在此筑塘时，因卦象座于坎位，故称坎塘，后为防海，在塘边筑一高数丈之泥墩而称坎墩。现为慈溪大城区坎墩街道。新华出版社 2006 年出版方柏令主编的《十里长街——坎墩》，因"该书借志书之体例、藉散文之笔法，既不像传统意义上的志书，又不像其他纯粹的地情书"，此编写模式引起关注，为乡镇级的志书编写提供了一种创新的体例。2007 年，在中国地方志指导小组和浙江省地方志办公室的支持下，"《十里长街——坎墩》研讨会"在坎墩举行，本书即收录此会有关专家学者的评论等 35 篇。

036　天津历史与文化（2008）

"天津广播电视大学系列教材"之一。来新夏主编。27 万字。天津人民出版社 2008 年 11 月第 1 版，第 1 次印刷，印行 4000 册。定价：35.00 元。

ISBN　978-7-201-06070-5

中国版本图书馆 CIP 数据核字（2008）第 124842 号

在天津广播电视大学五十周年校庆之际，学校编纂《天津历史与文化》一书，是为开发建设的系列教材之一，也是天津市教育科学"十一五"规划课题。作为天津市高校编辑的第一部乡土教材，该书涉猎天津历史变迁、社会变革、工业经济、商贸金融、教育科学、文化艺术等各个领域，全面反映了天津灿烂辉煌的历史文化。

037　史记选（2009）

"中国史学名著选"之一。来新夏主编。26.2 万字。中华书局 2009 年 4 月北京第 1 版，北京第 1 次印刷，印行 6000 册。定价：43.00 元。

ISBN　978-7-101-06538-1

中国版本图书馆 CIP 数据核字（2009）第 019258 号

二十世纪六十至九十年代，中华书局陆续出版了郑天挺先生主编的"中国史学名著选"丛书，包括《汉书选》《三国志选》《左传选》《资治通鉴选》《后汉书选》《史记选》，共六种。丛书出版后，受到高等学校历史专业师生以及其他读者的欢迎，先后多次再版、重印。此次重版，将原直排改为横排，由繁体改为简体；选注者所作注释，改为页下注；个别因改简体而不再需要的注释，则予删除。

来先生发表于《文汇报》2009 年 8 月 13 日《〈史记选〉今昔琐议》一文，使读者对《史记选》书里书外的掌故一览无遗。

038　中国地方志历史文献专辑·灾异志（2010）

来新夏主编。学苑出版社 2010 年 2 月第 1 版，第 1 次印刷。90 册，印 100 套。定价：46800.00 元。

ISBN　978-7-5077-3508-6

中国版本图书馆 CIP 数据核字（2010）第 030962 号

《中国地方志历史文献专辑·灾异志》，搜访参考全国（包括台湾省。本书不收台湾省日文版的地方志文献）收藏单位的地方志书，入选方志，一般以每一地区较晚的方志为主。盖取其记述较全，编制较善，征选较易，此书所选全国方志达 2600 种。

039　清代经世文全编（2010）

来新夏主编。学苑出版社 2010 年 12 月第 1 版，第 1 次印刷。170 册并《卷首》1 册，印数 50 套。定价：128000.00 元。

ISBN　978-7-5077-3665-6

中国版本图书馆 CIP 数据核字（2010）第 206152 号

《清代经世文全编》是将清代在不同时期、由不同编者印行的各种经世文编进行搜集、整理、编排而汇编成一帙的大型专题性丛书。

二十世纪六十年代，来先生曾谋以目力所及之"经世文编"成一选篇，已搜求多种，方将启动，逢"文革"祸起，乃包扎庋藏于研究室，幸获保存，而时时念及整理选编。2005 年 4 月，来先生受清史编纂委员会委托，主持编纂《清代经世文选编》，即在南开大学图书馆设立项目工作室，邀同仁于此役。历时五年，终于 2011 年结项。先生数十年宿愿酬矣。《清代经世文选编》是从目前传世的二十馀种经世文中遴选名人名篇，编次、点校而成的简编，共收文 2000 馀篇，约 200 万字。经精选严筛之"选编"，仍有若干名篇难以入选，诚遗珠之憾。眷眷难舍之下，同人叠相议论，何不就便将二十馀种经世文编合编为一，影印出版。于是来先生偕天津图书馆历史文献部主任李国庆司其事，自 2007 年启动，历时三载而成《清代经世文全编》。先生认为："其书既可作研究有清一代经世思想之衍化过程，又可供当政者与当前施政措施相比照，择善参用，虚实双效，两得其美。此编纂《全编》之宗旨也。"

《清代经世文全编》所收，上起陆燿《切文斋文钞》，下迄晚清于骃庄《皇朝蓄艾文编》，计清代二十一种；为保存文献，将《民国经世文编》一种殿于书后。装订成 170 册及《卷首》一册，《卷首》为《清代经世文全编》所收全部篇名目录，即篇名、作者、所在册数和页数。

040　中国地方志历史文献专辑·金石志（2011）

来新夏、赵波主编。学苑出版社 2011 年 5 月第 1 版，第 1 次印刷。全 90 册，印 100 套。定价：39000.00 元。

ISBN　978-7-5077-3782-0

中国版本图书馆 CIP 数据核字（2011）第 074626 号

中国古代的地方志，保存着大量的金石文献。方志中的"金石志"，主要记载我国各地发现的铜器、碑刻、文物及墓志铭等文献资料，多为对文字的记录，是方志中的重要内容，是发现、了解、研究地方历史文化、自然环境的必要文献。

《中国地方志历史文献专辑·金石志》，遍查全国各地包括台湾省的民国前地方志资料 6000 馀种，一般以每一地区较晚的方志为主，能其每县一志，共析出 1840 种旧方志，收其碑记、篆刻等金石相关内容，涵盖题、序、记、文、赋、诗等多种文体。

041 中国地方志文献·学校考（2012）

来新夏、黄燕生主编。学苑出版社 2012 年 5 月第 1 版第 1 次印刷。80 册，印行 100 套。定价：48000.00 元。

ISBN 978-7-5077-4007-3

中国版本图书馆 CIP 数据核字（2012）第 085411 号

旧志中《学校志》（亦有称《学校略》者）内容丰富，记述学宫、书院、礼乐、祀典、名宦、乡贤、乡学、义学、学田、圣谕、碑记等各类情况，凡教学机构、教学内容、经费来源、典章制度等，均有详细记载。

《中国地方志文献·学校考》，遍查全国各地包括台湾省的 1949 年前旧地方 3770 种。全书分册按省为序，省下列各县志书，按原书版式，分上下栏影印成书。全书书尾有附录三。一为《地名沿革与相关旧志》，简述今地名沿革，曾用名所涉及相关旧方志；二为《地名沿革与相关旧志索引》，以中文拼音字母顺序排列，依次以地名沿革与相关地志内各地名首字的顺序检索；三为《旧志书名索引》，以书名为序。此三附录，对使用全书，颇多利便。

这部专书的出版，为研究中国古代建学施教、培养人才、普及知识、促进社会文明提供了一套系统、完整的、稀见的专题资料。来先生为《中国地方志文献·学校考》撰序言一篇。

042 天津历史与文化（2013）

来新夏主编。39.9 万字。天津大学出版社 2013 年 9 月第 1 版，第 1 次印刷。未标印数。定价：35.00 元。

ISBN 978-7-5618-4758-9

中国版本图书馆 CIP 数据核字（2013）第 195812 号

《天津历史与文化》作为天津广播电视大学同名公共课的教科书，自 2008 年出版后，不仅两万馀选课学生使用，天津市所有中小学的图书馆均入购，备作参考读物。2011 年，《天津历史与文化》入选为全国电大系统精品课程。编写组决定对教材进行修订并再版，是为此本。

043 萧山丛书（第一辑）（2014）

来新夏、沈迪云主编，杭州市萧山区人民政府地方志办公室、南开大学地方文献研究室编辑。学苑出版社 2014 年 9 月北京第 1 版，第 1 次印刷。10 册。未标印数。定价：5500.00 元。

ISBN 978-7-5077-4535-1

中国版本图书馆 CIP 数据核字（2014）第 111318 号

萧山之有丛书，始于邑人鲁燮光（1817—1910）所编《萧山丛书》，收书十一种，原稿存国家图书馆，惜仅有一辑，入民国后中断。新编《萧山丛书》，由萧山区地方志办公室与南开大学地方文献研究室于 2011 年定议合作，拟定体例、确定入选书目。每辑十册、成一编，悉加影印。来先生所撰《总序》阐论地方文献丛书之价值及本丛书编辑宗旨，并明确体例以供遵循。入编书目均置前言一篇，邀专人撰写，以作导读。

新编《萧山丛书》第一辑，收书十馀种，遍及四部。撰者多为萧籍著名学者，其中仅收一明人著作，即来集之《读易隅通》，余皆清人著述，如毛奇龄兄弟、王绍兰父子、汪辉祖父子、任辰旦及鲁燮光等。

044 萧山丛书（第二辑）（2015）

来新夏、沈迪云主编，杭州市萧山区人民政府地方志办公室、南开大学地方文献研究室编辑。学苑出版社 2015 年 12 月第 1 版，第 1 次印刷。10 册。未标印数。定价：5500.00 元。

ISBN 978-7-5077-4881-9

中国版本图书馆 CIP 数据核字（2015）第 236382 号

《萧山丛书》第二辑收书十六种，其中明嘉靖三十六年（1557）刻、万历三年（1575）增刻本《萧山县志》为罕见，仅有宁波天一阁收藏原本。又收录清康熙十一年（1672）刻本《萧山县志》并毛奇龄《萧山县志刊误》三卷，毛著对《（康熙）萧山县志》指瑕凡八十条，是利用《（康熙）萧山县志》的重要参考文献。

045 萧山丛书（第三辑）（2017）

来新夏、沈迪云主编，杭州市萧山区人民政府地方志办公室、南开大学地方文献研究室编辑。学苑出版社 2017 年 12 月第 1 版，第 1 次印刷。10 册。未标印数。定价：5500.00 元。

ISBN 978-7-5077-5291-5
中国版本图书馆 CIP 数据核字（2017）第 197145 号

《萧山丛书》第三辑收录八位萧山籍学者的著作，有沈祖燕辑纂的《四书合纂大成》，王龄撰、任熊绘《於越先贤像传赞》（附《高士传》），陆成本汇辑《经验良方》，朱珪撰《知足斋诗集》《知足斋文集》《知足斋进呈文稿》，高第撰《额粉盦集》（附《贻砚斋诗稿》、孙荪意撰《衍波词》），王宗炎撰《晚闻居士遗集》，韩栋撰《萧山韩湘南先生遗文》。其中《四书合纂大成》搜罗各家故训百数十种，多有未见于《四库全书》和《续修四库全书》者，尤具文献价值。

046　清代经世文选编（2019）

"国家清史编纂委员会·文献丛刊"之一。来新夏主编。300 万字。黄山书社 2019 年 3 月第 1 版，第 1 次印刷。未标印数。定价：600.00 元。

ISBN 978-7-5461-8148-6
中国版本图书馆 CIP 数据核字（2019）第 020134 号

2005 年 4 月，来先生受国家清史编纂委员会委托，主持编纂《清代经世文选编》，在南开大学图书馆设立项目工作室，邀请南开大学、天津师范大学、天津图书馆、天津古籍出版社等单位相关专家进行选目与点校。《清代经世文选编》是从目前传世的二十余种经世文中按照一定标准遴选出来的清代经世文单篇作品集，涉及作者 490 余人，共收文 1111 篇。选文之首列一简介，涉及作者名号、籍贯、经历、著述等。

《清代经世文选编》为 16 开精装 3 册。为方便读者利用，提高清史文献的使用效果，达到一检即得，在篇名目录后设分类目录，次第缕分以"学术""教育""格致""治体""吏政""户政""礼政""兵政（战备）""刑政""考工（工政）"及"洋务"十一类，类下再胪列若干细目，如"教育"下设育才、书院、学校、师友、家教、藏书、报馆及官书局，"洋务"下设通论、军政、遣使、出洋、会党、通商、约章、外史及交涉，接着详列每篇文章在书中页码；另按音序编制两种索引附于书末：一是作者索引，二是篇名索引。

《清代经世文选编》系 2011—2020 国家古籍整理出版规划项目、国家古籍整理出版专项经费资助项目。

编 后 记

先师来新夏先生于1951年2月自中国科学院历史研究所第三所奉调至南开大学历史系任教，由助教循阶晋升为教授，潜心治学，作育人才，在南开园笔耕舌耘六十馀年。先生一生勤勉坚韧，治学严谨，以致学问淹博，著述闳富。值此南开大学百年华诞，为彰示百年来南开历史学科的辉煌学术成就，历史学院组织出版了"南开百年史学名家文库"，先生作为入选的十位史学大家之一，其人其书，当永远与巍巍南开同在。

作为受业弟子，选编先生文集并为南开百年纪念，备感与有荣焉。然而先生生前主张，个人文集不要假手于他人，而应自选。因为一是"一个人一生所作得意成功之作应是小部分，而更多的是败笔或尚欠完善，以往已损耗了他人的精力，那么在重新审视编订时，就应尽力选取自己的代表作和有用于人的作品来补过"；二是"自己对自己的文字最有数，自己对自己的学术思路和脉络最清楚，自选易于去取，可以减少各篇间的重复处"。先生的自谦和严谨，恰恰是我们这次工作的压力。加之篇幅所限，擷选之间颇觉能力拙浅，然薪火相传，责无旁贷，所以自2017年年末承接任务以来，惟以恪遵师教、尽心努力，方能不负所托。

纵观先生学术生涯，其著述甚早，目前所见最早刊于报端的文章，是《〈诗经〉的"删诗"问题》（1940年12月31日《庸报》）一文；而据先生电脑显示2014年2月20日定稿的《难得人生老更忙》（2014年3月6日《海南日报》）是他生前的最后撰作。可见其一生撰著时长达七十馀年。先生撰文数量没有专门统计，除学术专著外，现由即将面世的广东人民出版社版《来新夏文集》所收录的篇目可知，先生公开发表的各类文章有一千馀篇，五百馀万字。面对先生内容闳富的笔墨，我们几经商讨，首先初选了基本篇目，又在此基础上确定了本书架构，即根据先生治学所涉学术领域，择其中代表性论文，归类为四个主要方面：其一，历史学。包括对史学理论的探讨和研究，对中国古代、近现代史史实及人物的考订和研究，以及对历史编纂方法的研究等。其二，方志学。

包括对中国方志学理论的总结与探索，对地方文献学科建设的思考与建议，在新编地方志工作中的实践经验和指导意见，体现了先生对中国新编方志学体系建立和发展的贡献。其三，图书文献学。包括先生对中国图书文化的宏观研究，目录学研究，中国图书事业史的创议，图书文献整理方法的研究等。其四，专业论文之外其他方面的文字。先生学有专攻而又博涉多通，尤其以"衰年变法"，创作大量学术随笔，以另一种文字风格将知识回馈大众，也使自己在抒怀遣兴中"似乎回归到依然故我的纯真境界"。其中忆旧、札记、议论、碑文诸种文体不仅体现了先生的深厚学养，同时也反映了先生读书人的真性情。

另要说明的是，本书中《汉唐改元释例》是先生在辅仁大学的本科毕业论文，应是他正式开始学术研究的第一篇著述（载于《陈垣教授诞生百一十周年纪念文集》，暨南大学出版社 1994 年版）；《关于〈溃痈流毒〉的几点考证》是他发表的最后一篇学术撰述（载于 2014 年 2 月 26 日《中华读书报》），录此以兹纪念。随笔《难得人生老更忙》一文，从中可见先生历经九十二年风雨坎坷的人生感悟，特选作代序，知者尤可领略先生的坦荡襟怀。

在本书编选过程中，我们以保持发表时的文章原貌为原则，除在校对中改正了个别错字外，对原文未做任何改动。有需说明处则另加页下注，并注明"编者所加"字样。

"云山苍苍，江水泱泱，先生之风，山高水长"为北宋文学家范仲淹的名句，以此纪念先生，由衷表达邃谷弟子对恩师的敬仰，并期"三学"赓续传承，为南开学脉发扬光大，积厚流光！

焦静宜　徐建华　莫建来　刘小军
2019 年 6 月 8 日